W0233290

Pflanzen für das
Alpinenhaus

Fritz Kummert

Pflanzen für das Alpinenhaus

120 Farbfotos
15 Zeichnungen

CIP-Titelaufnahme der Deutschen Bibliothek

Kummert, Fritz:
Pflanzen für das Alpinenhaus/Fritz Kummert. –
Stuttgart: Ulmer, 1989
ISBN 3-8001-6337-3

Wollgrasweg 41, 7000 Stuttgart 70 (Hohenheim)
Printed in Germany
Lektorat: Dr. Steffen Volk
Herstellung: Gabriele Wieczorek
Umschlaggestaltung: Alfred Krugmann
Titelfoto von Fritz Kummert
Satz: Kittelberger GmbH, 7410 Reutlingen 24 (Rommelsbach)
Druck: Gutmann Offsetdruck, Heilbronn
Bindung: Ernst Riethmüller, Stuttgart

Vorwort

Wer sich intensiv mit der Kultur von alpinen und anderen anspruchsvollen Pflanzen auseinandersetzt, wird über kurz oder lang feststellen müssen: Es gedeiht nicht alles so und auch nicht immer so leicht, wie man es sich wünscht. Zum einen liegt es an der zu geringen Winterhärte; die Pflanzen, die man so gerne ziehen möchte, vertragen aber im Garten draußen auch übermäßige Niederschläge (Winternässe) nicht; schließlich stehen viele Pflanzenzwerge viel zu weit vom Auge des Pflegers entfernt, und dieser merkt Probleme erst, wenn es fast schon zu spät ist. Abhilfe schaffen verschiedene Schutzmöglichkeiten gegen übermäßige Kälte und vor allem Nässe sowie die Kultur in Töpfen. Schon fast vierzig Jahre befasse ich mich mit Steingarten-, Alpenpflanzen und Zwerggehölzen – hatte ich doch das Glück, schon in der Kindheit eine kleine Sammlung solcher Pflanzen zu besitzen. Auch kenne ich nur zu gut eine weitere Triebfeder für die Kultur empfindlicher Pflanzen: Man möchte Gewächse ziehen, die selten, sogar sehr selten kultiviert werden, vielleicht noch nie in Mitteleuropa versucht wurden.

In diesem Buch berichte ich über meine Erfahrungen mit verschiedensten schutzbedürftigen Pflanzen, und ich habe über 95 % der angeführten Pflanzen selbst versucht. Meist fängt man bescheiden an, sucht für seine Pfleglinge möglichst sonnige Standorte, Schutz durch Glasplatten oder ähnliches, und landet schließlich beim Alpinenhaus, einem ungeheizten Gewächshaus, zumeist als Erdhaus ausgebildet. Diese Möglichkeiten und Einrichtungen habe ich aus eigener Praxis und Erfahrung heraus eingehend beschrieben.

Die Pflanzenauswahl in diesem Buch kann nicht allen Wünschen gerecht werden, ist sie doch subjektiv nach jenen Pflanzen ausgerichtet, die ich selbst kultiviert habe. Die Betonung liegt mehr auf Arten der Alten Welt und Nordamerikas. Die Pflanzen Südamerikas, Afrikas, Australiens und Neuseelands sind nicht so umfassend berücksichtigt. Wohl weiß ich, daß auch Samen von Pflanzen dieser Gebiete mehr und mehr angeboten werden. Doch dem Grundsatz treu, nur darüber zu berichten, was ich selbst zu ziehen versuchte, hat auch der verfügbare Raum mit dazu beigetragen, das Sortiment zu formen.

Selbst diese Fülle an Pflanzen wäre mir nicht vergönnt gewesen zu ziehen und zu studieren, hätte ich nicht von vielen Seiten Unterstützung erfahren. Nicht nur für Pflanzen selbst, sondern auch für viele Hinweise zu Kultur und Vermehrung muß ich danken. Da es unmöglich ist, alle jene aufzuzählen, die mir beigestanden haben, möchte ich mich stellvertretend bei einigen Freunden herzlich bedanken: Michael Kammerlander, Würzburg, Robert Klaus, Wien, und Dieter Schacht, München, als Vertreter der „botanischen" Gärtnerschaft; Arnold Cihlarz, Wien, Theodor Egli, Ennetbühl (Schweiz), beide leider schon verstorben, und Franz Hadacek, Wien, als Vertreter der Pflanzenliebhaber. Für die Hinweise zu australisch-neuseeländischen Pflanzen danke ich Ken Gillanders, Tasmanien, Marshall Mitchell, Victoria, und Jim LeComte, Neuseeland, die beiden letzteren leider ebenfalls schon verstorben. Für reiche Samengaben von unüblichen Pflanzen danke ich Gerd Böhme, Rabenau, Jim und Jenny Archibald, Dyfed (Wales), und Sally Walker, Arizona (USA). Zur Lösung vieler nomenklatorischer Probleme trug die Benützung zweier Bibliotheken an Botanischen Instituten bei, wofür ich Univ.-Prof. Dr. H. Teppner, Graz, und Dr. A. Polatschek, Wien, Dank schulde, dem erstgenannten auch für seinen Beitrag über die Gattung Onosma.

Die gedeihliche Zusammenarbeit mit dem Verlag Eugen Ulmer, vor allem mit Herrn Dr. S. Volk und Frau G. Wieczorek, muß besonders hervorgehoben werden.

Über all diese Hilfestellung hinaus gebührt der größte Dank meiner Frau Sefi, die alle meine Kulturversuche mit schutzbedürftigen Pflanzen nicht nur wohlwollend durch Aufmunterung, sondern auch tätig helfend unterstützt hat.

Viele Fragen werden, so hoffe ich, beim Lesen dieses Buches auftauchen. Ich bitte, sie ohne Zögern an mich heranzutragen.

A-8181 Rollsdorf 36, März 1989 Dipl.-Ing. Fritz Kummert

Inhaltsverzeichnis

Die Schutzmöglichkeiten

In den wenigsten Fällen hat der Pflanzenfreund gleich zu Beginn seiner Liebhabertätigkeit den Wunsch, ein Alpinenhaus zu errichten, zumal diese Art Glashaus nicht gerade alltäglich im privaten Garten ist. Mit der Zeit und mit den verschiedensten Pflanzen kommen dann aber die verschiedensten Probleme: Frühblühende Zwiebelstauden sollen zum Samenansatz gebracht werden, der Pollen darf nicht naß werden, sonst klappt die künstliche Bestäubung nicht, oder nach dem Abblühen ergeben sich Schwierigkeiten mit Grauschimmel, der die verwelkenden Blüten befällt und dann weiter auf den Fruchtknoten und die obersten Laubblätter übergreift. Werden Pflanzen aus sommertrockenen Gebieten gezogen, seien es nun Hochalpine oder Steppenpflanzen, so bereiten ihnen die sommerlichen Niederschläge große Probleme, die wir abhalten wollen. Viele behaarte oder sogar weißfilzige Pflanzen leiden in unserem Winter unter dem oftmaligen Gefrieren und Tauen, auch für sie ist ein Schutz notwendig.

Mit solchen Schwierigkeiten konfrontiert – am Anfang sind es meist nur einzelne Pflanzen – sucht der Liebhaber zunächst nach einfachen, provisorischen Schutzmöglichkeiten für seine Pflanzen. In der weiteren Folge wird dann, wegen des meist hohen Arbeitsaufwandes, oft der Wunsch nach einem richtigen Alpinenhaus wach. Darin kann man, ohne Bücken, die Pflanzen aus nächster Nähe betrachten, keine noch so kleine Veränderung entgeht dem wachsamen Auge des Pflegers, er kann immer sofort eingreifen. Auch die Jugendentwicklung von Sämlingen oder frisch bewurzelten Stecklingen ist leichter zu kontrollieren. Ich halte das Alpinenhaus vor allem bei der Anzucht für besonders wichtig und empfehle jedem Liebhaber, auch weniger problematische Pflanzen in einem Alpinenhaus heranzuziehen. Es lohnt sich immer!

In der folgenden kleinen Übersicht möchte ich verschiedene von mir verwendete oder bei anderen Pflanzenfreunden gefundene Schutzmöglichkeiten vorstellen. In diesem Bereich ist der Phantasie und technischen Findigkeit des Pflanzenliebhabers kaum eine Grenze gesetzt. Das Maß der Tauglichkeit einer Einrichtung wird immer wieder die Pflanze sein, die bei gutem Gedeihen anzeigt, daß die gewählte Schutzmöglichkeit ihren Ansprüchen gerecht wird.

Nicht begehbare, teilweise provisorische Schutzmöglichkeiten

Glasplatten, Cloches

Die einfachste Schutzmöglichkeit bieten Glasplatten, weniger geeignet sind wegen ihres geringen Gewichtes (sturmanfällig), Kunststoffplatten, die leicht schräg, durch Steine, Drahtarme und ähnliches gestützt, empfindliche Pflanzen zur Blütezeit, zur

Zeit der Samenreife oder im Winter vor übergroßer Nässe schützen. In England sind Metallklammern im Handel, die es erlauben, aus zwei Glasplatten kleine Miniaturgewächshäuser, besser als Cloches bezeichnet, zusammenzustecken. Ähnliches kann im Eigenbau aus Draht gebastelt werden. Eine andere rasche Hilfe sind durch breite Klebebänder verbundene Glasscheiben, die giebelartig über die zu schützenden Pflanzen gestellt werden.

Das geschützte Beet

Sehr gute Erfolge habe ich in geschützten Beeten erzielt. Sie wurden, weil sie dann gut zu bearbeiten sind, 135 cm breit gewählt. Die Randeinfassung wird mit Randsteinen (entweder 100 × 25 cm oder 33 × 10–12 cm groß) durchgeführt. Die Substrattiefe dieser Beete soll im Hinblick auf kleine Sträucher oder großzwiebelige

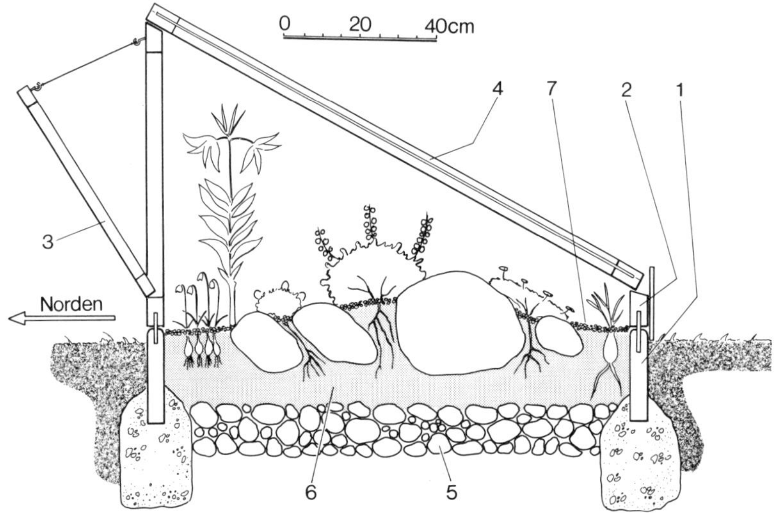

Geschütztes Beet

1 Kantensteine aus Beton, 25/5 cm in Betonfundament.
2 Holzrahmen, durch Stahlstifte im Kantenstein befestigt, mit Anschlag aus Flacheisen versehen. Alle Holzteile gehören mit einem Holzschutzsalz behandelt und dann zwei bis drei Mal gestrichen. Bei Vorhandensein eines Schweißgerätes wird dieser Rahmen günstigerweise aus Winkeleisen gefertigt.
3 Klappfenster (mit Hartplastik versehen). Sehr günstig erweist sich das Aufschrauben von zwei schmalen U-Schienen oben und unten und das Einsetzen von Polycarbonatplatten als Schiebefenster. Schiebefenster ermöglichen eine leichte Bearbeitung.
4 Norm-Mistbeetfensterrahmen aus Holz oder Metall, 100/150 cm. Durch Unterstellen eines Lüftholzes ergibt sich oben eine variable Lüftungsmöglichkeit. Im Sommer können die Fenster entfernt und durch Holzlatten-Schattenmatten ersetzt werden.
5 Rollierung. Soll das Eindringen von Wühlmäusen und Maulwürfen verhindert werden, so wird unter der Rollierung ein Drahtgeflecht eingelegt und im Fundament einbetoniert.
6 Kultursubstrat.
7 Schotterabdeckung des Beetes.

Die Seitenwände werden fix mit Hartplastik gedeckt, in besonders heißen Gebieten kann eine seitlich angebrachte Lüftung von Vorteil sein.

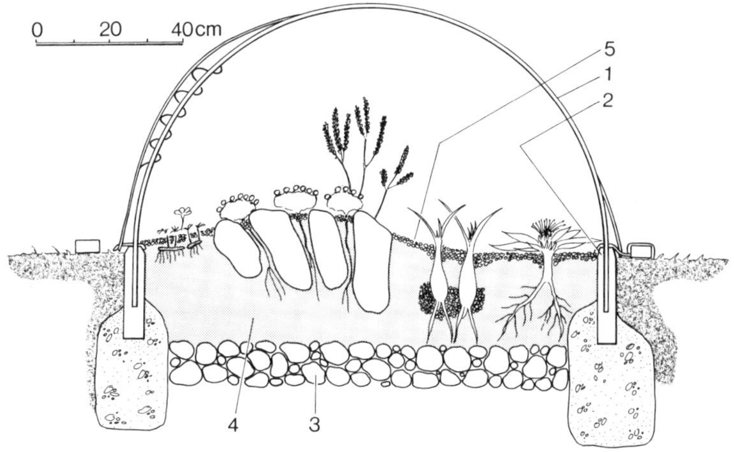

Geschütztes Beet mit Folie

1 Federstahlstab mit Plastikschlauch umhüllt, an der Basis Schelle zum Befestigen am Fundament und Haken zum Durchziehen der Spannschnur. Die Folie (dreijährige, UV-stabilisierte Polyethylenfolie) ist um 50 bis 60 cm breiter als die Bögen und wird zwischen den Bögen mit einem Dachlattenstück aufgerollt und beschwert.
2 Kantensteine aus Beton, 25/5 cm in Betonfundament.
3 Rollierung.
4 Kultursubstrat. Bei empfindlichen Pflanzen werden zusätzliche Schottertaschen eingebracht.
5 Schotterabdeckung des Beetes.

Die Seitenwände müssen aus Hartplastik ausgeführt werden. Die Abspannung der Bögen erfolgt nicht nach außen, sondern durch Abspreizen der Endbögen nach innen. Die Folie wird etwa 20 cm länger als das Beet abgelängt und mit Metallklammern an den beiden Endbögen befestigt. Die Lüftung des Tunnels erfolgt durch Hochschieben der Folie zwischen dem plastikschlauchumhüllten Bogen und der Spannschnur.

Frühjahrsblüher zwischen 20 und 25 cm Tiefe liegen. Darunter ist in jedem Fall eine Dränageschicht angebracht, die Wasser schnell zum Abziehen bringen soll. Sind im Garten oder in der Umgebung schlechte Erfahrungen mit Wühlmäusen gemacht worden, so ist die Einlage eines Gitters unbedingt zu empfehlen.

Der Schutz aus Glas (Mistbeetfenster der Normgröße 100 × 150 cm, dann das Beet 150 cm breit), Hartplastik oder Folie kann verschiedenartig aufgebracht werden. Im Fall von Mistbeetfenstern wird ein Holzrahmen gefertigt, die Abbildungen zeigen die beiden von mir praktizierten Möglichkeiten, auf denen die Fenster aufliegen. Hartplastik wird über Holzbögen oder Federstahlstäbe gelegt und durch Schrauben oder Schnüre befestigt. Die seitlichen Klappen ermöglichen die notwendige Lüftung. Folien, seien es nun Milchfolien oder transparente Folien, werden über mit dünnen Kunststoffschläuchen überzogene Federstahlstäbe gezogen und mit Schnüren befestigt. Die seitliche Befestigung erfolgt am besten nicht durch Eingraben, wie es früher im Erwerbsgartenbau üblich war, sondern durch Aufrollen der entsprechend breit zugeschnittenen Folie auf Dachlatten, die dann mit einem Stein beschwert werden. Damit ist eine jederzeitige Lüftung durch Hinaufziehen der Folie zwischen Grundkonstruktion und Niederspannung möglich. Die Endabspannung der Folie wird am besten durch teilweises Befestigen der Folie auf Holzendabschlüssen bewerkstelligt. Diese werden, da der Platz außen ja meist fehlt, nach innen mit einer Latte abgespreizt.

Geschützte Beete können auch mit einem beweglichen Hartplastikschutz versehen werden, der jederzeit hochgestellt werden kann. Der Winterschutz kann, wie ich es von einem sehr versierten Liebhaber kenne, durch Abdecken der Beete mit Polystyrolplatten und Abspannen mit Folie erfolgen. Solche geschützten Beete oder Pflanzflächen können auch von einer Mauer eingefaßt sein und in der Mitte Steinaufbauten tragen. Dies ergibt dann die Möglichkeit, Pflanzstellen für sonnen- und schattenliebende Besonderheiten zu schaffen.

Bulb Frame, Mistbeetkasten

Eine besondere Form des geschützten Beetes sind auch Zwiebel- und Knollenpflanzen-Beete, wie der in England vielgeschätzte *Bulb Frame.* Hier ist die Substrathöhe über dem Erdniveau angebracht, damit eine besonders rasche Austrocknung möglich ist, was bestimmte Zwiebel- und Knollenpflanzen lieben. Die Einfassung wird in England zumeist aus Bahnschwellen angefertigt, die hochkant gestellt werden. Bei diesen, von Mäusen besonders begehrten Pflanzen, ist auf den korrekten Einbau eines Maschengitters besonders zu achten. Sonst entspricht der Aufbau ganz dem der beschriebenen geschützten Beete: Dränage, Kultursubstrat, Abdeckschicht, hier eventuell etwas locker. Solche Bulb Frames sind durch Mistbeetfenster, häufig aber durch besondere verzinkte Konstruktionen geschützt, in denen Glasscheiben bewegt werden können. Diese Art des Schutzes ist bei höheren Schneemengen nicht brauchbar. Besonders günstig ist es natürlich, wenn man solche geschützte Beete an ein Gebäude oder eine Mauer anbauen kann. Dort ergibt sich zumeist unschwer die Auflagemöglichkeit für die Fenster, und die Kulturerfolge sind außerordentlich gut.

Ähnlich aufgebaut ist der Mistbeetkasten für die Kultur von nässe- und tieftemperaturempfindlichen Stauden und Zwerggehölzen. Die Wände sind unterschiedlich hoch, damit die aufgelegten Fenster dem Süden zugeneigt sind. Die Seitenteile und die Giebel die Mistbeetkästen sind aus Holz, isoliert durch aufgenageltes Styropor (nicht allzu langlebig) oder aus Beton ausgebildet. Im zweiten Fall empfehlen sich wegen der Dauerhaftigkeit zum Isolieren geschlossenporige, nicht wassersaugende Isoliermaterialien, z. B. Roofmate.

Während der Winterzeit werden die aufgelegten Fenster z. B. mit Luftpolsterfolie abgedeckt, die wiederum mit Läden oder Schattenmatten beschwert wird. Eigene Erfahrungen mit solchen Kulturräumen zeigten im extremen Winter 1984/85, daß bei Außentemperaturen von –19,5 °C in Augenhöhe (und mindestens –23 °C am Boden) so geschützte, aus Holz errichtete Kästen immerhin nur –11,5 °C erreichten. Die Schneedecke war damals mit knapp 6 cm eher sehr knapp bemessen. Die Seitenwände dieser Kästen bestanden aus nur 2,5 cm starken Brettern, benagelt mit 2 cm Styropor.

Während des Sommers soll die Möglichkeit gegeben sein, die Fenster hochlegen zu können, damit auch plötzliche Regengüsse nicht zu große Probleme bereiten. Außerdem können bei geschlossenen Fenstern – der Tag war eben noch trüb und kalt, plötzlich bricht die Sonne voll durch – keine Hitzeschäden auftreten. Auf die hochgelegten Fenster können die Schattenmatten gelegt werden. Der Zwischenraum zwischen Kastenkonstruktion und hochgelegtem Fenster sollte so groß sein, daß das Gießen mit dem Gießgerät oder mit der kleinen 4,5-l-Gießkanne mit dem langen Rohr ohne weiteres möglich ist.

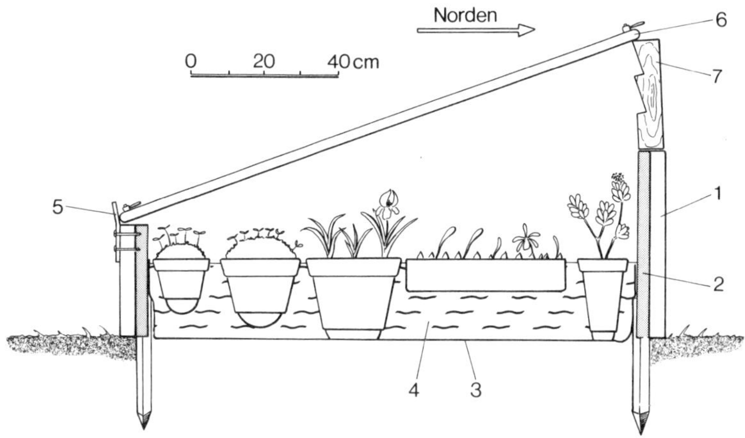

Der Mistbeetkasten

1 4,5 cm dickes Brett (Pfosten), nach Tunlichkeit druckimprägniert.
2 3 cm dicke Schaumplattenauflage (geschlossenporiges, nicht wassersaugendes Polystyrol).
3 Folie (verhindert das Eindringen von Wurzelunkräutern), sind Wühlmäuse zu befürchten, so sollte an dieser Stelle ein Gitter eingelegt werden.
4 Einfüttersubstrat (Torf, Torf-Sand, Rindenkompost und Sägespäne haben sich bei mir nicht bewährt).
5 Anschlag für das Fenster.
6 Verzinktes Stahlmistbeetfenster (teuer, aber sehr dauerhaft, schwer, braucht in windigen Lagen nicht beschwert werden).
7 Lüftungsholz.

Die gezeichnete Situation stellt das Frühjahr dar. Steigen die Temperaturen höher an, so muß auf jeden Fall schattiert werden. Die Fenster können zu diesem Zweck abgehoben werden, besser ist es jedoch, sie hochzulegen. Sie können dann immer liegenbleiben und plötzliche Regenschauer können den Pflanzen nichts anhaben. Auch ist die Pflege für eine Person möglich.
Einfüttern ist nicht immer notwendig. Verwendet man Plastiktöpfe, von denen eventuell sogar der Boden entfernt wird, so können diese nur auf Torf oder Sand aufgestellt werden.
Sehr leicht ist auch eine Anstaubewässerung einzuplanen, die diese Torf- oder Sandschicht befeuchtet. Das Wasser steigt kapillar auf, bzw. einige Wurzeln gehen in die Tiefe.
Im Winter wird der dargestellte Kasten mit Noppenfolie und Schattenmatten gedeckt.

Alle diese Vorkehrungen werden oft von anderen Bewohnern unserer Gärten zunichte gemacht. Hat man mit Vögeln, z. B. Sperlingen oder Amseln, oder Katzen seine liebe Not, so müssen alle diese Bulb Frames, geschützten Beete und Mistbeetkästen vogel- bzw. katzensicher ausgeführt werden. Dazu können einerseits Sechseckgeflechte (Kaninchengitter) auf Dachlattenrahmen aufgenagelt oder Vogelschutznetze verwendet werden. Beide hindern leider sehr bei den Kulturarbeiten. Der zusätzliche Schutz ist aber nicht zu umgehen, denn der Ärger mit umgewühlten oder zu Sandbadeplätzen gemachten Pflanzbeeten ist sonst groß, Schäden an den Pflanzen und ein Durcheinander der Etiketten nicht zu umgehen.

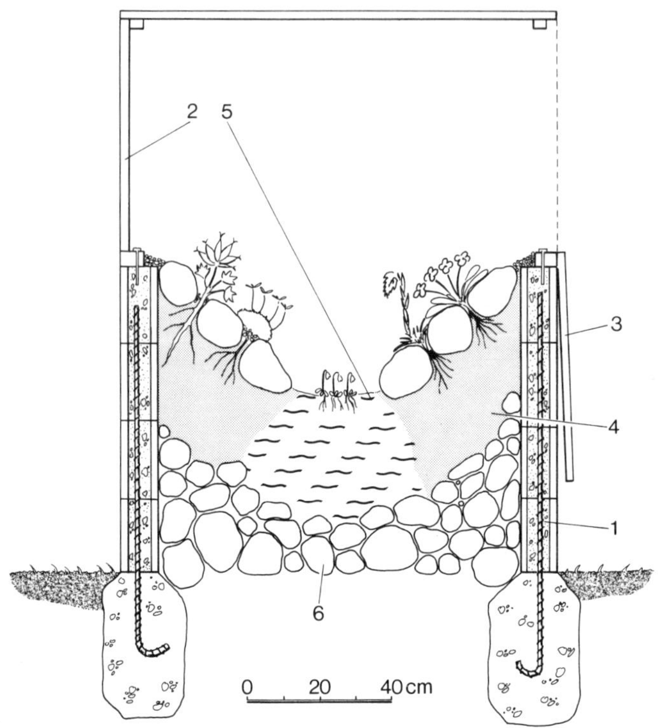

Geschütztes Hochbeet

1 Armierte Schalsteinwand auf Betonfundament, 80 cm hoch.
2 Holzrahmen, im Sommer mit Sechseckgeflecht (Amselschutz!), im Winter Hartplastikeinlage.
3 Holzrahmen, seitlich heruntergeklappt.
4 Kultursubstrat, durchlässig-schotterig, vor allem für kalkliebende Spaltenbewohner.
5 Torftasche für humusliebende Zwergstauden und -gehölze, darin eventuell Bewässerungsrohr eingelegt.
6 Rollierung.

Im geschützten Hochbeet gibt es durch die Vertiefung der Kulturfläche nicht nur eine Nord- und eine Südseite, sondern auch erhöhte Luftfeuchtigkeit, was von vielen Humusbewohnern sehr geschätzt wird. Diese elegante Kulturmöglichkeit kann, da sie sehr leicht bearbeitbar ist, vielfach variiert werden, so z. B. mit in der Mitte aufgeschichtetem Miniatursteingarten oder in der Mitte aufgeführter Trockenmauer. Die Einwinterung bereitet dann etwas mehr Probleme, da schneedrucksichere Gestelle aufgebaut werden müssen. Beim dargestellten Hochbeet werden die seitlichen Klappen im Winter heruntergeklappt und oben wird eine feste Abdeckung aus Mistbeetfenstern bzw. Läden angebracht.

Das geschützte Hochbeet

Eine besonders elegante Schutzmöglichkeit möchte ich als das geschützte Hochbeet bezeichnen. Von einer etwa tischhoch aufgeführten Ziegel- oder Betonwand gehalten erhebt sich das Beet, welches aber dann nach unten vertieft angelegt wird.

Dadurch gibt es am Grund feuchtere Stellen und geneigte Pflanzflächen in alle Himmelsrichtungen. Die seitlichen Vogelschutzrahmen werden bei der Bearbeitung hinuntergeklappt, der sommerliche Nässeschutz kann in Form einer Folie oder Hartplastikplatte oben aufgelegt werden. Ist die Lage sonnig, so kann ein Schatten gegen Westen, neben dem Schatten, den man oben anbringt, notwendig sein. Im Winter werden die Vogelschutzrahmen heruntergeklappt und das geschützte Hochbeet mit Läden oder Mistbeetfenstern eingewintert. Auch hier kann es, trotz der Substrattiefe, notwendig sein, ein Gitter gegen Wühlmäuse vorzusehen. Die Kulturergebnisse können sich in einem solchen vertieften und dadurch auch etwas luftfeuchteren Hochbeet sehen lassen, während an den tiefsten Stellen *Salix herbacea* und *Soldanella minima* ssp. *austriaca* gut gedeihen, bringen an den Wänden *Physoplexis comosa* bis 40 Blüten je Pflanze, blüht *Viola delphinantha* überreich, ganz zu schweigen von den vielen anderen Kostbarkeiten, die im Hochbeet des Altmeisters A. Cihlarz, Wien, prächtig gediehen.

Als schon begehbare Übergänge zum Alpinenhaus sei auf die Bepflanzung von Tuffwänden bzw. -mauern und auf die Überdeckung von Trockenmauerwällen hingewiesen. Beide Arten kenne ich nur aus England, wo engagierte Liebhaber sehr gute Erfolge mit diesen Kulturmöglichkeiten erzielen.

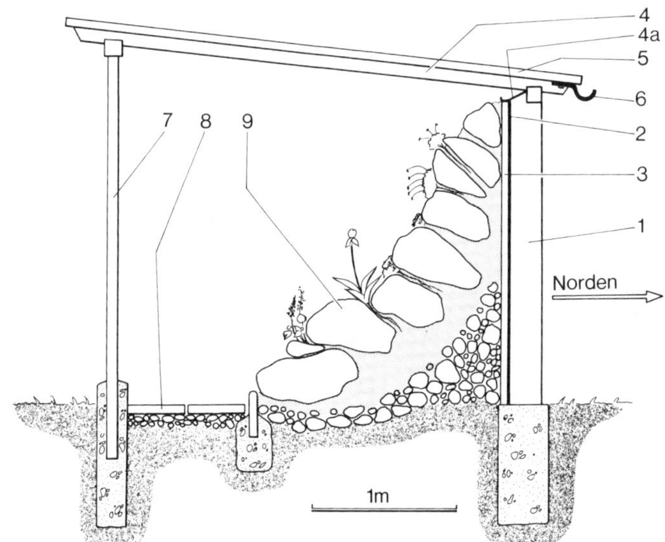

Tuffwand unter Schutz

1 Betonschalsteinwand, frostfrei fundiert.
2 Isolierung aus Alu-Dachpappe, heiß verklebt.
3 Roofmate.
4 Holzkonstruktion aus druckimprägniertem Holz, Schutzverblechung zum Abrinnen von Kondenswasser.
4a Blech hinuntergezogen, damit Kondenswasser ablaufen kann.
5 Well-Polyester.
6 Regenrinne.
7 Siederohr in Punktfundament.
8 Pflegeweg aus 40/40-cm-Platten.
9 Steinaufbau aus großen Tuffsteinen oder löcherigem Kalkstein: Löcher nach Möglichkeit durchbohren, damit die Pflanzenwurzeln das hinterfütterte Substrat erreichen.

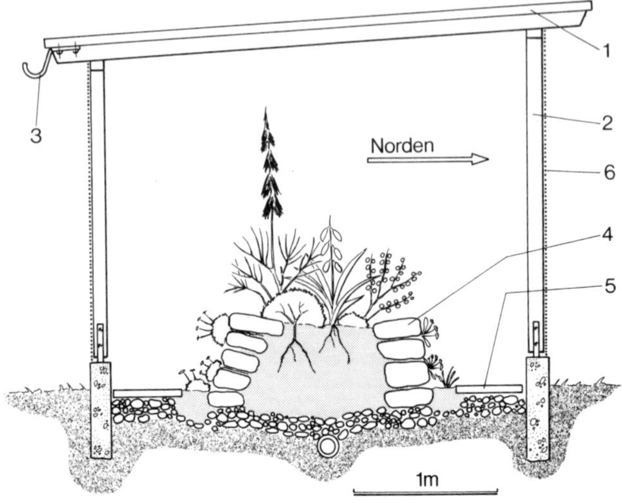

Überdeckter Trockenmauerwall

1 Deckung mit Well-Polyester.
2 Pergola-Konstruktion aus druckimprägniertem Holz auf Betonpunktfundamenten.
3 Regenrinne.
4 Trockenmauerwall mit vorgelagerten kleinen Pflanzstreifen.
5 Pflegewege aus Betontrittplatten 50/50 cm.
6 Gitter gegen Vogelschäden (Amseln, Sperlinge).

Bei den Tuffwänden wird Quelltuff, der ja ein bekanntes und bewährtes Material in der Alpinenkultur ist, zu sehr schrägen Mauern aufgetürmt, oder besser gesagt gemauert, in die dann die Pflanzen eingebracht werden. Den Regenschutz bieten hochgelegte Mistbeetfenster oder eine konstruktiv schon anspruchsvollere Glasdachkonstruktion, die es ermöglicht, vor der Tuffwand aufrecht zu gehen.

Die Überdeckung von Trockenmauerwällen mit großen, begehbaren Kontruktionen, die von oben Regenschutz bieten, ist in meinen Augen eine sehr elegante Möglichkeit, nässe-, aber nicht kälteempfindliche Pflanzen optimal zu pflegen.

Die beigefügten Zeichnungen geben nähere Hinweise zur Bauart beider Schutzmöglichkeiten.

Das Alpinenhaus

Während man in England allenthalben Kleingewächshäuser für die Kultur von Alpinen eingesetzt sieht, empfiehlt sich für unseren Klimabereich nur eine besondere Form, das *Erdhaus,* für die Kultur hochalpiner oder anderer Stauden und Gehölze. Bei einem Erdhaus ist der Gewächshauskörper etwa 1 m tief in die Erde eingesenkt, wodurch im Sommer eine größere Kühle und Luftfeuchtigkeit und im Winter ausgeglichenere Temperaturen resultieren.

Konstruktion

Werden Grundüberlegungen zum Bau eines Alpinenhauses angestellt, so erhebt sich gleich am Anfang folgende Frage: Soll nur der Weg im Alpinenhaus ausgekoffert werden oder koffert man das gesamte Volumen des Alpinenhauses aus? Beide Möglichkeiten sind selbstverständlich gangbar und bringen Vor- und Nachteile mit sich. Wird nur der Weg ausgehoben, so sind die ausgepflanzten oder mit ihren Töpfen im Einfüttermaterial eingesenkten Pflanzen wesentlich besser vor tieferen Wintertemperaturen geschützt, da der direkte Bodenschluß ständig nachgelieferte Wärme aus dem gewachsenen Boden mit sich bringt. Trotzdem möchte ich für das vollständige Ausheben des Alpinenhauses plädieren, da dadurch wertvolle Kulturfläche unter den Tischen gewonnen wird, die für die Kultur vieler hochinteressanter Pflanzen genützt werden kann. Die Tische können, falls tatsächlich öfter die Gefahr arktischer Temperaturen droht, unterseits und seitlich mit Herathan- oder Roofmate-Platten isoliert werden.

Eine weitere grundsätzliche Frage betrifft die Himmelsrichtung, nach der Giebel bzw. Dachflächen des Alpinenhauses schauen. Es ist auf jeden Fall zu empfehlen, ein Alpinenhaus mit seiner Längsachse in der Ost-West-Richtung zu orientieren. Die nordwärts gerichtete Dachfläche kann in diesem Fall bis in den März hinein fest abgedeckt bleiben, z. B. mit doppelter Luftpolsterfolie und Läden, da zu dieser Jahreszeit der Sonnenbogen sehr tief geht und bei unbedecktem Himmel die Sonne ungehindert durch die südlich gerichtete Dachfläche einfallen kann. Nach meiner Erfahrung kann man auch die beiden Giebelflächen ohne weiteres in wesentlich leichter zu isolierendem Mauerwerk ausführen, wenn das Alpinenhaus eine Länge von 5 m oder mehr, bei einer Breite von etwa 3 m, hat. Im Sommer ist das Lichtangebot so groß, daß in den meisten Fällen schattiert werden muß und im Winter scheint die Sonne, bedingt durch den tiefen Sonnenbogen, nur auf die südliche Dachfläche.

Von ausschlaggebender Bedeutung für die Brauchbarkeit eines Erdhauses für die Kultur heikler Hochalpiner ist die Funktion der Lüftung. Alpinenhauspflanzen benötigen im Sommer hohe Luftwechselzahlen, d. h. das Glashausvolumen soll in einer Stunde oftmalig ausgetauscht werden. Da wir gleichzeitig auch an einer erhöhten Luftfeuchtigkeit interessiert sind, ist das mit gewissen Schwierigkeiten verbunden. Sicherlich läßt sich ein optimaler Luftwechsel ganz einfach dadurch erzielen, daß die Glasflächen teilweise oder gänzlich zu entfernen sind. Trockenheitsliebende Pflanzen, z. B. bestimmte Blumenzwiebeln und -knollen oder *Dionysia,* sind aber dann den oft plötzlich hereinbrechenden Sommerregen ungeschützt preisgegeben. Aus diesem Grund empfiehlt sich diese Vorgangsweise nur für Teile eines Alpinenhauses, wo man weniger anspruchsvolle Pfleglinge unterbringen kann.

Günstiger beurteile ich das Hochstellen der Dachflächen, so daß im unteren Bereich eine breite Lüftungsmöglichkeit die Folge ist. Es darf nur so hoch gelüftet werden, daß die Wassermassen bei ergiebigen Niederschlägen nach außen rinnen, damit sie im Innern des Erdhauses keine Überschwemmung hervorrufen.

Noch zweckmäßiger finde sich die Kombination von Stehwandklappen und Dachfirstklappen, wie sie im konventionellen Gewächshausbau, aber auch bei Kleingewächshäusern üblich sind. Es ist allerdings zu bedenken, daß die Klappenzahl bzw. deren Fläche auf das doppelte Ausmaß vergrößert gehört. Es kann auch auf die Dachfirstklappen verzichtet werden, wenn die Dachhaut in einzelne Abschnitte (Mistbeetfenster) zerlegt ist und diese oben aufgelüftet werden können. Die Gefahr bei übermäßigen Niederschlägen ist dann nicht so groß, da der entstandene Spalt verhältnismäßig schmal ist und gerade über den Weg zu liegen kommt.

Für die Erhöhung der Luftfeuchtigkeit kann auch eine Lüftung unter den Kulturtischen erfolgen. In diesem Fall ist eine seitliche Stehwandlüftung nicht nur unnötig, sondern sogar schädlich, da die Luft, den Weg des geringsten Widerstandes wähend, im »Kurzschluß« durch das Alpinenhaus streicht. Zu diesem Zweck werden die handelsüblichen Kunststoffkellerfenster mit dem integrierten Vorbau verwendet. Der Auslaß der Luft erfolgt unter den Tischen. Dort kann man auch eine Besprühung des Bodens vornehmen, vorausgesetzt, daß unter den Tischen nicht schattenliebende und feuchtigkeitsmeidende Pflanzen, wie *Saxifraga arachnoidea* und *Jancaea*, kultiviert werden. In diesem Fall empfiehlt sich das Montieren von Halbkreisdüsen, die den Weg des Alpinenhauses bespritzen und nur auf eines der beiden Beete unter den Tischen reichen. Dort können dann feuchtigkeitsliebende Pflanzen gezogen werden, wie z. B. *Pyrola asarifolia* und *Shortia*. Dadurch, daß die warme Luft über die Firstklappen entweicht, wird ständig Luft durch die Untertischlüftungen nachgeliefert, die sich im unteren Bereich des Alpinenhauses mit Wasser anreichern kann.

Eine weitere Überlegung betrifft die Ausbildung der Tische für den Fall, daß man größere Mengen eher schatten- und feuchtigkeitsliebender Pflanzen ziehen will. Im jetzt leider wieder vernachlässigten Alpinenhaus des Botanischen Gartens Jena wurde auf dem Tisch in der südlichen Haushälfte eine Tuffmauer aufgebaut, deren Schatten die Kultur vieler empfindlicher Humusbewohner möglich machte; auf dem Nordbeet steht die Kultur der lichtbedürftigen Pflanzen. Viele lichtbedürftige Pflanzen richten ihre Blüten der Sonne zu, sie bewegen sich teilweise sogar im Tageslauf mit der Sonne mit, wie *Hymenoxys grandiflora*, oder sind fast ausschließlich nach Süden gestellt, wie *Lewisia tweedyi*.

Ich konnte diese Tatsache in meinem Alpinenhaus einmal sehr gut beobachten: Kreuzungsversuche zwischen den verschiedenen Farbformen von *Lewisia tweedyi* hatten zahlreiche Sämlingspflanzen ergeben, die im 8-cm-Topf auf dem Südbeet des Alpinenhauses eingesenkt wurden. Bei der ersten Blüte mußte ich etwas enttäuscht feststellen, daß die herrlichen Blüten alle vom Betrachter weg gerichtet waren. Erst größere Pflanzen bringen dann auch Blüten, die nach anderen Richtungen geneigt sind.

Die beigefügten Skizzen zeigen die Möglichkeiten der Lüftung und Beetgestaltung in einem Alpinenhaus, wobei aber der persönlichen Schöpferfreude keine Grenzen gesetzt sind. Am einfachsten ist es, heikle Pflanzen selbst über die Tauglichkeit eines Alpinenhauses entscheiden zu lassen. Leider kann man die so gewonnenen Erfahrungen erst beim Bau des zweiten Alpinenhauses verwerten.

Die Seitenwände des Alpinenhauses werden, sofern das Ausmaß nicht die Verwendung mit vorgefertigten Betonplatten erlaubt, mit sogenannten Schalsteinen ausgeführt. Bei 1 m Tiefe unter Niveau genügt ein Fundament von 25–30 cm Tiefe. Damit ein Verputzen nicht notwendig ist, sollte beim Aufbau langsam und sorgfältig mit Schnur, Lot und kleinen Holzkeilen verfahren werden. Der Einbau von einigen Torstahl-Steckeisen empfiehlt sich bei größeren Dimensionen. Die Außenseite sollte unbedingt mit Roofmate-Platten isoliert werden, vor der Außenseite soll eine 15–20 cm breite Rollierung in dem Fall vorgesehen werden, daß mit Hangwasser zu rechnen ist. Sind größere Wassermengen zu befürchten, so empfiehlt es sich, an der Basis der Mauer einen Dränschlauch einzulegen.

Die Dachkonstruktion des Alpinenhauses kann verschieden ausgeführt werden. Das hängt z. T. sehr von den handwerklichen Fähigkeiten des Erbauers ab. Mancher schafft es, in Holz Wunderdinge zu errichten, versagt aber bei der Metallbearbeitung. Der andere schweißt, lötet, nietet, daß es eine Freude ist und kann die einfach-

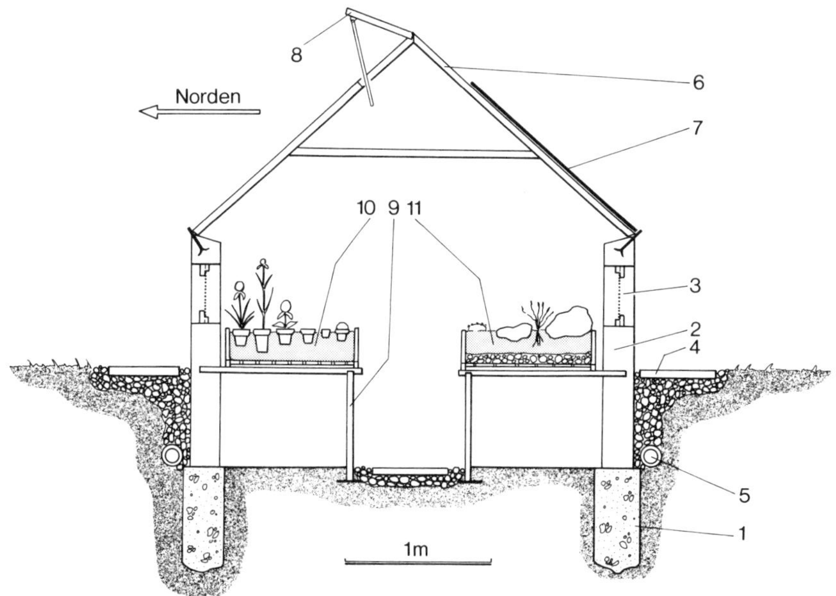

Alpinenhaus

1 Betonfundament auf frostfreie Tiefe.
2 Betonfundamentsteine.
3 Lüftungsfenster im Sommer mit Gitter gegen Amseln und Katzen, im Winter mit Hartplastik geschlossen.
4 Gehmöglichkeit zum Schattieren.
5 Dränage.
6 Gemischte Konstruktion Holz/Metall/Glas.
7 Holzrollschatten.
8 Lüftungsklappe am First.
9 Tischfüße aus Metall mit Bodenplatte.
10 Nordbeet zum Einsenken in Torf, Belag Dachziegel, Umrandung druckimprägniertes Holz.
11 Südbeet zum Auspflanzen.

ste Holzverbindung nicht ordentlich herstellen. Im Prinzip sind die folgenden Möglichkeiten gegeben:

1. Konstruktion vollkommen aus Metall (Stahl, Aluminium), Bedachungsmaterial in Kitt oder kittlos verlegt.
2. Konstruktion vollkommen aus Holz (am besten Lärche oder, wenn erhältlich, Sumpf-Kiefer = pitch-pine), Bedachungsmaterial ebenso wie oben in Kitt oder kittlos verlegt.
3. Gemischte Konstruktionen, z. B. Stahlskelett mit Holzsprossen, Bedachungsmaterial in Kitt verlegt oder Holzunterbau mit aufgelegten Metall-Mistbeetfenstern oder Metallunterbau mit aufgelegten Holz-Mistbeetfenstern.

Holzkonstruktionen sind zweifellos etwas empfindlicher und brauchen mehr Pflege als Metallkonstruktionen, doch müssen auch Stahlkonstruktionen gestrichen

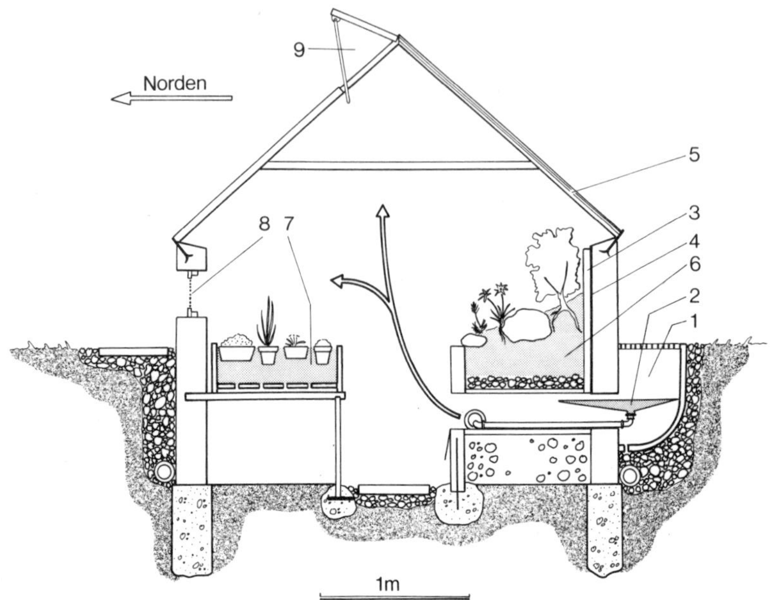

Alpinenhaus mit voller Südwand

1 Untertischlüftung, als durchgehender Gang ausgebildet oder aus Kellerfensterelementen.
2 Besprühung zur Erhöhung der Luftfeuchtigkeit.
3 Wärmedämmung aus Roofmate o. ä.
4 Nässe-Isolierung aus heiß verklebter Aludachpappe.
5 Holzrollschatten.
6 Südbeet mit der Möglichkeit des Auspflanzens, besonders von torfliebenden Pflanzen.
7 Nordbeet zum Einsenken in Torf, Tischstütze mit Platte, Dachziegel als Untergrund.
8 Lüftung mit spatzen- und katzensicherem Gitter, im Winter mit Fenstern zu verschließen.
9 Firstlüftung.

werden. Mancher verzichtet heute aus den bekannten Gründen auf Aluminium, obwohl es zweifellos gerade im Gewächshausbau besondere Vorzüge hat. Aber beim Bau eines Alpinenhauses müssen nicht so strenge Maßstäbe angelegt werden wie beim konventionellen Gewächshausbau, wo es überwiegend um beheizte Gewächshäuser geht.

Als Bedachungs- oder Bedeckungsmaterialien kommen Glas oder Kunststoffe in Betracht. Bei Glas müssen wir zwischen Gartenblankglas und Gartenklarglas unterscheiden. Gartenblankglas ist beidseitig eben und bietet von beiden Seiten freien Durchblick, Gartenklarglas ist ein durchscheinendes Glas, welches einseitig glatt gewalzt ist. Die andere Seite hat eine genörpelte Oberfläche. Durch die Nörpelung wird das durchgehende Licht etwas gestreut. Bei der Verglasung mit Gartenklarglas ist die glatte Seite nach außen zu verlegen. An Dicken wird für die Verglasung von Gewächshäusern zumeist 3,8 mm (doppelte Dicke, DD bei Gartenblankglas) oder noch stärkere Dicken verwendet. Für die Abmessungen der Scheiben gibt es Normen, die bei der Eigenkonstruktion von Alpinenhäusern ebenfalls berücksichtigt werden müssen. Dadurch wird unnötiges Zuschneiden bzw. Verschnitt vermieden. Die Normgrößen werden ab bestimmten Mengen zu günstigeren Preisen angeboten. Wichtige Normgrößen sind z. B. 48 × 180 cm, 46 × 144 cm, 60 × 174 cm und 60 × 200 cm. Für Normgewächshäuser werden bevorzugt die beiden letzteren Maße verwendet.

Bei Alpinenhäusern wird man auf die Verwendung von Ganzscheibenisoliergläsern (Sedo), verklebten Isoliergläsern bzw. Doppelverglasung mit zwei Einzelscheiben verzichten, da diese vor allem auf Einsparungen der Heizkosten bei beheizbaren Gewächshäusern angelegt sind.

Bei den Kunststoffplatten ist eine Vielzahl von Produkten auf dem Markt, die sich aber alle auf die vier wichtigen Gruppen zuordnen lassen:
- Polyvinylchlorid (PVC)
- glasfaserverstärktes ungesättigtes Polyester (GFUP)
- Polymethylmethacrylat (Agrylglas)
- Polycarbonat

Jedes dieser Materialien hat bestimmte vorteilhafte und nachteilige Eigenschaften. Im Gartenbau sind vor allem Hohlkammerplatten bzw. Doppelstegplatten im Gebrauch, wo zwei durch Stege auf bestimmte Abstände gehaltene Kunststoffflächen die Außen- bzw. Innenseite der Platte bilden. Am häufigsten werden Agrylglas und Polycarbonat verwendet. Agrylglas gibt es jetzt auch in UV-durchlässigen Qualitäten. Nachteil des Agrylglases ist die geringe Schlagfestigkeit, die bei Hagelunwettern unangenehm in Erscheinung tritt. Aus diesem Grund werden auch Spezialplatten mit Polycarbonat »gecoatet« angeboten. Polycarbonat ist besonders schlagfest und außerordentlich leicht zu schneiden oder sonstwie zu bearbeiten.

Beim Einbau aller Kunststoffmaterialien muß bedacht werden, daß diese wesentlich höhere lineare Wärmeausdehnungszahlen haben, d. h. bei Temperaturschwankungen deutliche Längenänderungen erfahren. Sie dürfen aus diesem Grund bei sachgemäßem Einbau nicht angeschraubt oder angenietet werden. Für die meisten häufigen Produkte gibt es sowohl untere Abschlußleisten als auch spezielle Sprossen aus Aluminium und Kunststoffabdeckleisten, die dieser Längenänderung Rechnung tragen.

Einrichtung

Ebenso wichtig wie das Haus selbst ist auch seine Inneneinrichtung. Ist das Alpinenhaus nur mit einem schmalen Mittelweg versehen, d. h unter den Tischflächen gewachsenes Erdreich, so ergeben sich für die Konstruktion der Beete keine besonderen Schwierigkeiten. Das Einbrechen des Erdreichs wird durch eine leicht armierte 10 cm starke Betonwand verhindert, oder es können auch 100 cm lange Betonkantensteine aufgestellt in ein 20 cm tiefes Fundament eingebracht werden.

Die Einsenkflächen für Töpfe sind im allgemeinen 20 cm tief, Kulturflächen zum Auspflanzen von Alpinen und Kleinsträuchern 30 cm tief zu planen. Diese Mächtigkeiten sind für eine problemlose Kultur erforderlich, ergeben aber bei der Konstruktion von freistehenden Tischen gewisse Probleme. Wird in Sand eingefüttert, wie es bei vielen Liebhabern üblich und sehr zu empfehlen ist, so muß man mit Quadratmeter-Gewichten von etwa 400 kg rechnen, ähnliche Werte gelten auch für Kulturbeete, die zwar tiefer, aber doch nicht so sand- bzw. steinreich sind. Werden die Töpfe in Torf eingesenkt, so erniedrigen sich die Quadratmeterbelastungen auf etwa 250 kg. In beiden Fällen sind also stabile Profileisenkonstruktionen notwendig.

Die Beine der Tische müssen unten mit einer Platte versehen sein und können eventuell in einem Punktfundament einbetoniert werden. Der vordere Abschluß des

Tisches sollte aus oben umgebörteltem, verzinktem Stahlblech, Asbestzementplatten und nur in Ausnahmefällen aus Holz angefertigt werden. Wird ein Holzabschluß gewünscht, so sollten die Bretter druckimprägniert sein, damit eine entsprechende Haltbarkeit gegeben ist. Besonders schön, aber auch teuer ist eine Beeteinfassung aus geschnittenem Naturstein, z. B. Travertin. In den Löchern dieses Steines können dann besonders empfindliche Spaltenbewohner einen Pflegeplatz finden.

Da jeder private Besitzer eines Alpinenhauses oft nur abends Gelegenheit hat, seine Pflanzen kurz zu inspizieren, sollte auf eine Beleuchtung des Alpinenhauses Wert gelegt werden. Meiner Erfahrung nach genügt eine 40- oder 60-W-Leuchtstofflampe auf 5 lfm Länge eines etwa 3 m breiten Alpinenhauses. So ist auch die manchmal notwendige Suche nach nur nachts fressenden Raupen kein allzugroßes Problem.

Um das Gießen im Alpinenhaus rasch abwickeln zu können – ich bin ein Verfechter des Gießens und Düngens mit einem der handelsüblichen Gießgeräte – ist ein Wasseranschluß im Alpinenhaus notwendig. Zum Ansetzen der Düngelösungen werden Kunststoffbehälter benötigt, die man abgedeckt, damit kein Schmutz und auch kein Licht hineinfallen kann, unter den Tischen aufstellt. Es kann auch nützlich sein, Regenwasser zu sammeln und es vom Fallrohr beim Haus mit einem Schlauch in mehrere kommunizierende Behälter im Alpinenhaus zu leiten. Dafür bietet der Handel spezielle Wasserfallen an, die am Fallrohr unschwer anzubringen sind. Die Entnahme des Wassers erfolgt am besten mit einer kleinen elektrischen Tauchpumpe. Man sehe u. a. aus diesem Grund eine Feuchtraumsteckdose im Alpinenhaus vor. Auch im Winter kann es notwendig sein, zu gießen. Bei der Planung des Alpinenhauses ist zu bedenken, daß es sich bei der Wasserleitung im Alpinenhaus um eine Sommerleitung handelt. Der Standort im Alpinenhaus ist auch zumeist der tiefste, deshalb ist dort eine Entleerungsmöglichkeit vorzusehen. Muß im Februar gegossen werden, so bereitet man einfach einen Kunststoffbehälter vor, in den einige große Gießkannen Wasser vom Haus geleert werden; das Ausgießen erfolgt mit einer 4,5-l-Kanne. Eine Kanne dieser Art wird auch für viele andere Tätigkeiten benötigt, so z. B. bei der Aussaat und Stecklingsvermehrung, und sollte in guter Qualität einmal angeschafft werden.

Bei hohen Lichtintensitäten und hohen Temperaturen ist es notwendig, Schatten zu geben. Dieser sollte, damit die Wärme außerhalb des Gewächshauses bleibt, auf die Außenhaut des Alpinenhauses plaziert werden. Im Frühjahr und Herbst ist, in Abhängigkeit von der Witterung, ein wechselnder Schatten von Vorteil. Dazu verwendet man Holz-Schattenmatten oder Kunststoffschattiergewebe. Kunststoffschattiergewebe ist sehr leicht und sollte unbedingt alle 2 m mit einer Holzleiste versehen werden, die das Gewebe auch bei windigem Wetter am gewünschten Platz hält. Bei Holz-Schattenmatten kann eine Imprägnierung mit einem guten Holzschutzsalz von Vorteil sein, diese Salze werden gestrichen oder getaucht und müssen drei Wochen am Holz fixieren. Für diese Zeit muß die Matte regengeschützt aufbewahrt werden.

Ist ein Alpinenhaus mit Tischen ausgestattet und besteht die Möglichkeit des Wässerns und des Schattierens, so kann mit der Kultur begonnen werden.

Die Pflege

Vorbemerkungen

Zur Pflege gehören Schattieren, Gießen, Umtopfen und vieles andere mehr. Alle diese Maßnahmen müssen in Zusammenhang mit dem Standort des Alpinenhauses, den darin gepflegten Pflanzen, dem möglichen Zeitaufwand für die Pflege und, nicht zuletzt, mit dem Pfleger gesehen werden. Es ist unmöglich zu sagen, daß um diese oder jene Zeit Schatten zu geben ist, da dies zum Beispiel davon abhängt, ab das betreffende Alpinenhaus in Norddeutschland oder im pannonischen Raum Ostösterreichs gelegen ist, die Substrate eher durchlässig und leicht austrocknend oder eher torfig sind, vor allem aber, ob der Pfleger überhaupt Zeit hat, um zehn Uhr vormittags zu schattieren. Aus diesem Grunde werden jene Freunde von Alpinenhauspflanzen, die sich auf den nächsten Seiten genau reproduzierbare Angaben erwarten, enttäuscht sein. Ich selbst habe in nur einem einzigen Alpinenhaus gegärtnert, wenn auch viele andere besucht und mit den Pflegern gesprochen, aber immer wieder erhielt ich andere Angaben auf bestimmte Fragen zur Pflege. Nur unsere Pflanzen können die richtige Antwort auf Fragen nach der Pflege geben: Sind sie gesund, gedeihen und blühen sie prächtig, so ist die unkonservativste Pflegemaßnahme richtig gewesen. Nur durch ständiges Beobachten seiner Pflanzen kann der Kultivateur die Richtigkeit seine Pflegemaßnahmen kontrollieren und wertvolle Erfahrungen sammeln.

Das Licht

Mit steigendem Sonnenstand nimmt die Kraft der Sonne zu, und es kommt der Zeitpunkt, an dem mit dem Schattieren begonnen werden muß. Am besten bewähren sich bewegliche Schattenmatten aus Holz, Schilf oder Metall, die außen auf dem Glas oder auf einer speziellen Konstruktion hinundherbewegt werden. Ist untertags jemand zuhause, so können die Schattenmatten je nach Sonnenstand und Bewölkung aufgerollt werden. In vielen Fällen wird das nicht der Fall sein, dann muß in der Frühe vor dem Gang zur Arbeit schattiert werden. Besondere Vorsicht ist nach einigen trüben Tagen im Frühjahr geboten. Das frisch herangewachsene Grün ist weich und wenig abgehärtet; wird das Schattieren übersehen, so kann es zu argen Verbrennungen kommen, die dann leicht Grauschimmelbefall zur Folge haben.

Bei Gewächshäusern, die in Nord-Süd-Richtung orientiert sind und etwas größere Stehwandhöhen besitzen, muß darauf geachtet werden, daß an Nachmittagen sehr viel Wärme durch diese Stehwände einfallen und die Pflanzen schädigen kann. In sehr heißen Gebieten kann es auch zielführend sein, mit einer guten Gärtner-Schattier-Farbe, die bei Regen durchscheinender wird, eine Grundschattierung durchzuführen. Diese modernen Schattierfarben lassen sich im Herbst leicht herunterwaschen und greifen auch moderne Materialien, wie Aluminium und Agrylglas, nicht an. Topft oder pflanzt man im Alpinenhaus etwas um, so kann es oft von Vorteil sein, diese Teile mit einem direkt auf die Pflanzen aufgelegten Schatten besonders zu schützen.

Die Handhabung des Schattens zur Winterzeit ist ein besonderer Punkt in der Pflege und erfordert viel Überlegung. Das Alpinenhaus ist in der Regel ein unbeheiztes Gewächshaus; um in einem solchen tiefe Temperaturen abzuhalten, wurde früher mit Strohmatten und Brettern (Läden) gedeckt. Diese Läden und Strohmatten wurden bei Kalthäusern früher teilweise aufgedeckt, während ganz kalter Perioden aber belassen. Dieses Verfahren der winterlichen Schattierung habe ich selbst nicht angewendet, kenne es aber vom Alpengarten im Belvedere in Wien und vom Alpinenhaus im Botanischen Garten Jena. In beiden Fällen werden die Häuser von etwa Mitte November bis Mitte-Ende Februar vollkommen abgedeckt gehalten, was ja auch den Bedingungen von vielen Alpinen unterm Schnee entspricht. Die Temperaturen im Haus sind dadurch tief, aber nicht schwankend; sie werden in Jena noch dadurch gesenkt, daß dort mit dem ersten Schneefall Schnee in das Alpinenhaus eingebracht wird.

Ich habe mich in der letzten Zeit gedanklich sehr viel mit diesem Problem befaßt und meine, daß für viele Pflanzen das Ausschließen dieser extremen Schwankungen im Winter sehr günstig ist. Versuche mit dem winterlichen Abdecken sind in extremen Gebieten, in denen die Alpinenhaustemperaturen unter –5 °C fallen, zu empfehlen. In weniger extremen Gebieten kann ich raten, die Pflanzen mit den modernen Spinnvliesen, z. B. Agryl PG 17, abzudecken. Diese sehr dünnen, licht-, luft- und wasserdurchlässigen Kunststoffvliese bieten trotz ihrer geringen Quadratmetergewichte einen guten zusätzlichen Schutz. Der Temperaturverlauf unter dem Vlies ist weniger extrem und Schäden an überwinternden Blättern können verringert werden.

Eine künstliche Belichtung von Alpinen wird zwar in einigen botanischen Gärten durchgeführt, dem Liebhaber kann das nur empfohlen werden, wenn er sich mit Hochalpinen des äquatorialen Afrika oder Südamerika befaßt. In diesem Buch werden solche Pflanzen nicht erwähnt, da ich mit ihnen keine persönliche Erfahrung habe.

Die Temperatur

Alpinenhäuser sind üblicherweise unbeheizt, will man aber besondere Pflanzen, wie mediterrane Orchideen, weniger harte *Pleione, Primula megaseifolia* u. ä. ziehen, so kann ein Abteil mit Temperaturen um 3–5 °C sehr gute Dienste tun. Heizen kostet aber in der heutigen Zeit viel Geld, und man soll die Anschaffung einer elektrischen oder anderen Heizung reiflich überlegen.

Extreme Temperaturen können durch das im vorigen Abschnitt erwähnte Verfahren des winterlichen Deckens mit Strohmatten und Läden vermieden werden. Die im Gartenbau bewährten Luftpolster- oder Noppenfolien sind ebenfalls gut geeignet. Sie werden mit den verschiedensten Vorrichtungen am Gewächshaus befestigt und nach dem Winter wieder abgenommen. Ihr Alter hängt von der eingestrahlten UV-Menge ab, aus diesem Grund sollten sie im Frühjahr nicht unnötig dem einstrahlenden Sonnenlicht ausgesetzt werden.

Winterliche tiefe Temperaturen bereiten in vielen Fällen nicht solche Probleme, wie hohe Sommertemperaturen. Damit die Temperaturen im Sommer nicht so hoch ansteigen, ist für ein Alpinenhaus ein gute Lüftungsmöglichkeit vorzusehen, bei der wahlweise die eventuell vorhandene Lüftung unter den Tischen, die Stehwand- und die Firstlüftung zu verwenden ist.

In einem Alpinenhaus sollte viel gelüftet werden. Trockene Zugluft kann die Vermehrung von Spinnmilben begünstigen. Aus diesem Grund sollte in den Lüftungen unter den Tischen und für die Fläche unter den Tischen und den Weg eine Besprühung vorgesehen werden, wenn solche Probleme wegen der heißen Sommer zu erwarten sind.

Wird nicht in einem Alpinenhaus kultiviert, sondern in einem Mistbeetkasten, so gelten dieselben Angaben. Während des Winters wird mit Noppenfolie und eventuell Läden vor zu tiefen Temperaturen geschützt, auf die Pflanzen kann man noch ein Vlies als zusätzlichen Schutz auflegen. Im Sommer müssen die Fenster abgenommen oder hochgelegt werden, die Schattenmatten müssen auch hier so aufgebracht werden, daß sie vor der tiefstehenden, aber noch sehr heißen Sonne des Nachmittags Schutz gewähren.

Das Wasser

Ob nun in aufgestellten oder eingefütterten Töpfen, oder auch ausgepflanzt kultiviert wird, in jedem Fall müssen unsere Pflanzen mit Wasser versorgt werden. Ich ziehe eine Bewässerung mit dem Gießgerät jeder anderen Bewässerungsart vor. Die guten handelsüblichen Gießgeräte liegen gut in der Hand und lassen sich, was besonders wichtig ist, schnell durch Loslassen eines Hebels absperren. Alle Gießgeräte, bei denen irgendein Hebel seitlich eine Verstellung des Wasserdurchflusses ermöglicht, sind nicht geeignet. Der Pfleger blickt auf seine Pflanze, er kennt sie, ihre Wasserbedürftigkeit und ihre Entwicklungszustand ganz genau, er weiß um ihre heimatliche Standorte, ihren jahreszeitlichen Wachstumsrhythmen.

Nur ein Gerät, daß eine genau dosierbare Wassergabe ermöglicht, ist für das Gießen im Alpinenhaus geeignet. Es stimmt nicht, daß viele Pflanzen nicht über das Blatt gegossen werden dürfen; es geht ohne weiteres in bestimmten Phasen des Wachstums, vorher oder nachher darf aber nur das Substrat befeuchtet werden. Die meisten Blüten vertragen ein Naßwerden nicht und reagieren darauf mit unschönen Verfärbungen. Aus allen diesen Gründen ziehe ich das Gießen mit dem Gießgerät, verbunden mit einem halbzölligen guten Gartenschlauch, angeschlossen an die örtliche oder Hauswasserleitung, allen anderen Gießmöglichkeiten vor.

Die Wasserbeschaffenheit sollte bekannt sein, sie spielt aber nach meiner Erfahrung keine entscheidende Rolle.

Ich hatte in meinen Alpinenhaus in Mauerbach nur Wasser mit 36 °dH zur Verfügung und gärtnere jetzt mit einem Wasser mit 22,5 °dH Gesamthärte, einem pH-Wert von 7,3 und einem Widerstand von 1500 Ohm, der auf einem hohen Gehalt (500 mg/l) von Sulfat-Ionen zurückzuführen ist. Auch mit solchen schlechten Wasserqualitäten ist es möglich, einen guten Kulturerfolg bei den meisten Pflanzen zu erreichen.

Einige Jahre habe ich meine Töpfe mit Gesteinssplitt abgedeckt. Das hat sich nicht sehr bewährt, da dann das Substrat nicht sichtbar und so die Entscheidung beim Gießen erschwert ist. Ich ziehe überhaupt etwas weniger steinreiche Mischungen vor.

Die einzige Alternative zum ständigen Gießen mit dem Gießgerät, auf dem wahlweise eine sogenannte Topf- oder eine normale Brause montiert ist, ist die Anlage von Beeten im Alpinenhaus, in denen mit Untergrundbewässerung gegossen wird.

Die größte Gefahr in der Untergrundbewässerung steckt in der Übertragung vom Wasser schwimmenden Schadorganismen, wie Bakterien oder Pilzsporen. Aus diesem Grund müssen solche Beete besonders sorgfältig überwacht werden, um bei einem Auftreten von Krankheitsanzeichen gleich eingreifen zu können.

Während eine erhöhte Luftfeuchtigkeit im Winterhalbjahr Schwierigkeiten bei weißfilzigen oder anders haarigen Pflanzen mit sich bringt, ist es im Sommer im kontinentalen Klimabereich oft schwer, die Luftfeuchtigkeit im Alpinenhaus zu erhöhen. Im Winter kann dem Übel nur durch Ventilatoren abgeholfen werden, da bewegte feuchte Luft weniger problematisch ist als stehende. Im Sommer muß unter den Tischen, am Hauptweg und, wenn dies möglich ist, auch in den Lüftungsöffnungen der Lüftung unter den Tischen gesprüht werden. Zu diesem Zweck werden einzöllige PVC- Leitungen verlegt, die in entsprechenden Abständen Voll- oder Halbkreisdüsen tragen. Es ist besonders wichtig, daß die Leitungen vollkommen waagerecht verlegt werden, damit die Düsen nicht nachtropfen. Tüchtige Bastler können auch eine Einrichtung zum Kurzzeitsprühen montieren. Dabei wird das Wasser über besondere Düsen auf die Pflanzen ausgebracht. Es wird aber so kurz gesprüht, daß das Wasser nie abrinnt, sondern nur durch die Verdunstungskälte die Blattoberfläche gekühlt wird. Diese Verfahren setzt außer bestimmten technischen Einrichtungen auch voraus, daß das Wasser einen sehr niedrigen oder keinen Härtebildnergehalt besitzt, da sich sonst auf den Blättern Krusten bilden.

Abschließend muß noch auf die Verwendung von Regenwasser hingewiesen werden. Regenwasser ist nur in den seltensten Fällen ideal. Leider bringt es die Luftverschmutzung mit sich, daß Regenwasser oft sehr niedrig im pH-Wert (dies kann allerdings auch durch die Passage des Wassers durch die Luft und die dadurch erfolgte Lösung von Kohlendioxid im Wasser bedingt sein) und teilweise auch reich an Trübstoffen sind. Zum Sammeln von Regenwasser benötigt man Behälter, die es gilt sauber zu halten, damit sich nicht dort bestimmte Krankheiten oder auch Schädlinge, wie z. B. Nematoden (Älchen), einnisten. Aus diesem Grund empfehle ich, mit dem Wasser aus dem öffentlichen Netz oder dem eigenen Brunnen zu gießen und Regenwasser nur im Freiland, z. B. bei Gemüse oder in Moorbeeten, zu verwenden.

Die Substrate

Wir verlangen von unseren Substraten bestimmte Eigenschaften, die ein einzelner Bestandteil in den seltensten Fällen alle besitzt. Aus diesem Grund werden immer wieder Mischungen empfohlen, zumeist in wechselnder Zusammensetzung und in Abhängigkeit von den zu pflegenden Pflanzen. Ich möchte zuerst kurz die erwünschten Eigenschaften unserer Substrate nennen, bevor ich über die eigenen Mischungen und andere berichte. Unsere Substrate müssen selbstverständlich frei von schädigenden Stoffen, Krankheitserregern und tierischen Schädlingen und deren Dauerformen sein. Wir verlangen ein großes Porenvolumen, wobei die kleineren Poren mit Wasser, die größeren mit Wasser und Luft gefüllt sind. Die Substrate müssen Wasser aufnehmen und halten. aber auch wieder an die Pflanze abgeben können. Selbst nach oftmaligem Gießen soll die Struktur noch erhalten sein, die Substrate sollen vergießfest sein. Trocknen sie aus, sollen sie leicht wiederbenetzbar sein. Nach Möglichkeit sollen sie auch eine hohe Sorptionskapazität besitzen, d. h. Nährstoffe aufnehmen und bei Bedarf der Pflanze zur Verfügung stellen können. Nicht zuletzt sollen die Substrate gegen die pH-Wertänderung einen Widerstand entgegenstellen, sie sollen eine hohe Pufferung besitzen.

Es liegt auf der Hand, daß diese vielen Anforderungen nicht von einem einzigen Substratbestandteil erfüllt werden können. Aus diesem Grund werden bestimmte Bestandteile zusammengemischt. Welche kommen vor allem in Frage?

Der *Weißtorf*, ein bewährter Pflanzstoff, ist bei grober Struktur sehr vergießfest, besitzt aber eine geringe Pufferung und Sorptionskapazität. Wird er trocken, läßt er sich schlecht wiederbefeuchten. Er enthält in einigen Fällen unangenehme Unkräuter, wie die Kröten-Binse (*Juncus bufonius*) oder den Kleinen Sauerampfer (*Rumex acetosella*), aber auch die äußerst unangenehme Trauermücke (*Sciara*), deren Maden durch ihre Fraßtätigkeit schädigen.

Der *Schwarztorf* besitzt im Vergleich zum Weißtorf ein geringeres Porenvolumen, eine geringere Vergießfestigkeit und ist besonders schlecht wiederbenetzbar. Dafür ist seine Kationen-Austauschkapazität und seine Pufferung höher.

Die *Komposterden* hängen in ihrer Qualität sehr stark von den Ausgangsmaterialien und der Behandlung ab. In vielen Fällen sind sie allerdings nicht frei von Krankheiten, Schädlingen und Unkrautsamen, hoch im pH-Wert und reich an unerwünschten Salzen, vor allem Sulfat. Sie sollten nur gedämpft verwendet werden, vor allem dann, wenn der Verdacht besteht, daß sie auch wahlweise saprophytisch-parasitisch lebende Pilze beherbergen. Diese Pilze, es sind dies z. B. manche Umfallkrankheiten, können lange auf verrottender organischer Masse leben, dann aber wieder Pflanzen befallen. Für sich allein sind Komposte im Alpinenhaus nicht am Platz, da sie auch gerne verschlämmen und eine Kruste bilden.

Tonreiche *Grunderden*, mit einem pH-Wert zwischen 6 und 7 dagegen sind ausgezeichnete Substratbestandteile, besonders wenn sie einen Winter durchfrieren konnten. Der in ihnen enthaltene Ton bringt eine bessere Pufferung und eine hohe Sorptionskapazität mit sich. Grunderden lassen sich leicht wiederbefeuchten, sie enthalten meist alle notwendigen Spurenelemente und verringern das Düngungsrisiko entscheiden.

Rindenkomposte, wie sie als Produkt einer Heißrotte von Nadelholzrinde, vor allem Fichten-, aber auch Kiefernrinde, anfallen, sind ebenfalls gut zu verwenden, doch muß vor ihrer Verwendung einiges bekannt sein. Beim Rindenkompost handelt es sich, im Gegensatz zum Torf, für den er vielfach als Ersatz empfohlen wird, um ein belebtes Substrat, in dem sich in jedem Gramm Millionen von Bakterien und Pilzen befinden. Diese binden vorhandenen Stickstoff mikrobiell ein, d. h. sie bauen ihn in ihr Eiweiß ein, so daß die Dosierung dieses Stickstoffs nicht leicht quantifizierbar ist. Rindenkomposte haben einen sehr hohen Mangangehalt und sind im pH-Wert zumeist zwischen 6,5 und 7,0. Rindenkomposte im Topfsubstrat bringen eine erhöhte Wasserdurchlässigkeit und ein oberflächlich immer trockenes Aussehen mit sich. Die Stickstoff-Fixierung spielt bei unseren Alpinenhauspflanzen keine so große Rolle, die erhöhte Wasserdurchlässigkeit aber schon. Aus diesem Grunde empfehle ich, mit kleinen Prozentmengen in den Substratmischungen zu beginnen und die Gehalte nicht über 30% zu erhöhen.

Außer diesen wichtigen Hauptbestandteilen von Substraten kennen wir eine Anzahl von recht wichtigen Zuschlagstoffen, die die verschiedensten Aufgaben erfüllen.

Styropor, auch als Porit im Handel, Polystyrolkugeln, besitzen geschlossene Poren, sorbieren keine Nährstoffe und belüften Substrate, machen sie vergießfester, verdünnen sie aber auch.

Hygromull, ein offenporiges Polykondensationsprodukt von Formalin und Harnstoff, ist stickstoffhaltig und kann Wasser aufnehmen. Es fördert die Wasserhaltekraft, aber nicht die Sorption. Hygromull baut sich bei pH-Werten über 5 mit

3–5%vol je Jahr ab, bei tieferen pH-Werten mit bis zu 15–20%vol. Vor der Verwendung muß es ausgelüftet werden, da es Formalin im Überschuß enthält. Ich streiche es außerdem durch ein Sieb, damit die Brocken für eine gute Durchmischung ordentlich zerkleinert sind.

Sand wird als Zuschlagstoff häufig verwendet, ohne daß bedacht wird, welche Änderungen des Substrates dadurch erreicht werden. Oft wird behauptet, daß Sand die Wasserdurchlässigkeit und die Belüftung erhöhe, was aber nicht stimmt, da er durch das hohe Volumgewicht die Poren zusammendrückt. Durch Sand kann aber die Wiederbenetzbarkeit eines Gemisches erhöht werden. Besonders muß vor Sanden gewarnt werden, die hohe Kalkgehalte besitzen. Selbst bei geringen Zuschlägen, z. B. 10 %vol, kommt es bei einem Kalkgehalt von nur 1% und einem Volumgewicht von etwa 1,5 kg je Liter zu einer Aufkalkung mit 1,5 Gramm Kalk je Liter Substrat. Aus diesem Grund müssen Sande absolut kalkfrei sein.

Auch *Blähton und -schiefer* kann in Substraten verwendet werden. Durch Beimischen wird das Porenvolumen erhöht, die Komprimierbarkeit verringert und die Struktur verbessert. Blähton besitzt aber keine Sorptionskapazität, kann also Nährstoffe nicht ein- und anlagern. Er findet auch in der Bauindustrie Verwendung und sollte für unsere Zwecke weniger als 0,25 g Salze je 100 g Blähton enthalten.

Perlite, auch Agroperl im Handel genannt, und *Vermiculite* sind ähnliche Produkte, sie dürfen nicht zu fein sein und sollten ebenfalls nicht zuviel Salze enthalten.

Ein letzter käuflicher Zuschlagstoff sei noch erwähnt: *Bentonitmehl,* ein Tongesteinsmehl, welches unter dem Handelsnamen Edasil erhältlich ist. Es enthält 50% des Tonminerals Montmorillonit und erhöht die Sorption und die Pufferung. Es wird in der Menge von 1–1,5%vol ins Substrat gemischt.

Ich verwende für alle meine Pflanzen mit Ausnahme der Moorbeetpflanzen die folgende Mischung, die jeder gerne ausprobieren kann:

40 Liter Weißmoostorf (Weißtorf)
25 Liter Grunderde, tonreich, pH-Wert um 6,2
60 Liter Rindenkompost, gut verrottet, fein
12 Liter Hygromull
12 Liter Perlite
12 Liter Quarzsand
100 g kohlensauren Düngekalk
200 g wasserlöslicher Volldünger mit Spurenelementen
6 Liter Bentonitmehl

Es ist dies eine eher gärtnerische Mischung, in der das Wachstum beinahe aller Pflanzen vortrefflich ist, und die ich, je nach Empfindlichkeit der zu pflegenden Pflanzen, eventuell noch mit Quarzitgrus, Schamotte oder natürlichem Lavatuff abmagere.

In Liebhaberkreisen wird häufig mit diversen Steinzuschlägen gearbeitet. Ein besonders begehrtes Material sind Abfälle von *Quelltuff,* einem zuerst weichen, später härtenden Material, welches unter der Erde, zumeist dort wo Hangwasser heraustritt, entsteht. Weitere Zuschlagstoffe sind *Dolomit- oder Basaltsplitt,* welcher für den Straßenbau verwendet wird und deshalb unschwer zu bekommen ist. Ich verwende gerne Dolomitsplitt bis etwa 20%vol in den Mischungen fürs Auspflanzen in Beeten im Alpinenhaus oder im Freiland, da die Substrate dadurch nicht so stark zusammenbacken. Die Löslichkeit des Dolomits ist nicht so groß, sodaß der pH-Wert nicht so extrem verändert wird, wie ich außerdem dem pH-Wert nicht diese Bedeutung zumesse. Ich kultiviere alle meine Pflanzen, gleich ob kristallin- oder kalkstete, in der oben angeführten Mischung, die etwa einen pH-Wert von 6 besitzt.

Aus der Kakteenliebhaberei stammt meines Wissens der erste Ansatz zur Verwendung von sogenannten mineralischen Substraten. Sie bestehen aus Lava-Naturschlacke, Bimskies, Schamottegrus, Ziegelsplitt, grobem, etwas angewittertem Granit (in Österreich wird der Weinsberger Granit verwendet), Basaltsplitt, einem guten Untergrundlehm und gewaschenem Quarzsand. Die verwendeten Mischungen variieren sehr, da sie einerseits von den Pflanzen abhängen, die gepflegt werden, andererseits sind die diversen Materialien nicht überall ohne weiteres erhältlich. So ist es in Ostösterreich nicht möglich, Lava-Naturschlacke zu erhalten, da der Import von mineralischen Grundstoffen einer komplizierten Genehmigung bedarf, die der einzelne nicht leicht erhält, selbst der Botanische Garten der Universität Graz konnte dieses Material nicht importieren und verwendet an Stelle von Lava-Naturschlacke Schamottegrus mit bestem Erfolg.

Viele Erfolgsmeldungen mit der Verwendung von Lava-Naturschlacke stammen aus dem Botanischen Garten Tübingen, wo A. Feßler sich sehr intensiv um die Verwendung dieses Materials bemüht. Da Kakteen und Sukkulenten mit wenig Nährstoffen ihr Auslangen finden, genügt bei diesen eine vier- bis fünfmalige Düngung mit Flüssigdüngern während der Wachstumsperiode. Unsere Alpinen haben, sollen sie kräftig wachsen, höhere Ansprüche. Diese können aber durch Streuen der modernen Dauerdünger erfüllt werden, deren es ja jetzt mehrere gibt: Nitrophoska permanent, Plantosan 4D, die verschiedenen Typen von Osmocote oder Plantacote. A. Feßler hatte gute Erfolge bei *Lewisia cotyledon* in 40–70 cm hohen Schichten von Lava-Naturschlacke und 30 g Dauerdünger je Jahr und m^2. Die Vorstellung, in vollkommen humusfreien Substraten kultivieren zu müssen, wird manche Liebhaber erschrecken. Erfahrungen im Botanischen Garten Graz haben gezeigt, daß der Zusatz von Torf bei manchen Pflanzen aber trotzdem sinnvoll ist, wenn es auch nur geringe Mengen sind. Es ist auf jeden Fall zu empfehlen, Versuche mit solchen sehr andersartigen Substratmischungen durchzuführen.

Sehr interessante Versuche in dieser Richtung betreibt M. Kammerlander im Botanischen Garten Würzburg und bei seiner Privatsammlung. Er pflegt sehr schwierige Pflanzen, vor allem *Dionysia, Androsace* usw., mit großem Erfolg in vollkommen humusfreien Mischungen. Auch die Stecklingsvermehrung wird zu diesem Zweck schon in Vermiculite durchgeführt. Probleme bereitet die Anfangsphase, bis die Pflanzen entsprechend tiefgehende Wurzeln ausgebildet haben, um die durch eine Art Anstaubewässerung in das Mineralsubstrat eingebrachte Feuchtigkeit zu erreichen.

Die Gefäße

Während vor 20 Jahren nur Ton- oder Holzgefäße angeboten wurden, findet sich heute auch die ganze Palette an Topfformen in Kunststoff gefertigt auf dem Markt. Zwischen einem Ton- und Kunststofftopf ist im Hinblick auf den möglichen Erfolg mit einer bestimmten Pflanze kein Unterschied. Beide sind jedoch verschieden zu behandeln, wenn es um die Pflege geht.

Tontöpfe haben nach dem Brennvorgang, in Abhängigkeit vom Ausgangston, eine feine Schicht von Alkalien auf der gesamten Oberfläche. Daraus erklärt sich der Rat, neue Tontöpfe vor der ersten Verwendung zu wässern. Prüft man nämlich den pH-Wert dieser feinen Schicht, so kommt man auf Werte um pH 11. Aus diesem Grund dürfen Moorbeetpflanzen und extreme Kalkflieher auf keinen Fall in ungewässerte neue Tontöpfe eingetopft werden. Tontöpfe sind am Anfang ihres Gebrauches sehr porös, nehmen Wasser auf und geben es wieder ab. Diese Fähigkeit verliert sich, wenn auch nicht zur Gänze, so doch etwas, mit der Verwendung. Pflanzt man im selben Substrat Pflanzen in Kunststoff- und Tontöpfe, so kann man beobachten, daß die Tontöpfe rascher austrocknen. Tontöpfe sind aber auch zerbrechlicher, sie können im Winter durch den Frost geschädigt werden, sie lassen sich schlechter stapeln und nicht zuletzt auch schlechter reinigen.

Ich dachte bei meinen ersten Versuchen auch nicht, daß es möglich sein könnte, rare Alpine, z. B. *Eritrichium nanum,* in Kunststofftöpfen zu kultivieren. Viele Versuche haben mir aber gezeigt, daß auch Raritäten in Kunststofftöpfen gut gedeihen. Die Substrate müssen aber den Töpfen angepaßt sein: Tontöpfe verlangen nach feuchtigkeitshaltigeren, Kunststofftöpfe nach schneller austrocknenden Mischungen. Aus diesem Grund ist es nicht möglich, beide Topfarten nebeneinander in einem Beet, mit derselben Mischung gefüllt, aufzustellen und darin zu kultivieren. Will man beide Topfarten in einem Alpinenhaus verwenden, z. B. kleinere Pflanzen in Kunststofftöpfen, größere Pflanzen in Tonschalen, so müssen beide Topfarten von einander getrennt aufgestellt bzw. eingesenkt werden.

Ich ziehe Kunststofftöpfe vor allem deshalb vor, weil man von ihnen mehr auf die Flächeneinheit unterbringen kann, was gerade bei den beschränkten Platzverhältnissen in Alpinenhäusern eine große Rolle spielt.

Nach meinen Erfahrungen ist es unter mehr kontinentalen Klimaverhältnissen nicht möglich, Tongefäße uneingesenkt, d. h. eingefüttert in Torf oder Torf-Sand-Gemischen, aufzustellen. Die aufgestellten Tontöpfe, wie wir sie von englischen Alpinenhäusern kennen, stehen in diesen Schauhäusern nur kurz und werden auch dort bald wieder in Kästen eingesenkt oder halb eingesenkt. Es gibt allerdings Gärtnereien in England – ich denke an die von Joe Elliott in Moreton-in-Marsh –, wo Tontöpfe uneingesenkt auf Kies in Beeten stehen. Doch sind das Ausnahmen, denn in einem solchen Fall muß regelmäßig bewässert werden können, da es sonst zu Schäden kommt. Der Liebhaber ist aber oft nicht zu Hause, und wenige Stunden heißer Sonne können bei uneingesenkten Tontöpfen schon schweren Schaden anrichten. Als ich früher, sowohl im Alpinenhaus als auch im Freiland, in Tontöpfen kultivierte, war meine Erfahrung im doch eher feuchten Voralpenklima des Wienerwaldes, daß eingesenkt werden muß. Da größere Mengen nicht eingesenkt werden können, ging ich dort den Weg der Kultur in viereckigen Kunststofftöpfen, die erst einzeln, später in kleinen Paletten, aufgestellt wurden. Im Alpinenhaus und in den Kästen wird bei mir überwiegend in Torf eingefüttert, doch einige Pflanzen werden in viereckigen Kunststofftöpfen gezogen und mit den Paletten aufgestellt.

Selbstverständlich gibt es noch andere Möglichkeiten als die Kultur in Töpfen oder Containern. Eine Übergangsmöglichkeit zum Auspflanzen ist die Kultur in größeren viereckigen Schalen, die meist aus Asbestzement gefertigt sind. Dieser Werkstoff ist nun aber im Gespräch, da er noch immer Asbestfasern abgeben soll. Als Alternative bieten sich dünnwandige Betongefäße an, die aber bald ein Gewicht erreichen, das sie sehr schlecht hantieren läßt.

Bei feuchtigkeitsliebenden Pflanzen, z. B. *Pleione,* sind auch Kistchen aus Holz zu empfehlen, die aber meist nur drei oder vier Jahre halten. In England sind sehr oft kleine trogähnliche Gefäße anzutreffen, die aus »Hypertufa« gefertigt sind. Es handelt sich um einen Torfbeton, der durch Mischung von einem Volumteil Zement bzw. Sand und zwei Volumteilen feingesiebten Torf hergestellt wird. Die drei Bestandteile werden zuerst trocken gut gemischt, dann befeuchtet und verarbeitet. Bei kleineren Gefäßen ist eine Armierung nicht notwendig, wenn die Wandstärke entsprechend stark gewählt wird. Größere Gefäße müssen mit Sechseckgeflecht (Kaninchengitter) oder Baustahlmattenabschnitten armiert werden. Nach dem Ausschalen kann noch eine Oberflächenbearbeitung durch Bürsten durchgeführt werden. Auch ein Anstrich mit Mager- oder Buttermilch kann gemacht werden, der Trog erhält so rascher die erwünschte Patina.

Eine weitere sehr schöne Möglichkeit, Pflanzen darzustellen, ist das Auspflanzen von Besonderheiten in löcherige Kalksteine oder in Kalktuff. Ich kenne bepflanzte Tuffsteine, deren einziger Schutz eine vorspringende Dachtraufe ist, und in denen verschiedene Raritäten ausgezeichnet gedeihen. In Weiterführung dieser bepflanzten Tuffsteine wurde an einigen Stellen die Tuffwand entwickelt, die bekannteste steht bei Roy Elliott in Birmingham. Sehr interessante Gestaltungen mit Tuffsteinen finden sich auch im Botanischen Garten Brünn.

Ganz am Schluß steht das Auspflanzen. Es ist in vielen Fällen eine ausgezeichnete Methode der Kultur von Pflanzen im Alpinenhaus, Hochbeet oder Mistbeetkasten. Über die technische Gestaltung solcher Beete wurde schon früher berichtet. Ausgepflanzt besteht immer die Gefahr, daß sich bestimmte Bodenschädlinge oder Pilze ungehindert ausbreiten können, darauf muß immer geachtet werden.

Das Umtopfen

Das Umtopfen von Raritäten ist immer eine gefährliche Phase im Leben einer solchen Pflanze. Für den Zeitpunkt kann man nur grundsätzliche Hinweise geben. Frühblühende Polster- und ähnliche Pflanzen werden am besten kurz nach der Blüte, mit beginnendem Trieb, umgepflanzt, da dann das Wurzelwachstum am aktivsten ist. Es ist mir allerdings selbst einige Male passiert, daß im Mai und Juni sommerliche Temperaturen auftraten und ich mit meinen frisch umgetopften Pflanzen große Probleme hatte. Später blühende Pflanzen werden im zeitigen Frühjahr umgepflanzt, Blumenzwiebel und -knollen verpflanzt man während der Ruhezeit, dabei ist zu bedenken, daß manche Arten ihre Wurzeln schon sehr früh treiben und dann nicht mehr gestört werden sollten.

Ganz kostbare Raritäten, die vielleicht auch noch heikel sind, können auch nach der Doppeltopf-Methode gezogen werden. Dabei wird die Jungpflanze mit ihrem ihr zu klein gewordenen Topf in einen entsprechend größeren Topf gepflanzt, vom kleineren Topf wird der Boden entfernt. Dafür eignen sich nur in Tontöpfen gezogene Pflanzen. Die Doppeltopf-Methode empfiehlt sich auch für besonders feuchtigkeitsempfindliche Pflanzen, die nicht begossen werden dürfen. Man pflanzt sie von Anfang an in sehr durchlässige Mischungen in einen kleinen Tontopf, der schon vorher zusätzlich unten und seitlich durchlöchert wurde. Diesen kleinen Topf füttert man in einem größeren Topf ein. Das Gießen erfolgt dann ausschließlich über das Einfüttermaterial des größeren Topfes. Es kann mit Torf-Sand-Gemisch, aber auch mit dem üblichen Substrat ausgefüttert werden. Diese Methode empfiehlt sich z. B. für *Dionysia, Androsace vandellii* und die diversen *Eritrichium*-Arten.

Nach dem Umtopfen empfiehlt sich in jedem Fall, öfters fein zu übersprühen und den Pflanzen extra durch Auflegen von Schattengewebe Schatten zu geben.

Die Düngung

Hochalpine Pflanzen durchlaufen unter Tieflandbedingungen meist zwei Vegetationszeiten in einem Jahr. Bedingt durch die hochsommerliche Hitze kommt es zu einer Scheinruhe, im Herbst wächst die Hochalpine wieder und kann sogar noch einige Blüten bringen, was wir uns aber gar nicht wünschen. Damit soll gesagt werden, daß extremes Hungern von Hochalpinen nicht der richtige Weg ist, zu optimalen Kulturerfolgen zu kommen. Genausowenig ist es aber unser Ziel, mit mastigen Pflanzen in den Winter zu kommen, da die erhöhte Luftfeuchtigkeit im Alpinenhaus zu einem erhöhten Grauschimmelbefall führt und zu mastig ernährte Pflanzen gerade gegen diese Krankheit äußerst empfindlich sind.

Im Alpinenhaus ist die herbstliche Abhärtung nicht so kräftig, die Temperaturen sind höher, und die Pflanzen realisieren spät, daß der Winter kommt. Im Frühjahr dagegen ruft die Februarsonne bereits erstes Wurzelwachstum hervor, und die Pflanzen beginnen zu treiben. Wie kann man die Düngung am besten an diese Bedingungen anpassen?

Nach meiner Erfahrung eignet sich im Alpinenhaus die flüssige Düngung, kombiniert mit einem guten Dauerdünger, am besten für die Versorgung der Pflanzen. Ende Februar oder Anfang März kann das erste durchdringende Wässern notwendig sein, ich verwende dafür gleich eine Düngerlösung mit 0,5–1 g je Liter Wasser. Als Dünger kann es im Frühjahr ohne weiteres auch ein stickstoffbetonter, guter, wasserlöslicher Volldünger, mit Spurenelementen, sein. Anfang April streut man auf die nicht umzupflanzenden und ausgepflanzten Alpinen einen Dauerdünger, z. B. 20–25 g eines der im Substratteil genannten Dünger je Quadratmeter. Diese Gabe wirkt bei normaler Wässerung und Alpinenhaustemperaturen bis Mitte Juli. Ab Mitte August erhalten die Alpinen eine drei- bis viermalige Flüssigdüngung mit einem extrem kalibetonten Dünger aus dem Programm der vollwasserlöslichen Volldünger. Da oft erst im August oder September umgepflanzt wird, oder Sämlinge erst jetzt eingetopft werden, sollen Substrate nie große Mengen an Nährstoffen enthalten.

Selbstverständlich kann der Dauerdünger im Alpinenhaus bei den getopften Pflanzen durch eine mehrmalige Flüssigdüngung ersetzt werden. Kleine Töpfe lassen sich erfahrungsgemäß schlecht mit den gekörnten Dauerdüngern versorgen, unterschiedliches Wachstum kann beim Ausbringen von Flüssigdüngern gut ausgeglichen werden, man braucht ganz einfach nur etwas mehr dorthin ausbringen, wo es notwendig erscheint. Auch für diese Flüssigdüngungen eignet sich am besten ein gutes Gießgerät mit Momentabsperrhahn. Die Düngelösung wird in einem entsprechenden Gefäß bereitet und mit einer kleinen Tauchpumpe ausgebracht. Jede Beimischung von Düngern in den Wasserstrom ist teuer in der Anschaffung und oft gar nicht so exakt in der Ausbringung, wie man es erwartet.

Der Pflanzenschutz

Leider kommen auch bei den Pflanzen des Alpinenhauses eine große Anzahl von physiologischen Schäden, Virosen, Mykoplasmosen, Bakteriosen, Pilzkrankheiten und Schädlinge vor. Die folgenden Abschnitte sollen einen kurzen Überblick geben. In allen Fällen ist es zu empfehlen, bei Problemen, die nicht ohne weiteres zu lösen sind, das nächste Pflanzenschutzamt zu Rate zu ziehen. Es empfiehlt sich auch, mit einem Staudengärtner, der in nächster Nähe seinen Betrieb hat, Kontakt aufzunehmen; vielleicht ist dieser Fachmann in der Lage, weiterzuhelfen.

Physiologische Schäden

Physiologische Schäden haben sehr unterschiedliche Ursachen und prägen sich auch sehr unterschiedlich aus. Es ist deshalb außerordentlich schwer, in Form von Beschreibungen klare Anhaltspunkte für physiologische Schäden zu geben.

Am häufigsten findet sich bei unseren Pflanzen noch die *Chlorose,* die sich in der Zerstörung des Blattgrüns, zunächst an den jüngsten Blättern, und einem späteren Vergilben und Abfallen der Blätter äußert. Gründe für das Auftreten von Chlorosen können Trockenheit oder übermäßige Feuchtigkeit im Boden oder eine gestörte Nährstoffversorgung sein, etwa durch Kali- oder Magnesiummangel, Stickstoffdefizit, Eisen- oder Manganmangel und vor allem übermäßige Kalkanreicherung. Kalk kann das pflanzenverfügbare Eisen oder Mangan festlegen. Dies kann auch durch harte Gießwässer verursacht werden, wenn zuwenig Eisen oder Mangan in den Substraten vorhanden ist.

Eisenmangel kann durch wiederholte Anwendung eisenhaltiger Präparate beseitigt werden, es bieten sich Fetrilon und Sequestren 138 Fe an. Beides sind chelatisierte Produkte, d. h. das Eisen ist an einen Chelatbildner (EDTA, Ethylendiamintetraessigsäure) gebunden und dadurch unabhängig vom Kalkgehalt stets in Lösung.

Treten andere als Eisenchlorosen auf, so empfiehlt sich der Einsatz von Hortrilon, einem Mehrfachchelat, welches auch noch andere Spurenelemente enthält, oder Radigen, einem Mikronährstoff-Depotdünger.

Viruskrankheiten

Ab und zu treten leider auch bei Alpinenhaus-Pflanzen Symptome auf, die auf Virusbefall schließen lassen. Es sind dies mosaikartig hell- und dunkelgrün gefleckte Blätter (Mosaikkrankheiten), unnatürlich gekräuselte, verkümmerte oder eingerollte Blätter (Kräusel- und Blattrollkrankheiten), zusätzlich Wuchsstockungen und Zwergwuchs (Stauche-, Rosetten- und Verzwergungskrankheiten) oder grüne Blüten mit laubblattartigen und verkleinerten Blütenteilen (viröse Blütenvergrünung).

Ist der Befall durch Viruskrankheiten einmal eingetreten, so müssen die befallenen Pflanzen entfernt und vernichtet werden. Da die meisten Viren von Virusüberträgern (Vektoren), dazu gehören vor allem Blattläuse und andere saugende Insekten und Nematoden, übertragen werden, müssen die Bestände rechtzeitig und fortlaufend einer Bekämpfung der Vektoren unterzogen werden. Beim Stecklingsschnitt muß darauf geachtet werden, daß die Messer desinfiziert gehören (Einstellen in 60–70%igen Alkohol für 2 Minuten oder Abflammen der Messer nach Eintauchen in reinen Alkohol).

Mykoplasmosen

Es soll nur darauf hingewiesen werden, daß nach neueren Untersuchungen viele als Virosen angesehene Krankheiten bei Pflanzen auf den Befall durch Mykoplasmen zurückzuführen sind. Mykoplasmen stehen entwicklungsgeschichtlich zwischen Viren und Bakterien (ihre Stellung ist umstritten) und zeichnen sich bereits durch einen eigenen Stoffwechsel aus. Typische Mykoplasmosen sind Vergrünungen im Blütenbereich und Umbildungen von Blütenteilen in Blätter, aber auch gestauchter Wuchs mit rötlicher oder gelblicher Verfärbung der Blätter. Eine Bekämpfung ist auch hier nicht möglich, als Vektoren fungieren häufig Zikaden.

Bakterienkrankheiten

Bakterienkrankheiten sind ebenfalls sehr unangenehm, weil sie ebenfalls nur sehr schwer oder fast gar nicht bekämpft werden können. Bei *Primula allionii* konnte ich mehrere Male Bakterienkrebs (*Agrobacterium tumefaciens*), der sich durch rauhe krebs- oder kropfartige Wucherungen äußert, feststellen. Kranke Pflanzen müssen sofort vernichtet werden; Wurzelbeschädigungen und feuchte Kultur vermeiden.

Sehr unangenehm sind Bakterien-Naßfäulen, wie sie manchmal an den Zwiebeln von heiklen *Iris*, z. B. kleinwüchsigen Vertretern der Juno-Sektion, auftreten können. Auch hier müssen kranke Pflanzen sofort entfernt werden, es wird nur mehr von unten gegossen und wesentlich trockener gehalten. Bei manchen Pflanzen, z. B. *Delphinium nudicaule* und *D. cardinale*, können auch durch Bakterien bedingte Blattfleckenkrankheiten auftreten. Diese können durch Grünkupferspritzungen etwas eingedämmt, aber fast nie ganz zum Erliegen gebracht werden. Die Kulturführung muß trockener und den Pflanzen angepaßter durchgeführt werden.

Pilzkrankheiten

Sehr unangenehm ist das Umfallen der Keimlinge und Stecklinge unter braunschwarzer Verfärbung, oft auch Erweichung des Stengelgrundes und geschwärzten Wurzeln. Es handelt sich um die sogenannten Keimlings- oder Auflaufkrankheiten, auch Schwarzbeinigkeit oder Umfallen bezeichnet. Erreger sind verschiedene Pilze der Gattungen *Aphanomyces, Botrytis, Phytophthora, Pythium, Rhizoctonia* und *Thielaviopsis*. Sie werden zusammenfassend auch als Vermehrungspilze bezeichnet.

Vermehrungspilze können nicht durch eine, sondern nur durch ein ganzes Bündel von Maßnahmen verhindert werden. An erster Stelle steht die Hygiene bei Aussaat und Stecklingsvermehrung. Töpfe, Schalen und Kistchen müssen gesäubert und nachher desinfiziert werden. Zur Desinfektion eignet sich z. B. M & Enno Ter forte, aber auch andere Präparate. Auch die Stellflächen, wo Töpfe usw. aufgestellt werden, müssen mit M & Enno Ter forte abgegossen werden. Die verwendeten Substrate müssen gesund sein, besonders gefährlich ist zu wenig verrottete Komposterde. Bei kleinen Mengen Aussaatmaterials kann eine Dampfbehandlung der Ausweg sein, sonst ist es besser, Mischungen zu verwenden, die aus Materialien bestehen, die ohne Entseuchung verwendet werden können, da sie hochgradig keimarm sind.

Bei Aussaaten ist es wichtig, daß empfindliche Gattungen (z. B. *Aquilegia, Eucalyptus*) gebeizt werden. Man gibt pulverförmige Fungizide, z. B. Polyram Combi, im Überschuß zu und siebt, nach Schütteln des Säckchens, das überschüssige Pulver ab. Dazu braucht man ein feines Sieb; meistens eignet sich ein ausgedientes Teesieb vorzüglich. Bei ganz feinen Sämereien fügt man nur soviel Fungizid bei, daß sich ein Absieben erübrigt, z. B. bei *Ramonda* oder *Haberlea*.

Ich gieße alle meine Aussaaten und Stecklingsvermehrungen mit einer 0,1%-Lösung von Albisal ab, welches ich auch während des Auflaufens der Sämlinge wiederhole. Sehr gut bewährt sich eine Mischung von Previcur N 0,15% und Benlate 0,1%. Gegen die besonders bei Stecklingen häufigen Befälle durch *Phytophthora*- und *Pythium*-Arten empfiehlt sich ein Gießen mit Fonganil (Fongarid), Previcur N oder einem anderen wirksamen Präparat im Wechsel.

Ein dichter Stand der Sämlinge und Stecklinge, übergroße Feuchtigkeit und stehende Luft fördern den Befall durch Vermehrungspilze, deshalb soll eher weit gesät oder gesteckt, wenig gegossen und entsprechend gelüftet werden.

Als Ersatz für das oben erwähnte Benlate (Benomyl) kann Antracol, Ronilan oder Rovral gegen *Rhizoctonia* eingesetzt werden, die Mischung mit einem der oben erwähnten Präparate gegen *Phytophthora* und *Pythium* ist nicht möglich.

Selbst bei entsprechender Sauberkeit kann es zu Befall durch Vermehrungspilze kommen, die eine chemische Bekämpfung dann unerläßlich machen.

Auch bei einigen Hochalpinen bereitet uns die Wurzelbräune, *Thielaviopsis basicola*, große Probleme. Besonders betroffen sind meiner Erfahrung nach Primeln, *Cyclamen* und andere Primelgewächse, aber auch Stiefmütterchen (*Viola alpina, V. grisebachiana*). Die Pflanzen kümmern und welken, die Wurzeln sind gebräunt, wobei die Wurzelspitzen zuerst noch weiß sind. Ganz besonders wichtig ist bei dieser Krankheit die Verwendung von entseuchten Substraten, wobei sich der Zusatz von Bimskies, Lava-Naturschlacke oder Schamotte sehr bewährt hat. Eine chemische Bekämpfung ist schwierig, Gießbehandlungen mit Benlate bringen einen mäßigen Bekämpfungserfolg.

Auch erwachsene Pflanzen können unter denselben Symptomen absterben, wie sie bei den Vermehrungspilzen beschrieben wurden: der Stengelgrund oder Wurzelhals ist braunschwarz verfärbt, später sind auch die Wurzeln befallen, die erkrankten Pflanzen sind trocken- oder naßfaul und zeigen selten ein weißlichgelbes oder rötliches Pilzmyzel. Bei erwachsenen Pflanzen faßt man diese Krankheitsbilder als Fußkrankheiten zusammen. Die Schädigung erfolgt zumeist durch dieselben Pilze, wie sie bei den Vermehrungspilzen genannt wurden, zuzüglich Pilzen der Gattungen *Helminthosporium* und *Phoma*. Gerade im unbeheizten Alpinenhaus muß man bei einigen Pflanzen darauf achten, daß sie nicht zu feucht gehalten oder überdüngt werden oder das Substrat zu dicht lagert. Auch eine übergroße Düngung, vor allem mit Stickstoff, begünstigt Fußkrankheiten. Die Substrate sollten bei empfindlichen Pflanzen entseucht werden, besonders muß aber einer gewissen Quarantäne bei Neubezug von Pflanzen das Wort geredet werden. Zu diesem Zweck richtet man eine bestimmte Ecke des Alpinenhauses ein, wo alle empfindlichen Neuzugänge eingesenkt werden. Erst nach entsprechender Beobachtung werden sie ausgepflanzt oder an andere Stellen eingesenkt. Die möglichen chemischen Maßnahmen entsprechen denen bei den Vermehrungspilzen genannten.

Ebenfalls bei *Primula* und *Cyclamen* kann es zum Auftreten von Wurzel-, Knollen- und Stielgrundfäule, hervorgerufen durch *Cylindrocarpon radicicola*, kommen. Die Blätter und Blüten knicken am Stengelgrund unter schwärzlicher Verfärbung um. Wiederum spielen zu schwere, feuchte Substrate, übergroße Düngung und zu starkes Wässern eine wichtige Rolle als Begünstiger dieser Krankheit. Eine chemische Bekämpfung ist z. B. mit Benlate möglich.

Bei vielen Blumenzwiebeln kommt es zu wäßrig-weichen Stellen am Stengel, besonders am Stengelgrund, die Pflanze welkt und stirbt ab. Auf den kranken und abgestorbenen Pflanzenteilen entwickelt sich, vor allem im Frühjahr bei hoher Luftfeuchtigkeit im Alpinenhaus, ein weißes Pilzmyzel mit darauf entstehenden, zuerst weißlichen, später schwarzen Sklerotien. Diese Sklerotien sind Hyphenzusammenballungen des Pilzes, ausgesprochene Dauerformen, die in der Folge immer wieder zu Infektionen führen. Diese nicht nur bei Blumenzwiebeln auftretende Sclerotinia-Fäule ist außerordentlich schwierig zu bekämpfen, am ehesten noch mit Botrytis-Mitteln, wie Rovral und Ronilan, so daß sich sorgfältigste Pflege und humusarme Substrate besonders empfehlen. In manchen Fällen, so z. B. bei zwergigen *Iris* aus der Sektion Juno, empfiehlt sich ein Umstellen auf Bewässerung von unten, die auch gute Erfolge gegen die nach der Blüte auftetenden Grauschimmelbefälle der Blüten bringt, die in der Folge oft auf die Blätter und Zwiebel übergreifen.

Bei Auftreten von Blattfleckenkrankheiten, Falschem oder Echtem Mehltau, Rußtau oder den diversen Rostkrankheiten sollte der nächstgelegene Pflanzenschutzdienst um Rat gefragt werden. Wegen der vielfältigen Schaderreger und deren Bekämpfung ist es im Rahmen diese Buches nicht möglich, auch alle diese zu besprechen.

Große Probleme bereitet der schon oben erwähnte Grauschimmel, meist hervorgerufen durch *Botrytis cinerea* und andere Arten. Die erhöhte Luftfeuchtigkeit im Alpinenhaus führt zur Ausbildung einer zu dünnen Schutzschicht (Kutikula) auf den Blättern, leichte mechanische Schäden begünstigen das Eindringen des überall gegenwärtigen Pilzes und die Entwicklung von mißfarbigen, weichen und faulen Stellen, auf denen sich in der Folge der typische mausgraue Sporenrasen bildet. Auf den Blüten mancher Pflanzen kommt es zur Ausbildung von kleinen Flecken, den Pocken oder Stippen. Aber auch auf manchen Blättern treten typische Blattflecken, meist rundliche Flecken, auf. Die Gefahr ist im Alpinenhaus vor allem während der Winter- und Frühjahrszeit groß, wenn Licht mangelt, nicht entsprechend gelüftet werden kann und die Luftfeuchtigkeit der stehenden Luft hoch ist. Besonders gefährlich sind übermäßige Stickstoffdüngungen, besonders wenn es an Kali mangelt. Grauschimmel ist eine sehr typische Krankheit z. B. von *Primula allionii*, wo sie, wie auch bei vielen Blumenzwiebeln und -knollen, in der Folge einer Infektion der verwelkenden, aber recht wäßrigen Blüten auftritt und auf die ganzen Pflanzen übergreift. Bei Primeln hilft eine kalireiche Düngung, die Pflanzen widerstandsfähiger zu machen. Das Gießen sollte sehr stark eingeschränkt werden, eventuell soll nur von unten, und auch dort wenig, gegossen werden. Jeder sonnenreiche Tag sollte zum Lüften und zum Gießen verwendet werden. Immer so gießen, daß das Wasser sicher bis zum frühen Nachmittag abtrocknen kann. Erscheint das unmöglich, ist es besser nicht zu gießen. Erkrankte Pflanzenteile müssen sorgfältig und vor der Bildung der Sporenrasen entfernt werden, sie werden in einen Kübel getan und anschließend verbrannt.

Ist der Grauschimmel einmal im Gewebe, so hilft eine chemische Bekämpfung nur mehr wenig. Aus diesem Grunde muß bei erfahrungsgemäß empfindlichen Pflanzen, wie es *Primula allionii* ist, eine vorbeugende und wiederholte chemische Behandlung durchgeführt werden. Dies gilt auch für empfindliche frühjahrsblühende Zwiebeln und Knollen, die erfahrungsgemäß beim Abblühen und nach der Blüte besonders gefährdet sind. Die Erwerbsgärtner setzen fast ausschließlich Rovral und Ronilan ein, da diese Mittel keine Spritzflecken hinterlassen, diese einseitige Bekämpfung fördert aber das Entstehen von Resistenz. Aus diesem Grund sollte der Liebhaber auch Benlate, Euparen, Sumisclex und Tecto FL einsetzen.

Ist es über längere Zeit nicht möglich zu lüften, so kann das Umwälzen der feuchten Luft eine Verbesserung des Klimas im Alpinenhaus mit sich bringen und den Botrytisdruck senken. Immer wieder muß darauf hingewiesen werden, daß feuchte Mauern und Putze ebenfalls befallen werden können, darum ist Sauberkeit die allerwichtigste Vorbeugungsmaßnahme gegen Grauschimmel.

Tierische Schädlinge

Ameisen, Asseln, Ohrwürmer und Tausendfüßler können im Alpinenhaus und Kasten sehr unangenehm werden. Besonders die Rote Rasenameise (*Formica rufa*) ist durch ihre Bautätigkeit – ganze Töpfe werden ausgehöhlt – und durch ihre Ausscheidungen schädigend. Asseln, die sich vorwiegend von organischen Abfällen ernähren, fressen meist nur an sehr zarten Pflanzen, vor allem Sämlingen, schaden dabei unmittelbar kaum, können aber dadurch Pilzkrankheiten den Eintritt in das Pflanzengewebe ermöglichen. Ohrwürmer können, obwohl sie als Blattlausvernichter recht nützlich sind, durch Fraßschäden, vor allem an Blüten, unangenehm in Erscheinung treten. Echte und sicher nachzuweisende Tausendfüßlerschäden kenne ich aus meiner Praxis in Alpinenhaus und Kasten nicht.

Bis auf die Ameisen sind die anderen Lästlinge nachtaktiv, schon aus diesem Grunde lohnt es sich, regelmäßig mit der Taschenlampe eine Kontrolle des Alpinenhauses und seiner Pflanzen durchzuführen. Den meisten Schaden richteten bei mir bis jetzt immer Ameisen an, aus diesem Grunde beachte ich jede Ameisenstraße mit großem Mißbehagen und führe eine chemische Bekämpfung durch. Sehr gut bewähren sich die Ameisen-Köderdosen, die in einem Sirup bestimmte Ameisengifte enthalten, die Ameisen tragen den giftigen Sirup in die Nester ein, dadurch wird das ganze Volk vernichtet. Bei Ameisen konnte ich auch beobachten, daß sie auf der Suche nach Nektar in bestimmten Blüten, z. B. bei *Lewisia cotyledon*, die Staubfäden und die Griffel abbeißen und dadurch jede Samenbildung verhindern.

Die Schäden von Asseln waren immer so gering, daß sich die Bekämpfung mit chemischen Mitteln nicht lohnte. Einige wenige Asseln lassen sich gut mit ausgehöhlten Kartoffeln anlocken, die dann morgens über heißem Wasser ausgeklopft werden. Bei Ohrwürmern kam es bei uns zu schweren Knospenverbissen bei verschiedenen Pflanzen, so daß ich, trotz der Nützlichkeit der Tiere, chemische Mittel einsetzen mußte. Die Tiere schädigen auch außerhalb des Alpinenhauses, so an *Verbena* und *Lantana* in den Sommerbepflanzungen um das Haus.

Verschiedene Nagetiere können während der Winterzeit im Alpinenhaus und Kasten schwere Fraßschäden anrichten. Blumenzwiebeln und -knollen werden aus den Töpfen geholt, frische Aussaaten ausgegraben und verzehrt, grüne Pflanzen abgenagt und teilweise gefressen bzw. zur Auspolsterung der Höhlen verwendet. Nach meiner Erfahrung treten sowohl die Feldmaus (*Microtus arvalis*), die Waldmaus (*Apodemus sylvaticus*), die Rötelmaus (*Clethrionomys glareolus*) als auch die berüchtigte Große Wühlmaus oder Schermaus (*Arvicola terrestris*) in Alpinenhaus und Kasten auf. Die Bekämpfung ist unbedingt erforderlich und wird am besten mit guten Fallen, die mit Apfelstücken, Nüssen, Käse und geräuchertem Fleisch bestückt sind, durchgeführt. Die vielfältige Beköderung ist notwendig, da meiner Erfahrung nach die Wühlmaus, jedenfalls in meinem Garten, eher mit Selchfleisch als mit Apfelstücken zu fangen ist, die Waldmaus dagegen Nüsse oder Äpfel vorzieht.

Im Gartenbau haben in den letzten Jahren Schäden durch zysten- bzw. gallenbildende Wurzelälchen (*Heterodera*-Arten bzw. *Meloidogyne*-Arten) stark zugenommen. Bei kümmernden Pflanzen sollte auf jeden Fall auch das Wurzelbild kontrolliert werden, bei zystenbildenden Nematoden finden sich an den Wurzeln kleine, weißliche oder gelbliche, rundliche Zysten, die zitronenförmig aufgeblähten, bereits abgestorbenen Weibchen mit Eiern oder Larven im Innern. Bei gallenbildenden Nematoden zeigen die Wurzeln knotige, unregelmäßig verformte Verdickungen. Bei jedem Verdacht ist die zuständige Pflanzenschutzdienststelle zu Rate zu ziehen.

Noch unangenehmer sind die Schäden durch freilebende, wandernde Wurzelnematoden (vor allem *Pratylenchus*-, aber auch *Paratylenchus*-, *Rotylenchus*- und *Xiphinema*-Arten). Sie äußern sich durch das Zurückbleiben der Pflanzen im Wachstum, bei stärkerem Befall kommt es zu teilweise knotigen, mit Wurzelbärten versehenen und sogar schwarzfleckigen Wurzeln. Der Nachweis ist nur dem Spezialisten des Pflanzenschutzdienstes möglich, der auch die entsprechenden Bekämpfungshinweise gibt. Einige dieser wanderden Nematoden sind auch in der Lage, bestimmte Viruskörper zu übertragen.

Immer wieder kommt es vor, daß bei Stauden Blattälchen (*Aphelenchoides*-Arten) auftreten. Diese kleinen Würmer dringen durch die Spaltenöffnungen ins Blatt ein, stechen mit ihrem Mundstachel die Zellen an und saugen sie aus. Die Blätter werden mißfarbig fleckig, die ältesten Blätter sind mehr befallen. Die Flecke sind zuerst glasig, dann gelblichbraun und schließlich schwärzlich, sie sind zumeist durch stärkere Blattnerven begrenzt, die die Tiere nicht überwinden können. Bei benetztem Blatt schwimmen die Älchen aber auf den Blattflächen weiter und können so andere Partien befallen, auch die nächstjüngeren Blätter. Die Bekämpfung ist außerordentlich schwer, da dem Liebhaber die Palette der Präparate fehlt. Mehrmalige Behandlungen mit Parathion (E 605) vor dem Abstecken sind zu empfehlen. Sind botanische Polster-Phloxe befallen, so empfiehlt sich der Ausweg über Wurzelschnittlinge.

Ähnlich unangenehm, doch noch schwieriger zu bekämpfen sind die Stengel- oder Stockälchen (*Ditylenchus*-Arten). Die Pflanzen sind gestaucht, die Stengel und teilweise auch die Blätter sind verkrümmt und verbogen und fleischig verdickt. Die oben angeführte Bekämpfungsmaßnahme gilt sinngemäß, eine Rückfrage im zuständigen Pflanzenschutzamt ist zu empfehlen.

Sowohl Blatt- als auch Stengelälchen können auch vom Liebhaber dadurch nachgewiesen werden, daß die verdächtigen Pflanzen fein zerkleinert mit Wasser versetzt werden. Die Älchen schlüpfen aus den Pflanzenteilen aus. Betrachtet man das überstehende Wasser in einem Glasröhrchen gegen einen dunklen Hintergrund bei seitlich einfallendem Licht (Tyndall-Effekt), so können die Älchen trotz ihrer geringen Größe von unter 0,5 mm gut an den schlängelnden Bewegungen erkannt werden.

Besonders unangenehme Besucher unserer Alpinen sind diverse Schnecken, die aber an ihren Schleimspuren und den Schabefraßstellen verhältnismäßig leicht anzusprechen sind. Wichtig ist auch hier die nächtliche Kontrolle oder ein Rundgang an einem trüben, regnerischen Tag. Die Köder, mit Metaldehyd oder Mercaptodimethur als Gift versehen, sollten möglichst fein sein, da dann die Lockwirkung größer ist. Wichtig ist die Dauerhaftigkeit der Köder, zumeist zerfallen sie bei Einwirkung von Wasser, und ihre Abschreckungswirkung (Repellent-) gegen Säuger und Vögel ist zerstört. Diese aber ist notwendig, um die Aufnahme durch Igel, Katzen und Hunde zu verhindern. Die Lockwirkung aller Köder erlischt nach etwa einer Woche.

Bei zugekauften Zwiebeln und Knollen sind häufig am Zwiebelboden Fraßspuren zu erkennen. In den mit braunem Fraßmehl erfüllten Fraßgängen kann man mit der Lupe die 1 mm langen weißlichgelben, glänzenden Wurzelmilben (*Rhizoglyphus echinopus*) erkennen. Sie werden von den Fachleuten als Sekundärschädlinge angesehen, sind aber für uns äußerst unangenehm, weil sie in Zwiebelpflanzensammlungen dann auf andere Arten überwandern und Pilzbefällen Tür und Tor öffnen. Zugekaufte Zwiebeln und Knollen müssen sehr sorgfältig untersucht werden, nach einer oberflächlichen Reinigung ist es am besten, sie einer Tauchbehandlung mit einem Parathion-Mittel (E 605) für 30 Minuten zu unterziehen.

Bei bestimmten Pflanzen, so bei Primeln und bei vielen Nelkengewächsen, treten regelmäßig Wurzelläuse auf. Die Pflanzen kümmern, sie können sogar welken, an den Wurzeln finden sich weißliche oder grünliche, oft mit weißen Wachsüberzügen versehene Blattläuse, die durch ihre Saugtätigkeit auch Pilzen den Eintritt in die Pflanze ermöglichen. Die Bekämpfung von Wurzelläusen ist außerordentlich schwierig. Einige Arten leben wirtswechselnd mit verschiedenen Pappel-Arten, wo sie die bekannten Blattstielgallen der Pappeln hervorrufen. Am meisten erfolgversprechend ist eine kombinierte Behandlung, wie ich sie bei starkem Befall bei meinen Primeln durchführen muß. Nach der Blüte, wenn sich die neuen Wurzeln bei den

Primeln bilden, werden die Pflanzen ausgetopft, der Ballen vollkommen ausgeschüttelt und die alten Wurzeln und auch die Sprossen soweit wie möglich entfernt. Wegen der bei Primeln immer wieder auftretenden Virosen sollten mehrere Messer verwendet werden, die immer wieder in 60%igen Alkohol oder Orbivet-Lösungen eingestellt werden. Günstig ist es auch, die Messer in hochprozentigen Alkohol zu tauchen und sie an einer Spirituslampe abzuflammen. Die so geputzten Pflanzen werden kurz in Diazinon-(Basudin) oder Parathion-(E 605)-Lösungen getaucht und dann wieder in vollkommen sauberes Substrat eingetopft. Während der ganzen Prozedur müssen selbstverständlich Gummihandschuhe getragen werden. Da die Läuse aber immer weiter zufliegen, muß bei starkem Befallsdruck in dreiwöchigen Abständen mit den oben genannten Mitteln oder anderen organischen Phosphorinsektiziden Gießbehandlungen durchgeführt werden. Besonders *Aretia-Androsace* sind gegen sommerliche Befälle von Wurzelläusen sehr gefährdet, es kommt dort auch zu Befällen mit normalen Blattläusen, die sehr tief im Polster sitzen und gerne übersehen werden.

Sehr unerfreuliche Schädlinge sind auch die Erdraupen (Raupen von *Euxoa-*, *Agrotis-*, *Triphaena-* und anderen Eulenarten), die am Wurzelhals, an den unteren Blättern, aber auch an Trieben, durch ihren Fraß schädigen. Hat man einmal Schäden durch Erdraupen sicher festgestellt, so muß man sich darauf einstellen, daß diese Schäden jedes Jahr wieder auftreten, da diese mit der Lage des Gartens zu tun hat. In meinem alten Garten hatte ich regelmäßig Schäden durch Erdraupen im Alpinenhaus, so an den Austrieben von diversen Blumenzwiebeln und -knollen, vor allem aber im Spätsommer an den diversen Alpenprimeln, bei denen gerne das »Herz« vollkommen ausgefressen wird. Bei geringen Befällen hilft das nächtliche Absuchen, nachdem man sich schon am Vorabend jene Stellen angemerkt hat, an denen frische Fraßspuren zu bemerken waren. Die Raupen fressen nur nachts und kehren bei Tag in ihre kaum weiter als 10 cm von der Fraßstelle entfernte kleine Erdhöhle zurück, so daß sie bei Topfpflanzen zumeist im Topf der geschädigten Pflanzen angetroffen werden können. Werden die Schäden größer oder ist die Gartenfläche so groß, daß nicht mehr alles so leicht des Nachts durchgesucht werden kann, so muß leider eine chemische Behandlung durchgeführt werden. Ich verwende zu diesem Zweck Köder, die ich nur in der Nähe von Schadstellen, aber nicht großflächig, ausbringe. Eine bewährte Mischung, die auch gegen die noch zu erwähnenden Schnaken-Larven und die äußerst unangenehmen Werren oder Maulwurfsgrillen hilft, besteht aus: 1 kg Weizenkleie, 10 ml E 605 forte, 100 g Haushaltszucker und etwa 1,5–2 l Wasser. Am besten geht man so vor, daß der Zucker in 1 l Wasser gelöst wird, dann setzt man das E 605 forte zu und gießt diese Mischung über die Kleie. Mit einem Gummihandschuh wird durchgemischt und soviel Wasser noch beigefügt, bis die Mischung grobbröselig wird. Die Ködermenge wird im Erwerbsgartenbau auf 500 m^2 ausgestreut. Ich verwende kleine verschließbare Plastikkübel mit gut abdichtendem Deckel, die nur für diesen Zweck Verwendung finden, und in denen die Mischung ohne auszutrocknen mehrere Tage aufbewahrt werden kann. Hat man geringe Befälle, so bereitet man kleinere Mengen. Da E 605 forte gewöhnlich nicht so leicht erhältlich ist, kann man natürlich auch die üblicherweise nur ein Zehntel so starken Parathion-Formulierungen für den Liebhaber, aber in der zehnfachen Aufwandmenge, verwenden. Bei einigen Eulenraupen im Alpinenhaus lohnt sich die Begiftung nicht, ich habe aber schon selbst massive Befälle im Kasten erlebt, wo mit dem Absuchen nichts mehr zu machen war.

Wie schon erwähnt, helfen die Kleieköder auch gegen die Werren oder Maulwurfsgrillen (*Gryllotalpa vulgaris*), die in Gängen im Boden hausen und von dort des nachts ihre oberirdische Fraßtätigkeit entfalten. Die Werren schaden aber auch durch ihre Fraßtätigkeit unter der Erde. Hat man nur wenige Tiere im Garten oder in den Steinbeeten (wie es bei mir der Fall ist), so kann man durch Einstäuben oder Angießen von Parathion-Mitteln (E 605 Staub, E 605 forte) in die Gänge die Tiere töten. Wird in der Nähe Gemüse gezogen oder will man den Gifteinsatz auf jeden Fall vermeiden, so kann man versuchen, die Werren mit eingegrabenen Dosen oder Bechern zu fangen. Zu diesem Zweck werden am Boden etwas gelochte Behälter (damit das Wasser abrinnen kann) so in den Boden versenkt, daß ihr Rand eben mit der Bodenoberfläche abschließt. Die Werren kriechen des nachts auf der Nahrungssuche herum und fallen in die Dosen oder Becher, die darum nicht zu flach und vor allem nicht zu breit sein dürfen. Werren können nämlich fliegen, wenn auch nicht gut; sind die Becher zu groß, können die Tiere herausfliegen. Werren geben ebenfalls Geräusche von sich, die aber nicht grillenähnlich sind, sondern an dumpfes Rollen mit der Zunge erinnern. Kommt es zur Nestbildung und schlüpfen die Hunderte Jungtiere aus, so kann es zu starken Schäden kommen, vor allem dann, wenn im Garten viel mit Mulch und Abdeckung gearbeitet wird, denn das lieben diese Schädlinge besonders.

Die Larven der Schnaken (*Tipula*-Arten und andere) sind vielen Liebhabern, aber auch Erwerbsgärtnern, unbekannt, obwohl große Schäden auf ihr Konto gehen. Die fuß- und augenlosen, sehr derben Maden sind bis 3 cm groß. Mit ihrem Mundstachel stechen sie Wurzeln, aber auch Triebe von Polsterpflanzen, an, saugen den Pflanzensaft auf und schaffen so Eintrittspforten für pilzliche Erreger. Die erwachsenen Tiere sind jene bekannten großen, mückenähnlichen Zweiflügler, die abends, meist mit etwas hängenden Beinen, in den Gärten herumfliegen. Die schwarzen Eier werden im Flug, meist aber unmittelbar an die Pflanzen abgelegt. Besonders Gärten in der Nähe von Bächen sind durch diesen Schädling gefährdet und aus eigener Erfahrung weiß ich, daß Schäden im Alpinenhaus oft auftreten. Eine Gießbehandlung mit Parathion-Mitteln oder das Auslegen des schon erwähnten Kleieköders führen zum Erfolg. Ein Absuchen ist fast unmöglich, da die Larven den Wurzelballen durchfressen oder im Schutz der Polster bleiben und selbst nachts nicht verlassen.

Eine Gruppe von Schädlingen sind in den Liebhabergärten erst in den letzten Jahren in Erscheinung getreten und teilweise noch gar nicht als solche erkannt worden: die Trauermücken, verschiedene *Sciara*- und *Lycoria*-Arten. Es sind kleine, selten größer als 3,5 mm messende Mücken, die an sonnigen Tagen hüpfend über die Substratoberfläche tanzen. Die Einschleppung in die Gärten erfolgt entweder mit zugekauften Pflanzen oder durch den Weißtorf. Beim Öffnen mancher Weißtorfsäcke kann man das Ausschwärmen von Hunderten dieser Mücken beobachten, die als Larven in den Torf kamen und sich dort weitervermehrten.

Die Trauermücken haben an und für sich in der Natur die wichtige Funktion, verrottende organische Substanz weiter zu zerkleinern. Die Larven, weißlich mit schwarzem Mundstachel, etwa 4–6 mm lang, fressen diverse organische Stoffe und helfen so, Ordnung zu schaffen. Leider haben sich diese Tiere stark vermehrt und fressen jetzt auch Wurzeln, den Stengel von Sämlingen, Knollen und Zwiebeln verschiedenster Blütenpflanzen, auch fleischige Stengel diverser Pflanzen. Sie fressen sich in die Schnittfläche bestimmter Stecklinge hinein, lassen kein Wundgewebe aufkommen, bohren sich in den Körper von Kakteensämlingen oder fressen die Antheridien und Archegonien an der Unterseite der Prothallien unserer Farne ab.

Diese Aufzählung zeigt schon, daß die Schädigung sehr breit ist. Man ist tatsächlich gegen diese Tiere nicht gefeit, mußte ich doch feststellen, daß ich sie auch an meinen Zimmerpflanzen habe, die ich von Gärtnern mitnahm und sie bei mir im

Zimmer genauso unangenehm in Erscheinung treten. Die beim Gärtner übliche Vorbeugungsmaßnahme, dem Substrat ein Streumittel oder Granulat mit insektizider Wirkung beizumengen, würde ich dem Liebhaber nicht empfehlen. Besser ist es, erst dann mit einer Begiftung zu beginnen, wenn tatsächlich die Zahl der Tiere zu groß wird und die ersten Schäden durch die Maden auftreten.

Zur Feststellung der Anzahl der Tiere kann man im Alpinenhaus sehr gut beleimte Gelbtafeln verwenden, ähnlich denen, die im Obstbau für die Erstellung der Kirschfruchtfliegen-Warnung angewendet werden. Sind diese käuflichen Tafeln zu groß, so kann man ohne weiteres kleine Stücke schneiden. Sie werden mit einer Versteifung am oberen Rand versehen, eine Aufhängemöglichkeit wird angebracht und erst dann wird mit der Spraydose beleimt. Wie bei vielen anderen Spraydosen ist auch hier darauf zu achten, daß die Steigleitung der Dose nach dem Sprayen freigesprüht wird: auf den Kopf gestellt wird solange gesprüht, bis das reine Treibgas kommt. Die beleimten Tafeln werden möglichst knapp über die Pflanzen, vielleicht sogar in den Bestand, gehängt. Die Mücken werden von der gelben Farbe angezogen, fliegen hin und bleiben kleben. In den meisten Fällen genügt es, diese Tafeln aufzuhängen, da dadurch allein schon eine Bekämpfung der Trauermücken möglich ist. Muß man aber feststellen, daß die Zahl der Tiere bereits zu groß ist, dann helfen die Tafeln und der Leim der französischen Firma Soveurode nichts mehr, und man muß begiften.

Die Begiftung ist äußerst schwierig, da immer Eier, Larven, Puppen und Imagines (Erwachsene) nebeneinander vorhanden sind. Am besten eignet sich noch eine Gießbehandlung mit Pyrethroiden, z. B. Decis, Diazinon (Basudin) oder Parathion (E 605) gegen die Larven. Die freifliegenden Tiere sollten durch Begasen oder Spritzen mit denselben Mitteln bekämpft werden. Dabei ist darauf zu achten, daß auch die Mauerbrüstungen unter den Stehwänden und auch die Flächen unter den Tischen behandelt werden, da dort viele der Tiere sitzen. Leider kommen, vor allem von den Flächen, die nicht durch eine Gießbehandlung begiftet wurden, immer wieder erwachsene Tiere nach, die immer neue Befälle verursachen.

Aus den angeführten Gründen bzw. Hinweisen über die Lebensweise der Tiere ist es verständlich, daß diesem Schädling ein besonderes Augenmerk zugewendet werden muß. Ich möchte deshalb empfehlen, Gelbtafeln auf jeden Fall im Alpinenhaus anzubringen, vor allem deshalb, weil auch Blattläuse und »Weiße Fliegen« von dieser gelben Farbe angezogen werden und auf den Leimtafeln kleben bleiben.

An den oberirdischen Teilen unserer Pflanzen im Alpinenhaus, Kasten und den anderen Schutzmöglichkeiten kommen leider ebenfalls eine große Zahl von verschiedenen Schädlingen vor. Besonders unangenehm sind die Spinnmilben, die vor allem von hoher Lufttrockenheit begünstigt werden. Da Alpinenhäuser zumeist eher niedrige Konstruktionen sind, ist die Luft sehr trocken und auch die Zugigkeit groß, Zug fördert aber ebenfalls das Auftreten von Spinnmilben, da sie, auf ihren Fäden sitzend, durch ihn ins Gewächshaus getragen werden. So findet man die ersten Befälle immer in der Nähe von Türen oder Lüftungen. Die Blätter sind durch die Saugstellen weißlichgelb gefleckt, fahl und vergilbend, um schließlich abzusterben. Vor allem auf den Blattunterseiten, bei starken Befällen aber auch über die ganze Pflanze reichend, finden sich die zarten Gespinste, unter denen die bis etwa 0,7 mm großen, grünlichgelben oder rötlichen Milben sitzen. Hat man Spinnmilben einmal kennengelernt, so ist es ohne weiteres möglich, sie mit dem freien Auge anzusprechen, besser verwendet man aber eine 10er-Lupe.

Sind Spinnmilben aufgetreten, so muß man neben der chemischen Bekämpfung auch für eine Verbesserung der Kulturbedingungen sorgen, die Pflanzen dürfen nicht zu trocken gehalten werden, vor allem sollte die Luftfeuchtigkeit erhöht werden. Dies geschieht durch Bespritzen der Wege und Flächen unter den Tischen, soweit dort nicht nässeempfindliche Pflanzen angepflanzt sind, wie z. B. *Jancaea heldreichii* oder *Saxifraga arachnoidea* sind. Sehr gut ist auch das Besprühen der Leibungen der Untertisch-Lüftungen. Zur chemischen Bekämpfung der Spinnmilben eignet sich vorzüglich das äußerst verträgliche Pentac, das allerdings erst nach einigen Tagen seine Wirkung zeigt. Verwendet man die amtlich zugelassenen Phosphorinsektizide für die Bekämpfung der Spinnmilben, so muß auf ständigen Wechsel der Wirkstoffe geachtet werden, da Metasystox (i), Basudin, E 605 und ähnliche Präparate zu Resistenzen führen, wenn ein und dasselbe Präparat zu oft hintereinander angewendet wird. Besonders wichtig ist es, darauf hinzuweisen, daß nicht der Wechsel der Präparate allein genügt, sondern daß die Wirkstoffe gewechselt werden müssen. Man achte darauf, welche chemische Substanz für die Wirkung eines bestimmten Mittels verantwortlich ist.

Die biologische Bekämpfung durch Raubmilben (*Phytoseiulus riegeli*) habe ich selbst noch nicht versucht, sie erscheint mir aber gerade bei Alpinenhauspflanzen sehr interessant und gut durchführbar.

Bei einigen Pflanzen des Alpinenhauses, so dem Zwergstrauch *Mitraria coccinia*, kommen leider auch Weichhautmilben bzw. Triebspitzenmilben vor. Die weißlichglasigen Milben sind teilweise sehr klein, können nur mit dem Mikroskop nachgewiesen werden und schädigen bereits in wenigen Tieren je Pflanze. Eine Bekämpfung ist ebenfalls sehr schwer, am besten eignet sich noch Thiodan, welches aber nur eindämmend und über 18 °C wirkt, außerdem in Österreich im Zierpflanzenbau nicht anerkannt ist. Leider kommen Befälle mit Triebspitzenmilben in den letzten Jahren immer häufiger auch im Freiland vor, so bei sommergrünen Gehölzen oder auf Balkonblumen, von wo sich die Einschleppung ins Alpinenhaus erklärt.

Zeigen Blätter und Blüten zuerst fahle oder hellgelbe, später silberig schimmernde Flecken und erscheinen die Pflanzen im Gesamteindruck gesprenkelt (sie sind mit schwarzen Kotflecken verunreinigt), so besteht der Verdacht auf Blasenfuß (Thrips)-Befall. Die *Thysanoptera*, Fransenflügler (wegen ihrer gefransten Flügel) genannt, sind sehr bewegliche Insekten, deren Erwachsene schwarz oder bräunlich, der Larven gelb wirken. Beide Stadien saugen die Zellen leer, es dringt Luft ein, was die silberige Farbe erklärt. Die Zuwanderung der Thripse erfolgt zumeist im Laufe des Frühsommers, wo sie in manchen Gegenden vom Getreide abwandern und auf Zierpflanzen überwechseln. Da die erwachsenen Thripse, wie auch ihre Larven, zumeist sehr versteckt leben, ihr Vorhandensein äußerst sich oft nur durch die Weißfleckigkeit bunter Blütenblätter, ist eine Bekämpfung nur schwer und durch wiederholten Einsatz von chemischen Präparaten möglich. Eine gute Wirkung zeigen Pyrethroide oder Phosphorinsektizide. In den nächsten Jahren ist mit dem Auftreten des Amerikanischen Blütenthripses (*Frankliniella occidentalis*) in Alpinenhäusern zu rechnen.

Sehr unangenehme, da raschfliegende und dadurch gut bewegliche Gäste sind Blattwanzen (*Lygus-, Eurydema-, Eurygaster*-Arten). Die Ansprache ist oft schwierig, weil man die Tiere selten zu Gesicht bekommt, da sie sehr erschütterungsempfindlich sind und beim Herannahen des Menschen sofort flüchten. Durch die Saugtätigkeit an Blättern, Blütenknospen, Blüten oder Triebspitzen kommt es zu Verkrüppelungen. An den geschädigten Stellen finden sich eingesunkenen, braun werdende und meist zu Löchern aufreißende Stichstellen. Werden Korbblütler in der Knospe befallen, so fehlen die Zungenblüten einseitig und die Blüten sind auch sonst verkrüppelt. Phosphorinsektizide wirken gut, sollten aber am frühen Morgen ausgebracht werden, solange die Wanzen noch wenig beweglich sind.

In meinem Alpinenhaus treten häufig Schäden durch das Saugen der Larven der Schaumzikade (*Philaenus spumarius*) auf. An Stengeln, Blättern und auf kleinen Blütenknospen finden sich speichelartige Schaumhäufchen, welche die zuerst grünen, später bräunlichen Larven der Schaumzikade enthalten. Auch hier wirken Phosphorinsektizide gut. Eine chemische Behandlung kann unumgänglich werden, wenn vor allem junge Pflanzenteile befallen sind und es zu Verkrüppelungen und damit schweren Schädigungen kommt.

Besonders häufige Schädlinge sind die verschiedensten Blattlausarten, die sich auf Blättern, Trieben und auch in Polstern verschiedener Pflanzen einfinden. Der Zuzug erfolgt durch geflügelte Weibchen, die dann in rascher Folge lebende Junge gebären, wodurch es zu den bekannten Blattlauskolonien kommt. Da unsere Pflanzen Zucker im Überfluß, dafür aber wenig Eiweiß im Pflanzensaft enthalten, scheiden die Blattläuse den für sie überschüssigen Zucker wieder aus. Auf diesem sogenannten Honigtau kommt es zur Ansiedlung bestimmter Pilzarten, der Rußtaupilze, was zu einer weiteren Schädigung der schon durch die Saugtätigkeit der Läuse verkrüppelten Pflanzen führt.

Die Entwicklung einer einzelnen Laus zur Kolonie geht im Sommer sehr rasch vor sich, aus diesem Grund ist eine regelmäßige Kontrolle aller Pflanzen sehr wichtig. Blattläuse sind relativ einfach und mit einer großen Zahl von Mitteln zu bekämpfen. Um eventuell vorhandene Nützlinge zu schonen, verwende ich bei reinem Blattlausbefall das Aphizid (Blattlausgift) Pirimor-Granulat, welches nützlingsschonend ist. Ich konnte selbst schon beobachten, daß die ersten Läuse schon Vergiftungserscheinungen zeigten, Florfliegen und Marienkäfer aber ohne Probleme durch die Spritzbrühe »wateten«. Gilt es gleichzeitig freilebende Raupen, »Weiße Fliege« und ähnliche Schädlinge zu bekämpfen, so setze ich gerne Lannate 25-WP ein. Dieses Präparat bildet zwar deutliche Spritzflecken, hat aber einen besonderen Vorteil: Es ruft bei den Schädlingen einen Fluchttrieb hervor, der gerade bei den Blattläusen befallenen dichtpolsterigen Pflanzen einen großen Vorteil bringt. Die absterbenden Schädlinge verlassen die Polster, dadurch kann Fäulnis verursacht durch abgestorbene Läuse, verhindert werden.

»Weiße Fliegen« oder Mottenschildläuse haben in den letzten Jahren geradezu einen Siegeszug durch unsere Gärten angetreten. Sie finden sich auf den Zimmerpflanzen genauso wie auf Balkonblumen oder im Alpinenhaus. Besonders beliebte Wirte sind bestimmte Unkräuter, so das Franzosenkraut (*Galinsoga*-Arten) oder das Gemeine Kreuzkraut (*Senecio vulgaris*), aber auch der Hühnerdarm oder die Vogelmiere (*Stellaria media*). Aus diesem Grund darf man Unkräuter im Alpinenhaus, vor allem unter den Tischen, nicht dulden. Bei starkem Befall von »Weißer Fliege« kommt es zum Vertrocknen der Blätter, blattunterseits sitzen die zahlreichen, bei Berührung aufschwärmenden, etwa 2 mm langen, reinweißen, vierflügeligen Insekten und auch die schildlausähnlichen Larven. Die Tiere produzieren wie Blattläuse Honigtau, auf dem sich in der Folge Rußtau ansiedelt.

Die Bekämpfung der erwachsenen Tiere ist unschwer, sofern ein kurzer Abstand der Behandlungen eingehalten wird und der Zuflug von außen nicht zu groß ist. Es eignen sich viele Präparate. Ich verwende gerne die synthetischen und warmblütlerungiftigen Pyrethroide, wie Ambush, Decis, Sumizidin usw. Die Wirkstoffe sollten gewechselt werden, auch Phosphorinsektizide können hinzugenommen werden. Beleimte Gelbtafeln helfen mit, diesen unangenehmen Schädling niederzuhalten, sie sollten unbedingt in jedem Alpinenhaus aufgehängt werden.

Wäre es mir nicht selbst passiert, ich hätte es nicht für möglich gehalten: Aus Neuseeland erhielt ich mit einigen *Aciphylla*-Arten eine besonders großschildige und äußerst vermehrungsfreudige Schildlaus. Seit damals beobachte ich alle Neuankünfte mit besonderer Sorgfalt und richte so etwas wie eine Quarantäneecke ein. Die notwendig gewordene Bekämpfung wurde mit einer Mischung von 0,1% Paramaag Sommer, einem Weißöl, und 0,1% Lannate 25-WP durchgeführt. Diese Mischung verwende ich auch hin und wieder gegen »Weiße Fliege«, sie sollte aber nur nach vorheriger Erprobung an einigen Pflanzen durchgeführt werden, es könnte notwendig sein, die Konzentration von Lannate zu verringern. Auf keinen Fall sollte die bei Paramaag Sommer angegebenen Konzentrationen von bis zu 2% in Mischungen verwendet werden, das gibt arge Schäden. Diese Mischungen tötet meiner Erfahrung nach auch Larven von »Weißer Fliege« gut ab. Die Bekämpfung von Schildläusen ist, wie auch die von sehr selten im Alpinenhaus (winterharte Kakteen) auftretenden Schmier- bzw. Wolläuse, sehr schwer.

Ein in den letzten Jahren weiterhin sich stark ausbreitender Schädling ist der Gefurchte Dickmaulrüßler (*Otiorrhynchus sulcatus*) und andere Dickmaulrüßler-Arten. Die erwachsenen Tiere schädigen durch ihren halbkreisförmigen Reifungsfraß an den Blatträndern, aber auch durch Rindenfraß knapp über dem Boden. Noch unangenehmer sind die Larven, kleine Engerlinge, mit hellbraunem Kopf, aber ohne Beine, die meist zu mehreren im Substrat zu finden sind und Knollen, z. B. von *Cyclamen*, ausfressen, sich aber genauso in den Rosetten verschiedener Euaizoonia-Steinbreche finden und so *Saxifraga longifolia, S. cotyledon* und ähnliche Arten zum Absterben bringen.

Dieser besonders unangenehme Schädling ist außerordentlich schwierig zu bekämpfen. Weiß man auf Grund vorjähriger Erfahrung, daß ein Befall zu befürchten ist, so ist sogar ein Beimischen von Insektiziden zum Substrat notwendig. Man wende sich an das zuständige Pflanzenschutzamt und bitte um Auskunft. Gießbehandlungen sind eher unsicher, hier empfehle ich – zum ersten und letzten Mal – den Einsatz von Lindan-Präparaten (Nexit-stark, Gammamul und ähnliche), weil die Eier über eine so lange Zeit abgelegt werden, daß nur diese Präparate, einmal angewendet, ausreichend wirken. Selbstverständlich kann aber auch versucht werden, die Tiere durch Gießbehandlungen mit Basudin, Lannate25- WP oder E 605 zu bekämpfen. Diese Mittel wirken nicht so lange und müssen meist mehrmals eingesetzt werden.

Freilebende Raupen, Larven von Blattwespen (Afterraupen), Rüsselkäfer und verschiedene Blattkäfer, die je nach Art des Schädlings einen Rand-, Loch- oder Skelettierfraß durchführen, sind in jugendlichem Alter leicht mit einer Vielzahl von Präparaten zu bekämpfen. Handelt es sich nur um wenige Schädlinge, so empfiehlt sich das Absammeln, wobei allerdings zu beachten ist, daß viele dieser Schädlinge nur während der Nachtzeit aktiv sind. Auch sind die Tiere oft gegen Erschütterungen sehr empfindlich und lassen sich sofort fallen.

Treten im Alpinenhaus unbekannte Pflanzenkrankheiten oder Schädlinge auf, so ist es immer anzuraten, Muster an das zuständige Pflanzenschutzamt zu senden oder zu bringen und erst nach Einlangen des Untersuchungsergebnisses eine Bekämpfungsmaßnahme zu setzen. Keinesfalls verlasse man sich auf Angaben, die gemacht werden, weil »so etwas Ähnliches« dort auch aufgetreten sei! Zum anderen muß ich aus eigener Erfahrung sagen, daß eine Vielzahl von Schäden im Grunde physiologisch bedingt und mit irgendwelchen chemischen Spritzungen nicht zu beheben sind.

Vermehrung und Aufzucht

Vorbemerkungen

Wenn man einmal angefangen hat, sich mit der Kultur von empfindlicheren und seltener Pflanzen zu beschäftigen und damit natürlich viele Wünsche aufkommen, wird man bald bemerken, daß eine große Zahl von herrlichen Pflanzen leider nicht im Handel erhältlich ist. Andere sind hin und wieder, manche auch regelmäßig zu erhalten, aber nur in bestimmten, z. B. englischen, schottischen, amerikanischen oder japanischen Gärtnereien, von denen der Bezug von Pflanzen aus den verschiedensten Gründen nicht immer leicht ist. Verliert man nun eine solche, unter Mühen erworbene Pflanze, so ist sie sehr schwierig zu ersetzen. Aus all diesen Gründen ist eine Eigenvermehrung unerläßlich, vor allem auch deshalb, weil man nur bei eigener Vermehrung bestimmte Spezialgebiete sammeln kann. Man denke z. B. an die Vielzahl der als Samen angebotenen *Fritillaria*-Arten, die fast alle unschwer aufzuziehen sind, als Pflanzen selten oder nicht gehandelt werden.

Nicht zuletzt seien hier auch einige ungewöhnliche, teilweise von mir entwickelte und erprobte Verfahren vorgestellt, die die Vermehrung bestimmter Pflanzengruppen erleichtern oder erst möglich machen.

Die generative Vermehrung

Die generative Vermehrung ist bei der Kultur von heiklen Hochalpinen oder sonstigen Besonderheiten sehr wichtig, kommt es doch bei der Bildung der Geschlechtszellen zu einer Neuverteilung des Erbguts und in der Folge der Befruchtung zu einer Fülle von Neukombinationen. Dadurch können wir einerseits bei einer bestimmten Pflanze eine gewisse Variabilität, wie sie in der Natur gegeben ist, erhalten, andererseits aber auch immer wieder gartenwilligere Formen heikler Pflanzen gewinnen. So nützlich ich die ungeschlechtliche Vermehrung in manchen Fällen finde, bei unseren Raritäten im Alpinenhaus sollten wir so oft wie möglich die Samenvermehrung einsetzen.

Schwierigkeiten bei der Samenbildung

Bestimmte Pflanzen bilden in der Kultur keine Früchte und auch keine Samen aus. Die Gründe dafür sind vielfältiger Natur, es seien nur einige genannt. In einigen Fällen fehlen zur Zeit der Blüte, gerade bei den extrem frühblühenden Pflanzen im Alpinenhaus, die Insekten, welche die Bestäubung durchführen könnten. In einigen Fällen gibt es zwar zur Blütezeit eine reiche Insektenfauna, aber gerade die Gruppe, die eine bestimmte Pflanze bestäuben könnte, ist nicht vertreten.

Sehr häufig sind auch von seltenen Pflanzen nur durch ungeschlechtliche Vermehrung entstandene, vollkommen gleiche Klone in Kultur, was natürlich bei

Fremdbestäubern zu Problemen führen kann. Gerade bei der Gruppe von Pflanzen, die auf Fremdbestäubung angewiesen sind, tritt nämlich recht oft das Phänomen der Selbstunfruchtbarkeit, der Selbststerilität, auf.

Will man versuchen, durch künstliche Bestäubung Fruchtbildung und Samenansatz zu erzielen, so steht am Anfang das genaue Studium der Blütenbiologie der entsprechenden Art. Wann reifen die Staubbeutel, wann die Narben? Der Reifezeitpunkt liegt oft mehrere Tage bis über eine Woche auseinander. In manchen Fällen reifen die Staubbeutel vor den Narben, man spricht von Protandrie oder Vormännigkeit, ein günstiger Fall, da man den Pollen relativ gut aufbewahren kann, was später noch beschrieben wird. Ungünstiger ist der Fall der Protogynie oder Vorweibigkeit, besonders wenn die bestimmte Pflanze nur wenige Blüten gebildet hat. In manchen Fällen sind die Narben nur im Stadium der geschlossenen Knospe empfängnisbereit, wir kennen diese Tatsache von der Gattung *Magnolia*, und man muß bei Problemen der Bestäubung auch an diese Möglichkeit denken. Während bei einfach gebauten Blüten die genaue Betrachtung der Blüte schon genug Aufschlüsse über das Wie der künstlichen Bestäubung gibt, kann es bei kompliziert gebauten Blüten notwendig sein, eine oder mehrere Blüten zu zerlegen, um überhaupt einmal Klarheit über Lage der Staubbeutel und der Narben zu erhalten. Besonders wichtig sind diese Umstände dann, wenn bei bestimmten Pflanzen gezielte Kreuzungen, vielleicht sogar zwischen verschiedenen Arten durchgeführt werden sollen. In diesem Fall ist eine Entfernung der Staubbeutel (Kastration) und das anschließende Schützen vor weiteren Bestäubungen (Isolierung) unerläßlich.

Wie schon erwähnt wurde, kann Pollen vieler Pflanzen, am besten noch an den Staubbeuteln haftend, über längere Zeit aufbewahrt werden. Eben aufspringende Antheren werden mit einer Pinzette, eventuell mit einem Teil des Staubfadens, geerntet und an einem warmen Ort, am besten in einem Raum im Haus, aber ohne direkte Sonnenbestrahlung und Einwirken starker künstlicher Wärme, getrocknet. Die Trocknung dauert meist nur wenige Stunden, kann aber bei manchen fleischigen Antheren (bestimmte *Iris* oder *Lilium*) auch drei oder vier Tage in Anspruch nehmen.

Nachher gibt man die Antheren mit dem daran haftenden Pollen günstigerweise in Gelatinekapseln, wie sie in der Arzneimittelbranche Verwendung finden. Ich verwende Parke-Davis Snap-Fit Empty Gelatin Capsules der Größe 00, wie sie, manchmal mit einigen Problemen, über die Firma Capsugel AG, Engelgasse 11, CH-4010 Basel, Schweiz, bezogen werden können. Damit ein Luftaustausch mit der umgebenden Luft gewährleistet ist, sticht man mit einer Nadel Löcher in die Kapseln, durch diese Löcher geht erfahrungsgemäß kaum Pollen verloren. Das Aufbewahren der Gelatinkapseln mit den Pollen erfolgt in gut luftdicht zu verschließenden Behältern (Gläser mit Pfropfen oder Schraubdeckel) über einem Trocknungsmittel im Kühlschrank bei der üblichen Kühlschranktemperatur. Ich verwende als Trocknungsmittel Silicagel, bei dem durch das beigefügte Kobaltsalz der Feuchtigkeitsgehalt sichtbar wird: Blau ist trocken, werden die Stücken rosa, so ist wieder zu erhitzen bzw. ist der Verschluß des Behälters nicht dicht genug.

Nach Abschluß der Blühsaison können Restpollen auch im Tiefkühlfach oder in der Tiefkühltruhe gelagert werden, meine Erfahrungen beschränken sich allerdings nur auf wenige Gattungen, so daß Testversuche auf jeden Fall zu empfehlen sind. In manchen Fällen sind die schlechten Ergebnisse mit faktisch gefriergetrocknetem Pollen auf dessen zu geringen Wassergehalt zurückzuführen. In diesem Fall wird der zu Bestäubungszwecken benötigte Pollen in kleinen Glasschälchen über ein Wasserbad gebracht und mit einer Glasglocke bedeckt. Der Pollen darf niemals naß werden, da er sonst platzt! Über dem Wasserbad bildet sich, bedingt durch die Abdeckung, Luft mit erhöhter Luftfeuchtigkeit, diese Feuchtigkeit bringt die Pollen zum Quellen und sie können ohne weiteres zur Bestäubung verwendet werden.

Zur Verbesserung der Haftfähigkeit trockener Narben kann auch Narbensekret von anderen Blüten oder auch Zuckerwasser aufgebracht werden. In allen Fällen sind Lagerungsversuche mit Pollen erforderlich und nachfolgende Bestäubungen mit Kombinationen, die erfahrungsgemäß gut Samen bringen. Nur so kann tatsächlich überprüft werden, ob ein bestimmter Pollen sich nun lagern läßt oder nicht.

In den meisten Fällen läßt sich Selbstunfruchtbarkeit nicht so leicht überwinden, doch gibt es auch hier versuchswerte Wege, um doch Saatgut bestimmter rarer Pflanzen zu erhalten. Die Selbstunfruchtbarkeit wird in der Pflanze in vielen Fällen dadurch ausgelöst, daß Pollenschläuche und Griffelgewebe miteinander nicht verträglich sind (Inkompatibilität). Diese Inkompatibilität ist aber im Knospenstadium und kurz vor dem Abfallen der Blütenblätter bei manchen Pflanzen schwächer ausgeprägt, weil sie noch nicht aufgebaut oder schon wieder abgebaut ist. Aus diesem Grunde kann in manchen Fällen durch Knospenbestäubung oder Bestäubung in die abfallende Blüte Samenansatz erzielt werden. Da oft auch nicht das gesamte Griffelgewebe mit den Pollenschläuchen unverträglich ist, kann bei bestimmten Pflanzen durch Griffelamputation und nachfolgende Bestäubung auf den Stumpf, den manche Versuchsansteller auch spalten, Samenansatz erzielt werden. Es gibt sogar interessante Versuche, Inkompatibilität durch Griffelpfropfung zu brechen, z. B. bei der Gattung *Primula*. Es wird dabei auf den Griffelstumpf einer Art der Griffel einer anderen Art gepfropft und dadurch eine Bestäubung möglich gemacht.

Bei Kreuzungen kann es auch zu Unverträglichkeiten zwischen den Eltern kommen, wenn diese nicht nah genug verwandt sind. In günstigen Fällen können zwar Embryonen gebildet werden, die aber später absterben, weil das Nährgewebe im sich bildenden Samen fehlt, sich mißbildet oder durch das Überwiegen der mütterlichen Informationen auf den Embryo toxisch wirkt. Der Informationsgehalt des Nährgewebes oder Endosperms wird durch die Erbträger des sekundären Embryosackkerns bestimmt. Dieser hat nun in jedem Fall zwei Garnituren mütterliche Erbträger und eine Garnitur vom Vater, in manchen Fällen sind es aber auch noch mehr Garnituren, die von der Mutter stammen. Um eine Vergiftung gebildeter Embryonen zu verhindern, kann bei größeren Embryonen Embryokultur durchgeführt werden. Über diese wird später noch berichtet.

Samenernte, Samenreinigung und Samenaufbewahrung

Die Ernte der Früchte und damit der Samen hängt ganz eng mit der Pflanzenart zusammen, um die es sich im konkreten Fall handelt. Die wenigsten Schwierigkeiten machen trockene Schließfrüchte, schon mehr Probleme machen uns Öffnungsfrüchte, da sie die Samen zur Reifezeit oft nicht nur ganz einfach entlassen, ausstreuen, sondern ausschleudern. In vielen Fällen läßt sich die baldige Reife bestimmter Früchte an der Stellung des Fruchtstiels erkennen, *Viola*-Früchte stellen sich zum Beispiel am Tag vor dem Aufplatzen senkrecht auf und können dann ohne große Probleme geerntet werden. Die Hülsen der Leguminosen verfärben sich fast immer, man kann an der Farbe ihr Reifestadium erkennen. Die meisten Probleme machen uns Früchte, die, noch grün gefärbt, urplötzlich ihre Samen ausstreuen. In diese Gruppe gehören z. B. die Früchte von *Corydalis* oder *Dicentra*.

Wie diese beiden Gattungen besitzen noch viele andere Gattungen Samen mit einem für Ameisen wohlschmeckenden Anhängsel, welches meist als Elaiosom bezeichnet wird. Die Ameisen beißen nun oft kurz vor der Reife stehende Kapseln direkt auf, um an die Samen mit den Anhängseln zu kommen. Dies beobachtete ich bei seltenen *Galanthus* und *Scilla*. Genauso unangenehm sind Ameisen aber bei der Gattung *Cyclamen*, wo die Samen in einem für Ameisen zweifellos wohlschmeckenden Schleim eingebettet sind, welcher erst nach Eintrocknen der Kapsel erhärtet. Die Tiere holen sich nun die Samen aus den Kapseln, noch ehe der sehnsüchtig darauf wartende Gärtner die Reife bemerkt hat. Ebensolche Schwierigkeiten bereiten Ameisen auch bei seltenen *Daphne*-Arten, z. B. *D. petraea*, wo sie die halbfleischigen Beeren verschleppen und man keine Ernte einbringen kann. Aus diesem Grund, aber auch weil bei den meisten Beeren während der Vollreife Hemmstoffe aus dem Beerenfleisch in die Samenschale einwandern, soll die Ernte von fleischigen Früchten eher vor der Vollreife erfolgen. Aber auch die Ernte mancher Hahnenfußgewächse, wie unter anderem *Adonis* und viele *Ranunculus*, auch der Craibia-Primeln, der früheren Petiolaris-Primeln, sollte bereits im grünen Zustand erfolgen. Bei *Adonis* kommt hinzu, daß auch hier Ameisen die fleischige äußere Fruchtschicht sehr lieben und die Früchte deswegen verschleppen.

Fleischige Früchte werden unmittelbar nach der Ernte in Wasser zerdrückt und die Samen, die sich zumeist unten absetzen, nach Abgießen des schwimmenden Fruchtfleisches, abgesondert, sofort ausgesät oder rückgetrocknet. Gerade Samen aus fleischigen Früchten sollten aber nicht zu lange trocken gelagert werden, da es dabei zu empfindlichen Verlusten an Keimfähigkeit kommen kann. Aus diesem Grund werden solche Samen gerne stratifiziert, ein Vorgang, der später noch genauer behandelt wird.

Das Trocknen frischgesammelter Früchte und Samen sollte in jedem Fall in absonnigen, nicht zu heißen Räumen, in Bechern oder Tüten erfolgen. In einigen Fällen ist es sicher nachgewiesen, daß Sonneneinstrahlung die Keimung vollkommen unter-

---

Zu den Farbtafeln

Die überwiegende Zahl der Farbbilder habe ich in meinen Gärten in Mauerbach und Wohngraben selbst aufgenommen. Habe ich in fremden Gärten fotografiert, so wird darauf verwiesen. Bilder anderer Autoren sind am Schluß der Legenden mit Namen gekennzeichnet.

In den Bildlegenden angeführte Schutzmöglichkeiten

Die Begriffe »Alpinenhaus« und »frostfreies Alpinenhaus« brauchen nicht erklärt zu werden. Meine Steinbeete werden im Winter unterschiedlich geschützt: »Hartplastik« bezieht sich auf glasfaserverstärktes Polyester, »Mistbeetfenster« auf handelsübliche Metallmistbeetfenster in der Größe 100 × 150 cm. »Vlies« bedeutet, daß die Beete von November bis März mit einem 35 g/m^2 schweren Polypropylenvlies geschützt werden. Als »Kasten« bezeichnet wird der im Textteil beschriebene, mit Isolierplatten ausgekleidete Mistbeetkasten, im Winter gedeckt mit Luftpolsterfolie (Noppenfolie), diese beschwert mit Holzrollschatten.

Verschiedene Schutzmöglichkeiten

Oben links: Hypertufa-Trog (aus Torf, Sand und Zement, armiert) mit winterlicher Hartplastik-Abdeckung. Verschiedene trockenheitsliebende Pflanzen finden hier sehr gute Pflegeplätze, so *Chrysanthemum haradjanii* hort., *Iris mellita*, *Daphne collina* und *Teucrium aroanium* (links vorne).

Oben rechts: Tuffblöcke unter einem weit vorspringenden Dach sind ideal für empfindliche Pflanzen, hier auch mit *Eritrichium nanum* und *Viola delphinantha* (Garten Strasser, Pfronten).

Unten: Blick auf die Einsenkfläche des Alpinenhauses.

bindet oder zumindest sehr stark hindert, wie z. B. bei *Helleborus niger*. Nach dem ersten Übertrocknen sollte die Reinigung durchgeführt werden, damit die Samen möglichst rasch so abgepackt und verwahrt sind, daß ein Keimkraft- und Keimfähigkeitsverlust hintangehalten wird. Die erste Phase der Reinigung ist das Zerkleinern der Früchte, in der Fachsprache auch hier als Dreschen bezeichnet. Wir zerdrücken Früchte, aus denen sich die Samen schwer aussieben lassen, trennen dann Samen und Abfall durch mehrere Passagen in verschiedenen Sieben, um abschließend durch Ausblasen oder mit der Schwinge weitere unliebsame Bestandteile zu entfernen.

In allen Stufen der Samenernte und -reinigung ist auf die Etikettierung größter Wert zu legen. Nichts ist unangenehmer, als dann irgendwann im Spätherbst eine Partie zu finden, von der man nicht mehr weiß, um was es sich handelt. Nach der Reinigung wird in Papiersäckchen abgefüllt, auf denen ebenfalls deutlich der Name der Pflanze und das Erntejahr zu vermerken sind.

Samen sind lebende Pflanzenteile, wenn auch ihre Lebensvorgänge sehr langsam, vor allem aber für uns unmerkbar verlaufen! Aus diesem Grunde müssen alle Einflüsse, die den Stoffwechsel der Samen fördern könnten, möglichst gering gehalten werden. Stoffwechselfördernd sind hohe Temperaturen, erhöhte Luftfeuchtigkeit und stetiger Luftzutritt. Aus diesem Grund werden Sämereien, die für ihre schlechte Keimfähigkeit bekannt sind, in Folienbeutel eingeschweißt und diese in mit Trocknungsmittel (Silicagel) versehen, luftdichten Gläsern im Kühlschrank aufbewahrt. Samen sollte man vorsichtshalber nicht in die Tiefkühltruhe aufbewahren, da manche Arten die tiefen Temperaturen nicht vertragen, wohl kann man sie aber ins Kühlfach eines normalen Kühlschranks geben. Mit Hilfe dieser Vorkehrungen können auch nur kurz keimfähige Samen, wie die von *Primula rosea, P. clarkei, P. warshenewskiana* u. a. bis zur Frühjahrsaussaat aufbewahrt werden.

Die Samenbehandlung

Während man bestimmte Samen, z. B. die meisten Korbblütler, Nelkengewächse oder Gräser, ohne jedwede Vorbehandlung aussäen kann, ist bei vielen Sämereien angebracht, vor der Aussaat eine bestimmte Vorbehandlung durchzuführen. In Frage kommen unter anderem folgende Methoden:

- Einquellen in Wasser oder Gibberellinsäurelösung
- Stratifikation
- Behandlung mit kochendem Wasser oder Mineralsäuren
- Schälen, Knacken und Anschneiden
- Embryokultur

Verschiedene Schutzmöglichkeiten

Oben links: Senkrechter Steingarten im Arboretum und Botanischen Garten Brünn, Tschechoslowakei. Es ergibt sich eine ausgeprägte Süd- und Nordseite, durch die Halbhöhlen auch Pflegeplätze für sehr nässeempfindliche Pflanzen.

Oben rechts: Frostfrei gehaltenes Alpinenhaus im Botanischen Garten Göteborg. Der Übergang zum noch höher temperierten Kalthaus ermöglicht die Kultur vieler seltener Pflanzen, rechts hinten *Fremontodendron californicum*, im Mittelgrund *Argyroxiphium*, eine Komposite aus Hawaii, umgeben von vielen neuseeländischen Pflanzen.

Unten: Blick in ein typisches englisches Alpinenhaus. Man erkennt viele Lewisien, Primeln, *Linaria tristis* var. *lurida* und viele andere (Foto F. Hadacek).

Manche dieser Verfahren sind ausgesprochen einfach zu handhaben und geben sehr verbesserte Keimergebnisse, vor allem auch bei überlagertem Saatgut. Da durch die Samentauschaktionen der verschiedenen Pflanzengesellschaften, aber auch durch den internationalen Samentausch der botanischen Gärten, meist schon etwas länger gelagertes Saatgut angeboten wird, sind diese Verfahren dafür besonders wertvoll.

Einquellen in Wasser oder Gibberellinsäure

Durch die Lagerung von Samen unter sehr lufttrockenen Bedingungen wird den Samen viel Wasser entzogen. Bauen wir mit normaler Routine an, so kann es beim Aufstellen der Töpfe im Freien längere Zeit dauern, bis die Samen gequollen sind. Eine Keimung kann aber erst dann beginnen, wenn die Samen gequollen sind! Aus diesem Grund empfiehlt es sich, alle länger gelagerten Sämereien vor der Aussaat für 24 Stunden in Wasser anzuquellen. Ich verwende zu diesem Zweck aus Filterpapier gefaltete und genähte Säckchen in der Größe 3,7 × 7,4 cm (diese Größe ergibt sich durch die Faltung der handelsüblichen Filterpapierbögen). Die angegebene Größe reicht für unsere Zwecke zumeist aus, wir erziehen ja keine großen Mengen. Ein Einquellen von Samen ohne Filterpapier, z. B. in Proberöhrchen, hat sich bei mir nicht bewährt, da die Samen zumeist aufschwimmen und sich nicht benetzen lassen, außerdem ist die Entnahme der Samen aus den Proberöhrchen dann sehr schwer. Nach dem Einquellen werden die Säckchen auf Zeitungspapier aufgelegt und solange getrocknet, bis eine Aussaat möglich ist. Das dauert bei größeren Sämereien meist drei bis vier Stunden, bei feineren etwas länger.

Ich verwende die genannten Filterpapiersäckchen viele Male und koche sie nach jedem Gebrauch aus und trockne sie.

Lange Lagerungszeiten bedingen bei bestimmten Sämereien eine Abnahme der keimungsfördernden Gibberellinsäure, die in etwa zwanzig, geringfügig von einander abweichenden Formen bei fast allen Pflanzen anzutreffen ist und dort für Streckungsvorgänge verantwortlich ist. Da nicht alle Formen der Gibberellinsäure kostengünstig im Handel erhältlich sind, habe ich meine Versuche immer auf die Anwendung von Gibberellinsäure 3 (GA_3) beschränkt, die in Tabletten zu 0,9 g Wirkstoffgehalt unter verschiedenen Bezeichnungen (Berelex, GIB-FAC) im Handel ist. Es gibt diese Substanz allerdings auch in Pulverform. Ich bereite eine Lösung aus einer Tablette auf 900 ml Wasser (1 mg Wirkstoff/ml Wasser), in der ich das Saatgut für 24 Stunden einquelle. Gebrauchte Lösung muß weggeschüttet werden, ungebrauchte Lösung kann ohne Wirkungsverlust im Kühlschrank aufbewahrt werden.

Das Einquellen in Gibberellinsäurelösung ist kein allgemeines Wundermittel, sondern ist nur in der Lage, bei bestimmten Pflanzengattungen, da vor allem bei überlagertem Saatgut, bessere Keimergebnisse hervorzurufen. Die besseren Keimergebnisse äußern sich einerseits dadurch, daß normal überliegende Sämereien bereits im Jahr der Aussaat, oder bei Herbstaussaat im Frühjahr, keimen, andererseits werden die Keimprozente erhöht (was ich bei *Cyclamen* statistisch hochgesichert nachweisen konnte). Besonders interessant sind natürlich Ergebnisse, nach denen es nur mit Gibberellinsäurebehandlung überhaupt möglich ist, etwas überlagertes Saatgut zur Keimung zu bringen.

Die nachfolgende Aufstellung gibt eine Übersicht über jene Pflanzenfamilien und Gattungen, bei denen ich eine Förderung der Keimung erreichen konnte:

Amaryllidaceae: *Galanthus, Narcissus, Sternbergia*
Apiaceae: *Aciphylla, Astrantia, Eryngium, Lomatium*
Ericaceae: *Cassiope, Phyllodoce, Rhodothamnus*
Gentianaceae: *Gentiana*
Hydrophyllaceae: *Hesperochiron*
Iridaceae: *Crocus, Romulea, Sisyrinchium*
Liliaceae: *Allium, Calochortus, Colchicum, Fritillaria, Scilla*
Paeoniaceae: *Paeonia*
Papaveraceae: *Corydalis, Dicentra*
Polemoniaceae: *Phlox, Polemonium*
Portulacaceae: *Lewisia*
Primulaceae: *Androsace, Cyclamen, Dionysia, Douglasia, Primula, Soldanella*
Ranunculaceae: *Aconitum, Aquilegia, Callianthemum, Clematis, Glaucidium, Pulsatilla, Ranunculus*
Violaceae: *Viola*

Durch Gibberellinsäurebehandlung kann es bei den Keimlingen zu einer Streckung des Hypokotyls kommen, so bei *Androsace* oder *Gentiana*. In keinem Fall war die Streckung aber so stark, daß sie für die Weiterkultur der Sämlinge von Nachteil gewesen wäre.

Stratifikation

Unter Stratifikation verstand man früher im Baumschulwesen das schichtweise Einlegen von Samen und feuchtigkeitshaltigen Mitteln, zumeist Sand. Heute wird das Saatgut nicht mehr schichtweise eingelegt, trotzdem blieb der Name erhalten.

In der Baumschulpraxis werden Samen mit unvollkommen entwickeltem Embryo einer Kalt-Stratifikation unterzogen, die beste Temperatur liegt zwischen 2 und 8 °C. Die Dauer dieser Kalt-Stratifikation hängt von der entsprechenden Pflanzengattung ab. Während bei den Gehölzen hier viele Werte vorliegen, fehlen diese bei Alpinen weitgehend. Ich desinfiziere die Samen vor der Kaltstratifikation durch Tauchen in Albisal 0,1%ig oder Chlorlauge 3%ig für eine halbe Stunde. Nachher wird etwas abgespült, vor allem beim zweiten Mittel (bis der Chlorgeruch nicht mehr wahrnehmbar ist). Als Material für die Stratifikation verwende ich mildfeuchtes Perlite. Die mit dem Perlite abgemischten Samen werden in verschließbare, stapelbare Plastikdosen gefüllt, wie sie für die Tiefkühlung von Petersilie oder Schnittlauch im Haushalt üblich sind. Lange trocken gelagerte Samen bedürfen oft einer längeren Vorquellung von einem oder zwei Tagen, bevor sie mit dem Perlite gemischt werden.

Bei manchen Stauden (*Iris, Helleborus*) empfiehlt sich bei Schwierigkeiten mit der Keimung der Versuch der Warm-Stratifikation. Hier müssen die Samen besonders sorgfältig desinfiziert werden. Sie werden ebenfalls mit feuchtem Perlite abgemischt und dann bei 20–25 °C gelagert.

Bei jeder Samenbehandlung überlege man sich den Temperatur- und Feuchtigkeitsverlauf, denen der Samen unter natürlichen Bedingungen ausgesetzt ist. Man kann dann erkennen, daß z. B. *Helleborus niger* im Frühsommer reifen, wenn es warm und feucht ist. Sie werden aber von Ameisen verschleppt, weil auch sie ein Elaiosom besitzen, sie vertragen deshalb keine direkte Sonnenbestrahlung. Gegen den Winter zu werden die Temperaturen immer niedriger, ohne aber, da dann Schnee liegt, wesentlich unter den Gefrierpunkt zu fallen. Aus diesem Grund erzielt man mit einer Abfolge von Warm- und Kaltstratifikation ein gutes Keimresultat.

Behandlung mit kochendem Wasser oder Mineralsäuren

Viele Leguminosen zeichnen sich durch eine wasser- und gasdichte Samenschale aus, diese Samen können aus diesem Grund auch unbedenklich in jedem warmen Raum gelagert werden, ja in trockenem Zustand sind sie auch frostfest. Um die durch die undurchlässige Samenschale bedingte Keimhemmung zu brechen, wird eine Behandlung mit kochendem Wasser durchgeführt. Für diese Behandlung gibt es einige Rezepte, ich führe die Behandlung folgendermaßen durch: Die Samen werden in Plastikbecher gefüllt und mit sprudelnd-kochendem Wasser übergossen. Dieses muß so heiß sein, daß die Plastikbecher (übliche Joghurtbecher) sich zu erweichen beginnen. In diesem Wasser verbleiben dann die Samen 24 Stunden bzw. bis sie gequollen sind. Dann wird ausgesät, die Sämlinge erscheinen sehr schnell, aus diesem Grund sollte diese Behandlung etwa erst Ende April durchgeführt werden, da sonst die jungen Sämlinge durch Spätfröste getötet werden können.

Die winterharten Opuntien zeichnen sich ebenfalls durch sehr undurchlässige Samenschalen aus. Diese Samen behandle ich für zwei Stunden mit konzentrierter Schwefelsäure, danach werden sie herausgenommen, gründlich abgespült, etwas übertrocknet und ausgesät.

Schälen, Knacken und Anschneiden

Spezialprobleme verlangen Spezialbehandlungen! Bei Problemen mit der Keimung bei *Iris* des Subgenus Iris und der Sektion Juno kann das Schälen der Samen mit dem Daumennagel wesentliche Verbesserungen der Keimung bewirken. In der Heimat wird auch dies durch diverse Ameisenarten bewerkstelligt.

Erhält man Samen von seltenen *Prunus*-Arten, z. B. von *P. scoparia, P. spinosissima, P. andersonii,* Halbwüstenpflanzen von eher schwieriger Kultur, aber auch von *P. pumila* var. *depressa,* so kann man die Keimung ebenfalls leicht beschleunigen. Man knackt die Samen mit einem Franzosen (nicht mit der Zange, der Druck muß unmittelbar nach dem Sprengen der Steinhülle aufhören!) oder auch mit einem kleinen Schraubstock. Die winzigen Mandeln werden einer Kalt-Stratifikation unterzogen, nach vier bis sechs Wochen Kälte laufen sie ohne größere Probleme auf.

Das Anschneiden ist eine weitere Methode, um Schwerkeimer zur Keimung zu bringen. Sie wird in Liebhaberkreisen vor allem bei Bartiris, *I. sibirica* und anderen Schwertlilien, bei *Eremurus* und *Hemerocallis* angewendet. Ich verwendete diese Methode aber auch um *Asphodelus acaulis, Sternbergia clusiana* oder *Muscari massayanum* rascher und höherprozentig zur Keimung zu bringen.

Die Samen werden desinfiziert und günstigerweise zuerst einer sechswöchigen Warm-Stratifikation unterzogen. Danach werden die Samen oberflächlich gesäubert, bei manchen Arten hat sich das Schälen der Samen bewährt. An einer Stelle des Samens befindet sich eine Öffnung, die Mikropyle, aus der normalerweise der Sämling herauskriecht. Diese Stelle liegt bei den meisten Samen an dem einen Pol der etwas länglichen Samen, sonst muß man die Lage der Mikropyle durch einige Schnitte feststellen, um erst dann zu kostbareren Samen zu greifen. Dort wo die Mikropyle zu sehen ist (oft ist dazu eine Standlupe von großem Vorteil), wird eine dünne Scheibe abgeschnitten, so daß der Embryo, der als weißer Kreis innerhalb des gelblichen Endosperms sichtbar wird, in seinem vollen Durchmesser getroffen wird. Schneidet man zu flach, so verheilt die Schnittwunde, schneidet man zu tief, so fehlt dem Keimling die Keimwurzel. Manche Samen keimen nach dem Anschneiden sofort aus, man legt sie in entsprechendem Abstand auf mit Perlite gefüllte Deckel von Einsiedegläsern, besprüht sie mit einer 0,1%igen Albisal-Lösung und stülpt das Einsiedeglas darüber. Andere Sämereien benötigen nach dem Anschneiden noch eine Kalt-Stratifikation von drei bis sechs Wochen Dauer, so die Oncocyclus- und Regelia-Iris. Diese werden erst dann warmgestellt und beginnen mit der Keimung. Gerade bei Oncocyclus-Iris kann die Keimung auch schon während der Kalt-Stratifikation beginnen. Haben sich die Keimlinge zu einer handhabbaren Größe entwikkelt, so werden sie einzeln getopft. Als bestes Substrat stellt sich zumeist eine Mischung von TKS 1 und Quarzsand im Verhältnis 1 : 1 heraus.

Mit dem Anschneiden, in Kombination mit einer Warm- und Kalt-Stratifikation kann man Hemmwirkungen, die vom Nährgewebe ausgehen, beseitigen. Fehlt das Nährgewebe oder ist es mißgebildet, z. B. verflüssigt, so kann man die Embryonen nur mehr mit Hilfe der Embryokultur aufziehen.

Die Embryokultur

Da die Embryokultur bei Iris- und Lilienliebhabern öfter in Verwendung ist, kann ich mich hier kurz fassen und nur einen Überblick geben. Ich selbst habe nur eine beschränkte Erfahrung mit der Embryokultur bei Oncocyclus-Iris.

Bei der Embryokultur wird der Embryo keimfrei dem Samen entnommen und das Nährgewebe durch eine keimfreie Mischung aus Wasser, Agar-Agar, Zucker und Mineralsalzen ersetzt.

Zuerst muß der Nährboden bereitet werden. Ein einfaches Rezept setzt sich in etwa so zusammen: Auf 1 Liter destilliertes Wasser, welches man in einem sauberen Emailtopf erhitzt, gibt man 5–8 g Agar-Agar (in Pulverform, Merck Art. 1614) zu. Bei ständigem Rühren löst sich der Agar rasch auf. Kurz vor dem Sieden des Wassers fügt man 17–20 g Saccharose (Haushaltszucker) hinzu, besser aber eine Mischung aus 7 Teilen Traubenzucker, 3 Teilen Haushaltszucker, 3 Teilen Malzzucker, 3 Teilen Dextrin und 1 Teil Fruchtzucker. Diese Mischung ergibt bessere Ergebnisse, da nicht alle Embryonen nur mit Saccharose allein ihr Auslangen finden. Dazu gibt man noch die eineinhalbfache Dosis eines handelsüblichen, guten, flüssigen Hydrokulturdüngers, wie er für einen Liter empfohlen wird. Gute Hydrokulturdünger enthalten neben Mineralsalzen auch noch bestimmte Wuchsstoffe, die die Entwicklung der Embryonen ebenfalls begünstigen.

Die heiße Nährlösung wird in die Reagenzgläser abgefüllt, z. B. 10 ml auf ein Reagenzglas 16 × 160 mm. Diese Reagenzgläser wurden vorher sehr gut gesäubert, mit einem selbstangefertigten Wattestopfen versehen und bei 200 °C im Backrohr sterilisiert. Um Wattestopfen richtig falten zu können, wird in die Mitte der in der richtigen Größe von einer zickzackgefalteten Haushaltswatte abgetrennten Teile ein schmaler Kartonstreifen gelegt. Die Nährlösung darf beim Einfüllen nicht die Wand hinunterlaufen, vor allem aber nicht den Stopfenbereich verschmutzen. Nach dem Einfüllen werden die Reagenzgläser in einem großen Topf, der nur etwa 5 cm hoch mit Wasser gefüllt ist, 20 Minuten lang sprudelnd gekocht. Ein einmaliges Abkochen genügt meistens, will man besonders vorsichtig sein, kann man nach zwei Tagen nochmals erhitzen. Erst wenn der Nährboden nach einigen Tagen an der Oberfläche abgetrocknet ist, darf er verwendet werden.

Um die Entnahme der Embryonen einigermaßen keimfrei bewerkstelligen zu können, bedarf es einiger Vorbereitungen. Alte und schon eingetrocknete Samen müssen vorher aufgeweicht werden. Zu diesem Zweck werden sie zuerst in Chlorlauge-Lösung 3–5%ig oder flüssige Spülmaschinenreiniger eingeweicht und danach, mit täglichem Wasserwechsel, für eine Woche in Wasser gequollen. Kurz vor dem Aufplatzen geerntete Samenkapseln (bei *Iris*) oder 55–60 Tage alte Kapseln (bei Lilien) werden in reinen Alkohol getaucht und an der Alkoholflamme eines Spiritusbrenners entzündet. Als Alkohol sollte man nach Möglichkeit Ethanol absolut p. a. (Merck Art. 983) verwenden, da vor allem bei vergälltem Spiritus Schwierigkeiten möglich sind. Die Kapseln werden mit dem Skalpell geöffnet, die Samen werden mit einer gebogenen Pinzette entnommen. Mit den gesäuberten und mit Alkohol desinfizierten Fingern der linken Hand werden die Samen gehalten, während man mit dem Skalpell den oder die Schnitte zum Freilegen des Embryos führt. Die Entnahme des Embryos erfolgt mit einer etwas flachgeklopften Nadel, am besten einer Platinnadel, die man mit Daumen, Zeige- und Mittelfinger der rechten Hand hält. Mit der linken Hand nimmt man das in Reagenzgläserständern vorbereitete Reagenzglas, entfernt den Wattestopfen mit dem kleinen Finger der rechten Hand und legt den Embryo auf den Agar. Dabei wird das Reagenzglas möglichst waagerecht gehalten, damit in der Luft schwebende Sporen nicht in das Innere gelangen können. Zur Vorsicht flammt man den oberen Bereich des Reagenzglases an der Spiritusflamme ab, bevor man den Stopfen einschiebt.

Als Arbeitsfläche dient eine Tischfläche mit Fliesen- oder Resopalbelag, die nach der Säuberung mit reinem Alkohol abgeflammt wurde. Auch alle Instrumente müssen ständig in Alkohol getauscht und abgeflammt werden, aus diesem Grund sollten sie in doppelter Ausführung vorhanden sein, da sie sonst noch heiß sein könnten. Die Luft muß absolut ruhig sein, Fenster und Türen bleiben geschlossen, Staub kann durch Verstäuben mit Wasser oder Alkohol zum Absinken gebracht werden.

Iris-Embryonen wollen zuerst bei 25–28 °C dunkel stehen, Lilienembryonen können sofort lichtgestellt werden. Die Reagenzgläser mit den Embryonen stehen am besten in einem Aquarium, welches mit einem Deckel, in dem Leuchtstofflampen eingebaut sind, versehen ist. Unten im Aquarium wird 2 cm Wasser eingefüllt.

Werden, wie vorher besprochen, alte Samen eingequollen, so müssen sie vor der Entnahme der Embryonen ebenfalls in Alkohol getaucht und abgeflammt werden. Dafür wirft man am besten gleich mehrere Stücke in den Alkohol, entnimmt sie mit einer Pinzette, legt sie auf einen Porzellanteller und entzündet erst den letzten Samen und legt ihn zu den anderen. Diese entzünden sich, müssen aber sofort weggeschoben werden, damit sie ja nicht zu stark überhitzt werden.

Haben die Sämlinge bei *Iris* drei bis vier, bei Lilien vier bis fünf Blätter gebildet, so werden sie aus den Reagenzgläsern entnommen – entweder durch sorgfältiges Herausschütteln oder durch Herausziehen mit einer Nadel oder ähnlichem –, der überschüssige Agar wird abgestreift, eventuell abgewaschen, dann wird eingetopft. Auch hier hat sich die Mischung von 50% TKS 1 und 50% Quarzsand gut bewährt. Die Sämling sind, bedingt durch die hohe Luftfeuchtigkeit in den Reagenzgläsern, sehr wenig abgehärtet und müssen die erste Zeit unbedingt bei gespannter Luft gehalten werden.

Die Aussaat

Verfahren, die Aussaat durchzuführen, variieren genauso wie Pflegebedingungen und Gefühl des Pflegers! Es ist aus diesem Grund sehr schwer, andere als allgemeine Aussagen über die Aussaat zu machen. Ich unterteile meine Sämereien in drei Gruppen und möchte im folgenden beschreiben, wie ich die Standardaussaat, die Aussaat der Ericaceen, Diapensiaceen, Pyrolaceen und Insektivoren und die Aussaat von Schmarotzern und Halbschmarotzern durchführe.

Standardaussaat

Die Standardaussaat wird bei mir in 8-cm-Kunststofftöpfen durchgeführt, die in einem Mistbeetkasten auf Sand aufgestellt werden. Für größere Samenmengen oder Pflanzen, die rasch größere Pflanzen bilden, tief wurzeln usw. verwende ich quadratische Plastikcontainer mit 13 cm Durchmesser.

Ich säte früher alles in Tontöpfen aus, diese trocknen aber viel schneller aus und mußten aus diesem Grund unter den Klimaverhältnissen, unter denen ich gärtnere, eingesenkt werden. Außerdem sind Tontöpfe in der Reinigung wesentlich problematischer, es kann auch zu Frostschäden an den Töpfen kommen und man muß dann im Frühjahr Töpfe tauschen gehen. Nicht zuletzt ist der dichtere Stand der Kunststofftöpfe ein gewichtiges Argument für ihre Verwendung, wenn man, so wie ich, unter Platzmangel leidet.

Die Töpfe werden mit dem Aussaatsubstrat gefüllt, es ist bei mir mit dem Standardkultursubstrat identisch, und zwar so hoch, daß noch eine entsprechende Abdeckung mit grobem Quarzsand durchgeführt werden kann und trotzdem noch ein Gießrand bleibt. Früher wurden unten Steine zur Erhöhung der Dränage eingefüllt, diese Maßnahme unterlasse ich nun schon seit vielen Jahren.

Die Dicke der erwähnten Quarzsandabdeckung hängt von verschiedenen Faktoren ab und wird individuell bei jedem Topf aufgebracht. Samen, die erfahrungsgemäß sofort keimen, erhalten eine sehr dünne Abdeckung, ebenso auch sehr feine Samen. Samen, die immer erst im zweiten, dritten oder vierten Jahr keimen, werden hoch abgedeckt, da sich dann diese Sandschicht im Herbst leicht herunterputzen läßt und dann wieder eine neue aufgetragen wird. Ich unterscheide nicht zwischen Licht- und Dunkelkeimern und konnte bislang keine Probleme feststellen, wenn sogenannte Lichtkeimer abgedeckt wurden.

Auch diese Quarzsandabdeckung wird, wie vorher die Substratschüttung, festgedrückt. Die Etikettierung erfolgt bei mir mit einem Stecketikett, auf dem eine Aussaatnummer vermerkt ist. Im Aussaatbuch findet sich der Name, eventuell durchgeführte Behandlungen des Saatguts, die Herkunft, der Aussaattag und der Keimtag vermerkt. Zur Hauptkeimzeit wird täglich oder alle zwei Tage auf Keimung kontrolliert und die gekeimten Töpfe mit einem Spaltstäbchen ausgemerkt und das Keimdatum im Aussaatbuch vermerkt.

Nach der Aussaat werden die Töpfe oder Container mit einer 0,1%igen Albisal-Lösung durchdringend angegossen. Empfindliche Samen, wie zum Beispiel die von *Aquilegia*, werden schon vor der Aussaat mit einem Beizmittel gegen Umfallkrankheiten gebeizt. Ich verwende Beizpulver, die im Überschuß in die Säckchen gegeben werden und dann über ein Teesieb abgesiebt werden. Treten während der Keimung Probleme mit Umfallkrankheiten auf, so wird entweder mit Albisal 0,1%, oder einer Mischung aus Benlate 0,1% und Previcur N 0,15% gegossen. Diese genannte Mischung ist außerordentlich pflanzenverträglich und wird bei mir auch zum ersten Eingießen aller empfindlichen Alpinen nach dem Pikieren oder Eintopfen verwendet.

Die Aussaattöpfe werden bei mir sofort, wenn es die Schneedecke erlaubt, in den ungeschützten Mistbeetkasten ausgestellt. Dort stehen die Töpfe, möglichst mit Schnee bedeckt, und durch Rollschatten geschützt. Diese Rollschatten werden bei Schneefall zusammengerollt und dann wieder ausgerollt.

Beginnt etwa ab Mitte März die Keimung der ersten Samen, so verbleiben die Rollschatten weiterhin auf den Aussaaten. Erst Anfang April werden Mistbeetfenster auf die Aussaaten aufgelegt.

Ein Aufstellen von Sämereien im Alpinenhaus hat sich bei mir nicht bewährt. Ich verbringe nur empfindliche und seltene Keimlinge sofort nach der Keimung ins Alpinenhaus. Eine zu frühe Keimung ist beim Liebhaber nicht so erwünscht, da sie in weiterer Folge auch früheres Versorgen bedingen, was aber nicht immer so leicht möglich ist.

Aussaat von Ericaceen, Diapensiaceen, Pyrolaceen und Insektivoren

Alle Samen der oben genannten Gruppen werden in luftdichten Gläsern im Kühlschrank aufbewahrt. Vor der Aussaat behandle ich sie für 24 Stunden mit einer Gibberellinsäurelösung (1000 mg/Liter). Sind die Samen sehr stark verschmutzt, wie es manchmal bei Samen vom natürlichen Standort vorkommt, so kann vor der Gibberellinsäurebehandlung eine Desinfektion mit 3%iger Bleichlauge (Chlorlauge) notwendig sein. Man taucht in den schon beschriebenen Filterpapiersäckchen für eine halbe Stunde, spült dann einige Male in Wasser durch, bevor man in die Gibberellinsäurelösung einstellt. Als Aussaatsubstrat wird TKS 1, gestreckt mit der Hälfte Torf oder Torf, aufgedüngt mit 2 g Düngekalk und 1,5 g Alkrisal, verwendet. Es ist günstig, wenn das eher trockene Substrat mit kochendem Wasser überbrüht wird, um eventuell vorhandene Keime abzutöten. Die sorgfältig gereinigten 8-cm-Kunststofftöpfe werden gefüllt, angedrückt und mit Albisal 0,1% übergossen. Dann wird die Aussaat durchgeführt, es wird nicht abgedeckt, auch nicht von oben gegossen, höchstens mit Albisal fein gesprüht. Das Gießen wird immer von unten durch Anstauen durchgeführt. Die Töpfe werden in ein Zimmergewächshaus gestellt, dessen Löcher mit einer Kunststoffolie abgedichtet werden. Als Standort für dieses Zimmergewächshaus dient nun das Alpinenhaus, in dem es zur Zeit dieser Aussaaten – man sollte nicht vor Mitte Mai aussäen – schon entsprechend warm ist.

Insektivoren werden nach derselben Routine ausgesät, da die Samen in vielen Fällen aber nur sehr kurz keimfähig sind, empfiehlt sich die Aussaat baldmöglichst nach der Reife durchzuführen und als Standort der Saattöpfe ein Kalthaus zu wählen. *Sarracenia* keimt meist bei späteren Aussaaten besser als unmittelbar nach der Reife, die Samen brauchen eine Ruhepause. *Drosera* keimen auch bei Frühjahrsaussaat befriedigend, am besten allerdings, wenn sie ausfallen können, was man an den oft Hunderten von Sämlingen neben den Mutterpflanzen beobachten kann.

Aussaat von Schmarotzern und Halbschmarotzern

Die Aussaat und Aufzucht von Schmarotzern und Halbschmarotzern wird man ebenfalls besser im Alpinenhaus bewerkstelligen können. Voraussetzung für jeden Kulturerfolg mit Pflanzen dieser Gruppe ist das Wissen um den richtigen Wirt. Dieser soll nicht zu schwachwüchsig sein, da er sonst seinen Parasiten nicht ernähren kann, er darf aber keinesfalls zu stark wachsen, denn dann werden die Schmarotzer verdrängt.

Gerade bei dieser Gruppe ist das Wissen um die Samenbehandlung besonders wichtig. Die leichter zu kultivierenden Gattungen, wie *Castilleja, Euphrasia, Orobanche* und *Pedicularis,* vertragen mit wenigen Ausnahmen (*Pedicularis sceptrum-carolinum* und wahrscheinlich auch andere hochwüchsige Arten aus Amerika und Asien) eine trockene Lagerung des Saatguts. *Bartschia* und besonders *Melampyrum* sind da empfindlich und müssen immer in feuchtem Sphagnum gelagert werden.

Vor der eigentlichen Aussaat müssen die Wirtspflanzen vorbereitet werden. Sie werden im Jahr vorher frisch vermehrt (geteilt, abgesteckt usw.) und getopft. Zur

Aussaatzeit sollte der Wurzelballen gerade gut durchwurzelt sein, denn nur auf frischen, wachsenden Wurzeln können sich die Keimlinge der Schmarotzer festsetzen. Ich behandle die Samen von *Castilleja* und *Pedicularis* vor der Aussaat mit Gibberellinsäurelösung. Die Wirtspflanzen, im 7- oder 8-cm-Topf stehend, werden angegossen und nach dem Abtrocknen sorgfältig ausgetopft. Auf den feuchten Wurzelballen streut man die Samen und topft dann sorgfältig in einen 10er- oder 11er-Topf um. Diese Töpfe werden im Alpinenhaus eingesenkt, man kontrolliert eventuell, ob überhaupt eine Keimung erfolgt ist, es finden sich dann knollige, beschuppte Gebilde an den Wurzeln, z. B. bei *Orobanche,* die anderen Arten keimen sofort epigäisch. Im Laufe des Spätsommers werden die Wirtspflanzen mitsamt ihren Schmarotzern sorgfältig am endgültigen Standort ausgepflanzt.

Manche *Castilleja*-Arten keimen auch ohne den Reiz eines Wirtes und werden normal ausgesät. Die Sämlinge topft man im Laufe des Frühsommers zu frisch geteilten *Raoulia glabra* dazu und pflanzt im Spätsommer oder Herbst aus.

Gerade auf dem Gebiet der Halbschmarotzer und Schmarotzer ist noch viel Interessantes zu erforschen, denn erst wenige dieser Pflanzen wurden in der Kultur versucht, obwohl viele von ihnen schön und auffallend sind.

Die weitere Behandlung der Aussaaten und Sämlinge

Über die weitere Behandlung der Aussaaten wurden schon im Abschnitt Standardaussaat Hinweise gegeben. Geht die Keimung zügig vonstatten, so erscheinen in den meisten Fällen bald die ersten echten Blätter. Die zu erfolgende Behandlung kann nun äußerst unterschiedlich sein. Sie hängt einerseits von der Pflanzenart, andererseits von den Pflege- und Kulturbedingungen des Pflegers ab. Blumenzwiebeln und -knollen bleiben auf jeden Fall ungestört und werden frühestens in der ersten Ruhezeit verpflanzt. In manchen Fällen empfiehlt es sich sogar, diese erst nach zwei Wachstumsperioden zu verpflanzen. Es kann in diesem Fall günstiger sein, für die Aussaat größere Töpfe zu verwenden. Ich verwende z. B. für *Calochortus,* wenn es sich um mehr als zehn oder fünfzehn Korn handelt, 10-cm-Töpfe. Diese werden nach dem Aufgang markiert und während des Sommers trocken gehalten, im Herbst wieder befeuchtet und erst während der nächsten Ruhezeit umgepflanzt.

Pflanzen, die rasch größer werden, müssen bald nach dem Aufgang pikiert oder einzeln getopft werden. Es ist schlecht, wenn die Sämlinge im Saattopf zu groß werden und unten durchwurzeln, obwohl es leider auch bei mir regelmäßig vorkommt. Bei langsamwachsenden Sämlingen, z. B. *Androsace* aus der Aretia-Gruppe, kann man immer wieder zwei Möglichkeiten bei verschiedenen Pflanzenliebhabern beobachten. Die einen pikieren bald nach dem Aufgang, z. T. wird sogar schon einzeln in Töpfchen gepflanzt, die anderen warten, bis sich die Rosetten entsprechend gekräftigt haben und topfen erst dann ein. Welche Routine bevorzugt wird, ist Geschmacksache, hängt aber auch von den Möglichkeiten im konkreten Fall ab, sehr klein pikierte Sämlinge brauchen eben wesentlich bessere Pflegebedingungen.

Unter Pikieren versteht der Gärtner das einzeln oder büschelweise Umpflanzen von kleinen Sämlingen in Töpfe, Schalen oder Kistchen. Das Pikieren wird entweder in homogene Substrate oder bereits in kleine Töpfchen aus Torf oder Papier durchgeführt. Da die meisten Pflanzen ein starkes Wurzelwachstum haben und die Entwicklung ihres Wurzelsystems wesentlich weiter vorangeschritten ist als die der oberirdischen Teile, muß beim Pikieren besonders darauf geachtet werden, daß die Wurzeln wieder halbwegs richtig im Substrat zu liegen kommen. Zu lange Wurzeln werden deshalb gekürzt, die Pikierhölzer müssen den Sämlingen angepaßt sein und die Wurzeln werden sorgfältig in das Pikierloch hineingegeben und dann vorsichtig das Substrat angedrückt. Nach dem Pikieren sollte bei empfindlichen Pflanzen das erste Angießen mit der schon erwähnten Mischung von Benlate 0,1 % plus PrevicurN 0,15% erfolgen. Frisch pikierte Sämlinge müssen etwas gespannt und schattiert gehalten werden. Treiben die pikierten Sämlinge neue Blätter, beginnt sich bei getopften Sämlingen der Ballen etwas zu durchwurzeln, so wird der Schatten, außer bei ausgesprochenen Halbschatten- und Schattenpflanzen, entfernt. Bei kräftiger wachsenden Pflanzen können auch schon die ersten Düngungen mit 1–2 g eines guten vollwasserlöslichen Düngers je Liter Wasser durchgeführt werden.

Überblicke ich die Samenbücher meiner eigenen Aussaaten, die ich nun schon 17 Jahre führe, so muß ich im ersten Jahr, bei der mir eigenen Pflanzenauswahl, Keimprozente zwischen 30 und 40% als zufriedenstellend ansehen. Das bedeutet, daß von 100 Aussaattöpfen im ersten Jahr nur 30–40 zu versorgende Sämlinge bringen. Was geschieht mit den anderen? Im Herbst, Ende Oktober bis Mitte November, führe ich die ersten neuen Aussaaten durch. Bei dieser Gelegenheit werden die alten Aussaaten kontrolliert. Im Laufe der Jahre hat sich herausgestellt, daß es sinnlos ist, auf Sämlinge von Gramineen, Korbblütler oder Caryophyllaceen länger als eine Saison zu warten (Ausnahmen sind natürlich besondere Raritäten, bei denen man die Hoffnung nicht aufgibt). Diese werden bei der herbstlichen Kontrolle entfernt. Von den anderen wird die grobe Quarzsandabdeckung mitsamt dem eventuell aufgetretenen Moos und/oder Lebermoos entfernt, es wird neuer Sand aufgebracht und die Aussaaten werden wieder aufgestellt. Für die Desinfektion der Stellflächen und der alten Aussaattöpfe verwende ich das Herbizid Aretit flüssig 0,1%, weil es eine ausgezeichnete Wirkung gegen Lebermoose, auch bei tiefen Temperaturen, besitzt.

Wie lange soll man nun nicht die Geduld verlieren? Nachstehend findet sich eine Zusammenstellung aus meinen Aussaatbüchern, die darüber Auskunft gibt.

Keimung im Jahr nach der Aussaat (einmaliges Überliegen)		
Aciphylla	*Bulbocodium*	*Dictamnus*
Adonis	*Callianthemum*	*Disporum*
Allium	*Calochortus*	*Douglasia*
Alyssum	*Caltha*	*Edraianthus*
Androsace	*Campanula*	*Eremurus*
Anemone	*Castilleja*	*Eritrichium*
Anemonella	*Clematis*	*Eryngium*
Anthericum	*Clintonia*	*Erythronium*
Aquilegia	*Colchicum*	*Ewartia*
Argemone	*Collomia*	*Fritillaria*
Arisaema	*Coprosma*	*Galanthus*
Arisarum	*Corydalis*	*Genista*
Astragalus	*Craspedia*	*Gentiana*
Balsamorhiza	*Crocus*	*Gladiolus*
Bellendena	*Cyclamen*	*Gypsophila*
Berardia	*Daphne*	*Hakea*
Bongardia	*Delphinium*	*Helichrysum (milliganii)*
Brodiaea	*Dicentra*	*Helleborus*

Hepatica	*Nertera*	*Scilla*
Hesperochiron	*Ononis*	*Silene*
Ipomopsis	*Ornithogalum*	*Sisyrinchium*
Iris	*Oxalis*	*Soldanella*
Leontice	*Paeonia*	*Spigelia*
Lewisia	*Penstemon*	*Synthyris*
Lilium	*Pimelea*	*Trifolium*
Linum	*Polygonatum*	*Trillium*
Lomatium	*Potentilla*	*Triosteum*
Mahonia	*Primula*	*Trollius*
Meconopsis	*Pulsatilla*	*Tulipa*
Merendera	*Ranunculus*	*Viola*
Morina	*Rubus*	*Xerophyllum*
Muscari	*Salvia*	
Narcissus	*Saxifraga*	

Keimung im zweiten Jahr nach der Aussaat (zweimaliges Überliegen)

Androsace	*Eminium*	*Narcissus*
Arisaema	*Fritillaria*	*Paeonia*
Arum	*Geum (talbotianum)*	*Polygonatum*
Claytonia	*Helleborus*	*Sanguinaria*
Clematis	*Hepatica*	*Trillium*
Colchicum	*Iris*	*Triosteum*
Daphne	*Lewisia*	
Dicentra	*Merendera*	

Keimung im dritten Jahr nach der Aussaat (dreimaliges Überliegen)

Arum
Colchicum
Cyclamen
Trillium

Die vegetative Vermehrung

Die vegetative oder ungeschlechtliche Vermehrung hat gegenüber der Samenvermehrung den Nachteil der Einengung der genetischen Variabilität, sie ist aber nicht zu umgehen, wenn Pflanzen unter unseren Klimabedingungen keine keimfähigen Samen bilden, wie z. B. bei *Acantholimon* oder *Carduncellus*, die Samenvermehrung ganz einfach doch zu kompliziert ist, wie bei Orchideen, besonders *Pleione*, oder spezielle Formen in der Natur gefunden werden oder in den Gärten auftreten, die reinerbig nicht anders als so vermehrt werden können.

Es gibt eine große Anzahl von verschiedenen ungeschlechtlichen Vermehrungsmethoden. Im folgenden werden nur die wichtigsten besprochen, jene, die man braucht, um das Sortiment einer Sammlung erhalten zu können.

Die Teilung

Die Teilung ist die unproblematischste Vermehrungsmethode in dieser Gruppe. Ich könnte hier viele Ratschläge geben, wann und wie zu teilen sei, möchte mich jedoch auf nur wenige Tips beschränken, ganz einfach deshalb, weil durch Teilung zu vermehrende Pflanzen, auch zur unrechten Zeit geteilt, mit etwas mehr Pflege ohne größere Probleme durchkommen.

Frühblühende Arten werden fast ausschließlich nach der Blüte geteilt, spätblühende im Frühjahr zur Zeit des Austriebs. Robuste Pflanzen können unmittelbar nach der Teilung wieder ausgepflanzt werden, etwas empfindliche topft man und beläßt sie bis zum Durchwurzeln im Topf. In einigen Fällen ist ein Rückschnitt nicht zu umgehen, durch erhöhte Luftfeuchtigkeit und Schatten kann aber manchmal ein Rückschnitt verhindert werden.

Die Stecklingsvermehrung

Während im Erwerbsgartenbau mit Bodenwärme und teilweise sogar unter Sprühnebel vermehrt wird, kommen wir ohne diese technischen Behelfe aus.

Das wichtigste ist wohl der richtige Zeitpunkt der Entnahme der Stecklinge. Die Stecklinge müssen in den meisten Fällen eine bestimmte Reife erreicht haben, sie schlappen sonst sofort, werden nicht mehr straff und können deshalb nicht bewurzeln. Nur in wenigen Fällen werden die Stecklinge sehr früh im Jahr geschnitten, wie beispielsweise bei *Campanula* zur Zeit des Austriebs, sie wurzeln nämlich da am allerbesten. Die Vermehrungszeit für unsere Stauden und Zwerggehölze für die geschützte Kultur erstreckt sich etwa von April bis August. Später gesteckte Stecklinge wurzeln ohne Bodenwärme schwer und überdauern den Winter oft nicht.

Neben dem richtigen Reifegrad spielt zweifellos das Substrat, in das gesteckt wird, eine große Rolle. Es werden die unterschiedlichsten Mischungen verwendet, von denen sich solche aus Torf und Quarzsand, Torf und Perlite, Perlite, Quarzsand und feine Styroporflocken am besten bewähren. Es ist aber auch hierzu zu bemerken, daß Pflegemöglichkeiten und Substratwahl eng zusammenhängen und jeder Kultivateur selbst auf seine idealen Stecklingssubstrate kommen muß.

Als Gefäße kommen Ton- oder Kunststofftöpfe, Schalen und Kistchen in Frage. Ich habe die besten Erfahrungen mit den schon genannten Zimmergewächshäusern, Kunststoffpikierkisten mit einem relativ gut schließenden, transparenten Deckel.

Während der Erwerbsgärtner wegen der besseren technischen Ausrüstung seiner Vermehrung auf Schnittführung und Entblätterung beim Stecklingsschnitt nicht so großen Wert legt, sollten wir als Liebhaber hier doch genauer sein. Wir schneiden unter dem Knoten, entfernen die Blätter mit dem scharfen Messer oder einer kleinen, scharfen Schere. Wir kürzen auch größere Blätter ein, weil es in unseren Vermehrungen nicht so luftfeucht ist und die Stecklinge leichter schlappen.

Als Standort der Vermehrung kommt entweder ein kleines Abteil eines Tisches im Alpinenhaus oder ein Mistbeetkasten in Frage. Je sonniger der Standort der Vermehrung ist, desto intensiver muß sie betreut werden. Die Stecklinge wurzeln dort zwar rascher, es muß aber mehrmals täglich besprüht werden. Aus diesem Grund ist es für unsere Zwecke besser, wenn wir nur halbintensive, im Halbschatten oder jedenfalls nicht so sonnig gelegene Vermehrungen verwenden. Gerade dies ist aber auch sehr vom Klima abhängig, im atlantischen und eher sommerkühlen Klima können die Vermehrungen viel eher sonnig gelegen sein, wie im südlichen Mitteleuropa, wo nur sehr intensiv betreute Vermehrungen sonnig stehen dürfen.

Die einfachste Form ist der Mistbeetkasten mit aufgelegten Fenstern und einer Schattiermöglichkeit mit einem Schattengewebe und einem Rollschatten. Dort hinein stelle ich meine befüllten Zimmergewächshäuser, gieße sie einmal täglich, in der Früh, und habe sehr gute bis gute Bewurzelungsergebnisse. Besser zu betreuen ist der abgeteilte Tisch im Alpinenhaus. Er empfiehlt sich vor allem für sehr heikle und empfindliche Stecklinge. Manche Stecklinge vertragen selbst die Temperaturen in einem schattig gelegenen Mistbeetkasten schlecht, wie manche *Androsace, Dionysia, Douglasia,* auch einige Ericaceen, für sie kann man ein Zimmergewächshaus an einem ostseitig gerichteten Fenster im Keller oder in der Garage reservieren. Dort sind die Anwachsprozente ungewöhnlich gut.

Bei eher schlecht sich bewurzelnden Stecklingen empfiehlt sich der Einsatz von Bewurzelungshormonen. Am besten eignen sich für unseren Zweck Aufbereitungen, bei denen die Wuchsstoffe an Talkum angelagert sind. Ich habe vor allem mit dem Handelspräparat Seradix B Erfahrung, welches in Nr. 1 0,2% Indolbuttersäure enthält. In Nr. 2 sind 0,4%, in Nr. 3 0,8% des Wirkstoffes. Für weiche Stecklinge wird Nr. 1, für halbharte Nr. 2 verwendet. Auf neue Entwicklungen in diesem Bereich sollte man achten und immer wieder experimentieren.

Manche Stecklinge besitzen einen sehr geringen Durchmesser, so daß nur wenig Wuchsstoffpuder beim Eintauchen hängen bleibt, andere wieder benötigen mehr Wuchsstoffe um Wurzeln bilden zu können. Es empfiehlt sich deshalb bei schlecht wurzelnden Stecklingen Versuche mit Stecklingsverwundung durchzuführen. Dabei wird mit einem scharfen Messer seitlich bis zum Kambium ein Stück Rinde heruntergeschnitten. Anschließend wird ins Wuchsstoffpuder getaucht, welches auch auf dieser Wunde hängen bleibt. Bei vielen, vor allem dünntriebigen Zwerggehölzen kann auf diese Weise eine wesentlich raschere und bessere Bewurzelung erreicht werden.

In der Fachliteratur, die aber großteils für den Erwerbsgärtner geschrieben ist, wird oft darauf hingewiesen, daß bei kleinblättrigen Stecklingen die Blätter nicht entfernt werden müssen. Aus der Sicht des Erwerbsgärtners ist das auch klar, weil die Entfernung von vielen kleinen Blättern sehr viel Zeit in Anspruch nimmt. Ich muß aber immer wieder feststellen, daß mit einem scharfen Messer geputzte Stecklinge ausgezeichnet bewurzeln, so z. B. bei *Cassiope.* Voraussetzung ist, daß das Messer wirklich gut schneidet.

Im allgemeinen tritt bei später abgesteckten Stecklingen kein anderer Nachteil als der der späteren Bewurzelung ein, sie erfolgt dann oft erst im Laufe des Winters oder im darauffolgenden Frühjahr. Es gibt aber einige Pflanzen, die unbedingt früh genug abgesteckt werden müssen. Es sind jene, die an der Basis der Triebe bestauchte Überwinterungstriebe oder -knospen anlegen. Diese werden bei späten Absteckterminen nicht mehr angelegt und die Stecklinge, obwohl tadellos bewurzelt, sterben über Winter ab. Es ist dies analog zu den abfallenden Trieben von *Metasequoia,* die sich ebenfalls anstandslos bewurzeln, aber dann eingehen. Bei unseren Pflanzen tritt dies unter anderem bei *Cyananthus,* den herbstblühenden *Gentiana* der Sektion Frigidae und *Viola delphinantha* auf.

In einigen Fällen bewähren sich gerissene Stecklinge besser als geschnittene. Es hängt dies aber auch mit der Reife der Stecklinge und den Pflegemöglichkeiten in der Vermehrung zusammen.

Abschließend möchte ich darauf hinweisen, daß verhärtete, im Wachstum stokkende Stecklinge immer wesentlich schlechter wurzeln. Es ist der Grund dafür, daß Stecklinge von ausgepflanzten Mutterpflanzen zumeist besser wurzeln als solche von in Töpfen gezogenen.

Die Vermehrung durch Wurzelschnittlinge und Blattstecklinge

Die Vermehrung durch Wurzelschnittlinge ist bei einigen Pflanzen des Alpinenhauses die wichtigste, so bei *Morisia monantha*. Ich selbst stecke die Wurzelschnittlinge nicht und unterscheide auch nicht zwischen oben und unten. Kräftig genug erscheinende Wurzeln werden auf 2–3 cm lange Stücke geschnitten und in Töpfe, Schalen oder Kistchen eingestreut und mit Substrat überstreut. Die Gefäße werden im Mistbeetkasten aufgestellt und sollten über Winter Glasschutz erhalten. Heiklere Wurzelschnittlinge sollten im Alpinenhaus gehalten werden.

Gerade bei Wurzelschnittlingen sollte man mehr Versuche unternehmen. Ich zerschneide aus Prinzip alle Wurzeln, die überlang ins Einfüttermaterial einwachsen, und probiere, ob aus ihnen kleine Pflanzen erwachsen. Auf diese Weise können nämlich nicht nur bekannte, aber selten erhältliche Pflanzen, wie *Phlox ensifolia, P. nana, P.* 'Mary Maslin' oder *Weldenia candida*, vermehrt werden, sondern auch andere, von denen es nicht so bekannt ist, wie die ausdauernde *Argemone munita* oder *Saussurea stella.*

Für die Blattstecklingsvermehrung sucht man schöne, voll ausgereifte Blätter aus, es sollten nicht die ältesten sein, und steckt sie flach in etwas erdige Substrate, z. B. einer Mischung aus 1/3 Standardsubstrat, 1/3 Torf und 1/3 Perlite oder Quarzsand. Bekannte Gattungen, die so vermehrt werden, sind *Haberlea, Opithandra,* × *Brigandra, Ramonda* und *Sedum*. Es ist nur mit dieser Methode möglich, *Ramonda* × *regis-ferdinandii, R.* × *vandedemii* oder *R. nathaliae* × *Jancaea heldreichii* zu vermehren. Auch bei *Pinguicula* und den Craibia-Primeln ist diese Vermehrung am Platze, die Stecksubstrate müssen allerdings torfiger sein.

Die Veredlung

Die Mühe der Veredlung nimmt man sicherlich nur in Kauf, wenn es keine günstigere Alternative gibt. Ich habe Erfahrungen mit der Veredlung von *Acantholimon, Astragalus* und *Daphne*. Als Unterlagen dienen *Limonium latifolium* oder *Armeria alliacea, Astragalus glycyphyllos* und diverse *Daphne*-Arten und -Hybriden. *Acantholimon* und *Astragalus* können auch durch Einstreuen der Polster und Aufnahme der bewurzelten Triebe nach zumeist zwei Jahren vermehrt werden. Erhält man z. B. aber nur unbewurzelte Triebe, so ist mit einer Stecklingsvermehrung schon sehr selten ein Erfolg zu verbuchen, außer bei leichtwurzelnden Arten, die es in beiden Gattungen selbstverständlich gibt. *Daphne* können durch Stecklinge vermehrt werden, doch ist die Stecklingsvermehrung der kleinwüchsigen Arten nicht immer leicht, vor allem wachsen die Pflanzen langsam.

Bei *Acantholimon* und *Astragalus* werden als Unterlage die Wurzeln verwendet, bei *Daphne* veredelt man in den Sproß oder ins Hypokotyl. Die *Daphne*-Unterlagen sollten getopft sein, was bei den beiden anderen nicht notwendig ist.

Als Veredlungsverfahren wählt man das Pfropfen in den Spalt. Man kann dieses Verfahren als vereinfachtes Geißfußpfropfen bezeichnen. Die Unterlage wird geköpft und an der Seite mit dem Messer gespalten. Das Reis wird beidseitig sehr flach zugeschnitten und in den Spalt eingeschoben. Ich verbinde mit Raffiabast und verstreiche nur die Wunden, nicht aber die Rückseite der Unterlage. Dadurch kann der Bast verrotten, es kommt nicht zum Einschnüren und die Edelreiser können sich freimachen. Prinzipiell werden alle diese Veredlungen bei mir so tief getopft, daß die Veredlungsstelle ins Substrat kommt, denn ich erwünsche mir das Freimachen und sehe in der Veredlung nur eine Ammenhilfe für langsamwurzelnde Stecklinge.

Aufbau einer Sammlung

Während in botanischen Gärten auch in Alpinenhäusern versucht wird, botanisch-systematische Sammlungen aufzubauen, finden wir dieses beim Liebhaber selten. Der Beginn der Sammlung sind meist wenige Pflanzen, die unter den Kulturbedingungen des Freilands nicht so richtig gedeihen wollen. Zug um Zug wird durch Kauf, Samenanzucht und Tausch von Pflanzen die Sammlung erweitert, so daß sich, wenn der Umfang schon ein gewisses Maß erreicht hat, die Frage stellt: Was sammle ich nun wirklich?

Im großen und ganzen finden wir in unseren Alpinenhäusern sehr selten ganz strenge Trennungen, daß eben nur bestimmte Gebiete gesammelt werden. Es können allerdings gewisse Bevorzugungen bemerkbar werden, von denen ich die wichtigsten nennen möchte.

Häufig werden »alte« Alpenpflanzen, solche, die ihre Heimat in Europa, Asien und Nordamerika haben, gesammelt. Ebenso weit verbreitet ist das Sammeln von Blumenzwiebeln und -knollen verschiedenster Familien. Seltener werden intensiv »neue« Alpenpflanzen gesammelt, solche, die in Südamerika, Afrika, Australien und Neuseeland heimisch sind. Die Zugriffsmöglichkeiten zu diesen Pflanzen sind noch außerordentlich beschränkt, auch ist ihre Kultur im Winter nicht immer so leicht, da sie tiefere Temperaturen oft nicht so gut überdauern oder unter der hohen Luftfeuchtigkeit des Alpinenhauses leiden. Besonders empfindlich sind in dieser Hinsicht weißfilzige Pflanzen.

Besonders typisch für viele Pflanzenliebhaber ist es, daß bestimmte Pflanzenfamilien besonders intensiv gesammelt werden. Dazu gehören die Primelgewächse, die Enziangewächse, die Hahnenfußgewächse, seltener Kakteen. Einzelne Gattungen werden ebenfalls bevorzugt gesammelt, so *Saxifraga, Campanula* oder *Lewisia.* Es gibt auch bestimmte Pflanzen, die besonders gerne gezogen werden, weil sie sehr schön und manchmal auch außerordentlich schwierig in der Kultur sind, ich denke da an *Eritrichium nanum,* den Himmelsherold, *Daphne petraea,* das Felsrösel, oder *Androsace vandellii,* den Weißfilzigen Mannsschild. In ihnen ist das nahezu Unmögliche pflanzlich geworden und übt auf alle Liebhaber einen drängenden Reiz aus. Oft werden sie leider auch von Anfängern gekauft, die mit diesen höchst anspruchsvollen Arten nicht umgehen können; diese Pflanzen überleben dann meist nur kurze Zeit.

Die Gattungen und Arten

Abrotanella Cass., Compositae

Etwa 20 Arten im subantarktischen Bereich, im temperierten Südamerika, Juan Fernandez, den Falkland-Inseln, Neuseeland, Tasmanien, Australien und Neu-Guinea (in den beiden letzten Fällen im Gebirge). Niederliegende, mattenbildende, moosähnliche Stauden mit gedrängt stehenden, kleinen Blättchen. Blütenköpfchen klein und unscheinbar.

A. forsterioides Hook. f. Tasmanien. Moosähnliche Matten bildend. Blätter 3–5 mm lang, linealisch, etwas abgerundet.

A. nivigena (F. Muell.) F. Muell. Australische Alpen. Mattenbildend. Blätter bis 10 × 1,5 mm, grün, dicklich, glänzend. Blütenköpfchen an bis 2 cm hohen Stengeln, 7 mm breit, unscheinbar.

Kultur sehr torfreich und luftfeucht unter leichtem Schatten, am besten im Alpinenhaus oder in einem zu schützenden Torfbeet. Vermehrung durch Aussaat, Teilung und Stecklinge. Selten sind auch die neuseeländischen Arten als Saatgut erhältlich. Mit einer Höhe von 5–10 mm gehören sie zu den zwergigsten Pflanzen, die wir ziehen können (*A. caespitosa* Petrie ex Kirk, *A. filiformis* Petrie, *A. inconspicua* Hook. f., *A. linearis* Bergg., *A. muscosa* Kirk, *A. pusilla* Hook. f., *A. spathulata* Hook. f.).

Oben links: *Aciphylla squarrosa* im winters mit Hartplastik geschützten Steinbeet.

Oben rechts: *Albuca humilis* im winters mit Vlies geschützten Steinbeet.

Mitte links: *Aciphylla montana*, umgeben von *Celmisia incana*, am natürlichen Standort am Mt. Hutt, Neuseeland (Foto J. LeComte).

Mitte rechts: *Asphodelus acaulis* im Alpinenhaus.

Unten links: *Azorella compacta* im winters mit Hartplastik geschützten Steinbeet.

Unten rechts: *Allium akaka* im winters mit Hartplastik geschützten Steinbeet.

Aciphylla J. R. et G. Forst., Speergras, Umbelliferae

Etwa 50 Arten, bis auf drei australische alle in Neuseeland, dort sehr wichtige Pflanzen der alpinen und subalpinen Stufe. Rosettenstauden mit kräftiger, nach Karotten riechender Wurzel oder Polsterpflanzen. Blätter gefiedert, mit unterschiedlich stark ausgebildeten und gefiederten Nebenblättern, stark stechend. Pflanzen zweihäusig. Blüten in Dolden, diese entweder zu größeren Dolden zusammengesetzt oder entlang kräftiger, bestachelter Blütenstiele angeordnet. Keimfähige Früchte auch bei uns zu erwarten. Blütezeit Juni bis August.

Hohe Arten

A. aurea W. R. B. Oliver. Neuseeland. Rosetten bis 50 cm und mehr im Durchmesser, goldgrün. Untere Fiederblätter z. T. nochmals gefiedert, Nebenblätter lang und blattähnlich. Blütenstände bis 1 m.

A. colensoi Hook. f. Neuseeland. Ähnlich *A. aurea*, aber Blätter grün mit roter oder braunroter Mittelader, Nebenblätter kurz.

A. ferox W. R. B. Oliver. Neuseeland. Ähnlich *A. horrida*, aber Blätter gelbbraun bis gelbgrün, Nebenblätter sehr kurz.

A. glaucescens W. R. B. Oliver. Neuseeland. Ähnlich *A. squarrosa*, aber Nebenblätter nur dreiteilig, Blätter stark bläulichgrün und weich, nicht stechend.

A. horrida W. R. B. Oliver. Neuseeland. Rosetten bis 1 m und mehr im Durchmesser. Blätter grün mit gelbem Rand und gelber Mittelader, Nebenblätter blattartig, bis 15 cm lang. Blütenstände bis 1,5 m.

A. scott-thomsonii Ckn. et Allan. Neuseeland. Größte Art der Gattung. Rosetten bis 2 m im Durchmesser. Blätter bläulichgrün mit kurzen Nebenblättern. Blütenstände 2 bis 3 m.

Oben: *Alstroemeria patagonica (A. pygmaea)* im Alpinenhaus im Botanischen Garten Nymphenburg, München (Foto D. Schacht).

Unten links: *Androsace hausmannii* im Kasten.

Unten rechts: *Androsace brevis (A. charpentieri)* im Alpinenhaus.

A. squarrosa J. R. et G. Forst. Neuseeland. Rosetten bis 1 m im Durchmesser, einzeln oder später zu mehreren. Blätter bläulich- bis bräunlichgrün, sehr stark zerteilt. Nebenblätter blattartig und ebenfalls tief zerteilt, nicht stark stechend. Blütenstände bis 1 m hoch, die stark zerteilten und etwas stechenden Hochblätter bilden über Blüten und Früchten einen kräftigen Stachel. In der Heimat entlang von Bächen, darum in der Wachstumszeit sehr feucht, im Winter trocken. Leichtwachsend, regelmäßig blühend, ausdauernd.

Die Aufzählung der hohen Arten erfolgt vor allem deshalb, damit in den Samenlisten der diversen Vereine eine entsprechende Auswahl getroffen werden kann. Ich habe alle diese hohen Arten in geschützten Beeten versucht, die besten Erfolge hatte ich mit *A. squarrosa*. Im Sommer tragen Ameisen gerne Blattläuse auf die Blattbasen und bauen die Pflanzen mit Erde bis ins Herz zu. Darauf muß sorgfältig geachtet werden, da sonst die jungen weichen Blätter zu faulen beginnen.

Niedrige Arten

A. congesta Cheesem. Neuseeland. Mehrköpfige Polster bildend. Blätter meist mit 3–6 Blättchen und 2 blattartigen Nebenblättern, 7 cm lang. Blüten in zusammengesetzten Dolden an blattlosen Schäften, ähnlich einen Schneeball aussehend. Im Sommer sehr feucht, winters trocken.

A. gracilis W. R. B. Oliver. Neuseeland. Ähnlich *A. monroi*, aber zierlicher.

A. monroi Hook. f. Neuseeland. Meist einzelne Rosetten bildend, Blätter aus 2–8 Blättchen-Paaren zusammengesetzt, gelblich- oder bräunlichgrün, 5–10 cm lang. Blütendolden nicht in Köpfen, sondern entlang etwa 15–20 cm hoher Blütenstände, Hochblätter dreiteilig, wie die Blätter etwas stechend. Bewohnt feuchte und trockene Standorte in der subalpinen Zone. In Kultur am besten im Torfbeet, sandig, mit leichtem Schatten und winterlichem Schutz.

A. montana W. R. B. Oliver. Neuseeland. Ähnlich *A. monroi*, aber mit mehr bräunlichgrünen Blättern.

A. pinnatifida Petrie. Neuseeland. Durch unterirdische Ausläufer lockere Matten bildend. 20 cm hoch. Blätter und Nebenblätter tief geteilt. Mittelrippen leuchtendgelb. Halbschattig, in sandigem Torf.

A. similis Cheesem. Neuseeland. Ähnlich *A. monroi*, aber mit mehr (4–10) Blättchen-Paaren. Blütenstand bis 40 cm.

A. simplicifolia Hook. f. Australien. Mit ungefiederten Blättern, Blattschöpfe wenigblättrig, bis 12 cm hoch. Blütenstände bis 25 cm, Blüten grünlichweiß, z. T. zwittrig.

A. spedenii Cheesem. Neuseeland. Ähnlich *A. congesta*, aber kompakter und Blätter bläulichgrün. Sehr schön.

Die niedrigen Arten gedeihen am besten in einem Torfbeet, das mit etwas Sand verbessert wurde. Die Substratoberfläche gehört bei den niedrigen Arten unbedingt mit Schotter abgedeckt, die fleischigen Rübenwurzeln sind sehr empfindlich um den Wurzelhals. Die Kultur der neuseeländischen, extrem polsterigen *A. simplex* Petrie mit einteiligen und *A. dobsonii* Hook. f. mit dreiteiligen Blättern über mehr als drei Jahre gelang mir bis jetzt noch nicht. Das Saatgut keimt zwar nach Gibberellinsäurebehandlung gut, die Sämlinge leiden aber in den heißen Sommern und entwickeln sich außerordentlich langsam. M. Kammerlander berichtet über Erfolge mit diesen beiden Arten in vollkommen humusfreien, mineralischen Substraten.

Kultur in kalkfreien, durchlässigen, aber humusreichen und feuchtigkeitshaltenden Substraten in hellem Schatten, die hohen Arten auch in voller Sonne. *Aciphylla* sind im Gegensatz zur oft gehörten Meinung *keine* Xerophyten! Verwendung der großen Arten in großen Steinbeeten, sie brauchen aber in feuchten Wintern Nässeschutz und auch etwas Schutz vor zu tiefen Temperaturen. Die kleinen Arten pflegt man in überdeckten Beeten, unter den Tischen des Alpinenhauses (nordseitig), aber auch in Töpfen auf den Tischen, dort mit zusätzlichem Schatten. Sie vertragen keine extremen Sommertemperaturen.

Die Vermehrung durch Aussaat ist leicht, die Samen gehören mit Gibberelinsäure vorbehandelt, keimen aber trotz dieser Behandlung meist erst nach zwei Wintern, unbehandelt meist weniger oder nicht. Bei Pflanzenbezug aus Neuseeland schleppte ich mir ins Alpinenhaus eine unbekannte, sehr lästige Schildlaus ein: deshalb Quarantäne einhalten. Im Alpinenhaus finden sich die oben erwähnten Blattläuse auch manchmal nur an der Wurzel, Kontrolle ist deshalb notwendig.

Adiantum L., Frauenhaarfarn, Adiantaceae

Etwa 200 Arten in allen warmen, aber auch z. T. in gemäßigten Zonen der Erde. Rhizom kriechend oder kurz. Blattstiele typisch dunkel und nur am Grunde beschuppt.

A. capillus-veneris L. Subtropisch, aber auch in W- und S-Europa und der Schweiz, zumeist auf wasserüberflossenen Kalkfelsen. Rhizom kriechend. Blattstiele dünn, schwarz, 15 cm lang. Blätter oval-länglich, doppelt gefiedert, bis 40 cm lang. Blättchen sehr zart.

Dieser hübsche Farn des Mittelmeergebietes besiedelte in meinem alten Alpinenhaus die Flächen unter dem südlich gelegenen Tisch und die Mauern dahinter von selbst, also ohne angepflanzt zu werden. Eine kleine Pflanze nahm ich aus Kalabrien mit, aus deren Sporen diese Vielzahl von Pflanzen erwuchs. Sehr hübsch und Blattgrößen wie ein Gewächshausfarn erreichend.

Aethionema R. Br., Steintäschel, Cruciferae

Etwa 60 Arten im Mittelmeergebiet und W-Asien. Niedrige, meist sparrige einjährige, zweijährige oder ausdauernde Kräuter oder Halbsträucher mit meist blaugrüner Belaubung. Mit *Iberis* verwandt, aber durch die gleichlangen Blütenblätter unterschieden. Blüten rosa, rot oder weiß, selten gelblich. Oft nicht sehr langlebig. Die Arten und Hybriden sind einander sehr ähnlich und schwer zu unterscheiden, außerdem in den Gärten selten echt. Blüte Mai–Juli.

A. armenum Boiss. Anatolien. Halbstrauch, bis 15 cm, mit blaugrauen Blättern und rosaroten Blüten. Kurzlebig. Hierher 'Warley Rose', rosarot, und 'Warley Ruber', dunkelrosarot, nur durch Stecklinge zu vermehren.

A. oppositifolium (Pers.) Hedge (*Eunomia oppositifolia)* (Pers.) DC.) Libanon, Anatolien, Transkaukasien. Staudig, nur 5 cm hoch, unterirdisch kriechend und langsam dichte Matten bildend. Blätter rundlich, blaugrün. Blüten klein, rosaweiß. Will nicht zu prallsonnig stehen. Vermehrung durch Stecklinge.

Kultur leicht in durchlässigem, sandigen Boden an sonnigen Standorten. In günstigen Lagen auch im Freien möglich, doch in strengen Wintern absterbend. Vermehrung durch Aussaat (*A. armenum*) und Stecklinge (Sorten, *A. oppositifolium*), kurz nach der Blüte bis zum August, halbhart. Kultur bis zum Auspflanzen stets im Topf, sie halten sehr schlecht Ballen.

Agave L., Agave, Agavaceae

Sehr große, etwa 300 Arten umfassende, mittel- und südamerikanische Gattung, die nordamerikanischen und nordmexikanischen Arten bei uns versuchswert.

A. megalacantha Hemsl. Mexiko. 15–25 cm hoch und breit. Rosettenblätter graugrün, breit, mit braunen Hakenstacheln. Schön und haltbar.

A. parryi Engelm. Arizona, Mexiko. 20 cm hoch und breit, gedrungen und kugelig, Blätter graugrün, schmal, dichtgestellt.

A. virginica L. (*Manfreda virginica* (L.) Salisb.). Südöstl. USA. Nur sommergrün, Blätter zu wenige lockere Rosetten bildend, grün, bis 30 cm lang. Blütenstand straff aufrecht, 1,5 m hoch, Blüten grünlichgelb im Sommer. Interessante, einziehende Art.

Kultur an vollsonnigen, schottrigen, gut dränierten Standorten, unbedingt Schutz vor Winternässe geben. Vermehrung durch Aussaat und Abtrennen der Ausläufer. Sämlinge den ersten Winter frostfrei überwintern.

Ajuga L., Günsel, Labiatae

A. reptans L. **'Metallica Crispa'**, Gekrauster Günsel. Nach meiner Erfahrung ist diese eigenartig gekraust-gewellte Form des einheimischen Gemeinen Günsels winterschutzbedürftig, sie ist vor allem vor extremen Kahlfrösten zu schützen. Die blauen Blüten, in kurzen, gedrungenen Blütenständen angeordnet, erscheinen im Mai-Juni. Vermehrung durch Teilung oder Stecklinge.

Albuca L., Liliaceae

Etwa 50 Arten im trop. und südl. Afrika, davon nur eine halbwegs hart. Zwiebelpflanzen mit linealischen Grundblättern und blattlosem Schaft. Blüten in lockerer Traube.

A. humilis Baker. Lesotho. Blätter zylindrisch, etwa 30 cm lang. Blütenschaft ca. 10 cm hoch. Blüten weiß, die äußeren Blütenblätter mit grünen Streifen in der Mitte, die inneren an der Spitze verdickt und gelb gefärbt.

Kultur vollsonnig in durchlässigem Boden, Schutz vor übergroßer Nässe im Winter, im Sommer eher feucht und nicht zu nährstoffarm. Vermehrung durch Samen oder Brutzwiebeln.

A. shawii Baker. Natal-Drakensberge, 2500 m. Juli. 25 cm. Ähnlich voriger, aber mit gelben Blüten. Von B. Halliwell, Kew gesammelt und noch wenig verbreitet.

Alkanna Tausch, Schminkwurz, Alkannawurzel, Boraginaceae

Etwa 30 Arten im Mittelmeergebiet und dessen Ausläufern. Stauden mit oft süßduftenden Blüten. Blätter sehr unterschiedlich behaart, weichhaarig oder borstig, drüsig oder nichtdrüsig. Blütenstände endständig, Blüten in einer bis mehreren Trugdolden, durchblättert. Kelch bis zum Grund geteilt. Blütenkrone blau, gelb oder weiß, in der Mitte oft dunkler, trichterförmig, Blütenröhre mit einem Haarring. Nüßchen zu 1–2 (–4). Blüte Mai–Juli.

A. incana Boiss. SW- und S-Anatolien. 10–25 cm hoch, weißfilzig, unbedrüst, mit einem sehr dichten Haarkleid kurzer, miteinander verwobener Haare. Blätter lineal-lanzettlich bis lanzettlich, zugespitzt, 2–6 × 0,3–1,5 cm. Blütenkrone reinblau, 11 mm lang und 8 mm breit. Besser im Alpinenhaus.

A. orientalis (L.) Boiss. Griechenland, Syrien, Libanon, Palästina, Sinai, Transkaukasus. N-Iran (var. *orientalis*), SW-Anatolien (var. *leucantha*). 30–50 cm hoch, dicht und ± kurz drüsenhaarig. Grundständige Blätter lanzettlich bis eilänglich, 10–20 × 1,5–4 cm, Rand ± ausgenagt wellig. Stengelblätter eilänglich bis oval, 1–4 × 0,4–1,5 cm. Blütenkrone gelb in var. *orientalis*, weiß in var. *leucantha* (Bornm.) Hub.-Mor., 13 mm lang und ebenso breit. An steinigen Stellen, Steppen, Vulkanhängen, vom Meeresniveau bis 2500 m.

A. tinctoria (L.) Tausch. S-Europa, nördl. bis SO-Tschechoslowakei, Mittelmeergebiet. 10–40 cm hoch, haarig von zahlreichen Haaren, nicht drüsig, und Borsten. Blätter grünlich, gräulich oder weißlich, linealisch bis eilänglich-lanzettlich, 1–7 × 0,3–1 cm. Blütenkrone blau, 10–12 mm lang und 10 mm breit.

Alle anderen Arten, wenn erhältlich, sicher hübsche Xerophyten. Kultur in sehr durchlässigem, steinigem, kalkhaltigem Boden in voller Sonne, *A. incana* am besten im Alpinenhaus, die anderen Arten auf geschützten Beeten. Vermehrung durch Aussaat und Wurzelschnittlinge. Die Wurzel von *A. tinctoria* enthält einen roten Farbstoff.

Allium L., Lauch, Liliaceae

300 bis 350 Arten in Europa, N-Afrika, Asien und N-Amerika. Pflanzen mit Zwiebeln oder Zwiebelstamm. Blätter grundständig, sehr verschieden: flach, gefaltet, stielrund, voll und röhrig. Blüten in endständigen, selten in mehreren (*A. regelii*) Dolden, aufrecht, selten hängend, klein, mittelgroß, selten groß. Teilweise Blüten in Brutzwiebeln umgewandelt (unerwünscht bei Gartenpflanzen!). Hüllblätter 2, selten 3, verwachsen. Pflanzen mit Lauchgeruch.

A. acuminatum Hook. Westl. N-Amerika: in lockeren, steinigen Böden, unter 2000 m. 10–30 cm. Blätter 2–3, 2–3 mm breit, kürzer als Schaft. Dolde wenigblütig. Blüten leuchtendrosa, 8–12 mm. Mai.

A. akaka Gmelin (*A. latifolium* Jaub. et Spach). O-Türkei, Transkaukasien, NW-Iran, N-Irak: Schutthalden und steinige Berghänge, 1600–3000 m. 10 cm. Zwiebeln

2–4 cm. Blätter 1–2, 15 × 5 cm, bläulich, am Boden liegend. Schaft kurz, eine kugelige, 3–10 cm breite, reichblühende Dolde tragend. Blüten 1,2 cm groß, weiß bis purpurrosa. Mai–Juni. Sehr schöne Art.

A. anceps Kell. Westl. N-Amerika: trockene Ebenen und Hänge, 1300–1600 m. 6–10 cm. Blätter 2, sichelförmig, 8–15 mm breit, länger als der Schaft. Blüten zu 15–25, hellrosa, 8–10 cm. Mai.

A. bisceptrum Wats. Westl. N-Amerika: Wiesen und Zitterpappelgebüsche. 10–30 cm. Blätter 2–3, flach, 3–10 mm breit, so lang wie der Schaft. Blüten zu 15–40, rosapurpurn, 6–10 mm. Mai.

A. breviscapum Stapf. Iran: um Isfahan. Ähnlich *A. akaka*, aber mit 4–6 schmäleren, unterseits haarigen Blättern, Mai–Juni.

A. callimischon Link. Griechenland, zwischen Felsen. 10 cm. Blätter im Herbst vor der Blüte erscheinend, grün, rundlich. Blüten in wenigblütigen, lockeren Dolden, weiß in ssp. *callimischon* (Peloponnes), weiß mit braunen Punkten in ssp. *haemostictum* Stearn (Kreta), diese die häufigere. September–November. Ungewöhnlich durch die Blütezeit und die Blütenentwicklung: die Schäfte werden schon im Frühjahr angelegt, vertrocknen scheinbar über den Sommer und aus den vertrockneten Schäften entwickeln sich im Herbst die Blüten.

A. campanulatum Wats. West. N-Amerika: trockene Hänge in Wäldern. 10–30 cm. Blätter 2–3, flach, 1–5 mm breit. Blüten zu 15–40, hellrosa, 5–8 mm. Mai–Juni.

A. circinatum Sieber. Kreta: felsige Hügel. Zwiebel 0,5–1 cm groß. Schaft 7–10 cm. Blätter 2, geringelt, am Boden liegend, haarig. Wenigblütig, weiß mit rosa Streifen, 7–8 mm. April–Mai.

A. crenulatum Wieg. Westl. N-Amerika: unfruchtbare, steinige Böden auf Berggipfeln. Zwiebel 1,5–2 cm. Schaft flach, zweischneidig, am Rand gezähnelt, 5 cm. Blätter 2 (1), flach, sichelförmig, länger als der Schaft. Blüten zu wenigen bis vielen, rosa mit dunkleren Adern, 6–12 mm. Mai–Juni. Sehr schön.

A. crispum Greene. Kalifornien: schwere Böden im Hügelland, unter 800 m. Schaft 10–30 cm. Blätter 2, 1,5 mm breit, kürzer als der Schaft. Blüten zu 10–40, leuchtend rotpurpurn bis lilarosa, 9–12 mm. Mai–Juni.

A. dichlamydeum Greene. Kalifornien: trockene schwere Böden oder steinige Stellen. Schaft 10–30 cm. Blätter 1–3, flach, 1–2 mm breit. Blüten zu wenigen bis vielen, tief rosapurpurn, 9–11 mm. Mai–Juni.

A. ellisii Hooker. Iran: Elbursgebirge. Ähnlich *A. christophii (A. albopilosum)*, aber Schäfte immer kürzer. April–Mai.

A. falcifolium H. et A. Oregon, Kalifornien: schwere oder steinige Plätze, oft über Serpentin, 150–2300 m. Schaft 3–12 cm, flach. Blätter 2, flach, dick, 4–9 mm. Blüten zu 10–30, tiefrosa bis purpurn, 9–15 mm. Mai–Juni. Sehr schön.

A. fibrillum M. E. Jones ex Abrams. Nordw. N-Amerika: Gebirge, in feuchten, flachgründigen Böden. Schaft 3–15 cm. Blätter 2, 1–3 mm breit, meist länger als der Schaft. Dolden wenig- bis vielblütig. Blüten weiß oder rosa, 5–8 mm. Mai–Juni.

A. glandulosum Link et Otto. Mexiko, Guatemala. Blätter schmallineal. Schäfte lockerblütig, bis 30 cm hoch. Blüten tief bräunlichrot, in der Heimat aber auch purpurn, karmin und weiß. August–Oktober. Durch die herbstliche Blütezeit auffallend.

A. haematochiton Wats. Kalifornien: trockene Hänge, über Ton oder sehr steinig, unter 800 m. Schaft 10–14 cm. Blätter mehrere, flach, 10–20 × 0,1–0,4 cm. Dolden mit 10–30 weißen bis rosa Blüten, 6–8 mm groß. Mai–Juni.

A. hyalinum Curran. Kalifornien: ziemlich feucht (zur Vegetationszeit), grasig, steinig, 150–1600 m. Schaft 15–30 cm. Blätter zu 2 (1–3), 1–5 mm breit. Blüten zu 6–15, weiß bis hellrosa, 5–9 mm. Mai–Juni.

A. kharputense Freyn et. Sint. Türkei, W-Iran: steinige Wiesen zwischen 1500 und 2500 m. Zwiebel 3–4 cm. Schaft 15–20 cm. Blätter zu mehreren, bläulich. Blüten in flachen Dolden. Petalen stumpf, Fruchtknoten dunkelrotbraun. Mai–Juni.

A. longisepalum Bertol. (*A. eriophyllum* Boiss.). O-Türkei, N-Syrien, S- und W-Iran: Felder und Hügel, 150–1000 m. Vielblättrig, 30–40 cm. Dolden wenigblütig. Blüten glockig, weiß, rosa oder purpurn. Juni–Juli.

A. mirum Wendelbo. Afghanistan: Hindukusch, steinige Berghänge, bis 2700 m. Zwiebel 2–3 cm. Blätter 2, purpurn überlaufen, 12 × 4–6 cm, elliptisch mit deutlichem Stiel, am Boden liegend. Blüte in dichten kugeligen Dolden von 5–8 cm Größe, 1 cm lang, weiß bis purpurn, mit dunkler Mittelader, papierartig. April–Mai. Selten, aber sehr schön.

A. neapolitanum Cyr. (*A. cowanii* Lindl.). Mittelmeergebiet: Spanien bis Ägypten, an grasigen Plätzen und in Feldern. 20–30 cm. Blätter lineal-lanzettlich, zu mehreren. Blüten in einer lockeren Dolde von 5–7 cm Durchmesser, 1,5–2 cm breit, reinweiß. April–Mai. Besonders schön, auch für Schnitt, aber empfindlich gegen zu tiefe Wintertemperaturen.

A. parvum Kell. West. N-Amerika: steinige Böden, zwischen 1500 und 2700 m. Schaft 3–5 cm. Blätter 2, gekrümmt, 2–4 mm breit. Blüten zu 8–12, rosapurpurn oder rosa, 7–10 mm. Mai–Juni.

A. peninsulare Lemmon. Kalifornien: trockene, begraste oder bewaldete Hänge, unter 1000 m. Schaft 20–40 cm. Blätter zu 2–4, 1–6 mm breit, so lang wie der Schaft. Blüten zu 6–25, tief rosarot, 10–13 mm. Mai–Juni.

A. praecox Bdg. Kalifornien: schattige Hänge und Canyons, unter 800 m. Schaft 20–50 cm. Blätter zu 2–4, 1,5 mm breit, so lang wie der Schaft. Blüten zu 6–30, rosapurpurn, manchmal lichter, 9–12 mm. Mai–Juni.

A. protensum Wendelbo. Z-Asien, N-Afghanistan, von 300–3000 m. ähnlich *A. schubertii*, aber mit kürzerem Schaft und härter. Mai–Juni. Auffällig, aber noch sehr selten in Kultur.

A. regelii Trautv. USSR: Karakumwüste, Kopet Dagh, N-Afghanistan, NO-Iran, sandige Wüsten, felsige Hänge, 800–3000 m. Zwiebel rund, 3–4 cm. 60–80 cm hoch. Blüten in 3 Quirlen übereinander. Blätter lang, schmal, rinnig. Blüten 1–1,5 cm breit, weißlichrosa mit dunklerer Mittelader. Mai–Juni. Leider noch sehr selten angeboten.

A. roseum L. Mittelmeergebiet, niedere Lagen: Weingärten, grasige Plätze. 25–40 cm. Blätter lineal-lanzettlich, zu mehreren. Blüten in 5–7 cm breiten Dolden zu vielen, 1–1,5 cm breit, rosa mit dunklerer Mittelader. Einige Formen mit Bulbillen in den Blüten weniger schön. April–Mai. Empfindlich gegen zu tiefe Temperaturen.

A. schubertii Zucc. Syrien, Israel, in tiefen Lagen. 40–60 cm. Blätter mehrere, breitlineal. Dolden vielblütig, aber locker, bis 25 cm im Durchmesser. Auffallend durch die verschieden langen Blütenstiele: die längsten 20 cm, die kürzesten 4 cm. Blüten rosa, 1,5 cm. Mai. Nicht hart, braucht guten Schutz im Alpinenhaus, besser im Kalthaus.

A. simillimum Henderson. Idaho: Gebirge, steinige Böden über Granit, Kalk oder Basalt. Zwiebel 1–1,5 cm. Schaft 1–2 cm über der Erde. Blätter 2–10 × 0,1–0,2 cm. Blüten zu wenigen, weiß bis rosa, 5–9 mm. Mai–Juni. Besonders hübsch.

A. stamineum Boiss. Griechenland, Türkei, S-Kaukasus, Irak, Arabien: Steppen, Wüsten, 100–2000 m. Bis 30 cm. Blätter schmal, zur Blütezeit teilweise vertrocknet. Blüten rosa, 6–8 mm, in dichten Kugeldolden. Juni–Juli.

A. subhirsutum L. Mittelmeergebiet, in tiefen Lagen verbreitet. 20–30 cm. Blätter zur Blütezeit vertrocknet. Blüten weiß oder rosa überhaucht, 0,5–1 cm, in lockeren, 5 cm breiten Dolden. Ähnlich *A. neapolitanum.* April–Mai. Nicht ganz hart, Kälteschutz. In günstigen Lagen durch die vielen Nebenzwiebeln zum Unkraut werdend.

A. thunbergii G. Don. Japan, S-Korea. Zwiebel schmal-flaschenförmig, sich gut teilend. Blätter schmal, kürzer als die Blütenschäfte. Blütenschäfte 15 cm, wenigblütig. Blüten dunkelrötlichpurpurn. Oktober–November. Der späteste Zierlauch.

A. tribracteatum Torr. Kalifornien: trockene, steinige Kämme und Hänge, 1300–2700 m. Schaft 3–12 cm. Blätter zu 2, 2–6 cm, oft länger als Schaft. Blüten zu 10–20, hellrosa mit dunklerer Mittelader, 7–11 mm. Mai–Juni.

A. trifoliatum Cyr. Mittelmeergebiet. Ähnlich *A. subhirsutum,* aber Blüten mehr rosa, Staubbeutel gelb und Blütenstiele nur 15–20 mm. Bildet dichte Horste. April–Mai. Nicht ganz hart, Kälteschutz.

A. unifolium Kell. Kalifornien: feuchte (zur Wachstumszeit), oft schwere Böden, unter 1100 m. Schaft 20–60 cm. Blätter zu 2–4, 2–8 mm breit, kürzer als der Schaft. Blüten viele, rosa bis lila, 10–15 mm. Juni. Form des Handels recht wüchsig.

A. virgunculae F. Maekawa et Kitam. Japan: Kyushu. Zwiebel schmal. Blätter schmal, ganzjährig vorhanden. Schäfte 10 cm, bis 12blütig. Blüten rosa bis purpurrosa, mit einem grünen Streifen in der Mitte der Blütenblätter. Oktober–November.

A. zebdanense Boiss. et No. Östl. Mittelmeergebiet. Ähnlich *A. neapolitanum,* aber Blütenstiele kurz, Staubfäden breit geflügelt. Mai–Juni. Nicht ganz hart, Kälteschutz.

Alle Lauch-Arten sind herrliche Pflanzen, man kann im Alpinenhaus und auf den geschützten Beeten nicht genug von ihnen pflanzen. Die asiatischen Arten habe ich noch nicht alle selbst gezogen, gute Erfahrung aber mit der Kultur der Arten aus dem westlichen Nordamerika. Aus diesem Grunde habe ich eine Vielzahl dieser Arten aufgenommen. Alle brauchen steinige, durchlässige Substrate, fast immer volle Sonne und werden leicht durch Aussaat vermehrt. *Allium*-Arten werden in großer Zahl in den Tauschlisten der diversen Vereine angeboten. Warnen muß man vor Arten, die reichlich Zwiebelbrut oder Bulbillen im Bereich der Blütendolden machen, sie können sich zu Unkräutern entwickeln.

Die Gruppe um *A. neapolitanum* (*A. neapolitanum, A. roseum, A. subhirsutum, A. trifoliatum* und *A. zebdanense*) vertragen tiefe Temperaturen (unter –5 °C) für längere Zeit nicht, sie sind also für Alpinenhäuser in rauhen Lagen nicht geeignet oder müssen nochmals extra geschützt werden. Sie bringen aber sehr schöne, besondere reinweiße oder zartrosa Blüten, die sich geschnitten ausgezeichnet in der Vase halten, und verdienen sich deshalb einen zusätzlichen Schutz. Ähnliches gilt auch für *A. schubertii*, in rauhen Lagen besser im Kalthaus.

Alopecurus L., Fuchsschwanzgras, Gramineae

Für die geschützte Kultur kommt nur in Frage:

A. lanatus Sibth. et Sm. Gebirge Kleinasiens. Dicht silbergrau behaart, Blätter 3–5 cm lang, lockere Polster bildend. Ähren 12–15 cm hoch. Mai.

Kultur in sehr durchlässigen Substraten in voller Sonne, unbedingt mit sommerlichem und winterlichem Nässeschutz, besser im Alpinenhaus. Vermehrung durch Teilung.

Alstroemeria L., Inkalilie, Amaryllidaceae

Etwa 60 Arten im tropischen und außertropischen Südamerika. Stauden mit knollig-büschelwurzeligem Erdstamm, aufrechten oder aufstrebenden, einfachen Stengeln. Blätter schmal oder breit, sitzend oder gestielt, meist durch Drehung die Unterseite nach oben kehrend. Blüten ansehnlich, in Dolden oder unregelmäßigen Trauben. Blütenhülle trichterförmig, zweiseitig symmetrisch, die beiden oberen Blütenblätter des inneren Kreises gefleckt oder gestrichelt. Kapseln groß, mit erhabenen, kantigen Nerven, zur Reifezeit aufspringend und die Samen ausschleudernd.

A. patagonica Phil. Südl. S-Amerika. Mai. Sehr niedrigwüchsig, vollsonnig gehalten rosettenbildend, sonst etwa 7–8 cm Höhe erreichend. Blätter nicht durch Drehung die Unterseite zeigend, lineal, 22 × 2 mm. Äußere Blütenblätter 20 × 8 mm, innen gelb, außen rötlich, innere Blütenblätter 20 × 5 mm, die untere Hälfte der Innenseite rotgefleckt.

A. patagonica, auch als *A. pygmaea* hort. non Herb. verbreitet, ist die einzige Alstroemerie, welche wirklich im Topf gezogen werden kann und dort auch über lange Jahre ausdauert. Die Blätter haben eine sehr hübsche bräunlichsilberne Farbe und sind schon für sich allein zierend. Am besten gedeiht sie, wo sie sich selbst im Einfüttersand eines Kastens oder Alpinenhauses ausgesät hat, sie gedeiht aber auch in sehr durchlässigen Substraten unter leichtem Schutz durch Agrylvlies im Freien recht gut. Die Vermehrung erfolgt durch Aussaat sofort nach der Reife, diese keimen dann bereits im darauffolgenden Jahr. Mitte Oktober bis Januar ausgesäte Samen keimen erst im übernächsten Jahr im März–April. Die erste Blüte kann man im dritten Jahr nach dem Aufgang erwarten.

Neben *A. patagonica* gibt es sicherlich noch weitere hübsche, niederwüchsige Alstroemerien, die man im Alpinenhaus in einem 30–50 cm tiefen Schotterbeet ziehen könnte. Hinweise zu diesem Bereich gibt Watson in seinem Anden-Expeditionsbericht im Bull. A. G. S. (*A. xanthina* Bull. A. G. S. 44: 100 (1976), *A. sp.* 44: 215 (1976), *A. hookeriana* 44: 332 (1976), *A. spathulata* 45: 79 (1977).

Im frostfrei gehaltenen Alpinenhaus können auch die in vielen botanischen Sammlungen gezogenen Alstroemerien, wie *A. pelegrina* L. oder *A. pulchella* L. fil. überwintert werden. Diese werden besser in großen Gefäßen gehalten und sommers im Freien aufgestellt.

Amaryllis L., Belladonnalilie, Amaryllidaceae

1 Art in Südafrika. Zwiebelpflanze mit riemenförmigen Blättern. Blüten groß, rosa, rot oder weiß, zu mehreren am Ende voller Schäfte. Blütezeit August und September.

A. belladonna L. Zwiebel 8–10 cm groß, birnförmig. Zur Blütezeit sind die Pflanzen blattlos, die Blätter werden erst nachher entwickelt, sterben bei ungünstigen Bedingungen über Winter etwas zurück, wachsen aber im Frühjahr weiter und sterben ab Mai–Juni ab. Blätter 50–70 cm lang, Schaft ebenso hoch.

Kultur im Weinbauklima und an geschützten Standorten auch im Freiland versuchenswert, sonst unter Schutz, am besten in einem Kasten, der dann mit Laub gepackt wird, das aber wegen der Isolierwirkung trocken sein muß. Im Frühjahr, im März, das Laub entfernen und die Fenster durch Strohmatten schützen, eine oftmalige Flüssigdüngung ist zu empfehlen. Die Zwiebeln werden 20 cm tief gepflanzt.

Die Vermehrung am besten durch Abnehmen der Nebenzwiebeln, die nach zwei bis drei Jahren blühfähig sind. Samenanzucht ist möglich, allerdings nur im Kalthaus, erfordert jedoch Geduld: Bis zur Blüte vergehen fünf bis sieben Jahre. Die Samen, grünlichweiße, fleischige Kugeln, werden nur fest angedrückt, aber nicht abgedeckt. Es ist außerordentlich interessant zu beobachten, wie die Keimwurzel aus dem Samen schlüpft und dann die eine kleine Zwiebel bildet.

Anacyclus L., Bertram, Compositae

Etwa 15 Arten im Mittelmeergebiet. Einjährige oder ausdauernde Kräuter mit wechselständigen, doppelt- oder dreifach fiederschnittigen Blättern. Blüten weiß, gelb oder purpurn, Scheibenblüten gelb. Blütezeit Mai bis August.

A. pyrethrum (L.) Lag. var. **depressus** (Ball) Maire (*A. depressus Ball*). Atlas. Atlaskamille, Ringblume. Kurzlebige Staude, 10–15 cm hoch. Blätter fein zerteilt, leicht silbergrau überhaucht, rosettig stehend. Blüten 2,5–3 cm breit mit täglichem Öffnungs- und Schließvorgang, dadurch die unterseits rotgefärbten, sonst weißen Zungenblüten sehr auffällig.

Kultur in sehr durchlässigem, mageren Boden in voller Sonne. Schutz vor übergroßer Nässe ist vor allem im Winter notwendig, oft kurzlebig. An günstigen, heißen Standorten kommt es zur Selbstaussaat. Hübsch im Steingarten oder Trog mit dunklem Gestein, gut als Überpflanzung z. B. von *Fritillaria*-Arten. Vermehrung durch Aussaat leicht.

Anagallis L., Gauchheil, Primulaceae

Etwa 12 Arten in Europa, N- und S-Afrika, W-Asien und im außertropischen S-Amerika. Kahle Kräuter mit gegen- oder wechselständigen Blättern. Blüten 5teilig, einzeln achselständig, gestielt oder selten sitzend. Blütenkrone rad- oder trichterförmig, rot, rosa, violett oder blau. Kapsel kugelförmig, mit Deckel öffnend.

A. monellii L. (*A. linifolia* L., *A. collina* Schousb., *A. grandiflora* Andr.). SW-Europa, N-Afrika. Staudig oder manchmal einjährig, aufrecht oder niederliegend. Sprosse 10–50 (–70) cm lang, stielrund, reich verzweigt. Blätter lineal-lanzettlich bis lanzettlich, (8–) 10–15 (–20) × 2–6 mm, oder elliptisch 6–10 × 3–6 mm, gegenständig oder in Quirlen. Blütenstiele 20–50 mm, die Blätter überragend. Blütenkrone radförmig, bis 12 mm im Durchmesser, blau oder rot, selten in hellen Zwischenfarben. Trockene, offene Standorte. Tetraploide Gartenformen haben bis 22 mm große Blüten. Nicht sehr ausdauernd, darum entweder immer durch Aussaat, besser durch Stecklinge vermehren. In England einige Sorten, besonders schön die enzianblauen. Juni–September.

A. tenella (L.) L. W-Europa, nördl. bis zu den Faeröer, einige isolierte Vorkommen im westl. M-Europa. N-Italien, Griechenland und auf Kreta. Niederliegende Staude, reichlich an den Knoten wurzelnd. Sprosse (3–) 5–15 cm. Blätter 4–9 × 3–6 mm, gegenständig oder selten wechselständig, fast kreisförmig oder breitelliptisch, ganzrandig. Blattstiel 0–2 mm. Blüten in den Achseln der mittleren Blätter. Blütenstiele 15–35 mm lang, haarförmig, immer länger als die Blätter. Blütenkrone bis 10 mm groß, rosa, selten weiß, trichterförmig mit kurzer Röhre. Feuchte, sumpfige Stellen, Moore, Seeufer. Juni–September. In England die Sorte 'Studland' verbreitet, Blüten reinrosa, süß duftend.

Beide Arten sind bei uns im Freien nicht sehr langlebig. *A. monellii* muß immer durch Stecklinge vermehrt werden. *A. tenella* braucht guten Winterschutz. Die erste Art verlangt steinigen, trockenen Boden in voller Sonne, die zweite gedeiht am besten in torfig-moorigem, etwas mit Sand vermischten Substrat, ebenfalls in voller Sonne oder etwas absonnig, sie ist hübsch mit *Wahlenbergia hederacea, Lysimachia nummularifolia* 'Minutissima' u. ä. torfliebenden Bodendeckern. *A. monellii* ist sehr schön als Lückenfüller für den kleinen Steingarten, Tröge, über Blumenzwiebeln und -knollen. Beide Arten sind ausgezeichnete Pflanzen für die Schalenkultur im Alpinenhaus.

Anarthrophyllum Benth., Leguminosae

15 Arten in Südamerika, davon Großbritannien sehr selten in Kultur:

A. desideratum Benth. Scharlach-Stechginster. Patagonien. April. Strauchig, 10–30 cm, sehr variabel im Wuchs. Blätter dreiteilig, Nebenblätter groß, blättchengleich. Blättchen linealisch, 12 mm lang, pfriemenförmig, zugespitzt, graugrün mit anliegenden, seidigen Haaren. Blüten orangerot oder gelb mit orange überhaucht, 12 mm lang, aufrecht, einzeln.

Diese Art wurde erst 1955 nach Großbritannien eingeführt, konnte aber bis jetzt die in sie gesetzten Erwartungen nicht erfüllen, da die Blütwilligkeit sehr zu wünschen übrig läßt. Kultur im Alpinenhaus, sehr feuchtigkeitsempfindlich, die Substrate sollen steinig-durchlässig sein, im Sommer kann normal, sonst sehr zurückhaltend gewässert werden. Die Vermehrung durch Stecklinge scheint schwierig zu sein, da die Art selten angeboten wird.

Anchusa L., Ochsenzunge, Boraginaceae

Etwa 40 Arten in Europa, W-Asien, N- und S-Afrika. Ein-, zwei- oder mehrjährige Kräuter mit haarigen, zottigen oder borstigen Blätter. Blüten blau, violett, seltener gelb.

A. cespitosa Lam. Berge von Kreta. Niederliegende Staude, zur Gänze rauhaarig-borstig. Blätter 20–50 (–75) × 2,5–4 mm, in Rosetten. Stengel 1–10 cm, Trugdolden sitzend, dicht, mit 3 bis 5 Blüten. Kelch 4–6 mm, Krone tiefblau, 10–12 mm im Durchmesser. Mai–Juni, vereinzelt den ganzen Sommer.

A. cespitosa mit den vollkommen angepreßten Rosetten und den herrlichen, sitzenden Blüten ist im Freien fast nicht fortzubringen, sie gehört ins Alpinenhaus. Dort im Torf gepflegt oder besser ausgepflanzt, in durchlässig-steiniges Substrat, gedeiht sie gut. Die Vermehrung ist durch Wurzelschnittlinge oder Aussaat möglich. In Großbritannien wird die Art vor allem durch Abnahme von Kopfstecklingen vermehrt, die aber nicht geschlossen gehalten werden dürfen, da es sonst zu Fäulnis kommt. Die Vermehrung gilt als außerordentlich leicht.

Ancylostemon Craib, Gesneriaceae

5 Arten in W-China, davon eine (ob noch?) in Großbritannien in Kultur:

A. concavus Craib. W-China: Jünnan, auf moosbedeckten Felsblöcken in Schatten, um 3500 m. Rosettenstaude. Blätter leuchtendgrün, gesägt. Blüten zu mehreren, röhrig, fingerhutähnlich. Mai.

Kultur nur im Alpinenhaus. Wurde 1941 in England zwei Mal auf Schauen ausgestellt und damals als hart bezeichnet, ist aber augenscheinlich empfindlicher gewesen.

Literatur: A. G. S. Bull. 47: 137, Strichzeichnung 138 (1979).

Ancylostemon saxatilis
(aus Iconographia Cormophytorum Sinicorum)

Androsace L., Mannsschild, Primulaceae

Etwa 100 Arten in der nördl. Hemisphäre, vor allem in den Gebirgen. Einjährige, Zweijährige oder Stauden, wenn ausdauernd, oft polster- oder mattenbildend. Blätter gewöhnlich grundständig, selten wechselständig um verlängerte Triebe. Blüten mit Deckblättern, einzeln achsel- oder endständig oder in Dolden, homostyl. Kelch glockig oder fast kugelig, Kelchzipfel dreieckig. Kronröhre etwas aufgeblasen, gewöhnlich kürzer als der Kelch, Schlund zusammengezogen, durch einen schuppigen Ring (Annulus) verengt. Staubfäden sehr kurz, ohne verbreiterte Basis, nicht verwachsen. Blüten zumeist süß duftend. Kapsel kugelig, beinahe bis zur Basis aufspringend, mit 2 bis vielen Samen.

Die besser unter Schutz gezogenen Arten werden in der Folge nach ihrer Zugehörigkeit zu einer Sektion der Gattung zusammengezogen. Arten der Sektionen *Andraspis* und *Pseudoprimula* brauchen nicht unter Schutz gezogen werden, die Arten der Sektion *Pseudoprimula* sind allerdings sehr spätfrostgefährdet.

Sektion Chamaejasme

Die Arten dieser Sektion bilden lockere Polster oder ± breite Matten. Die weißfilzigen Arten und Varietäten leiden unter übergroßer Winternässe und sollten mit Glasplatten abgedeckt werden, so *A. villosa* var. *arachnoidea, A. villosa var. jacquemontii, A. villosa* var. *taurica.* Die noch kompakteren *A. muscoidea* und *A. muscoidea* f. *longiscapa* sind noch nässeempfindlicher und gedeihen im Kasten, abgedecktem Trog oder Alpinenhaus noch besser. *A. adenocephala* und *A. zambalensis* sind noch sehr selten und sollten auf jeden Fall unter Schutz gehalten werden. *A. zambalensis* könnte härter sein.

A. adenocephala Hand.-Mazz. Nepal. Ähnlich *A. sarmentosa,* aber kleiner und mit sehr kurzen Ausläufern. Blüten rosa, an 4–6 cm hohen Schäften. Sehr selten und etwas empfindlich.

A. × escheri Brügg. (*A. chamaejasme* × *A. obtusifolia*). Z-Schweiz. Mehr gegen *A. chamaejasme* neigend, reinweiß mit leichtem Auge. Kultur etwas schwieriger als *A. chamaejasme,* sehr selten.

A. muscoidea Duby. Hindukusch, Karakorum, W-Himalaja, steinige Hänge, Hochtäler. Sehr variable Art, im Aussehen einer stark verkleinerten *A. villosa* var. *arachnoidea* ähnlich. Verschiedene Formen, die häufigste mit 1–3blütigen Dolden, Blüten 9 mm groß, weiß mit grünlichgelbem Auge, sehr kompakt. Höher und mit rosalila Blüten ist *A. muscoidea* f. *longiscapa* (Kn.) Hand.-Mazz., steht im Aussehen zwischen *A. muscoidea* und *A. sarmentosa.* Beides noch seltene, aber sehr hübsche Pflanzen, *A. muscoidea* besser im Alpinenhaus, f. *longiscapa* auch im Freien.

A. villosa L. Europa, Asien, in alpinen und subalpinen Bereichen, mit Ausnahme des Sinohimalaja. *A. villosa* var. *villosa* kann im Freien gezogen werden.
var. **arachnoidea** (Schott, Nym. et Kotschy) R. Knuth aus SO-Europa ist dicht weißwollig und besitzt größere Blüten von mehr rahmiger Farbe. Von ihr gibt es Formen in Gärten, die sicherlich nicht die schönsten, d. h.wolligsten sind. Ich erhielt Material von Standort und konnte einige Sämlinge aufziehen, diese sind extrem wollig und besitzen riesengroße Blüten, machen bei der Vermehrung aber Probleme.
var. **jacquemontii** Duby aus dem NW-Himalaja, mit dichten, 10 mm großen Winterrosetten und rosa Blüten. Sehr hübsch, in verschiedenen Klonen in Kultur, die wüchsigen ohne Probleme im Steingarten zu ziehen.

var. **taurica** (Ovcv.) R. Knuth von der Krim hat sehr große Blüten, die sich regelmäßig beim Verblühen leicht rosa verfärben.

A. zambalensis (Petitmgn.) Hand.-Mazz. Z- und O-Himalaja, W-China, feuchte, steinige Hänge, 4500–5200 m. Neu eingeführte, noch seltene Art mit süßduftenden, weißen Blütendolden.

Noch sehr selten sind einige weitere Arten, die in diese Sektion gehören. Dazu gehört *A. aizoon* Duby mit *Saxifraga grisebachii*-ähnlichen Rosetten und rosa bis roten Blüten, *A. barbulata* Ovcv., gut wüchsig, *A. villosa*-ähnlich, nach meiner Erfahrung auch im Freien leicht und *A. pavlovskyi* Ovcz. (ob identisch mit *A. akbaitalensis* Derganc?) mit deutlich zweiphasigem Blatt, d. h. im Frühjahr und im Sommer verschiedene Blätter und hellprimelfarbenen Blüten. Die letztgenannte Art erhielt ich als Saatgut aus dem Pamir, sie ist mit ihren hellschwefelgelben Blüten ganz außergewöhnlich.

Die Arten und Hybriden der Sektion *Chamaejasme* können durch Stecklinge und Aussaat vermehrt werden. Probleme bereiten mir die Stecklingsvermehrung von *A. muscoidea, A. villosa* var. *arachnoidea* (extrem wollige Typen) und *A. pavlovskyi. A. barbulata* und *A. mucronifolia* setzen in der Gartenkultur ebenfalls Samen an. Absaaten der extrem wolligen Typen von *A. villosa* var. *arachnoidea* ergab, wahrscheinlich durch Kreuzung mit den vielen anderen Formen von *A. villosa* meines Gartens, immer weniger wollige Pflanzen.

Sektion Aretia

Stets einblütige, zumeist hochalpine Polsterpflanzen mit besonderem Reiz, extrem begehrenswerte Liebhaberpflanzen! Die meisten Arten dieser Sektion sind Polsterpflanzen extremer Standorte und brauchen humose, aber steinreiche Mischungen. Sie werden besser im Alpinenhaus oder Kasten (Topfkultur) gezogen. Gute Alternativen sind a) die Kultur in besonderen Trögen, die geschützt werden können, darin werden Schieferplatten mit 0,5 cm Abstand senkrecht aufgestellt, die Zwischenräume mit sehr steinigem, aber humosen Mischungen gefüllt und die kleinen Sämlinge eingepflanzt, b) die Kultur in großen Tuffsteinblöcken, in die Löcher gebohrt oder Spalten künstlich hergestellt werden. In beiden Fällen gibt es auch sehr gute Erfahrungen mit der Direktsaat.

In der Topfkultur bewährt sich vor allem die Doppeltopf-Methode, bei der die Pflanzen in Tontöpfen gezogen werden und mit den zu klein gewordenen Töpfen (die man mit einem Bohrer perforieren kann) in einen größeren eingepflanzt werden.

Gefährliche Schädlinge sind Blattläuse und Spinnmilben, an Pilzkrankheiten treten Grauschimmel (*Botrytis*) und Welkekrankheiten auf.

Die Vermehrung durch Aussaat ist fast immer günstiger als die Stecklingsvermehrung. Ausgesät sollte vor Allerheiligen werden, erhält man Saatgut später, so ist ein Tauchen mit Gibberellinsäurelösung angebracht. Es wird dadurch zwar das Hypokotyl etwas gestreckt, doch sind die Keimergebnisse besser. Ich pflanze die kleinen Sämlinge meist schon im Jahr der Aussaat in 6-cm-Töpfe ein, entwickeln sie sich sehr langsam, so warte ich bis zum Frühjahr des darauffolgenden Jahres. Hat man es mit besonders seltenen Arten zu tun, so sollte auf jeden Fall herauspikiert werden, da immer wieder überliegende Samen keimen. Entsprechend ihrem Wachstum werden die Pflanzen in immer größere Töpfe umgetopft. Ich decke zwar die Oberfläche der Töpfe nicht mehr mit Gesteinssplitt ab, halte ein Unterlegen der Polster aber für notwendig, wenn auch nicht bei allen Arten.

Eine Stecklingsvermehrung empfiehlt sich z. B. bei *A. alpina, A.* × *heerii, A. delavayi* und *A. globifera,* auch *A. lehmannii* und die außerordentlich seltene *A. tapete* kann nur so vermehrt werden. Die seltenen Wildbastarde, aber auch die spontan auftretenden Gartenbastarde sind fast immer steril und müssen deshalb ebenfalls durch Stecklinge vermehrt werden. Diese entnimmt man etwa 6 Wochen nach der Blüte oder im Frühherbst. Sie sind naturgemäß sehr kurz und werden bei mir in Miniaturgewächshäuschen im Mistbeetkasten bewurzelt.

A. alpina (L.) Lam. Alpen: Felsen, Schutthalden, über 2000 m. Lockerpolsterig, selten dichtpolsterig, mit verzweigten, niederliegenden Trieben. Blätter 5–10 × 1–2 mm, eilänglich oder eilanzettlich, dichthaarig. Blütenstiele 5–10 mm. Blüten weiß oder rosa mit gelbem Auge, 7–9 mm groß. Diese kristallin-stete Art gedeiht bei sorgfältiger Pflege auch im Freien, am besten erscheint mir der Wechsel winters im Alpinenhaus, sommers in einem schattierten Kasten in Torf eingesenkt. Substrat durchlässig, aber gut feuchtigkeitshaltend. Blüte April bis Juni, vereinzelt im Spätsommer.

Vermehrung durch Aussaat oder Stecklinge. Achtung, Blattläuse. Von *A. alpina* gibt es sehr schöne Typen. Wenn man die Kultur im Tiefland gut beherrscht, so kann man diese grauweiß behaarten, weißlichrosa bis weiß blühenden oder die seltenen Farbformen (dunkelrosa, rot, rosa mit rotviolettem Auge) in der Kultur versuchen. *A. alpina* bedarf allerdings einer sehr intensiven Betreuung. Von der Entnahme größerer Pflanzenteile in der Natur muß nicht nur wegen des Naturschutzes gewarnt werden, die besten Ergebnisse erzielt man mit kleinen Stecklingen oder kleinen Polsterteilen, die zu Hause auf Stecklinge verarbeitet werden.

A. × **aretioides** Kerner (*A. alpina* × *A. obtusifolia*). Schweiz, Österreich. Sehr hübsche Hybride mit meist mehr gegen *A. obtusifolia* neigenden Rosetten und rosa, im Verblühen weißlichen Blüten. Relativ leicht, aber gefährdet durch Blattläuse, Vermehrung durch Stecklinge.

A. brevis (Hegetschw.) Cesati (*A. charpentieri* Heer). S-Alpen, um den Comer See, an felsigen Stellen, kleinen Rasen, 1700–2600 m. Ähnlich *A. wulfeniana,* aber Polster kleiner, Blätter weniger fleischig, Blütenstiele länger. Kalkfeindlich, Vermehrung durch Aussaat oder auch Stecklinge, blattlausgefährdet, oft nicht langlebig.

Die in Kultur befindliche Form ist relativ farbschön. Ich zog einmal eine große Anzahl von Pflanzen aus Wildsamen und fand sehr viele helle Formen darunter, die nicht so ansprechend aussahen.

A. carnea × **pyrenaica** (A. 'Carnaica' hort.). Sehr variable und wertvolle Hybride, April bis Juni, weiß, hellrosa, dunkelrosa, Dolden 2–8blütig. Kultur leichter, auch im Freien versuchswert. Vermehrung durch Aussaat und Stecklinge (Selektionen, Sorten wie 'Pink Gin').

A. ciliata DC. in Lam. et DC. Z-Pyrenäen, Schutthalten, Felsen, Kristallin, 2500–3200 m. Großrosettige Polster. Rosetten 15–25 mm. Blätter eiförmig-spatelförmig bis eilänglich-oval, 7–12 × 2–3 mm, kahl, Rand bewimpert. Blütenstiele doppelt so lang wie die Blätter. Blüten sehr zahlreich, hell- bis dunkelrosa, 8–12 mm groß. März bis Mai, vereinzelte Blüten das ganze Jahr. Sehr schöne leicht zu ziehende Art, leichter Nässeschutz im Winter genügt. Spinnmilben- und blattlausgefährdet. Vermehrung durch Aussaat leicht.

Nach Angaben aus England soll *A. ciliata* am Standort außerordentlich variieren, auch in der Blütenfarbe (bis weiß). Ich konnte bis jetzt von diesen Formen kein Material bekommen. *A. ciliata* der Gärten ist sehr einheitlich und dürfte schon längere Zeit in Kultur oder die Vermehrung von einem bestimmten, nur einmal aufgesammelten Typ sein.

A. cylindrica DC. in Lam. et DC. W-Pyrenäen, 1300–2000 m, Kalkfelsspalten, im Wald. Dichte Polster. Rosetten 15–20 mm. Blätter lineal-elliptisch, 8–10 × 2–2,5 mm, Blattrand behaart. Blütenstiele 10–20 mm, gekrümmt. Blüten weiß mit grünlichgelbem Auge. 7–9 mm groß. Selten echt, da oft mit *A. hirtella* verkreuzt. Typisch die langen Blütenstiele und die wenig behaarten Blätter. Kultur und Vermehrung wie *A. hirtella.*

A. cylindrica × hirtella. Intermediär zwischen den Eltern, sehr wüchsig, Blüten bis 13 mm groß, reinweiß mit gelbem oder grünlichgelbem Auge, April-Mai, vereinzelte Blüten das ganze Jahr. Kultur und Vermehrung wie *A. hirtella.*

Bei diesem sehr schönen Bastard habe ich die Erfahrung gemacht, daß die Stecklingsvermehrung wesentlich krankheitsanfälligere Pflanzen ergibt. Aus diesem Grund müssen die schönsten Pflanzen auf Samen aufgestellt werden und dann aus dem Sämlingsgemisch erneut ausgesucht werden.

A. delavayi Franch. Himalaja bis W-China, Ruhschutthalden, Moränen, Felsspalten, 4000–5300 m. Polster bis kleine Matten. Rosetten kugelig bis offen, 6–12–18 mm groß, durch die verwobenen Haare sehr typisch. Blätter verkehrt-eiförmig, abgerundet, 4–5 × 2–2,5 mm, an manchen Formen aber länglich, bis 12 mm lang, mit langen seidigen Haaren am Blattrand. Blütenstiele 1–4 mm. Blüten weiß mit gelbem oder grünlichgelbem Auge, 7–10 mm groß. April–Mai, vereinzelt im Sommer. Chinesische Formen auch rosa, aber noch nicht in Kultur.

Oben links: *Arisaema griffithii*, Knollen winters trocken und frostfrei gehalten, im Garten Manfred Hammer, Klosterneuburg.

Oben rechts: *Argemone munita* ssp. *rotundata* im winters durch Vlies geschützten Steinbeet.

Unten: *Anchusa cespitosa* im Kasten.

Diese erst kürzlich aus Nepal und Pakistan eingeführte Art ist sehr wüchsig und mit Schutz auch im Freien versuchswert. Die verbreitetste Form stammt aus Nepal, doch sah ich Sämlingspopulationen aus Pakistan, die alle Übergänge in der Rosettengröße und -form zeigten *A. delavayi* ist sicher keine Aretia, die Blüten stehen endständig, es finden sich häufig statt einer auch zwei bis vier Blüten ohne Schaft auf den Rosetten, auch schon bei der nepalesischen Form, die bei mir keinen Samen ansetzt.

A. globifera Duby. S-Abhang des Himalaja, Wiesen, 3500–4500 m. In der Heimat bis 2 m breite Matten, in Kultur bis 30 cm breit. Rosetten im Winter geschlossen, im Sommer 8–12–15 mm groß. Blätter elliptisch, zugespitzt, 5–10 × 1–1,5–2 mm, dicht mit silberigen Haaren besetzt. Blütenstiele aus der Rosettenspitze, 5–10 mm. Blüten lilarosa bis hellviolett mit gelbem Auge, sich später rot verfärbend, 9–13 mm groß. Erst kurz in Kultur.

Auch von dieser Art sind zur Zeit nur ein lilafarbener Klon verbreitet, die Art komme in der Heimat auch weißblühend vor. Aus Samen, der in Pakistan gesammelt worden war, konnten 1983 weitere Formen, wie auch aus anderen Aufsammlungen, erzogen werden. Es bleibt abzuwarten, wie sich diese in der Kultur verhalten. Die jetzt in Kultur befindliche Form ist leichtwachsend, aber nicht bei jedem Pfleger gleich reichblühend. Sie braucht einen torfig-sandigen Standort und wird bei Lufttrockenheit bald von Spinnmilben befallen. Die Vermehrung durch Stecklinge ist leicht. Bei einigem Geschick können die Pflanzen auch im Freien ausgepflanzt stehen, sie sollten allerdings winterlichen Schutz erhalten. Samenansatz ist möglich, wenn verschiedene Formen nebeneinander stehen.

A. hausmannii Leyb. O-Alpen, Felsen und Schutthalden über 1900 m, kalkliebend. Kleinpolsterig, Rosetten 10–22 mm. Blätter graugrün, dicht behaart, schmal-eilanzettlich, 5–12 × 1–2 mm. Blütenstiele 3–5 mm, dadurch Blüten zwischen den Blättern. Blüten weiß, rosa überhaucht oder rosa, mit gelbem Auge, 4–6 mm.

Durch die großen Rosetten und die verhältnismäßig kleinen Blüten nicht so auffallend, aber liebenswert. Nicht sehr langlebig, muß ständig aus Samen nachgezogen

---

Oben links: *Brachyscome rigidula* im winters durch Vlies geschützten Steinbeet.

Oben rechts: *Brodiaea coronaria* var. *macropoda (B. terrestris)* im Alpinenhaus.

Mitte rechts: *Balsamorhiza hookeri* im winters mit Hartplastik gedeckten Steinbeet.

Unten links: *Boykinia (Telesonix) jamesii* im Alpinenhaus.

Unten rechts: *Biarum tenuifolium* im winters mit Vlies gedeckten Steinbeet.

werden. Bei M. Kammerlander im Botanischen Garten Würzburg entstand spontan ein Bastard aus *A. hausmannii* × *A. hirtella*. Steril und schwer zu kultivieren.

A. × heerii Hegetschw. (*A. alpina* × *A. helvetica*), Schweiz. Die Formen in Kultur, meist von K. Strasser gesammelt, ähneln *A. alpina* und blühen weiß oder hellrosa. Die Kultur ist leichter als bei *A. alpina*, reichblühend. Vermehrung durch Stecklinge leicht. Werden sehr häufig von Spinnmilben befallen.

A. helvetica (L.) All. Alpen, Felsspalten, 1500–3200 m. Dichtpolsterig. Rosetten 3–6 mm. Blätter behaart, 3–6 × 1,5 mm, lanzettlich, eilänglich oder spatelförmig, zur kugeligen Rosette zusammengeschlagen. Blütenstiele 1 mm. Blüten weiß mit gelbem Auge, 4–6 mm, vollkommen sitzend. Mai. In Kultur wenigblütig und heikel. Vermehrung durch Aussaat.

M. Kammerlander vom Botanischen Garten Würzburg hat gute Erfolge mit der Stecklingsvermehrung bei dieser Art. Es werden einzelne Rosetten der Natur entnommen und sorgfältig gesteckt. Dadurch ist es möglich, viele Formen der Natur zu entnehmen und es besteht die Hoffnung, eines Tages auf einen Typ zu stoßen, der sich nicht nur leicht durch Stecklinge vermehren läßt, sondern in der Tieflandpflege auch halbwegs reichlich blüht. Auch Samennachzuchten von Tieflandpflanzen sind sehr zu empfehlen, denn dadurch besteht ebenfalls Hoffnung auf gartenwilligere Formen.

A. hirtella Dufour. W-Pyrenäen, Kalkfelsspalten, 1800–2500 m. Dichtpolsterig. Rosetten 8–10–12 mm. Blätter linealisch bis eilänglich, 8–10 × 1–1,5 mm, dicht grauweiß behaart. Blütenstiele 3 mm. Blüten weiß mit gelbem oder grünlichgelbem Auge, beim Abblühen oft Auge rötlich, 5–7 mm groß. Mai.

Gut gedeihende Art, für Topfkultur im Alpinenhaus, Felsspalten mit winterlichem Nässeschutz und Trogbepflanzung gleichermaßen geeignet. Sehr reichblühend, reichlich Samen bildend. In einem Trog konnte ich sogar Selbstaussaat beobachten. Sämlinge bilden ebenmäßigere Polster aus und leben länger als durch Stecklinge vermehrte Pflanzen. In meinem Garten entstand zwischen dieser Art als Vater und *A. mathildae* als Mutter ein hervorragender Bastard, der sich sehr leicht vermehren läßt und so reich blüht, daß die Polster vollkommen bedeckt sind. Die Pflanzen sind außerordentlich langlebig, so lebt der Originalsämling nach 15 Jahren noch und hat im Freien einen Durchmesser von 10 cm erreicht. Samen werden keine gebildet, doch Stecklinge sind leicht.

A. lehmannii Duby (*A. nepalensis* Derganc). Nepal, Sikkim: Wiesenhänge, 3500–4800 m. Breite Matten, in der Kultur nur bis 15 cm breit. Winterrosetten klein, von verwelkten Blättern umgeben, Sommerrosetten bis 15 mm breit. Blätter eilanzettlich, 10–12 × 1,5–2 mm, bewimpert, Blütenstiele etwas länger als die Blätter. Blüten weiß oder rosa, mit einem gelben, im Verblühen dunkelroten Auge, 6–8 mm, süßduftende. Verschiedene Male eingeführt, aber nicht leicht. Kultur im Alpinenhaus oder geschützem Torfbeet, aber durchlässig, leichter Nässeschutz im Winter notwendig. Vermehrung durch Stecklinge. Wird gerne von Blattläusen und Welkekrankheiten befallen.

A. mathildae Levier. Z-Apennin, Montenegro, Kalkfelsspalten, 2500–2900 m. Rosetten bis 20 mm. Blätter glänzendgrün, elliptisch zugespitzt, 10–15 × 1–2,5 mm. Blütenstiele 1–1,5 mal länger als die Blätter. Blüten reinweiß mit gelbem Auge, 5 mm groß. Leichte Art mit gewisser Ähnlichkeit mit *A. lactaea*. Gut für Tröge, braucht relativ wenig Schutz. Vermehrung durch Aussaat leicht.

A. mucronifolia Watt. NW-Pakistan, Kaschmir, W-Tibet, 3000–5000 m. Dichte Matten bildend. Rosetten bis 15 mm groß, Blätter verkehrt-eiförmig, am Rand bewimpert. Blüten zu mehreren an kurzen Schäften, hellrosa, im Verblühen mit starkem roten Auge, stark duftend.

Diese Art ist nun seit kurzem in Kultur und unterscheidet sich sehr deutlich von *A. sempervivoides* (*A. mucronifolia* hort.). Braucht nur etwas Schutz vor übergroßer Nässe und Wintersonne. Vermehrung durch Stecklinge und Aussaat. Samen werden auch bei uns reichlich angesetzt.

A. pubescens DC. in Lam. et DC. Z- und SW-Alpen, Pyrenäen, meist über Kalk, in Ruhschutthalden oder stark angewitterten Felsen, 200–3700 m. Ähnlich *A. helvetica*, aber mit offenen Rosetten und weniger dicht behaart.

In der Kultur zumeist etwas leichter als *A. helvetica* und auch reicher blühend, aber nicht so schön im Polster. Zwischen diesen beiden Arten kommt in der Natur selten ein Bastard vor, *A.* × *hybrida* Kerner, von dem ein durch Aussaat zu vermehrender, gutwüchsiger Typ verbreitet ist. Interessanterweiser sind die Samen dieses Bastards, verglichen mit den Elternarten, wesentlich kleiner, sie erscheinen voll, doch sind die Keimergebnisse nicht immer befriedigend. *A.* × *hybrida* blüht in Tieflandpflege recht gut und gedeiht mit leichtem Schutz zufriedenstellend.

A. pyrenaica Lam. O- und Z-Pyrenäen, Granitfelsspalten, über 2500 m. Dichtpolsterig. Rosetten 4–5 mm. Blätter schmal-elliptisch, 3–4 × 1 mm, dicht aber sehr kurz behaart. Blütenstiele 5–10–20 mm, geschlängelt dem Polster angedrückt, mit Hochblättern (!). Blüten zu 1–2, reinweiß mit gelbem Auge, süßduftend, 5–8 mm groß. Mai.

A. pyrenaica steht botanisch näher bei *A. carnea* und *A. hedraeantha*, was sich auch in der fruchtbaren Kreuzung mit *A. carnea* zeigt. Die Kultur im Alpinenhaus ist leicht, man muß allerdings auf Blattläuse achten. Die Art wird gerne von Welkekrankheiten befallen, dabei handelt es sich teilweise um Grauschimmelbefälle, die von den abgeblühten Blüten in den Polster hineinwachsen. Aus diesem Grund müssen die abgeblühten Blüten, so man nicht Samen ernten will, zeitgerecht entfernt werden. Dabei ist darauf zu achten, daß dabei gerne Stücke vom Polster mitgehen. Vermehrung durch Aussaat leicht. Sämlinge wachsen sehr verschieden schnell, darum besser herauspikieren.

A. tapete Maxim. Nepal, Tibet, China, im trockenen Gebiet nördl. der Hauptkette, 3000–5500 m. Dichtpolsterig bis kleinmattig. Rosetten 5–9 mm. Blätter elliptisch zugespitzt, 4 × 1,5 mm, mit seidigen Haaren an der Spitze. Blüten sitzend, 3–4 mm groß, weiß, bei chinesischen Pflanzen auch rosa.

A. tapete ist von den neu eingeführten Arten die schwierigste. Blüten werden sehr selten oder nicht angesetzt, die Stecklingsvermehrung ist außerordentlich schwierig. Es bedarf zweifellos weiterer Bemühungen um diese Pflanze, bis wir ihre Ansprüche erfüllen können.

A. vandellii (Turra) Chiov. (*A. imbricata* auct. non Lam., *A. multiflora* (Vandelli) Moretti). Alpen, Pyrenäen, Sierra Nevada, Hoher Atlas, nur in Felsspalten kalkfreier Gesteine, 900–3500 m. Dichte Polster bildend, in der Natur bis 10 cm, in Kultur bis 15–20 cm groß. Rosetten sehr unterschiedlich groß, 5–12 mm. Blätter lineal-lanzettlich, dicht weiß behaart, meist 3–6 × 0,5–1,5 mm. Blütenstiele 1–5 (–12) mm. Blüten reinweiß mit gelbem Auge, 4–8 mm groß.

Wohl die schönste Art. In England sieht man Pflanzen bis 20 cm Durchmesser. Bei dieser Form handelt es sich zweifellos um eine Auslese, denn mit Wildsamen aus

Südtirol kann man diese Polstergrößen bei den Sämlingen nicht erreichen. Die Kultur sollte im Alpinenhaus durchgeführt werden, sommers ist eine luftige, aber regengeschützte Aufstellung im Freien zu empfehlen, da es sonst zu Blattlausbefällen kommt. Die Aussaat ist leicht.

A. wulfeniana Sieber ex Koch. O-Alpen, in Felsspalten, Ruhschutt und kleinen Rasen, kalkfliehend, 2000–2600 m. Flache Polster bis Matten. Rosetten 10–12 mm groß. Blätter elliptisch, zugespitzt, fleischig, gekielt, 4–6 × 1,5–2 mm, dunkelgrün oder rötlich. Blütenstiele 5–10 mm. Blüten rosa, 8–12 mm groß.

A. wulfeniana ist bei sorgsamer Pflege im Freien fast leichter fortzubringen als im Alpinenhaus. Sie sollte auf jeden Fall sommers im Freien aufgestellt werden. Die Vermehrung durch Aussaat ist leicht, Samen werden auch im Tiefland gut angesetzt und sollten immer wieder nachgebaut werden, um gartenwilligere Formen zu erzielen.

Bemerkungen über Kreuzungsversuche bei Androsace

Außer den im Text angeführten Bastarden, *A. × heerii* (*A. alpina × A. helvetica*), *A. × hybrida* (*A. helvetica × A. pubescens*) und *A. × aretioides* (*A. × ebneri, A. alpina × A. obtusifolia*) sind in der Natur noch andere Kombinationen beobachtet worden, so

A. alpina × A. carnea
A. alpina × A. vandellii
A. alpina × A. pubescens

Ich habe aus diesem Grunde Hunderte Kastrierungen und Bestäubungen bei *Androsace* durchgeführt, die bei der Kleinheit der Blüten eine sehr mühselige Angelegenheit sind. Das Ergebnis war in allen Fällen enttäuschend: durch die Verletzungen, welche das Entfernen der Blütenkrone mit sich bringt, kam es nicht zu Samenansatz.

Nachdem aber in meinem Alpinenhaus nicht nur bei *Androsace* (*A. hirtella × A. mathildae*), sondern auch bei *Douglasia* (s. d.) verschiedentlich Bastarde entstanden, begann ich die Pflanzen zu beobachten. Die Bestäubung wird im Alpinenhaus zweifellos durch Fliegen durchgeführt. Aus diesem Grunde würde ich für kommende Versuche vorschlagen, Fliegen als Bestäuber einzusetzen und zwar so: Die Mutterpflanzen werden getrennt in der üblichen Routine ausgesät und dann als kleine Pflanzen in eine Schale zusammengepflanzt. Diese kommt unter eine Gazehaube, Fliegen werden gefangen und unter die Haube gesperrt. Alles Saatgut wird ausgesät und aufgezogen. So kann man erwarten, ohne die Probleme der künstlichen Bestäubung Bastarde erzielen zu können. Besonders die Bastardisierung sehr gartenwilliger Arten könnte noch ungeahnte Fortschritte bringen.

Andryala L., Compositae

12 Arten im Mittelmeergebiet, auf den Kanaren, 1 Art in den Karpaten. Einjährige oder Stauden mit meist unverzweigten Sprossen. Blätter ungeteilt oder fiederteilig, grundständige wenige bis viele. Köpfchen meist wenige, selten einzeln. Blüten gelb, die äußeren oft mit einem rötlichen Streifen auf der Unterseite.

A. aghardii Haenseler ex DC. S-Spanien, Felsen und Schutthalden. Staudig, an der Basis verholzt, selten verzweigt. Sprosse 7–15 cm. Blätter dicht weißhaarig, spatelförmig oder eiförmig-lanzettlich, stumpf bis zugespitzt, in einen langen Stiel verschmälert, 1,5–6,5 × 0,5–1,5 cm. Blütenköpfe einzeln, gelb, an 10–15 cm hohen Stielen. Mai–August.

Durch die weißfilzigen Blätter und die klargelben Köpfchen recht hübsch. Kultur in durchlässigen, wenig nahrhaften Substraten in voller Sonne. Verwendung in kleinen Steingärten, Trögen, Tuffsteinanlagen und im Alpinenhaus, gemeinsam mit anderen kleinen trockenheitsliebenden Pflanzen. Vermehrung durch Aussaat.

Anemarrhena Bunge, Liliaceae

Monotypische Gattung aus Mittelchina:

A. ashodeloides Bunge. 30–60 cm. Rhizom kriechend, 1 cm dick, mit zahlreichen Faserwurzeln. Blätter grasartig, 15–35 cm lang und 4–6 mm breit, grundständig. Stengel stielrund mit wenigen kleinen Blättchen. Blüten in traubigen Ähren, 15–20 cm hoch. Blütenblätter 5 mm lang, weiß mit grünen und braunen Flecken, nur 3 Staubblätter. Frucht eine Kapsel.

Diese mit *Anthericum* verwandte Pflanze ist in Japan in Kultur und findet sich selten in den Sammlungen. Sie braucht durchlässige, trockene Standorte und Winterschutz durch das Alpinenhaus. Die Vermehrung erfolgt durch Aussaat und Teilung.

Anemone L., Anemone, Ranunculaceae

Etwa 100 Arten, meist in den gemäßigten und kälteren Teilen der nördl. Halbkugel, wenige Arten auf der südl. Halbkugel. Niedrige bis mittelhohe Stauden mit kräftigem oder ausläuferartigem oder knolligem Wurzelstock, aufrechtem Stengel und grundständigen, gestielten Blättern. Blätter meist geteilt. Blüten eine bis viele, endständig oder durch Verzweigungen aus den Achseln der Hochblätter. Blütenhüllblätter vier bis viele, kronblattartig gefärbt. Staubblätter zahlreich. Früchtchen zuweilen seitlich zusammengedrückt, durch kurzbleibende Griffel geschnäbelt oder mit dichter Wolle besetzt. Sehr vielgestaltige, äußerst gartenwürdige Gattung.

A. baissunensis Juzepczuk ex Scharipova. Gleicht im Habitus *A. bucharica,* aber Blütenblätter, Antheren und Pollen gelb. Karpelle schwarz wie bei *A. bucharica.* Verbreitung wie *A. bucharica.* Vielleicht besser als Varietät zu werten, dann also var. *intermedia* Regel. April–Mai.

A. biflora DC. Iran, Afghanistan, Pakistan, auf steinigen Hügeln. Ähnlich *A. petiolulosa,* aber Blattsegmente abgestumpft. Blüten bis 5 cm groß, rot oder bronzegelb. April–Mai.

Der Name *A. biflora* ist leider von vielen älteren Autoren für alle von Persien ostwärts vorkommenden Knollenanemonen verwendet worden. *A. tschernjaewii* wird immer noch unter diesem Namen aus Kaschmir verschickt. Alle Verbreitungsangaben sind daher mit Vorsicht aufzunehmen, *A. biflora* s. str. dürfte nicht außerhalb des Flora-Iranica-Gebietes vorkommen. P. Furse und andere haben in den 60er Jahren viel Material aus Persien mitgebracht, leider ist davon nicht mehr allzuviel in Kultur. Furse betont, daß er mindestens zwei deutlich verschiedene Pflanzen aus dem *A. biflora*-Komplex gefunden hat. Diese Angaben dürften sich aber vielleicht auf die verschiedenen Blühstadien beziehen: aufblühende *A. biflora* sind rot und aufrecht, abblühende und abgeblühte kupferfarben und nickend.

A. bucharica (Regel) Finet et Gagnepain. Südwestl. Pamiroalai (Gebirgsmassiv südl. des Ferghanabeckens und östl. vom 65. Grad etwa, Pamir und Alai sind die größten Einzelgebirge, liegen aber beide im äußersten Osten). 10–30 cm. Grundblätter ähnlich *A. coronaria*, aber nur das mittlere Blättchen gestielt, die beiden seitlichen sitzend. Blüten 3–6 cm im Durchmesser, Blütenblätter 5 (–7), obovat bis suborbikular, zinnoberrot. Antheren und Pollen violett. Karpelle schwarz. April–Mai. Leider kreuzt sich *A. bucharica* leicht, erzieht man Pflanzen aus Samen von russischen Gärten so können ein großer Teil der Pflanzen schmutzigbraune Blüten bringen.

A. coronaria L. Im gesamten Mittelmeergebiet (und Aserbeidschan »A. kuznetzovii«?). 10–30 cm. Grundständige Blätter dreiteilig, Blättchen gestielt, tief geteilt in zahlreiche eilängliche, gezähnte Zipfel. Stengelblätter sitzend, tief geteilt in schmale Abschnitte. Blüten einzeln, Perianthsegmente 5–8, elliptisch bis verkehrt-eiförmig, scharlach, rosa, violettblau oder weiß. März-Mai. Im Osten sind die Blätter oft viel weniger stark zerteilt (P. Mouterde, Nouv. Fl. du Liban et de la Syrie 2 : 27–28 u. pl. XI, 2. 1970). Mouterde glaubt auch eine Korrelation zwischen Blattform und Blütenfarbe zu finden und unterscheidet danach mehrere Varietäten. Nach P. Furse, A. G. S. Bull. 33: 295 (1965) kommt *A. coronaria* auch in Persien vor.

A. gortschakovii Karelin et Kirilov. Zentralasien, besonders im Tienshan und Alatau, steinige Hänge der Hügel- bis Alpinstufe, bis 4100 m. Grundständige Blätter dreiteilig. Blättchen sitzend, selten das mittlere mit einem kurzen Stielchen. Seitliche Blättchen tief zweiteilig und nochmals in 2–3 keilförmige Lappen geteilt. Mittleres Blättchen dreiteilig, sonst den seitlichen gleich. Stengelblätter 3, keilförmig, bis in die Mitte dreigeteilt und nochmals dreigeteilt. Blüten gelb, 2–3 cm groß, Perianthsegmente 5–6. März–Mai. Ähnlich *A. petiolulosa*. aber mit sitzenden Blättchen der grundständigen Blätter und langem Blütenstiel.

A. hortensis L. (*A. stellata* Lam.). Zentrales Mittelmeergebiet von Frankreich bis Albanien. Wie *A. pavonina*, aber Blütenblätter 12–19 (meist 15), schmal-elliptisch, purpurrosa. April–Mai. *A. fulgens* Gay, meist als Synonym für *A. hortensis* angeführt, ist wahrscheinlich *A. hortensis* × *A. pavonina*, sie ist mehr oder weniger intermediär und kommt nicht rein aus Samen.

A. palmata L. S-Portugal, S- und Z-Spanien (nach Fl. Eur. auch in Frankreich, Sardinien, Sizilien?). 10–30 cm. Grundständige Blätter rundlich, flach gelappt. Stengelblätter am Grund verwachsen, tief geschlitzt in 3–5 lineal-lanzettliche Abschnitte. Blüten 1–2, 2,5–3,5 cm im Durchmesser, gelb, oft außen rot angehaucht, selten cremeweiß (var. *albida* Sims, 'Alba'). Perianthsegmente 10–15, eilänglich. April–Mai.

A. pavonina Lam. Mittelmeergebiet von S-Frankreich bis zur Türkei. 10–30 cm. Grundständige Blätter dreiteilig oder -geteilt in ei-keilförmige, gelappte, gezähnte oder tief eingeschnittene Segmente. Stengelblätter sitzend, elliptisch, manchmal lineal-lanzettlich, ungeteilt oder oft dreilappig. Blüten einzeln. Perianthsegmente (7–) 8–9 (–12), eiförmig bis eilänglich, scharlach, scharlach mit eine gelblichen Mitte, violett oder rosa mit weißlicher Mitte. April–Mai.

A. petiolulosa Juz. Kyzyl-Kum, westl. Tianshan, Pamiroalai (ausgenommen Schugnan und Pamir), Badghyz, Kopet-Dag, Hügel- bis Bergstufe, 700–3200 m. 10–20 cm. Grundblätter dreiteilig, alle 3 Blättchen gestielt. Stengelblätter gestielt. Blüten

2–4 cm im Durchmesser, Perianthsegmente 5–6, gelb, eiförmig oder elliptisch oder länglich-elliptisch (schmaler und vorne mehr zugespitzt als z. B. *A. bucharica*). Antheren und Pollen gelb. Karpelle gelb. April–Mai.

A. tschernjaewii Regel. Westl. Tianshan (Becken des Flusses Angren, östl. von Taschkent), Pamiroalai (ausgenommen Schugnan und Pamir), Afghanistan, Kaschmir, Hügel- bis Bergstufe, 700–2200 m. 5–25 cm. Grundständige Blätter handförmig dreiteilig, die Segmente keilförmig, breit-eiförmig, sitzend, meist flach dreifiederig. Stengelblätter 3, eiförmig, breit-keilförmig, ähnlich geteilt wie die grundständigen Blätter. Blüten 1,8–3,5 cm im Durchmesser, weiß (bis blaßlila?), Perianthsegmente 5 (–6–10). Karpelle lila. April–Mai. Wir haben noch keine blaßlila Blütenfarben gesehen, vielleicht verfärben sie sich beim Trocknen so. *A.* × *eranthoides* Regel (*A. petiolulosa* × *A. tschernjaewii*) ist meines Wissens nicht in Kultur, könnte aber künstlich erzeugt werden.

A. verae Ovczinnikov et Scharipova. Südwestl. Pamiroalai: Hügel- bis Bergstufe, 800–2500 m. Nach der Originalbeschreibung ist diese Art praktisch eine *A. baissunensis* mit gelben Karpellen. Die aus russischen Samen erzogenen Pflanzen sind aber eine Form von *A. petiolulosa* mit sitzenden, seitlichen Blättchen. April–Mai.

Für die vielen Hinweise zu den russischen Anemonen bin ich M. Hammer sehr verbunden, dem ich auch alle meine Pflanzen dieser Art verdanke. Es sind alle Anemonen herrliche Frühjahrsblüher, die im geschützten Beet oder im Alpinenhaus ausgezeichnet gedeihen. Sie verlangen einen durchlässigen, zur Wachstumszeit feuchten Boden und wollen im Sommer eine Trockenzeit durchmachen. Die Vermehrung erfolgt durch Aussaat, Samen werden auch bei uns gut angesetzt und laufen ohne Schwierigkeiten auf. Die Arten aus Russisch-Mittelasien, sie sind gewöhnlich zwei-, manchmal sogar dreiblütig, besitzen ungestielte Keimblätter und die Keimlinge wachsen im ersten Jahr nicht darüber hinaus. Die Arten aus dem Mittelmeergebiet bilden im ersten Jahr echte Blätter aus. Von der Aussaat bis zur Blüte vergehen zumeist drei bis fünf Jahre. Viele der angeführten Arten sind, obwohl sie herrliche Pflanzen für den Liebhaber sind, noch wenig verbreitet und es wird noch etwas dauern, bis sie allgemein erhältlich sind.

Anemonella Spach, Rautenanemone, Ranunculaceae

Monotypische Gattung im östl. Nordamerika:

A. thalictrioides Spach (*Anemone thalictrioides* L., *Syndesmon thalictrioides* Hoffmg). 12–15 cm hoch aus fingerartigen Knollen. Blätter doppelt-dreizählig gefiedert. Blüten weiß oder hellrosa, einfach oder gefüllt. April–Mai.

A. thalictrioides unterscheidet sich auf den ersten Blick nur wenig von *Isopyrum thalictrioides* L., unserem einheimischen Muschelblümchen. *Anemonella* besitzt aber 5–6 mm lange, schlanke Schließfrüchte, *Isopyrum* kleine Balgfrüchte. Von *Anemone* unterscheidet sich die Gattung durch die vollkommen fehlenden Griffel, die Narben sitzen direkt am Fruchtknoten auf, und durch Besonderheiten im Fruchtbau. In den USA und Großbritannien sind die gefüllten Sorten, wie 'Shoafs Double', dunkelrosa, und 'Cameo', hellrosa, besonders beliebt. Sie blühen lange Wochen. Die Kultur erfolgt in durchlässigem, humusreiche Boden im Halbschatten, wegen der Seltenheit aber auch in Schalen im Alpinenhaus oder geschützten Kasten. Die Vermehrung kann durch Aussaat oder durch Teilung nach der Blüte erfolgen.

Anisotome Hook. f., Umbelliferae

15 Arten in Neuseeland und den subantarktischen Inseln, 11 der 12 Arten Neuseelands sind Alpine. Rosetten-, selten polsterbildende, stark ätherisch riechende Stauden mit zumeist kräftiger Pfahlwurzel. Blätter gefiedert, Blättchen oft sehr fein oder in eine feine Spitze ausgezogen. Blütenstände aufrecht, Blüten weiß, in einfachen oder zusammengesetzten Dolden. Juni–August.

A. aromatica Hook. f. Neuseeland, Stewart-Insel, an feuchten subalpinen Standorten, selten in Felsen. Kleine Rosettenstaude mit 3–12 cm langen, einfach gefiederten Blättern, die dem Boden angepreßt sind. Blütenstände bis 10 cm hoch, Dolden 4 cm groß.

A. capillifolia (Cheesem.) Ckn. Neuseeland: S-Insel, schattige Stellen bei Felswänden und zwischen Felsen, 1200–2000 m. Erinnert an *Meum athamanticum* durch die feinen, nur 0,5 mm breiten Blättchen. Blütenstände 15–25 cm, Dolden zusammengesetzt.

A. haastii (F. Muell. ex Hook. f.) Ckn. et Laing. Neuseeland: S-Insel, auf feuchten Hängen, 600–1500 m. Ähnlich *A. capillifolia,* aber kräftiger, bis 40 cm hoch.

A. pilifera (Hook. f.) Ckn. et Laing. Neuseeland: S-Insel, heute fast nur auf Felsen, da von verschiedenen eingeführten Tieren (Gemsen, Hirschen u. a.) wegen des guten Geschmacks sehr gesucht, 1100–2100 m. Kräftige, bis 50 cm hohe Staude mit wenig gefiederten, lederigen Blättern, etwas an *Angelica* erinnernd.

Die hochalpinen *A. lanuginosa* (Kirk) Dawson und *A. imbricata* (Hook. f.) Ckn., die letztere kleine Polster bildend, sind leider noch nicht in Kultur, aber sehr zu empfehlen. Alle *Anisotome* ähneln in der Kultur den kleinwüchsigen *Aciphylla* und werden aus wild gesammelten Samen vermehrt. Nach meiner Erfahrung sind sie noch etwas schwieriger in der Jugend.

Anthyllis L., Wundklee, Leguminosae

20 bis 40 Arten vom Mittelmeergebiet bis zum Himalaja. Kräuter, Halbsträucher oder Sträucher mit oft starker Behaarung. Laubblätter meist unpaarig gefiedert. Blüten in dichten, blattachselständigen Köpfchen, selten einzeln, gelb, orange, rot oder weiß.

A. hermanniae L. Mittelmeergebiet. Reich- und dichtverzweigter Strauch von 20–40 cm. Zweige meist niederliegend, dornig. Blätter meist nur mit einem Endblättchen, 10–25 mm lang, sitzend. Blüten 8 mm lang, orangegelb, zu 5–8 in achselständigen Büscheln. Mai–Juni.

Hübscher Kleinstrauch, der in durchlässigen Substraten und an sehr sonnigen Standorten fast alle Winter durchhält, aber sich sehr gut in geschützen Beeten eingliedert.

A. tejedensis Boiss. S-Spanien, Marokko. Dichtschopfig. Blätter 11–13, dichthaarig. Köpfchen dicht gestellt. Kelch 8,5–10 mm. Krone doppelt so groß, orange bis gelb, manchmal bräunlichviolett überhaucht. April–Juni.

Von M. Kammerlander von der Sierra Nevada eingeführt, hübsch durch Behaarung und Blütenfarbe. Vermehrung durch Aussaat und Stecklinge.

Anthirrhinum L., Löwenmaul, Scrophulariaceae

Etwa 40 Arten im Mittelmeergebiet und im pazifischen N-Amerika. Ein- oder mehrjährige Kräuter oder Halbsträucher mit oft drüsiger, gegenständiger Beblätterung und den bekannten, zweilippigen Blütenkronen.

A. hispanicum Chav. SO-Spanien. Juni–September. Drüsig-haariger Halbstrauch, bis 20 (–60) cm, niederliegend bis aufsteigend. Blätter 5–35 × 2–20 mm, lanzettlich oder fast kreisförmig, unten gegenständig, oben wechselständig. Krone 20–25 mm lang, weiß oder rosa. Nach der Länge der Behaarung werden verschiedene Unterarten unterschieden:
ssp. **hispanicum** (*A. glutinosum* Boiss. et Reut. non Brot.) hat bis 0,5 mm lange Haare,
ssp. **mollissimum** (Rothm.) D. A. Webb bis 2 mm lange.

A. microphyllum Rothm. Östl. Z-Spanien. Juni–Juli. Ähnlich *A. sempervirens*, aber Blätter nur 3–10 × 2–5 mm. eiförmig bis rundlich.

A. molle L. O- und Z-Pyrenäen, benachbarte Gebirge NO-Spaniens, NO-Portugal. Juli–September. Zwergiger Halbstrauch bis 40 cm, Triebe niederliegend bis aufstrebend, behaart bis wollig, aber ohne Drüsenhaare. Blätter 8–22 × 5–10 mm, breiteiförmig. Krone 25–35 mm lang, weiß oder hellrosa, mit gelbem Fleck.

A. sempervirens Lapeyr. Z-Pyrenäen und östl. Z-Spanien: auf Felsen. Juni–September. Nichtdrüsiger, haariger, bis 25 cm hoher Halbstrauch, niederliegend. Blätter 12–30 × 5–17 mm, eilänglich bis elliptisch. Krone 20–25 mm, weiß oder creme, oft mit purpur geadert, mit gelbem oder weißen Gaumenfleck.

Alle halbstrauchigen Löwenmaul-Arten werden leicht durch Aussaat vermehrt und brauchen Schutz vor Nässe im Sommer und im Winter, da sie sonst kurzlebig sind. Nach der Blüte empfiehlt sich ein leichter Rückschnitt. Bei nicht bewegter Luft (Alpinenhaus im Frühling!) kann es zu *Botrytis*-Befall kommen.

Aquilegia L., Akelei, Ranunculaceae

Etwa 120 Arten in Europa, Asien und Nordamerika. Stauden mit Pfahlwurzel und dreizählig zusammengesetzten Blättern. Blüten einzeln oder zu mehreren, verschieden gefärbt, am häufigsten blau. Blütenhülle regelmäßig, Honigblätter dazwischen stehend, oft lang gespornt, Staubblätter zahlreich, Balgfrüchte meist 5. Juni–Juli.

A. jonesii Parry. USA: Big Horn Mts. Blätter alle grundständig, doppelt dreiteilig, blaugrün, dicht drüsig. Blüten einzeln an 5–7 cm langem Stiel, reinblau, langgespornt, nach oben gerichtet.

A. scopulorum Tidestrom. USA: Rocky Mts. Blätter alle grundständig, doppelt dreiteilig, fein zerteilt, 8–10 cm lang, unterschiedlich behaart und gefärbt, zumeist aber kahl und hellblau bereift. Blüten einzeln oder bis zu 3 an 12–20 cm hohen Blütenständen, sehr verschieden gefärbt, blau, lila, orange, auch zweifärbig durch weißliche oder gelbliche Honigblätter.

Diese beiden amerikanischen Akeleien, es gibt auch eine fruchtbare Kreuzung *A. jonesii* × *A. saximontana*, sind die schönsten der zwergigen Arten, aber empfindlicher als die europäischen *A. discolor*, *A. pyrenaica* usw. *A. jonesii* braucht sehr kalkschotterige Substrate und volle Sonne und blüht trotzdem sehr selten in der Gartenkultur, *A. scopulorum* ist leichter, es empfiehlt sich aber trotzdem ein Nässeschutz für den Winter und ein sehr durchlässiger, vollsonniger Platz. Die Vermehrung erfolgt durch Aussaat. Akelei-Samen sollten sehr dünn ausgesät werden, da die Sämlinge gerne umfallen. Es kann sogar empfohlen werden, die Samen mit einer Messerspitze eines Fungizids zu beizen. Sie werden immer in Töpfen gehalten bzw. nach dem Erstarken ausgepflanzt. Umpflanzen kann man auch diese zwergigen Arten nicht, sie besitzen ebenfalls eine fleischige Pfahlwurzel. In besonders winterfeuchten Gebieten kann es sogar notwendig sein, auch andere Akeleien zu schützen, z. B. *A. caerulea*, die Nationalblume von Colorado.

Arabis L., Gänsekresse, Cruciferae

Etwa 100 Arten in Nord- und Mitteleuropa, im Mittelmeergebiet, in den afrik. Hochgebirgen, im temperierten Asien, Japan und Nordamerika, besonders in den Gebirgen. Kahle oder behaarte Kräuter mit grundständigen Blättern. Blüten in Trauben, weiß, selten purpurn, hellgelb oder rosenrot.

A. blepharophylla Hook et Arn. M-Kalifornien. 5–12 cm hoch. Blätter 2–5 cm lang, spatelförmig, scharf gezähnt, am Rande gewimpert. Stengelblätter nur wenige, länglich, sitzend. Blüten groß, karminrosa, duftend, in kurzen, dichten Trauben. April–Mai.

A. bryoides Boiss. S-Balkan. 3–5 cm. Dichtpolsterförmig. Blätter weich seidenflaumig, elliptisch, dichtrosettig, 8 mm lang. Blüten in wenigblütigen Trauben, sehr groß, reinweiß. Mai–Juni.

A. parishii Wats. Kalifornien, trockene, steinige Hänge, 2000–3200 m. 3–12 cm. Blätter linealisch bis eilanzettlich, ganzrandig, 5–15 × 1–2 mm, dicht weißhaarig. Blüten in aufrechten Trauben, purpurn oder lavendel, bis 12 mm groß. April–Mai.

A. blepharophylla ist eher kurzlebig und sollte ständig durch Aussaat erhalten werden, von ihr sind vielen unschöne Formen in Kultur, auch erhält man hin und wieder *A. muralis* statt ihr. Herrlich sind dunkelrote Formen. Die beiden anderen Arten dauern besser aus und können, neben Aussaat, auch durch Stecklinge vermehrt werden. Alle lieben durchlässig-schotterige Substrate und volle Sonne.

Argemone L., Stachelmohn, Papaveraceae

Etwa 10 Arten in N-, M- und S-Amerika. Ein-, zwei- oder mehrjährige Kräuter mit eingeschnittenen-fiederteiligen, stachelig gezähnten oder steifborstigen Blättern. Blüten mit dreiblättrigem Kelch und 6 Kronblättern, weiß oder gelb, selten rosa überhaucht.

A. munita E. M. Durand et Hilgard ssp. *rotundata* (Rydb.) G. Ownb. Westl. USA. Juli–September. 40–50 cm hohe Staude aus einer fleischigen Wurzel. Blätter blaugrün. Blüten 7–8 cm breit, reinweiß.

Diese Pflanze hat sich bei mir unter leichtem Schutz als überraschend staudig erwiesen (10 Jahre und älter!), braucht durchlässigen Standort und volle Sonne. Samen werden bei mir keine gebildet, allerdings ist die Vermehrung durch Wurzelschnittlinge möglich.

Arisaema Mart., Feuerkolben, Araceae

Etwa 150 Arten in Asien und N-Amerika. Rhizom knollig, Blattstiele bei vielen Arten im unteren Teil zu Scheinstämmen (Pseudostämmen) verwachsen, Blätter 5- bis vielteilig, hand- oder fußförmig geteilt. Spathenröhre zusammengerollt, Spathenspreite vorgestreckt, meist dachartig übergebogen. Geschlechtsverhältnisse kompliziert: einige Arten, wie *A. flavum*, immer einhäusig, d. h. auf dem Kolben weibliche und männliche Blüten in getrennten Zonen nebeneinander, gewöhnlich aber jüngere und schwächere Exemplare männlich und kräftige weiblich, dies auch wechselnd, so sind z. B. Pflanzen nach reicher Beerenente im darauffolgenden Jahr wieder männlich. Auch Fäulnis der Knolle kann wieder zu männlichen Blüten führen. Blüte meist im Frühjahr oder Frühsommer.

Kultur der meisten Arten im Freiland möglich, in Laubhumusboden in halbschattiger bis schattiger Lage. Nicht ganz harte Arten, wenn sie früh treiben, müssen im Kalthaus gehalten werden und stehen dann sommers im Freien. Spättreibende Arten hält man im Keller, eventuell Alpinenhaus. Vermehrung durch Aussaat, möglichst sofort nach der Reife, und Abnahme der Kindel.

Nachfolgend einige Arten, die besser unter Schutz gezogen werden:

A. candidissimum W. W. Sm. W-China. 50 cm hoch, ohne Scheinstamm. Knolle bis 8 cm, z. T. nebenknollenbildend. Einblättrig. Blätter dreiteilig mit breit eiförmigen Abschnitten. Schaft 10–15 cm. Spatha 10–12 cm, vor dem Blatt, unten grünweiß gestreift, Spathenspreite rosaweiß gestreift, schräg nach oben stehend, duftend (Veilchen-Freesien). Juni–Juli. Verlangt durchlässigen Boden und guten Winterschutz. Klone mit unterschiedlicher Tendenz zur Nebenknollenbildung sind im Handel.

A. costatum (Wall.) Mart. (*A. wallichianum* hort. p. p.). Himalaja. 40 cm hoch, Scheinstamm kurz bis fehlend. 1blättrig. Blatt dreiteilig mit elliptischen bis länglichen Abschnitten, Seitennerven sehr zahlreich, parallel, unterseits erhaben. Spatha dunkelpurpurn mit weißen Längsstreifen, Spreite übergebogen. Mai–Juni. Alpinenhaus.

A. griffithii Schott. O-Himalaja. 20–40 cm hoch, ohne oberirdischen Scheinstamm. 1–2blättrig. Blätter dreiteilig, Blättchen rhombisch-eiförmig, Rand gewellt, purpurn oder gelb. Spatha: Röhre 5–10 cm lang, 2–3 cm breit, Spreite 9–20 cm breit, stark übergeschlagen mit kurzem Schwanz, schokoladebraun bis violett mit gelbem oder grünlichgelbem Adernnetzwerk. Kolbenfortsatz lang, 20–50 cm. Mai. Winterschutz angebracht.

A. urashima Hara. Japan. 30–50 cm. Scheinstamm kurz, einblättrig. Blatt fußförmig, 11–15teilig, Blättchen 10–18 × 2–3,5 cm. Spatha dunkelbronzepurpurn, weiß gestreift, Spreite übergebogen, Kolbenfortsatz 40–60 cm lang, nach oben und dann zum Boden gekrümmt. Mai. Winterschutz angebracht.

A. utile Hook. f. ex Schott. Himalaja. Ähnlich *A. griffithii*, aber Spathenbreite nur 3–11 cm.

Als *A. wallichianum* wird zumeist eine Mischungvon *A. costatum* (s. d.) und der harten *A. propinquum* Schott angeboten. Diese hat wenige Seitennerven und ist netznervig. Die oft angebotenen *A. speciosum* (Wall.) Mart. und *A. tortuosum* (Wall.) Schott (*A. helleborifolium* Schott) sind nicht hart und gehören ins Kalthaus.

Arisarum Targ.-Tozz., Araceae

3 Arten im Mittelmeergebiet. Nahe mit *Arisaema* verwandt, aber durch verwachsene Spatharänder und kriechende Rhizome verschieden.

A. proboscideum (L.) Savi. Italien. Rhizome lang. Blattstiele 7–15 cm lang, Spreite kürzer als der Stiel, spießförmig. Spatha aufrecht, unten zusammengezogen und grauweiß, oben rötlich und in einen 12–15 cm langen rötlichen Schwanz endend. Verblüffend ähnlich einer eben im Mauseloch verschwindenden Maus. Mai.

A. vulgare Targ.-Tozz. Mittelmeergebiet. Blätter eiförmig bis dreieckig-spießförmig, lang gestielt, schon im Herbst erscheinend. Blütenröhre weiß mit purpurnen Streifen, Spreite nach vorne geneigt, helmförmig, dunkelbraunrot, mit kurzem Schwänzchen. Wesentlich empfindlicher.

A. proboscideum ist unter guter Decke auch im Freiem versuchswert, besser aber in einem Kasten oder im Alpinenhaus, *A. vulgare* ist heikler und nur bei sorgsamer Pflege im Alpinenhaus zu halten, sonst Kalthauspflege. Vermehrung durch Teilung, seltener durch Aussaat.

Aristolochia L., Osterluzei, Aristolochiaceae

Etwa 300 Arten in den gemäßigten und warmen Zonen der Erde. Stauden mit Rhizomen oder Knollen, meist aber windende Sträucher. Blüten mit Kesselfallenprinzip, ähnlich den Aronstabgewächsen, aber klein (bis sehr groß), in den Blattachseln. Mai–Juni.

A. rotunda L. Mittelmeergebiet. Knolle tiefliegend, aus ihr mehrere Triebe. Blätter sitzend, herzförmig-oval. Blüten 3 cm lang, mit gelber Röhre und braunem Hochblatt. Ähnlich, aber ohne Knolle ist *A. pistolochia* L. aus dem westl. Mittelmeergebiet.

A. rotunda ist entlang von Hecken, Zäunen usw. an trockenen Stellen im Mittelmeergebiet weit verbreitet. Kultur am besten zu mehreren in tiefen Töpfen oder in durchlässigem Substrat an einem vollsonnigen Platz mit entsprechendem Schutz. Vermehrung durch Aussaat möglich, aber langwierig. Futterpflanze von *Zerynthia polyxena, Z. rumina* und *Allancastria cerisyi,* der verschiedenen Osterluzeifalter.

Aristotelia L'Hérit., Elaeocarpaceae

Etwa 10 Arten in Australien, Neuseeland, Peru und Chile. Bäume oder große Sträucher mit meist gegenständigen Blättern. Blüten klein mit 4–5 Kelchblättern. Beerenfrucht.

A. fruticosa Hook. f. Neuseeland. Vieltriebiger Strauch mit aufrechten bis niederliegenden Ästen, bis 2 m. Blätter gegenständig oder in gegenständig angeordneten Büscheln, an 2 mm langen Blattstielen. Blattspreite in zwei verschiedenen Formen an verschieden Pflanzen: einerseits verkehrt-eiförmig bis eilänglich, dunkelgrün, 5–7 × 4–5 mm, andererseits eiförmig bis lanzettlich, weniger lederig, hellgrün, Rand gesägt, 15 × 9 mm. Blüten klein, einzeln oder in kleinen, 3–6blütigen Trugdolden, Kelch- und Blumenblätter 4. Beeren 3–4 mm groß, kugelig, weiß, leuchtendrosa, dunkelrot bis schwarz (unsere hier alle weiß). Mai–Juni. Jugendliche Pflanzen haben schmal-lanzettliche bis eiförmige, gewöhnlich stark zugespitzte Blätter mit starker Zähnung.

A. peduncularis (Labill.) Hook. f. Tasmanien. Immergrüner Strauch bis etwa 1,5 m. Blätter gegenständig oder zu dritt, eiförmig bis lanzettlich oder schmal-elliptisch, bis 7,5 cm lang, gezähnt. Blüten einzeln in den Blattachseln, selten 2–3 zusammen, hängend an schlanken Stielen, Kelchblätter 4, grün, Blumenblätter 4, weiß, 12 mm lang, tief dreilappig. Frucht herzförmig, rosa oder rot, in der Reife schwarz. Mai. Die Blüten sind größer als die der anderen Arten, werden aber sehr spärlich ausgebildet.

Aristotelien sind wegen ihrer Familienzugehörigkeit, ihrer Jugend- und Altersformen, aber auch wegen des bizarren Wuchses interessante Pfleglinge. Sie brauchen ein durchlässiges, aber nicht zu trockenes Substrat, müssen gut geschützt werden, gehören daher besser ins Alpinenhaus. Die Vermehrung durch Aussaat ist leicht, auch Sommerstecklinge wurzeln gut.

Armeria (DC.) Willd., Grasnelke, Plumbaginaceae

Etwa 50 Arten, meist in Europa, Nordafrika und Westasien. Ausdauernde Kräuter, selten Sträucher (*A. fascicularis* Willd. auf Korsika) mit schmal-grasartigen Blättern, manchmal stechend, und kopfigen, von trockenhäutigen Hüllblättern geschützten Blütenständen.

A. pungens (Link) Hoffmanns. et Link. S-Portugal, SW-Spanien, Korsika, Sardinien, am Sandstrand. Halbstrauchig. Blätter 50–100 (–150) × (1–) 2–7 mm. Schäfte 13–25 (–35) cm. Köpfchen 2–3 cm groß, rosa.

Hübscher, aufrechter Halbstrauch für nicht zu kalte Alpinenhäuser, leicht durch Aussaat zu vermehren und in der Blütenfarbe variierend, in einigen Jahren 30–40 cm Höhe erreichend.

Arthropodium R. Br., Liliaceae

Etwa 10 Arten, überwiegend in Neuseeland und Australien, eine in Neukaledonien, eine auf Madagaskar. Stauden mit knolligen Wurzeln und linealen, meist grundständigen Blättern. Blüten sechsteilig, sternförmig, weiß oder blaßlila, auf dünnen, gegliederten Stielen, in Trauben oder Rispen.

A. candidum Raoul. Neuseeland: Nord- und Südinsel, an schattigen Orten. Zierliche sommergrüne Pflanze mit konischen, 10 × 6 mm Knollen am Grund jedes Triebes. Blätter 10–30 cm × 3–10 mm, linealisch, schlaff. Blütenstände gewöhnlich höher als das Laub, traubig bis rispig. Blüten 1 cm groß, weiß. Besonders hübsch die Form mit bronzefarbenem Laub, die seit langem in Kultur ist und echt aus Samen fällt.

A. cirrhatum R. Br. Neuseeland, Nord- und Südinsel, nahe dem Meer, gewöhnlich auf Felsen, oft in Kolonien. Kräftige immergrüne Pflanze. Blätter 30–60 × 3–10 cm, schmal-lanzettlich, etwas fleischig. Blütenstände traubig, sehr stark verzweigt. Blüten 2–4 cm groß, weiß. Sehr variabel in der Größe aller Teile.

A. milleflorum (DC.) MacBr. Victoria, N. S. W., Tasmanien, in Gebirgen bis 2000 m. Horstbildend. Blätter grasartig, bis 70 cm × 5 mm. Blütenstände traubig, bis 45 cm lang. Blüten 1,5 cm groß, lila bis purpurn, nach Vanille duftend. Wird besonders gerne von Schnecken befallen.

Arthropodien sind hübsche, durch die grasigen Blätter irgendwie andersartige Pflanzen, die ihre Blütensterne über längere Zeit, von Juni bis August, bringen. Die härteste Art ist meiner Erfahrung nach *A. candidum,* die aber ebenfalls unter Schutz gezogen werden muß. Samen werden auch bei uns reichlich angesetzt und laufen ohne Verzögerung auf, *A. candidum* blüht im Jahr nach dem Aufgang, bei den anderen Arten dauert es drei bis vier Jahre bis zur ersten Blüte. Alle Arthropodien sind schneckengefährdet und müssen ständig in dieser Hinsicht beobachtet werden.

Arum L., Aronstab, Araceae

12 Arten in Europa und dem Mittelmeergebiet. Knollenpflanzen. Blätter pfeil- oder spießförmig mit scheidigem Blattstiel. Spatha mit unten zusammengerollter Röhre. Kolben mit langem unfruchtbarem Fortsatz.

A. conophalloides Kotschy. Türkei, Syrien, Libanon: steinige Hänge, bis 2000 m. Blätter grundständig, einen kurzen Scheinstamm bildend, pfeil- bis spießförmig. Blütenschaft bis 80 cm. Röhriger Spathateil 5–8 cm. Spatha groß, aufrecht, gelb mit rötlich. Unfruchtbarer Fortsatz gelb. Heikel und nicht leicht für lange Zeit zu halten. April–Juni.

A. creticum Boiss. et Heldreich. Kreta, Samos, Rhodos, Karpathos: steinige Hänge. Blätter spießförmig, zu mehreren, einen kurzen Scheinstamm bildend, im Herbst erscheinend. Blütenstand im Frühjahr, 40 cm hoch. Spatha ähnlich *Zantedeschia aethiopica,* weiß, gelb oder grün, Kolbenfortsatz gelb oder dunkelpurpurn, süßduftend. April–Juni. Besser im Topf, da strenge Fröste nicht vertragend und dann besser vom Alpinenhaus ins Kalthaus zu holen. Sehr hübsch.

A. dioscoridis Sibth. et Sm. Kleinasien, Griechenland. Knolle bis 5 cm, flach. Blätter pfeilförmig, langgestielt, grün. Blütenschaft kurz. Spatha bis 30 cm lang, zugespitzt, gelblichgrün, innen stark rotbraun bis beinahe schwarz gefleckt oder gefärbt. Fortsatz rotbraun. April–Mai. Alpinenhaus oder Kasten, in sehr günstigen Lagen am Fuße einer Südmauer.

A. orientale M. Bieb. Östl. M-Europa und Balkan, nördl. bis S-Schweden, westl. bis Sizilien, Östl. bis Krim, Kleinasien, Türkei. Sehr ähnlich den heimischen *A. maculatum* resp. *A. alpinum,* aber Spatha oft sehr dunkel, besonders var. *nigrum* Engler. April–Mai. Braucht etwas Schutz.

A. palaestinum Boiss. (*A. sanctum* hort.) Palästina, Syrien. Ähnlich *A. dioscoridis,* aber mit (ob immer?) gutem Duft, Spatha ungefleckt und empfindlicher. In strengen Wintern besser im Kalthaus unterzubringen.

Die mediterranen *Arum*-Arten sind sehr interessante Pfleglinge, die aber nur in günstigen Gebieten im Alpinenhaus gut überdauern. Die Vermehrung durch Aussaat ist leicht, doch vergehen 5–8 Jahre bis zur ersten Blüte.

Asarum L., Haselwurz, Aristolochiaceae

Etwa 60 Arten in den gemäßigten Gebieten der nördl. Hemisphäre, Waldpflanzen mit kriechendem Erdstamm. Blätter langgestielt, herz-, nieren- oder fast spießförmig. Blüten einzeln, kurzgestielt, innen meist braunrotpurpurn oder fahlgelb, im zeitigen Frühjahr, bei den immergrünen Arten schlecht zu sehen.

A. arifolium Michx. USA: Virginia, Carolina. Blätter herz-pfeilförmig, ziemlich dick, meist gefleckt. Blüten an kurzen, straffen Stielen, urnenförmig, am Hals verengt. Januar-April.

A. hartwegii Wats. USA: Sierra Nevada, in 1000–2000 m. Locker behaarte Pflanzen mit großen, dicken, herzförmigen, oben zugespitzten, an der Basis abgerundeten Blättern, deren Rand gewimpert ist. Blätter oberseits gefleckt. Blüten an kurzen Stielen, schlank, 2,5–4 cm lang, die Perigonblätter eiförmig mit linealem Anhängsel. März–Mai.

A. nipponicum F. Maekawa. Japan: Honshu. Blätter eiförmig bis breit-eiförmig, 6–10 × 4–7 cm, unterseits kahl, abgerundet oder leicht gespitzt. Spreite oberseits silbern gezeichnet. Blüten an kurzen Stielen, glockenförmig, am Hals nicht zusammengezogen, mit 9, selten 12 Längsrippen, Anhängsel spreizend. Oktober–Februar.

A. shuttleworthii Britt. et Bak. Östl. USA. Blätter eiförmig bis fast kreisrund, mit sehr schmaler Bucht, oben dunkelgrün mit silberner Zeichnung, unterseits hellgrün. Blüten 1,5–4 cm lang, stumpfe Zipfel ohne Anhängsel. März–Mai.

Im Alpengarten im Belvedere ist *A. asperum* F. Maekawa in Kultur, in England zieht man u. a. *A. crassum* F. Maekawa und *A. yakusimense* Masam. (*Heterotropa yakusimensis* (Masam.) F. Maekawa). Ohwis Flora von Japan zählt 30 Arten auf, die alle fürs Alpinenhaus geeignet sind. Es erhebt sich die prinzipielle Frage, ob man an den Pflanzen überhaupt Gefallen findet. Alle sind sehr blatthübsche Schattenbewohner, die gut unter den Tischen des Alpinenhauses ihren Platz haben können, sie brauchen einen humosen Boden. Die Blüten sind außerordentlich verschieden in Form und Zeichnung, eröffnen ihre Schönheit aber nur bei nächster Betrachtung. Die Vermehrung erfolgt durch Teilung oder Aussaat, die Samen überliegen zumeist einen Winter. Die Jugendentwicklung der Sämlinge ist oft sehr langsam.

Asperula L., Meister, Rubiaceae

90 Arten in Europa, dem Mittelmeergebiet, Asien und Australien. Ästige, bisweilen halbstrauchige Kräuter mit quirlig gestellten Blättern (Blätter und Nebenblätter gleich groß). Blüten klein, weiß, rosa, rot oder blau.

A. arcadiensis Sims. Griechischer Seiden-Meister. S-Griechenland: Kalkfelsen der Bergregion. Sprosse 15–18 cm lang, zerbrechlich, lockere Polster oder größere Rasen bildend. Blätter zu sechst quirlig, 8–12 × 2,5 mm, dicht seidenhaarig, Rand zurückgerollt. Blüten hellrosa, endständig und in den oberen Blattachseln trichterförmig, 10–12 mm lang, mit 3 mm langen, lanzettlichen, zurückgeschlagenen Zipfeln. Mai–Juni.

Ohne winterlichen und eventuell auch sommerlichen Nässeschutz Kultur nicht möglich. Ideal ist das Auspflanzen im Alpinenhaus, in günstigen Lagen versuchswert in heißen Trockenmauern (mit etwas zusätzlichem Schutz), in Tuffsteinanlagen o. ä. Große Feuchtigkeit im Pflanzenbereich verträgt *A. arcadiensis* nicht. Die Vermehrung erfolgt durch Teilung oder Stecklinge. Die 2 mm großen, kahlen Samen konnte ich noch nicht beobachten. Die Art steht stellvertretend für die vielen noch nicht eingeführten griechischen und kleinasiatischen Meister-Arten.

Asphodelus L., Affodill, Liliaceae

8 Arten im Mittelmeergebiet. Ein- oder mehrjährige Kräuter. Blätter grundständig, linealisch, fast dreikantig oder röhrig-stielrund. Blüten traubig oder rispig, weiß oder rosa, oft mit braunroter Mittelader.

A. acaulis Desf. Marokko, Niederer und Hoher Atlas und östlich davon, an steinigen Hängen, auf Waldlichtungen, über Kalk, bis 1800 m. Blätter frischgrün 10–15 × 0,3 cm, in dichten Rosetten, dem Boden angepreßt oder leicht ansteigend. Blüten in vielblütigen, zusammengedrängten Trauben, 3–4 cm groß, leuchtend hellrosa. März–Mai.

Herrliche Alpinenhauspflanze von eigentlich leichter Kultur, in strengsten Winter zusätzlich Kälteschutz geben. Sollte oft geteilt werden, da die Pflanzen sonst verhungern, daher besser in Halbschalen zu ziehen. Substrate durchlässig-kalkschotterig, vollsonniger Standort. Vermehrung durch Teilung oder Aussaat. Samen werden nach künstlicher Bestäubung gut angesetzt, die Keimung ist schwierig zu erzielen, am besten mit Anschneiden.

Asplenium L., Streifenfarn, Aspleniaceae

Zahlreiche Arten in Europa, Asien und N-Amerika. Meist kleine, bis 15 cm hohe, ein- oder mehrfach gefiederte, sommer- oder immergrüne Farne, die bevorzugt in Fugen und Geröllhalden vorkommen.

Oben: *Cistus populifolius* im Kasten.

Unten links: *Carduncellus rhaponticoides* × *C. pinnatus* im winters mit Vlies gedeckten Steinbeet.

Unten rechts: *Craspedia minor*, rechts *Origanum* × *hybridinum*, links *Celmisia coriacea*, hinten *Cowania stansburyana*, im winters mit Hartplastik gedeckten Steinbeet.

A. adiantum-nigrum L. Schwarzer Streifenfarn. Bergwälder Mitteleuropas und S-Europas, Asiens und Afrikas. 15–30 cm hoch. Rhizom kriechend. Blätter immergrün, 2–3fach gefiedert, ledrig, dunkelgrün, glänzend, länglich dreieckig im Umriß. Stiele schwarzbraun mit schwarzen Spreuschuppen.

Ähnlich, aber schmäler in den Wedeln und heller im Grün ist **A. billottii** F. Schulz, der Vogesen-Streifenfarn, aus dem Elsaß, Luxemburg und dem Tessin.

Beide Arten eignen sich besonders für Tröge, gut zu pflegende, etwas beschattete Steinbeete oder das Alpinenhaus, im Freien brauchen sie Schutz. Vermehrung durch Teilung.

Astelia Banks. et Solander ex R. Br., Astelie, Liliaceae

Etwa 25 Arten um den Pazifik, Zentrum der Verbreitung Neuseeland, wo 13 Arten, davon 7 in der alpinen Zone, vorkommen. Zweihäusige Pflanzen mit grundständigen, lanzettlichen oder linealischen Blättern. Blütenstände hoch und zusammengesetzt bei größerwüchsigen Arten, ein- bis wenigblütig bei zwergigen Arten. Blüten unscheinbar, grünlich oder bräunlich, je nach Art, aber auch Geschlecht. Früchte orange bis rote Beeren. Die alpinen Arten erinnern an übergroße, silberige *Carex firma.*

A. alpina R. Br. Australien. Blätter 5–15 × 0,5–1,5 cm, oberseits kahl, unterseits silberig. Beeren rot.

A. linearis Hook. f. Neuseeland: Nord-, Süd- und Stewart-Insel. Bis 50 cm breite Matten bildend. Blätter 3–10 × 0,2–0,7 cm. Blütenstände dreiblütig.

A. nervosa Banks et Soland. ex Hook. f. Neuseeland: Nord-, Süd- und Stewart-Insel. Blätter bis 80 cm lang, unterseits silberig, oberseits grau.

A. nivicola Ckn. Neuseeland: Südinsel. Bis 50 cm breite Matten bildend, 10–30 cm hoch. Blätter unterseits silberig, oberseits grünlichgrau.

Oben: *Cyclamen graecum* im frostfreien Alpinenhaus im Botanischen Garten Wien.

Unten links: *Caltha introloba* im Alpinenhaus.

Unten rechts: *Campanula betulifolia* am natürlichen Standort in der Coruh-Schlucht, Nordosttürkei.

A. subulata Cheesem. Neuseeland: Südinsel. Blätter nur 1–2,5 cm lang. Blütenstände einblütig.

Astelien der alpinen Zonen sind relativ wenig versucht worden. Sie brauchen torfige, feuchte Böden, relativ hohe Luftfeuchtigkeit und Schutz vor zu tiefen Temperaturen, d. h. sie sind für die Bepflanzung von kleinen Moorbeeten in Alpinenhäusern ideal. Die Vermehrung erfolgt durch Teilung oder Aussaat.

Aster L., Aster, Compositae

Je nach Fassung des Artbegriffes 300–600 Arten in M- und N-Amerika, weniger häufig in S-Amerika, Europa, Asien und S-Afrika. Meist Stauden, selten Ein- oder Zweijährige oder Halbsträucher mit wechselständigen, ganzrandigen oder gesägten Blättern. Zungenblüten blau, violett, weiß, selten rot, Scheibenblüten gelb, im Vorblühen oft orangebraun, selten purpurviolett.

A. natalensis Harv. S-Afrika. Staude mit kriechenden, am Boden wurzelnden Trieben. Blätter eiförmig-lanzettlich, bis 35 mm lang. Köpfchen einzeln, Zungenblüten hellblau, Scheibenblüten gelb. Im Aussehen an *Felicia amelloides* erinnernd.

A. uliginosus Wood et Evans. S-Afrika, Natal. Polsterbildend, an der Basis verholzend. Blätter schmal-linealisch, bis 40 × 3 mm. Köpfchen einzeln, Zungenblüten lavendelblau, Scheibenblüten gelb.

Beide Arten sind hübsche Sommerblüher, die durchlässig-humosen Boden und Feuchtigkeit benötigen. Sie halten ohne Schutz nicht durch. Vermehrung durch Teilung (*A. natalensis*) oder Stecklinge.

Asteriscus Mill., Compositae

Etwa 15 Arten im Mittelbeergebiet, Nord- und Mittelafrika. Einjährige oder ausdauernde, niedrige Kräuter mit gegenständigen, ganzrandigen, selten ± tief gezähnten Blättern. Blütenköpfchen groß, gelb.

A. maritimus (L.) Less. Östl. Mittelmeergebiet. Dicht seidenhaarig. Köpfchen gelb, fast sitzend. Findet sich in Großbritannien in den Alpinenhäusern, hält bei uns nur günstige Winter durch und gehört besser ins Sukkulentenhaus. Vermehrung durch Samen und Stecklinge. Interessant durch die Blütezeit von Mai bis Oktober. Seit kurzem als Sommerblume ('Gold Coin') verbreitet.

Astragalus L., Tragant, Leguminosae

Etwa 1500 Arten in allen Kontinenten, außer Australien. Einjährige, zweijährige oder ausdauernde Kräuter, Halbsträucher und Sträucher mit unpaarig, manchmal durch die Verkrümmung des Endblättchens paarig gefiederten Blättern. Blättchen oft abfallend und Blattspindel verdornend. Blüten in achselständigen Ähren oder Trauben, manchmal kopfig gedrängt. Schiffchen stumpf, Hülsen durch eine Einstülpung zweifächerig.

Verglichen mit der beschriebenen Artenfülle wenige Arten in Kultur.

A. balearicus Chater. Balearen. Ähnlich *A. angustifolius,* aber kleiner in allen Teilen. Blätter 1–3 cm, Blättchen 3–5paarig, wenighaarig auf beiden Seiten. Blüten zu 1–5, hellgelb, Fahne 11–12 mm. Mai.

A. exscapus L. Spanien, Alpen, M-Deutschland, Tschechoslowakei, Ungarn, Balkan, Ukraine: meist in trockenen Kiefernwäldern, über Kalk. 5 cm. Dichtrasig, aus fast rosettig beblätterten Köpfen aufgebaut. Blätter 12–18paarig, dicht seidenhaarig. Blüten zu vielen in ungestielten Köpfen, tiefgelb, mit langbehaartem, röhrigem Kelch. Mai–Juni.

A. purshii Dougl. Westl. N-Amerika, trockene Hänge. Vielgestaltig, nieder, stengellos oder kurzstengelig. Blätter gefiedert, ± dicht weiß- oder grauhaarig. Köpfchen 2–10blütig. Blüten gelblich, rosa oder leuchtend purpurrot. Mai.

Die Auswahl der drei Arten ist willkürlich und sie stehen nur stellvertretend für die vielen anderen nicht gezogenen. In der Türkei, aber auch in den USA, gibt es eine Vielzahl von kulturwerten Arten. In allen Fällen liegt das Problem nur im Beschaffen der Samen, denn *Astragalus* können zumeist nur durch Aussaat vermehrt werden. Die Samen werden vor der Aussaat einen Tag in Wasser eingequollen und erst Ende April–Anfang Mai ausgesät. Die Sämlinge entwickeln rasch eine lange Pfahlwurzel und sollten bald einzeln in Töpfe und dann ausgepflanzt werden. Die Substrate sollen durchlässig-steinig sein. Polsterbildende Arten können auch durch Veredlung in den Spalt auf Wurzeln von *A. glycyphyllos* vermehrt werden.

Asyneuma Griseb. et Schenck, Campanulaceae

Etwa 50 Arten vom Mittelmeergebiet bis zum Kaukasus, eine in O-Asien. Stauden oder Zweijährige. Blütenstände einfach oder verzweigt. Kelch ohne Zwischenabschnitte. Krone bis beinahe zum Grund geteilt, Abschnitte lineal-lanzettlich, purpurn, violett oder blau. Antheren frei.

A. pulvinatum Davis. SW-Anatolien: in Kalkfelsspalten, 1500–2000 m. Juni–Juli. Dichte Polster bildend, bis 25 × 10 cm. Blätter in Rosetten, lineal-elliptisch, zugespitzt, 7–9 × 1,5–2 mm, am Rand bewimpert, bläulich bereift. Blütenstände einfache Trauben, kurz, oft auf eine Blüte reduziert und dann sitzend. Blüten hellavendelblau. Kronabschnitte 6 × 1,5 mm.

Unter leichtem Schutz gut gedeihend, doch bei mir noch nie blühend. Schön durch die bläulichen Polster. Vermehrung durch Stecklinge.

Azorella Lam., Andenpolster, Umbelliferae

Etwa 60 Arten auf den Kerguelen, Neuseeland, Auckland, und Falkland-Inseln, am formenreichsten aber in den südamerikanischen Anden von Feuerland bis Quito, allein in Chile über 30 Arten. Immergrüne, meist sehr dichte Polsterstauden mit dichtgestellten, nach Karotten riechenden Blättern. Dolden meist wenigblütig, unscheinbar.

A. caespitosa Cav. (*A. gummifera* Poir.). Chile. Dichtpolsterig. Blätter 12–15 mm lang, breit-eiförmig, mit tief eingeschnittenen Lappen, dicht behaart und bedrüst, graugrün.

A. peduncularis (Spreng.) Math. et Const. Ekuador. Ähnlich der bekannten *A. trifurcata* (Gaertn.) Pers., aber kleiner, nur 1–2 cm hoch und glänzend hellgrün. Reichblühend, aber trotzdem unscheinbar. Juni.

Die Gattung *Azorella* enthält zweifellos noch viele interessante Pflanzen für das Alpinenhaus, doch sind die meisten Arten schwer zu bekommen. Ich selbst hatte Erfolg mit *A. compacta* Phil., welche ich aus N-Argentinien erhielt. Die meisten Arten bilden steinharte Polster, von einem solchen wurde mir mit dem Pickel ein Stück abgehackt. Ich konnte die Stecklinge bewurzeln und später auch Sämlinge aus ebenfalls übermitteltem Samen aufziehen. Die Arten sind bei uns bei weitem nicht so kompakt und werden gerne von verschiedenen Blattlaus-Arten befallen, die sich am Wurzelhals bevorzugt ansiedeln. Auch *A. caespitosa* ist selten geworden, da sie schwierig zu ziehen ist. Diese Art wird ebenfalls durch Stecklinge vermehrt. *A. peduncularis,* von der es verschiedene Formen in Kultur gibt ('Minor') ist leicht und schön. Sie kann auch geteilt werden. Nach meiner Erfahrung unbedingt winterlicher Nässeschutz, *A. caespitosa* Alpinenhauskultur.

Baeckea L., Myrtaceae

Etwa 60 Arten in Australien, wenige in Neukaledonien. Immergrüne, meist heidekrautähnliche Sträucher mit gegenständigen Blättern. Blüten klein, weiß oder rosa, einzeln oder in zwei- bis dreiblütigen achselständigen Blütenständen.

B. gunniana Schau. SO-Australien, Tasmanien: in alpinen und subalpinen Sümpfen und an feuchten, steinigen Stellen. 50–200 cm, manchmal über Felsen kriechend. Blätter 2–4 × 0,6–0,8 mm. Blüten klein und zahlreich, 5 mm groß, einzeln in den oberen Blattachseln. Juni.

B. utilis F. Muell. ex Miq. SO-Australien: feuchte, steinige Stellen in der alpinen, subalpinen und montanen Zone. Ähnlich der vorigen Art, aber größer. Juni.

Beide Arten werden in Tasmanien angeboten und sind in günstigen Lagen im Alpinenhaus oder geschützten Beet versuchenswert. Vermehrung durch Stecklinge, aber auch Aussaat.

Ballota L., Gottvergeß, Labiatae

Etwa 10 Arten im Mittelmeergebiet. Stauden mit zumeist sehr wolligen, gegenständigen Blättern. Kelch im Fruchtzustand ausgebreitet, häutig, schirmartig (Klettverbreitung).

B. pseudodictamnus (L.) Benth. S-Ägais. 40 cm. Stark wollige Staude mit rundlichen, filzähnlichen Blättern, unterseits dicht weißhaarig, oberseits grauhaarig. Kelch behaart, breittrichterig, Blütenkrone purpurn. Juli–August.

Trockenheitsliebende Macchienpflanze mit hübschem, stark filzigem Laub. Als »Falscher Diptam« bezeichnet, die Kelche der Pflanze werden ausgereift als Schwimmer für Öllampen verwendet. Kultur in schotterig-durchlässigen Mischungen in voller Sonne, besser Alpinenhaus, da Sommerregen schlecht vertragend. Vermehrung durch Aussaat und Stecklinge.

Balsamorhiza Hook. ex Nutt., Balsamwurzel, Compositae

Etwa 12 Arten in SW-Kanada und den nordwestl. USA. Stauden mit rosettig gestellten, ungeteilten oder gefiederten Blättern und nackten oder wenig beblätterten Blütentrieben. Wurzel dick, fleischig, balsamisch duftend. Köpfchen mit Zungen- und Scheibenblüten, gewöhnlich groß, einzeln oder zu wenigen, gelb oder braungelb.

B. hookeri (Hook.) Nutt. Westl. USA, steinige Hänge. 10–30 cm hoch, einköpfig. Grundblätter 10–20 cm lang, lanzettlich, Spreite länger als der Stiel, fiederteilig, die Lappen weiter eingeschnitten. Blüten 5–7 cm groß mit etwa 16 Zungenblüten, gelb. Mai–Juni.

B. rosea Nels. et Macbr. USA: Washington, steinige Hänge und Felswände. 10–30 cm, einköpfig. Grundblätter 5–20 cm, eilänglich bis deltoidisch, gezähnt oder bis zur Mittelrippe gelappt. Blüten 5 cm groß, gelbbraun (nicht rosa!). Sehr selten und begehrt. Mai–Juni.

B. sagittata (Pursh) Nutt. Kanada und nordwestl. USA: trockene Hänge und Täler. 20–65 cm, ein- bis dreiköpfig. Grundständige Blätter 20–50 × 15 cm mit ebenso langem Stiel, herz-pfeilförmig oder spießförmig an der Basis, dreieckig oder dreieckig-eiförmig, ungeteilt, weißfilzig in der Jugend, später kahl. Blüten 8–10 cm groß mit 13–21 Zungenblüten, leuchtendgelb. Juni–Juli.

Die beiden ersten Arten sehr hübsche, kleine Stauden für geschützte Beete oder das Alpinenhaus, *B. sagittata* für geschützte Beete, da sehr großwüchsig. Sie brauchen durchlässigen Boden und sonnige Lage und werden durch Aussaat vermehrt.

Begonia L., Schiefblatt, Begoniaceae

Über 1000 Arten in den subtropischen und tropischen Gebieten Amerikas, Afrikas und Asiens, einige bis 4000 m Höhe steigend. Kräuter, z. T. mit Knollen oder Rhizomen, oder Halbsträucher mit zweizeilig angeordneten, meist ungleichseitigen, schiefen Blättern. Blüten einhäusig, männliche mit 2 äußeren und 2 inneren Blütenhüllblättern, weibliche mit 5, seltener mit 2 oder 6–8 Blütenhüllblättern. Frucht eine Kapsel. Samen sehr zahlreich und winzig.

B. sinensis A. DC. China: weitverbreitet und seit langem in Kultur. Ähnlich *B. evansiana*, aber wesentlich härter, mit grünen (statt roten) Blattunterseiten. Juli–September.

B. evansiana Andr. China, schon sehr früh nach Japan eingeführt und auch dort sehr häufig in Kultur. Der Ansicht, daß es sich bei dieser Pflanze um eine Varietät der tropischen *B. grandis* Dryand. handelt, wird hier nicht gefolgt. 60 cm. Blätter handflächengroß, schief-eirund, zugespitzt, oberseits hellgrün, unterseits rötlich. Blüten hellrosa, etwa 2 cm groß. Juli–September, meist bis zu den ersten Frösten.

Beide Arten sind bei uns unter guter Laubdecke hart, können aber natürlich auch im Alpinenhaus gezogen werden, wo sie durch die sommerliche Blüte sehr gut wirken. Im Freien pflanzt man diese Begonien halbschattig in humosen Boden und verwendet sie zusammen mit niederwüchsigen, nicht zu invasiven Schattenstauden. Die Vermehrung durch Stecklinge, Brutknospen, Teilung der knollig verdickten Wurzelstöcke zur Zeit des Austriebs ist leicht. *B. sinensis* wurde von M. Hammer aus chinesischem Samen herangezogen und verbreitet, sie ist härter. Von *B. evansiana* ist eine weißblühende, etwas schwächer wachsende Form in Kultur.

Belamcanda Adans. corr. Medik., Leopardenblume, Iridaceae

Monotypische Gattung aus Japan, China und N-Indien:

B. chinensis (L.) DC. (B. *punctata* Moench). Kurzlebige Staude mit dünnen, manchmal etwas kriechendem Rhizom. Blätter schwertartig, *Iris*-ähnlich. Blütenstand weit verzweigt. Blüten 4 cm groß, sechsteilig, orange mit rot oder purpurngepunktet. 60–100 cm hoch. Juli–August.

B. chinensis ist zweifellos mit *Iris*, vor allem *I. dichotoma*, nahe verwandt. Die Blüten besitzen aber 6 gleichgroße Blumenblätter, sind also nicht in Dom- und Hängeblätter gegliedert. Auch sind die 3 Griffel schlank und nicht petaloid, wie bei *Iris*. *Belamcanda* hält normale Winter durch, ist aber keine langlebige Pflanze. Sie gedeiht besser in gutem Gartenboden, braucht während der Wachstumszeit viel Feuchtigkeit und einen sonnigen oder halbschattigen Standort. Die Samenkapseln mit den kugeligen, glänzendschwarzen Samen sind sehr zierend. Sie wird deshalb hier erwähnt, weil sie übergroße Winternässe nicht gut verträgt. Der Gattungsbastard dieser Art mit *Iris dichotoma* (*Pardanthus dichotomus*), × *Pardancanda norrisii*, wird vom Staudensamenhandel verstärkt angeboten. Vermehrung und Kultur gleicht *Belamcanda*.

Bellendena R. Br., »Mountain Rocket«, Proteaceae

Monotypische Gattung aus Tasmanien:

B. montana R. Br. Tasmanien: Feuchte bis trockene Heiden der montanen und alpinen Zone. Kleiner, aufrechter Strauch bis 50 cm. Blätter dunkelgrün, lederig, immergrün, in der Form sehr variabel, teilweise gelappt, bis 3 cm lang. Blüten weiß, klein, in dichten Trauben, Juli, gefolgt von hängenden, rötlich überlaufenen, geflügelten Früchten.

Wahrscheinlich die härteste Proteacee. Meine Bemühungen um diese Pflanze waren noch nicht von einem Blütenerfolg gekrönt. Samen keimen, nach Behandlung mit Gibberellinsäure, recht gut, wenn auch in geringen Prozentsätzen. Nach australischen Angaben kann das Saatgut 2–3 Jahre überliegen. Die Jugendentwicklung der Sämlinge ist sehr langsam. Sie wollen ein torfhaltiges, durchlässiges Substrat und brauchen im Sommer augenscheinlich höhere Luftfeuchtigkeiten, als ich ihnen bieten kann. Stecklinge sollen, ebenfalls nach australischen Angaben, gut wurzeln.

Berardia Vill., Berardie, Compositae

1 Art in den W-Alpen (Seealpen bis Dauphine). Niedrige, fast stengellose Staude mit ganzrandigen oder gekerbten Grundblättern. Körbchen groß, alle Blüten zwittrig, fruchtbar. Hülchkelchblätter ganzrandig, ohne Anhängsel, gleichmäßig dachziegelig.

B. subacaulis Vill. W-Alpen: Kalkschutthalden, steinige Abhänge, Schotter, oft über Gips, 1500–2500 m. Staude mit langer Pfahlwurzel, Blattrosette 20 cm groß. Blätter fest, beiderseits spinnwebig, am Rand gewellt, gestielt, die unteren rundlich-herzförmig, die oberen eiförmig bis elliptisch-lanzettlich. Blütenköpfe bis 4 cm groß, Stengel sehr kurz, selten 5–15 cm. Blüten weißlichgelb. Juni–Juli.

Ausgesprochene Liebhaberpflanze für sonnige, trockene Plätze im Steingarten (Nässeschutz), geschützte Beete oder ausgepflanzt im Alpinenhaus, nicht im Topf. Vermehrung durch Aussaat, nur Topfkultur, bald auspflanzen.

Biarum Schott, Araceae

Etwa 15 Arten im Mittelmeergebiet. Knollenpflanzen. Blätter länglich bis lanzettlich, mit oder ohne deutlichen Blattstiel. Blütenschäfte gewöhnlich kurz. Spatha im unteren Teil verwachsen und eine kurze Röhre bildend, vor der Fruchtreife welkend. Kolben mit langen Kolbenfortsatz. Blüten eingeschlechtlich, die männlichen durch sterile weit von den weiblichen getrennt. Beeren weiß oder hellgrün, manchmal mit purpurn gestreift.

B. bovei Blume. Libanon, Palästina, Z- und S-Anatolien. September–Oktober. Kalkfelsen, schüttere Eichenmacchien, Felder, 30–1725 m. Knollen flachkugelig, 2–3,5 cm groß. Blätter breit-eiförmig bis elliptisch, Fläche 6–13,5 × 2–4 cm, Stiel 8–23 cm. Schaft 2–10 cm. Spatha 8–15 cm, davon 3–4 cm Röhre, außen braungrün, innen purpurn. Kolbenfortsatz 6–10 cm. Literatur: Bull. A. G. S. 51: 318–319 (1983) (mit Abbildung).

B. carratracense (Haenseler ex Willk.) Font Quer (*Ischarum haenseleri* (Willk.) Schott) S-Spanien. Herbst. Ähnlich *B. bovei*, aber kleiner und mit schmälerer Spatha und Blättern.

B. davisii Turrill. Kreta, SW-Anatolien. Spätherbst. Steinige Hänge und Felsspalten. Blätter mit deutlichem Stiel, eiförmig bis eilänglich, 1,5–3 × (0,5–) 1–1,3 cm. Schaft 3–4 cm. Spatha 3–5 cm, grünlichweiß mit rosabraunen Punkten, die untere Hälfte röhrig, die obere kapuzenartig über der Röhrenöffnung stehend. Kolbenfortsatz dunkelrot, kürzer als Spatha. Literatur: Bull. A. G. S. 50: 288–289 (1982) (mit Abbildung).

B. dispar (Schott) Talavera. SW-Spanien, SO-Portugal, Sardinien. Ähnlich *B. carratracense*, aber Spatha kürzer als 25 cm, Röhre 1–4 cm, Kolbenfortsatz gewöhnlich kürzer als Spatha.

B. eximium (Schott et Kotschy) Engler (*Ischarum eximium*) Schott et Kotschy). SO-Anatolien (Taurus). September–Januar. Knolle 2,3–4 cm groß. Blätter eiförmig bis eilänglich, elliptisch oder spatelig-elliptisch, 4–17 × 2,4 cm. Schaft 1–3,5 cm. Röhre 3–4 cm, außen grünlich, innen dunkelpurpurn. Spathenfläche 8–9 × 3–4 cm, innen und außen purpurn. Kolbenfortsatz kürzer als Spatha.

B. pyrami (Schott) Engl. (*Ischarum pyrami* Schott). S-Anatolien, Palästina, Irak. Verwandt mit *B. eximium*. Literatur: Bull. A. G. S. 52: 377–378 (1984) (mit Abbildung).

B. spruneri Boiss. S-Griechenland. Blüte im späten Frühling, mit den Blättern. Ähnlich *B. carratracense*, aber Spatha 10–15 cm, so lang wie der Kolbenfortsatz.

B. tenuifolium (L.) Schott. Mittelmeergebiet, Z- und S-Portugal. Blüte im späten Sommer oder Herbst oder selten im späten Frühling oder zeitigem Sommer mit den Blättern. Blätter 5–20 (–40) × 0,3–1,5 cm, linealisch, eilänglich oder spatelförmig, mit oder ohne deutlichen Blattstiel, Blattrand flach oder deutlich gewellt. Schaft bis 5 cm, davon der größere Teil unter der Erde. Spatha 8–20 (–30) cm, 3–5 mal so lang wie die Röhre, dunkelpurpurn mit grün. Kolbenfortsatz schlank, purpurn, länger als die Spatha.

Alle *Biarum*-Arten sind ausgesprochen hübsche Pfleglinge, die durch die blattlos im Herbst oder mit den Blättern im Frühling erscheinenden Spathen sehr auffallen. Sie sind Pfleglinge für das Alpinenhaus, wo sie am besten in Töpfen in einer Mischung aus Kalkschotter, Sand und wenig Erde gezogen werden. Nur *B. tenuifolium* gedeiht auch in einem Beet ausgepflanzt recht gut, blüht aber dort selten, da die notwendige durchdringende Sommerruheperiode fehlt. Nach meiner Erfahrung bildet nur *B. tenuifolium* Nebenknollen und auch Samen. Ist die sommerliche Ruhe nicht ausreichend, so werden keine Blüten gebildet! Die Vermehrung ist schwierig, aus als Wildsamen von *Biarum* angebotenem Material erzieht man sehr häufig diverse *Arum*-Arten. Aus diesem Grund beschränken sich zur Zeit bei den meisten Arten die Erfahrungen auf die Weiterkultur von wildgesammelten Knollen.

B. tenuifolium-Herkünfte sind im Blatt sehr unterschiedlich hart. M. Hammer berichtet (priv. Mitteilung), daß unter dem Schnee auch türkische Formen gut durch den Winter kommen, die in schneelosen Wintern viel empfindlicher sind als griechische. Bei mir gedeiht eine in Dalmatien gesammelte Form besonders gut. Reife *Biarum*-Beeren fallen (wie bei *Pinellia*) von einem Tag auf den anderen ganz plötzlich alle auf einmal ab und sind somit (besonders im Freien) viel schwieriger als *Arum* oder *Arisaema* zu ernten (M. Hammer, priv. Mitteilung).

Biebersteinia Steph., Geraniaceae

Etwa 5 Arten im zentralen und westl. Asien, nach Griechenland ausstrahlend. Wurzelstock knollig. Blätter dreiteilig, fiederschnittig, dicht mit steifen Drüsenhaaren versehen. Blüten radiärsymmetrisch, in Rispen oder ± dichten Ähren. Staubbeutel 10, Nektardrüsen 5. Fruchtknoten tief fünflappig, mit kurzem Griffel. Früchte nicht geschnäbelt, aus 5 Nüßchen bestehend.

B. multifida DC. Libanon, Syrische Wüste, N-Irak, Sowjetisch-Armenien, Iran, Afghanistan, Z-Asien, auf trockenen, steinigen Hängen. 20–70 cm. Blattzipfel linealisch, Blüten in lockeren Rispen. Kelch zur Fruchtzeit hart, nicht aufgeblasen, 10–12 mm. Petalen gelblichweiß, gewöhnlich etwas kürzer als die Sepalen. Mai–Juni.

B. orphanidis Boiss. Griechenland, Mittelanatolien, im Gebirge, in Nadelwäldern, zwischen 1700 und 1900 m. 30–70 cm, kompakter. Blattzipfel kurz eilänglich-lanzettlich. Blüten dichtstehend, zu einer Scheinähre zusammenstehend. Kelch zur Fruchtzeit aufgeblasen, nicht hart, etwa 15 mm. Petalen rosa, viel kürzer als der Kelch. Mai–Juni.

Bibersteinien sind bis zu einem gewissen Grad *Erodium*-ähnliche, aber mit knolligem Wurzelstock versehene, sehr nässeempfindliche Stauden für sehr durchlässige geschützte Beete oder das Alpinenhaus. Sie brauchen volle Sonne und werden durch Aussaat vermehrt.

Bletilla Rchb. f., Japanorchidee, Orchidaceae

3 Arten in O-Asien. Pflanzen mit unterirdischen Pseudobulben, sympodial wachsend. Blätter sommergrün, gefältelt. Blüten in endständigen, mehrblütigen Trauben. Lippe kahnförmig mit gewellten Schwielen. Kapseln groß, Samen mit Endosperm.

B. striata (Thunb.) Rchb. f. (*Bletia hyacinthina* (Sm.) R. Br., *Bletilla hyacinthina* (Sm.) Rchb. f. ex Pfitz.). Japan, China, O-Tibet, Okinawa, seit 1812 in Kultur. Blätter sommergrün, spätfrostgefährdet, 20–40 cm lang, lanzettlich, gefältelt, leicht überhängend. Blüten in 3–7blütigen Trauben, etwa 6 cm breit, leuchtend karminrosa. Lippe mit rotem, gekräuseltem Rand und 6 weißen, gewellten Schwielen. Samenkapseln etwa 4 cm lang, braun, bis lange in den Winter hinein zierend. Blüte Mai–Juni. Die weiße bis weißlichrosa Form 'Alba' ist kleiner in der Blüte und weniger hart, nur für Liebhaber.

Die Japanorchidee ist meiner Erfahrung nach die gartenwilligste Orchidee, die zur Zeit angeboten wird. Wir kultivieren sie in durchlässigem, steinig-schotterigen, aber oben humosen Boden in vollsonniger Lage. Die Triebe sind sehr spätfrostgefährdet, also Schutz vorbereiten, sonst fällt die Blüte für dieses Jahr aus. Die Pseudobulben sind bei 15–20 cm tiefer Pflanzung gut hart und vertragen im Wiener Raum Winter, bei denen der Boden bis 30 cm tief gefroren ist. Man verwendet sie in größeren Steingärten, in Rabatten, zusammen mit anderen ausgefallenen Blumenzwiebeln und -knollen, oder nicht zu wuchtigen Zwerggehölzen und Wildstauden. Die Vermehrung erfolgt durch Teilung im Frühjahr. Aussaat ist möglich, die Samen keimen, weil sie noch ein Endosperm (Nährgewebe) besitzen, gut, die Weiterentwicklung ist aber langsam, mir gelang die Samenaufzucht nicht.

Bloomeria Kell., Bloomerie, Liliaceae

3 Arten in S-Kalifornien. Zwiebelpflanzen, ähnlich *Brodiaea*, verschieden durch die unten nur ganz kurz verwachsenen, glockig abstehenden Blütenblätter.

B. crocea (Torr.) Coville var. **aurea** (Kell.) Ingram. Grundblätter schmal-lineal, 30 × 0,6–1,2 cm. Schaft einfach, 15–40 cm hoch. Blüten zahlreich in dichter Dolde, leuchtend orangegelb. Juli.

Sehr schöne Zwiebelpflanze, die am besten im Topf gezogen wird. Für die Überwinterung wird dieser dann frostfrei im Hause oder Keller aufbewahrt. Das Substrat soll durchlässig, humoslehmig und nährstoffreich sein, wenig gießen. Vermehrung durch Aussaat.

Boea Comm. ex Lam., Gesneriaceae

25 Arten im gemäßigten, subtropischen und tropischen Asien und Australien. Rosettenstauden nach der Art von *Ramonda*, in Kultur nur:

B. hygrometrica (Bunge) R. Br. N-China. Rosettenstaude mit im Winter und bei Trokkenheit vollkommen eingedrehten und tot aussehenden Blättern, oberseits seidenhaarig, unterseits wollig, Rand gezähnt, bis 8 × 4 cm. Blüten 1–1,5 cm groß, blau mit gelber Kehle, an Stengeln bis 15 cm. Mai–Juni.

Boea hygrometrica
(aus Iconographia Cormophytorum Sinicorum)

Interessantes und nun schon mehr verbreitetes Gesneriengewächs aus der weiteren Umgebung von Beijing (Peking). Kultur in humusreichen, durchlässigen Substraten im Alpinenhaus oder geschütztem Kasten. Vermehrung durch Aussaat, sicherlich auch durch Blattstecklinge.

Bommeria Fournier, Hemionitaceae (Gymnogrammaceae)

4 Arten in Nordamerika, niederwüchsige, trockenheitsliebende, felsspaltenbewohnende Kleinfarne. Davon in England in Kultur:

B. hispida (Mett.) Underw. Südwestl. USA, im Gebirge. Rhizome beschuppt. Blätter einzeln stehend gefiedert und die Fiedern gelappt, die beiden basalen vergrößert, dadurch fast handförmig wirkend, dunkelgrün, haarig, bis 8–10 × 6–8 cm. Literatur: Bull. A. G. S. 50: 308 (1982) (mit Abbildung).

Sehr hübscher Kleinfarn für das gerade frostfreie Alpinenhaus, Kultur wie *Cheilanthes.*

Bongardia C. A. Mey., Berberidaceae

1 Art im östl. Mittelmeergebiet bis M-Asien. Wie *Leontice,* aber Blätter alle grundständig, fiederschnittig. Perianthsegmente klein, Honigblätter groß und petaloid.

B. chrysogonum (L.) Griseb. (*Leontice chrysogonum* L.). Auf nicht zu tief gepflügten Feldern (unter den Pflugsohle) und Steppen. Knolle groß, fast kugelig. Blätter 10–25 cm, alle grundständig, tief fiederschnittig in 7–17 sitzende, eilänglich-keilförmige Blättchen, welche gewöhnlich an der Spitze 3–5zähnig sind, manchmal auch an der Basis fiederteilig, blaugrün, oft an der Mittelader rötlich. Blütenstände reich verzweigte Trauben, 60 cm hoch. Blüten goldgelb, etwa 2–3 cm groß. April–Mai. Früchte etwa 15 mm groß mit 1–2 Samen.

Auffällige Knollenpflanze für geschützte, auch im Sommer trockene Beete, ungeeignet für Topfkultur. Benötigt sehr sonnige Lage und steinigen, kalkreichen Boden. Verwendung mit anderen trockenheitsliebenden Blumenzwiebeln bzw. Pflanzen mit mediterranem Vegetationsrhythmus (Zwiebelkasten). Vermehrung durch Aussaat.

Borderea Miégev., Dioscoreaceae

1 Art in den O- und Z-Pyrenäen, nahe mit *Dioscorea* verwandt, aber unterschieden durch die ungeflügelten Samen.

B. pyrenaica Miégev. (*Dioscorea pyrenaica* Bub. et Bord.). O- und Z-Pyrenäen. Zweihäusige, bis 10 cm hohe Geröllpflanze mit rübchenartigem Wurzelstock und herzförmigen, kleinen, kahlen Blättern. Männliche Blüten in mehrblütigen, kräftigen Blütentrauben, weibliche in kurzen wenigblütigen Trauben. Mai–Juni.

Liebhaberpflanze für das Alpinenhaus, Kultur in durchlässigem, steinigen Substrat, sonnig. Vermehrung durch Aussaat. Samen werden zumeist nur nach Handbestäubung ausgebildet.

Boykinia Nutt., Boykinie, Saxifragaceae

Etwa 7 Arten. Stauden mit grundständigen, mehr oder weniger gelappten Blättern. Blüten 5teilig, weiß oder rosa.

B. jamesii (Torr.) Engl. (*Telesonix jamesii* (Torr.) Raf.). Kanada, USA: von Alberta bis Nevada. Blätter rundlich nierenförmig, kleberig-drüsig, im Herbst rot verfärbend, bis 35 mm groß. Blüten bis 12 mm groß, leuchtendrosa. In Kultur meist nur var. **jamesii** aus Colorado, in der Heimat weiter verbreitet var. **heucheriformis** (Rydb.) Bacigalupi mit kleineren Blüten.

Kultur am besten im Alpinenhaus, braucht kalkfreie Mischungen und kühlfeuchten Wurzelraum, aber nicht zu schattig, da sie sonst nicht blüht. Vermehrung durch Aussaat.

Brachycome Cass. (Brachyscome Cass.), Compositae

Etwa 50 Arten, meist in Australien, weniger in Tasmanien und Neuseeland. Kleine, selten höhere Kräuter, ausdauernd oder einjährig. Blätter grund- oder wechselständig, ganz, gezähnt oder seltener geschlitzt. Köpfchen einzeln oder locker doldentraubig. Zungenblüten weiß, blau oder violett.

B. aculeata Less. SO-Australien. 30 cm. Blätter eilanzettlich, in Rosetten stehend. Köpfchen 2–3 cm breit, blau mit gelben Scheibenblüten. Juni.

B. multifida DC. SO-Australien. Niederliegende, verzweigte Staude bis 40 cm breit und 15 cm hoch. Blätter weich, feingeteilt. Blütenköpfe 2 cm breit, blau mit gelben Scheibenblüten. Juni–September.

Diese Art wird verstärkt als Sommerblume angeboten, ist aber im Alpinenhaus bis –7 °C gut durchzubringen, beginnt aber bei dieser Form der Überwinterung erst später zu blühen. Die Vermehrung durch Stecklinge ist außerordentlich leicht.

B. nivalis F. Muell. Australische Alpen. Niedrige Staude, 10–20 cm. Blätter grundständig. Köpfchen weiß, etwa 2 cm breit. Bei der var. **nivalis** sind die Blätter einmal oder zweimal fiederschnittig, bei der var. **alpina** (F. Muell. ex Benth.) G. L. Davis sind die Blätter ungeteilt. Mai–Juni.

B. rigidula (DC) G. L. Davis. SO-Australien, Tasamanien. Niederliegende, 15–20 cm hohe, verzweigte Staude mit hellgrünen, fein geteilten Blättern. Blütenköpfe blau, 1,5 cm breit. Juni–September.

Im Aussehen sehr ähnlich *B. multifida,* doch mit weniger fein geteilten Blättern, breiteren Zungenblüten in etwas mehr lilafarbenem Ton, aber wesentlich härter.

B. scapigera (Sieb. ex Spreng.) DC. SO-Australien: Gebirge. 12–30 cm. Blätter grundständig, 6–15 × 0,5–1,5 cm, eilanzettlich. Köpfchen 3 cm breit, weiß oder hellviolett. Juni.

Brachycome sind zumeist leicht zu ziehende, aber eben an der Grenze der Härte stehende Pflanzen, die sich in einigen Fällen duch eine außerordentlich lange Blütenzeit auszeichnen. Beim Verblühen rollen sich die Zungenblüten nach unten und die Scheibenblüten verfärben sich gegen orangebraun. Rosettenbildende Arten werden durch Aussaat vermehrt, die anderen durch Stecklinge. Sie brauchen durchlässige, feuchte Böden und volle Sonne.

× **Brigandra** Schwarz (× *Gomiocharis* Schwarz), Gesneriaceae

Künstlich erzeugte Gattungshybride:

× **B. calliantha** Schwarz (× *Gomiocharis calliantha* Schwarz). Aus der Kreuzung *Briggsia aurantiaca* × *Opithandra primuloides* 1974 erzogen. In Habitus und Blütenfarbe intermediär, Blütenfarbe der Eltern gelb resp. lila mit weißer Röhre, die Hybride ist bräunlichgelb.

Kultur besser im Alpinenhaus. Vermehrung durch Teilung oder Blattstecklinge. Die Originalkreuzung von Schwarz ist durch Mundey wiederholt worden, dabei entstanden andere Farbnuancen. Literatur: Halliwell, B. (1987). × *Brigandra calliantha* in Bull. A. G. S. 55 (4): 356, mit schwarzweißer Abbildung auf p. 361. Jungnickel, F. (1984) Sämlingsunterschiede und erste Spontan-Varianten bei einer neuen Gesneriaceen-Hybride. Arch. Züchtungsforsch., Berlin 44 (3): 193–201. Jungnickel, F. (1984). Ein neuer Schatz der Pflanzenwelt: × *Brigandra calliantha* O. Schwarz. Urania 9: 60–63.

Briggsia Craib, Gesneriaceae

14 Arten im Ost-Himalaja, S-China und Burma, Rosettenstauden, ähnlich *Ramonda.* Blüten röhrig-glockig, mit 5 Zipfeln, gelb, in verzweigten Blütenständen.

B. aurantiaca B. L. Burtt. Südtibet, auf Felsen in Tannen- und Mischwäldern, um 3000 m. Blätter breitoval-zugespitzt, mit kurzem Blattstiel, runzlig, hellgrün, dicht behaart, bis 10 × 8 cm. Blüten in 5–9 blütigen Blütenständen, röhrig-glockig, goldgelb, rotbraun gepunktet und gestrichelt. Filamente weiß, Antheren purpurn. Mai–Juni.

B. muscicola (Diels) Craib (B. penlopii C. E. C. Fisch.) W-China, Bhutan, SO-Tibet, am Felsen, bemoosten Baumstämmen, um 3500 m. Mai–Juni. Sehr variabel, im westlichen Verbreitungsgebiet überwiegen trübe Blütenfarben, im Osten finden sich mehr orangelbe Farbtöne. Blätter oval-lanzettlich, am Rand gekerbt, grau behaart, schlaff, bis 18 cm lang mit dem bis 6 cm langen Blattstiel. Blüten in schlaff hängenden Blütenständen, zu 9–15, röhrig-glockig, mit kürzerer 2teiliger Oberlippe und längerer, 3teiliger Unterlippe.

Von den beiden Arten ist *B. aurantiaca* in meinen Augen die schönere, sie ist auch härter und hat sich, flach gepflanzt, gemeinsam mit *Ramonda* unter den Tischen eines ungeheizten Glashauses sehr gut bewährt. *B. muscicola* braucht frostfreie Überwinterung oder sogar die Kultur im kühlen Kalthaus. Winters brauchen beide Arten eher Trockenheit, während der Vegetationszeit benötigen sie viel Wasser und auch Dünger. Die Vermehrung durch Aussaat ist leicht, die Jungpflanzen können ohne weiteres im Warmhaus ausgesät und dann langsam ins Alpinenhaus umgewöhnt werden, bei zügiger Kultur blühen sie nach 14 Monaten. Blattstecklinge sind ebenfalls möglich.

Brodiaea Sm., Liliaceae

6 Arten im westl. N-Amerika. *Allium*-ähnliche, aber geruchlose, mit fadenförmigen, unterseits runden Blättern versehene Zwiebelpflanzen. Blüten nur mit 3 fruchtbaren Staubfäden, Narbe deutlich dreilappig.

Hier nicht aufgeführte Arten suche man unter *Bloomeria, Dichelostemma, Ipheion, Muilla* bzw. *Triteleia*. Dies ist darauf zurückzuführen, daß die Gattung *Brodiaea* früher in einem weiteren Sinne als heute aufgefaßt wurde.

B. californica Lindl. Kalifornien: steinige Böden, im Gras. 10–30 cm. Blüten in 4–15-blütigen Dolden, trichterförmig, 3–4 cm lang und 2,5–3 cm breit, weißlichrosa bis tiefpurpurblau, Mittelader dunkler. Juni–Juli.

B. coronaria (Salisb.) Engl. Weit verbreitet im westl. N-Amerika. 20–30 cm. Dolden 3–11blütig. Blüten 2,5–3 cm lang und 1,5–2 cm breit, tief purpurblau, selten rosa. Juni–Juli. Besonders schön var. **macropoda** (Torr.) Hoov. (*B. terrestris* Kell.), die von Wayne Roderick verschickt wurde, diese Form erreicht kaum 10 cm und bleibt auch in der Kultur so kompakt.

B. minor (Benth.) S. Wats. Kalifonien: an steinigen Hängen bis 400 m. 10–25 cm. Dolde 4–10blütig. Blüten 1,5–2 cm breit und 1,5 cm lang, rosa oder lilablau. Juni–Juli.

B. stellaris S. Wats. N-Kalifornien: steinige Hänge unter 1000 m. 4–15 cm. Blütenstiele lang, 4–10 cm. Dolde 3–6blütig. Blüten 1,2–1,8 cm lang, tief purpurn. Juni–Juli.

Hübsche, kleine Zwiebelpflanzen mit verhältnismäßig großen Trichterblüten. Die Blätter sind zur Blütezeit meist schon teilweise oder gänzlich eingezogen. Kultur in durchlässigen Substraten in voller Sonne im Zwiebelkasten oder Alpinenhaus. Vermehrung am einfachsten durch Aussaat, die erste Blüte erscheint oft schon im zweiten, sonst im dritten Jahr nach dem Aufgang.

Bulbinella Kunth, Maorizwiebel, Liliaceae

Etwa 20 Arten, die überwiegende Zahl in S-Afrika, 6 Arten endemisch in Neuseeland. Blätter grundständig. Blüten weiß oder gelb, sternförmig, in endständigen, unverzweigten Blütenständen.

B. angustifolia (Ckn. et Laing) L. B. Moore. Südinsel Neuseelands, auf trockeneren Bergen im Osten und im Innern, zwischen 500 und 1700 m. Ähnlich *B. hookeri*, aber Blätter schmäler als 1,5 cm. Juni–Juli.

B. hookeri (Hook.) Cheesem. (*Chrysobactron hookeri* Col. ex Hook., *Anthericum hookeri* (Col. ex Hook.) Hook. f.) N- und S-Insel, auf feuchtem Grasland und Staudenfluren, zwischen 200 und 1500 mm. 60 cm. Blätter 3 cm breit, im Frühjahr mit brauner Farbe erscheinend, die später etwas vergrünt. Blüten zwitterig, hellgelb, zu vielen in bis 40 cm langen Trauben. Juni–Juli. In der Heimat werden feuchte, halbschattige Lagen bevorzugt, darum auch der Vulgärname »Swamp Lily«.

Beide Arten sind unter leichtem Schutz leicht, vertragen aber extreme Winter schlecht. *B. hookeri* gedeiht feuchter besser. Die Vermehrung durch Aussaat ist leicht, Samen werden auch bei uns reichlich angesetzt.

Calceolaria L., Pantoffelblume, Scrophulariaceae

Etwa 200 Arten, zumeist in S-Amerika. Einjährige, Stauden oder Sträucher mit gegenständigen, manchmal rosettig gestellten Blättern und pantoffelähnlichen Blüten, meist gelb, selten aber auch violett oder braun.

C. arachnoidea R. Grah. Chile. Juni–September. Dicht weißfilzige, kurzlebige Staude, 25 cm hoch. Blätter meist grundständig, eilänglich-spatelig, 4–10 cm, Oberfläche blasig, fast ganzrandig. Blattstiele geflügelt, an des Basis verbunden. Stengelblätter wenige, viel kleiner, sitzend. Blüten trüb purpurviolett, selten weiß (var. **alba**), 12 mm im Durchmesser, gewöhnlich in wenigblütigen Trauben. Dazu werden noch als Formen genannt: f. **lanata** mit besonders dicht spinnwebigen Blättern und f. **viridis** mit unbehaarten Blättern.

C. fothergilli Ait. Falkland-Inseln. Mai–Juni. Blätter kreuzgegenständig, rundlich-spatelig, dichthaarig. Blüten ähnlich denen von *C. uniflora*, aber an höheren Stielen, kleiner und weniger prächtig in der Färbung. Genauso heikel (oder vielleicht sogar noch heikler!) wie *C. uniflora*. Dazu aus England ein fruchtbarer Bastard zwischen beiden Arten, der sich bei mir im mit Agrylvlies geschützten Beet nun schon vier Jahre hält und augenscheinlich wesentlich weniger empfindlich ist. In der Mitte zwischen beiden Eltern stehend, Blätter etwas grauhaarig, Blüten 18 mm groß, Färbung nicht so prächtig wie bei *C. uniflora*. Ebenso wie *C. uniflora* durch Blattläuse gefährdet, ständig kontrollieren!

C. palenae Phil. Argentinien. Juni. Grundständige Rosette aus großen, oval-herzförmigen Blättern. Schaft bis 25 cm, mit zahlreichen, 2 cm großen, reingelben Blüten. Noch selten und wenig erprobt. Literatur: Bull. A. G. S. 45: 339–340 (1977) (mit Abbildung).

C. pinifolia Cav. Argentinien. Juni. Grundständige Rosette aus schmal-lanzettlichen, nach unten gerollten, klebrigen Blättern. Schaft bis 15 cm, Blüten 12 mm, reingelb. Literatur: Bull. A. G. S. 43: 317 (1975) (mit Abbildung).

C. tenella Poepp. et Endl. Chile. Mai–Juli. Kriechend, flache Matten bildend. Blättchen klein, 3–4 mm, rundlich oval, glänzend grün, Blüten weit geöffnet, klein, gelb, fein bräunlich getupft auf haardünnen, 5 cm langen Stielchen. Reizende Art, die gerne über kühle, feuchte, schattige Steine kriecht. Wenig hart, Pflanzen immer frostfrei überwintern.

C. uniflora Lam. (*C. darwinii* Benth) Patagonien. Mai–Juni. Blätter kreuzgegenständig, zu Rosetten oder kurzen Trieben zusammenstehenden, abgerundet deltoidisch, am Rande etwas gekerbt, fast kahl. Blüten an 5 cm hohen Stielen, 3 cm groß. Blüte in einen kleinen Helm und eine riesige Lippe gegliedert. Lippengrundfarbe leuchtend orangegelb, streifig rot gepunktet, unter Lippenteil dunkelkastanienbraun, darüber eine leuchtendweiße Bauchbinde. Oft nur kurzlebig, aber leicht wieder durch Aussaat zu erziehen. Wird gerne von Blattläusen befallen.

Diese lieblichen, nicht überall gut harten Liebhaberpflanzen gedeihen am besten in einem Torfbeet, welches im Winter vor allzugroßer Kälte und im Sommer vor zu großer Hitze und Lufttrockenheit zu schützen ist. Die Ansprüche ähneln dadurch den etwas empfindlicheren *Mimulus*-Arten. Sie gedeihen relativ gut unter dem Südtisch des Alpinenhauses oder auf einem schattigen Beet, möglichst auf Bodenniveau, gut belüftbar, im Alpinenhaus. Versuche im Freiland sind immer wieder zu empfehlen, vor allem unter lichten Zwerggehölzen im intensiv gepflegten Moorbeet oder auch im Steinbeet, welches im Sommer Schatten erhält. Alle Arten sind sehr durch Blattläuse, Spinnmilben und Schnecken gefährdet.

Die Vermehrung erfolgt durch Aussaat (selten Teilung, bei *C. tenella*), die neueren Arten, wie *C. palenae, C. pinifolia, C. fiedleri* O. Schwarz, sind meist nur kurzlebig und müssen, damit Samen angesetzt werden, künstlich bestäubt werden. Diese Maßnahme ist auch für *C. uniflora* und *C. fothergillii* unbedingt notwendig, da es sonst schlechten oder keinen Samenansatz gibt und man die Arten über kurz oder lang verliert. Das Samengut ist sehr fein, wird auf torfreiche Substrate ausgesät und nicht abgedeckt. Sobald die Pflänzchen zu fassen sind, werden sie pikiert, das fördert meiner Erfahrung nach das Wachstum sehr.

Callistemon R. Br., Zylinderputzer, Myrtaceae

25 Arten in Australien und Tasmanien. Blätter wechselständig, lanzettlich, oft stechend, kahl oder seidenhaarig. Blüten in dichten Bürsten dicht gedrängt um die Zweige, die an dieser Stelle auch keine Blätter entwickeln, durch die roten, rosa, violetten, gelben oder grünen Staubfäden wirkend.

C. sieberi DC. Australien: höhere Gebiete von N. S. W., Victoria und A. C. T. Aufrechter, rundlicher Strauch, die alpine Form etwa 1 m Höhe erreichend, ab 50–60 cm blühfähig. Blätter lineal-lanzettlich, 1–3 × 0,2–0,4 cm, hart, in der Jugend seidenhaarig. Blüten in 5 cm langen Bürsten, cremegelb. Filamente 5 mm lang, doppelt so lang wie die Petalen. Juli.

C. sieberi ist die einzige Art, die unter Schutz durchhält. Sie friert z. B. unter Hartplastikschutz in strengen Wintern bis zum Boden ab, treibt aber nach Rückschnitt wieder willig aus. Die Blüten sind nicht sehr auffällig und erscheinen meiner Erfahrung nach eher spärlich. Die Kultur in durchlässigem Boden muß in voller Sonne durchgeführt werden. Die Vermehrung erfolgt durch Aussaat und Stecklinge. Es ist darauf zu achten, daß die »alpine Form« zu verwenden ist.

Calochortus Pursh, Liliaceae

Unbehaarte, ausdauernde Zwiebelpflanzen mit häutiger oder genetzter Zwiebelschale. Stengel schaftartig oder beblättert, einfach oder verzweigt, gewöhnlich mit Brutzwiebeln in den Achseln der unteren, selten auch der oberen Blätter. Blätter gewöhnlich linealisch, das grundständige einzeln, oft sehr groß, die Stengelblätter oft reduziert. Blütenstand mit durchgehender Achse oder scheindoldig. Blüten groß, kugelig bis offen glockenförmig, aufrecht oder hängend, weiß, gelb, rot, lavendel, purpurn, bläulich oder bräunlich, oft anders überhaucht. Perianthsegmente unterschiedlich, die Sepalen ovat bis lanzettlich, ± gefärbt, gewöhnlich unbehaart, Petalen größer und breiter, am Grunde keilförmig oder genagelt, gewöhnlich gebärtet auf der Innenseite, unterschiedlichst gepunktet und gezeichnet, mit einer Drüse nahe der Basis. Staubbeutel 6, Fruchtknoten 3zellig, Kapsel linealisch bis kreisförmig, 3kantig oder geflügelt, aufspringend, aufrecht oder hängend. Etwa 60 Arten im temperierten westl. N-Amerika (von British Columbia bis Dakota), in Mexiko und Guatemala.

Calochortus sind außerordentlich schöne, aber in den meisten Fällen auch sehr schwierig zu kultivierende Zwiebelpflanzen. Die Gattung wird botanisch in drei Sektionen geteilt, die auch morphologisch relativ leicht anzusprechen sind und auch in der Kultur verschiedene Ansprüche stellen.

Zur Sektion *Eucalochortus* gehören *C. albus, C. amabilis, C. amoenus, C. caeruleus, (C. maweanus), C. eurycarpus, C. lyallii, C. monophyllus, C. nudus, C. pulchellus, C. tolmiei* und *C. uniflorus.* Ich führe hier neben den im Text genannten Arten auch jene an, die ich schon in Samenlisten angeboten sah (ob immer echt?), aber noch nicht selbst versucht habe. Die Arten dieser Sektion besitzen rundliche bis eilängliche, stark dreiflügelige Kapseln, die außerdem auch noch hängen, so daß das Samensammeln besonders erschwert ist. Gewöhnlich aufrechte Kapseln besitzt in dieser Sektion nur *C. eurycarpus, C. lyallii* und *C. nudus.* Die Blüten sind bei der Subsektion *Pulchelli* kugelig und nickend, in diese Gruppe gehören *C. albus, C. amabilis, C. amoenus* und *C. pulchellus.* Es ist die Gruppe der »Fairy Lanterns« und »Globe Tulips«, sie brauchen etwas Halbschatten und nicht zu magere Substrate, auch kann die sommerliche Ruhezeit etwas weniger ausgeprägt durchgeführt werden. In die Subsektion *Eleganti* gehören *C. caeruleus, C. monophyllus* und *C. tolmiei.* Meine Erfahrungen mit *C. caeruleus* sind gut, die Art wächst im Alpinenhaus nicht schlecht und bildet auch keimfähigen Samen, sie braucht einen sonnigeren Stand. Zur Subsektion *Nudi* gehören *C. nudus* und *C. uniflorus. C. uniflorus* ist eine sehr leicht gedeihende Art, vielleicht überhaupt die leichteste Art der Gattung, wenn man von *C. barbatus* absieht. Sie gedeiht im Topf im Alpinenhaus oder Kasten gut und sollte auch im Zwiebelkasten versucht werden. Zur Subsektion *Nitidi* gehören *C. eurycarpus* und *C. lyallii.* Mit beiden habe ich persönlich keine Erfahrungen.

Oben: *Clematis tenuiloba* im winters mit Hartplastik gedeckten Steinbeet.

Unten links: *Corydalis ambigua* im Alpinenhaus.

Unten rechts: *Corydalis popovii* im winters mit Vlies gedeckten Steinbeet.

Die Sektionen *Mariposa* und *Cyclobothra* besitzen aufrechte, gewöhnlich ungeflügelte Früchte. Die Zwiebelschalen sind bei der Sektion *Mariposa* dünnhäutig, bei der Sektion *Cyclobothra* sind sie genetzt-faserig. Alle Arten der Sektion *Mariposa* sind einander sehr ähnlich, die Blüten sind breitglockig bis schalenförmig und aufrechtstehend. Auf den Petalen finden sich große Drüsen, darüber zumeist ein auffälliges Farbband und ein großer Fleck. Zu dieser Sektion gehören *C. bruneaunis, C. clavatus, C. catalinae, C. gunnisonii, C. kennedyi, C. luteus, C. macrocarpus, C. nuttallii, C. venustus* und *C. vestae.* Alle gedeihen am besten im Alpinenhaus bzw. geschützten Kasten, im Topf gezogen. Sie brauchen durchlässige Substrate, sollten aber nicht zu trocken und dürftig während der Wachstumszeit gezogen werden.

Zur Sektion *Cyclobothra* gehören *C. barbatus, C. ghiesbreghtii, C. obispoensis* und *C. weedii. C. obispoensis* und *C. weedii* gehören zur Subsektion *Weediani,* die sich durch aufrechte Blüten mit gebärteten Petalen auszeichnet. *C. ghiesbreghtii* besitzt ebenfalls aufrechte, aber unbehaarte Blüten, wogegen *C. barbatus* nickende Blüten mit deutlicher Behaarung trägt. Von diesen Arten ist *C. barbatus* sehr leicht zu ziehen (sie wird hin und wieder als *Cyclobothra lutea* sogar im Samenhandel angeboten), *C. ghiesbreghtii* erhielt ich als Saatgut von Mrs. Sally Walker, doch muß sich die Härte erst herausstellen.

C. albus Dougl. ex Benth. »Fairy Lantern«, »Globe-lily«. Kalifornien: Beschattete, oft steinige Plätze im lichten Wald oder in Strauchgruppen, unter 1700 m. 20–40 (–80) cm, verzweigt. Grundblatt 30–70 cm lang und 1–4 cm breit. Stengelblätter 2–6. Blüten zu mehreren, kugelig bis kugelig-glockig, weiß oder weiß mit rosa überhaucht (var. **rubellus** Greene), 2–3 cm lang und breit, nickend. Mai–Juni. Nicht leicht in der Kultur, braucht etwas Nachmittagsschatten.

C. amabilis Purdy. Kalifornien: im Schatten von Kiefern und Eichen, in lehmigen bis steinigen, trockenen Böden, unter 1000 m. 20–50 cm. Grundblatt 20–50 × 0,5–4 cm. Stengelblätter 2–4. Blüten in verzweigten Blütenständen, tief klargelb, rundlich bis dreieckig, nickend, 2,5 cm lang. Juni–Juli.

C. amoenus Greene (*C. albus* var. *amoenus* Purdy). Kalifornien: humose Böden auf grasigen Hängen, teilweise beschattet, 600–1500 m. 20–50 cm. Grundblatt 20–50 × 0,5–2,5 cm. Stengelblätter 2–5. Blüten tiefrosa, schmal glockenförmig, nickend, 2,5 cm. Sehr ähnlich *C. albus,* aber tiefrosa, Drüsen sehr breit und bis fast zum Rand der Petalen reichend. Mai–Juni. Schwieriger in der Kultur als *C. albus.*

Oben links: *Calochortus barbatus (Cyclobothra lutea)* im winters mit Hartplastik gedeckten Steinbeet.

Oben rechts: *Calochortus uniflorus (C. lilacinus)* im Alpinenhaus.

Mitte links: *Calochortus caeruleus (C. maweanus)* im Alpinenhaus.

Mitte rechts: *Calochortus luteus* im Alpinenhaus.

Unten links: *Colchicum (Synsiphon) kesselringii* im Alpinenhaus.

Unten rechts: *Chrysanthemum (Leucanthemopsis) alpinum* ssp. *tomentosum* im winters mit Hartplastik gedeckten Steinbeet.

C. barbatus Painter (*Cyclobothra lutea* G. Don). Mexiko: in Gras und im Schatten von Eichen, bis 2500 m. 40 cm, stark verzweigt, in den Achseln der Blätter reichlich Brutzwiebeln bildend. Blüten zu mehreren, hängend, glockig, leuchtendgelb, innen mit braunen Haaren, 2–3 cm breit. August–September. Trotz der südlichen Verbreitung die leichteste Art, die bei mir unter leichtem Schutz 15 Jahre durchgehalten hat. Sie muß nicht unbedingt im Sommer trocken stehen und bildet in günstigsten Herbsten auch Samen aus, sonst wird durch Brutzwiebeln vermehrt. Aus Wildsamen aus Mexiko erzogene Pflanzen blühten auch rötlichbraun mit gelbem Rand, bläulich überhaucht.

C. caeruleus (Kell.) S. Wats. (C. *maweanus* Leichtl.). Kalifornien: lichte, schotterige Stellen in Wäldern, zwischen 1100 und 2500 m. 5–15 cm. Grundblatt 10–20 × 0,2–1 cm. Blüten zu 1–8 (–10) in einer Scheindolde, aufrecht oder halb seitlich abstehend, offenglockig, bläulich bis weiß, Petalen dicht und lang behaart. April–Juni. Sehr schöne und nicht allzu schwierige Art fürs Alpinenhaus, gut für Topfkultur.

C. clavatus S. Wats. Kalifornien: trockene, meist felsige Hänge, unter 1300 m. 20–30 (–50–80) cm, Stengel bei größeren Exemplaren zickzack. Grundblatt zur Blütezeit meist schon verwelkt, untere Stengelblätter 10–20 cm lang. Blüten zu 1–6 in einer Scheindolde, aufrecht, schalenförmig, zitronengelb, manchmal mit rotbraunen Zeichnungen auf den Sepalen und Querlinien über den Drüsen auf den Petalen, 6–7 cm im Durchmesser. Mai–Juni. Schön, aber wie alle *Mariposa* etwas schwieriger in der Kultur.

C. kennedyi Porter. Arizona, Kalifornien: auf schweren Böden an flachen, wenig bebuschten Stellen oder auf trockenen, steinigen Hängen, 750–1150 m. 10–20 (–50) cm. Untere Blätter bläulich, linealisch, 10–20 cm lang. Blüten zu 1–6 in Scheindolden, glockenförmig, orangescharlach bis orange, oft mit braunpurpurnen Flecken nahe der Basis, 4–5 cm im Durchmesser. Mai–Juni. Pflanzen von den Panamint, Clark und Providence Mountains haben gelbe Blüten (var. **munzii** Jepson). Sehr schwierige *Mariposa,* die ich noch nicht zur Blüte bringen konnte.

C. luteus Dougl. ex Lindl. Kalifornien: gewöhnlich in schweren Böden an offenen Stellen, unter 650 m. 20–50 cm, in den unteren Achseln Brutzwiebeln tragend. Blätter linealisch, 10–20 × 0,2–0,5 cm. Blüten zu 1–4 in Scheindolden, aufrecht, glockenförmig, tiefgelb, gewöhnlich mit rotbraunen Linien und einem mittigen rotbraunen Fleck, 4–5 cm im Durchmesser. Mai–Juni. Meiner Erfahrung nach die leichteste *Mariposa.*

C. lyallii Baker. Washington, südl. British Columbia: offene Koniferenwälder. 10–50 cm. Grundblatt 10–30 × 0,2–2 cm. Blüten zu 1–4 (–9) in Scheindolden, glockig, weiß oder purpurn überhaucht, gewöhnlich mit einer purpurnen Linie über der Drüse und einem gleich gefärbten Fleck. Mai–Juni. *Mariposa*-ähnlich, etwas schwieriger.

C. macrocarpus Dougl. Im westl. N-Amerika auf trockenen Hängen, gewöhnlich in lockerem Boden, weit verbreitet. 20–30 cm, oft mit einer basalen Brutzwiebel. Blüten in 1–3blütigen Scheindolden, aufrecht, glockenförmig, lavendelfarben oder weiß, auf jedem Petal mit einer grünen Mittellinie, manchmal über der Drüse eine dunkelpurpurne oder rötlichpurpurne Querzeichnung. Mai–Juni. Bei var. **macrocarpus** Blüten lavendelfarben, bei var. **maculosus** Nels. et Macbr. ex Macbr. aus Washington und Idaho weiß. Nach Auskunft von Manfred Hammer gut hart und nicht zu schwierig zu ziehen.

C. monophyllus (Lindl.) Lem. Yellow Star Tulip. Kalifornien: schwere Lehm- und Tonböden auf bewaldeten Hängen, 400–1100 m. 8–20 cm. Grundblatt. 10–30 × 0,3–1,5 cm. Stengelblätter 0–3. Blüte tiefgelb, oft mit rotbraunem Fleck oder Nagel, weitglockig, seitlich bis aufwärts gerichtet. Mai–Juni.

C. nuttallii Torr. et Gray. Im westl. N-Amerika, mit Ausnahme von Kalifornien, weit verbreitet, auf trockenen Hängen mit Gras und Strauchwerk zwischen 1500 und 2800 m. Aufrecht, gewöhnlich unverzweigt, häufig mit 1 oder 2 Brutzwiebeln an der Basis. Blätter linearisch. Blüten zu 1–4 in Scheindolden, aufrecht, glockenförmig, weiß, überhaucht mit Lila oder selten Magenta, Petalen an der Basis gelb und mit einem rötlichbraunen oder purpurnen Band oder Punkt über der Drüse. Mai–Juni. Nicht zu schwierige *Mariposa.*

C. pulchellus Dougl. ex Benth. Kalifornien: verbreitet auf bewaldeten oder bebuschten Hängen, über 250 m. 10–30 cm, oft verzweigt. Grundblatt 10–40 × 1–3 cm. Stengelblätter 2–3. Blüten glockenförmig, grünlichgelb, 2,5–3,5 cm lang. Mai–Juni. Leichter gedeihende Art für durchlässigen Boden und etwas beschattete Lagen.

C. uniflorus H. et A. (*C. lilacinus* Kell.). Kalifornien, SW-Oregon: auf feuchten, tiefliegenden, alkalischen Plätzen, meist unter 200 m. Stengel meist 10–15 cm hoch, einfach. Grundblatt 10–40 × 0,5–2 cm. Stengelblätter 1–3, Brutzwiebeln in den Achseln tragen. Blüten in Scheindolden zu 1–5, glockenförmig, lila, oft mit purpurnen Flecken über der Drüse, 4–5 cm im Durchmesser. Mai–Juni. Eine der leichtesten Arten und auch bei etwas Bemühungen im Freien versuchswert.

C. venustus Dougl. ex Benth. Kalifornien: leichte, sandige Böden, oft in verwittertem Granit, zwischen 350 und 2700 m. Stengel aufrecht, 15–20 (–50) cm, verzweigt, an der Basis Brutzwiebel tragend. Grundblatt 10–20 × 0,2–0,5 cm. Blüten zu 1–3, aufrecht, glockenförmig, 6–7 cm im Durchmesser, sehr verschieden gefärbt: weiß, cremefarben, gelb, purpurn oder dunkelrot. Auf jeder Petale findet sich ein großer dunkelroter Fleck, manchmal auch ein zweiter über dem ersten. Mai–Juni. Sehr schöne *Mariposa,* die weißen und cremefarbenen Formen sind in der Kultur leichter und auch außerordentlich schön durch die roten Flecken.

C. weedii Wood. Kalifornien: auf trockenen, steinigen Hügeln, in schweren oder steinigen Böden, unter 1700 m. Stengel aufrecht, verzweigt, 30–60 (–90) cm. Grundblatt 20–40 × 1–1,5 cm. Blüten zu wenigen, aufrecht, offenglockig, orangegelb, gefleckt und gerandet mit Rotbraun, 5 cm groß. Mai–Juni. Obwohl zur Sektion *Cyclobothra* gehörend mit aufrechten, großen Blüten, aber nicht ganz leicht in der Kultur.

Da ich persönlich *Calochortus* sehr schätze, möchte ich auf die Vermehrung und Kultur näher eingehen. Die Vermehrung erfolgt am besten und leichtesten durch Aussaat. Die Samen sind außerordentlich verschieden und mit einiger Übung kann man die Zugehörigkeit zur Sektion ansprechen. Ich behandle alle *Calochortus*-Samen für 24 Stunden mit einer Gibberellinsäurelösung (0,1 %), da ich die Erfahrung habe, daß die Keimung gleichmäßiger erfolgt. Ausgesät wird in meine normale, durchlässige Aussaaterde. Wichtig ist, daß alle *Calochortus*-Sämlinge im späten Sommer eine Trockenperiode brauchen, die aber nicht zu stark sein sollte, da sonst die kleinsten der Zwiebeln so stark schrumpfen, daß sie absterben. Stark wachsende Arten, wie *C. caeruleus* oder *C. uniflorus,* entwickeln so rasch handhabbare Zwiebeln, daß sie schon im ersten Herbst nach der Keimung in größere Töpfe (oft, wenn wenige Korn in einer Portion sind, auch nur in denselben Topf) und frisches Substrat umgelegt werden können. Sonst wartet man bis zum zweiten Herbst mit dem Umpflanzen zu.

Die besten Erfahrungen habe ich mit der Topfkultur. *Calochortus* treiben später aus als Blumenzwiebeln und -knollen aus dem Mittelmeergebiet und passen deshalb nicht gut mit diesen zusammen. Sie ziehen meist, vor allem größere Pflanzen, auch später ein. Der Wasserentzug sollte aber erst erfolgen, wenn sie schon fast eingezogen sind. Vergleicht man die Höhenangaben in der Heimat oder betrachtet man Fotos von heimatlichen Standort, so fällt auf, daß dort die Pflanzen in vielen Fällen höher und kräftiger sind. Ich verwende aus diesem Grund zwar sehr durchlässige Mischungen in den Töpfen, achte aber besonders darauf, daß die Pflanzen während der Wachstumszeit nicht austrocknen und auch regelmäßig flüssig gedüngt werden. Nach dem Umtopfen im Herbst wird bei mir meist nur einmal angegossen, die zweite Wässerung, zu dieser Zeit beginnen die Blätter zu sprießen, erfolgt im Februar oder im März, je nach Witterung. Nachdem ich sie im Alpinenhaus und im Mistbeetkasten gezogen habe, kommt mir vor, als ob sie im mit Noppenfolie und Schattenmatten gedeckten Kasten besser gedeihen würden. Als Substrate verwende ich Mischungen aus Torf, Rindenkompost, Perlite, Hygromull, Grunderde und Schamottegrus. Es muß jährlich umgetopft werden, da sie sehr nährstoffbedürftig sind. Beim Umtopfen muß besonders auf die Brutzwiebeln im Stengelbereich geachtet werden, die ebenfalls sehr gut zur Vermehrung geeignet sind. Sehr selten spalten sich auch größere Zwiebeln, und man kann sie so vermehren.

Literatur: Ownbey, M.: A monograph of the Genus Calochortus Pursh. Annals Missouri Botanical Garden, Vol. 27: 371–560 (1940). Elliott, J. G.: Calochortus. A survey of the species in cultivation. The Plantsman 2 (4): 196–213 (1981).

Caloscordum Herbert, Liliaceae

Monotypische Gattung aus O-Sibirien, der Mongolei und China. Von *Allium* verschieden durch die mit den Petalen verwachsenen Staubfäden.

C. neriniflorum Herbert (*Allium neriniflorum* (Herbert) Baker). 10–20 cm. Zwiebel rundlich, mit braunen Häuten. Blätter mehrere, kürzer als der Schaft. Dolden wenig bis reichblühend. Blütenstiele bis 5 cm lang. Blüten rosarot, glockig, 12–15 mm. Juli–August.

Liebenswertes Zwiebelgewächs, welches oft noch als *Allium neriniflorum* angeboten wird. Die Kultur gleicht den heikleren Arten dieser Gattung. Vermehrung durch Aussaat und Zwiebelbrut.

Caltha L., Sumpfdotterblume, Ranunculaceae

Etwa 40 Arten in südlichen und nördlichen außertropischen Gebieten. Rhizomstauden mit kräftigen, fleischigen Wurzeln. Blätter meist grundständig, ungelappt oder gelappt, ganzrandig oder gekerbt, die südhemisphärischen Arten mit pfeilförmigen Blätter, deren basale Zipfel nach oben auf die Blattspreite geschlagen sind.

C. introloba F. Muell. Australische Alpen, Tasmanien: in kurzen Rasen, unter Schneeflecken und in seichten Schmelzwasserrinnsalen. 3–12 cm. Rhizom etwa 5 mm dick. Blätter grundständig, 1–2,5 × 0,5–1 cm groß, schmal eiförmig oder eiförmig-lanzettlich, rundlich oder ausgerandet, Spreitengrund spieß- oder pfeilförmig mit zwei auffälligen, umgeschlagenen Anhängseln, 6–14 mm lang. Blattstiel 2–6 cm lang. Blüten 3–6 cm groß, weiß bis hellrosa, süß duftend, während der Blütezeit sitzend, zur Fruchtzeit verlängernd. März–April. Nach neueren Untersuchungen fällt *C. phylloptera* A. W. Hill aus Tasmanien in die Variationsbreite der Art.

C. obtusa Cheesem. Neuseeland: S-Insel, entlang Bächen, in Schneetälchen, von 1200–1800 m. Sehr ähnlich *C. introloba*, doch Blätter rundlicher und gekerbt. März–April.

Über ganz Neuseeland verbreitet findet sich die zierlichere, gelbblühende, aber durch die schmäleren Blütenblätter weniger auffallende **C. novae-zelandiae** Hook. f., beide Arten kommen sehr selten nebeneinander vor, obwohl sie gleiche Standorte bewohnen.

Auch die südamerikanischen, leider nicht in Kultur stehenden *Caltha*-Arten zeigen diese kuriose Blattform. *C. introloba* konnte ich über einige Jahre ziehen, doch wurden die Pflanzen bei mir nicht rasig, bis 50 cm groß, wie in der Heimat. Die Pflanzen stehen im Frühjahr im eiskalten Schmelzwasser, im Sommer wesentlich trockener, aber immer luftfeucht. Die Kultur soll in torfigen, durchlässigen Mischungen erfolgen. Im Sommer werden die Pflanzen im schattierten Kasten im Freiland aufgestellt. Die Vermehrung erfolgt durch Aussaat, die Sämlinge sind im ersten und zweiten Jahr außerordentlich klein.

Campanula L., Glockenblume, Campanulaceae

Etwa 300 Arten, fast ausschließlich in den arktischen, gemäßigten und subtropischen Gebieten der nördlichen Halbkugel, vornehmlich in den Gebirgen Europas und Vorderasiens, sowie im Mittelmeergebiet. Ausdauernde, seltener einjährige oder hapaxanthe (monokarpe) Kräuter. Blüten end- oder achselständig. Krone glockig, seltener trichterförmig oder fast radförmig, nur kurz oder bis zur Mitte, seltener fast bis zum Grunde fünfspaltig (manche Arten auch konstant mit mehr Kronabschnitten). Staubblätter von der Krone frei, nicht verwachsen. Narben drei- oder fünfspaltig. Kapseln zumeist mit Poren öffnend. Samen klein, manchmal mit häutigem Rand.

C. aizoon Boiss. et Spruner. Griechenland, Kreta: an steinigen Plätzen. Mai–Juni. Kahle Zweijährige mit dicker Wurzel. Grundständige Blätter in dichten Rosetten, spatelförmig, mit aufgesetzter Spitze, mit hornigem Rand. Blütenstände 15–30 cm hoch, stark verzweigt, straußförmig. Blüten hellblau. Alpinenhaus.

C. alpestris All. (*C. allionii* Vill.). SW-Alpen: an steinigen Plätzen. Mai–Juni. Staude mit unterirdischen Ausläufern. Grundständige Blätter lineal-lanzettlich, in Rosetten. Stengel gewöhnlich einblütig. Krone 35–40 mm lang, glockenförmig, violettblau, sehr selten auch weiß. Unter leichtem Nässeschutz auch im Steinbeet möglich, braucht Raum, um die unterirdischen Ausläufer bilden zu können. Topfkultur ist deshalb schwierig, besser gedeiht die Art in großen, flachen Schalen. Neben Aussaat ist die Vermehrung auch durch Stecklinge möglich (besonders dunkle oder die weiße Form).

C. arvatica Lag. NW-Spanien: felsige Plätze im Gebirge, kalkliebend. Juni–Juli. Kahle oder behaarte, niederliegende Staude mit dickem Rhizom. Triebe bis 20 cm lang. Blätter bis 8 mm groß, gestielt, oval, gezähnt. Krone 12–25 mm groß, schalen- bis breit-trichterförmig, hellblau oder violett. Alpinenhaus.

C. betulifolia C. Koch. NO-Türkei, angrenzendes Rußland: in Felsspalten. Mai–Juni. Wurzelstock fleischig. Grundständige Blätter langgestielt, leicht abbrechend, herzförmig-elliptisch, gekerbt-gesägt. Blüten zu mehreren, weiß oder weißlichrosa, bis 5 cm breit. Knospen dunkler. Blütenkrone etwa $^1/_3$ geteilt. Ähnlich *C. choruhensis* Kim Tan et Sorger und *C. troegerae* Damboldt, beide aus dem Schluchtsystem des Coruh-Flusses, O-Türkei. Erstere nur $^1/_5$ geteilt, zweite bis nahe zum Grund geteilt und Blätter behaart. Felsspaltenpflanzen für regengeschützte Standorte, besser Alpinenhaus. Vermehrung nur durch Aussaat.

C. cashmiriana Royle. Himalaja. August–Oktober. Bis 15 cm hohe, dicht grau behaarte Staude ohne grundständige Blätter. Triebe beblättert, Blätter rhombisch, gezähnt, bis 12 mm lang. Krone 12–18 mm lang, glockenförmig, hell violettblau, in verzweigten Blütenständen. Unter leichtem Schutz auch im Steinbeet.

C. elatines L. Piemont: schattige Felsen und Mauern. Juni–Juli. Mehr oder weniger behaarte Staude. Blätter herzförmig, scharf gezähnt, die grundständigen auch rundlich. Stengel 10–15 cm lang, schräg aufsteigend. Krone 8–10 mm breit, sternförmig, blau, selten weiß. Besser Alpinenhaus.

C. fenestrellata Feer (*C. elatines* var. *fenestrellata* (Feer) Fiori, *C. garganica* ssp. *fenestrellata* (Feer) Hayek). Kalkfelsspalten. Juni–Juli. Staude mit verzweigtem Rhizom. Blütentriebe 15–20 cm lang, schräg aufsteigend oder hängend. Grundständige Blätter herzförmig, langgestielt, gesägt oder gezähnt. Blüten zahlreich, 10–20 mm breit, flach. Pollen blau.

Es werden drei Unterarten unterschieden: ssp **fenestrellata** aus NW-Jugoslawien mit kahlen, doppelt gesägten oder gezähnten Blättern, ssp. **istriaca** (Feer) Fedorov aus NW-Jugoslawien und den vorgelagerten Inseln mit behaarten, gesägten Blättern und ssp. **debarensis** (Rech. f.) Damboldt aus W-Makedonien und O-Albanien mit haarigen, doppelt gesägten oder gezähnten Blättern.

Meine Erfahrungen beschränken sich auf die beiden ersten Unterarten, die unter leichtem Schutz auch im Steinbeet gedeihen. Sie werden besser durch Stecklinge vermehrt. Sie sind der *C. garganica* ähnlich, aber nach meiner Erfahrung etwas schwieriger in der Kultur.

C. formanekiana Degen et Dörfler. Makedonien: Felsspalten. Juni–Juli. Zweijährig, jedenfalls nach der Blüte absterbend. Grundständige Blätter in Rosetten, mit geflügeltem, gezähnten Blattstiel, oval-spatelförmig, gekerbt bis gezähnt. Blütenstände einfach oder von der Basis verzweigt, bis 30 cm hoch. Kronen bis 6 cm lang, glokkenförmig, weiß (die verbreitete Form in der Kultur) oder blauviolett.

Wird die Art auf sonnigste Stellen des Steingartens in Spalten gepflanzt, so gedeiht sie auch im Freien gut. Besser ist es, immer einige Pflanzen unter Schutz zu halten. Die blauen Formen wurden erst um 1983 in Kultur gebracht.

C. fragilis Cyr. Mittel- und Süditalien: auf Kalkfelsen und in Mauern. Juni–Juli (August). Ausdauernde Staude mit verzweigtem Rhizom. Grundständige Blätter rundlich-herzförmig, schwach gezähnt bis kerbig gelappt, lang gestielt. Blütenstände dem Boden anliegend bis aufstrebend, locker, rispig. Kronen 35–40 mm breit bei ssp. **fragilis** aus den Küstengebieten, 25–30 mm breit bei ssp. **cavolinii** (Ten.) Damboldt aus dem Apennin, glockenförmig bis flach-trichterig, hellviolett.

Diese hübsche Art hält bis auf die strengsten Winter unter leichtem Schutz im Freien durch. Ich verlor meine Pflanzen aus Kalabrien im Winter 1984/85, nachdem ich sie 1971 gesammelt hatte.

C. garganica Ten. (*C. elatines* var. *garganica* (Ten.) Fiori). SO-Italien (Monte Gargano), W-Griechenland (Kephallinia): in schattigen Felsen. Juni–August. Leicht haarige bis fast kahle Staude. Grundständige Blätter rundlich bis herzförmig, gekerbt-gezähnt. Blütenstände am Boden liegend, 10–15 cm lang, verzweigt. Krone 10–20 mm breit, sternförmig, hell- bis dunkelblau.

Für mich sind die im Handel erhältlichen Formen und Sorten zum überwiegenden Teil Hybriden. Die echte **C. garganica** ssp. **garganica** vom Monte Gargano ist empfindlicher und gedeiht besser im Alpinenhaus. Die Unterarten **cephallenica** (Feer) Hayek und **acarnanica** (Damboldt) Damboldt von Kephallinia hatte ich noch nicht in Kultur, sie dürften besser im Alpinenhaus stehen.

C. hawkinsiana Hausskn. et Heldr. Gebirge N-Griechenlands (Pindus) und Albaniens: auf Serpentin. Mai–Juni. Kurzlebige Staude, die ständiger Nachzucht bedarf. Stengel 10–20 cm lang, zu vielen aus einem unterirdischen Wurzelstock, niederliegend bis schräg ansteigend, einfach oder verzweigt. Blätter fast rund bis eiförmig, ganzrandig bis gekerbt. Krone bis 15 mm breit, flachglockig, auffallend durch die Zweifarbigkeit: außen silberblau, innen rötlichviolett.

Die Art kommt nicht nur in Felsspalten des Serpentins, sondern häufiger in Feinschutthalden vor und braucht exzellente Dränage. Vermehrung durch Aussaat leicht.

C. heterophylla L. Kykladen: Felsspalten. Juni–Juli. Wenigbehaarte Staude mit dickem Rhizom. Triebe zahlreich, bis 20 cm lang, unverzweigt, niederliegend, zart. Grundständige Blätter kurz gestielt, eilänglich-lanzettlich. Blüten achselständig, kurz gestielt, einzeln oder zu 2–3 zusammen. Krone 10–15 mm lang, glockig-trichterig, blau. Alpinenhaus.

C. incurva Auch. ex A. DC. (*C. leutweinii* Heldr.). O-Griechenland: auf steinigen Plätzen. Juni–Juli. Zweijährig, im ersten Jahr bis 15 cm breite Rosetten langgestielter, oval bis eilänglicher Blätter bildend, die dicht und fein behaart sind. Blütentriebe schräg aufrecht bis aufrecht, stark verzweigt. Krone bis 5 cm lang, glockig, hell blauviolett.

Ist mit etwas Schutz im Steinbeet möglich, doch leiden die Blüten durch zuviel Niederschlag und auch die Samenbildung ist schlecht. Besser deshalb im Alpinenhaus. Schön durch die großen, marienglockenblumen-ähnlichen Blütenglocken.

C. 'Joe Elliott'. Bei Joe Elliott, Moreton-in-Marsh entstandene Hybride zwischen *C. morettiana* und *C. raineri.* Im Aussehen einer stark vergrößerten *C. morettiana* ähnlich, sehr reichblühend, mit dunkel-violettblauen, flachen Glockenblüten.

Bei etwas Schutz im Steinbeet möglich, besser im Alpinenhaus. Vermehrung nur durch Frühjahrsstecklinge möglich, da kein Samen angesetzt wird.

C. lanata Friv. West- und Mittelbulgarien, SO-Jugoslawien: auf Felsen im Gebirge. Juni–Juli. Zweijährig, im ersten Jahr bis 20 cm breite Rosetten aus langgestielten, herzförmigen, dicht grau behaarten Blättern bildend. Blütentriebe niederliegend bis schräg aufrecht, bis 60 cm lang, sehr reich verzweigt. Blüten fast sitzend, gedrängt stehend. Kronen breitglockig, bis 2,5 cm, hell gelblichweiß, oft rosa überhaucht.

Kann in sehr trockenen Steingärten, vor allem mit Tuffaufbauten, gut dauernd durch Selbstaussaat werden, sonst besser Alpinenhaus.

C. mirabilis Alboff. Kaukasus: in Felsspalten. Juli–August. Hapaxanthe (monokarpe) Art, erst nach mehreren Jahren blühend. Die grundständigen, breitovalen, langgestielten, am Rande borstig-wimperigen Blätter bilden bis 15 cm breite, flache Ro-

setten. Blütenstände unverzweigt oder bei kräftigeren Pflanzen verzweigt, bis 40 cm lang. Blüten bis 4 cm breit, breitglockig, zumeist blaßlila oder weiß.
Bei gut gewähltem Standort – geschützte, nicht zu heiße, aber gut durchlässige Standorte in tiefen Spalten – auch im Steingarten, sehr schön ausgepflanzt im Alpinenhaus. Nicht zu heiß, sonst Spinnmilbenbefall im Zentrum der Rosette. Anzucht aus Samen leicht, wichtig ist eine zügige Jugendentwicklung, damit die Pflanzen entsprechend große Rosetten bilden.

C. morettiana Rchb. Dolomiten-Glockenblume. Dolomiten: in Kalkfelsspalten. Juni–Juli. Stark verzweigtes Rhizom, welches Spalten in Kalkstein oder Tuff ausfüllt, mit den Resten alter Blattstiele. Blätter oval, gezähnt, haarig, lang gestielt. Blüten zu ein bis zwei, Krone 20–30 mm breit, trichterförmig, dunkelviolettblau, selten weiß.

Kultur am besten im Alpinenhaus oder geschütztem Kasten, aber ich sah auch schon hervorragende Erfolge in Tuffsteinen, welche unter der Traufe eines Hauses plaziert waren. Vermehrung durch Aussaat oder Frühjahrsstecklinge. Bei Topfkultur mit reichlich Tuffstücken versehenes, sehr durchlässiges und kalkhältiges Substrat. Ideal für die Pflanzung in Tuffsteine.

C. oreadum Boiss. et Heldr. Thessalischer Olymp: in Kalkfelsspalten. Juni–Juli. Rosetten ähnlich denen von *C. alpestris*, aber weniger behaart. Blüten einzeln, selten in 2–5blütigen Blütenständen. Kronen 20–35 mm lang, glockenförmig, dunkelviolett, meist siebenteilig.

Schwierige Art, die besser im Alpinenhaus oder in einem intensiv gepflegten Trog steht. Vermehrung durch Aussaat oder Frühjahrsstecklinge.

C. orphanidea Boiss. Südbulgarien, NO-Griechenland: in Felsen. Juni–Juli. Hellgrüne, angepreßt behaarte Zweijährige. Grundständige Blätter in Rosetten, eilänglich, mit sehr langem Blattstiel. Blütenstengel kurz, dick, niederliegend oder aufstrebend, einblütig oder manchmal mit 3–9 Blüten. Kronen 20–25 mm, schmalglockig, violett. Alpinenhaus, nur bei Schutz im Steinbeet.

C. pinnatifida Hub.-Mor. Z- und O-Anatolien: auf Kalk- und Gipsbergen, bis 1800 m. Mai–Juni. Staude mit dichtverzweigtem Rhizom. Triebe zahlreich, straff aufrecht, bis 20 cm. Grundständige Blätter dichtrosettig, gekerbt gelappt oder fiederteilig oder gefiedert. Blüten nickend an 2 cm langen Stielen, traugig. Krone schmalglockig, bis 15 mm lang, hellblau.

Diese Art wurde in den letzten Jahren mehrmals in der Türkei gesammelt und hält im Alpinenhaus gut.

C. piperi T. J. Howell. USA: Olympic Mountains. Mai–Juni. Kriechende Felsspaltenpflanze. Blätter in Rosetten, kurzgestielt, deltoidisch, scharf gezähnt, bis 25 mm lang. Blüten flach-schalenförmig, hellblau oder weiß (f. **sovereigniana** English), bis 25 mm breit. Kultur ähnlich *C. morettiana*, aber kalkfliehend. Vermehrung durch Samen oder Stecklinge im Frühling.

C. primulifolia Brot. Portugal. Mai–Juni. Bis 40 (–60) cm. Blätter breit-lanzettlich, in einen geflügelten Stiel verschmälert, hellgrün, mit zahlreichen starren Haaren besetzt, bis 12 × 5 cm. Blüten flachglockig, blau, im Grund weißlich, end- und achselständig.

Besser Alpinenhaus, stirbt aber auch dort in strengen Wintern ab. Vermehrung durch Aussaat leicht.

C. raineri Perpenti. SO-Alpen: in Kalkfelsspalten. Juni–Juli. Niederliegende Staude mit dichtem Rhizom. Triebe kurz, bis 7 cm lang, straff aufrecht, 1–3blütig. Grundständige Blätter eiförmig bis verkehrt-eiförmig, entfernt gesägt, fast sitzend, Stengelblätter länglich, gekerbt-gesägt. Krone breitglockig-trichterig, bis 4 cm breit, hellviolettblau.

Die echte *C. raineri* ist selten in Kultur, meist wird eine kompakte Form von *C. carpatica* var. *turbinata* dafür angeboten. *C. raineri* ist haariger und besitzt etwas dicklichere Blätter.

Sie ist in der Kultur am besten in etwas sonnenabgewandten Spalten oder im Alpinenhaus zu ziehen, im Freien braucht sie Schutz vor übergroßer Nässe, auch zur Blütezeit. Gefährdet durch Schnecken.

C. rupestris Sibth. et Sm. Südl. Mittelgriechenland (bei Levadia): in Kalkfelsen. Juni–Juli. Zweijährig bzw. hapaxanth. Grundständige Rosettenblätter leierförmig oder oval, gestielt, mit rundlichem Endblättchen, dicht grau behaart. Triebe aufsteigend oder niederliegend, dicht verzweigt, behaart. Blüten aufrecht, bis 16 mm breit, lilablau, haarig.

Nur für das Alpinenhaus oder andere ständig geschützte Kulturmöglichkeiten (Tufa-Wall).

C. rupicola Boiss. et Sprun. Gebirge des südl. Zentralpeleponnes: in Felsen. Juni–Juli. Bei Nässeschutz gut ausdauernde Staude. Grundständige Blätter eiförmig, gezähnt, an der Basis keilförmig, lang gestielt, grau behaart. Stengelblätter klein. Blütenstände bis 10 cm, zierlich, aufsteigend oder niederliegend, etwas verzweigt, 1–3blütig. Blüten schmalglockig, Krone bis 3 cm lang, blaupurpurn.

Nur für das Alpinenhaus oder andere nässegeschützte Kulturmöglichkeiten.

C. sartorii Boiss. et Heldr. Kykladen (Andros): Felsen in Gebirge. Juni–September. Haarige, kurzlebige Staude, in Kultur oft nach der Samenreife absterbend. Grundständige Rosettenblätter klein, rundlich, mit 6–7 Kerben, grauhaarig. Blütentriebe niederliegend, dem Boden angepreßt, etwas verzweigt. Blüten 10 mm breit, trichterig-glockig, weiß, rosa überhaucht.

Gedeiht am besten im Alpinenhaus oder trockenen, geschützten Steinbeet, wo sie sich auch gerne aussät. Wird sie nach der Blüte (wie in der Heimat) sehr trocken gehalten, so ist sie staudig.

C. teucrioides Boiss. W-Anatolien: Gneisfelsen und lockere Schutthalden, bis 2100 m. Mai–Juli. Niedere Staude mit halbunterirdisch kriechenden Rhizomen. Blätter eiförmig-keilförmig, einfach fiederteilig, bis 15 × 10 mm. Blütentriebe niederliegend bis aufsteigend, bis 5 cm. Blüten zu wenigen, Kronen schmaltrichterig-glockig, 10 mm breit, hellviolettblau.

Diese schöne niedere Art ist vielfach als *C. pinnatifida* in Kultur, sie wurde von der Watson & McPhail-Expedition zuerst aufgesammelt. Die Kultur erfolgt besser im Alpinenhaus oder geschütztem Steinbeet, bis mehr Erfahrungen vorhanden sind.

C. tomentosa Lam. (*C. ephesia* (DC.) Boiss.). W-Anatolien: auf Felsen und Mauern (Ephesus), von Meereshöhe bis 100 m. Dicht angepreßt haarige Bienne oder kurzlebige Staude. Grundständige Blätter in Rosetten, groß, leierförmig, bis 30 cm lang. Blütenstände meist mehrere, bis 45 cm hoch. Blüten riesengroß, bis 4 cm breit und 3 cm tief, glockig oder urnenförmig, hellilablau, außen behaart. Nur für das Alpinenhaus.

C. topaliana Beaverd. S-Griechenland: Kalkfelsen. Juni–Juli. Kurzlebige Staude, manchmal nach der Samenreife absterbend. Grundständige Blätter in Rosetten, seiden- bis dichthaarig, leierförmig oder gelappt, herzförmig, gesägt, Blattstiel mit kleinen Läppchen. Blütenstengel zahlreich, einfach oder verzweigt, 20–40 cm. Blüten achsel- oder endständig. Krone röhrenförmig, 20 mm, hellviolettblau.

Nur für das Alpinenhaus. Es gibt einige Unterarten, von denen zumeist nur die ssp. **topaliana** aus dem N-Peloponnes, mit unverzweigten Blütenstengeln, angeboten wird.

C. zoysii Wulfen. SO-Alpen: in Kalkfelsspalten. Juli–August. Niedere, stark ausläufertreibende Staude. Grundständige Blätter eiförmig bis verkehrteiförmig, abgerundet, gestielt. Stengelblätter lanzettlich bis linealisch. Blütentriebe 5–10 cm hoch, ein- bis mehrblütig. Krone bis 20 mm lang, schmalglockig mit zusammengezogenem Kußmund, hellviolettblau.

Ist in etwas feuchteren Spalten, bei entsprechendem Schneckenschutz, auch im Steingarten oder Trog möglich, läßt sich aber recht gut in Gefäßen im Alpinenhaus ziehen.

Neben den genannten Arten gibt es noch eine Vielzahl anderer, die hin und wieder angeboten werden, ist doch das Mittelmeergebiet und die Türkei äußerst reich an interessanten Arten. Die Vermehrung selbst seltener und heikler Arten durch Aussaat ist problemlos. Die Kultur verlangt immer durchlässige, feinschotterige und humusreiche Substrate in nicht zu vollsonnigen Lagen. Extreme Hitze verlangen nur einige Arten, bei Kulturversuchen sollte zuerst immer mit weniger Hitze die Kultur probiert werden. Monokarpe (hapaxanthe) Arten bilden leider in der Kultur nicht immer Samen aus, aus diesem Grund sollten diese Pflanzen auch noch nach der Blüte regengeschützt gehalten werden, damit die Kapselentwicklung problemlos verläuft. Verzweigt sich das Rhizom, so können im Frühjahr Stecklinge genommen werden. Je früher diese geschnitten werden, desto besser bewurzeln sie, die Bewurzelung geht auch viel rascher vonstatten, wenn ein kleines Stück des weißen unterirdischen Teil des Triebes mitgeschnitten wird.

Fast alle Arten sind durch Schnecken sehr gefährdet. Das Auslegen von guten Ködermitteln muß regelmäßig durchgeführt werden, im Freiland – in diversen Steinbeeten – kann auch die Spritzung mit Mercaptodimethur-Spritzpulver sehr erfolgreich sein.

Camptosorus Link, Wanderfarn, »Walking Leaf«, Aspleniaceae

2 Arten in N-Amerika, O-Sibirien, N-China und Japan. Terrestrische Farne mit kurzem Rhizom. Blätter einfach, lanzettlich oder linealisch, mit lang verschmälerter, wurzelnder Spitze, am Grunde herzförmig.

C. rhizophyllus (L.) Link. Atlantische N-Amerika: an Kalkfelsen. Kleinfarn mit wintergrünen, bis 15 × 2,5 cm großen, am Grunde herzförmigen, spitzlanzettlichen Blättern. An der Spitze bilden sich Wurzeln und aus der schnell austreibenden Knospe entwickelt sich eine Jungpflanze.

Hübscher, selten gezogener Farn, der unter leichtem Schutz oder im Alpinenhaus gut durchhält. Vermehrung durch Abnahme der Kindel.

Carduncellus Adans., Compositae

Etwa 20 Arten im Mittelmeergebiet. Gewöhnlich stachelige Stauden, Blütenköpfe sitzend oder mit unverzweigten, selten verzweigten Blütenstielen. Grundständige Blätter gefiedert oder leierförmig, selten ungeteilt, mehr oder weniger haarig. Hüllkelch mehrreihig, schindelig, oft stachelig, die äußeren Hüllkelchblätter blattartig, die inneren mit runden oder ovalen Anhängseln. Blüten zwitterig, blau oder purpurn. Früchte vierkantig, groß, mit abfallenden, auffälligen Pappus.

C. pinnatus DC. S-Europa, N-Afrika, weit verbreitet. Mai–Juni. Ähnlich *C. rhaponticoides*, aber Blätter fiederteilig und stachelig. In Kultur zumeist eine besonders stachelige Form, 'Acaulis'. Aus Früchten aus dem Atlas erzog ich sehr variable, äußerst unterschiedlich stachelige Pflanzen, die aber weit weniger winterhart sind.

C. rhaponticoides Coss. et Durieu ex Pomel. Atlas. Mai–Juni. Rosettenstaude. Blätter eiförmig zugespitzt, in einen langen, geflügelten Stiel verschmälert, dunkelgrün, Mittelrippe meist violett, Blattrand gezähnt, grannenspitzig. Rosetten in der Jugend einköpfig, später mehrköpfig, bis 30 cm breit. Blütenköpfe 4–5 cm breit, vollkommen sitzend, Hüllkelchblätter nicht stechend, mit hornigem Anhängsel. Blüten weißlichviolett.

Beide Arten sind außerordentlich schöne und unter leichtem Schutz gut ausdauernde Pflanzen für vollsonnige Steinbeete. Die empfindlichste Phase ist immer das Absterben der Blütenköpfe im Sommer, wo es bei zu großem Feuchtigkeitsangebot zu Fäulnis kommen kann. Der Wurzelhals sollte immer mit einer Schottermanschatte umgeben werden. Die Vermehrung durch Wurzelschnittlinge ist außerordentlich leicht, es treiben auch Wurzeln aus, die dünner als 2 mm sind. Früchte werden in Mitteleuropa nur angesetzt, wenn zur Blütezeit und bis zur Fruchtreife sehr trockene, sonnige Witterung herrscht. Die Früchte sind im Querschnitt quadratisch, bis 7 mm hoch und 4 mm dick. Die beiden Arten kreuzen sich spontan im Garten und ergeben intermediäre Nachkommen, die fruchtbar sind.

Carmichaelia R. Br. ex Lindl., Leguminosae

38 Arten, bis auf 1 Art auf den Lord-Howe-Inseln, auf Neuseeland. Unterschiedlich hohe Sträucher mit zumeist flachen, selten rundlichen Zweigen. Blätter einfach, 3–5zählig, bald abfallend. Blüten fast immer klein, in achselständigen Trauben oder Büscheln, lila bis weißlich, immer deutlich gestrichelt.

C. enysii Kirk. Neuseeland. 20 cm hoch, bis 60 cm breit. Triebe grün, im Querschnitt stark abgeflacht, etwa 3–5 mm breit und deutlich bandförmig. Blätter sehr selten. Blüten zahlreich, in ein- bis dreiblütigen Trauben, 3–4 mm groß, weißlichlila. Juni. Später entwickeln sich einsamige Hülsen, die Samen keimen oft an der Pflanze. Sämlinge finden sich reichlich um alte Pflanzen, sie zeigen auch die einteiligen Blätter.

C. monroi Hook. f. Neuseeland: Südinsel, steinige, felsige Plätze, zwischen 800 und 1500 m. Bis 30 cm im Durchmesser. Zweige kurz aufrecht und flach, rötlich bis bräunlich überhaucht. Blüten zu 2–5, weiß mit lilablau. Juni.

Carmichaelien brauchen sonnige Plätze, durchlässiges Substrat und leichten Winterschutz. Sehr hübsch unterpflanzt mit *Raoulia lutescens* und ähnlichen Mattenbildnern. Vermehrung durch Aussaat oder Stecklinge.

Carpenteria Torr., Carpenterie, Philadelphaceae

Monotypische Gattung:

C. californica Torr. Kalifornien, Sierra Nevada. 1,5–2 m hoher, immergrüner Strauch, Blüte bereits ab 50 cm Höhe. Blätter länglich bis lanzettlich, bis 10 cm lang. Blüten 5–7 (–10) cm im Durchmesser, weiß, mit 5–7 Blütenblättern, duftend, einzeln oder zu dritt endständig.

Herrlicher Strauch für sehr sonnige und trockene Standorte, dort mit gutem Schutz auch im Freien versuchswert, sonst Alpinenhaus, tiefer Kasten oder Kalthaus, verträgt nach meiner Erfahrung bis –12 °C ohne Probleme. Vermehrung durch Aussaat oder Stecklinge.

Catananche L., Rasselblume, Compositae

Etwa 5 Arten im Mittelmeergebiet. Ausdauernde oder einjährige Kräuter mit meist grundständigen, linealischen, gezähnten oder fiederspaltigen Blättern. Blüten blau, weiß oder gelb.

C. caespitosa Desf. Atlasgebirge. Mehrköpfige, stengellose Staude, bis 10 cm. Blätter schmal-lanzettlich, Rand etwas gezähnt, bis 10 cm lang, grauhaarig. Blütenköpfe an kurzen Stielen, 5–8 cm, gelb, nur aus Zungenblüten zusammengesetzt, 5 cm breit. Juni–Juli.

Gedeiht nur bei gutem Schutz im Freiland, besser ist sie im Alpinenhaus untergebracht. Die Art braucht einen sehr durchlässigen Boden und volle Sonne. Die Vermehrung erfolgt durch Aussaat oder Kopfstecklinge, auch Wurzelschnittlinge könnten möglich sein.

Cautleya (Benth.) Royle ex Hook. f., Zingiberaceae

Etwa 5 Arten im Himalaja. Nahe mit *Roscoea* verwandt, von dieser verschieden durch einen kurzen Fruchtknoten und rasch aufspringende, dreiklappige Kapseln. Hinterer Abschnitt der Krone nur wenig breiter als die übrigen. Blüten immer gelb.

C. gracilis (J. J. Sm.) Dandy (*C. lutea* Royle). Himalaja: zwischen 2200 und 2600 m Höhe. Juli–August, bei Kultur im Container auch früher. Blätter zu 4–6, eiförmig oder länglich-eiförmig, sitzend, nach oben schmäler werdend. Blüten zu 6–8 in lockeren Ähren, gelb. Kelch rötlich, tief zweispaltig.

C. robusta Baker ist eine kräftige Form von *C. spicata* (Sm.) Baker.

C. spicata (Sm.) Baker. Himalaja. Juli–August. Sehr ähnlich *C. gracilis*, aber Blätter gestielt. Aus Samen von Darjeeling erzogene Pflanzen dieser Art haben in O-Österreich die strengen Winter 1984/85 und 1985/86 unter leichtem Schutz durchgehalten.

Kultur ähnlich wie *Roscoea*, doch im allgemeinen wesentlich empfindlicher und nur in günstigsten Lagen mit guter Decke (Handelsform von *C. gracilis*) ohne Schaden überwinternd. Versuche mit *C. spicata* sind sehr zu empfehlen. Vermehrung durch Aussaat oder Teilung im Frühling.

Celmisia Cass., Celmisie, Compositae

Etwa 60 Arten, davon 58 endemisch in Neuseeland, die anderen in Australien und auf Tasmanien. Ausdauernde Kräuter oder Halbsträucher von sehr verschiedenem Wuchs. Blätter in Rosetten oder schindelförmig entlang der Zweige, gewöhnlich filzig, wenigstens die Blattunterseite, gestielt oder ungestielt. Köpfchen einzeln an beblätterten Schäften. Zungenblüten reinweiblich, gewöhnlich in einer Reihe, weiß, selten lila oder hellmalvenfarben überhaucht oder hellgelb. Scheibenblüten zwitterig, gelb oder purpurn (*C. vernicosa*). Achänen ± schmal-zylindrisch und gerippt, meist von sehr geringer Keimfähigkeit.

C. argentea Kirk. Neuseeland: S- und Stewart-Insel, in Torfmooren, aber auch mit anderen Polsterpflanzen auf durchlässigeren Stellen, 600–1400 m. Ähnlich *Saxifraga burseriana* im Polster. Blätter 6–12 × 0,5–1,5 mm, leuchtend silberig. Blütenköpfe 2 cm groß, sitzend. Juni. Selten reich blühend.

C. asteliifolia Hook. f. Australien: O-Victoria, N. S. W., Tasmanien: auf feuchten Stellen , 1000–1700 m. Ähnlich *C. longifolia*, aber Blätter kürzer, weniger laubige Schäfte, größere Blütenköpfe und haarige Achänen. Achänen bis 9 mm lang. Juni.

C. coriacea (Forst. f.) Hook. f. Neuseeland: S-Insel, subalpine bis alpine Standorte, vor allem in *Chionochloa*-Gesellschaften und an Felsen, 700–1400 m. Die größte Celmisie. Blätter 20–50 × 2,5–8 cm, oberseits gräulichgrün bis silberiggrün, unterseits reinweiß. Blütenschäfte 40 cm. Blüten 4–10 cm groß, reinweiß. Juni–Juli.

C. gracilenta Hook. f. Neuseeland: N-, S- und Stewart-Insel, in vielen Pflanzengesellschaften bis 1700 m. Niedrige Staude, sehr variabel. Blätter 10–15 × 0,2–0,4 cm, gefleckt, Rand nach unten geschlagen. Blütenschäfte bis 40 cm, Blütenköpfe bis 2,5 cm breit. Juni.

C. hectori Hook. F. Neuseeland: S-Insel, Blockschutthalden und Schneetälchen, 1300–2000 m. Silberiger Halbstrauch, bis 1 m große Polster bildend. Blätter 15–20 × 5–8 mm, rosettig an der Triebspitze, beiderseits silbern. Blütenschäfte bis 10 cm. Blüten 2–3 cm breit, reinweiß. Juni.

C. holosericea (Forst. f.) Hook. f. Neuseeland: S-Insel, an steinigen Stellen unter der Baumgrenze, bis 1200 m. Rosettenstaude. Blätter 15–20 × 3–6 cm, oberseits grün, unterseits silberig. Blütenschäfte 20–50 cm. Blüten 5–7 cm breit, reinweiß. Juni.

C. laricifolia Hook. f. Neuseeland: S-Insel, in den Gebirgen weit verbreitet, bis 1900 m. Halbstrauch, bis 10 cm hoch, bis 50 cm breite Matten bildend. Blätter nadelförmig, 10–15 × 1–1,5 mm. Blütenschäfte bis 10 cm. Blüten bis 2 cm breit, reinweiß. Juni.

C. longifolia Cass. Australien: nur in den Blue Mountains N. S. W. Rosettenstaude, mehrköpfig. Blätter lineal-lanzettlich, 10–15 × 0,6–1,2 cm, unterseits stark silberig, Blattrand nach unten geschlagen. Blütenschäfte bis 20 cm. Blütenköpfe bis

4 cm

4 cm breit, reinweiß, Zungenblüten außen oder manchmal beiderseits rosa bis malvenfarben überhaucht. Achänen kürzer als 4 mm. Juni.

Man erhält als Saatgut aus Australien beide Arten, *A. longifolia* und *C. asteliifolia,* oft falsch bezeichnet. Auch sollen die Populationen der Australischen Alpen noch weiter untersucht werden, da noch andere Arten vermutet werden.

C. sessiliflora Hook. f. Neuseeland: S- und Stewart-Insel, in niedrigen *Chionochloa*-Beständen an ständig feuchten Stellen, 700–1800 m. Ähnlich *C. argentea,* aber größer in allen Teilen. Polster bis 50 cm. Blätter 10–20 × 1,5–2,5 mm, grünlichgrau bis stark silberig. Blütenköpfe 3–4 cm breit, am Polster sitzend, weiß. Mai–Juni. Ebenfalls spärlich blühend.

C. verbascifolia Hook. f. Neuseeland: S-Insel, steile, steinige Hänge, in *Chionochloa*-Gesellschaften, 900–1700 m. Vielrosettige Staude. Blätter 15–25 x 2,5–5 cm, oberseits glänzendgrün, unterseits weiß. Blütenschäfte 20–40 cm. Blütenköpfe 5–8 cm breit, weiß. Juni–Juli.

Die oben genannten Arten sind nur eine kleine Auswahl, jene Arten, die ich versucht habe, und die als Saatgut oder als Pflanzen (von England) erhältlich sind. Die Kultur von Celmisien ist nicht leicht, da sie einen humosen, leicht feuchten, aber gleichzeitig durchlässigen Boden und eine erhöhte Luftfeuchtigkeit brauchen. Sie wachsen aus diesem Grund in küstennahen Gebieten (Schottland) recht gut. In Mitteleuropa brauchen sie eher halbschattige Lagen oder sommers Schatten und im Winter Nässeschutz. Sie stehen in ihren Kulturansprüchen den *Aciphylla*-Arten sehr nahe. Bei der Aussaat stellt sich sehr oft heraus, daß die Früchte nicht keimfähig sind, in manchen Jahren ist der Aufgang wiederum sehr gut. In England wird keimfähiges Saatgut angesetzt, ich konnte solches nie ernten. Niederwüchsige, polster- und mattenbildende Arten können auch geteilt werden, auch Stecklinge sind angebracht (*C. argentea, C. sessiliflora*). Die schottische Gärtnerei J. Drake, Aviemore, bietet regelmäßig Saatgut und auch in diesem Betrieb entstandene Hybriden großrosettiger Arten ('Inshriach Hybrids') an.

Ceratostigma Bunge, Hornnarbe, Bleiwurz, Plumbaginaceae

Etwa 8 Arten in China, dem Himalaja, in Abessinien und Somalia. Halbsträucher oder Kräuter, verwandt mit *Plumbago,* unterschieden vor allem durch den nichtdrüsigen Kelch. Blüten in end- und achselständigen mit 2 Deckblättchen versehenen Köpfchen.

C. willmottianum Stapf. Westchina. Halbstrauch, bis 1,5 m hoch, bei uns in strengen Wintern regelmäßig bis zum Boden absterbend und dann in einem Sommer kaum über 60–80 cm hoch. Blätter rautenförmig, unterseits dicht behaart, Rand rauh bewimpert. Blüten leuchtendblau, in meinen Augen wirksamer als *C. plumbaginoides,* vor allem aber nicht so stark Ausläufer teibend. August–Oktober.

Von dieser Art gibt es zweifellos verschiedene Herkünfte, von denen manche winterhärter sind. Üblicherweise sterben unter mitteleuropäischen Bedingungen alle im Freien bis zum Boden ab. Man kultiviert sie in durchlässigen, aber nicht zu trockenem Boden und vermehrt durch Sommerstecklinge, die im Keller oder Kalthaus durchwintert werden müssen.

Cercocarpus H. B. K., Bergmahagoni, Rosaceae

Etwa 20 Arten im westl. N-Amerika. Immergrüne oder halbimmergrüne Sträucher oder kleine Bäume mit wechselständigen, meist kleinen Blättern. Blüten einzeln oder in Büscheln, aus Winterknospen, klein und unauffällig, ohne Kronblätter. Früchte mit einem langen federartigen Griffel.

C. betuloides Nutt. ex Torr. et A. Gray. M- und S-Kalifornien, in tieferen Lagen auf Trockenhängen, bis 1300 m. In der Heimat ein kleiner Baum, bei uns kleinstrauchig. Blätter halbimmergrün, verkehrt-eiförmig, 1,5–5 cm lang, im oberen Bereich kerbiggesägt, oben dunkelgrün, unten heller, im Alter kahl werdend.

C. ledifolius Nutt. ex Torr. et A. Gray. Westl. N-Amerika, auf trockenen Hängen, zwischen 1300 und 2900 m. Strauchig oder Krüppelbaum, bei uns strauchig, bis etwa 1,2 m. Blätter schmal-lanzettlich, mit nach untem gerolltem Rand, ganzrandig, bis 4 cm lang, oben glänzendgrün, unten grauweiß. Härteste Art, aber sehr von der Herkunft abhängig.

C. montanus Raf. (*C. parvifolius* Nutt. ex Hook. et Arn.). Westl. N-Amerika, aber nicht in Kalifornien. Strauchig. Blätter halb-immergrün, breit verkehrt-eiförmig, 2–5 cm lang, grob gesägt, oben weichhaarig, unten feinfilzig.

Cercocarpus sind ausgesprochene Liebhaberpflanzen ohne Blütenschönheit, die bei uns in günstigen Lagen ohne Schutz, andernfalls mit entsprechendem Schutz durchhalten und kleine Sträucher bilden. Sie brauchen einen durchlässigen, kalkhaltigen, lehmigen Boden und werden durch Aussaat oder krautige, halbausgereifte Stecklinge vermehrt.

Chaenactis DC., Compositae

Etwa 20 Arten in N- und M-Amerika. Einjährige oder ausdauernde Kräuter, oft kurzlebig. Blätter meist tiefgeteilt, selten einfach. Blütenköpfchen nur mit Scheibenblüten, gestielt, weiß, gelb, rosa.

C. alpina (Gray) Jones (*C. douglasii* var. *alpina* Gray). Westl. USA: Montana bis Oregon, südl. bis Utah und Colorado. Staudig, ähnlich den zwergigen, alpinen Herkünften von *C. douglasii*, 10 cm hoch. Blätter 2–6 cm lang, 4–12paarig gefiedert. Ein- oder mehrrosettig. Blütenstiele fast immer ohne Blätter oder Blättchen. Blüten rosa. Juni–Juli.

Hübsche Art, wesentlich besser ausdauernd als folgende.

C. douglasii H. et A. Westl. N-Amerika: steinige, schotterige Plätze, 1300–2750 m. Pflanzen einköpfig, bei alpinen Herkünften mehrköpfig. Blätter doppelt fiederteilig, mit schmalen Abschnitten, weißfilzig. Verzweigte Blütenstände bis 40 cm hoch. Köpfchen länglich, Blüten rosa. Juni–Juli.

Hübsche, aber bei den meist erhältlichen Tieflandherkünften nicht langlebige Staude, die durch die feingeteilten, silberigen Blätter und die rosa Blüten gleichermaßen auffällt, braucht durchlässige Böden und volle Sonne. Vermehrung durch Aussaat. Früchte werden bei uns nur bei Regenschutz und in heißen Sommern ausgebildet.

Chamaebatia Benth., Fiederspiere, Rosaceae

2 Arten in Kalifornien. Aufrechte Sträuchern mit gefiederten Blättern. Blüten in endständigen, wenigblütigen, rispigen Trugdolden.

C. foliolosa Benth. Kalifornien: Berghänge, zwischen 1000 und 1300 m. 50 cm hoch, selten höher. Blätter halbimmergrün, dreifach gefiedert, mit zahlreichen winzigen Blättchen, 3–6 cm lang. Blüten 2 cm breit, weiß. Juli.

Sehr hübsche Liebhaberpflanze, im Weinklima winterhart, sonst Winterschutz oder Pflege im Alpinenhaus. Vermehrung durch Aussaat und Sommerstecklinge.

Chamaebatiaria (Porter ex Brewer et Wats.) Maxim., Rosaceae

Monotypische Gattung aus dem westl. Nordamerika.

C. millefolium (Torr.) Maxim. Etwa 1 m hoch. Strauchig. Zweige rotbraun, klebrigdrüsig behaart. Blätter 2–7 cm lang, mit zahlreichen winzigen Blättchen. Blüten etwa 2 cm breit, in filzigen, 8–15 cm lange, durchblätterten, endständigen Rispen. Juli–August.

Sehr hübscher, früh austreibender kleiner Strauch, in günstigen Lagen (Weinbauklima) im Freien hart, sonst unter Schutz. Vermehrung durch Aussaat, Sommerstecklinge und Anhäufeln. Die Art braucht einen kalkhaltigen Boden und sonnigste Lage.

Oben links: *Crocus pestalozzae* im Alpinenhaus.

Oben rechts: *Dactylorhiza (Orchis) foliosa* im winters geschützten Moorbeet.

Unten links: *Diascia rigescens* im frostfreien Alpinenhaus.

Unten rechts: *Dicentra peregrina* im Kasten (Foto F. Hadacek).

Cheilanthes Sw., Sinopteridaceae

Etwa 180 tropische und temperierte Arten, meist Xerophyten. Die Ansichten darüber, daß *Notholaena* R. Br. in diese Gattung einzugliedern ist, gehen auseinander. Rhizom kurz. Blätter mehrfach zerteilt, meist dicht behaart. Sori klein, rundlich, am verdickten Ende der Adern. Schleierchen aus dem zurückgeschlagenen, häutigen Rand des Blattabschnittes gebildet.

C. marantae (L.) Domin (*Notholaena marantae*) (L.) Desv. Mittelmeerländer bis in die Alpen, Asien, Afrika. Rhizom kurzriechend, dicht mit rötlichen Spreuschuppen bedeckt. Blattstiele rotbraun, 10 cm lang. Blätter oval-länglich bis lanzettlich, bis 40 × 10 cm, doppelt fiederspaltig, oberseits kahl, grün, unterseits dicht mit rostbraunen Schuppen besetzt.

In England werden auch **C. pteridioides** (Reich.) C. Chr. (Literatur: Bull. A. G. S. 52: 376, Abb. 382 (1984)) und **C. siliquosa** Maxon (Literatur: Bull. A. G. S. 51: 292 und 295, Abb. 293 (1983)) für die Kultur im Alpinenhaus empfohlen.

C. marantae als Serpentinspezialist findet in unseren Sammlungen selten gute Kulturbedingungen. Am besten führt man die Kultur im Alpinenhaus durch. Das Substrat soll durchlässig-steinig sein. Während der sommerlichen Ruhepause wird etwas trockener gehalten, die Blättchen rollen sich zusammen. Während des Winters wird mild feucht gehalten. Nie will die Art übergroße Feuchtigkeit im Substrat oder auf den Wedeln. Die Vermehrung erfolgt durch Teilung der kurzkriechenden Rhizome.

Chiliotrichum Kuntze, Compositae

Monotypische Gattung aus dem südl. S-Amerika, verwandt mit *Olearia*.

C. diffusum Kuntze. Kleiner Strauch mit immergrünen, linealen Blättern, 2–5 cm lang. Unterseits weißfilziges Indumentum, welches später bräunlich wird. Blütenköpfchen 1,5–2 cm breit, weiß. Juli–August.

Von dieser Art sind in England einige Formen in Kultur, die zweifellos unterschiedlich hart sind. Die im Handel angebotene Form bildet aufrechte, zuerst silberig, später bräunlichgrau behaarte Sträuchlein von etwa 50–80 cm Höhe. Die Blüten

---

Oben: *Daphne × hendersonii* (künstlich erzeugt aus *D. petraea* und *D. cneorum* var. *pygmaea*) im winters durch Vlies gedeckten Steinbeet.

Unten links: *Daphne jasminea* (kriechende Form) im Kasten.

Unten rechts: *Daphne petraea* 'Alba' im Kasten.

wurden bei mir nur sehr sporadisch angelegt. Die Vermehrung durch Sommerstecklinge ist leicht. Die Art ist in rauheren Lagen Mitteleuropas in Freien nicht hart, sie gedeiht am besten ausgepflanzt im Alpinenhaus.

Chorispora R. Br., Cruciferae

10 Arten im östl. Mittelmeergebiet und in Z-Asien. Einjährige oder kurzlebige Stauden mit rosettig gestellten, ungeteilten oder gefiederten Blättern. Blüten in Trauben, rosa bis lilarosa.

C. bungeana Fisch. et Mey. Z-Asien (Tien-shan): im Schotter an Flüssen, um 2500 m. April–Mai. Blätter gefiedert, in dem Boden anliegenden Rosetten. Blüten leuchtendrosa, in kurzen Trauben.

Kurzlebige Staude, die bei uns oft keine Samen mehr bildet und dann wieder der Kultur verloren geht. Kultur in sehr durchlässigen Mischungen in Töpfen im Alpinenhaus oder in etwas zu schützenden Schutthalden im Steingarten. Vermehrung nur durch Aussaat.

Chrysanthemum L., Margerite, Rainfarn, Compositae

Etwa 200 Arten, die in den letzten Jahren von der Botanik in eine Vielzahl von Gattungen aufgeteilt wurden. Einjährige, Stauden, Halbsträucher oder Sträucher mit sehr verschieden geformten Blättern. Blütenköpfe einzeln oder in trugdoldigen, oft sehr dichten Blütenkopf-Ständen, zumeist mit Zungenblüten, aber auch ohne diese.

C. alpinum L. (*Leucanthmopsis alpina* (L.) Heyw.). Alpenmargerite. Von der Alpenmargerite gibt es eine besonders stark filzige Unterart **tomentosum** (Lois.) Heyw. (*C. tomentosum* Lois.) von Korsika. Mai. Polster sehr dicht. Blätter mit verkehrt-eiförmigen, zur Mittelader geschlagenen Zipfeln, dicht weißfilzig. Stengel nur 5 cm hoch.

Kultur am besten im Alpinenhaus in sehr durchlässigem Substrat. Vermehrung durch Teilung.

C. densum (Lab.) Steud. S-Anatolien, Syrien: auf Kalkfelsen und Schutthalden, 1500-2500 m. Mai–Juni. Aufrechter oder niederliegender Halbstrauch, bis 25 cm hoch, mit weißfilzigen Trieben. Blätter der nichtblühenden Triebe im Umriß oval bis breit elliptisch, 2–5 × 0,5–1,75 cm, doppelt gefiedert, mit 10–25–30 Paaren, Blättchen erster Ordnung 3–12paarig, dicht weißfilzig und so verwoben, daß das Blatt eine einheitliche Fläche bildet. Köpfchen zu 3–7 (–18) in Trugdolden, selten einzeln, gelb, 5–8 (–10) mm breit.

In Kultur ssp. **amani** (*Tanacetum densum* (Lab.) Schultz Bip. ssp. *amani* Heyw.) mit aufrechtem Wuchs. Auch die als *C. haradjanii* hort. gezogene Pflanze gehört nach Schlüssel und Abbildungen in der »Flora of Turkey« zu *C. densum*. Die Zuordnung zu einer der 4 beschriebenen Unterarten ist mir aus Mangel an Herbarmaterial bis jetzt nicht möglich gewesen. Das echte *C. haradjanii* Rech. fil. (*Tanacetum haradjanii* (Rech. f.) Grierson) besitzt nur mit 4–5 Paaren gefiederte Blätter.

Kultur dieser Formen an sehr steinigen Stellen ohne Schutz, sonst mit Nässeschutz, da sonst Grauschimmel auftritt. Vermehrung durch Stecklinge und Aussaat.

C. maresii Ball. Marokko. April–Juni, aber auch im Herbst. Sehr verschieden hoher und breiter Halbstrauch bis Strauch mit silbergrauen, fiederschnittigen Blättern und weißen, einzeln stehenden Margeritenblüten, die bei manchen Formen auf der Unterseite der Zungenblüten rötliche Zeichnungen besitzen.

Die Nomenklatur dieser Formen ist mir, aus Mangel an Literatur und Herbarmaterial, unklar. Die Gruppe gehört auch sicher nicht zu *Leucanthemum*, wohin sie oft gestellt wird. In Kultur sind: **C. atlanticum** Ball (*Leucanthemum atlanticum* (Ball) Maire). Marokko: in Kalk- oder Silikatfelsen, 2400–4250 m. Kaum höher als 10 cm, Blätter dunkelgrün, mit geringer Behaarung. Blütenköpfe bis 6 cm breit, an kurzen Stielen über den Pflanzen stehend; **C. hosmariense** Ball (*Leucanthemum hosmariense* (Ball) Maire, *C. maresii* var. *hosmariense* (Ball) Maire et Wilczek). Marokko: in Kalk- und Silikatfelsen, 500–1500 m. Bis 30 cm hoch und bis 80 cm breit. Blätter mit silbergrauer Behaarung. Blütenköpfe bis 6 cm breit, weiß, an bis 15 cm langen Stielen über den Sträuchern stehend.

Ungeachtet ihres botanischen Status sind diese strauchigen Margeriten unabdingbare Notwendigkeiten für das Alpinenhaus oder das geschützte Beet. Die größerwüchsige *C. hosmariense* beginnt meist im Oktober mit der Blüte, die bis in den Mai des folgenden Jahres währt. Substrate durchlässig, nicht zu viel Düngung, sonst Grauschimmel! Vermehrung durch Stecklinge.

C. radicans Cav. (*Leucanthemopsis radicans* (Cav.) Heyw.). S-Spanien (Sierra Nevada): in Silikatschutthalden, über 2500 m. Mai–Juni. Dicht polsterbildend, mit kriechenden Trieben. Blätter fiederteilig. Köpfchen an 10–15 cm Stielen, 2 cm breit, gelb.

Erinnert an eine weißfilzige, gelbblühende *C. alpinum* und eignet sich nur für die Kultur im Alpinenhaus, da sie Feuchtigkeit auf dem Blatt nicht verträgt. Vermehrung durch Teilung.

Cichorium L., Wegwarte, Compositae

4 Arten in Europa, dem Mittelmeergebiet und im Jemen. Bienne oder Stauden. Blütenköpfe gewöhnlich blau, nur mit Zungenblüten. Hüllblätter zweireihig. Frucht kantig.

C. bottae Deflers. Jemen: im Gebirge über 2800 m. April–Mai. Polsterbildend, vieltriebig, mit verholzter Basis. Blätter schmal-linealisch, bis 35 × 5 mm. Blüten hellblau, in der Größe von *C. intybus*, vollkommen dem Polster aufsitzend. Für das Alpinenhaus in geschützten Lagen, hat nach meiner Information in England -6 °C nicht überstanden.

Literatur: Bull. A. G. S. 55 (4): 291 (1987), mit farbiger Abbildung auf p. 290.

C. spinosum L. Spanien, Griechenland, Inseln im Mittelmeergebiet. Mai. Halbstrauch mit dornigen Zweigen. Untere Blätter gezähnt oder gelappt, obere Blätter linealisch. Blütenköpfe schmal, meist einzeln, nur mit 5–6 blauen Zungenblüten. Hüllblätter kahl.

Interessante, an *Sacropoterium* erinnernde Pflanze tiefer, meernaher Lagen des Mittelmeergebietes. Vermehrung durch Aussaat leicht, Kultur nur im beheizten, frostfreien Alpinenhaus. Starb bei mir im Alpinenhaus und unter Schutz in Durchschnittswintern ab.

Cistus L., Zistrose, Cistaceae

Etwa 20 Arten im Mittelmeergebiet und dessen Ausläufern. Sträucher, nahe verwandt mit *Helianthemum*, aber unterschieden durch fünf- bis zehngeteilte Fruchtknoten (dreiteilig bei *Helianthemum*). Blätter gegenständig, immergrün, selten wintergrün (*C. albanicus*). Blüten rosenähnlich, Kelchblätter 3–5, Blütenkronblätter 5, Staubblätter zahlreich. Kapselfrüchte mit zahlreichen Samen. Die Blüten halten nur wenige Stunden, es gibt bei *Cistus* keine gelben Blüten, sondern rosa oder weiß, mit braunen Flecken an der Blütenblattbasis, dort auch gelb überhaucht. Es gibt viele Hybriden.

C. albanicus E. F. Warburg ex Heywood (*C. nowackianus* Markgraf). Albanien. 30–40 cm hoch und 40–50 cm breit. Blätter elliptisch mit spateligem Blattgrund, im Blütenbereich länglich-lanzettlich und zugespitzt. Triebe zuerst aufrecht, später bogig seitlich wachsend. Blüten 4 cm breit, reinweiß, in wenigblütigen, endständigen Trauben. Mai–Juni. Vermehrung durch Aussaat leicht, Pflanzen blühen zumeist im dritten Jahr nach der Aussaat. Gut hart, aber in extremen Wintern ebenfalls leidend.

C. albidus L. SW-Europa und N-Afrika. Blätter oval, eilänglich oder eiförmig, an der Basis 3nervig, dicht weißhaarig. Blüten 6 cm groß, hellrosalila, mit einem gelben Fleck an der Blumenblattbasis, zu 3–8 in endständigen Trauben. Juni. Durch die weißfilzigen, 3nervigen Blätter sehr auffallend. Relativ hart und versuchswert.

C. 'Anne Palmer' (*C. crispus* × *C. palhinhae*). Erzogen von Capt. Collingwood Ingram. Aufrechtwachsender Strauch mit reinrosafarbenen, gekräuselten Blüten, schön, aber etwas empfindlicher.

C. crispus L. SW-Europa und N-Afrika. Blätter lanzettlich bis schmal-eilänglich oder eiförmig, an der Basis 3nervig, Rand, besonders der unteren Blätter, stark gewellt, beiderseits dichthaarig. Blüten 4 cm groß, purpurrot, zu mehreren endständig. Blütenstiele sehr kurz. Juni. Durch die gekräuselten, 3nervigen Blätter sehr auffallend. Relativ hart und versuchswert.

C. × corbariensis Pourr. (*C. populifolius* × *C. salviifolius*). S-Frankreich. Dichtbuschiger Strauch, bis 50 cm hoch und 80 cm breit. Blätter eiförmig, zugespitzt, an der Basis herzförmig oder gerundet, Rand fein gezähnt und gewellt. Blüten 4 cm groß, weiß, an der Basis gelb, am Ende kurzer Seitentriebe. Juni. Sehr hart.

C. × cyprius Lam. (*C. ladanifer* × *C. laurifolius*). Frankreich, Iberische Halbinsel, sicher nicht aus Zypern, da *C. ladanifer* dort nicht heimisch ist. In Kultur ein Klon: immergrüner Strauch bis 1,5 m, Wuchs stakig. Blätter lanzettlich, schmal, 4–10 × 0,8–3 cm, Blattrand wellig, 3nervig, oberseits dunkelgrün, unterseits grauhaarig. Blattstiel 3–12 mm lang. Die ganze Pflanze klebrig und stark nach Ladanumharz duftend. Blüten zu 3–6 in endständigen Blütenständen oder am Ende kurzer Seitentriebe, 7,5 cm groß, reinweiß mit einem blutrotem Fleck nahe der Basis der Petalen. Mai–Juni. Sehr hart und außerordentlich schön. Die Blätter werden im Herbst metallisch grau. Stecklingsvermehrung nicht immer leicht.

C. 'Elma' (*C. laurifolius* × *C. palhinhae*). Erzogen von Capt. Collingwood Ingram. Aufrechtwachsender, buschiger Strauch mit reinweißen, 9 cm großen Blüten, die zu mehreren in den Blütenständen stehen. Mai–Juni.

C. incanus L. (*C. villosus* auct. vix L., inkl. *C. polymorphus* Willk.) S-Europa, aber im Westen des Mittelmeergebietes seltener. Strauch bis 1 m, aufrecht bis niederliegend. Blätter 2–5 × 0,5–1,5 cm, eiförmig, verkehrt-eiförmig oder elliptisch, oft am Rand gewellt, gefiedert geadert, grün oder gräulich durch Sternhaare. Blüten zu 1–7, 4–6 cm groß, purpurrosa.

Bedingt durch das große Verbreitungsgebiet werden verschiedene Unterarten unterschieden: ssp. **creticus** (L.) Heywood besitzt kleine, nur 2,5 cm lange Blätter, die am Rand deutlich gewellt sind, Griechenland, Ägais; ssp. **corsicus** (Loisel.) Heywood besitzt bis 5 cm lange, flache Blätter und wenig langbehaarte Sepalen, westl. Mittelmeergebiet, Italien, Yugoslawien; ssp. **incanus** (*C. tauricus* C. Presl.) besitzt ebenfalls bis 5 cm lange, flache Blätter, die Sepalen sind durch viele lange Haare dicht behaart, von Korsika und W-Italien ostwärts bis zur Krim.

Mai–Juli. Sehr hübscher und langblühender Strauch. Kreuzt sich sehr leicht mit anderen Arten und sollte deshalb nur als Wildsamen oder durch Stecklinge vermehrt werden.

C. × lusitanicus Maund (*C. hirsutus* x *C. ladanifer*). Portugal. In Kultur meist die Sorte 'Decumbens': ausgebreiteter Strauch, selten über 50 cm hoch. Blätter schmal eilänglich-lanzettlich bis eilänglich, an der Spitze abgerundet, 2,5–6,5 × 0,8–2 cm, 3nervig, ungestielt, oberseits dunkelgrün, unterseits heller mit wenigen Haaren. Ganze Pflanze klebrig und nach Ladanumharz duftend. Blüten zu 3–5 in endständigen Trauben, weiß mit roten Flecken an der Basis der Petalen, 6 cm groß. Mai–Juli. Sehr hübsch, aber im Freien auch bei gutem Schutz nicht durchhaltend.

C. palhinhae Ingram. Portugal. Rundlicher Strauch bis 50 cm. Sehr ähnlich *C. ladanifer.* Blätter eilanzettlich bis spatelförmig, 2–6 cm lang. Die ganze Pflanze stark kleberig und nach Ladanumharz duftend. Blüten reinweiß, bis 10 cm breit, einzeln an der Spitze kurzer Triebe. Mai–Juni. Herrlicher, kleinwüchsiger Strauch, meist breiter als hoch, von erstaunlicher Härte trotz der Herkunft vom Algarve (Kap St. Vincent, auf Kalkfelsen). Vermehrung durch Stecklinge nicht immer leicht, da diese, wenn sie welken, zusammenkleben und sich nicht mehr aufrichten können.

C. parviflorus Lam. Ägäis, SO-Italien, Lampedusa. Bis 75 cm, ausgebreitet wachsend. Blätter 1–3 cm, eiförmig, in der unteren Hälfte 3nervig, grauhaarig. Blüten in bis 6blütigen Trauben, rosa, 2–3 cm groß. Mai–Juni. Im Blatt und der Blütenfarbe ähnelt diese Art *C. crispus* und *C. incanus,* unterscheidet sich aber durch die klaren hellrosafarbenen Blüten, deren Farbton bei diesen Arten nicht vorkommt. Ebenfalls recht hart und auch außerhalb der Blütezeit durch die graue Belaubung auffällig.

C. populifolius L. Bis 1,5 m hoher Strauch, etwas ausgebreitet. Blätter eiförmig, an der Basis herzförmig, 6–10 × 3–6,5 cm, grün und gestielt. Blüten zu 2–6, reinweiß, 4–6 cm groß. Mai–Juni. Von allen anderen Zistrosen-Arten durch die großen, langgestielten Blätter unterschieden. Die härtesten Formen dieses in Portugal, Spanien und Frankreich vorkommenden Strauches sollen aus der Gegend von Narbonne in SW-Frankreich stammen, sie unterscheiden sich durch kürzer gestielte Blüten und kleinere Kelchblätter, die nur an den Rändern haarig sind und wurden als var. *narbonnensis* Willk. beschrieben.

C. psilosepalus Sweet. Portugal, Spanien, Frankreich (dort wahrscheinich nur verwildert). Bis 1 m hoch, ausgebreitet. Blätter eilänglich bis lineal-eilänglich, 2–6 × 0,5–2 cm, mit langen Haaren auf beiden Blattseiten, sitzend. Blüten zu 1–5, reinweiß, 4–6 cm groß. Mai–Juni. Oft noch unter dem Synonym *C. hirsutus* Lam. (1786) non Lam. (1778) in botanischen Gärten angeschrieben.

C. × pulverulentus Pourr. (*C. albidus × C. crispus, C. crispus* hort. non L., *C. × delilei* Burnat, *C. × rubrus* hort.). Frankreich, Iberische Halbinsel. Kompakter Strauch bis 50 cm, intermediär zwischen den Eltern stehend. In Kultur meist besonders dunkelblütige Klone, so 'Sunset', 'Roseus', 'Warley Rose'. Mai–Juni.

C. × purpureus Lam. (*C. incanus × C. ladanifer*). Rundlicher Strauch bis 1 m. Blätter eilänglich-lanzettlich bis verkehrt-eiförmig, bis 5 × 1,5 cm. Die ganze Pflanze stark klebrig und nach Ladanumharz duftend. Blüten zu 3, rotpurpurn mit einem braunroten Fleck an der Basis der Petalen, bis 7,5 cm groß. Mai–Juli. Sicherlich die schönste Zistrose. Ob es sich bei dieser Pflanze um einen Wildbastard handelt oder um eine Gartenhybride, konnte ich nicht herausfinden. Die Pflanzen in Italien, Frankreich und England sind jedenfalls identisch und ein Klon. Die von Bean besprochene Sorte 'Betty Taudevin' ist härter, schmalblättriger und kräftiger in der Blütenfarbe und wird in England angeboten. Diese Zistrose ist jedenfalls im Freien mit Schutz versuchswert und läßt sich leicht durch Stecklinge vermehren.

C. 'Silver Pink' (*C. laurifolius × C. incanus*). Erzogen von der Baumschule Hillier and Sons, Winchester. Aufrechter Strauch bis 75 cm. Blätter fest, lanzettlich, 2,5–7,5 cm lang, oberseits dunkelgrün, unterseits gräulichgrün. Blüten zu mehreren in länglichen Trauben, reinrosa, 6 cm groß. Mai–Juni. Sehr schön durch die reinrosa Blüten mit den gelben Staubbeuteln, aber nicht so großblütig (bis 8 cm), wie oft angegeben. Recht hart und mit Schutz im Freien versuchswert.

Zistrosen sind meine Lieblinge, ich habe viele von ihnen herangezogen und im Garten und unter Schutz, vor allem im Alpinenhaus, versucht. Sie blühen reicher und sind auch winterhärter, solange sie noch jung sind. Aus diesem Grund müssen sie regelmäßig vermehrt werden. Die Arten kann man gut aussäen, doch verkreuzen sie sich leicht und man bekommt oft die wildesten, aber nicht die schönsten Sämlinge. Aus diesem Grund ist die Stecklingsvermehrung sehr zu empfehlen. Ich führe diese in kleinen Miniaturgewächshäusern im Mistbeetkasten oder Alpinenhaus durch, denn die graufilzigen Stecklinge vertragen übermäßiges Spritzen nicht sehr gut. Die gebildeten Wurzeln sind sehr fein und reißen bei unvorsichtigem Herausnehmen der Stecklinge beim Eintopfen gerne ab. Nicht gut wächst bei mir *C. × cyprius* aus Stecklingen, auch *C. palhinhae* ist schwieriger. Es scheint mir, daß dies mit der Klebrigkeit der Stecklinge zu tun hat. Sämlinge wie Stecklinge werden bald eingetopft und im Alpinenhaus oder Kalthaus durch den ersten Winter gebracht. Im zweiten Kulturjahr ist besonders oft zu pinzieren, damit sich die Pflanzen buschig aufbauen. Es kann schon im zweiten Jahr ausgepflanzt werden, oder dann im Frühjahr des dritten Jahres. Wichtig ist bei Zistrosen der Abschluß der Triebe im Herbst; gibt es heiße Herbste mit wenig Niederschlag, so kommen sie sehr gut durch den Winter. Im Spätherbst werden ausgepflanzte Zistrosen noch einmal kräftig gewässert, die Wurzelscheibe wird mit Laub abgedeckt, die Pflanzen werden zusammengebunden und mit kleinen Matten o. ä. vor der Wintersonne geschützt. Auch im Alpinenhaus ist ein Wässern im Spätherbst angebracht. Durch die hohe Luftfeuchtigkeit im Alpinenhaus werden Zistrosen, vor allem jüngere Pflanzen, die besser ernährt sind, von Grauschimmel befallen. Eine oder zwei Spritzungen mit Rovral oder Ronilan im Herbst helfen, diese Krankheit einzudämmen.

Claytonia L., Portulacaceae

Etwa 10 Arten in N-Amerika, zumeist montan bis alpin oder arktisch. Kahle Stauden mit dicken, fleischigen Wurzeln oder einer Knolle. Grundständige Blätter 1 bis viele, bei den knollentragenden Arten zur Blütezeit oft schon verwelkend. Blütenstiele zu 1 bis wenigen, 2 (selten 3) von gegenständigen, oft hochblattartigen Blättern unter den gewöhnlich durchblätterten Trauben tragend. Blüten auffällig, gewöhnlich zu mehreren in verlängerten oder zusammengezogenen Trauben. Sepalen 2, dauernd. Petalen 5 (–6), meist weiß oder rosa, selten gelb bis orange. Staubbeutel 5 (–6). Griffel 1 (oder 3), Narben 3. Samen 2–6, schwarz und glänzend.

C. lanceolata Pursh. Von British Columbia südwärts bis S-Kalifornien, östl. bis Alberta und New Mexiko: Sagebrush (*Artemisia tridentata*-)-Gemeinschaften bis alpine Hänge, im Frühling gewöhnlich feucht, oft beim schmelzenden Schnee. 6–20 (–25) cm. Knolle tiefsitzend. Grundständige Blätter 1–2, schmal bis breit-eilanzettlich, 15 × 0,2–1,5 cm. Trauben (1–2) 3–20blütig, oft einseitswendig. Blüten bis 2,5 cm breit, reinweiß bis dunkelrosa, selten hell- bis dunkelgelb oder orange. April–Mai.

Von dieser hübschen Art gibt es einige Varietäten: var. **chrysantha** (Green) C. L. Hitchc., 10 cm, gelbblühend, Kaskadengebirge; var. **flava** (A. Nels.) C. L. Hitchc., orangegelb, über 10 cm, Idaho; var. **multiscapa** (Rydb.) C. L. Hitchc., Stengelblätter schmal-lanzettlich, weiß bis rosa, Yellowstone Nationalpark; var. **lanceolata**, Stengelblätter elliptisch-lanzettlich bis eiförmig-lanzettlich, weiß bis rosa, weit verbreitet.

Die in der Heimat »Springbeauty« genannte Art ist im geschützten Beet leicht und braucht während der Wachstumszeit viel Wasser, im Sommer aber vollkommene Trockenheit. Kultur also ähnlich z. B. *Lewisia rediviva*. Vermehrung durch Aussaat, erste Blüte nach 4–5 Jahren.

C. megarhiza (Gray) Parry ex Wats. Westl. N-Amerika: auf kiesigen Böden, Schuttkegeln, Felsspalten, immer hochmontan und gewöhnlich nahe oder über der Baumgrenze. Staude mit fleischiger, einfacher oder verzweigter Wurzel. Krone ein- oder mehrköpfig. Grundständige Blätter zahlreich, rhombisch-oval bis meist verkehrt-eiförmig-lanzettlich, 5–25 mm breit, gewöhnlich plötzlich oder langsam in einen ± hautrandigen Stiel verschmälert. Blütenstiele mehrere bis viele, mit gewöhnlich 2 fast gegenständigen, reduzierten, linealisch bis verkehrt-lanzettlichen Blättern, bis 5 mm breit, und 2–9 Blüten. Blüten mit 2 Sepalen, 5 (–6) Petalen, diese weiß bis rosa, 7–15 mm lang. April–Mai.

Auch von dieser Art sind mehrere Varietäten in Kultur: Besonders begehrt ist var. **nivalis** (English) C. L. Hitchc. (*C. nivalis* English) mit tiefrosa, 11–15 mm langen Petalen, Blütenstände meist so lang wie die Blätter, Wenatchee Mts., Mt. Stuart, Kittitas und Chelan countys; hellrosa oder weiße Blüten bringen var. **megarhiza** mit breitgeflügelten Blattstielen und var. **bellidifolia** (Rhydb.) C. L. Hitchc. (*C. bellidifolia* Rydb.) mit schmalgeflügelten Blattstielen. Die beiden letzteren sind weiter verbreitet und besitzen auch Blütenstände, die kürzer als die Blätter sind.

C. megarhiza in ihren Varietäten wird besser im Alpinenhaus gezogen. Der Wurzelhals der Pflanzen ist gegen übergroße Nässe sehr empfindlich und sollte immer in eine Steinmanschette gebettet werden. Im Winter wird mild feucht gehalten, damit die bereits angelegten Blütenknospen sich weiterentwickeln, im Frühjahr wird feucht kultiviert, ein- oder zweimal auch gedüngt, dann stehen die Pflanzen trocken, um im November wieder gegossen zu werden. Die Vermehrung erfolgt durch Aussaat, die Samen sind schwarz und glänzend und sind beim Posttransport sehr empfindlich gegen Quetschen. Ich behandle Samen, die ich ab Weihnachten erhalte, für 24 Stunden mit Gibberellinsäure (GA_3). Die erste Blüte erfolgt entweder schon 1 Jahr nach dem Aufgang, sonst nach 2 Jahren. Je älter die Pflanzen werden, desto empfindlicher werden sie gegen Fäulnis. Samen werden gut angesetzt, bei Handbestäubung werden pro Kapsel mehr Samen angesetzt. *C. megarhiza* var. *nivalis* ist nach meiner Erfahrung etwas empfindlicher als *C. megarhiza* var. *megarhiza*, die ich unter leichtem sommerlichen Nässeschutz auch im Freien gut ziehen konnte.

Clematis L., Waldrebe, Ranunculaceae

Etwa 400 Arten in allen Gebieten der Erde, zumeist mit den Blattstielen hochkletternde Sträucher oder Halbsträucher, aber auch nur aufrechte Halbsträucher oder Stauden. Blätter gegenständig, einfach, dreizählig oder gefiedert. Blüten glockig oder breit tellerförmig, einzeln oder in Rispen. Blütenhüllblätter 4 oder mehr, z. T. mit kronblattähnlichen Staminodien (Sektion *Atragene*). Früchte meist mit einem langen Haarschweif.

C. afoliata Buchan. Neuseeland. Eigenartige, blattlose Art bis 3 m, muß aufgebunden werden. Triebe grün, assimilierend. Blüten glockig, zu mehreren aus den Blattachseln, 15–20 mm groß, gelb. Mai. Sehr interessante, weil zweihäusige Art, die bereits ab etwa 1 m Höhe blüht, die weiblichen Pflanzen bringen kleine Fruchtperücken. Braucht unbedingt den Schutz des Alpinenhauses.

C. aristata Hook. f. Australien. Triebe in Kultur wenig kletternd. Blattstiele kurz, Blätter zuerst 1–3teilig, bis 8 cm lang, rötlich mit silberner Zeichnung. Diese Art hat bei mir immer die Tendenz, im Herbst auszutreiben und leidet dann im Winter entsprechend. Sie hat die weißen Blüten bei mir nie gebracht.

C. armandii Franch. Mittel- und W-China. immergrüner, starker Kletterer, bis 5 m. Blätter 3zählig. Blättchen länglich-lanzettlich, 8–12 cm lang, dunkelgrün. Blüten cremeweiß, 5–6,5 cm breit, in dichten, achselständigen Rispen. Mai. An günstigsten Stellen winterhart, doch hübsch zu Wandbekleidung in einem Alpinenhaus. Besonders oft wird in England 'Apple Blossom' angeboten, deren Austrieb bronzefarben ist, die Blüten sind rosa überhaucht, besonders stark auf der Rückseite der Sepalen. Samenvermehrung ist nicht zu empfehlen, da Sämlinge meist wesentlich kleinere Blüten bringen.

C. × cartmanii M. et H. Taylor (*C. marmoraria* × *C. paniculata*). Ähnlich *C. marmoraria*, aber größer und Triebe bis 30 cm lang. Blüten reinweiß, bis 3 cm breit.

Interessante Kreuzung zwischen einer nichtkletternden und einer kletternden neuseeländischen Art, der zuerst verbreitete Klon, 'Joe', durch Zufall entstanden. Besser im Alpinenhaus, braucht wie *C. marmoraria* interessanterweise in der Kultur zum besseren Gedeihen Substrate mit einem niedrigen pH-Wert. Vermehrung durch Stecklinge leicht.

Literatur: Starling, B. N. (1986): Clematis × cartmanii 'Joe' P. C., Bull. A. G. S. 54 (4): 369, Abb. p. 365; Taylor, M. und H. (1986): Clematis × cartmanii 'Joe' P. C., Rock Garden 20 (1). 39–41, mit farbiger Abb. auf dem Umschlag.

C. chrysocoma Franch. Westchina. Im Aussehen *C. montana* ähnlich, aber kaum 2 m hoch. Triebe, Blätter und Blütenstiele dicht gelblich-filzig. Blätter 3zählig. Blättchen breit-eiförmig bis schmal-verkehrt-eiförmig, 3–6 cm lang, gelappt oder grob gezähnt. Blüten hellrosa, 4–6 cm groß. Mai–Juni und dann später im Herbst am jungen Holz.

Verbreiteter als die Art ist die var. **sericea** (Franch.) Schneid. (*C. spooneri* Rehd. et Wils.), stärker wachsend, bis 5 m, Blüten weiß, 7–9 cm breit, am alten Holz. Juni–Juli.

C. hirsutissima Pursh. Westl. N-Amerika: in feuchten, später trockenen, steinigen Wiesen, auf Hügeln und an Waldrändern. Staude, 25–50 cm hoch. Blätter gegenständig, fein gefiedert, dichthaarig. Blüten nickend, trüb purpurn, 3 cm lang, einzeln am Ende der Triebe. Mai–Juni.

Interessante Art, die bei etwas Nässeschutz im Sommer und Winter auch im Freien versuchswert ist. Die Vermehrung erfolgt durch Aussaat, die Keimung dauert meist 2–3 Jahre. Die jungen Pflanzen besitzen zuerst ungeteilte Blätter, die sich mit zunehmendem Alter immer feiner schlitzen. Bis zur Blüte dauert es meist 5–6 Jahre.

C. hookeriana Allan. Neuseeland. Bis 3 m hoch. Blätter farnartig, aus kleinen, geteilten Blättchen zusammengesetzt. Blüten sternförmig, 4 cm breit, gelblichgrün, seidenhaarig, herrlich duftend. Mai–Juni. In günstigen Lagen im Freien versuchswert, sonst besser im Alpinenhaus.

C. marmoraria Sneddon. Neuseeland: S-Insel, Spaltenpflanze in Marmorfelsen, 1450 m. Zwergiger Halbstrauch, kleine Matten bis 10 cm Durchmesser bildend. Blätter zusammengesetzt, 2 cm. Blüten weiß, schalenförmig, 2 cm breit, an 4–5 cm langen, aufrechten Stielen, zweihäusig. Mai–Juni. Früchte werden in den Tauschlisten angeboten. Näheres siehe Bull. A. G. S. 52: 390 (1984).

C. petriei Allen. Neuseeland. S-Insel, über Felsen und Kleinsträucher kletternd. Blätter immergrün, doppelt 3teilig. Blättchen 1–2 × 1 cm. Blüten hellgrün, duftend, bis 3,5 cm breit, gewöhnlich mit 6 Sepalen.

In England sind 2 Klone vorhanden: der weibliche Klon 'Princess' und der männliche Klon 'Limelight'. Mit etwas Schutz auch in günstigen Lagen im Freiland versuchenswert.

Literatur: Hutchins, G. (1987): *Clematis petriei* Allen 'Limelight'. P. C., Bull. A. G. S. 55 (4): 350–351.

C. phlebantha L. H. J. Williams. W-Nepal. Kletternd bis 3 m. Auffällig durch die silberhaarigen, gefiederten Blätter und Stengel. Blüten 2,5–4,5 cm groß, mit 5–7 cremeweißen Sepalen, einzeln in den Achseln der jungen Triebe. Juli–August. Auch im Alpinenhaus nur in günstigsten Lagen. Samen werden aber regelmäßig angeboten.

C. tenuiloba (Gray) C. L. Hitchcock (*C. alpina* var. *occidentalis* subvar. *tenuiloba* Gray, *C. alpina* var. *tenuiloba* Gray, *Atragene tenuiloba* Britt., *C. pseudoalpina* var. *tenuiloba* Nels.). Rocky Mountains: Montana, N-Wyoming, östl. bis zu den Black Hills von South Dakota, auf kalkigen, gerölligen Kämmen und Hängen. Staude 10–15 cm. Blätter feingeteilt. Blüten einzeln, hellbläulich bis hellviolett, innen mit weißen Honigblättern. Mai–Juni. Sehr schöne Art, mit kurzen unterirdischen Ausläufern kleine Matten bildend. Vermehrung durch Aussaat, 1. Blüte nach frühestens drei Jahren.

Wegen des unterirdischen kriechenden Wuchses kann *C. tenuiloba* nicht lange in Töpfen gehalten werden, sie gehört im Alpinenhaus ausgepflanzt. Früchte wurden bei mir nie angesetzt.

C. texensis Buckl. (*C. coccinea* (A. Gray) Engelm. ex Hook.). Texas. Bis 2 m Höhe erreichender Halbstrauch mit kahlen, braunroten Zweigen und derben, bläulichgrünen, herzförmig-rundlichen Blättern. Blüten krugförmig, scharlachrot, innen gelblich, 3 cm lang. Gut winterhart, aber besser an sehr trockenen, vollsonnigen Standorten, deshalb auch ausgezeichnet im Alpinenhaus und anderen begehbaren Schutzeinrichtungen. Durch die Blüte von Juli–September sehr auffallend. Vermehrung durch Aussaat (überliegend!) oder Veredlung auf Wurzelstücke von *C. vitalba* und Tiefpflanzen.

Kaum eine Gattung umfaßt so unterschiedlich wachsende Pflanzen wie *Clematis.* Die kletternden Arten sind ausgezeichnete Wandbegrüner in Anlehngewächshäusern, *C. hirsutissima* und *C. tenuiloba* sollten ausgepflanzt werden, die erste bei etwas Schutz im Freien, die zweite besser im Alpinenhaus, sie ist meiner Erfahrung nach empfindlicher. *C. marmoraria* muß nach englischen Angaben am besten im Doppeltopf gezogen werden. Die Vermehrung kann für die meisten Arten durch Aussaat erfolgen, ich behandle *Clematis*-Saatgut mit Gibberellinsäure, da ich eine bessere Keimung beobachten konnte. Einige kletternde Arten, so *C. armandii,* sind als Sämlinge immer kleiner in der Blüte. Sie müssen durch Stecklinge oder Spaltpfropfung auf *C. vitalba* vermehrt werden. Diese Spaltpfropfung kann nach meiner Erfahrung auch im Sommer durchgeführt werden.

Clianthus Soland. ex Lindl., Ruhmesblume, Leguminosae

2 Arten in Australien und Neuseeland. Kräuter oder Halbsträucher mit aufsteigenden oder kletternden Trieben. Blätter unpaarig gefiedert, mit zahlreichen, ganzrandigen Blättchen. Blüten groß, rot oder 2–3farbig, achselständig.

C. puniceus (G. Don) Soland. ex Lindl. Neuseeland. Halbstrauchig, bis 2 m. Blätter unpaarig gefiedert, meist mit 8 Fiederpaaren, 10 cm lang. Blüten 5 cm lang, dunkelscharlachrot mit weißem Fleck, weniger schön 'Alba' mit weißlichrosa Blüten. Mai–Juli.

C. puniceus hat im frostfrei (selten friert es etwas hinein) gehaltenen Alpinenhaus des Alpengartens im Belvedere sehr gut durchgehalten, blüht im späten Frühling und Frühsommer überreich und setzt auch sehr gut Samen an. Die Vermehrung durch Aussaat ist leicht, die Samen sollten vor der Aussaat mit kochendem Wasser überbrüht und für 24 Stunden eingequollen werden.

Colchicum L., Zeitlose, Liliaceae

Etwa 30 Arten in Europa, N-Afrika und Asien, alle bis auf eine Art mit weißen, rosa oder purpurnen Blüten. Die Gattung ist gekennzeichnet durch eine mehr oder weniger lange, verwachsene Kronröhre. Es finden sich zwei Gruppen: Herbstblüher, die ohne Blätter blühen, diese erscheinen erst im Frühjahr, und Frühjahrsblüher, die gleichzeitig mit der Blattentwicklung blühen.

C. boissieri Orph. S-Griechenland: in steinigem Boden, oft unter Sträuchern, September–Dezember. Knolle mit unterirdischen Stolonen, Knollenhülle rötlichbraun. Blätter 2 (–3), 6–22 × 2–12 mm im ausgewachsenen Zustand, sich nach der Blüte entwickelnd. Blüten zu 1–3, Segmente bis 45 × 11 mm, leuchtend lilarosa.

C. cupanii Guss. Mittelmeergebiet, westl. bis SO-Frankreich: in steinigem Boden. Knolle bis 2 × 1,5 cm, Knollenhülle dunkelbraun. Blätter 2 (–3), bis 10 cm lang zur Blütenzeit, ausgewachsen bis 15 cm × 10–18 mm, linealisch bis lineal–lanzettlich. Blüten zu 1–5 (–12), Segmente bis 25 × 5 mm, purpurrosa.

Interessant durch die zur Blütezeit im September bis Dezember teilweise entwikkelten Blätter, dieses Phänomen tritt sonst bei keiner Art auf.

C. falcifolium Stapf. S-Rußland, Iran, Irak, Türkei: in kalkreichen Böden, beim schmelzenden Schnee, 250–1800 m. (Dezember–) Februar–April. Knolle (2–) 3–4 × 1,5–2 cm, Knollenhülle dunkel rötlichbraun. Blätter 3–4 (–6), zur Blütezeit 2–6 cm lang, ausgewachsen 9–15 (–20) × 1–3 (–7) cm. Blüten zu (1–) 2–5 (–8), Segmente bis 25 × 6 mm, weiß oder purpurrosa.

C. fasciculare (L.) R.Br. Ein Name, dessen Anwendung umstritten ist, beschrieben aus Aleppo und vermutlich eine dort endemische Art bezeichnend, siehe Mouterde, Nouvelle Flora du Liban et de la Syrie 2: 667–670 (1970).

C. hungaricum Janka (inkl. *C. doerfleri* Halacsy). Ungarn bis Makedonien: steinige Plätze und trockene Hügel. Dezember bis April. Knolle 2–3 × 1–2 cm, Knollenhülle dunkelbraun. Blätter 2 (–3), 3–6 (–10) cm zur Blütezeit, ausgewachsen bis 20 cm × 20 mm. Blüten zu (1–) 3–6 (–8), Segmente bis 30 × 7 mm, purpurrosa, rosa oder weiß. *C. doerfleri* unterscheidet sich nur durch die auch auf der Fläche silberhaarigen Blätter und immer lilarosa Blüten. Lilarosa wie weiße Formen sind gut hart und auch im Freien möglich, doch fast zu klein für den Steingarten. Manche Formen, so aus Dalmatien, bilden auch Stolonen und vermehren sich so.

C. kesselringii Regel. N-Afghanistan und angrenzende USSR: felsige Plätze bis 2500 m. Februar–März. Knolle 2–3 × 1,5 cm, Knollenhülle rötlichbraun. Blätter 2–3 (–4), zur Blütezeit aufrecht, ausgewachsen bis 50 × 14 mm. Blüten zu 1–4, sich nur bei hohen Temperaturen öffnend. Segmente bis 25 × 7 mm, weiß, außen rötlich oder gräulichblau gestreift.

Sehr heikle Art, zwar hart, aber wegen der Größe besser im Alpinenhaus. Vermehrung durch Aussaat möglich, bis zur Blüte vergehen 4–6 Jahre.

C. luteum Baker. Afghanistan, NW-Indien, Z-Asien (Tienshan, Pamir Alai): auf erdig–steinigen Hängen, 2000–3800 m. März–April. Knollen bis 4 × 2,5 cm, Knollenhülle rötlichbraun. Blätter 2–4, zur Blütezeit aufrecht und kurz, später bis 12–15 cm lang. Blüten zu 1–3, Segmente bis 25 × 8 mm, gelb, Röhre und Außenseite der Segmente oft rötlich oder bräunlich.

Sehr empfindliche Art, die ähnlich wie die zwergigen Juno-Schwertlilien nach dem Abblühen unter Grauschimmel leidet. Die in den Niederlanden angebotene Form (aus Kaschmir) gedeiht verhältnismäßig leicht. Die beiden letztgenannten Arten bilden innerhalb der Gattung *Colchicum* eine besondere Gruppe, sie werden auch unter dem Gattungsnamen *Synsiphon* geführt.

C. psaridis Heldr. ex Halacsy. S-Griechenland: steinige Hänge und Olivenhaine. November–Dezember. Knolle mit unterirdischen Stolonen, Knollenhülle rötlichbraun. Blätter 2(–3), zur Blütezeit bis 9 cm lang, ausgewachsen bis 15 cm × 15 mm, lineal-lanzettlich bis linealisch. Blüten zu 1–6, rosapurpurn, Segmente bis 27 × 6 mm.

C. pusillum Sieber. Z- und S-Griechenland und Ägäis: in felsigem Gelände. Knolle bis 2 × 2 cm, rundlich, Knollenhülle dunkelbraun. Blätter zu 3–6 (–8), zur Blütezeit im Oktober–November bis 4 cm lang, ausgewachsen bis 14 cm × 5 mm, fadenförmig bis schmal-linealisch. Blüten zu 1–4 (–5), Segmente bis 20 × 5 mm, rosalila bis weiß.

C. **stevenii** Kunth. W- und S-Anatolien, Zypern, W-Syrien: felsige Hänge, trockene Stellen, bis 1500 m. Oktober–Dezember. Knollen bis 3 × 1,5 cm, Knollenhülle stumpf dunkelbraun. Blätter 4–8 (–12), zur Blütezeit bis 12 cm lang, ausgewachsen bis 18 cm × 5 mm. Blüten zu 1–10, Segmente bis 30 × 9 mm, leuchtend purpurrosa.

C. **szovitsii** Fisch. et Mey. (*C. nivale* Boiss. et Huet., *C. bifolium* Freyn et Sint.). Kaukasus, Iran, Türkei: feuchte Wiesen, feuchte alpine Rasen, Steppe, Kieferwaldränder, 200–3250 m. April–Mai. Knolle bis 4 × 3 cm, Knollernhülle schwärzlichbraun. Blätter 2–3, zur Blütezeit bis 12 cm lang, ausgewachsen bis 25 × 3,5 cm. Blüten zu (1–) 2–5 (–7), Segmente 35 × 10 mm, dunkel–bis hellpurpurrosa oder weiß, purpurrosa überhaucht.

C. **troodii** Kotschy. Zypern: unter Kiefern und Wacholder, bis 2000 m. September–Oktober. Knolle bis 3 × 2,5 cm, rötlichbraun. Blätter nach der Blüte erscheinend, ausgewachsen bis 20 × 1,5 cm, linear. Blüten zu mehreren, Segmente bis 4 cm lang, weiß oder hellrosa. Bei mir ist diese Art heikel, wohl weil ich sie zuwenig heiß übersommere.

Alle die genannten Arten werden am besten im Alpinenhaus gepflegt, einige von ihnen blühen so spät oder so früh, daß sie den Schutz benötigen, alle sind aber so klein, daß sie dort am besten betrachtet werden können. Die Substrate sollen durchlässig und kalkreich sein. Die Vermehrung ist schwierig, vielfach gelingt es nicht, Wildmaterial zu vermehren, obwohl es ohne Probleme möglich ist, dieses jahrelang weiterzuziehen. Am besten sind ständige Bemühungen um Bestäubung und Aussaat.

Collomia Nutt., Polemoniaceae

13 Arten im pazifischen Nordamerika und im temperierten Südamerika, davon drei Stauden. Teilweise mit Pfahlwurzel. Blätter wechselständig (oder die unteren gegenständig), ungeteilt bis unterschiedlich gelappt. Blüten in endständigen, kopfartigen Büscheln. Krone röhrig-trichterig bis schüsselförmig, bläulich, rosa bis weiß, selten lachsfarben oder gelb.

C. **debilis** (Wats.) Greene. Westl. Nordamerika. Mai–Juni. Staude mit tiefsitzender Pfahlwurzel, zahlreichen, kriechenden Trieben, mattenbildend. Blätter 30 × 13, ungeteilt oder geschlitzt. Blüten in kleinen Köpfen, röhrig-trichterig, 12–35 mm lang, blau bis lavendel bis rosa, weiß oder selten gelblich.

Für uns besonders interessant var. **larsenii** (Gray) Brand, die auch als Unterart bzw. sogar als eigene Art geführt wird. Sie stammt aus dem Kaskaden- und Olympic-Gebirge Washingtons und Nordkaliforniens und besitzt geschlitzte Blätter und 12–15 mm lange Blüten.

Saatgut dieser hochinteressanten Polemoniacee wird immer wieder angeboten, zumeist var. **larsenii**, seltener die ungeteiltblättgrigen var. **debilis**, var. **ipomoea** Pays. und var. **camporum** Pays., die aber alle sehr schöne Pflanzen sind. Die Pflanzen brauchen einen sehr sonnigen Standort und schottriges, sehr durchlässiges Substrat. Bei sommerlichem und winterlichen Schutz mit Cloches sind sie im Freien versuchswert. Sie werden durch Aussat vermehrt und brauchen von Aufgang bis zur ersten Blüte 3–4 Jahre.

Commelina L., Commelinaceae

Etwa 250 Arten in den Tropen und Subtropen. Meist Stauden mit niederliegenden oder aufrechten Trieben. Blüten in einfachen Wickeln, die von einem spatha-artigen Hochblatt umgeben sind. Blüten zweiseitig symmetrisch. Meist nur zwei oder drei Blütenblätter voll ausgebildet. Die drei nach vorne liegenden Staubblätter sind fruchtbar, die übrigen zwei oder drei unfruchtbaren mit kreuzförmig-vierlappigen Ende sind saftig-süß und werden von Bienen besucht.

C. dianthifolia Delile. Mexiko, in Kiefernwäldern und auf Felshängen, bis 2500 m. August–September. Wurzelstock knollig. Sproß beblättert, 10–15 (–50) cm. Blätter schmal-lanzettlich. Blüten mit drei blauen Blütenblättern, 12 mm groß, zu vielen in einer bootartigen Spatha.

Sehr hübscher blaublühender Sommerblüher, welcher über viele Wochen jeden Morgen seine Blüten öffnet. Typisch für die Art ist der sehr späte Austrieb: zumeist erscheinen die Triebe erst im Juni. Die Art hat bei mir im Mistbeetkasten gut überdauert und Temperaturen von –15 °C über längere Zeit (Winter 1984/85) durchgehalten. Die Vermehrung durch Aussaat ist außerordentlich leicht, Samen werden in großer Zahl gebildet. Sie keimen ohne Überliegen, die erste Blüte ist im zweiten Jahr zu erwarten.

Conandron Sieb. et Zucc., Gesneriaceae

Monotypische Gattung aus Japan und Taiwan:

C. ramondioides Sieb. et Zucc. Japan, Ryukyu-Inseln, Taiwan: auf feuchten Felsen nahe Bächen, von 30–1700 m. Wurzelstock knollig, bedeckt mit bräunlichen Haaren. Blätter eiförmig, eilänglich oder elliptisch, bis 30 × 20 cm, in Kultur gewöhnlich viel kleiner, dicklich, gekräuselt, Blattrand gekerbt, mit geflügeltem Blattstiel. Blütenstände 20–30 cm hoch, mit 5–25 Blüten in lockeren Scheindolden, Krone sternförmig (irgendwie kartoffelartig), lila, weiß, purpurn oder rosa, mit 5 gelben Flecken am Grunde, Staubfäden zu einem Kegel zusammenstehend. Juni–Juli.

Conandron kann im Freien nicht kultiviert werden und sollte auf jeden Fall im Alpinenhaus gezogen werden. Während des Winters ist die Pflanze eingezogen und sollte trockener gehalten werden. Während der Wachstumszeit verlangt die Art kühle, schattige und luftfeuchte Bedingungen, das Substrat soll humusreich sein und in keiner Phase der Wachstumszeit austrocknen. Die Vermehrung erfolgt am einfachsten durch Teilung zu Beginn des Austriebes im März–April, man kann entweder die ganze Pflanze teilen oder nur einzelne Nebentriebe abnehmen, die aber schon Wurzeln haben sollten. Die Teilstücke werden ganz flach in das Substrat gepflanzt und mit feingehacktem Sphagnum abgedeckt, immer sollte man die kleinen Pflanzen zu mehreren in Schalen halten und erst später einzeln topfen. Aussaat ist möglich, die Samen werden meist Juli–August reif, es wird sofort ausgesät und über Winter im Kalthaus gehalten. Das erste Pikieren ist meist erst im Mai–Juni des Jahres nach der Aussaat möglich, Topfen kann man die Sämlinge kaum vor einem weiteren

Jahr. Blattstecklinge sind möglich, doch sollten sie, da die Art ja sommergrün ist, möglichst früh genommen werden, damit die Jungpflanzen groß genug werden, um über den Winter zu kommen. Die Blätter müssen aber trotzdem ausgewachsen und schon etwas hart sein.

Conradina A. Gray, Labiatae

4–5 Arten in den südöstl. USA. Halbsträucher oder Sträucher mit rutigen Trieben und schmalen, ungeteilten, am Rand nach unten geschlagenen Blättern. Blüten zu 1 bis mehreren in den Achseln. Kelch 2lippig. Krone 2lippig, bläulich oder purpurn.

C. verticillata Jennison. Tennessee, Kentucky. Juni–Juli. 20 cm hoher Halbstrauch mit linealisch 2 cm langen Blättern. Blüten zu 2–6, taubnesselähnlich, lavendelrosa, sehr reichlich erscheinend. Blätter beim Angreifen scharf minzenähnlich duftend. Braucht gute Ausreife und ist in feuchten Gebieten besser unter Schutz. Vermehrung durch Stecklinge leicht.

Literatur: Starling, B. N.: Conradina verticillata Jennison P. C., Bull. A. G. S. 54 (4): 371–372, Abb. p. 366.

Convolvulus L., Winde, Convolvulaceae

Etwa 200 bis 250 Arten in der gemäßigten und subtropischen Zone, vor allem im Mittelmeergebiet. Aufrechte, niedergestreckte oder windende Kräuter oder aufrechte, sehr ästige, bisweilen dornige, mehr oder weniger seidenhaarige Halbsträucher oder Sträucher. Krone trichterförmig, gefaltet, fünfeckig oder seltener fünflappig. Kapsel kugelig mit bis zu vier Samen.

C. assyricus Griseb. Z- und S-Anatolien. Mai–Juni. Verwandt mit *C. compactus*, verschieden durch abstehend behaarte, linealische bis lineal-spatelige Blätter, 10–20 × 2–4 mm, größere, rosarote Blüten, 20–22 mm im Durchmesser. Braucht Kalk und ist in der Kultur wie *C. boissieri* zu behandeln.

C. boissieri Steud. ssp. **boissieri** (*C. nitidus* Boiss. non Desr.). Spanien, Sierra Nevada: in Dolomitspalten. Juni–Juli. Rasenbildend mit verholztem Grund, 10 cm hoch. Blätter eiförmig bis länglich-spatelig, stumpf, dicht angedrückt silberhaarig, bis 25 × 20 mm. Blüten zu 1–4, 22–25 mm groß, hellrosa.

Ist im Freiland nur in trockenen Gebieten in voller Sonne möglich, braucht aber im Winter Schutz durch Vlies oder Reisig, besser sogar Nässeschutz durch Glasplatten.

C. compactus Boiss. Balkan, Außer- und Z-Anatolien, in *Pinus nigra*-Wäldern, *Quercus coccifera*-Macchie, Steppen, Schutthalden, über Kalk und Serpentin. Mai–Juni. Kleinstrauch, dichte Polster bildend, bis 10 cm hoch. Blätter schmal-lineal oder lineal-spatelig, zugespitzt, angepreßt silberhaarig, 5–10 (–20) x 1–4 mm. Blüten einzeln oder zu mehreren, 15–18 mm groß, weiß, selten rosa oder gelb.

Ähnlich sind auch **C. pulvinatus** Sa'ad und **C. phrygius** Bornm. Die Kultur aller dieser Arten, inklusive *C. assyricus*, gleicht der von *C. boissieri*.

C. holosericeus Bieb. Balkan, Krim, Kaukasus, Inner- und S-Anatolien: in Kiefernwäldern, Macchie, sandigen Steppen, auf Felsen, fast immer über Kalk, bis 1700 m. Mai–Juni. Am Grunde holzige, angepreßt seidenhaarige Staude mit niederliegenden oder aufsteigenden Sprossen. Blätter schmal verkehrt-eiförmig bis lineal-lanzettlich, 1–6 × 0,3–0,9 cm. Blüten einzeln oder zu mehreren, 20–28 mm groß, weiß bis hellgelb, selten rosa.

C. lineatus L. N-Afrika, S-Europa, Zypern, Kaukasus, W-Syrien, Syrische Wüste, NW- und W-Iran, Inneranatolien bis Turkestan, auf Steppen, in Macchie, unter Eichen, auf Felsen, bis 2200 m. Mai–Juni. Am Grunde verholzte, seidenhaarige Staude mit niederliegenden bis aufrechten Trieben, diese oft wurzelnd. Blätter lineal-elliptisch, lineal-lanzettlich bis breit verkehrt-eilanzettlich, zugespitzt, bis 6 × 1,5 cm. Blüten einzeln oder zu mehreren, 15–25 mm groß, rosa, selten weiß.

C. mauritanicus Boiss. (*C. sabatius* Viviani, *C. valentinus* Cavanilles) N-Afrika, Spanien. Juni–Oktober. Halbstrauchig, mit zahlreichen, aus dem Wurzelhals treibenden, niederliegenden Trieben. Blätter eirund, kurz gestielt. Blüten zu ein bis drei in den Achseln der oberen Blätter, 20–25 mm groß, lila bis violettbraun. Sehr hübsch und lange blühend, aber nur bei frostfreier Überwinterung, zwischen 2 und 5 °C, durch den Winter zu bringen. An besonders begünstigten Stellen unter bestem Schutz im Freien überdauernd, wenn der Winter nicht zu streng ist.

Die Gattung *Convolvulus* enthält sicher noch eine Anzahl weiterer, sehr schöner Arten. Alle oben genannten Arten, mit Ausnahme von *C. mauritanicus,* sind silberhaarige, am Grunde verholzte Stauden oder Halbsträucher, sogar Sträucher, die sehr kalkreichen Boden, volle Sonne und Schutz vor Niederschlägen zu jeder Jahreszeit brauchen. Die leichteste Art ist meines Erachtens *C. lineatus,* die mit geringem Schutz (Vlies, aber ohne Nässeschutz) selbst härteste Winter überdauert. Die anderen genannten Arten sind wie *C. boissieri* zu pflegen. Die Vermehrung erfolgt durch Aussaat oder Stecklinge, bei *C. lineatus* können bewurzelte Triebe abgenommen werden, was man aber auch bei *C. boissieri* durchführen kann.

Coprosma J. R. et G. Forst., Rubiaceae

Etwa 60 Arten in Neuseeland und Australien. Niederliegende bis aufrechte Sträucher mit kreuzgegenständigen Blättern, zweihäusig. Blüten vierteilig. Beeren fleischig, kugelig oder eiförmig.

C. petriei Cheesem. Neuseeland: N- und S-Insel, auf steinigen Böden, große Matten bildend. Mai. Matten 5–8 cm hoch. Blättchen rundlich, bis 5 × 3 mm groß. Weibliche Blüten bis 2,5 cm groß, auffällig durch die großen gegabelten Narben, männliche Blüten kleiner, mit 4 Staubfäden. Beeren bis 8 mm groß, grünlichweiß, grün, hellblau, orangerot, purpurrot oder weinrot.

C. pumila Hook. f. Neuseeland, Tasmanien. Mai. Matten bis 5 cm hoch. Blättchen bis 5 mm lang, dick, fast fleischig. Weibliche Blüten nur bis 1 cm groß, Griffelgabel dick und kurz, männliche Blüten kleiner. Beeren orange oder rosa.

Coprosma sind in manchen Formen überraschend winterhart und bilden in kurzer Zeit große, bis 60 cm breite Matten. Die Blüten sind gelblichgrün und die weiblichen fallen auf. Beeren konnte ich bei meinen, winters geschützt stehenden Pflanzen nie beobachten, da die wüchsigen Pflanzen bei *C. petriei* männlich und bei *C. pumila* weiblich waren. Ich habe aus Zeitmangel das Besorgen anderer Formen aus der Heimat nicht durchgeführt. Die Vermehrung durch Teilung ist sehr leicht, die am

Boden kriechenden Triebe bewurzeln sich von selbst. Aussaat würde sicherlich beide Geschlechter ergeben, ich führte sie nie durch.

Corallodiscus Batalin, Gesneriaceae

18 Arten, vom Himalaja bis NW-China und Indochina, in Humusansammlungen von Kalkfelsen. Niedere Stauden, ähnlich *Haberlea,* doch verschieden durch bis an den Grund geteilte Kelchzipfel. Die 4 Staubbeutel sind in der Mitte der Kronröhre angeheftet.

Corallodiscus kingianus
(aus Iconographia Cormophytorum Sinicorum)

C. bullatus (Craib) B. L. Burtt. China, senkrechte Felsen. Mai. Rosettenstaude. Blätter obovat, 6 × 4 cm, stark gewellt, dunkelgrün. Blüten zu mehreren, 1,5 cm lang, hellblau mit weiß. Literatur: Bull. A. G. S. 51: 329 (1983).

Oben links: *Dionysia tapetodes* (farinose Form) im Kasten.

Oben rechts: *Dionysia aretioides* im Kasten.

Mitte links: *Dierama pulcherrimum* im winters mit Vlies gedeckten Steinbeet.

Mitte rechts: *Diplarrhena moraea* im winters mit Hartplastik gedeckten Steinbeet.

Unten links: *Diplacus longiflorus* und *Aster alpigenus* im Alpinenhaus.

Unten rechts: *Campanula piperi* im winters mit Vlies gedeckten Steinbeet.

C. kingianus (Craib) B. L. Burtt. W-China, Tibet, Kalkfelsspalten. Rhizom 2 cm dick. Blätter lanzettlich oder eiförmig-lanzettlich, 5–11 cm lang, in dichten Rosetten, lederig, oberseits haarlos, unterseits zimtbraun behaart. Blütenstände bis 15 cm hoch, 1–12blütig. Blüten bis 6 cm lang, hell blauviolett mit dunkleren Streifen. Mai–Juni.

C. lanuginosus Wall. ex DC. China. Mai. Ähnlich *C. kingianus,* aber größer. Schäfte bis 30 cm hoch. Blüten hellblau oder purpurn, 2 cm lang.

In Kultur noch sehr seltene Gesneriaceen aus China, die ähnliche Kulturbedingungen brauchen wie *Ramonda* oder *Haberlea,* aber nicht frosthart sind. Sie werden im frostfreien Alpinenhaus gezogen, *C. bullatus* hält ein Frieren des Substrates bis 1 cm Tiefe aus. Vermehrung durch Aussaat, Teilung und Blattstecklinge.

Corallospartium J. B. Armst., Korallenginster, Leguminosae

1 oder 2 Arten auf der Südinsel von Neuseeland.

C. crassicaule (Hook. f.) J. B. Armst. Neuseeland, Südinsel, auf durchlässigen, steinigen Stellen, bis 1300 m. Mai–Juni. Steifer laubloser, aufrechter Strauch, in der Heimat bis 2 m. Zweige dick, bräunlichgrün, durch Nodien in 2 cm lange Stücke gegliedert. Blüten in dichten Büscheln aus den Nodien, cremefarben, manchmal mit purpurnen Adern.

Saatgut dieser interessanten Leguminosae wird hin und wieder angeboten, es läuft nach Warmwasserbehandlung recht gut auf. Leider gelang es mir noch nicht, größere als 20 cm hohe Pflanzen zu erziehen. *Corallospartium* benötigt ein sehr durchlässiges, steiniges Substrat und volle Sonne, die Überwinterung sollte bei jungen Pflanzen vorsichtshalber frostfrei bei 2–5 °C erfolgen. Ich verlor meine Sämlinge immer nach extremen Wintern.

Oben: *Erigeron linearis,* im Hintergrund *Phlox*-Douglasii-Hybride 'Crackerjack', im winters mit Mistbeetfenstern gedeckten Steinbeet.

Unten links: *Eritrichium howardii* im winters mit Hartplastik gedeckten Trog.

Unten rechts: *Eryngium proteaeflorum* im Alpinenhaus.

Cortaderia Stapf, Pampasgras, Gramineae

Etwa 15 Arten in S-Amerika und Neuseeland. Dichthorstige, stattliche Gräser mit langen, schmalen, durch den Rand schneidenden Blättern und kräftigen Halmen. Zweihäusig.

C. toe-toe Zotov. Neuseeland. Kräftige Horste in der Art von *C. selloana* bildend. Blütenrispen dicht und reich verzweigt, gelblichweiß, an 1,8 m hohen Halmen. Sommer–Spätsommer.

Diese Art habe ich aus neuseeländischen Samen erzogen und dann aus Platzmangel an den Alpengarten im Belvedere abgegeben, wo die Art im Alpinenhaus prächtig gedeiht und regelmäßig blüht.

Corydalis Vent., Lerchensporn, Papaveraceae

Etwa 200–300 Arten in der nördl. gemäßigten Zone, besonders zahlreich in Z-Asien und W-China. Einjährige oder ausdauernde Kräuter, teilweise mit einer Knolle. Triebe fleischig, mehrfach gabelig geteilt. Blüten zygomorph, gespornt. Samen mit fleischigem Anhängsel (Ameisenverbreitung!).

C. ambigua Pall. ex Cham. et Schl. Japan, Sachalin, Kurilen, an der Küste bis Kamtschatka: in feuchten Wiesen und an Waldrändern. April–Mai. Knolle rund, gelb, 2–2,5 cm groß. Triebe mit 2 Blättern, deren Form sehr variabel: 3zählig, doppelt- und dreifach 3zählig. Blättchen rundlich bis linealisch. Blütentrauben endständig, dicht. Blüten 25 mm lang, himmelblau bis blaupurpurn, auch weiß.

Diese begehrte Art hat sich im Freien als nicht vollkommen hart erwiesen, obwohl sie es nach der Herkunft sein sollte. Kultur deshalb besser im Kasten mit etwas Schutz oder im Alpinenhaus. Vermehrung durch Aussaat und Knollenteilung (langsam). Nach Liden handelt es sich bei den kultivierten *C. ambigua* um eine andere Art, *C. ambigua* i. e. S. soll sich nur auf Kamtschatka finden.

C. cashmiriana Royle. Himalaja. Wurzelstock aus fleischigen Wurzeln und knöllchenähnlichen Blattschuppen bestehend. Blätter überwiegend grundständig, dreifach 3zählig, Blättchen tief eingeschnitten. Stengel bis 15 cm hoch, mit 6–8 Blüten. April–Mai. Blüten 20–25 mm lang, leuchtendblau.

Schwierig durch die hohen Ansprüche an Luft- und Bodenfeuchtigkeit, beim gleichzeitigen Wunsch nach sehr durchlässigem Substrat und nicht zu hohen Temperaturen! Am besten in voralpinen Lagen in humos-durchlässigen Böden in leichtem Schatten gedeihend. Vermehrung durch Teilung. Die zwergigen nepalesischen Formen, nur 2–3 cm hoch mit 1–2 Blüten, sind selbst in Großbritannien nicht am Leben zu erhalten gewesen.

C. cheilanthifolia Hemsel. W-China. Mai–Juni. Rosettenpflanze mit fein zerschnittenen, bräunlichgrünen Blättern und kleinen, gelben Blüten in aufrechten Trauben. Leidet manchmal unter Winternässe, Vermehrung durch Aussaat.

P. emanueli C. A. Mey. Kaukasus: in schattigen Felsen, 2400–2500 m. Mai. Wurzelstock fleischig, mehrteilig. Blätter doppelt-3teilig. Blüten zu 3–6 in bis zu 8 cm hohen Trauben, hellblau.

C. ledebouriana Kar. et Kir. Z-Asien und NO-Afghanistan: in felsigen Rinnen und unter Sträuchern, 800–3700 m. April. Knollentragend. Blätter doppelt 3teilig. Blütenstände bis 10 cm hoch, mehrblütig. Blüten bis 25 mm lang, ausgesprochen zweifarbig mit dunkelroter Ober- und Unterlippe und weißem Sporn. Unterlippe stark zurückgebogen.

C. popovii Nevski. Z-Asien (Pamir): in Gesträuch und auf felsigen Hängen, über 2000 m. April–Mai. Blätter doppelt 3teilig, bläulichgrün. Blüten zu wenigen, 25 mm lang, dunkelbraunrot mit reinweißem Sporn.

Erst seit kurzem weiter verbreitet, aber nicht zu schwierig mit Kultur im Alpinenhaus oder Steinbeet unter leichtem Schutz. Vermehrung durch Aussaat.

C. rutifolia (Sibth. et Sm.) DC. Von Kreta über die Türkei bis Pakistan: auf felsigen und feuchten Stellen im Gebirge. April. Sehr variable Art mit unterirdisch kriechenden Blüten- bzw. Blattstielen. Blätter doppelt 3teilig. Blättchen schmal-linealisch bis elliptisch. Blüten zu wenigen bis vielen in lockeren Trauben, weißlich, rot überlaufen, bis tiefpurpurn, bis 2,5 cm lang.

Besonders hübsch sind die rosaroten Formen. Sie brauchen etwa 20 cm Platz, damit sie kriechen können und werden während des Sommers am besten abgedeckt, damit sie entsprechend trocken haben. Topfkultur nicht so erfolgreich.

C. saxicola Bunt. (*C. thalictrifolia* Franch. non Jameson et Regel). China: an trockenen Felsen. Mai–September. Ähnlich *C. wilsonii,* aber gröber im Laub. Zwischen diesen beiden Arten treten im Alpengarten im Belvedere in Wien Bastarde auf.

C. wilsonii N. E. Br. Z-China: in trockenen Felsen. Mai–September. Rosettenpflanze mit stumpflappig gefiederten, blaubereiften Blättern. Blüten etwa 2 cm lang, dottergelb, in dichten, später sich verlängernden, allseitswendigen, bis 20 cm langen Trauben.

Vermehrung durch Aussaat. An trockenen Stellen, leicht schattig verwendet, sind sie recht ausdauernd. In feuchteren Lagen gedeihen sie besser mit leichtem Schutz.

Neben den genannten Arten sind in Großbritannien noch andere in Kultur, so **C. aitchinsonii, C. diphylla** u. a., sie werden alle, so man sie erhält, am besten zuerst im Alpinenhaus oder Kasten gezogen. Einige Arten, so *C. aitchinsonii,* vermehren sich in der Kultur fast nicht, obwohl sie langandauernde und regelmäßig blühende Pfleglinge sind.

Eine umfassende Zusammenstellung über alle kultivierten *Corydalis* findet sich bei M. Lidén und H. Zetterlund (1988). Notes on the genus Corydalis. Bull. A. G. S. 56 (2): 146–169 (mit zahlreichen farbigen Abbildungen).

Coryphantha (Engelm.) Lem., Cactaceae

Etwa 30–40 Arten von S-Kanada bis Zentral-Mexiko (15 in den USA, 1 davon bis S-Kanada), wenn die Gattungen *Escobaria* Britt. et Rose emend. Buxb. und *Neobesseya* Britt. et Rose wieder eingegliedert werden, wie es in den USA üblich ist. Ein- bis vielstämmig, die größeren Stämme fast kugelig (bis zylindrisch bei den nicht harten Arten), keine Rippen, Warzen separat. Blüten an den neuen Jahrestrieben, am Grunde der Oberseite der Warzen, entfernt von den bestachelten Areolen und mit diesen verbunden durch eine schmale Furche. Frucht fleischig, grün (*Coryphantha* sens. str.) oder rot, Samen braun (*Coryphantha* sens. str.) oder schwarz.

C. missouriensis (Sw.) Britt. et Rose (*Neobesseya missouriensis* (Sw.) Britt. et Rose). Winterhart wohl nur var. **missouriensis.** Idaho, Montana, N- und S-Dakota, Wyoming, Colorado, Arizona, New Mexiko, Nebraska, Kansas. Blüten gelb bis orangegelb. Frucht im folgenden Frühjahr reifend, rot. Samen schwarz.

C. vivipara (Nutt.) Britt. et Rose. Winterhart wohl nur var. **vivipara.** Alberta, Saskatchewan, Manitoba, Oregon, Idaho, N- und S-Dakota, Minnesota, Montana, Utah, Wyoming, Colorado, New Mexiko, Nebraska, Kansas, Oklahoma, Texas. Blüten rosa. Frucht im selben Jahr reifend, grün. Samen hellbraun.

Beide Arten sind sehr gut hart, wobei *C. vivipara* sogar in günstigen Lagen ohne jeden Schutz durchhält. Kulturvoraussetzung sind durchlässige, trockene Böden und Schutz vor übergrößer Nässe, vor allem im Herbst und Winter. Die Vermehrung erfolgt durch Aussaat.

Literatur: L. Benson: The Cacti of the United States and Canada. Stanford 1982.

Cotula L., Laugenblume, Compositae

Etwa 50–60 Arten auf der südlichen Halbkugel. Ganz niedrige, rasenbildende Stauden mit meist fiederschnittigen, selten ganzrandigen, mit Öldrüsen versehenen Blättern. Köpfchen klein, einzeln, gestielt, meist mit einer Reihe weiblicher Randblüten. Hüllblätter ein- bis zweireihig, am Rand oft trockenhäutig. Früchte zusammengedrückt, manchmal geflügelt, aber ohne Pappus.

C. atrata Hook. f. Neuseeland: S-Insel, auf Schutthalden, 1000–2000 m. Kriechende Staude mit verzweigten unterirdischen Sprossen. Blätter gefiedert, teilweise haarig, 1,5–3 × 0,5–2 cm, dick, gräulichgrün, fleischig. Köpfchen 2–3 cm breit, Blüten schwarz, Staubbeutel gelb, 3–6 cm hoch. Mai–Juni. Nördlich von Canterbury ist die ssp. *atrata* durch ssp. **luteola** Lloyd ersetzt, die *C. dendyi* ähnelt, aber deren Hüllblätter kürzer als die Blüten sind.

C. dendyi Ckn. Neuseeland: S-Insel, auf Grauwacke-Schutthalden, oft häufiger als *C. atrata.* Ähnlich *C. atrata,* aber Blüten gelb mit dunkelroten Spitzen, Hüllblätter so lang oder länger als die Blüten. Mai–Juni.

C. goyenii Petrie. Neuseeland: S-Insel, weitverbreitet auf den höheren Bergen, vor allem an ausgesetzten Stellen, 1200–1900 m. Kriechende, an den Trieben wurzelnde Staude, kaum höher als 2 cm. Triebe stark verzweigt, lockere Matten bis 20 cm Durchmesser bildend. Blätter 3–5 mm lang und in 5–7 Zähne geteilt. Blütenköpfe sitzend, 3–4 mm groß, purpurn. Mai–Juni.

C. pyrethrifolia Hook. f. Neuseeland: N- und S-Insel, an feuchten, etwas beschatteten Stellen unter Felsen, 600–2000 m. Triebe kriechend und wurzelnd. Blätter fleischig, bei der var. **pyrethrifolia** einfach-fiederteilig, bei der etwas kleinerwüchsigen var. **linearifolia** (Cheesem.) Lloyd ungeteilt. Köpfchen weiß bis gelblichweiß, 8–16 mm im Durchmesser, an 3–5 cm hohen Stielen. Mai–Juni.

Alle *Cotula* aus Neuseeland, die ich bis jetzt versucht habe, benötigen durchlässige, aber feuchte Substrate, da sie gegen Austrocknung sehr empfindlich sind. Etwas Schlagschatten, vor allem nachmittags, schadet nicht. Die Vermehrung erfolgt durch Aussaat oder Teilung bzw. Abtrennen der eher kurzen Nebensprosse bei *C. atrata* und *C. dendyi.* Die Pflanzen werden gerne von Wurzelläusen befallen und in der

Folge von den melkenden Ameisen zugebaut. Am besten gedeihen sie im Einfüttermaterial (Sand).

Cowania D. Don, Rosaceae

5 Arten in den südwestl. USA und in Mexiko. Sträucher oder kleine Bäume mit kleinen, fiederteiligen Blättern. Blüten einzeln am Ende kurzer Triebe, 5teilig, gelblichweiß. Griffel zu Griffelgrannen auswachsend.

C. stansburiana Torr. (*C. mexiacana* D. Don var. *stansburiana* (Torr.) Jepson). Kalifornien, Utah, Mexiko, steile, trockene Hänge. Mai. Reichverzweigter, bis 60 cm hoher Strauch. Blätter 3–5teilig, oberseits dunkelgrün, unterseits weißfilzig, Blattrand nach unten gerollt. Blüten gelblichweiß, bis 18 mm breit. Griffelgrannen bis 5 cm lang.

Unter leichtem Schutz gut ausdauernder, bei mir in acht Jahren etwa 50 cm Höhe erreichender Kleinstrauch. Die Blüten erscheinen reichlich am Ende kurzer Triebe, die Griffelgrannen wurden bei mir selten ausgebildet, d. h. keimfähige Früchte selten angesetzt. Kultur in durchlässigem, steinigen Boden in voller Sonne. Vermehrung durch Aussaat oder halbharte Stecklinge.

Craspedia Forst. f., Compositae

Eine Gattung mit wenigen, sehr schlecht definierten Arten in Australien, Tasmanien und Neuseeland. Bis jetzt wurden die Arten Neuseelands noch nicht mit denen Tasmaniens und Australiens verglichen. Rosettenstauden mit unverzweigten Schäften, die einfache Köpfchen tragen. Nur Scheibenblüten, weiß, hell- oder goldgelb gefärbt, sehr selten rosa oder hellpurpurn. Achänen mit auffälligem, gefiedertem Pappus.

C. incana Allan. Neuseeland: S-Insel, steinige, feuchte Hänge bis 1800 m. Einziehende Staude. Blätter 5–10 × 2–3 cm, dick, weich, reinweiß behaart. Blütenstengel bis 25 cm. Köpfchen gelb, 2–3 cm. Mai–Juni. Schönste Art, durch die watteartige Behaarung sehr auffallend. Sehr nässeempfindlich, sowohl im Sommer wie auch im Winter. Alpinenhaus.

C. lanata (Hook. f.) Allan. Neuseeland: S-Insel, grasige Hänge, Ruhschutthalden, 500–1900 m. Zwischen *C. incana* und *C. uniflora* stehend. Ähnliche Pflanzen erzog ich aus australischem Saatgut. Mai–Juni. Bei winterlichem Nässeschutz unschwer, Selbstaussaat.

C. minor (Hook. f.) Allan. Neuseeland: S-Insel, steinige, aber feuchte Hänge, bis 1900 m. Blätter eiförmig, in einen kurzen Stiel verschmälert, 5–8 × 1,5–4 cm, beiderseits grün, borstig haarig. Blütenstengel bis 25 cm, Blütenköpfchen hellgelb, 2–3 cm breit. Mai–Juni. Leicht zu ziehende Art, die sich im geschützten, schotterigen, aber humusreichen Beet reichlich aussät.

C. uniflora Forst. f. Australien, Neuseeland: von der Küste bis 2100 m (Australien) bzw. 1600 m (Neuseeland), Massenbestände bildend. Rosettenstaude mit grünen Blättern und unterschiedlicher, aber geringer Behaarung, meist nur Blattrand und Blütenstengel behaart. Blütenstengel bis 45 cm. Blütenköpfchen weiß bis hellgelb, bis 4 cm groß.

Kultur in durchlässigem, humosen, nicht zu trockenem Boden in voller Sonne oder leichtem Schatten, *C. lanata* am besten im Topf, die anderen ausgepflanzt. Je weißfilziger die Blätter sind, desto größer ist die Gefahr des sommerlichen Faulens. Im Winter ziehen Craspedien ein und brauchen nur in sehr feuchten Lagen Nässeschutz, sie gedeihen aber meist besser unter Schutz. Verwendung in geschützten Steinbeeten, ausgepflanzt im Alpinenhaus oder Topfkultur im Alpinenhaus. Vermehrung durch Aussaat.

Crocus L., Krokus, Safran, Iridaceae

Etwa 80–100 Arten, je nach Artabgrenzung, von N-Afrika und Portugal bis W-China, vor allem aber im Mittelmeergebiet. Knollenpflanzen mit grundständigen, lang-linealischen Blättern, Fruchtknoten sitzend bis ganz kurz gestielt, Blütenröhre lang. Blütenkrone mit 6, fast gleichgroßen Blumenkronblättern. Staubfäden 3. Griffel 3teilig, meist unterschiedlich stark weiter zerteilt.

Krokusse sind zu Recht sehr geschätzte Liebhaberpflanzen. In den letzten Jahren ist eine Anzahl neuer Arten beschrieben bzw. wieder entdeckt und eingeführt worden. Im Gegensatz zu anderen Gattungen ist auch eine Monographie erschienen, die eine Bestimmung ermöglicht und auch einen ausgezeichneten Überblick, auch in gärtnerischer Hinsicht, bietet. Die folgende Übersicht, in der alle bekannten Arten, nicht aber die Unterarten, aufgezählt werden, basiert auf dieser Arbeit und soll demjenigen einen Überblick geben, der das Werk (B. Mathew, The Crocus, London 1982) nicht zur Verfügung hat. Im besonderen Teil werden alle jene Arten erwähnt, deren Kultur günstigerweise unter mehr oder weniger starkem Schutz durchzuführen ist. Arten, die in der nun folgenden Übersicht aufgeführt werden, später aber nicht erwähnt werden, müssen auf jeden Fall im Freien gezogen werden, es handelt sich meist um hochalpine, jedenfalls um Arten, die sommers feuchter und nicht trocken gehalten werden.

Übersicht über die Gattung Crocus

Subgenus (I) *Crocus:* Antheren nach außen aufspringend

Sektion (A) *Crocus* (*Involucrati*): Vorblatt vorhanden

Series (a) *Verni*: Knollen netzhäutig. Frühjahrsblüher. Blüten gewöhnlich nicht auffällig gestreift. Hochblättchen nicht vorhanden.

Arten: *C. baytopiorum, C. etruscus, C. kosaninii, C. tommasinianus, C. vernus*

Series (b) *Scardici*: Blätter ohne weiße Streifen. Frühjahrsblüher.

Arten: *C. pelistericus, C. scardicus*

Series (c) *Versicolores:* Knollenhäute parallelfaserig. Frühjahrsblüher. Blüten außen gewöhnlich auffällig gestreift. Hochblättchen vorhanden oder nicht vorhanden.

Arten: *C. cambessedesii, C. corsicus, C. imperati, C. malyi, C. minimus, C. versicolor*

Series (d) *Longiflori*: Herbstblüher. Antheren gelb. Griffel vielgeteilt.

Arten: *C. goulimyi, C. longiflorus, C. medius, C. niveus, C. nudiflorus, C. serotinus*

Series (e) *Kotschyani:* Herbstblüher. Antheren gelb. Griffel dreiteilig.

Arten: *C. autranii, C. gilanicus, C. karduchorum, C. kotschyanus, C. ochroleucus, C. scharojanii, C. vallicola*

Series (f) *Crocus* (Safran-Gruppe): Herbstblüher, Antheren gelb, Griffel dreiteilig.
Arten: *C. asumaniae, C. cartwrightianus, C. hadriaticus, C. moabiticus, C. oreocreticus, C. pallasii, C. sativus, C. thomasii*

Sektion (B) *Nudiscapus (Nudiflori):* Vorblatt nicht vorhanden

Series (g) *Reticulati:* Knollenhäute genetzt. Herbst- oder Frühjahrsblüher. Griffel drei- oder vielteilig.
Arten: *C. abantensis, C. ancyrensis, C. angustifolius, C. cancellatus, C. cvijicii, C. dalmaticus, C. gargaricus, C. hermoneus, C. reticulatus, C. robertianus, C. sieberi, C. sieheanus, C. veluchensis*

Series (h) *Biflori:* Knollen basal geringelt und mit parallelen Fasern. Blüten meist im Frühjahr.
Arten: *C. adanensis, C. aerius, C. almehensis, C. biflorus, C. caspius, C. chrysanthus, C. cyprius, C. danfordiae, C. hartmannianus, C. leichtlinii, C. pestalozzae*

Series (i) *Orientales:* Knollenhäute parallelfaserig oder leicht genetzt. Blätter viele. Frühjahrsblüher. Griffel dreiteilig.
Arten: *C. alatavicus, C. korolkowii, C. michelsonii*

Series (j) *Flavi*: Knollenhäute papierartig mit parallelen Fasern. Blüten meist im Frühjahr. Griffel meist vielteilig.
Arten: *C. antalyensis, C. candidus, C. flavus, C. graveolens, C. hyemalis, C. olivieri, C. vitellinus*

Series (k) *Aleppici:* Knollenhäute papierartig mit parallelen Fasern. Blätter mit den Blüten erscheinend. Herbst- oder Frühjahrsblüher. Griffel vielteilig.
Arten: *C. aleppicus, C. boulosii, C. veneris*

Series (l) *Carpetani:* Blätter rund oder halbrund im Querschnitt. Frühjahrsblüher. Griffel weiß, dreiteilig.
Arten: *C. carpetanus, C. nevadensis*

Series (m) *Intertexti:* Knollenhäute dicht verwoben. Frühjahrsblüher.
Art: *C. fleischeri*

Series (n) *Speciosi*: Knollen basal geringelt, parallelfaserig. Blätter nach der Blüte erscheinend. Herbstblüher. Griffel vielteilig.
Arten: *C. pulchellus, C. speciosus*

Series (o) *Laevigati*: Knollenhäutig papieren oder lederig, parallelfaserig. Blätter mit den Blüten erscheinend. Herbstblüher. Antheren weiß. Griffel vielteilig.
Arten: *C. boryi, C. laevigatus, C. tournefortii*

Subgenus (II) *Crociris:* Antheren nach innen aufspringend.
Art: *C. banaticus*

C. abantensis T. Baytop et B. Mathew. NW-Türkei: Bergwiesen nahe dem schmelzenden Schnee, auf offenen Flächen zwischen *Pinus* und *Juniperus,* 1100–1350 m. Knollenhäute genetzt. Blätter 5–10, zur Blütezeit kürzer als die Blüten. Blüten mittel- bis tiefblau, Kehle gelb. April. Im Sommer nicht zu trocken halten.

C. adanensis T. Baytop et B. Mathew. S-Türkei: Rand von Lichtungen von Eichen-, Hainbuchen-, Buchen- und Wacholderwäldern, 750–1500 m. Knollenhäute papieren, in parallele Streifen aufgelöst. Blätter 2–3 (–4), zur Blütezeit so lang wie die Blüten. Blüten hellilablau mit weißem oder cremefarbenen Grund, außen silbern oder bräunlich, Kehle weiß. April. Nahe mit *C. biflorus* verwandt.

C. aerius Herb. (*C. biliottii* Matw.) N-Türkei: alpine Wiesen, nahe dem schmelzenden Schnee, 2000–2800 m. Knollenhäute papieren, an der Basis in parallele Streifen aufgelöst. Blätter (2–) 3–6, mit den Blüten erscheinend, aber zur Blütezeit sehr verschieden hoch. Blüten tiefblau, dunkler geadert, Kehle hellgelb. April. Im Sommer nicht zu trocken halten.

C. alatavicus Semenov et Regel. USSR (Kasachstan, Kirgisien, Usbekistan), W-China (Tien Shan):Bergwiesen beim schmelzenden Schnee und in Lichtungen von *Juniperus seravshanica*-Wäldern, 1800–2300 m. Knollenhäute papieren, die äußeren in viele parallele Fasern aufspaltend. Blätter (4–) 8–15, zur Blütezeit kürzer als die Blüten. Blüten innen weiß, außen die drei äußeren gefleckt oder getönt mit Schwarzviolett oder Purpurn, Kehle gelb. April. Trocken im Sommer, aber sehr viel Feuchtigkeit während der Wachstumszeit.

C. aleppicus Baker. Syrien, Libanon, Israel: ausgesetzte steinige Plätze, in Eichen-Macchie, in spärlichem Gras, oft über Basalt, aber auch über Sand- und Kalkstein, (50–) 400–1750 m. Knollenhäute papieren, in viele parallele Fasern aufspaltend. Blätter 5–9, zur Blütezeit meist länger als die Blüten. Blüten weiß, gewöhnlich mit hellblauen, violetten oder purpurnen Streifen, Adern oder Überhauchung an der Außenseite, Kehle gelb. Dezember–März. Nur für das frostfrei gehaltene Alpinenhaus.

C. almehensis C. Brickell et B. Mathew. NO-Iran: Weiden und Steppen, beim schmelzenden Schnee, 1700–2000 m. Knollenhülle lederig, am Grund in Ringe aufsplitternd. Blätter 3–4 (–5), zur Blütezeit gleich lang wie die Blüten. Blüten orangegelb, außen bronze überhaucht oder gestreift, Kehle gelb. April–Mai. Sehr seltene, mit *C. chrysanthus* verwandte Art.

C. ancyrensis (Herbert) Maw. Z- und N-Türkei: offene felsige Plätze, in Bergsteppen, in Eichengestrüpp und in lichten *Pinus*- und *Abies*-Wäldern, 800–1650 m. Knollenhülle netzig. Blätter (2–) 3–6, zur Blütezeit kürzer bis so lang wie die Blüten. Blüten leuchtendgelb oder orange, außen oft purpurn überlaufen, Kehle gelb. März–April. Leicht zu ziehende Art, braucht nur in sommerfeuchten Gebieten Nässeschutz.

C. angustifolius Weston (*C. susianus* Ker Gawler). SW-Rußland (Krim, S-Ukraine und Armenien): unbewaldete Hügel,im Gebüsch oder lichten Wald, 300–1500 m. Knollenhülle grob, netzig. Blätter 3–6, zur Blütezeit so lang oder länger als die Blüten. Blüten gelb, außen stark braun gestreift oder überhaucht. Blütenblätter bei Sonnenschein nach außen gerollt. März–April. Leicht zu ziehende Art, braucht nur in sommerfeuchten Gebieten Nässeschutz.

C. antalyensis B. Mathew. W-Türkei: lichter Wald oder Gestrüpp, in lehmigen oder felsigen Böden, 800–1200 m. Knollenhülle papieren, an der Basis in zahlreiche parallele Fasern aufsplitternd. Blätter 3–8, zur Blütezeit kürzer oder so hoch wie die Blüten. Blüten hell- bis tieflila oder weiß mit einem blauen Hauch auf der Außenseite, duftend, Kehle gelb. März–April. Nicht allzu schwierige, aber noch sehr seltene Art.

C. asumaniae B. Mathew et T. Baytop. S-Türkei: offene Stellen in *Quercus cerris* und *Q. coccifera*-Gestrüpp, in steinigem, kalkreichen Boden, 900–1250 m. Knollenhülle feinfaserig, genetzt. Blätter 5–6, nach der Blüte erscheinend, zur Blütezeit eben herausschauend. Blüten weiß, meist mit dunkleren Adern an der Basis, selten hellila,

Kehle weißlich oder hellgelb. Oktober–November. Sehr selten in Kultur, nur für das Alpinenhaus.

C. **baytopiorum** B. Mathew. SW-Türkei: unbewaldete Kalkschutthalden und steinige Senken im lockeren Kiefern- und Wacholderwald, 1300–2700 m. Knollenhülle stark netzig. Blätter 4–5, zur Blütezeit kürzer bis so lang wie die Blüten. Blüten hellblau mit zarter, dunklerer Aderung, Kehle hellblau oder weißlich. März–April. Sehr seltene, aber augenscheinlich nicht zu schwierige Art.

C. **biflorus** Miller. Sehr vielgestaltige Art mit an der Knollenbasis ringförmig gespaltener Knollenhülle. Mathew unterscheidet in seiner Monographie folgende Unterarten:
ssp. **biflorus**. Italien, Rhodos, SW-Türkei: trockene, grasige Stellen, in Macchie oder lichtem Kiefernwald, gewöhnlich über Kalk, 50–300 (–600) m. Blätter 3–5, so lang oder länger als die Blüten. Blüten weiß oder lilablau mit 3 purpurnen oder bräunlich purpurnen Längsstreifen auf der Außenseite der äußeren Segmente, Kehle gelb, honigduftend. (Februar–) März–April. Sehr leicht zu kultivieren, braucht nur in sehr sommerfeuchten Gebieten Nässeschutz.
ssp. **adamii** (Gay) B. Mathew. S-Jugoslawien, Bulgarien, europäische Türkei, Krim, Kaukasus, N-Iran: offene felsige Stellen, in Eichengestrüpp oder trockenen grasigen Stellen, gewöhnlich über Kalk, 250–1900 m. Blätter zur Blütezeit kürzer als die Blüten. Blüten lila, manchmal weiß, außen mit 3–5 purpurnen Streifen, gewöhnlich auf silbrigem oder bräunlichem Grund. Die Streifen fließen manchmal zu einem Band zusammen. (Februar–) März–April.
ssp. **alexandri** (Nicic ex Velen.) B. Mathew. S-Jugoslawien, SW-Bulgarien: auf Gebirgsweiden und offenen steinigen Plätzen, oft über Schiefer oder Granit, 900–1000 m. Blätter graugrün, zur Blütezeit gewöhnlich kurz. Blüten innen weiß, das Äußere der inneren Segmente violettblau an der Basis, die äußeren Segmente außen zur Gänze violettblau, bis auf einen schmalen weißen Rand. März–April.
ssp. **artvinensis** (Philippov) B. Mathew. NO-Türkei: an steinigen Plätzen und in Gestrüpp. Blätter 5–8. Blüten mittelviolett, mit dunklerem mittlerem Außenstreifen, gewöhnlich auch mit zwei kürzeren seitlichen Streifen. März–April.
ssp. **crewei** (Hook. f.) B. Mathew. W-Türkei, Kykladen: Steinige Hänge, in schütterem Gras oder lichten *Pinus brutia*-Wäldern, 1200–1700 m. Blätter 2–3 (–4). Antheren schwärzlichbraun. März–April. Hielt unter leichtem Schutz im Freien nicht durch.
ssp. **isauricus** (Siehe ex Bowles) B. Mathew. S-Türkei: unbewaldete Kalkhügel oder lichte Koniferenwälder, 850–2000 m. Blätter 4–7. Blüten weiß oder lila, 3–5streifig oder gefleckt an der Außenseite. März–April.
ssp. **melantherus** (Boiss. et Orph. ex) B. Mathew. S-Griechenland: in kurzen Rasen und lichter Macchie, über Kalk, 700–1200 m. Blätter graugrün, zur Blütezeit kurz. Blüten mit weißer Grundfarbe, purpurn oder grau gestreift oder gefleckt an der Außenseite. Oktober–November.
ssp. **nubigena** (Herbert) B. Mathew. W- und SW-Türkei: steinige Plätze an offenen oder spärlich bebuschten Stellen, scheinbar Schiefer oder Granit bevorzugend, 650–1850 m. Blätter 4–8, graugrün. Antheren vor dem Stäuben gewöhnlich schwärzlichbraun. März–April.
ssp. **pseudonubigena** B. Mathew. SO-Türkei: in trockener *Quercus coccifera*- und *Q. infectoria*-Macchie, 500–1300 m. Blätter 5–8. Blüten sehr verschieden gefärbt, weiß oder lila, mit 3 dunklen Streifen an der Außenseite, nach Nelken duftend. März.

ssp. **pulchricolor** (Herbert) B. Mathew. NW-Türkei: feuchte alpine Rasen oder Kiefernwälder, gewöhnlich beim schmelzenden Schnee, 1000–2300 m. Blätter 3–5. Blüten gewöhnlichkräftig blauviolett, oft dunkler gegen die Basis der Segmente, auf der Außenseite ungestreift und mit einer großen gelben Zone im Zentrum. März–April. Wird oft vom Ulu Dag mitgebracht und als *C. chrysanthus* var. *caerulescens* Maw bezeichnet. Nicht schwierig und schön.
ssp. **punctatus** B. Mathew. S-Türkei: offene trockene grasige Plätze oder steinige Stellen, oft in lichtem *Quercus coccifera*-Gesträuch, gewöhnlich über Kalk, 1000–1100 m. Blätter 4–5. Blüten hell- bis mittellila, klein. Filamente nur 2–4 mm, Antheren 11–13 mm. März–April.
ssp. **stridii** (Pap. et Zach.) B. Mathew. NO-Griechenland: grasige, oft sandige Stellen in Gesträuch und Adlerfarn, 30–800 m. Blätter gewöhnlich 5–8, graugrün, zur Blütezeit lang. Antheren vor dem Aufplatzen purpurschwarz. März.
ssp. **tauri** (Maw) B. Mathew. Türkei, N-Irak, NW-Iran, USSR: Bergsteppen, steinige Hänge oder lichtes *Quercus*-Gestrüpp, oft beim schmelzenden Schnee, 1330–2800 m. Blätter 4–9, steif aufrecht. Blüten hell- bis mittellila, ohne Außenzeichnung. Kehle gelb. März–April.
ssp. **weldenii** (Hoppe et Fürnr.) B. Mathew. NO-Italien, W-Jugoslawien, N-Albanien: trockenes Grasland, offene steinige Plätze und in lichten Eichen- und Kiefernwäldern, 100–750 m. Blätter graugrün. Blüten weiß, Basis und Röhre blau überhaucht. Kehle reinweiß. März–April. Am natürlichen Standort sehr auffällig und in der Kultur nicht schwierig.

In der vorstehenden Aufstellung sind bei den einzelnen Unterarten die Unterschiede zu *C. biflorus* ssp. *biflorus* vermerkt, allerdings nicht bis ins Detail, da dies den Rahmen sprengen würde. Ich habe einige dieser Unterarten am natürlichen Standort gesehen und diese und einige mehr auch gezogen. Es sind nicht allzu schwierige Krokus, die im Alpinenhaus bzw. Kasten recht gut gedeihen und im Topf gezogen, jedes Jahr umgetopft gehören.

C. boryi Gay. W- und S-Griechenland, SO-Kreta: unbearbeitete, steinige Feldränder, Olivenhaine, unbewachsene felsige Hügel und Gras oder Gestrüpp, grasige Sanddünen, Meeresniveau–1500 m. Knollenhülle häutig, an der Basis in zahlreiche parallele Fasern aufspaltend. Blätter 3–7 (–9), kürzer bis viel länger als die Blüten. Blüten cremeweiß, selten außen lila geadert oder überhaucht. Kehle tiefgelb. Oktober–November. Schöne Art, die aber nach meiner Erfahrung den Schutz des Alpinenhauses braucht.

C. boulosii Greuter. Libyen: steinige Feldränder, angrenzend an *Juniperus phoeniceus*- und *Pistacia lentiscus*-Wälder, in Terrarossa über Kalk, ca. 500 m. Knollenhülle häutig, an der Basis in zahlreiche parallele Fasern aufspaltend. Blätter (4–) 5–8, gleich oder länger als die Blüten. Blüten weiß, außen gräulichblau an der Basis überhaucht. Januar. Diese erst kürzlich entdeckte Art ist außerordentlich selten in Kultur und gehört wahrscheinlich ins frostfrei gehaltene Alpinenhaus.

C. cambessedesii Gay. Balearen: Kiefernwälder, unbewaldete steinige Hügel, im Gesträuch, über Kalk bis 1500 m. Knollenhülle häutig, am Grund in zahlreiche parallele Fasern aufspaltend. Blätter 3–5, kürzer, gleichlang oder länger als die Blüten. Blüten weiß bis tieflila, gewöhnlich außen auffällig gestreift und geadert. Kehle weiß. September–Dezember. Nur für das Alpinenhaus, darf im Winter nicht zu kalt haben. Sehr kleine Blüten.

C. cancellatus Herbert. Sehr vielgestaltiger Herbstblüher, von dem 5 Unterarten unterschieden werden:
ssp. **cancellatus** (*C. cancellatus* var. *kotschianus* Herbert, *C. cilicicus* Maw). S-Türkei, Libanon, N-Israel: unbewaldete steinige Hänge und lichte Kiefernwälder, über Kalk, (50–) 900–2400 m. Knollenhülle netzig. Blätter 4–7, zur Blütezeit nicht vorhanden oder gerade spitzend. Blüten hell- bis mittellilablau, außen violett geadert, wenigstens nahe der Basis, duftend. Kehle hellgelb. September–November.
ssp. **damascenus** (Herbert) B. Mathew. Z-, O- und SO-Türkei, N-Irak, Libanon, Israel, W-Iran: unbewaldete, steinige Hänge, trockene Felder und Lichtungen in Eichenbuschwald, über Kalk oder Basalt, 300–2900 (–3500) m. Blätter 3–5, graugrün. Blüten licht- bis mittellilablau, oft mit auffälligen Adern und Federungen im weißen unteren Drittel der Segmente. Kehle licht-hellgelb oder häufig weiß. September–November.
ssp. **lycius** Mathew. S-Türkei: Felsige Hänge über Kalk, oft in *Quercus coccifera-*, *Arbutus-* und *Cistus-*Macchie, manchmal an beweideten Stellen, 300–1400 m. Blätter 3–4, oft zur Blütezeit sichtbar oder so hoch wie die Blüten. Blüten weiß, manchmal mit einem lichten lila Hauch. November.
ssp. **mazziaricus** (Herbert) B. Mathew. S-Jugoslawien, Griechenland, S- und W-Türkei: felsige Hügel und leichte Wälder oder Gesträuch, über Kalk, oft in Terrarossa, von Meeresniveau bis 1500 m. Blätter 4–5. Blüten cremeweiß bis tieflilablau, oft dunkler geadert. September–November.
ssp. **pamphylicus** B. Mathew. S-Türkei: steinige Plätze in *Paliurus-*, *Quercus-* und *Cistus-*Gestrüpp, in lichten Koniferenwäldern, 250–1500 m. Blätter 3–4. Blüten weiß oder hellila, gewöhnlich an der Basis der äußeren Segmente geadert. Kehle tiefgelb oder orange. Antheren weiß. November.

Ich zog über lange Jahre verschiedene Aufsammlungen von *C. cancellatus* aus Griechenland und der Türkei. Sie brauchen im Sommer unbedingt eine strenge Ruheperiode, in der sie vollkommen trocken gehalten werden müssen. Manche Aufsammlungen blühten sehr spät und ich hatte Probleme mit Grauschimmel, der sich auf den abblühenden Pflanzen entwickelte und die sich streckenden Blätter erfaßte. Für solche Spätblüher ist eine Luftumwälzung im Alpinenhaus, vor allem an trüben Tagen, sehr zweckmäßig. Die Behandlung mit Botrytiziden (Rovral, Ronilan) muß auf die aufblühenden Knopsen erfolgen, da eine Behandlung auf die bereits verblühenden Blüten keine Wirkung besitzt.

C. candidus Clarke (*C. kirkii* Maw). Nordwestl. asiatische Türkei: in Gestrüpp und auf unbewaldeten, steinigen Plätzen, über Kalk, von Meeresniveau bis 300 m. Knollenhülle häutig. Blätter 1–2 (–4), sehr breit, 4,5–9 mm, zur Blütezeit kürzer als die Blüten. Blüten weiß, die drei äußeren Segmente auf der Außenseite grau, blau oder violett gefleckt oder überhaucht. Kehle gelb. März. Die im Handel erhältlichen *C. candidus* var. *subflavus* hort. sind Hybriden mit oder Formen von *C. olivieri*. *C. candidus* selbst ist sehr selten in Kultur und wird besser in Zwiebelkasten oder Alpinenhaus gezogen. Es ist für diese Art typisch, daß blühende Pflanzen manchmal nur ein Blatt besitzen.

C. carpetanus Boiss. et Reuter. Z- und NW-Spanien, N- Portugal: alpine Matten, steinige Plätze, lockere Wacholder-Kiefern-Wälder, gewöhnlich über Granit, 1200–2300 m. Knollenhülle feinnetzig. Blätter 2–4, kürzer bis so lang wie die Blüten, im Querschnitt halbrund. Blüten hellila oder weißlich, oft fein dunkelviolett geadert. Kehle weißlich oder hellgelb. April–Mai. Diese seltene Art verlangt kalkfreies Substrat und während der Wachstumszeit viel Feuchtigkeit, im Sommer aber eine Ruheperiode. Die Kultur im Alpinenhaus ist nicht leicht.

C. cartwrightianus Herbert *(C. sativus* var. *cartwrightianus* (Herbert) Maw). Griechenland: unbewaldete, steinige Hügel, manchmal in kurzen Rasen, Gesträuch oder lichten Kiefernwäldern, über Schiefer, Granit oder Kalk, vom Meeresniveau bis 1000 m. Knollenhülle feinnetzig. Blätter 7–12, so lang oder länger als die Blüten, graugrün. Blüten hell- oder dunkellilapurpurn, selten weiß, stark dunkler geadert. Kehle weiß oder lila. Griffel in 3 lange, rote Äste geteilt. Oktober–November. Diese Art teilt mit dem echten Safran, *C. sativus,* die Eigenschaft, die einmal geöffneten Blüten nicht mehr zu schließen. Nach meiner Erfahrung ist allerdings *C. cartwrightianus* in der Kultur empfindlicher als *C. sativus* und sollte unbedingt unter Schutz gezogen werden. Auch ist die tiefe Pflanzung, wie sie bei *C. sativus* beschrieben wird, nicht notwendig. Die im Handel erhältliche *C. cartwrightianus* var. *albus* sind *C. hadriaticus.* Sie unterscheiden sich durch den feineren, aufrecht getragenen Griffel.

C. caspius Fisch. et Mey. USSR, Iran: in Wäldern und grasigem Gesträuch, −25 bis 1300 m. Knollenhülle häutig. Blätter (2–) 4–6 (–9), gleich lang oder länger als die Blüten. Blüten weiß bis rosalila, Kehle tiefgelb. September–November. Selten in Kultur, sollte nur im Alpinenhaus gezogen werden.

C. chrysanthus (Herbert) Herbert. Albanien, Z- und S-Bulgarien, N- und Z-Griechenland, S-Jugoslawien, Rumänien, W-, Z- und S-Türkei: in kurzen Rasen oder in lichten sommer- oder immergrünen Wäldern, von Meeresniveau bis 2200 m. Knollenhülle am Grunde in Ringe aufspaltend, häutig. Blätter 3–7, kürzer oder länger als die Blüten. Blüten hellgelb bis orangegelb, manchmal bronze gestreift oder übergossen, selten Blüten cremeweiß. Kehle gelb. März–April. Die reine Art ist eher selten in Kultur, z. B. die Sorte 'Ushak Orange', wesentlich weiter verbreitet sind Hybriden mit *C. biflorus,* die schon in der Natur überall dort vorkommen, wo die beiden Arten zusammen vorkommen. Wildgesammelte *C. chrysanthus* sind meiner Erfahrung nach empfindlicher, sie brauchen eine sommerliche Ruheperiode. Die modernen Sorten sind in durchlässigem Gartenboden leicht, gedeihen aber im Steingarten besser, wo sie sommers auch etwas trockener haben.

C. corsicus Vanucci emend. Maw. Z- und N-Korsika: in Gesträuch und auf steinigen Hügeln, manchmal auf grasigen Plätzen (in höheren Lagen), (200–) 500–2300 m. Knollenhäute netzig. Blätter (2–) 3–4, kürzer bis so lang wie die Blüten. Blüten auf der Innerseite leuchtend lila, die Außenseite lila, bräunlich oder gelblich mit drei purpurnen oder violetten Streifen und feiner seitlicher Aderung, manchmal nur mit einem Mittelstreifen und seitlicher Federung. Kehle weiß oder lila. März–April. Bei sorgfältiger Kultur auch im Freiland, besser aber im Zwiebelkasten oder Alpinenhaus.

C. cvijicii Kosanin. S-Jugoslawien, N-Griechenland, O-Albanien: auf Bergwiesen, über Kalk, beim schmelzenden Schnee, manchmal in Lichtungen in subalpinen Wäldern, (1200–) 1800–2500 m. Knollenhäute fein genetzt. Blätter 2–4, kürzer als die Blüten, manchmal gerade sichtbar. Blüten hell- bis tiefgelb, cremefarben oder weiß. Kehle weiß oder gelblich. März–April. Botanisch gesehen sehr nahe *C. veluchensis,* selten in Kultur, besser im Zwiebelkasten.

C. cyprius Boiss. et Kotschy. Zypern: unbewaldete steinige Hänge, nahe dem schmelzenden Schnee, manchmal in *Berberis-* oder *Juniperus-*Gestrüpp oder in lichten Kiefernwäldern, auf Silikat, 1000–2100 m. Knollenhülle häutig, an der Basis mit

Ringen. Blätter 3–4, gleich lang oder kürzer als die Blüten. Blüten weiß oder lila, auf der Außenseite violett gefleckt, duftend. Kehle tiefgelb. März. Selten in Kultur, nur fürs Alpinenhaus oder den gut gepflegten Zwiebelkasten, braucht zum Wachsen viel Wasser und dann vollkommene Sommertrockenheit.

C. dalmaticus Vis. SW-Jugoslawien, N-Albanien: in sommergrünen Gesträuch und felsigem Grasland, über Kalk, 300–2000 m. Knollenhülle netzig. Blätter 3–5, kürzer bis gleich lang wie die Blüte. Blüten lila, auf der Außenseite gewöhnlich bräunlich, silbern oder gelblich und unterschiedlich mit feinen purpurnen Linien gezeichnet. Kehle gelb. März–April. Von leichter Kultur, in durchlässigem Boden auch im Freien. Die im Handel erhältliche Form besitzt breitere Blätter und ist nicht so schön wie die außen bräunlichen, stark gefederten Formen mit innen tiefvioletter Farbe. Diese sind besser im Zwiebelkasten oder Alpinenhaus aufgehoben und teilen sich auch nicht so gut, so daß man sie auch durch Aussaat vermehren muß.

C. danfordiae Maw. Z- und S-Türkei: unbewaldete, felsige Hügel, in Gestrüpp und lichten Wäldern, 1000–2000 m. Knollenhülle häutig, an der Basis in Ringe aufgelöst. Blätter 3–7, so lang oder länger als die Blüten. Blüten sehr klein, hellgelb, hellilablau oder weiß, auf der Außenseite gewöhnlich grau oder purpurn gefleckt. Kehle hellgelb oder weiß. März. *C. danfordiae* ist einer der kleinblütigsten Krokus mit einer Perianthsegmentlänge von 1–1,5 cm. Kultur im Zwiebelkasten oder Alpinenhaus.

C. etruscus Parl. NW-Italien (Toskana): Sommergrüne Wälder und Felder, 300–600 (?1500) m. Knollenhülle genetzt. Blätter (2–) 3–4, zur Blütezeit gewöhnlich den Blütengrund erreichend. Blüten hellilablau, auf der Außenseite cremefarben, silbergrau oder bräunlich, violett geadert oder gefedert. Kehle hellgelb. März–April. Leicht zu kultivierende Art, die auch im Steingarten gut gedeiht. Die im Handel erhältlichen Formen sind bei weitem nicht so schön wie manche Pflanzen am natürlichen Standort. Diese schöneren Formen sind nach meiner Erfahrung etwas empfindlicher und besser im Zwiebelkasten aufgehoben.

C. flavus Weston. Von dieser Art werden von B. Mathew zwei Unterarten unterschieden, von denen eine schon 400 Jahre in Kultur ist:
ssp. **flavus** (*C. maesiacus* Ker Gawl., *C. aureus* Sibth. et Sm., *C. lagenaeflorus* Salisb.) S-Jugoslawien, Z- und N-Griechenland, Bulgarien, Rumänien, NW-Türkei: in trokkenem Grasland, in Gestrüpp und lichtem Wald, von Meeresniveau bis 1000 m. Knollenhülle häutig, an der Basis in parallele Fasern aufspaltend. Blätter 4–8, kürzer bis so lang wie die Blüten. Blüten hellgelb bis tieforange, manchmal auf der Röhre und der Basis der Segmente bräunlich gestreift oder überhaucht. Kehle gelb. Antheren deutlich auseinanderweichend. Griffel in 3 kurze gelbe oder orange Äste geteilt, gewöhnlich kürzer als die Antheren. März–April. Die vielen Sorten, die es von dieser Pflanze früher gab, sind verloren gegangen. Die Gartensorte 'Dutch Yellow' ('Großer Gelber') ist aus der Kreuzung *C. flavus* × *C. angustifolius* entstanden und auch schon über 200 Jahre in Kultur. Wild gesammelte *C. flavus* sind etwas empfindlicher als die im Handel erhältliche Form und sollten im Zwiebelkasten oder geschützten Beet gezogen werden.
ssp. **dissectus** T. Baytop et B. Mathew. W-Türkei: in lockeren Kiefern- oder Eichenwäldern oder Gestrüpp, manchmal im Gras, 500–1200 m. Unterscheidet sich durch einen in 6–15 schlanke Abschnitte geteilten Griffel. Blätter manchmal haarig, März. Diese Unterart hatte ich noch nicht in Kultur.

C. fleischeri Gay. S- und W-Türkei, Rhodos, Chios: unbewaldete trockene Hügel oder in lichtem Eichen- oder Kiefernwald, über Kalk, in schwerem Lehm, 750–1300 m. Knollenhülle feinfaserig, dicht verwoben. Blätter 5–8, länger als die Blüten. blüten weiß, Kehle gelb, duftend. März–April. Kultur auch im Steingarten möglich, gedeiht auch im Zwiebelkasten vorzüglich.

C. gargaricus Herbert. NW-Türkei: feuchte Weiden und lichte Kiefernwälder, 1300–2200 m. Knollen manchmal Stolonen treibend. Knollenhülle fein oder grob genetzt. Blätter 3–4, gewöhnlich kürzer als die Blüten. Blüten gelb oder orange, Kehle gleichfärbig. April–Mai. *C. gargaricus* darf im Sommer nicht zu trocken gehalten werden. Ich erwähne ihn, da er ziemlich selten gezogen wird und dann besser im Kasten oder Alpinenhaus steht.

C. gilanicus B. Mathew. W-Iran: in Buchenwäldern und beweideten Wiesen, 1500–2400 m. Knollenhülle dünnhäutig mit parallelen Fasern. Blätter 3–4, lang nach der Blüte erscheinend. Blüten weiß mit purpurnen Adern, manchmal an den Spitzen hell rosalila überhaucht. Kehle weiß. Oktober. Sehr selten in Kultur, am besten im Alpinenhaus, aber nicht zu trocken im Sommer.

C. goulimyi Turrill. S-Griechenland: unter Oliven und Feigen und bei trockenen Steinmauern, in Terrarossa, über Kalk, 300–750 m. Knollenhülle lederartig. Blätter 4–6, oft den Blütengrund erreichend. Blüten mit überlanger Röhre, hell oder tief lilapurpurn, sehr selten weiß, duftend. Kehle weiß. Oktober–November. Sehr hübsche und leicht zu ziehende Art, gedeiht auch im Freien, besser aber im Zwiebelkasten.

C. graveolens Boiss. et Reut. ex Boiss. S-Türkei, NW-Syrien, Libanon, N-Israel: steinige oder felsige Plätze, oft im Gestrüpp oder in Lichtungen von lockeren Laub- und Nadelwäldern, gewöhnlich über Kalk und in Terrarossa, 500–1600 m. Knollenhülle häutig oder lederartig. Blätter (3–) 5–8 (–10), kürzer bis viel länger als die Blüten. Blüten gelb oder orangegelb, oft außenseits gefleckt oder gestreift, oft mit unangenehmem Geruch. Kehle gelb. März. Selten in Kultur und besser im Alpinenhaus.

C. hadriaticus Herbert (*C. peloponnesiacus* Orph.). W- und S-Griechenland: in lockerem Gestrüpp oder kurzen Rasen auf steinigen oder felsigen Hängen, auf Kalk und Schiefer, 250–1500 m. Knollenhülle fein genetzt. Blätter 5–8, sehr verschieden lang zur Blütezeit. Blüten weiß, außen bräunlich, gelblich oder violett gezeichnet, vor allem an der Basis der Segmente. Kehle gelb oder selten weiß. September–November. Etwas empfindlicher als *C. sativus* und sehr gut im Zwiebelkasten. *C. cartwrightianus* 'Albus' ist ein Klon von *C. hadriaticus*, der in der Nähe von Tripolis gesammelt wurde, er wird auch als *C. hadriaticus* var. *chrysobelonicus* angeboten.

C. hartmannianus Holmboe. Zypern: trockene, steinige Hänge, in *Cistus*-Gebüsch oder lockeren *Pinus brutia*-Wäldern, 800–1000 m. Knollenhülle papieren, in viele parallele Fasern ausspaltend. Blätter 3–4 (–5), so lang oder länger als die Blüten. Blüten weiß oder lila, Außenseite dunkelviolett gestreift oder gefärbt. Kehle orangegelb. März. Sehr selten und besser im Alpinenhaus.

C. hermoneus Kotschy ex Maw. Z-Israel, W-Jordanien: unbewaldete, felsige Stellen in höheren Lagen oder in Gestrüpp von *Sarcopoterium* in tieferen Lagen, über Kalk, 700–2800 m. Knollenhülle faserig oder häutig, parallelfaserig. Blätter 3–7, zur Blütezeit nicht vorhanden oder beim Abblühen erscheinend. Blüten hell lilablau oder manchmal weiß. Kehle weiß oder hellila. September–Dezember (in Abhängigkeit von der Herkunft). Fast nicht in Kultur, Alpinenhaus.

C. hyemalis Boiss. et Blanche. Israel, S-Libanon: felsige Hänge, in *Sarcopoterium*-Gestrüpp oder in brachliegenden Feldern, meist in tieferen Lagen. Knollenhülle häutig, in parallele Fasern aufspaltend. Blätter 3–7, kürzer bis etwas länger als die Blüten. Blüten weiß, außen mit purpurner Färbung oder Fleckung, gut duftend. Kehle gelb. November–Dezember. Kultur nur im frostfreien Alpinenhaus möglich.

C. imperati Ten. W-Italien: lichte Wälder und grasige Plätze, bis 1350 m. Knollenhülle parallelfaserig. Blätter 3–6, so lang oder länger als die Blätter. Blüten innen mittel- bis tiefpurpurn, außen mit variablen purpurnen Streifen (ssp. **imperati**), außen mit einem langen und zwei kurzen Streifen (ssp. **suaveolens** (Bertol.) B. Mathew). März–April.

B. Mathew gibt in seiner Monographie weitere Unterschiede der beiden Unterarten bekannt. Aus gärtnerischer Sicht ist die ssp. *imperati* durch die größeren Blüten und die meist auffällige Außenfärbung interessanter, ssp. *suaveolens* besitzt kleinere Blüten, duftet aber dafür sehr gut. Beide Unterarten sind im durchlässigen Boden auch gut im Freien, eignen sich aber vorzüglich für die Kultur im Zwiebelkasten oder Alpinenhaus. Die im Handel angebotene Form von *C. imperati* soll laut Mathews Ansicht, trotz der kräftigen Außenfarbe, zu ssp. *suaveolens* gehören, sie ist beinahe unfruchtbar, vermehrt sich aber gut durch Knollenteilung. Besonders begehrt sind die weißen Formen von *C. imperati* ssp. *imperati*, vor allem jene, wo auf den äußeren Segmenten die tieflila Zeichnung erhalten geblieben ist (var. **albus** Herb.). Am heimatlichen Standort blühen beide Unterarten meist im Januar–Februar, leider konnte ich noch keine Standorte besuchen.

C. korolkowii Regel ex Maw. N- und O-Afghanistan, N-Pakistan, USSR (Usbekistan, Tadschikistan, nördl. bis zum Kara Tau und östl. bis 72 ° östl. Länge): unbewaldete felsige oder grasige Stellen, 1200–3150 m. Knollenhülle häutig, in parallele Fasern aufspaltend. Blätter (7–) 10–20, gewöhnlich kürzer als die Blüte. Blüten glänzend gelb, außen unterschiedlichst schwarz, braun oder purpurn gefleckt oder gefärbt. Kehle gelb oder bronzefarben. März–April.

Sehr gut im Steingarten, doch auch im Zwiebelkasten außerordentlich schön. Verglichen mit anderen Aufsammlungen ist der Klon des Handels, er stammt wahrscheinlich aus der Gegend von Bokhara, sehr wüchsig.

C. laevigatus Bory et Chaub. (*C. fontenayi* Reut.) Griechenland, Kreta: unbewaldete, steinige und felsige Stellen, in lichtem Gestrüpp, in Felsspalten, selten auch in Kiefernwäldern, vom Meeresniveau bis 600 m, auf Kreta bis 1500 m. Knollenhülle lederig. Blätter 3–4 (–6), gewöhnlich so lang wie die Blüten, aber manchmal nur die Spitzen sichtbar. Blüten innen weiß oder lila, außen gewöhnlich mit 1–3 purpurnen Streifen, manchmal ungestreift oder ganz violett. Oktober–April. Die Blütezeit hängt bei dieser Art von der Herkunft ab, die im Handel erhältliche Form blüht im Oktober–November, Formen von Seriphos sollen Anfang April blühen. *C. laevigatus* ist aber nicht nur im Hinblick auf die Blütezeit, sondern auch bezüglich der Färbung unwahrscheinlich variabel.

Nach meiner Erfahrung sind aber alle nur für die Kultur im Zwiebelkasten oder Alpinenhaus geeignet, vor allem wegen der Blütezeit, die Pflanzen selbst sind recht hart.

C. leichtlinii (D. Dewar) Bowles. SO-Türkei: unbewaldete, felsige Stellen, oft auf Vulkanböden, 1100–1800 m. Knollenhülle lederig oder eischalenartig. Blätter 6–13, zur Blütezeit sichtbar oder sogar die Blüten überragend. Blüten hell-, lila- oder schieferblau, außen gewöhnlich dunkler gefärbt. Kehle tiefgelb. März–April. *C. leichtlinii* ist nahe mit *C. biflorus* verwandt und verlangt im Sommer eine Trockenperiode. Die Art ist in Kultur selten.

C. longiflorus Raf. (*C. odorus* Biv.). SW-Italien, Sizilien, Malta: felsige Plätze in trockenem Grasland, Waldränder, vor allem über Kalk, 200–1900 m. Knollenhülle feinnetzig. Blätter (3–) 4–6 (–7), zur Blütezeit gut entwickelt. Blüten lila bis purpurn, außen gewöhnlich dunkler geadert, sehr gut duftend. Kehle gelb. Oktober–November. In günstigen Lagen auch im Steingarten, die Blätter leiden aber in strengen Wintern. Auch ich erhielt Knollen aus Malta, die keine kleinerblütigen, gestreiften Formen ergaben, es ist nach Mathew die var. *melitensis* Herbert nicht gerechtfertigt.

C. malyi Vis. W-Jugoslawien: an felsigen Stellen, in Lichtungen des Buchen- und Kiefernwaldes, 300–1000 m. Knollenhülle parallelfaserig. Blätter 3–5, zur Blütezeit gerade sichtbar. Blüten groß, weiß, außen manchmal lila oder honigfarben gezeichnet. Kehle gelb. April. Sehr schöne, großblütige Art, die im Steingarten gut gedeiht. An manchen Standorten findet sich über den *Crocus*-Vorkommen *Primula kitaibeliana* in den Kalkfelsen.

C. michelsonii B. Fedtsch. USSR und Iran (in der Kopet-Dag-Region): unbewaldete, steinige Hügel und *Artemisia*-Steppen, 1200–2300 m. Knollenhülle genetzt. Blätter 4–7 (–9), so lang oder länger als die Blüten. Blüten innen weiß, außen weißlich, übergossen oder gefleckt mit Lilablau, meist mit helleren oder weißen Rändern. Kehle weiß oder hellila. April–Mai. Sehr selten in Kultur, besser im Alpinenhaus, Kultur wie *C. alatavicus*.

C. minimus DC. Sardinien, S-Korsika: felsige und sandige Stellen, in Gestrüpp oder Gras, oft über Granit, vom Meeresniveau bis 1500 m. Knollenhülle parallelfaserig. Blätter 3–5, gewöhnlich länger als die Blüten. Blüten mittel- bis tieflilapurpurn, die Außenseite stark geadert, gefedert oder übergossen. Kehle weiß oder ganz hellgelb. April–Mai. Fast immer der letzte Krokus in Blüte! Die Form des Handels ist sehr schön, außen dunkelviolett übergossen, besonders selten sind auch hier Albinos.

Oben links: *Fritillaria eduardii* im Alpinenhaus.

Oben rechts: *Fritillaria michailovskyi* im winters mit Hartplastik gedeckten Steinbeet.

Unten: *Fritillaria pinardii* im winters mit Vlies gedeckten Steinbeet.

C. moabiticus Bornm. et Dinsm. ex Bornm. N-Jordanien: trockene Felder und felsige Hügel, 600–750 m. Knollenhülle parallelfaserig. Blätter 11–13, sich erst nach der Blüte entwickelnd. Blüten sternförmig, klein, weiß mit purpurnen Adern. Kehle weiß. November–Dezember. Sehr seltene Art, braucht Alpinenhauskultur.

C. nevadensis Amo. N-Algerien, Marokko, NO-, O- und SO-Spanien: Bergwiesen und steinige Stellen, 500–2300 m. Knollenhülle parallelfaserig. Blätter 3–5 (–7), im Querschnitt halbkreisförmig, mit tiefen Furchen, so lang wie die Blüten. Blüten. Blüten cremefarben, weiß oder hellila, mit violetter Aderung, außen manchmal grünlich, duftend. Kehle weißlich oder hellgelbgrün. März–April. Am besten im Kasten oder Alpinenhaus, Kultur wie *C. carpetanus*.

C. niveus Bowles. S-Griechenland: Olivenhaine, Gestrüpp, in Terrarossa über Kalk, 50–750 m. Knollenhülle fein genetzt. Blätter (4–) 5–8, manchmal erst kurz. Blüten weiß, selten hellila oder die inneren Segmente weiß und die äußeren lila. Kehle tiefgelb. Oktober–Dezember. Wegen der späten Blütezeit besser im geschützten Beet, aber gut hart und auch reichlich Samen bildend. Handbestäubung ist notwendig, da wegen der späten Blüte die bestäubenden Insekten fehlen.

C. ochroleucus Boiss. et Gaill. SW-Syrien, Libanon, N-Israel: felsige oder steinige Stellen, manchmal in Eichenbuschwald, auf Kalk oder Basalt, 300–1500 m. Knollenhülle häutig mit feinen parallelen Fasern. Blätter 3–6 (–7), zur Blütezeit meist sehr kurz. Blüten cremeweiß, Kehle und untere Teile der Segmente hell- bis tiefgelb. Oktober–November.

Die im Handel erhältliche Form öffnet die Blüten selbst bei starkem Sonnenschein nicht, sie gedeiht im Freien in durchlässigen Böden gut und vermehrt sich reichlich durch Zwiebelbrut. Sie blühen, wie viele andere Blumenzwiebel und -knollen schlecht, wenn sie zu flach gepflanzt werden (8–10 cm). Schön im Alpinenhaus durch die späte Blüte.

C. olivieri Gay. Diese schöne, mit *C. flavus* verwandte Art wurde von B. Mathew in 3 Unterarten gegliedert:

Oben links: *Fritillaria bucharica* im Zwiebelkasten, Garten F. Hadacek, Wien (Foto F. Hadacek).

Oben rechts: *Fritillaria minima* im winters mit Vlies gedeckten Steinbeet.

Unten: *Haplocarpha rueppellii* im Kasten.

ssp. **olivieri** (*C. suterianus* Herbert, *C. aucheri* Boiss.). S-Jugoslawien, SO-Rumänien, S-Bulgarien, Albanien, Griechenland, Türkei: unbewaldete felsige oder grasige Stellen oder in Gestrüpp oder lichtem Wald, 500–1400 m. Knollenhülle häutig. Blätter 1–4 (–5), etwas kürzer bis länger als die Blüten. Blüten orangegelb, manchmal hellgelb, selten außen braun überhaucht. Kehle gelb. April. Die Untergliederung in den schmälerblättrigen *C. suterianus* und den breiterblättrigen *C. olivieri* ist nach Mathew nicht aufrechtzuhalten, diese beiden Handelsformen, einschließlich 'Jamie', gehören zu *C. olivieri* ssp. *olivieri*. Kultur im Steingarten in günstigen Lagen, besser aber im Kasten oder Alpinenhaus.
ssp. **balansae** (Gay ex Bak.) B. Mathew. (*C. balansae* Gay ex Bak.). W-Türkei: unbewaldete Hänge, in Gestrüpp, Im Meeresniveau bis 1000 m. wie ssp. *oliveri*, aber außen gewöhnlich purpurbraun gestreift oder übergossen. Griffel mit 12–15 Ästen (nur 6 bei ssp. *olivieri*). April. Die tiefrotbraun übergossene Form des Handels ist außerordentlich schön.
ssp. **istanbulensis** B. Mathew. NW-Türkei: trockenes Gestrüpp und Lichtungen, 150–170 m. Von ssp. *olivieri* durch die grobfaserige Knollenhülle unterschieden. März–April.

C. oreocreticus B. L. Burtt. Z- und O-Kreta: unbewaldete, felsige Berghänge mit *Astragalus, Phlomis, Sarcopoterium spinosum* und *Berberis cretica*, in schwerer, roter Erde, über Kalk, 900–2000 m. Knollenhülle feinnetzig. Blätter 7–15, zur Blütezeit nicht oder nur kurz entwickelt. Blüten mittellila bis purpurn, mit dunkleren Adern, außen hellsilbern oder bräunlich. Kehle lila. Oktober–Dezember. Kultur im Zwiebelkasten oder Alpinenhaus.

C. pallasii Goldb. Dieser am weitesten verbreitete Safran wird von B. Mathew in 4 Unterarten unterschieden:
ssp. **pallasii** (*C. campestris* Pall. ex Herb., *C. olbanus* Siehe, *C. elwesii* (Maw) O. Schwarz, *C. thiebautii* Mouterde, *C. libanoticus* Mouterde). S-Jugoslawien, O-Rumänien, S- und O-Bulgarien, Krim, Lesbos, Libanon, Israel, W-, Z- und S-Türkei: unbewaldete steinige oder felsige Hänge, oft in lichten Gestrüpp oder stacheliger Steppenvegetation, über Kalkstein oder Basalt, 70–2820 m. Knollenhülle feinnetzig. Blätter (5–) 7–17, meist beim Verblühen erscheinend, graugrün. Blüten hellrosalila bis tieflilablau oder purpurblau, gewöhnlich etwas dunkler geadert. Kehle weiß oder lila. Oktober–November. Eine gut gedeihende Pflanze, die mit geringem Schutz auskommt und auch gut fruchtet. Die Sämlinge blühen 3–4 Jahre nach dem Aufgang.
ssp. **dispathaceus** (Bowles) B. Mathew. S-Türkei, N-Syrien: trockene *Quercus coccifera*-Gestrüppe oder lockere *Juniperus Quercus-Pinus*-Wälder, in Terrarossa über Kalk, 350–2000 m. Eine eigenartige Pflanze mit nur 4–7 mm breiten Blütensegmenten, tiefrötlichpurpurn oder malvenrosa. September–November.
ssp. **haussknechtii** (Boiss. et Reut. ex Maw) B. Mathew. W-Iran, NO-Irak, S-Jordanien: trockene Felder oder felsige Hänge oder in schütterem Eichengestrüpp, 1300–2100 m. Knolle mit bis 10 cm langen Faserhals. Griffelenden plötzlich verbreitert. Oktober–November.
ssp. **turcicus** B. Mathew (*C. macrobolbus* Jovet et Gomb.). SO-Türkei: trockene Gebiete, gewöhnlich auf felsigen Plätzen in der Steppe, 600–1700 m. Ähnlich ssp. *pallasii*, aber Perianthsegmente nur 4–10 (–12) mm breit. Oktober–November.

C. pestalozzae Boiss. NW-Türkei: kurze Rasen und unbewachsene, steinige Plätze auf niederliegenden Hügeln, 90–200 m. Ähnlich *C. biflorus*, aber kleiner und an der Basis der Staubfäden schwärzlich. Knollenhülle an der Basis annulat (ringförmig).

Blätter 3–6, gewöhnlich länger als die Blüten. Blüten weiß, weiß mit blauer Außenseite oder blau. Kehle gelb. März–April. Besser im Alpinenhaus.

C. pulchellus Herbert. S-Jugoslawien, S-Bulgarien, N-Griechenland, NW-Türkei: feuchte, grasige Plätze und lichte Kiefern- oder Eichenwälder, manchmal in Gestrüpp, vom Meeresniveau bis 1800 m. Knollenhülle an der Basis annulat (ringförmig). Blätter (3–) 4 (–5), lang nach der Blüte erscheinend. Blüten klar hell- bis mittelblaulila mit dunkleren Längsadern. Kehle gelb. Antheren cremeweiß. September–November. In Gartenkultur auch 'Zephyr' hellrosablau. Sehr leicht im Freien, doch auch unter Schutz wegen der späten Blütezeit ausgezeichnet zu verwenden, dann auch mehr Samen ansetzend.

C. reticulatus Stev. ex Adams. NO-Italien, W-, NW- und Z-Jugoslawien, Bulgarien, Ungarn, Rumänien, SW-Rußland, Türkei: trockenes Grasland oder unbewaldete, felsige Hänge, manchmal in lichtem Koniferenwald, in höheren Lagen oft beim schmelzenden Schnee, Meeresniveau bis 2100 m. Knollenhülle grobnetzig. Blätter (2–) 3–5 (–6), zumeist kürzer als die Blüten. Blüten weiß oder lila, Außenseite der Innensegmente ebenfalls weiß oder lila, Außenseite der Außensegmente mit 3 oder 5 violetten Streifen auf weißem, lila oder bräunlichem Grund, duftend. Kehle weiß oder gelblich. März–April.

Von dieser weit verbreiteten Art werden 2 Unterarten unterschieden: ssp. **reticulatus** (*C. variegatus* Hoppe et. Hornsch.) mit gelben Antheren, im Areal der Art weitverbreitet; ssp. **hittiticus** (T. Baytop et B. Mathew) B. Mathew, außen meist gefleckt, mit vor dem Stäuben schwärzlichen oder sehr dunkelpurpurnen Antheren, S-Türkei (Taurus). *C. reticulatus* braucht sommers eine gute Ruheperiode und wird am besten im Zwiebelkasten oder Alpinenhaus gezogen.

C. robertianus C. D. Bricknell. Z- und N-Griechenland: im Halbschatten in laubabwerfendem *Quercus-Ostrya*-Gestrüpp, manchmal auch im immergrünen *Quercus coccifera-* oder *Juniperus oxycedrus*-Wald, über Sandstein, 450–900 m. Zwiebelhülle genetzt. Blätter 3–4, nach der Blüte erscheinend. Blüten hell- bis dunkellilablau. Kehle hellgelb oder weißlich. Oktober–November. Erst 1967 entdeckte Art, die faktisch ein herbstblühender *C. sieberi* ist. Kultur besser im Kasten, aber im Sommer nicht zu trocken.

C. sativus L. Echter Safran. Mit großer Wahrscheinlichkeit eine im Altertum bereits bekannte Selektion von *C. cartwrightianus*, nur kultiviert bekannt. Steril, da triploid mit 2n (3x) = 24. Perianthsegmente größer, 3,5–5 cm lang, Griffeläste 2,5–3,2 cm lang. September–November.

Hochinteressante Kulturpflanze, die in vielen Gegenden im Mittelalter gezogen wurde. Wichtig für eine reiche Blüte ist eine tiefe Pflanzung und eine reichliche Ernährung. In der Türkei wird z. B. jedes dritte bis vierte Jahr aufgenommen und auf stark gemisteten Boden wieder aufgepflanzt. Die Blüten schließen nach dem ersten Öffnen nicht mehr, aus diesem Grund kann Schutz notwendig sein. Die Kultur im Freien ist möglich, bei starken Kahlfrösten leiden allerdings die Blätter. Die Ernte erfolgt in der Früh, es werden die ganzen Blüten gezupft und die Griffel dann im Schatten geerntet. Ich zupfe nur die Griffel! Safran wurde sehr viel verfälscht, billige Herkünfte enthalten vor allem Blüten von *Carthamus tinctorius* L., dem Saflor oder der Färberdistel.

Literatur: Arslan, N. (1984): Safran-Anbau in der Türkei – eine uralte stark zurückgegangene Kultur. HGK-Mitteilungen 27: 103–107.

C. serotinus Salisb. Von dieser in SW-Europa und N-Afrika weit verbreiteten Art werden 3 Unterarten unterschieden:
ssp. **serotinus**. Portugal: unbewaldete, steinige oder felsige Plätze und in Kiefernwäldern, oft in sauren Böden, Meeresniveau bis ?500 m. Knollenhülle grobnetzig. Blätter 3–4, eben erscheinend oder so hoch wie die Blüten. Blüten hell- bis dunkellila, duftend. Kehle weiß oder hellgelb. Oktober–November.
ssp. **clusii** (Gay) B. Mathew (*C. clusii* Gay). Portugal, NW- und SW-Spanien: meist über Kalk, 100–900 m. Blätter 4–7, oft zur Blütezeit nicht sichtbar. Knollenhülle feinnetzig. Oktober–November.
ssp. **salzmannii** (Gay) B. Mathew (*C. salzmannii* Gay, *C. asturicus* Herbert, C. granatensis Boiss. ex Maw). N-Afrika, S-, Z- und N-Spanien: unbewaldete, grasige Hänge, zwischen Felsen, in Gestrüpp, lichtem Kiefern- oder Eichenwald, (100–) 300–2350 m. Knollenhülle parallelfaserig. Blätter (4–) 5–7, zur Blütenzeit außerordentlich verschieden entwickelt. Blüten hell- bis dunkellila, manchmal dunkler geadert, manchmal außen weißlich oder silberig, nicht duftend. Kehle gelb oder cremeweiß. September–Dezember. Die als *C. asturicus* bzw. *C. asturicus* 'Atropurpureus' (letzter vielleicht eine Hybride) gehandelten Pflanzen sind gute Gartenpflanzen, die auch im Freien gedeihen.

Die anderen Unterarten bzw. die südlichen Herkünfte von ssp. *salzmannii* sind im Zwiebelkasten oder Alpinenhaus zu pflegen.

C. sieberi Gay. Von dieser Art werden 4 Unterarten unterschieden:
ssp. **sieberi** (*C. sieberi* var. *versicolor* Boiss. et Heldr., *C. sieberi* var. *heterochromus* Hal.). Kreta: felsige Hänge und begraste, alpine Rasen, 1500–2700 m. Knollenhülle feinnetzig. Blätter 4–7, meist so lang wie die Blüten. Blüten weiß, die Außenseite der äußeren Segmente unterschiedlichst purpurn gefleckt, gebändert oder überlaufen, duftend. Kehle tiefgelb oder orange. April–Mai. Nach meiner Erfahrung besser im Alpinenhaus oder Zwiebelkasten, da empfindlicher. Die Kreuzung zwischen dieser Unterart und ssp. *atticus*, 'Hubert Edelsten', ist ebenso gefärbt wie ssp. *sieberi*, aber im Freien möglich.
ssp. **atticus** (Boiss. et Orph.) B. Mathew (*C. sieberi* var. *atticus* Boiss. et Orph.). Griechenland (Attica, Andros, S-Euböa): Lockere Koniferenwälder und unbewaldete, felsige Hänge, gewöhnlich über Kalk, selten Schiefer, 400–1350 m. Knollenhülle grobnetzig. Knolle mit langem Hals. Blätter 3–8. Blüten hell- bis dunkellilablau oder violett. Kehle gelb. März–April.
ssp. **nivalis** (Bory et Chaub.) B. Mathew (*C. nivalis* Bory et Chaub.). S-Griechenland (Taygetos): in Gebirgsrasen, beim schmelzenden Schnee, 1100–2800 m. Blüten lilablau. Kehle gelb, kahl. März–April.
ssp. **sublimis** (Herbert) B. Mathew (*C. sublimis* Herbert). Griechenland, S-Jugoslawien, S-Bulgarien, S-Albanien: Laub- oder Nadelwälder oder alpine Rasen, beim schmelzenden Schnee, (?500–) 1500–2630 m. Blüten lilablau, manchmal mit dunkleren Spitzen der Segmente, manchmal mit einer weißen Zone zwischen Lila und der gelben Kehle (f. **tricolor** B. L. Burtt). Kehle haarig. März–April.

Die Unterarten von *C. sieberi* sind, mit Ausnahme von ssp. *sieberi*, gute Gartenpflanzen und im Freien möglich. Seltene Formen, wie f. *tricolor* oder 'Bowles White' sind besser im Zwiebelkasten aufgehoben.

C. sieheanus Barr ex B. L. Burtt. Zentr. S-Türkei (Taurus): unbewaldete Hügel und lockere Kiefernwälder, 1200–2000 m. Knollenhülle häutig. Blätter 3–6, etwa so hochwie die Blüten. Blüten leuchtend orangegelb. Kehle gelb. April. Alpinenhaus.

C. thomasii Ten. (*C. visianicus* Herbert). S-Italien, W-Jugoslawien: unbewaldete felsige oder steinige Hänge oder im spärlichen Gestrüpp, von Meeresniveau bis 1000 m. Knollenhülle feinnetzig. Blätter 5–10, meist so lang wie die Blüten. Blüten hell- bis dunkellila, duftend. Kehle hellgelb. Oktober–November. Dieser Krokus der Safran-Gruppe ist nahe mit *C. pallasii* verwandt, unterscheidet sich aber durch grüne Blätter und die gelbe Kehle. Kultur wie *C. pallasii.*

C. tournefortii Gay. Griechenland (Kykladen): unbewaldete steinige Böden und Felsritzen, oder im trockenen Gestrüpp, gewöhnlich auf Kalk, Meeresniveau bis 650 m. Knollenhülle häutig, an der Basis in parallele Fasern aufspaltend. Blätter 5–10, kürzer bis so lang wie die Blüten. Blüten gewöhnlich lilablau, manchmal weiß. Kehle gewöhnlich tiefgelb. September–Dezember. Die Blüten dieser Art öffnen sich flach und schließen sich nicht mehr. Der Griffel ist in viele orange oder rötliche Äste geteilt. Kultur am besten im Alpinenhaus.

C. veluchensis Herbert. Albanien, S-Jugoslawien, Bulgarien, Z- und N-Griechenland; alpine Wiesen, Buchen- oder Nadelwälder, 950–2600 m. Knollenhülle feinnetzig. Blätter 2–4 (–5), kürzer bis so lang wie die Blüten. Blüten hellavendelblau bis tiefviolett. Kehle weißlich oder hellila. April–Mai. *C. sieberi* ähnlich, aber Blüten ohne Taille und mit weißer oder lila Kehle. Von einigen Orten sind Hybriden bekannt. Nicht alle Herkünfte sind gute Gartenpflanzen, am leichtesten sind tiefer vorkommende Aufsammlungen.

C. veneris Tapp. ex Poech. Zypern: in Gestrüpp oder steinigen oder grasigen Stellen, im lichten Kiefernwald, meist auf Kalk, 120–1000 m. Knollenhülle häutig mit parallelen Fasern. Blätter 3–4, kurz bis so lang wie die Blüten. Blüten weiß, gewöhnlich auf der Außenseite der äußeren Abschnitte einen violetten Streifen oder Federungen tragend. Kehle gelb. November–Dezember. Alpinenhaus.

C. vitellinus Wahlenb. S-Türkei, W-Syrien, Libanon: in Gestrüpp und lichten Eichen- oder Kiefernwäldern, auf unbewaldeten, felsigen Plätzen, über Kalk, Meeresniveau bis 1400 m. Knollenhülle häutig oder lederig. Blätter 2–4 (–7), so lang oder länger als die Blüten. Blüten leuchtend orangegelb, manchmal außen gestreift oder gesprenkelt, süß duftend. Kehle gelb. November–April (die nördlichen Herkünfte). Nach Ansicht von B. Mathew sind die Formen aus dem Libanon die schönsten, sie blühen November–Dezember. Alpinenhaus.

Krokus-Arten sind außerordentlich schöne und begehrenswerte Sammelobjekte für den Liebhaber. Das Sortiment des Handels ist klein geworden, es sind aber viele Arten bzw. deren gartentaugliche Sorten in Spezialbetrieben erhältlich. Außerordentlich spannend ist es, bei *Crocus* Samenanzucht zu betreiben. Die Aussaat sollte möglichst bald nach der Reife erfolgen, erhält man die Samen im Laufe des Winters oder Spätwinters, so überliegen sie gewöhnlich ein, ein Teil der Samen auch zwei Jahre. Aus diesem Grund topfe ich im ersten Herbst nach dem Aufgang nicht um, da im Frühjahr darauf immer noch Sämlinge nachkommen. Sonst wird jährlich umgetopft, die Substrate sollen durchlässig, aber nicht zu nährstoffarm sein. Zur Zeit der größten Laubentwicklung empfiehlt es sich, 2–3 Flüssigdüngungen durchzuführen. Die angeführten Arten brauchen im Sommer zumeist eine ausgeprägte Ruheperiode. Ich habe selbst 40 der angeführten Arten, in vielen Herkünften, gezogen und erinnere mich mit großer Freude, wie bei mir *C. abantensis* oder *C. antalyensis* zum ersten Male blühte.

Curtonus N. E. Br., Iridaceae

Monotypische Gattung aus Transvaal und Natal:

C. paniculatus (Klatt) N. E. Br. *(Antholyza paniculata* Klatt). Knolle fast kugelig. Stengel bis 120 cm hoch. Blätter lanzettlich, bis 60 cm lang und 6 cm breit. Blütenstand verzweigt, kräftig, vielblütig. Blüten mit gebogener Röhre, 5 cm lang, rotgelb. August–September.

Diese monotypische Gattung ist mit *Crocosmia* nahe verwandt (und auch kreuzbar) und durch die späte Blütezeit sehr auffällig. Bei uns ist die Art nur unter Schutz winterhart und darf auch nur im Frühjahr geteilt werden, es wird reichlich Knollenbrut gebildet. Im Weinbauklima ist ein Versuch im Freien angebracht, nach dem Rückschnitt im Herbst wird trockener Torf in einer Dicke von 5 cm aufgebracht, der mit Plastik vor dem Durchnässen geschützt wird, damit seine Isolierwirkung erhalten bleibt. In kälteren Gegenden kann zusätzlich eine 5 cm dicke Styroporplatte aufgelegt werden.

Cyclamen L., Alpenveilchen, Zyklame, Primulaceae

19 Arten im Mittelmeergebiet und dessen Ausläufern, M-Europa, Kaukasus, Somalia. Ausdauernde Knollenpflanzen. Blätter ungeteilt, herzförmig, lang gestielt (Stiele bei manchen Arten unterirdisch kriechend), kahl, ziemlich fleischig, gewöhnlich oberseits weiß gezeichnet und unterseits purpurrot. Blüten achselständig, einzeln, nickend. Blütenstiele lang, sich bei der Reife spiralig zusammenziehend (nur beugend bei *C. persicum* und *C. somalense*). Kelch glockenförmig, tief 5teilig. Blütenkronen mit einer kurzen, kugelförmigen Röhre und 5 Lappen, die Lappen zuerst zusammengedreht, dann stark zurückgeschlagen. Antheren groß, einen Kegel bildend. Kapsel kugel- oder breit-eiförmig, unregelmäßig oder mit 5 Zähnen aufplatzend. Samen groß, in einer klebrigen Masse liegend, Ameisenverbreitung.

Alle Arten kommen gewöhnlich in Wäldern oder Gebüschen, auf etwas beschatteten, steinigen Hängen, fast immer über Kalk, vor.

Die Blütezeit ist sehr verschieden, von Juli bis Mai gibt es in jedem Monat blühende *Cyclamen*.

C. africanum Boiss. et Reut. (*C. neapolitanum* sensu Duby, *C. numidicum* Glasau, *C. ambiguum* Schwarz, *C. commutatum* Schwarz et Lepper). Algerien. Nahe mit *C. hederifolium* verwandt. Knollen groß, mit einer seichten Vertiefung auf der Oberseite, allseitig bewurzelt (*C. hederifolium* nur oben). Blätter ohne kriechende Stiele *(C. hederifolium* Blattstiele kriechend), mit den ersten Blüten sich entfaltend groß, sehr unterschiedlich geformt, aber meist rundlich, dunkelgrün mit leichter Zeichnung. Blattrand hornig gezähnt, unterseits meist hellgrün. Blüten ähnlich *C. hederifolium*, z. T. mit Veilchenduft, etwas größer. August–Oktober. *C. × hildebrandii* Schwarz ist eine Hybride *C. hederifolium* × *C. africanum*. Ein Teil der in Kultur befindlichen *C. africanum* dürften tatsächlich diese Hybride sein, immer wenn von »härteren« *C. africanum* berichtet wird.

Nach neuen Untersuchungen aus dem botanischen Garten Kew, England, sind *C. africanum* schon am Standort mit verschiedenen Chromosomenzahlen (2n = 34 und 68) anzutreffen. Die Überlegungen von Glasau und Schwarz scheinen also nicht zuzutreffen, daß es sich um zwei verschiedene Arten handle.

C. africanum wird gemeinhin als Kalthauspflanze bezeichnet. Ich überwintere meine Pflanzen, sie sind vollbelaubt, im dunklen, allerdings sehr kühlen Keller mit bestem Erfolg. Ende April ins Freie gestellt, bleibt ihnen noch genügend Zeit zur Assimilation und sie blühen reichlich. Diese sehr rauhe Behandlung wird vertragen, weil es sich bei *C. africanum* um eine äußerst robuste Art handelt.

C. balearicum Willk. Balearen, S-Frankreich. Knollen klein, nur unten bewurzelt. Blätter schmal-eiförmig, zugespitzt und seicht gezähnt, oberseits blaugrün mit silbernen Zeichnung oder ganz silbern, unterseits karmin, oft schon im späten Herbst oder Winter erscheinend. Blüten klein, reinweiß, rosa geadert, gut duftend. März–April.

Dazu eine Hybride *C. balearicum* × *repandum* ssp. *repandum*, zwischen den Eltern stehend. Blätter wie *C. repandum*, nur kleiner. Blüten weiß oder bläulichrosa,fruchtbar. Samen werden hin und wieder angeboten (Royal Horticultural Society, Wisley). In Wisley und anderen Orten entstanden und in milden Gebieten im Freien zu versuchen.

C. balearicum kann im Alpinenhaus gezogen werden, leidet allerdings in harten Wintern. Bei tiefen Temperaturen lege man einige Zeitungen oder Noppenfolien bzw. Vlies über die Pflanzen, damit die Blätter nicht geschädigt werden. In der Folge der Blattschäden ist nämlich Grauschimmel zu befürchten, der alle Blätter zum Absterben bringen kann.

C. cilicium Boiss. et Heldr. S-Anatolien. Knollen bis 10, selten bis 20 cm groß, nur unten bewurzelt. Blätter im September–Oktober erscheinend, rundlich herzförmig mit gräulicher Zeichnung, sehr variabel, unterseits karminrot. Kronlappen 15–18 mm, mit einem dunklen Basalfeld, Blütenfarbe weiß bis tief-rosa, sehr variabel in Größe und Farbe, gut duftend. September–Oktober.

In günstigen Lagen Mitteleuropas winterhart, aber auch sehr schön und gut im Alpinenhaus. A. Schattanek, Wien, hat aus der Türkei auch *C. cilicium* in Kultur, die 20–22 mm lange Kronzipfel besitzen.

C. coum Mill. Sehr weit verbreitete Art, von der Schwarzmeerküste Bulgariens bis zum NW-Iran, südl. bis N-Israel. Es werden 2 Unterarten unterschieden:
ssp. **coum** (*C. coum* Mill. var. *coum* (Mill.) Doorenb., *C. hiemale* Hildebr., *C. hyemale* Salisb., *C. orbiculatum* Mill., *C. coum* ssp. *hiemale* (Hildebr.) Schwarz, *C. atkinsii* hort. et Glasau non T. Moore). Bulgarien, Krim, Türkei (europäische Seite), Außer- Anatolien, W-Syrien, N-Israel. Knollen klein bis mittelgroß, nur unten bewurzelt. Blätter rund oder nierenförmig, oberseits sehr variabel, dunkelrün oder silbern gezeichnet, unterseits grün, rötlich oder karminrot. Blüten meist gestaucht, bei südl. Formen aber auch normal zyklamenförmig, beinahe reinweiß, rosa, dunkelkarmin, am Blütengrund ein weißes Auge, darüber ein dunkler Fleck, welcher mit 3 Streifen bis an den Blütenröhrenrand greift. *C.* × *atkinsii* T. Moore war angeblich *C. coum* × *C. persicum* (unwahrscheinlich!).

Überall hart, meist schon im Februar blühend, in manchen Jahren auch schon im Dezember, Hauptblüte März–April. Am schönsten unter kleinen Sträuchern, sich gut aussäend. In meinem Alpinenhaus haben die Ameisen die Samen überall vertragen, besonders gut gedieh *C. coum* ssp. *coum* unter dem südseitigen Tisch, gemeinsam mit *Adiantum capillus-veneris!*
ssp. **caucasicum** (K. Koch) Schwarz (*C. elegans* Boiss. et Buhse, *C. caucasicum* Willk. ex Boiss., *C. ibericum* Stev. ex Boiss., *C. abchasicum* (Medw.) Kolak ex Pobed., *C. adzharicum* Pobed., *C. circassicum* Pobed., *C. coum* Mill. var. *caucasicum* (K. Koch) Meikle).

Kaukasus, NW-Iran. Unterschieden durch herzförmige Blätter, relativ große Blüten, meist mit zugespitzten Blütenblättern, immer mit rosa oder hellpurpurnem Auge (weiß bei *C. coum* var. *coum)* Schöner, aber noch selten. Übergänge zu *C. coum* var. *coum* vorhanden.

C. creticum (Dörfl.) Hildebr. Kreta und Karpathos. Knollen klein bis mittelgroß, unterseits bewurzelt. Blätter ähnlich denen von *C. repandum*, aber viel kleiner, oberseits dunkelgrün mit silbernen und hellgrünen Zeichnungen, unterseits dunkelrot. Blüten klein, hoch gebaut, reinweiß, manchmal rosa überhaucht, süß nach Maiglöckchen duftend. März.

Kultur im Alpinenhaus. Zwei geringfügig unterschiedene Formen, im Tiefland und auf den Hochebenen Kretas, mit verschiedenem Chromosomensatz. Kreuzt sich leicht mit *C. repandum* ssp. *repandum*.

C. cyprium Schott et Kotschy. Zypern. Knollen klein, Wurzeln asymmetrisch an der Unterseite erscheinend. Blätter breit-herzförmig, zugespitzt, Rand leicht gelappt, oberseits olivgrün mit silbern und hellgrün, sehr hübsch gezeichnet, unterseits leuchtendkarmin. Blüten reinweiß oder hellrosa, mit sehr großen Öhrchen, über diesen lilarote Flecken, süß duftend. September–November.

Kultur im Alpinenhaus, an sehr günstigen Stellen auch im Freiland.

C. graecum Link *(C. cypro-graecum* E. et N. Mutch., *C. pseudograecum* Hildebr., *C. mindleri* Heldr., *C. maritimum* Hildebr., *C. aegineticum* Hildebr., *C. pseudomaritimum* Hildebr.). Griechenland, Ägäis, Kreta, SW-Türkei, Zypern. Knollen sehr unterschiedlich geformt, einzigartig durch die längsabsplitternde Korkrinde und die fleischigen Wurzeln. Blätter sehr unterschiedlich in Form und Farbe, meist verkehrtherzförmig, samtig dunkelgrün mit silbernem Band, parallel zum Rand, unterseits grün oder rot. Blüten rötlich, rosa oder weiß, stark geöhrt, mit zwei dunklen Basalflecken, von denen Adern ausgehen. Blütenstiel beginnt sich bei Befruchtung von der Basis an zusammenzurollen. August–Oktober.

Um gut zu blühen, brauchen die Pflanzen eine sehr gute Sommerruhe. Kultur im Alpinenhaus in großen Töpfen in durchlässiger, kalkreicher Mischung. Versuche, *C. graecum* im Weinklima, vor einer Trockenmauer, im Freien zu ziehen, waren erfolgreich. Die Art kann außer durch Aussaat auch durch Bewurzelung der von der Knolle ausgehenden Sprosse vermehrt werden.

C. hederifolium Ait. *(C. neapolitanum* Ten., *C. linearifolium* DC.). Mittelmeergebiet: von S-Frankreich bis in die W-Türkei, auch auf Korsika, Sardinien, in der Ägägis und auf Kreta. Knollen rund, bis 20 cm groß, nur an der Oberseite wurzelnd. Blätter mit unterirdisch kriechendem unteren Teil des Blattstiels, sehr unterschiedlich in Form und Färbung, mit oder kurz nach den Blüten erscheinend, manchmal an Efeublätter erinnernd, herz- bis spießförmig, mehr oder weniger gezackt, dunkelgrün mit weißlichgrauer Zeichnung. Blüten meist groß, geöhrt, dunkelrosa, rosa oder weiß, manchmal sehr gut duftend (Formen der Ägäis), an der Basis mit einem dunklen Fleck. August–September.

Durch die wintergrünen Blätter beinahe das ganze Jahr zierend. Überall hart, bestes *Cyclamen* für Garten, Zwiebelkasten und Alpinenhaus. Die Knollen von *C. hederifolium* sind außerordentlich langlebig, aus England wird von einer nachgewiesenermaßen über 100 Jahren alten Knolle berichtet.

C. intaminatum (Meikle). Grey-Wilson (*C. cilicicum* var. *intaminatum* Meikle). Z- und S-Anatolien. Ähnlich *C. cilicium*, aber Kronlappen 10–15 mm, ohne Fleck, dafür mit grauen Adern. Kleinstes *Cyclamen*, nicht ganz so hart, besser im Alpinenhaus. Oft als *C. cilicium* var., *C. cilicium* var. *alpinum*, *C. cilicium* E. K. Balls oder unter der Sammelnummer E. K. B. 669 a angeboten.

C. libanoticum Hildebr. Libanon. Knollen in der Jugend mit einer dünnen, graubraunen Haut, im Alter korkig. Blätter mit kriechenden Blattstielen, meist im Dezember erscheinend, bläulichgrün mit dunklen Flecken, silbern gezeichnet, rundlich oder verkehrt-herzförmig. Knospen oft schon im Dezember über der Erde erscheinend, aber erst im Februar–März blühend. Blüten mit sehr breiter (1 cm und mehr) Kronenröhrenöffnung, weißlichrosa oder hellrosa beim Öffnen, später leuchtrosa, mit karminfarbener Basalzeichnung.

Kultur im Alpinenhaus, am besten frostfrei bei 5 °C. Die Pflanze ist in der Heimat außerordentlich selten und dürfte auch in der nächsten Zeit kaum zu sammeln sein. *C. libanoticum* ist in Kultur aber relativ leicht zu ziehen und setzt reichlich Samen an, der willig aufläuft.

C. mirabile Hildebr. SW-Anatolien. Ähnlich *C.cilicium*, aber Knollen größer, Blätter ohne kriechenden Blattstiel, oft in der Jugend rosa oder rötlich gefleckt. Blütenblätter meist etwas gezähnt. Genauso hart wie *C. cilicium* und leicht durch Aussaat zu vermehren.

C. parviflorum Pobed. NO-Anatolien, beim schmelzenden Schnee, in Fichten- und Kiefernwäldern und unter *Rhododendron caucasicum*. Ähnlich *C. coum* var. *coum*, aber Blätter immer einfarbig grün. Blüten hellpurpurn oder lavendelrosa, ohne helles Auge, aber mit purpurnen Flecken.

Noch selten, heikler als *C. coum*. Bei mir hat sich *C. parviflorum* als eher schwierig herausgestellt. Die Bedingungen sollten eher feucht und kühl, die Substrate sehr durchlässig sein. Blüten und die Basis der Blätter werden gerne von Grauschimmel befallen, gegen den man vorbeugend mit Botrytiziden (Rovral, Ronilan) ankämpfen sollte.

C. persicum Mill. (*C. latifolium* Sibth. et Sm., *C. aleppicum* Fisch., *C. punicum* Pomel, *C. vernale* Mill.). Östl. Mittelmeergebiet, Tunesien. Knollen etwas korkig. Blätter herzförmig, meist sehr schön gezeichnet, unterseits grün. Blüten groß, mit etwas gedrehten Blütenblättern, hellilarosa, rosa, selten weiß, immer mit rotem Auge, süß duftend. März–April.

C. persicum muß unbedingt frostfrei bei 5 °C, oder aber als Kalthauspflanze, gehalten werden. Die in England als 'Puck' angebotene Pflanze, oft als *C. purpurascens* × *persicum* bezeichnet, ist nur eine der vielen Zwerg-Cyclamenrassen, die durch Kreuzung von großblütigen *C. persicum* mit der Wildform entstanden sind.

C. pseudibericum Hildebr. S-Anatolien. Knollen klein, meist etwas korkig, nur unterseits wurzelnd. Blätter vor den Blüten im zeitigen Frühjahr, breit-herzförmig, gewöhnlich gefleckt, glänzend und am Rand gezähnt. Blüten leuchtend magenta bis hellrosa, mit einem sehr auffälligen basalen Fleck, der ein großes spatenförmiges Auge umgibt. Duftet herrlich nach *Viola odorata*. April–Mai. In günstigen Lagen hart und auch reichlich Samen bildend.

C. purpurascens Mill. 2 Unterarten werden unterschieden: ssp. **purpurascens** (*C. europaeum* L., pro parte) SO-Frankreich bis zu den W-Karpaten, südlich bis M-Jugoslawien. Knolle rundlich, gewöhnlich mit langen Triebhälsen und auch Nebenknollen, etwas korkig, alleits bewurzelt. Blätter ganzjährig vorhanden, breit-herz- oder nierenförmig, rundlich oder wenig zugespitzt, Rand wenig und stumpf gezähnt, meist mit silberner Zeichnung auf der Oberseite, die bei südlichen Exemplaren oft sehr stark ausgeprägt ist (es finden sich z. B. am Gardasee Exemplare mit rein silbernen Blättern, die in der Kultur konstant bleiben). Reingrüne Blätter finden sich häufig in bestimmten Populationen, es gibt auch Gebiete, wo alle Pflanzen reingrüne Blätter besitzen, so in der Fatra, CSSR (*C. fatrense* Halda et Sojak). Blüten rosa, ohne oder mit wenig entwickelten Öhrchen (!), sehr stark und angenehm duftend, sehr selten reinweiß mit hellrosa Zeichnung an der Basis oder schwarz- bis violettrot (Adriaküste). Juni–Oktober.

Vollkommen hart und sehr dauerhaft, verlangt kalkhaltigen, durchlässigen Boden und warme, halbschattiger, bzw. absonnige Lage. Ideal als Schalenpflanzen im Alpinenhaus oder auch als Zimmerpflanzen, dann auch zu anderen Zeiten des Jahres blühend.

ssp. **ponticum** (Alboff) Grey-Wilson (*C. europaeum* var. *ponticum* Alboff, *C. europaeum* var. *colchicum* Alboff, *C. colchicum* (Alboff) Alboff, *C. europaeum* ssp. *ponticum* (Alboff) Schwarz, *C. ponticum* (Alboff) Pobed.). Transkaukasien. *C. purpurascens* ssp. *purpurascens* nahestehend, von ihr unterschieden durch dunkelgrüne, verkehrt-eiförmig bis verkehrt-herzförmige Blätter mit dickknorpelrandigem, zähnigem Rand, größere Blüten, stärker herausragende Griffel und kleinere Kapseln.

Sehr wenig verbreitet, empfindlicher als *C. purpurascens* ssp. *purpurascens*, da eine Schluchtwaldpflanze und daher trockenheitsempfindlich.

C. repandum Sibth. et Sm. Mittl. und östl. Mittelmeergebiet. Knollen klein, sehr tief sitzend, an der Unterseite wurzelnd. Blätter breit-herzförmig, zugespitzt, meist mit Zeichnung, Rand gezähnt oder gelappt. Es werden 3 Unterarten unterschieden:

ssp. **repandum**. S-Frankreich bis Korfu. Blätter tiefgrün mit einer breiten, unregelmäßigen, silbernen Zeichnung. Blüten karminrosa, selten reinweiß.

ssp. **peloponnesiacum** Grey-Wilson (*C. repandum* 'Pelops' der Gärten). Blätter tiefgrün, silbergrau gesprenkelt. Hierher f. *peloponnesiacum*. Z- und S-Peloponnes. Blüten hell- bis mittelrosa, und f. *vividum* Grey-Wilson. O- und SO-Peloponnes. Blüten magentapurpurn.

ssp. **rhodense** (Meikle) Grey-Wilson (*C. repandum* var. *rhodense* Meikle, *C. rhodium* R. Gorer ex Schwarz et Lepper). Rhodos. Blätter graugrün mit gräulichweißen Flecken. Blüten weiß oder lichtrosa, mit rosarotem Mund. März–April.

In günstigen Lagen Mitteleuropas hart, tief pflanzen. In der Heimat oft in Kastanien- oder Eichenwäldern, zusammen mit *Anemone apennina* (ssp. *repandum*). Besonders schön und augenscheinlich härter ist ssp. *peloponnesiacum*, mit gefleckten Blättern und helleren Blüten, herrlich am Taygetos mit *Primula vulgaris* (f. peloponnesiacum).

C. rohlfsianum Aschers. Libyen. Knollen zuerst glatt, später sehr rauh und korkig. Blätter groß, bis 10 cm breit, herzförmig, stark gelappt, meist silbern gefleckt. Blüten rosa, mit kleinen Öhrchen, auffallend durch den herausragenden Staubbeutelkegel (dadurch an *Dodecatheon* erinnernd). Nur für das frostfrei gehaltene Alpinenhaus bei 5 °C oder das Kalthaus. Seltene Arte, die eine absolute Sommerruhe, ähnlich *C. graecum*, braucht, und im September–Oktober blüht.

C. somalense M. Thulin et A. M. Warfa. Somalia, in Kalkfelsen, zwischen 1250–1600 m. September–Oktober. Knolle 3–4 cm groß. Blätter im Frühherbst erscheinend, breit-herzförmig, 3,5–10,4 × 4,2–11,9 cm, tief graugrün mit silberner Zeichnung. Blütenschäfte bis 12,5 cm lang, sich zur Reifezeit nicht eindrehend, nur beugend (wie *C. persicum*). Blüten hell karminrosa, 1,5 cm groß.

Erst November 1986 entdeckt und z. Z. 3 Pflanzen im Botanischen Garten Uppsala in Kultur. Kultur wie *C. persicum.*

C. trochopteranthum Schwarz (*C. alpinum* sensu Turrill et Saunders non Sprenger teste Schwarz). / Die oft als *C. coum* ssp. *alpinum* bezeichnete Art war wahrscheinlich *C. parviflorum* (s. d.), so daß für die Propeller-Zyklame ein neuer Name notwendig war. Sehr seltene, aus SW-Anatolien stammende, aber recht harte Art. Ähnlich *C. coum,* aber Blütenblätter um 90 ° gedreht, an einen Propeller erinnernd, mit rosa, nicht weißem Auge. April–Mai.

C. × wellensiekii Ietswaart (*C. cyprium × C. libanoticum*). Diese unwahrscheinlich anmutende Hybride wurde 1969 von Prof. Dr. S. J. Wellensiek in Wageningen, Niederlande, erzeugt. November–Februar. Blüten hellrosa mit kleinen Öhrchen, etwa 18 mm groß.

Alle *Cyclamen*-Arten kommen gewöhnlich in lichten Wäldern, in oder am Rand von Gebüschen oder auf beschatteten, steinigen Hängen, fast immer über Kalk, vor. Für die Kultur können die Arten in vier Gruppen gegliedert werden:

1. In allen Gebieten Mitteleuropas vollkommen hart, jedoch nur wenn ökologisch richtig verwendet und ausgepflanzt (nicht im Topf): *C. coum, C. purpurascens, C. hederifolium.*
2. In günstigeren Lagen Mitteleuropas hart: *C. cilicium, C. intaminatum, C. mirabile, C. pseudibericum, C. parviflorum, C. purpurascens* ssp. *ponticum, C. repandum, C. trochopteranthum.*
3. Kultur im Alpinenhaus, aber frostfrei (nicht unter 2 °, Ausnahmen sind möglich!): *C. balearicum, C. creticum, C. graecum, C. libanoticum.*
4. Kultur im Kalthaus, aber nicht unter 5 °C: *C. africanum, C. persicum, C. cyprium, C. rohlfsianum., C. somalense.*

Cyclamen brauchen einen leicht beschatteten, eher trockenen als feuchten Standort und kalkhaltigen, durchlässigen Humusboden. Die Knollen werden von Art zu Art verschieden tief gepflanzt: meist genügen 7–8 cm Substrat über der Knolle, Knollen mit Stockwerkssprossen werden tiefer gepflanzt. *C. repandum* oder auch *C. graecum* oder *C. cyprium,* die in günstigsten Lagen Mitteleuropas ausgepflanzt versucht werden können, sollten bis 15 cm tief gepflanzt werden.

Am besten verwendet man *Cyclamen* unter laubabwerfenden Gehölzen, z. B. Haselnüssen, *Hamamelis* und Verwandten und anderen Halbschattengehölzen, zusammen mit bodendeckenden, aber schwachwüchsigen Gehölzen, z. B. *Daphne blagayana, D. glomerata* u. ä., und feinen, seltenen Schattenstauden. Dort ist auch durch den Laubfall eine natürliche Schutzdecke gegeben, welche eventuell durch zusätzliches Einbringen von Laub verstärkt werden kann. *C. hederifolium, C. graecum, C. cyprium* und südliche Formen von *C. purpurascens* kann man vor Trockenmauern, gemeinsam mit *Cistus, Lavandula, Phlomis* und anderen mediterranen Besonderheiten verwenden. Auch hier ist ein Schutz angebracht, der möglichst locker und luftig ist und auch während des Winters trocken bleibt (Folie!).

Für Sammlungszwecke kann man *Cyclamen* auch gut in Schalen kultivieren und diese im Alpinenhaus oder Kasten aufstellen. Die Pflanzen sind aber in Töpfen viel empfindlicher als ausgepflanzt, so daß die Überlegung anzustellen ist, ob man nicht die Arten im Alpinenhaus auspflanzt.

Die Vermehrung der *Cyclamen* erfolgt normalerweise durch Aussaat. Wird unmittelbar nach der Reife ausgesät, so sind die Keimergebnisse am allerbesten. Werden die Samen getrocknet und dann ohne Quellung in Wasser oder besser Gibberellinsäurelösung ausgesät, so sind die Keimergebnisse sehr schlecht, vor allem kommt es zum Überliegen. Die Samen keimen oft schon unterirdisch, da sie aber ihre Blätter immer nur dann entwickeln, wenn auch erwachsene Knollen das tun, kann bei unsachgemäßem Hantieren Schaden an den schon gekeimten Samen entstehen. Bis zur Blüte vergehen drei bis fünf Jahre. Besondere Formen können auch durch Stecklinge der Triebhälse vermehrt werden, so die entsprechende Art welche bildet.

Im Labor ist es heute möglich, aus Knollenstücken vollkommene Pflanzen zu regenerieren. Meines Wissens wird diese Vermehrungsart aber nur für Züchtungsvorhaben bei *C. persicum* eingesetzt.

An Schädlingen treten auf: Dickmaulrüßler (Larven und erwachsene Tiere), Cyclamen-Weichhautmilben, Blattläuse, Spinnmilben, Mottenschildläuse, Schnecken, Mäuse (fressen die Blütenknospen), eventuell Vögel (Amseln, Grünfinken, Spatzen).

An Krankheiten findet sich Grauschimmel (besonders bei zu stickstoffbetont ernährten, d. h. mastig gehaltenen Pflanzen, aber auch nach Kälteschäden im Winter), Wurzelbräune, Cyclamenwelke, Cylindrocarpon-Krankheit, Umfallkrankheiten bei Sämlingen.

In allen Fällen ziehe man vor Bekämpfungsmaßnahmen Fachliteratur zu Rate, beziehungsweise lasse man Teile der Pflanzen in den entsprechenden Pflanzenschutzanstalten untersuchen.

Alle Arten und Unterarten der Gattung *Cyclamen* unterliegen dem Washingtoner Artenschutzabkommen, d. h. wildgesammelte Teile, mit Ausnahme von Samen, dürfen nicht gehandelt werden. Das Handelsverbot gilt aber nicht für aus gärtnerischer Kultur stammende Pflanzen. Trotz dieser begrüßenswerten Einschränkung des Handels mit *Cyclamen* finden sich immer wieder wildgesammelte Knollen auf dem Markt, augenscheinlich fast immer aus der Türkei stammend und über Holland gehandelt.

Literatur: Grey-Wilson, C. (1988): The Genus Cyclamen. Kew Magazine Monograph. London.

Cymbidium Sw., Kahnorche, Orchidaceae

Etwa 50 Arten, von Madagaskar bis Japan. Epiphytische, seltener terrestrische Arten mit beblätterten Bulben und ein- bis vielblütigen Trauben. Unter leichtem Schutz gut hart:

C. goeringgii (Rchb. f.) Rchb. f. China, Japan, in halbschattigen Wäldern. Pseudobulben wenig ausgebildet. Blätter schmallanzettlich, bis 40 cm lang. Blüten einzeln an beschuppten Blütentrieben, 5–6 cm groß, sehr unterschiedlich gefärbt, grünlich bis bräunlich.

In Japan sehr beliebt und dort in mehreren Formen gezogen. Kultur in humosem Substrat, halbschattig, kühl und feucht. In rauhen Gegenden besser winters im Alpinenhaus. Vermehrung durch Teilung. Neben dieser Art noch andere an der Grenze der Härte, hin und wieder Arten aus Kaschmir erhältlich, diese jedoch immer der Natur entnommen, was abzulehnen ist.

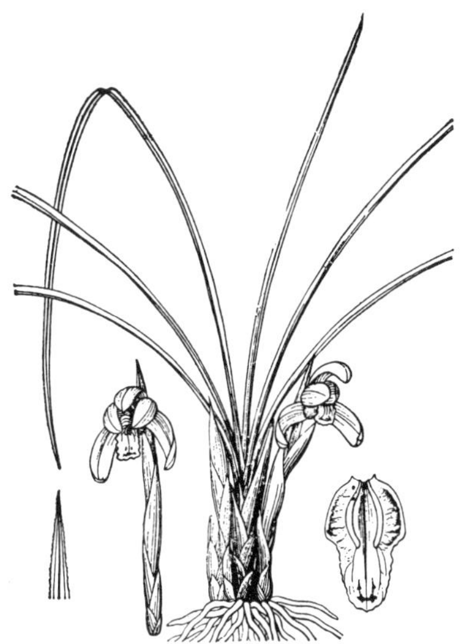

Cymbidium goeringii
(aus Iconographia Cormophytorum Sinicorum)

Cypella Herb., Becherschwertel, Iridaceae

Etwa 15 Arten von Mexiko bis Argentinien. Zwiebelpflanzen, ähnlich *Tigridia*, aber Griffeläste der Narbe mit 2–3 aufrechten Fortsätzen.

C. herbertii (Lindl.) Herb. Südbrasilien, Uruguay, Argentinien, auf feuchten, grasigen Plätzen. August. Zwiebel klein. Blätter lanzettlich, sich nach der Spitze zu verschmälernd, etwa 30 cm lang. Stengel schlank, dünn, ästig, rund, vielblütig. Blüten blaß orangegelb oder trüb purpurrot, die drei äußeren Abschnitte gedreht, die drei inneren klein, nach innen geneigt, mit dunklen Punkten, rasch vergänglich, 4–6 cm im Durchmesser.

Cypella herbertii ist zweifellos die härteste Art und kommt in den bevorzugtesten Gebieten Mitteleuropas durch normale Winter. Besser ist es jedoch, die Zwiebel im Herbst herauszunehmen und sie trocken in Sand frostfrei zu überwintern. Sie werden dann im Frühjahr in Töpfe oder Schalen gelegt, die im Alpinenhaus aufgestellt werden. Dadurch entwickeln sich die Pflanzen besser, als wenn die Zwiebeln direkt ins Freie gepflanzt werden. *B. Mathew* berichtet in seinem Buch »Dwarf Bulbs«, daß er auch mit anderen Arten erfolgreich war. Besonders interessant erscheinen *C. gracilis, C. herrerae, C. linearis* und *C. peruviana, C. plumbea* ist bei uns hin und wieder in Kultur, erreicht 50–70 cm Höhe und bringt blaue, braun schattierte Blüten. Außer durch Zwiebelteilung können alle Arten auch durch Aussaat vermehrt werden, die Sämlinge blühen aber erst im zweiten oder dritten Jahr und nicht im ersten, wie *Tigridia.*

Dacrydium Soland., Podocarpaceae

20–25 Arten von Malaysia, Neukaledonien, Tasmanien, Neuseeland bis Chile. Immergrüne Sträucher oder Bäume. Blätter meist schuppenförmig oder im Jugendstadium linealisch. Zweihäusig, selten einhäusig. Samen mit rotem Arillus, ähnlich

Taxus. Einige Arten sind wichtige Nutzhölzer, so *D. franklinii* Hook. f., die »Huon Pine« Tasmaniens und *D. cupressinum* Soland. ex Lamb., die »Red Pine« Neuseelands. Von den 7 *Dacrydium*-Arten Neuseelands ist nur eine echt alpin.

D. laxifolium Hook. f. Neuseeland, N-, S- und Stewart-Insel, auf feuchten, sumpfigen Stellen, auch in *Sphagnum*-Mooren, bis 1500 m. Kriechender Strauch, selten höher als 30 cm und bis 2 m breit. Juvenile Blätter 5 mm lang, adulte kaum länger als 1–2 mm, gräulichgrün, nadelförmig. Zweihäusig. Pollenflug im Frühsommer, die auffälligen Früchte reifen im Herbst und dauern bis in den Winter.

Die Jugendentwicklung von Sämlingen von *Dacrydium laxifolium* ist außerordentlich langsam, der Aufgang erfolgt meist nach einmaligem Überliegen. Dreijährige Pflanzen haben eine Höhe von 2–5 cm und einen ebensolchen Durchmesser. Früchte konnte ich, im Gegensatz zu den verschiedenen alpinen *Podocarpus*-Arten, bei *Dacrydium* noch nie beobachten.

Danae Medik., Alexandrinischer Lorbeer, Liliaceae

Monotypische Gattung:

D. racemosa (L.) Moench. Syrien, Iran, Türkei, USSR: in Wäldern. Immergrüner, reich verzweigter Strauch, bis 1 m hoch. Äste übergebogen. Scheinblätter (Kladodien) eilanzettlich, beiderseits zugespitzt, 4–7 × 1–1,5 cm, glänzendgrün, parallelnervig. Blüten in 5–9blütigen, endständigen Trauben. Frucht eine ansehnliche, rote, einsamige Beere.

Dieser mäusedornähnliche Strauch ist an geschützten Stellen im Weinbauklima recht gut hart und auch im Alpinenhaus versuchswert. Da die Blüten zwitterig sind (im Gegensatz zu *Ruscus*, welcher zweihäusig ist), gibt es regelmäßig den sehr hübschen Fruchtschmuck. Die Vermehrung erfolgt durch Aussaat (sehr langwierig) oder Teilung. In der letzten Zeit viel als Schnittgrün importiert und dadurch bekannter geworden.

Daphne L., Seidelbast, Felsrösel, Thymelaeaceae

Etwa 50 Arten in Europa und Asien. Immergrüne oder sommergrüne Sträucher oder Zwergsträucher mit wechselständigen, selten gegenständigen, kurzgestielten, ganzrandigen Blättern. Blüten ohne Kronabschnitte, gefärbt, sehr süß duftend, in achselständigen oder endständigen, kurzen Trauben oder Köpfchen. Frucht eine einsamige, fleischige oder lederige Beere.

Viele der in Kultur befindlichen Seidelbast-Arten, -Sorten und -Hybriden können im Alpinenhaus gezogen werden. Ich nenne im folgenden nur jene, die entweder tatsächlich wegen zu geringer Härte unter Schutz gezogen werden müssen oder bei Liebhabern sehr oft, vor allem wegen ihrer Kleinheit (*D. petraea*), im Alpinenhaus Aufstellung finden.

D. acutiloba Rehder. China: W-Szechuan. Mai–September, Blüten und Früchte finden sich gleichzeitig an der Pflanze. Aufrechter, immergrüner Strauch, bis 1,5 m. Blätter lederig, eilänglich-lanzettlich, 4–9,5 × 1,2 cm. Blüten weiß, zu 5–7 in Köpfen an den diesjährigen Trieben. Früchte fleischig, rot. Sehr leicht durch Aussaat zu vermehren, die Samen kennen keine Keimhemmung. Als Unterlage brauchbar, doch nicht für Freilandpflanzen.

D. aurantiaca Diels. China: NW-Jünnan, Szechuan, Kalkklippen, manchmal direkt dem Fels angepreßt. April–Mai. Niederliegender bis aufrechter, immergrüner Strauch bis 1,5 m. Blätter gegenständig, in der Form sehr variabel, meist eilänglich bis verkehrt-eiförmig, 7–18 × 2–9 mm. Blüten leuchtendgelb, röhrig, zu 2 in den Blattachseln oder endständig. Die Form in Kultur ist unschön, hochbeinig, wenig reichblühend und nicht sehr hart. Eine Farbabbildung vom Naturstandort findet sich im Bull. A. G. S. 56 (2): 117 (1988); sie zeigt, wie schön die Art tatsächlich ist.

D. bholua Buch.-Ham. ex D. Don. Östl. Himalaja, in lichten Wäldern und auf Hügeln, bis 3500 m. November–März, in Abhängigkeit von der Form und der Überwinterungsmöglichkeit. Aufrechter bis ausgebreiteter, lockerer oder kompakter Strauch mit sommer- oder immergrünen Blättern. Blätter schmal-elliptisch bis verkehrt-lanzettlich, 4–10 × 1–2,5 cm. Blüten weiß mit lilarosa, zu 7–15 in endständigen Köpfen. Früchte fleischig, schwärzlich.

In Kultur sind sehr unterschiedliche Formen, die immergrünen sind wenig hart und sollten auf jeden Fall im Kalthaus überwintert werden, die laubabwerfenden Formen sind härter. Außerdem läuft in England eine Kreuzung zwischen *D. mezereum* und *D. bholua* fälschlicherweise als *D. bholua*. Ich empfehle, *D. bholua* auf jeden Fall frostfrei, zwischen 2 und 5 °C zu überwintern, nachdem ich im Winter 1984/85 alle meine *D. bholua* im geschützten Mistbeetkasten (Styropor, Noppenfolie) verloren habe. Die Samenvermehrung ist leicht, wenn man frische Beeren erhalten kann.

D. collina Dickson ex J. E. Smith. Süditalien, besonders um Neapel, an steinigen Plätzen und in der Macchie, bis 1500 m. April–Mai. Dichtzweigiger, kompakter, aufrechter, immergrüner Strauch von rundlichem Wuchs. Blätter obovat, lederig, 2–4 × 0,6–1,3 cm. Blüten tief purpurrosa, in bis zu 15blütigen, endständigen Köpfen. *D. collina* ist zweifellos mit *D. sericea* (s. d.) nahe verwandt, unterscheidet sich von diesem aber durch die obovaten Blätter und die reicherblütigen Blütenköpfe. Die im Garten gezogenen Formen beider Arten sind unschwer zu unterscheiden, Schwierigkeiten treten am natürlichen Standort auf, wo es fließende Übergänge zwischen *D. collina* und *D. sericea* gibt. *D. collina* ist auch härter als *D. sericea* und hat den harten Winter 1984/85, wenn auch mit schweren Schäden, in Mitteleuropa überdauert. *D. sericea* dagegen starb ausgepflanzt ab. Beeren werden bei *D. collina* selten angesetzt, sie sind fleischig und orangerot und werden besonders gerne von Ameisen weggetragen, so daß bei der Reife der Beeren sehr rasch gehandelt werden muß. Stecklinge wurzeln unschwer.

D. genkwa Sieb. et Zucc. China, Formosa, in Japan nur aus Kultur bekannt, grasige Hügel und Ebenen, oft in der Nähe von Wasserlöchern, aber auch auf Konglomerat- und Kalkfelsen, bis 1000 m. April–Mai (im Kalthaus im Februar–April). Aufrechter, lockerer, sommergrüner Strauch. Blätter zumeist gegenständig, selten wechselständig, oval bis lanzettlich, 2,5–6,5 × 1,3–2,5 cm. Blüten an den unbelaubten Trieben, lilablau, in Büscheln zu 2–7. Unter mitteleuropäischen Verhältnissen kann *D. genkwa* nicht im Freien gezogen werden. Die Kultur im Alpinenhaus oder Mistbeetkasten ist aber nicht schwer. Stecklinge wurzelten bei mir bis jetzt nie, ich führte immer Veredelungen durch.

D. × hybrida Colv. ex Sweet (*D. odora × D. collina*). Gartenhybride, um 1820. Ganzjährig, mit einem starken Flor im Frühling und im Herbst und wenigen Blüten im

Juli–August. Aufrechter, dichtzweigiger, immergrüner Strauch. Blätter lederig, eilanzettlich, 5,5 (–7) × 1,7 (–2) cm. Blüten in endständigen Büscheln zu 4–7, Knospen dunkelrotbraun, geöffnet rosarot mit weißem Rand, schwer duftend. Für die Kultur im Alpinenhaus gut geeignet, wegen der langen Blütezeit aber auch ideal für einen kühlen, nicht zu dunklen Raum im Haus.

D. jasminea Sibth. et Sm. Griechenland, Libyen, Kalkfelsen, bis 1000 m. Kompakter, niederliegender oder aufrechter Kleinstrauch, bis höchstens 30 cm. Blätter immergrün, bläulichgrün gefärbt, eilänglich-verkehrt-eiförmig, 8–11 × 1,5–3 mm. Blüten zu 2 oder 3, endständig, weiß, außen rötlich überhaucht. In Kultur findet man verschiedene Formen, die kompakte, niederliegende aus Delphi hat sich bei mir als gut hart erwiesen und hat den Winter 1984/85 unter Agrylvliesschutz gut überstanden, die aufrechtere Form ist nach Auskunft von J. Holzbecher vom Botanischen Garten Brno in Mitteleuropa empfindlicher, sie muß im frostfreien Alpinenhaus gehalten werden. In England ist eine vollkommen straff aufrechte Form im Handel. Solche Pflanzen finden sich am natürlichen Standort selten. *D. jasminea* besitzt sehr brüchige Triebe und muß, im Topf gehalten, sehr sorgsam hantiert werden, da bei grobem Aufstellen der Töpfe die Triebe bereits abbrechen.

D. longilobata (Lecomte) Turrill. SO-Tibet, NW-Jünnan. Sehr ähnlich *D. acutiloba,* vor allem dadurch verschieden, daß sich bereits zur Blütezeit Triebe entwickeln, die die endständigen Blütenköpfe seitenständig erscheinen lassen.

Soll nach englischen Angaben härter als *D. acutiloba* sein und wird von manchen Baumschulen, so Hillier (briefl. Mitteilung) in großem Umfang als Unterlage verwendet. Ich habe mit Veredlungen auf *D. longilobata,* die ich einerseits von Hillier bezog und andererseits selbst durchführte, große Probleme gehabt, da sie sich in extremen Wintern als nicht hart erwiesen haben. Aus diesem Grund rate ich von der Verwendung von *D. longilobata* als auch *D. acutiloba* als Unterlagen ab. Selbst Veredelungen auf *D. pontica* haben bei mir im Container in normalen Wintern gelitten.

Oben links: *Helichrysum acuminatum* 'Album' im Alpinenhaus.

Oben rechts: *Halimium ocymoides* im Kasten.

Mitte links: *Iris caucasica* ssp. *turcica* am natürlichen Standort am Kopdag-Paß in der Nordosttürkei.

Mitte rechts: *Iris persica* im Alpinenhaus.

Unten links: *Iris rosenbachiana* im Alpinenhaus.

Unten rechts: *Hectorella caespitosa* im Kasten, Garten M. Kammerlander, Würzburg.

D. × **napolitana** Loddiges (*D. collina* × *D. cneorum*, aber nicht ganz geklärt). Gartenhybride, vor 1823. April–Mai, sporadisch während des Sommers. Dichtzweigiger, aufrechter, kompakter, immergrüner Strauch. Blätter eilanzettlich oder verkehrt-eiförmig, 2–3,5 × 0,5–0,7 cm. Blüten zu 6–8 (–16) in endständigen Köpfen, tiefrosa. Diese sehr schöne Hybride ist in fast allen Wintern im Freien unbeschädigt, eignet sich aber wegen des dichten, kompakten Wuchses und der reichen Blüte ausgezeichnet für die Kultur im Alpinenhaus, da sie hohe Sommertemperaturen gut verträgt.

D. odora Thunb. China, Formosa, seit langem in Ostasien in Kultur. Februar–April unter leichtem Schutz, Dezember bis März bei Kalthauskultur. Kahler, aufrechter, immergrüner Strauch bis 2 m. Blätter gegen die Triebspitzen zu gehäuft, lederig, schmal oval, 4–8 × 1,5–2,5 cm. Blüten in dichten endständigen Köpfen, selten mit zusätzlichen achselständigen Blütenständen, weiß oder rosa, auf der Außenseite immer rot überhaucht, außer bei f. *alba* (Hemsley) Hara. Diese sehr hübsche Art ist vor allem in der Sorte 'Aureo-marginata' weit verbreitet, diese ist auch meines Wissens die härteste, die selbst extreme Winter im Alpinenhaus gut übersteht. Der Blattrand ist bei dieser Sorte gelb eingefaßt, die rotpurpurnen Knospen öffnen sich innen reinweiß und duften herrlich. Die Vermehrung dieser Sorte erfolgt durch Stecklinge im Hochsommer, am besten unter Sprühnebel.

Nahe verwandt mit *D. odora* ist **D. kiusiana** Miq., sie zeichnet sich durch kleinere Blätter und Blüten aus, stammt aus Japan und bildet Beeren aus. Diese Art überstand den Winter 1984/85 in meinem geschützten Mistbeetkasten, in dem *D. bholua* erfror, litt im Frühjahr allerdings unter starkem Blattfall und erholte sich während des Jahres sehr zögernd.

D. oleoides Schreb. Im Mittelmeergebiet weitverbreitet, ausstrahlend bis zum W-Himalaja. April–Juni, häufig im Sommer noch ein zweiter, schwächerer Flor. Reichverzweigter, niedriger, immergrüner Strauch bis 50 cm. Blätter lederig, blau bereift, obovat bis elliptisch, 1–4,5 x 0,3–1,2 cm. Blüten in endständigen Büscheln zu 2–8,

---

Oben: *Iris iberica* ssp. *elegantissima* im Kasten.

Unten links: *Iris paradoxa* f. *paradoxa* (*I. paradoxa* f. *violacea*) im Alpinenhaus.

Unten rechts: *Iris kolpakowskiana* im Kasten im Botanischen Garten Graz.

cremeweiß bis weiß, manchmal außen rötlich, bei einigen Formen sich nicht öffnend. Beeren fleischig, orange.

Von dieser sehr variablen Art sind einige sehr kompakte Formen in Kultur, die besonders stark blau bereifte Blätter und eine dichte Verzweigung der Triebe zeigen. Leider öffnen gerade diese Formen ihre Blüten nicht, sondern bilden ihre Früchte kleistogam (ohne Öffnen) aus. In der gärtnerischen Praxis werden sie als var. **glandulosa** bezeichnet, mir ist unklar, ob sie mit der var. *glandulosa* (Bertol.) Keissl. übereinstimmen. Die Vermehrung durch Aussaat und Stecklinge ist leicht. Auch *D. oleoides* in fast allen Gebieten Mitteleuropas gut hart und wird nur wegen seiner Attraktivität in Alpinenhäusern gezogen.

D. papyracea Wall. ex Steud. emend. Smith et Cave. NW-Indien, Nepal, Pakistan, immergrüne Eichenwälder, 1700–3300 m. Dezember–Januar. Immergrüner Strauch bis 1,25 m, ähnlich *D. odora*. Blätter lederig, elliptisch oder verkehrt-lanzettlich, 5–12 (–16) × 1,5–3 cm. Blüten zu 3–10 (–12) in endständigen Köpfen, weiß oder grünlichweiß, nicht duftend. Beeren fleischig, rot oder orangerot, bis 1 cm groß. Ähnlich wie *D. bholua* zu behandeln, ist in einigen botanischen Gärten echt in Kultur und von dort als Saatgut zu erhalten. Muß unbedingt frostfrei, zwischen 2 und 5 °C, überwintert werden, hält im Alpinenhaus nicht durch. Dadurch daß diese Art nicht duftet, ist sie nur für den Sammler interessant.

D. petraea Leyb. Felsrösel. Norditalien, um den Gardasee, in Spalten von Kalkfelsen, 700–2000 m. April–Juni, manchmal im Sommer nachblühend. Sehr verzweigter, zwergiger, immergrüner Strauch bis 15 cm Höhe, dichte Klumpen oder Matten bildend, einige Formen mit ober- bzw. unterirdischen Ausläufern. Blätter lineal-lanzettlich, lederig, glänzend grün, 8–12 (–16) × 2–3 mm. Blüten zu (2–) 3–7 (–12) in endständigen Köpfen, leuchtendrosa, selten weiß. Besonders begehrt sind: 'Alba' mit weißen Blüten, 'Grandiflora' mit bis 16 mm breiten, leuchtendrosafarbenen Blüten, 'Plena' mit gefüllten, aber in vielen Jahren nicht aufgehenden Blüten.

Auch *D. petraea* ist in einer gut zu pflegenden Anlage ohne weiteres im Freien zu ziehen, wird aber besonders gerne im Topf im Alpinenhaus gezogen. Spontan konnte ich bei *D. petraea* nur selten Früchte beobachten, wohl entstehen solche aber leicht nach künstlicher Bestäubung. Sie sind 3–5 mm lang und grünlichweiß gefärbt und erinnern stark an Ameisenpuppen. Sie werden noch vor dem Abfallen von den Ameisen »geerntet« und verschleppt. Die Tiere fressen das halbsaftige Beerenfleisch weg und lassen die Samen liegen, unterliegen also keiner Verwechsung wegen der Fruchtform.

D. sericea Vahl. Italien, Sizilien, Kreta, Türkei, Syrien, Kaukasus, steinige Plätze. Macchie, lichte Kiefernwälder, 0–1800 m. April–Mai und manchmal nochmals im Herbst. Lockerer, stakiger, immergrüner Strauch bis 1 m Höhe. Blätter verkehrt-eiförmig, lanzettlich oder schmal-elliptisch, 1,5 × 0,4–1,2 cm. Blüten in endständigen Büscheln zu 5–15, rosa, stark duftend. Beeren fleischig, rot bis orangerot. Diese Art ist zweifellos mit *D. collina* nahe verwandt, in den kultivierten Formen aber leicht zu unterscheiden. Die Pflanzen sind lockerer und stakiger, die Blätter sind schmäler und zugespitzt, die Blüten stehen in armblütigeren Köpfen. Gärtnerisch fällt *D. sericea* vor allem durch den reichlichen Samenansatz und die geringere Winterhärte auf. Die Art kann in Mitteleuropa nur an günstigsten Stellen im Freiland gezogen werden und übersteht strenge Winter nicht. Neben der üblichen kultivierten Form ziehe ich auch solche aus der Türkei und Kreta, die sich nicht wesentlich unterscheiden.

Es gibt sehr kompakte Formen, die als *D. vahlii* Keissl ungerechtfertigt Artstatus erhielten. Ich erhielt einmal Edelreiser aus Kreta, die der Beschreibung von *D. vahlii* entsprachen, konnte diese aber nicht weiterbringen.

Daphne-Arten in gutem Zustand in Kultur zu besitzen, ist der Traum vieler Pflanzenliebhaber und auch für mich eine ständige Herausforderung. Die Pflanzen sind in Kultur nicht immer langlebig und werden oft vom plötzlichen »Schlagtreffen« (Apoplexie) dahingerafft. Aus diesem Grund ist es für jeden Kultivateur von *Daphne* wichtig, ständig junges Material vorrätig zu haben, so die alten Pflanzen plötzlich absterben sollten.

Die Vermehrung durch Veredelung ist im allgemeinen Teil ausreichend und auch genau beschrieben. Nochmals möchte ich darauf hinweisen, daß die Veredelung bei *Daphne* meines Erachtens immer eine »Ammenpfropfung« sein sollte, d. h. es muß dem Edelreis die Möglichkeit gegeben werden, selbst Wurzeln zu bilden, sich »frei zu machen«. Aus diesem Grund lehne ich Hochpfropfungen und das Verstreichen des gesamten Veredlungskopfes ab. Es sollte immer so tief veredelt werden (aus diesem Grund müssen die Unterlagen auch bei der Veredlung ausgetopft werden), daß die Veredlungsstelle unter dem Bodenniveau liegt, ich verstreiche Veredlungen auch immer so, daß sich der Raffiabast (ich verwende für diese Veredlungen keine Kunststoffmaterialien) an der Rückseite der Unterlage zersetzen kann. Für die Vermehrung wildgesammelten Materials, welches z. B. während der Blüte gesammelt wurde, gibt es noch immer keine Alternative zur Veredlung. Besitzt man eine gut funktionierende Vermehrung, so sind Versuche mit der Stecklingsvermehrung von *Daphne* angebracht. Diese können nun entweder halbhart (etwa Ende Mai–Mitte Juni) oder hart (Ende Juli–Mitte August) und ohne oder mit Zunge durchgeführt werden. Es kann auch günstig sein, die Stecklinge seitlich zu verwunden, damit die verwendeten Wuchsstoffpuder besser wirken können.

Wichtig erscheint es mir auch, auf die Samenvermehrung hinzuweisen. Manche Arten, wie *D. collina* oder *D. petraea*, bilden von sich aus, d. h. spontan, selten Früchte aus. Fruchtansatz ist aber unschwer nach künstlicher Bestäubung zu erreichen. Zu diesem Zweck werden die Blüten der günstigerweise im Topf gezogenen Pflanzen durch vorsichtiges Ziehen an jeweils zwei nebeneinanderliegenden Blumenkelchzipfeln bis zum Grunde geteilt und dann schräg nach unten ziehend, vollkommen entfernt. Bei manchen Arten reißen die Kelchzipfel ab, bei diesen müssen die Kelche mit einer Rasierklinge oder einem scharfen Messer vorgespalten werden. Die Bestäubung erfolgt mit der Pinzette. Man betupft die kugelige Narbe mit einer zusammengeschlagenen Kelchröhrenhälfte. Die Ernte solcher durch künstliche Bestäubung erzeugter Früchte ist besonders schwierig. Bei spontanem Fruchtansatz zeigen z. B. *D. arbuscula*, *D. cneorum* oder *D. petraea*, deren Früchte ja sehr bald abfallen, kurz vor der Vollreife ein plötzliches Vergrößern der Beere, welche die eingetrocknete Kelchröhre sprengt. Ist diese Volumensvergrößerung zu erkennen, ist der richtige Erntezeitpunkt gekommen. Entfernt man die Kelchröhre im Zuge der künstlichen Bestäubung, so ist die Volumensvergrößerung zum Reifezeitpunkt nicht ohne weiteres zu erkennen, und man verliert kostbare Früchte durch Abfallen bzw. in weiterer Folge durch Ameisenverschleppung. Hier hilft nur die tägliche Beobachtung zum kritischen Zeitpunkt.

Nach der Ernte wird das Fruchtfleisch der Beeren, auch das bei weniger fleischigen Beeren, wie bei *D. petraea*, sofort und zur Gänze entfernt und die schwarzen, tropfenförmigen Samen sofort ausgesät. Nach meiner Erfahrung können manche Samen bereits im Herbst keimen, die anderen folgen im Frühling.

Die Substrate für die Kultur von *Daphne* im Topf müssen einerseits durchlässig, andererseits aber feuchtigkeitshaltend sein. Es ist kaum ein größerer Schaden anzurichten, als wenn im Topf gezogene Seidelbast ballentrocken werden. Die Mischungen müssen den Kultur- und Gießgewohnheiten des entsprechenden Pflegers angepaßt werden.

Zum Schluß möchte ich noch darauf hinweisen, daß es innerhalb der Gattung *Daphne* eine Vielzahl von natürlichen und auch künstlichen Bastarden gibt, die Affinität der Pflanzen untereinander also sehr groß ist. Es ist eine sehr lohnende Tätigkeit, *Daphne*-Arten und -Hybriden zu sammeln und zu pflegen und daneben ständig Samenanzucht zu betreiben und dieses oder jenes Kreuzungsexperiment durchzuführen. So hatte ich schon Jahre, bevor ich meinen ersten *D. × hendersonii (D. cneorum × D. petraea)* in der Natur fand, die Kombination im Garten durchgeführt. Wie groß ist die Freude, wenn dann die wildgesammelten Pflanzen mit der in Kultur erzielten Hybride übereinstimmen.

Degenia Hayek, Degenie, Cruciferae

Eine Art im nordwestl. Jugoslawien. Staude mit sternförmigen Haaren. Kelchblätter aufrecht, die inneren an der Basis etwas ausgesackt. Blütenblätter gelb, lang genagelt. Frucht eine elliptische Schote mit nur 4 großen, breit geflügelten Samen.

D. velebitica (Degen) Hayek. Polsterförmige, silbergraue Staude mit zahlreichen nichtblühenden Rosetten. Stengel bis 10 cm. Blätter wenige, lineal-lanzettlich, beiderseits durch Schülferschuppen silbergrau, 20–24 × 2,5 cm, ohne Blattstiel. Blüten 12–15 mm, leuchtend zitronengelb, zu 6–20 in gedrängten Trauben, die zu Blütebeginn wie Dolden wirken. Früchte ähnlich denen von *Fibigia*. Mai–Juni.

Seltene, aber durch die zitronengelben Blüten und das graue Laub auffällige und hübsche Pflanze. Winterlicher Nässeschutz durch aufgelegte Glasscheiben ist angebracht oder Pflanzung in Löcher von Kalksteintuff. Kultur in durchlässigem, steinigen Boden in voller Sonne, kalkliebend. Vermehrung durch Aussaat leicht. Bei der Samenernte können die ganzen Triebe ausgezupft werden, ohne die sehr zerbrechlichen Pflanzen zu zerstören. An zusagenden Stellen kam es bei mir im winters geschützten Steinbeet zu Selbstaussaat.

Delosperma N. E. Br., Aizoaceae

Etwa 120 Arten in S-Afrika. Ausdauernde, strauchige oder aus rübenartiger Wurzel kommende stengellose und klumpenartige Pflanzen mit lineal-lanzettlichen bis kurz-walzenförmigen, oder auch 3kantigen, meist papillösen Blättern.

D. cooperi (Hook. f.) L. Bol. (*D. brunnthaleri* hort. non (A. Berger) Schwantes ex Jacobsen). S-Afrika: Oranje-Freistaat. Juni–Frost. Im Winter bis auf den verholzten Mittelteil zurücksterbend, im Frühjahr wieder rasch Triebe entwickelnd, die bis zum Herbst 30–40 cm lang werden und die 10–15 cm hohe Pflanze aufbauen. Blätter 4 cm lang, im Querschnitt rundlich, Blattoberfläche schuppig (an Eidechsenhaut erinnernd). Blüten bis 3,5 cm groß, purpurrot, seidig glänzend, nur bei Sonne geöffnet. Eine kleinerblütige Form mit weniger intensiv gefärbten Blüten ist als *D. brunnthaleri* im Handel.

Nach Auskunft von H. Simon, Marktheidenfeld, haben sich auch noch andere *Delosperma*-Arten bewährt, wenn auch keine so hart ist wie *D. cooperi*. Etwas weniger hart sind: **D. aberdeenense** L. Bol. und **D. abyssinicum** (Regel) Schwantes, noch empfindlicher sind **D. ecklonis** (Salm-Dyck) Schwantes und **D. lineare** L. Bolus, die letztere mit purpurnen Blüten, aus dem Basutoland, nicht zu verwechseln mit *D. lineare* hort.

D. cooperi überdauert im Freiland auch strengste Winter, so den 1984/85, wenn im Herbst auf die Pflanze etwa 8–10 cm trockener Torf aufgestreut wird. Außerdem kommt es immer wieder zur Selbstaussaat, wodurch die Art härter erscheint. Der Standort muß vollsonnig sein, der Boden durchlässig und nicht zu gedüngt. Die Vermehrung erfolgt durch Stecklinge bzw. Aussaat.

D. dyeri L. Bolus (*D. lineare* hort. non L. Bolus, *Mesembryanthemum* othonna hort.). S-Afrika: Kapgebiet, Alice District. Juni–Frost. Bildet niederliegende Matten. Blätter fleischig, bis 25–30 mm lang, im Querschnitt kreisförmig. Blüten gelb.

Sehr hart und wüchsig. Vermehrung durch Teilung leicht. Die Identität dieser Art ist nicht vollkommen geklärt, sie wird auch als *D. nubigena* bezeichnet, ich sah kein Herbarmaterial.

Delphinium L., Rittersporn, Ranunculaceae

Etwa 420 Arten in der nördl. gemäßigten Zone, Vorder- und Mittelasien, nach Süden bis in die Gebirge des tropischen Afrikas vordringend. Einjährige (Untergattung *Consolida*) oder ausdauernde Kräuter (Untergattung *Delphinium*), manche staudige Arten mit knollig verdickten Wurzeln. Blätter dreizählig bis handförmig gelappt oder geteilt, selten keilförmig. Kelch fünfteilig, bunt, am Grund miteinander verwachsen, das obere in einen Sporn verlängert. Honigblätter zwei, häufig auch zwei nektarlose Staminodien, die ebenfalls kronblattartig sind. Staubblätter zahlreich. Balgfrucht.

D. cardinale Hook. S-Kalifornien, unter Sträuchern, auf Mesas, bis 500 m. Juli–August. 60–90 cm hoch. Grundständige Blätter bis 20 cm breit, in 5–7 schmal-linealische Zipfel geteilt. Stengel beblättert. Trauben 15–35 cm lang. Blüten scharlachrot und gelb. Etwas empfindlicher als *D. nudicaule*, muß aber nicht frostfrei überwintert werden.

D. menziesii DC. West. Nordamerika, weit verbreitet, bis 2200 m. Mai–Juni. Wurzelknollen rundlich oder länglich. Stengel 15–30 cm hoch, schon vom Grund verzweigt. Blätter doppelt handförmig geteilt, Zipfel linealisch. Traube bis 15 cm lang, wenigblütig. Blüten reinblau.

D. muscosum Exell et Hillc. Bhutan. Mai–Juni 15 cm hoch. Grundständige Blätter doppelt handförmig geteilt, Zipfel breit. Stengel 10 cm hoch, 2–3blütig. Blüten trübviolett mit dunkelbraun. Diese Art braucht während des Sommers keine Ruheperiode und wird hier nur deshalb angeführt, weil sie besonders gerne von Schnecken befallen wird und deshalb besser im Alpinenhaus, aber kühl, feucht und absonnig, steht. Bei weitem nicht so hübsch, wie manche Abbildungen vermuten lassen.

D. nudicaule T. et G. Westl. N-Amerika, neben Bächen und auf im Frühjahr feuchten felsigen Rücken, bis 2700 m. Mai–Juni. Blätter etwas sukkulent, 3–5teilig, mit breiten Zipfeln. Stengel 30–60 cm, bräunlich, unbeblättert. Trauben wenigblütig.

Blüten rot mit gelb, die Petalen sind teilweise oder gänzlich gelb. Dazu die besonders schöne var. **luteum** Jepson *(D. luteum* Hel.) mit hellgelben Blüten, ohne bräunlichen Stengel, und var. **aurantiacum** Voß mit orangefarbenen Blüten, ebenfalls ohne bräunlichen Stengel.

Von *D. nudicaule* sind verschiedenste Formen in Kultur, aus wildgesammelten Samen erzielt man auch dunkelrote bzw. kräftiger wachsende Exemplare. Diese Art ist im Freien möglich, benötigt aber einen sonnigen Standort und durchlässig, steinige Substrate. Die Blätter erscheinen schon im Spätherbst und müssen vor Wintersonne geschützt werden, ebenso ist ein Schutz vor übergroßer Winternässe angebracht. Die Kultur im Container oder Alpinenhaus ist leicht. Saatgut wird reichlich angesetzt und läuft willig auf.

D. pauciflorum Nutt. Westl. USA, montan bis alpine, bis 3000 m. Ähnlich *D. menziesii,* aber Blätter nur einfach handförmig geteilt, Blüten blau bis rosapurpurn.

D. purpusii Bdg. Kalifornien, Greenhorn Range, an felsigen Hängen. Ähnlich *D. nudicaule,* aber Stengel beblättert und Blüten purpurrot oder trübrosa, abgeblüht lavendelfarben.

D. trollifolium Gray. Westl. USA, nahe der Küste, auf feuchten Böden in Wäldern. Juni–Juli. Ohne Knollen. Bis 60 cm hoch. Blätter im Umriß breitrundlich, 5–7teilig mit keilförmigen Zipfeln. Traube locker bis dicht. Blüten tiefblau.

D. uliginosum Curran. Kalifornien, feuchte, schotterige Bachläufe, Wasserrinnen auf felsigen Hängen. Mai–Juni. Bis 60 cm. Blätter keilförmig-fächerig, bis 15 cm lang, davon die Hälfte als dünner Blattstiel, die ersten Blätter nur gezähnt, die späteren geschlitzt. Blüten in Trauben, blau oder selten rosa. Durch die ungewöhnliche Blattform vollkommen anders als andere *Delphinium.*

Die angeführten Rittersporn-Arten benötigen mit Ausnahme von *D. muscosum* von Juli bis September–Oktober eine ausgesprochene Ruhezeit, während der sie möglichst trocken gehalten werden sollen. Dabei können die rotblühenden Arten und die knollentragenden blaublühenden Arten trockener gehalten werden. Die Substrate sollen sehr durchlässig sein, ich setze mit bestem Erfolg Schamotte bei. Die Vermehrung durch Aussaat ist leicht, in vielen Fällen keimen auch spät ausgesäte Samen ohne Überliegen.

Diascia Link et Otto, Diascie, Scrophulariaceae

Etwa 42 Arten in Südafrika, nicht in Transvaal. Zarte, ausgebreitete oder aufrechte, manchmal steife Kräuter, ein- oder mehrjährig, mit gegenständigen oder an der Basis rosettigen Blättern, die oberen manchmal wechselständig, einfach oder fiederig. Blüten in achsel- oder endständigen Trauben. Kelch 5teilig. Kronröhre sehr kurz oder fehlend. Kronsaum flach oder konkav, 2lippig und 5lappig, im Schlund mit 2 sack- oder schlauchartigen Vertiefungen (Blüten daher an offene, aber 2spornige *Linaria*-Blüten erinnernd), purpurn, rosa oder kupferfarben. Staubblätter 4. Kapsel stumpf, 2lippig.

D. barberae Hook. f. S-Afrika. Juli–September. Schlankes, aufrechtes Kraut, 25–30 cm. Untere Blätter gestielt, die oberen sitzend, eiförmig, abgestumpft, stumpf gesägt. Blüten in endständigen, aufrechten Trauben, 1,5–2 cm groß, rosa.

D. cordata N. E. Br. Östl. S-Afrika, Natal, Drakensberg-Gebiet. Juli–September. Stark verzweigte Pflanze mit kahlen, niederliegenden oder aufrechten, im Querschnitt 4kantigen Stengeln, 20–25 cm hoch. Blätter gegenständig, eiförmig, scharf gesägt, beiderseits grün, etwas bläulich überhaucht, kurz gestielt, 12–30 × 8–20 mm. Trauben endständig und in den oberen Achseln, schlank, wenig- bis vielblütig, 5–20 cm lang. Blütenkrone rosa, 12–18 mm breit und etwas mehr hoch, mit 2 Spornen. Dazu noch der Bastard mit *D. barberae*, 'Ruby Field', 30–40 cm, sehr reichblühend, Blüten leuchtend lachsrosa.

D. rigescens E. Mey. ex Benth. S-Afrika. Juni–September. Stark verzweigt mit niederliegenden, am Ende aufstrebenden Stengeln. Blätter gegenständig, rundlich, gekerbt, beiderseits grün, 20–45 × 15–25 cm. Trauben end- und seitenständig, vielblütig, bis 30 cm lang. Blütenkrone rosa, 12–18 breit und etwas höher.

Diascien sind allesamt sehr gute Sommerblüher, doch nur *D. cordata* ist in günstigen Gebieten einigermaßen hart. Besser ist es, bewurzelte Stecklinge frostfrei zu überwintern und diese im Frühling frisch auszupflanzen. Sie gedeihen in jedem durchlässigen Gartenboden in voller Sonne und werden an sonnigen Stellen im Steingarten, als Sommerbepflanzung über Blumenzwiebeln und in Trögen, aber auch im Alpinenhaus verwendet.

In England sind weitere Arten in Kultur genommen worden, so *D. anastrepta*, *D. fetcaniensis*, *D. integerrima* und *D. vigilis*. Literatur: Benham, S. (1987): Diascia – a Survey of the Species in Cultivation. The Plantsman 9 (1): 1–17. Kelly, J. (1987): Diascia 'Ruby Field'. The Plantsman 9 (2): 128.

Dicentra Bernh. Tränendes Herz, Papaveraceae

Etwa 15 Arten, von W-China bis nach N-Amerika. Stauden mit fleischigem Rhizom oder knolligem Wurzelstock. Blätter vielfach nur grundständig, doppelt fiederteilig und gelappt, oft blaubereift. Kelchblätter 2, sehr klein und hinfällig. Sepalen 4, sehr ungleich: die beiden äußeren frei oder nur am Grunde verwachsen, groß, oft am Grund gespornt oder sackig vorgezogen, die beiden inneren aufrecht, klein, an der Spitze zusammenhängend, am Rücken geflügelt oder gekielt. Blüten rot, gelb oder weiß, in end- oder blattachselständigen Trauben, oft wenigblütig.

D. pauciflora Wats. Kalifornien, alpin, 3000–3300 m. April–Mai. Blätter doppelt fiederteilig und gelappt. Blütenstände bis 12 cm hoch, 1–3blütig. Blüten weiß oder fleischfarben, äußere Petalen mit sackartigem Sporn, der obere Teil lineal-länglich, zurückgekrümmt oder weit gespreizt, innere Petalen schmal. Zieht relativ bald nach der Blüte ein. Leider ist von dieser Art ein Klon verbreitet, der nicht oder nur sehr selten blüht und sich dafür gut vermehrt und in großer Zahl die Wurzelknollen bildet.

D. peregrina (Rudolphi) Makino (*D. pusilla* Sieb. et Zucc., *D. peregrina* var. *pusilla* (Sieb. et Zucc.) Makino). O-Asien, Japan: Hokkaido, Honschu, Sachalin, Kurilen, Kamtschatka, O-Sibirien, meist auf Vulkanschutt und Schlackenböden. April–Juni. Bläuliche, kahle Staude mit kurzem, aufrechten Rhizom und fleischigen, tiefgehenden Wurzeln. Blätter grundständig, gestielt, feingeteilt, Abschnitte 2–6 mm lang und 1 mm breit. Blütenstände 5–15 cm hoch, vielblütig. Blüten 20 mm lang und 12 mm breit, rosa, selten reinweiß.

D. peregrina hat unter Alpenpflanzenliebhabern eine fast legendären Ruf. Da ist zum ersten die Tatsache, daß die Art sehr schwierig zu erhalten ist. Pflanzen werden meines Wissens nur von einer oder zwei japanischen Gärtnereien angeboten. Meiner Erfahrung nach ist nun die Aufzucht aus Samen leicht, wenn die Samen mit Gibberellinsäure (1000 ppm) für 24 Stunden behandelt werden. Das Saatgut, welches man erhält, ist alt und geht ohne diese Behandlung meiner Erfahrung nach nicht auf. Die Sämlinge erscheinen erst im Frühjahr nach dem Aussaatjahr, brauchen also noch einen Winter. Nach weiteren zwei Jahren blühen sie.

Die Kultur erfolgt in durchlässigen Mischungen, schotterig-sandig, am besten unter Schutz, d. h. unter einer Glasplatte, im Kasten oder im Alpinenhaus, jedenfalls ist dieser Schutz bei übergroßer Nässe angebracht. Im Frühjahr, wenn die Pflanze sich sehr rasch entwickelt und ihre Blüten ausbildet, darf zu keiner Zeit Trokkenheit im Substrat auftreten, da sonst die Pflanzen sehr leiden, andererseits ist übergroße Bodenfeuchtigkeit, hervorgerufen durch zu dichtes Substrat, besonders im Sommer die Hauptursache für das Absterben der Pflanzen. In Kultur existieren Bastarde zwischen *D. peregrina* und amerikanischen Hybriden, die wesentlich leichter gedeihen, aber ebenfalls besser unter Schutz gepflegt werden.

D. uniflora Kell. Westl. USA, steinige Hänge, 2000–3800 m. April–Mai. Knollige Wurzel. Blätter zweifach fiederteilig und gelappt, Zipfel oblong. Schäfte bis 8 cm hoch, 1–2blütig. Blüten weiß oder rosa, oberer Teil der äußeren Petalen sehr schmal, zurückgekrümmt, innere Petalen löffelförmig, mit schmaler Basis. Gesamteindruck der Blüte wasserbüffelkopf-ähnlich (»Steers Head«).

D. pauciflora und *D. uniflora* werden am besten im Zwiebelkasten, in durchlässigen, schotterigen Mischung, gezogen und während des Sommers sehr trocken gehalten. *D. uniflora* ist außerordentlich schwierig zu erhalten. Die Vermehrung erfolgt durch Aussaat (Samen werden aber sehr selten angeboten, da sie sehr schwer zu sammeln sind) oder Teilung der Wurzelknollen während der Ruhezeit. Samen von *Dicentra* sind sehr druckempfindlich und müssen für den Postversand besonders geschützt werden.

Dichelostemma Kunth, Liliaceae

6 Arten im westl. N-Amerika. Nahe verwandt mit *Brodiaea*, wie diese mit 3 staminodialen, unfruchtbaren Staubblättern, unterschieden durch an der Blattbasis gekielte, nicht runde Blätter.

D. ida-maia (Wood) Green (*Brodiaea ida-maia* (Wood) Greene). N-Kalifornien, Oregon, im *Sequoia sempervirens*-Wald auf offenen grasigen Plätzen, 300–1200 m. Juni. Blätter 3, zur Blütezeit gewöhnlich schon verwelkt, 30–50 cm × 4–8 mm. Blütenschaft bis 90 cm, mehrblütig. Blütenstiele 1–5 cm. Blumenkrone röhrig, leuchtendrot. Blütenstiele 1–5 cm. Blumenkrone röhrig, leuchtendrot, mit 6 gelben, zurückgeschlagenen, kurzen Zipfeln, 3 cm lang.

D. pulchella (Salisb.) Heller (*Brodiaea pulchella* Greene). W-Kalifornien, S-Oregon, auf Ebenen und Hängen, bis 1800 m. Juli–August. Blätter 1–3, zur Blütezeit gewöhnlich schon etwas angewelkt, 15–40 cm × 5–12 mm. Blütenschaft 30–60 (–90) cm, wenig- bis vielblütig. Blütenstiele kurz, 5–15 mm, dadurch Blütenstand gedrängt erscheinend. Blüten 1,5 cm lang und ebenso breit, kräftig lilablau, von breiten, purpurnen Hochblättern umgeben.

D. volubilis Heller (*Brodiae volubilis* (Morière) Baker). Kalifornien, auf schweren und steinigen Böden, unter 800 m. Juni–Juli. Blätter wenige, 30–70 cm × 8–14 mm, zur Blütezeit schon schlaff. Blütenschaft 50–150 cm hoch, im oberen Bereich windend. Blütenstiele 1–4 cm. Blüten lilarosa, 7 mm lang, in dichtblühenden, bis 8 cm breiten Dolden.

Die Kultur von *Dichelostemma* gleicht der von *Brodiaea,* sie sind wie diese in den meisten Gebieten Mitteleuropas im Freien nicht zu ziehen, sondern gehören in den Zwiebelkasten oder das Alpinenhaus. Alle brauchen im Sommer eine Trockenperiode. Die Vermehrung erfolgt durch Aussaat, bei Frühjahrsaussaat liegen sie gerne über. Bis zur Blüte vergehen 4–6 Jahre.

Dichosciadium Domin, Umbelliferae

Monotypische Gattung:

D. ranunculaceum (F. Muell.) Domin. Australien, N. S. W., Tasmanien, im Gebirge, an feuchten, sumpfigen Stellen. Rosettenstaude. Blätter breit-oval, 3–5lappig, tief gezähnt, 1,5–3 × 1,5–3,5 cm, eine bis 20 cm breite Rosette bildend. Blütenstiele kürzer als die Blattstiele, aufstrebend bis niederliegend. Dolden einfach, 3–6blütig. Blüten 5–10 mm groß, weiß.

Feuchtigkeitsliebende Zwergstaude der australischen und tasmanischen Gebirge, noch wenig versucht, aber augenscheinlich gut hart. Vermehrung durch Aussaat (frische Früchte sehr von Vorteil, sonst zweimaliges Überliegen und wenig Aufgang).

Dierama K. Koch, Trichterschwertel, Iridaceae

15–30 Arten in S-Afrika. Knollenpflanzen mit tiefsitzender Knolle und linealischen, sehr zähen Blättern. Blüten 6teilig, nickend, an haarfeinen Blütenstielen an drahtigen überhängenden Blütenständen. Blüten von trockenhäutigen Hochblättern umgeben. Kapsel rundlich, vielsamig.

D. pendulum (L. f.) Baker. Gebirgspflanze des östl. tropischen Afrika, von Äthiopien bis Rhodesien. Ähnlich *D. pulcherrimum,* aber Blüten kürzer als 3 cm, hellrosa.

D. pulcherrimum (Hook. f.) Baker. Östl. Kap, Natal, Transvaal und Lesotho. Juli–August. Bis 150 cm hoch. Blätter immergrün, 100 × 1–1,2 cm, zugespitzt. Blüten in hängenden Rispen oder Trauben, tief violettpurpurn, rosa, auch weiß, 3–5 cm lang. Zwergige Formen dieser Art werden auch als *D. pumilum* angeboten, sie erreichen etwa 40–50 cm.

Dierama werden wegen ihrer zarten, überhängenden Blütenstände in der Heimat als »Angels Fishing Rod« (Engel-Angelrute) bezeichnet. Die Pflanzen sind überraschend hart und halten unter leichtem Schutz sehr gut durch. Die härtere Art ist bei mir *D. pendulum,* welche unter dem Schutz eines Agrylvlieses selbst den Winter 1984/85 überstand und im Sommer ihren 100 cm hohen Blütenstand brachte, *D. pulcherrimum* und *D. pumilum* sind empfindlicher und leiden, trotz aufgebrachter Decke aus trockenem Torf, nach strengen Wintern sehr. Sie treiben verspätet aus, erholen sich zwar wieder, aber blühen in diesem Jahr nicht. Folgen zwei strenge Winter hintereinander, so sterben sie im Freiland ab. Die im Frühjahr oft braunen, lederigen Blätter dürfen nicht herausgezogen werden, da sie eigentlich immergrün sind, man verletzt dabei die Knolle. Die Vermehrung durch Aussaat ist leicht, in England sind auch Namenssorten in verschiedenen Farben im Handel erhältlich. Die Sämlinge werden im ersten Winter im geschützten Kasten überwintert und erst dann ausgepflanzt, die erste Blüte erscheint meist im dritten Jahr nach dem Aufgang, bei Freilandkultur. In besonders ungünstigen Lagen können *Dierama* auch in Gefäßen gezogen werden, die im Keller überwintert werden. *Dierama* brauchen im Sommer keine Bodentrockenheit.

Digitalis L., Fingerhut, Scrophulariaceae

20–30 Arten in Europa, dem Mittelmeergebiet und den Kanaren. Kurzlebige Stauden, Stauden oder Halbsträucher mit ungeteilten meist ganzrandigen Blättern. Blüten glockig oder röhrig-glockig, in meist langgestreckten, meist einseitswendigen Trauben.

D. dubia Rodr. Balearen: felsige Hänge, Wälder und Gesträuch, kalkliebend. Juni–Juli. Ähnlich *D. purpurea* ssp. *purpurea*, aber staudig, nur 50 cm hoch und mit langbehaarten Blättern. Blätter überwiegend grundständig. Blüte. 3,5–4 cm lang, rot bis rosarot, außen haarig. Besser mit Schutz, aber sehr versuchswert.

D. obscura L. O-, Z- und S-Spanien: an buschigen und felsigen Plätzen. Mai–Juni. Kahler Strauch, 30–120 cm. Sproß unter meist blattlos, oben dicht beblättert, niederliegend oder aufrecht. Blätter lineal-länglich bis lanzettlich, ganz oder gesägt, lederig, glänzend. Trauben länglich. Krone 2–3 cm lang, orangegelb bis braun, genetzt oder gefleckt.

Sehr schön und unter Schutz gut hart. Es gibt in der Heimat Populationen, die wesentlich niedriger sind. Diese werden als 'Dwarf populations' angeboten und sind besonders empfehlenswert. Leichter Schutz in milden Gegenden ermöglicht auch Freilandkultur.

Meine Erfahrungen mit *D. dubia* sind erst sehr gering, die Pflanzen fallen vor allem durch die hübsche silberige Behaarung auf. Es soll auch Unterarten von *D. purpurea* mit weißfilzigen Blättern geben (ssp. *hernandezii*), doch sind diese leider nicht in Kultur.

Dionysia Fenzl, Dionysie, Primulaceae

Etwa 40 Arten in der SO-Türkei, Afghanistan, W-Pakistan, Iran, Rußland (Pamir) und Oman. Gebirgspflanzen, bewohnen schattige Felsen, meist auf Kalk, zwischen 450 und 4300 m. Halbsträucher mit zumeist holziger Basis, lockere Büsche, kompakte Klumpen oder dichte Polster bildend. Sprosse mit den toten, aber dauernden Blättern bedeckt. Blätter sehr unterschiedlich, von winzig und schuppenähnlich, dicht dachziegelig-schuppig gestellt, bis primelähnlich, oft revolut. Meist wechselständig, bei einigen Arten aber in Knäueln. Manchmal zwei Typen von Blättern, die der blühenden Triebe kleiner und stark revolut, die der vegetativen Sommersprosse größer und flach (z. B. bei *D. aretioides*). Blütenstände sehr verschieden: langschäftig mit mehreren Quirlen, kurzschäftig mit einem Quirl oder Blüten einzeln an kurzen, nicht sichtbaren Stielen. Kelch und Blütenkrone fünfteilig. Blütenkrone mit langer Röhre. Blüten gelb, rosa oder violett, heterostyl.

Hochinteressante Gattung für den Alpenpflanzenliebhaber, zwischen *Primula* und *Androsace* bzw. *Douglasia* stehend. Durch intensive Sammeltätigkeit wurden die Kenntnisse über diese Gattung in den letzten Jahren stark vermehrt, z. Z. sind etwa 25 Arten in Kultur. Nachdem das Sammeln von Pflanzen im Iran bzw. Afghanistan in den nächsten Jahren weiterhin unmöglich bzw. sehr stark erschwert sein wird, gilt es nun, diese hochinteressanten Pflanzen in Kultur zu halten. Ich erwähne jene Arten, die zur Zeit in England, aber auch in der Bundesrepublik, Schweden bzw. CSSR halbwegs regelmäßig bei fortgeschrittenen Liebhabern oder in botanischen Gärten in Kultur sind und die sich, immer auf die relative Schwierigkeit der Kultur der Arten, als kultivierbar herausgestellt haben. Die Blüten erscheinen gewöhnlich im März, April und Mai.

D. archibaldii Wend. Iran, Z-Zagros, N- und NW-gerichtetete Kalkfelsen, 4100–4300 m. Lockerpolsterig. Blätter revolut, behaart, eilänglich bis eilänglich-elliptisch, 4–7,5 mm lang, an den vegetativen Trieben flach, bis 10 mm lang. Blüten einzeln, violett, 10 mm groß.

D. aretioides (Lehm.) Boiss. Iran, Elburs, N-, W- und O-seitig gerichtete Felsen, oft sehr feucht (im Frühling!), 300–3200 m. Dichte, niedrige Polster, auch in der Kultur bis 30 und 40 cm breit. Blätter der blühenden Triebe revolut, eilänglich bis spatelförmig, 6 × 1,5 mm, mit langen Haaren bedeckt, unterseits mit weißem oder gelbem Mehlstaub. Blätter der vegetativen Triebe flach, doppelt so groß. Blüten einzeln, gelb, bis 15 mm groß. Davon einige Sorten, wie 'Gravetye', etwas lockerer, und 'Paul Furse', kompakter, beide überreich blühend. Leichteste Art, die auch mit geringem Schutz im Freien durchhält (Glasplatte, Vlies). Vermehrung durch Stecklinge relativ leicht, setzt sogar Samen an, die willig auflaufen und in einer Kulturperiode etwa 2 cm breite Sämlinge ergeben.

D. bryoides Boiss. S-Iran, um Schiras, sonnige oder schattige Höhlungen im Kalkfels, 1800–2400 m. Dichte, kompakte Polster. Blätter breit-oval bis spatelförmig, 2–3 mm lang. Blüten einzeln, rosa, 6–8 mm breit.

D. curviflora Bunge. S-Iran, um Taft, Spalten W-gerichteter Basalt- und Vulkanfelsen, 2700–4000 m. Dichte, kompakte, grüne oder graue Polster. Blätter spatelförmig oder eilänglich, bis 3 mm lang. Blüten einzeln, rosa, selten weiß, mit gelbem Auge, 6–8 mm breit. Diese Art wurde bereits vor dem 2. Weltkrieg von E. K. Ball eingeführt, dieser Typ bildet große, bis 30 cm breite Polster und zeichnet sich dadurch aus, daß selten Blüten angelegt werden. Die neueren Einführungen gedeihen nicht ganz so gut, blühen aber wesentlich reichlicher.

D. denticulata Wend. Z-Afghanistan, Spalten schattiger Kalkfelsen, 2700–3300 m. Lockerpolsterig. Blätter schmal-lanzettlich bis eilänglich oder spatelförmig, 3,5–8 × 2 mm, Rand gezähnt. Blüten einzeln, gelb, 8 mm breit.

D. diapensiifolia Boiss. S-Iran, schattige Kalkfelsen, 1900–2200 m. Große, dichte Polster bildend. Blätter sehr variabel, breit-verkehrt-eiförmig bis spatelförmig, etwa 8 mm lang, unterschiedlich gezähnt. Schäfte fehlend oder sehr kurz, 1–2blütig. Blüten gelb, 1 cm breit.

D. freitagii Wend. Afghanistan, N- und NW-gerichtete Kalkklippen, 800–1700 m. Flache, tiefgrüne Polster. Blätter elliptisch bis verkehrt-eiförmig oder rhombisch,

5–8 × 2–3 mm. Blüten einzeln, violett, Mitte dunkler, gelbes Auge, 8–12 mm breit.

D. involucrata Zapr. Pamir Alai, N- und NW-gerichtete Felsen, etwa 1000 m. Polster dicht. Blätter verkehrt-eiförmig bis spatelförmig, 4–12 × 2–6 mm (in der Jugend oft größer), Rand gezähnt, mit erhabener Nervatur. Schäfte bis 6 cm mit 1–2 Quirlen. Blüten rosa mit gelbem Auge, beim Verblühen um das Auge dunkler werdend, auch reinweiß, bis 14 mm breit. Leichter zu ziehende Art, die auch in der Kultur regelmäßig Samen ansetzt, außerdem entwickeln sich im Blütenstandsbereich Jungpflanzen, die abgesteckt bewurzeln.

D. lamingtonii Stapf. Iran, Zagros, S- und SW-gerichtete Kalkfelsspalten, 2850–2950 m. Dichte graue Polster. Blätter eilänglich bis eilänglich-spatelförmig, 2,5–3,5 × 1–1,5 mm, am Rand dicht haarig. Blüten einzeln, gelb, 6 mm breit.

D. michauxii (Duby) Boiss. S-Iran, schattige Kalkfelsspalten, 2200–2250 m. Dichte, silbergraue Polster, ähnlich *Androsace helvetica*. Blätter verkehrt-eiförmig bis spatelförmig, 3 × 1 mm. Blüten einzeln, gelb, 6 mm breit.

D. paradoxa Wend. O-Afghanistan, Konglomeratfelsen, 1000 m. Lockerbuschig. Blätter verkehrt-eiförmig, elliptisch oder spatelförmig, Randgezähnt, 20–45 × 20 mm. Schaft 2–7 cm mit 2–4 Quirlen. Quirle 2–4blütig. Blüten gelb, 12 mm breit. Eigenartige, den *Sphondylia*-Primeln nahestehende Art.

D. revoluta Boiss. S-Iran, Ritzen N-gerichteter Kalkfelsen, 1800–3000 m. Große lockere Polster bildend. Blätter der blühenden Triebe ausgebreitet, linealisch, bis 7 mm lang, revolut. Blätter der vegetativen Triebe flach, 18 × 6 mm. Schaft 1 mm lang, 1–4blütig. Blüten gelb, 10 mm breit.

D. tapetodes Bunge. Rußland (Kopet Dagh), Iran, Afghanistan, schattige Felswände, Kalk oder Dolomit, 1000–3000 m. Dichte, hellgrüne bis graue Polster. Blätter sehr verschieden, verkehrt-eiförmig oder spatelförmig, 2–4 × 1,5 mm, mit oder ohne Mehlstaub. Blüten einzeln, gelb, 6 mm breit. Die efarinosen (mehlstaubfreien) Typen wachsen sehr leicht, leiden aber im Sommer unter Welkekrankheiten. Die farinosen (bemehlten) Formen entwickelten sich bei mir langsamer, waren aber dauerhafter. Die Vermehrung durch Stecklinge ist unschwer, Samen wird, wenn mehrere Formen vorhanden sind, angesetzt.

D. teucrioides Davis et Wend. SO-Türkei, überhängende Kalkfelsen, im Schatten, 2000 m. Dichtbuschig. Blätter der blühenden Triebe eilänglich, 8–12 × 2,5–4 mm. Blätter der vegetativen Triebe flach, bis 27 × 11 mm. Schäfte 1–3 cm, 1–3blütig. Blüten gelb, 7 mm breit. Vom Botanischen Garten Göteborg wird eine sehr wüchsige Hybride aus *D. teucrioides* x *D. aretioides* vertrieben, die auch willig Samen ansetzt und gut aufgeht. Die ältesten und größten Polster dieser Hybride sind in diesem schwedischen Garten etwa 50 cm breit.

D. viscidula Wend. N-Afghanistan, schattige Spalten im Kalkfels, 1400 m. Lockere Polster bildend. Blätter schmal verkehrt-eiförmig bis spatelförmig, 5–8 × 2,5 mm, dichtdrüsig, mit erhabener Nervatur. Blüten einzeln, violett, 8 mm breit.

Die Blattgrößenangaben sind der unten angeführten Monographie entnommen. Meiner Erfahrung nach bilden fast die meisten Arten in Kultur größere bis wesentlich größere Blätter aus, vor allem, wenn die Pflanzen zu mastig gehalten werden. Mastiges Kultivieren ist aber nicht anzustreben, aus diesem Grund sollte den Substraten mehr Tuffgrus bzw. Schamotte beigefügt werden, damit die Pflanzen kompakter bleiben und nicht so anfällig für Grauschimmel werden.

Alle Arten, bis auf *D. aretioides, D. involucrata* und *D. tapetodes,* sind Pfleglinge für das Alpinenhaus oder den gut zu pflegenden Kasten. Sie werden in Töpfen oder Schalen, oder, versuchsweise, bei entsprechendem Pflanzenbestand, auch ausgepflanzt gezogen. Das Substrat muß sehr durchlässig und in den meisten Fällen kalkreich sein. Viele Arten sind gegen das Umtopfen, vor allem, wenn die Pflanzen schon größer geworden sind, recht empfindlich. Kultur hell, im Sommer aber nicht vollsonnig, zusätzlicher Schatten nach dem Umtopfen. Besondere Vorsicht ist beim Gießen geboten. Die meisten Arten wollen auch sommers sehr trocken gehalten werden, von Oktober–März wird nicht oder fast nicht gegossen. Nie auf die Polster gießen. Sehr empfehlenswert ist das Installieren von kleinen Ventilatoren, die ständig Luft auf die Polster blasen, es kann dann auch bei vollem Wachstum auf die Polster gegossen werden, was den Spinnmilbenbefall etwas drückt. *D. aretioides, D. involucrata* und *D. tapetodes* sind auch in intensiv gepflegten Steingärten am Platz und können auch in nicht zu sonnigen Trockenmauern, unter dem Schutz von vorkragenden Platten, verwendet werden.

Die Vermehrung durch Stecklinge erfolgt zumeist nach der Blüte. Als Bewurzelungsplatz empfehlen sich immer nur schattige, nordseitig gerichtete Räume, z. B. Fenster von Garagen. Sofort nach der Bewurzelung werden die Stecklinge einzeln in kleine Töpfe getopft und im Kasten eingesenkt. Es haben sich für diese Gattung Tontöpfe besser bewährt. Die Samen werden vor der Aussaat mit Gibberellinsäure behandelt und nach der üblichen Routine ausgesät. Haben die Sämlinge eine handhabbare Größe erreicht, werden auch sie einzeln getopft. Aussaat kommt üblicherweise nur für *D. aretioides, D. involucrata, D. tapetodes, D. teucrioides* und den Bastard *D. teucrioides* × *D. aretioides* in Betracht. Wildsamen sind meines Wissens zur Zeit nicht erhältlich, es wäre aber möglich, durch Kombination bestimmter Klone von einzelnen Arten einen Samenansatz zu erzielen. Die Samenkapseln sitzen bei *D. aretioides* tief im Polster. Im Botanischen Garten Brünn, CSSR, werden *D. aretioides* und *D. teucrioides* × *D. aretioides* stark zurückgeschnitten, damit die Polster eine handhabbare Größe behalten.

Literatur: C. Grey-Wilson: Dionysias. The Genus in the Wild and in Cultivation. Alpine Garden Society Publications (1970) und Supplement and Key (1976). C. Grey-Wilson: A survey of Dionysia in cultivation. The Plantsman 10 (2), 65–84, 1988.

Diplacus Nurr., Scrophulariaceae

Die Gattung *Diplacus* wird in der letzten Zeit immer unter *Mimulus* L. geführt. Da die 8–10 strauchartigen Arten aus dem westlichen Nordamerika in ihren Ansprüchen aber so gänzlich anders als *Mimulus* sind, verwende ich hier die überholte Gattungsbezeichnung. Trockenheitsliebende Sträucher mit gegenständigen, schmal-linealischen oder ovalen Blättern, deren Blattrand häufig nach unten gerollt ist, drüsig-klebrig. Blüten in den Achseln der oberen Blätter oder in durchblätterten Trauben, hell- bis dunkelorange bis kupferbraun, selten weiß.

D. aurantiacus Jepson (*Mimulus aurantiacus* Curt.). Westl. USA, steinige Plätze, unter 1000 m. Aufrechter, reich verzweigter Strauch, 60–120 (–200) cm hoch, drüsig-klebrig, Blätter eilänglich-lanzettlich oder elliptisch oder linealisch, 2,5–5 (–7) cm lang, dunkelgrün, Rand nach unten gerollt. Blütenstiele 5–16 mm. Blüten 2–3,5 cm breit, tief- bis gelborange. Juni–September.

D. longiflorus Nutt. (*D. grandiflorus* Greene, *M. longiflorus* (Nutt.) Grant). Kalifornien, verbreitet auf trockenen, steinigen Hängen, bis 1800 m. Juni–August. Stark verzweigter Strauch, bis 120 cm hoch. Blätter 2,5–8 cm lang, hellgrün, lanzettlich bis oblong. Blütenstiele 3–7 mm. Blüten 3–4,5 cm breit, orangegelb, manchmal tieforange bis goldbraun, selten beinahe weiß. Besonders die hellen Formen erinnern in ihrer Farbe an *Lewisia tweedyi.*

Keine der *Diplacus*-Arten überdauert nach meiner Erfahrung im Freien. Sie sind aber sehr schöne Kleinsträucher für das Alpinenhaus, wo sie durch die lange Sommerblüte sehr auffallen. Stehen sie im vollkommen ungeheizten Alpinenhaus, so sind sie kurzlebig, da nach drei Jahren ihre Wuchskraft nachläßt und sie empfindlicher werden. Am wenigsten hart ist *D. puniceus* Nutt. (*M. puniceus* (Nutt.) Steud.) mit orangeroten bis ziegelroten Blüten, die in vielen botanischen Gärten in Kultur ist und auch in manchen Gebieten Österreichs (Salzburg, nun auch Steiermark) als Fensterkastenblume verwendet wird. Härter sind wahrscheinlich andere Arten, so *D. clevelandii* (Bdg.) Greene, die einzige Staude der Gattung. Die Vermehrung durch Aussaat und Stecklinge ist leicht.

Diplarrhena Labill., Iridaceae

Etwa 3 Arten in Australien (Tasmanien, Victoria). *Iris*-ähnliche Stauden mit sehr kurzem Rhizom. Blätter alle grundständig, lang und flach. Sprosse aufrecht, einfach oder verzweigt. Blüten ziemlich groß, gestielt, in einer einfachen Traube oder kopfig, umgeben von zwei scheidigen Hochblättern. Perianth bis zum Fruchtknoten in sechs Segmente geteilt, die drei äußeren verkehrt-eiförmig, nach außen geneigt, das obere dachartig über die Blüte geschlagen (Regenschutz für den Blütenstaub), die drei inneren klein. Staubblätter 3, das obere ohne Anthere und kurz, die beiden anderen ungleich. Narbenlappen groß, blattartig, einer größer als die zwei anderen. Kapsel länglich. Samen rundlich, abgeflacht.

D. latifolia Benth. Tasmanien. Stengel über 50 cm, Blätter 12–20 mm breit. Blüten blau und gelb gefleckt. Wenig hart, besser frostfrei (5 °C).

D. moraea Labill. Australien: Neusüdwales, Victoria, Tasmanien. Stengel 20–50 cm, Blätter frischgrün, etwa 12 mm breit, hart. Blüten reinweiß, innere Blütenblätter bläulich mit gelb, 6 cm breit, an *Tigridia* erinnernd. Dazu 'Nana' (Halliwell 413), Tasmanien, Zwergform mit gelbbraunen Blättern, nur halb so hoch wie die Art. Juni–August.

D. moraea hält unter leichtem Nässeschutz während des Winters (hartplastikbedecktes Steinbeet) alle bis auf die strengsten Winter durch (–18 °C) und ist durch die lange Blütezeit eine sehr auffällige Pflanze. Kultur in durchlässigem, humosem Substrat in voller Sonne. Verwendung mit anderen australischen und neuseeländischen Pflanzen in entsprechenden Gruppen oder besonderen Beeten. Vermehrung durch Aussaat. Samen werden auch bei uns reichlich angesetzt und laufen willig auf. Bis zur ersten Blüte vergehen zwei Jahre.

Dodecatheon L., Götterblume, Primulaceae

Etwa 30 Arten, vor allem in den westl. USA, ausstrahlend bis Alaska und New Mexiko. Kahle Stauden mit kurzem Rhizom. Blätter grundständig, zumeist ganzrandig. Blüten in Dolden, nickend, weiß, rosa oder rot, selten hellgelb (*D. patulum* Greene). Kronröhre sehr kurz, Kronabschnitte 5, zurückgebogen. Staubblätter 5, zu einem aus der Kronröhre hervorragenden Ring verbunden. Blüten dadurch *Cyclamen*-ähnlich aussehend!

D. ellisae Standley. Arizona, New Mexico, bis 2500 m. Ähnlich *D. dentatum*. Blätter dünn, hellgrün, 5–7 × 2,5–3 cm. Schaft 25 cm. Blüten 2,5 cm lang, weiß, zu 3–6. Der purpurne Schnabel der Staubfäden wird durch einen gelben, rot gepunkteten Ring vom Weiß der Blütenblätter getrennt. Mai–Juni. Süß duftend.

Eigentlich alle *Dodecatheon* lieben ab Juli eine Ruheperiode, sie verlieren ihre Blätter und ziehen vollkommen ein. Fast alle Arten können aber trotzdem im Freien gezogen werden, nur bei *D. ellisae* empfiehlt sich, wegen des südlichen Verbreitungsgebietes, das Anbringen eines besonderen Nässeschutzes. Die Vermehrung erfolgt durch Aussaat (Samen werden von S. Walker, Arizona, angeboten), Teilung oder Abnahme von Wurzeln, die ebenfalls am oberen, rhizomnahen Ende eine kleine Knospe besitzen, aus der sich eine neue Pflanze entwickeln kann.

Donatia Hook. f., Donatiaceae

2 einander sehr ähnliche Arten, eine im südl. Südamerika, die andere in Neuseeland:

D. novae-zelandiae Hook. f. Neuseeland, N-, S- und Stewart-Insel, in »Cushion bog«-Gesellschaften, über Torf, auf dauernd feuchten Plätzen im Grasland, bis 1500 m. Juni–Juli. Dichte, harte, dunkelgrüne Polster, am natürlichen Standort bis 1 m im Durchmesser. Triebe reich verzweigt, dicht beblättert. Blätter fleischig, pfriemlich, 5–10 × 1 mm, im Inneren des Polsters absterbend, dort an den Stämmen Adventivwurzeln. Blüten weiß, 8–10 mm groß, dem Polster aufsitzend.

Donatia verlangt, so wie *Abrotanella, Dracophyllum* oder *Pterygopappus*, die Kultur in ständig kühl-feuchten, kleinen Moorbeeten. Erfahrungen aus Australien zeigen, daß die Kultur nicht unmöglich ist. Dort werden kleine Moorbeete durch Auskleiden von Gruben mit Folie angelegt, die ständig mit Regenwasser feucht gehalten werden. Im Sommer ist unter unserenKlimabedingungen Schatten erforderlich. Die Vermehrung durch Aussaat ist augenscheinlich nicht möglich, Teilpflanzen der Polster sind oft schon bewurzelt. Das Wachstum aller dieser Pflanzen ist außerordentlich langsam.

Douglasia Ldl., Douglasie, Primulaceae

Etwa 6 Arten im westl. und arktischen Amerika. Sehr nahe mit *Androsace* verwandt und von manchen Botanikern zu dieser Gattung gestellt. Unterschieden durch die duftlosen Blüten und die längliche Blütenröhre. Auch bei *Douglasia* stehen Narben und Staubbeutel auf einer Höhe, Heterostylie wie bei *Primula, Dionysia* und *Vitaliana* ist nicht bekannt.

D. laevigata Gray (*Androsace laevigata* (Gray) Wendelbo). Westl. USA, Schutthalden, Felsen, bis 2200 m. April–Mai. Glänzendgrüne, teilweise rötlich überhauchte Rosetten bilden Polster oder Matten. Blätter eilanzettlich, bis 20 × 5 mm. Schäfte 2–7 cm. Blüten zu 2–10 in Dolden, 10–18 mm groß, tiefrosa.

Es werden 2 Varietäten unterschieden: var. **laevigata** besitzt kleine Rosetten, bis 15 mm, kleinere Blätter, haarlos: var. **ciliolata** Const. besitzt größere Rosetten und an den Rändern bewimperte Blätter, dabei aber relativ kompakte Schäfte.

D. idahoensis D. M. Henderson. Idaho, disjunkt auf hohen Gipfeln. Ähnlich *D. montana*, doch verschieden in Behaarung und Blütenanordnung. Ich besitze meine Pflanze noch nicht lange genug, um schon Näheres sagen zu können.

Literatur: Henderson, D. M. (1981): A New Douglasia (Primulaceae) from Idaho. Brittonia 33:52–56.

D. montana Gray (*Androsace montana* (Gray) Wendelbo). West. USA, Schutthalden, Kämme, trockene Hänge, bis 2400 m. April–Mai. Gräulichgrüne, an den älteren Teilen rötlich überhauchte Polster oder Matten. Blätter pfriemenförmig, 4–8 × 1,5–3 mm. Blüten zu 1–4 aus dem oberen Teil der Rosette, Blütenstiele 5–25 mm lang. Blüten 8–12 mm groß, leuchtendrosa bis rosaviolett, mit gelbem Auge.

D. nivalis Ldl. (*Androsace nivalis* (Ldl.) Wendelbo). Westl. Nordamerika, Schutthalden, steinige, felsige Kämme, bis 3600 m. April–Juni. Lockere Matten bildend, die älteren Blätter rötlich überhaucht. Blätter lineal-länglich bis verkehrt-lanzettlich, 5–20 × 2–5 mm, ungezähnt in var. **nivalis**, im oberen Teil gezähnt bei var. **dentata** Gray. Blattoberfläche kahl bis dicht behaart mit grauen Sternhaaren. Blütenschäfte 3–5 cm, Blüten sitzend oder nur sehr kurz gestielt, zu 3–10, 10–14 mm groß, rosapurpurn bis braunrot, immer mit einer dunklen, oft fast schwarzen Zone um das Auge.

Neben diesen regelmäßig als Saatgut im Rahmen des Samentauschs erhältlichen Arten werden sehr selten auch Samen der arktischen Douglasien angeboten. Ich konnte diese noch nicht zur Keimung bringen. Die Vermehrung erfolgt am besten

---

Oben links: *Iris iberica* ssp. *lycotis* im Alpinenhaus.

Oben rechts: *Iris auranitica* im Alpinenhaus.

Unten: *Incarvillea semiretschenskia* im winters mit Vlies gedeckten Steinbeet.

durch Aussaat, erhält man die Samen im Laufe des Winters, so ist unbedingt eine Tauchbehandlung mit Gibberellinsäure durchzuführen. Trotzdem kann es zu einem Überliegen kommen. Douglasien brauchen durchlässige, steinige Mischungen und hellen, aber nicht prallsonnigen Standort. Sie sind keine langlebigen Pfleglinge und müssen immer wieder vermehrt werden. Samen werden auch bei uns regelmäßig angesetzt, auch eine Stecklingsvermehrung ist möglich, aber schwierig, ähnlich der von *Dionysia* am besten an kühlen, absonnigen Standorten durchzuführen. Douglasien sterben im Sommer gerne teilweise ab, nach Untersuchungen sind daran Pilze aus der *Fusarium*-Verwandtschaft beteiligt. Aus diesem Grunde soll man im Sommer etwas trockener halten und vorbeugend mit einer Mischung aus 0,15% Previcur N und 0,1% Benlate behandeln. Man erkundige sich, welche Mittel eine Gießbehandlung gegen *Fusarium* ermöglichen.

Douglasien werden im Alpinenhaus durch Fliegen bestäubt. Ich konnte in meinem Alpinenhaus Samen ernten, aus denen Bastardpflanzen erwuchsen und zwar: *D. nivalis* var. *dentata* x *D. montana* und *D. laevigata* var. *ciliolata* x *D. nivalis* var. *dentata.* Beide sind fruchtbar und sehr schöne, aber heikle Hybriden. Von D. Lowe, England erfuhr ich (briefl. Mitteilung), daß ihm Kreuzungen zwischen *D. montana* und *Androsace carnea* gelangen. Es ist das der erste Hinweis auf solche Gattungsbastarde, den ich kenne.

Draba L., Hungerblümchen, Cruciferae

Etwa 270 Arten, die meisten in Europa, Asien und Amerika in den Gebirgen, in der Arktis und Antarktis, nur wenige in den Ebenen der gemäßigten Zone. Meist kleine Kräuter, Blätter rosettig, stengelständige, wenn vorhanden, sitzend. Blüten in kurzen oder verlängerten Trauben, eher klein, gelb oder weiß.

D. cappadocica Boiss. et Bal. Z-Anatolien, NO-Türkei: auf steinigen Hängen und Gipfelfluren, meist auf Lava. April. Polsterbildend. Blätter 3–6 mm lang, schmal-

---

Oben links: *Jaborosa integrifolia* im Kasten.

Oben rechts: *Leucojum autumnale* im winters mit Mistbeetfenstern geschützten Steinbeet.

Unten links: *Leucojum nicaeense* im winters mit Hartplastik gedeckten Steinbeet.

Unten rechts: *Lysionotus pauciflorus* im frostfreien Alpinenhaus.

linealisch, dicht grauhaarig. Blüten goldgelb in 1–8blütigen Trauben. Durch die silbergrauen Polster sehr auffallend. Nässeempfindlich, für Alpinenhaus oder geschützten Kasten.

D. mollissima Stev. Kaukasus, O-Transkaukasien, auf Felsen der alpinen Zone, 3000–3500 m, selten hinunter bis 1800 m. April–Mai. Kompakte, dichte Polster bildend. Blätter eilänglich, rundlich, ungeteilt, 3–5 × 1,25–1,75 mm, graugrünhaarig durch lange einfache und kürzere geteilte Haare. Trauben 1,5–8 cm hoch, 4–14blütig. Petalen gelb, 4–5 mm.

D. polytricha Ledeb. Lazistan, oberer Euphrat, N-Armenien, Transkaukasien, auf Felsen und in Spalten,1500–3100 m. März–Mai. Polsterbildend, alte Stengel mit den dauerhaften Teilen des Blattgrundes bedeckt. Blätter schmal-eiförmig oder spatelig mit bis 2 mm langen einfachen Haaren an den Rändern. Trauben 1–4 cm, 4–10blütig. Petalen hellgelb, 3,5–4 mm.

D. rosularis Boiss. (*D. cappadocica* hort. non Boiss. et Bal.). Lazistan bis Kurdistan, Felsen, bis 3200 m. April–Mai. Polsterbildend. Blätter schmal-elliptisch, 8–20 mm lang, dicht durch Sternhaare grauhaarig. Trauben bis 10 cm, 8–20blütig. Petalen gelb, 4–5 mm.

Diese leicht durch Aussaat zu vermehrenden Hungerblümchen brauchen einen guten Schutz vor Nässe zu jeder Jahreszeit und sind deshalb im Alpinenhaus am besten aufgehoben. Die Substrate sollen sehr nährstoffarm sein, da sonst die Pflanzen im Winter verstärkt unter Grauschimmel leiden. Die Polster dürfen als Felsspalten-Pflanzen nicht am erdigen Substrat aufliegen, aus diesem Grunde wird immer Schotter unterfüttert oder kleine, flache Steine unterkeilt. Neben diesen vier genannten Arten gibt es sicherlich noch eine Anzahl weiterer interessanter Arten für die Kultur im Alpinenhaus, so das kürzlich wieder eingeführte *D. acaulis* Boiss.

Dracophyllum Labill., Epacridaceae

Etwa 30 Arten in Australien, Neukaledonien und Neuseeland. Kleine, immergrüne Sträucher oder Halbsträucher, selten kleine Bäume mit grasartigen Blättern. Blätter stengelumfassend, dachig gestellt. Blüten in endständigen Ähren oder Trauben, selten auch einzeln, 5teilig, mit einer Röhre, meist weiß.

D. minimum F. Muell. Tasmanien: in alpinen Moorgesellschaften, den sog. »Cushion-bog«-Gemeinschaften. Mai–Juni. Vollkommen niederliegender, polsterartiger Strauch, sehr harte Polster bildend. Blüten weiß, dem grünen Polster aufsitzend.

Ich selbst konnte noch keine Kulturversuche durchführen, weiß aber durch K. Gillanders, Tasmanien, daß die Kultur in besonders verbreiteten Moorbeeten (mit Folieneinlage) unter leichtem Schatten nicht unmöglich ist. Vermehrung augenscheinlich nur durch Teilung bzw. Stecklinge.

Dracunculus Mill., Drachenwurz, Araceae

3 Arten auf den Kanaren und im Mittelmeergebiet. Knollenpflanzen mit aus den Blattstielen gebildetem Scheinstamm. Blätter fußförmig, von der Spatha überragt.

Spatha bleibend, mit aufrechter, zusammengerollter Röhre und eirund-lanzettlicher, offener, oben zurückgekrümmter Fläche. Kolben mit aufrechtem, verlängertem, kegeligem Fortsatz.

D. canariensis Schott. Kanaren. Ähnlich *D. vulgaris*, aber noch empfindlicher. Duftet nach Zitronen!

D. muscivorus (L. fil.) Parl. (*Helicodicerus muscivorus* (L. fil.) Engl., *Arum crinitum* Ait.). Balearen, Korsika, Sardinien. Knolle breit, plattgedrückt. Blätter langgestielt, fußförmig geteilt mit lanzettlichen, seitlich fiederspaltigen, um die Blattrippen gerollten Abschnitten. Spatha 30–40 cm lang, schmutzig-lilafarben, mit borstigen, abwärts gerichteten Haaren. April–Mai. Die Hornwurz ist eine auffallende Erscheinung und gedeiht im Blumenzwiebelkasten gut.

D. vulgaris Schott (*Arum dracunculus* L.). Östl. und mittl. Mittelmeergebiet bis S-Bulgarien. Knolle flach, bis 8 cm breit. Blätter bis 100 cm lang, marmoriert, Scheinstämme bildend, fußförmig eingeschnitten, 13–15teilig, dunkelgrün, mit weißer Strichelung. Spatha 25–30 cm lang, tütenförmig, am Grunde bauchigröhrig, dunkelpurpurrot. Kolbenfortsatz kegelförmig, bis 30 cm lang. Blüte nach Aas stinkend. Selten auch mit weißer Spatha und dann duftlos. Mai–Juni.

Wohl die auffälligsten Aronstabgewächse, aber nur in den günstigsten Lagen für die Auspflanzung im Freien zu empfehlen. Man wählt einen vollsonnigen, trockenen Standort, richtet den Boden durch Zugabe von Kalkschutt durchlässig und kalkig her und pflanzt die Knollen im Frühjahr 10–15 cm tief. Nach der Samenreife beginnt die Pflanze einzuziehen, es sollte unbedingt ein sommerlicher Nässeschutz aufgebracht werden. Im Winter wird mit etwa 30 cm trockenem Laub abgedeckt, welches ebenfalls vor Nässe geschützt wird. An zusagenden Stellen entwickelt sich der Drachenwurz, so behandelt, sehr gut und bildet auch Nebenknollen aus, die im Laufe der Jahre ebenfalls Blüten bringen. In ungünstiger Lage können die Knollen auch trocken und frostfrei im Keller überwintert werden und im März–April in einem Container im Alpinenhaus aufgestellt werden. Die Vermehrung erfolgt durch Abnahme der Nebenknollen oder durch Aussaat, im ersten Fall dauert es 4–5 Jahre bis zur Blüte, im zweiten Fall bis zu 8 Jahren. Unter den im Handel erhältlichen Knollen finden sich hin und wieder *Arum*-Arten, da die Knollen noch immer der Natur entnommen werden.

Literatur: Boyce, P. (1986). Observations on Aroids, Bull. A. G. S. 54 (1): 35–42.

Drapetes Banks, Thymelaeaceae

Etwa 15 Arten auf Feuerland, Neuseeland, Australien, Neu-Guinea und Borneo. Niederliegende, polsterförmige Zwergsträucher mit kleinen, wechselständigen, schindelförmigen Blättern. Blüten zwitterig und funktionell unisexuell, sitzend in kleinen Köpfen, sternförmig, weiß. Frucht trocken oder beerenartig, einsamig.

D. dieffenbachi Hook. Neuseeland: N-, S- und Stewart-Insel, montan bis subalpin, in Wiesen und Ruhschutthalden, 600–1500 m. Mai-Juli. Dichte bis lockere Polster, bis 20 cm breit und 5 cm hoch. Triebe kriechend oder aufstrebend. Blätter 2,5–3,5 mm lang, graugrün, am Rand bewimpert, dicht die Triebe umkleidend. Blüten klein, weiß, 4teilig, zu 3–8 in Köpfen.

Neben *D. dieffenbachii*, die in England und Schottland in Spezialitätengärtnereien erhältlich ist, werden hin und wieder Samen von anderen Arten im Samentausch angeboten, so **D. laxus** (Cheesem.) Allan, **D. lyallii** Hook. f., **D. multiflorus** (Cheesem.) Allan und **D. villosus** (Bergg.) Cheesem., die moosähnlichste davon ist *D. lyallii*, aber auch alle anderen Arten erinnern an graugrüne Moospolster.

Die Kultur ähnelt der der zwergigen *Aciphylla*, sie benötigen humose, steinig-durchlässige Substrate und in unseren Sommern möglichst kühl und etwas Schatten. Winterlicher Nässeschutz ist notwendig, die Kultur im Alpinenhaus ist möglich, aber nicht anzuraten, da es meiner Erfahrung nach dort zu lufttrocken ist. Sie können auch in Trögen oder Schalen verwendet werden, wo sie besser zu pflegen sind. Die Vermehrung erfolgt durch Aussaat, Stecklinge oder Teilung. Die Samen sind gerne gequetscht, müssen deshalb beim Versand sorgfältig geschützt werden. Gequetschte Samen laufen nicht auf, auch wenn der Embryo augenscheinlich ganz ist.

Ebenus L., Leguminosae

Etwa 18 Arten vom Mittelmeergebiet bis Belutschistan. Ausdauernde Kräuter oder kleine Sträucher mit meist dreizähligen Blättern. Blüten in achselständigen Köpfen oder Trauben, rosa oder purpurn. Hülsen 1–2samig.

E. creticus L. Kreta: Felsen und Klippen. Mai-Juni. Kleiner, bis 50 cm hoher Strauch. Blätter 3zählig, teilweise mit unvollständigen weiteren Fiedern. Blättchen 15–30 mm, elliptisch-eilänglich, silberig seidenhaarig. Leuchtendrosa Schmetterlingsblüten, 10–15 mm lang, in dichten Trauben.

Hübscher, entfernt an *Ononis* gemahnender Kleinstrauch für das Alpinenhaus. Vermehrung durch Aussaat leicht.

Echinocereus Engelm., Igelsäulenkaktus, Cactaceae

Etwa 30 Arten in den USA und Mexiko (13 Arten in den USA). Ein- bis vielstämmig, größere Stämme zylindrisch, mit 5–13 Rippen. Blüten an den mehrjährigen Trieben, Knospe unmittelbar über der dornentragenden Areole hervorbrechend. Frucht fleischig, stachelig (die bestachelten Areolen bei der Reife abfallend), Samen schwarz.

E. engelmannii Parry var. **variegatus** (Engelmann et Bigelow) Engelmann ex Rümpler. S-Utah, N-Arizona. Stämme 3–6, 7,5–15 cm lang, 4–5 cm dick. Mittelstacheln 2–6, der untere abwärts gerichtet und abgeflacht, am Grund bis 1 mm breit, 3,8 cm lang, die anderen kürzer, am Grund ca. 0,5 mm dick; Randstacheln 6–12, am Grund etwa 0,5 mm dick, bis 8–12 mm lang, im Querschnitt elliptisch. Blütendurchmesser etwa 5 cm, purpur bis magenta, eher dunkel, nachts schließend. Reife Früchte rot, 2–3 × 1,2–2,5 cm, eßbar, süß.

E. fendleri Engelm. var. **fendleri**. Arizona, New Mexiko, Colorado. Stämme 1 (–5), etwa 8–17 cm lang und 4–6 cm dick. Rippen (8–) 9–10. Mittelstachel 1, rund, 25–38 mm lang, am Grund 0,5–0,75 mm dick. Blütendurchmesser 5–6 cm, ebenso lang, lilarosa (»magenta«), nachts schließend.

E. reichenbachii (Terscheck) Haage f. ex Britt. et Rose. Stämme einzeln, manchmal 5–12, 7,5–15 cm hoch, bei var. *perbellus* bis 40 cm, 2,5–5 cm dick. Rippen 12–18. Stacheln dicht, den Stamm verdeckend. Blüten 5–7,5 cm groß, 2–6 cm lang, rosa bis hellpurpurn, duftend, nachts schließend. Für uns sind folgende Varietäten von Bedeutung:

var. **reichenbachii** (*E. purpureus Lahman, E. caespitosus Engelm.*). Texas, Oklahoma. Areolen sehr schmal, 3 mm lang. Kein Mittelstachel. Randstacheln 22–32, 4,5–6 mm lang, auf beiden Seiten der Areole kammförmig ausgebreitet.
var. **perbellus** (Britt. et Rose) L. Benson. Texas, New Mexiko, Colorado. Unterscheidet sich durch elliptische, 2 mm lange Areolen und die geringere Zahl der Stacheln (12–16 (–20)).
var. **albispinus** (Lahman) L. Benson (*E. baileyi* Rose). Texas, Oklahoma. Areolen schmal-elliptisch, 2 mm lang. Mittelstacheln 1–3, bis 3 mm lang. Randstacheln 12–14, bis 12 (–25) mm lang, in verschiedenen Winkeln abstehend.
Übergangsformen zwischen den angeführten Varietäten sind auch in der Natur häufig.

E. triglochidiatus Engelm. Meist vielstämmig, Gruppen von 30 cm Höhe und 30–120 cm Durchmesser bildend. Blüten 2,5–5 cm im Durchmesser, 3–7 cm lang, zinnoberrot, nachts geöffnet bleibend. Folgende Varietäten sind bedingt winterhart:
var. **triglochidiatus.** Arizona, New Mexiko, Colorado. Stämme wenige, 15–30 cm lang, etwa 7,5 cm im Durchmesser. Rippen 5–8. Stacheln bis 2–2,5 cm lang, 3kantig. Mittelstacheln 0 (–1), Randstacheln 3–6, bis 1,5 mm dick.
var. **melanacanthus** (Engelm.) L. Benson (*E. coccineus Engelm., E. phoeniceus (Engelm.) Engelm. ex Rümpl., E. roemeri* (Mühlpf.) Rydb.). Nevada, Utah, Colorado, California, Arizona, New Mexiko, Texas. Stämme bis 500, etwa 4–8 cm lang (in der Kultur bis 12 cm). 2,5–5 cm dick. Rippen meist 9–10. Stacheln 2,5–6 cm lang, meist rund. Mittelstacheln 1–3, bis 0,7 mm dick, Randstacheln 5–11.

E. viridiflorus Engelm. var. **viridiflorus.** Wyoming, Colorado, New Mexiko, S-Dakota, Nebraska, Kansas, Oklahoma, Texas. Stämme meist einzeln, 2,5–5 cm lang, 2,5–3,8 cm dick (in der Kultur bis 5 cm dick). Rippen 10–14. Stacheln dicht, den Sproß verdeckend. Mittelstacheln 0–4 (meist 1), Randstacheln 8 (–11), 3–4,5 mm lang, 0,4 mm dick. Blüten 2–2,5 cm im Durchmesser und lang, hellgrün, nachts schließend.

Für die Angaben zu *Echinocereus* danke ich M. Hammer sehr herzlich, der bis auf *E. engelmanni* var. *variegatus* auch alle in Kultur hat. Sie werden am besten in durchlässigem Substrat ausgepflanzt gezogen und müssen vor Winternässe (aber auch Schneetreiben) geschützt werden. Die Vermehrung erfolgt durch Aussaat.

Literatur: L. Benson: The Cacti of the United States and Canada. Stanford 1982. Taylor, N. B.: The Genus Echinocereus. Kew Magazine-Monograph. London 1985 (mit neuen, z. T. hier nicht berücksichtigten nomenklatorischen Änderungen).

Eminium (Blume) Schott, Araceae

Etwa 7 Arten, von der Türkei und der Sinai-Halbinsel bis Mittelasien. Knollenpflanzen. Nahe mit *Biarum* verwandt, von diesen unterschieden durch 3lappige Blätter, deren Seitenlappen oft weiter geteilt sind und 2 Samenanlagen je Fruchtknoten.

E. alberti (Regel) Engler. SW-Pamiroalai, W-Kopet-Dag, N-Afghanistan, erdige und felsige Hänge. Juni. Blätter dreieckig-spießförmig, Nebenlappen geteilt, schmal. Schaft kurz. Spatha bis 25 cm lang und 10 cm breit, außen grünlich mit rötlichen Flecken, innen dunkelbraunrot. Kolbenfortsatz lang, rotbraun. Abbildung: Rix & Phillips, Bulb Book 157 (1981), Fl. Tadzik. 2, tab. 36.

E. heterophyllum (Blume) Schott. Irak, SW-Iran. Abbildung: H. Riedl (1963) Tab. 2.

E. intortum (Banks et Sol.) O. Kuntze. S- und O-Türkei, Syrien, trockene Felder, steinige Plätze. Mai. Abbildung: Rix & Phillips, Bulb Book 151 (1981).

E. lehmannii (Bunge) O. Kuntze. USSR: Kyzyl-Kum, Kara-Kum und vereinzelte Stellen im SW-Pamiroalai, NW-Afghanistan, NO-Iran. Abbildung: Fl. Tadzik. 2, tab. 37, P. Furse, R. H. S. Journ. 90: fig. 223 (1965).

E. rauwolfii (Blume) Schott. S- und O-Türkei, Syrien. Zwei Varietäten: var. **rauwolfii** und var. **kotschyi**. Abbildung: H. Riedl (1969) Taf. 1 und 2.

E. regeli Vved. USSR: W-Tien-Shan und N-Pamiroalai. Vielleicht doch zu *E. lehmannii* gehörend, von Vvedensky selbst in Fl. Tadzik. 2 wieder zu *E. lehmannii* gerechnet. Beschreibung und Abbildung (als *Helicophyllum Lehmannii*): Regel in Gartenflora 30 : 291–292 und Tafel 1056 (1881).

E. spiculatum (Blume) Schott. S-Türkei, Syrien, Irak, Palästina, W-Iran, Ägypten (Sinai). Abbildung: Bull. A. G. S. 39: 276 (1971) als *E. rauwolfii*.

Eminium sind außerordentlich schöne, aber sehr schwierig zu erhaltende und zu pflegende Knollenpflanzen, die als junge Pflanzen ungeteilte Blätter, später aber 3lappige Blätter bringen. Nur *E. lehmannii* und *E. regelii* besitzen ungeteilte Blätter und unterscheiden sich von *Biarum* durch die Anzahl der Samenanlagen. Über deren Zahl herrscht aber Unklarheit, denn Eduard Regel (Gartenflora 30 : 291 (1881)) behauptet mit Nachdruck, daß seine *E. lehmannii* (*E. regelii* s. str.) 4 Samenanlagen besäße. Üblicherweise entwickeln sich die Blätter von *Eminium* vor der Entwicklung der Blüten und sind zur Blütezeit gerade am Verwelken.

Ich danke M. Hammer für das Überlassen dieser Hinweise zu *Eminium*. Er kultiviert die Arten in sehr schotterigem, erdearmem Substrat, sie sind hart, doch augenscheinlich virusempfindlich, da die Blüten manchmal mißgestaltet sind. Die Vermehrung erfolgt durch Aussaat, auch hier erhält man viele Araceen als *Eminium* im internationalen Samentausch. Die Samen liegen meist 1–2 Winter über, bis zur Blüte vergehen mehrere Jahre. *E. regelii* treibt bei M. Hammer Ende des Winters aus und blüht beim Einziehen Mitte Juni, sie ist häufiger angeboten. Englische Erfahrungen mit wildgesammelten Knollen sind z. T. schlecht, es wird von schlechtem Wachstum berichtet.

Literatur: H. Riedl in Rech. f., Fl. Iranica 1: 5–7 (1963). H. Riedl, Ann. Naturh. Mus. Wien 73: 104–114 (1969). R. R. Mills in Davis, Fl. Turkey 8: 59–61 (1984). K. Pazij in Vved., Consp. Fl. As. Med. 2: 7–8 (1971).

Epilobium L., Weidenröschen, Onagraceae

Etwa 200 Arten, über die ganze Erde, mit Ausnahme der Tropen, verbreitet. Kräuter oder Halbsträucher, aufrecht oder kriechend. Blätter wechsel- oder gegenständig, mit glattem Rand oder gezähnt. Blüten achselständig, einzeln oder gegen die Zweigspitzen hin fast traubig oder ährig, rot, purpurn, weiß, sehr selten gelb. Blütenröhre kurz oder fast fehlend. Kelch 4teilig, abfallend. Blütenblätter 4. Kapsel verlängert, Samen mit Haarschopf.

E. crassum, Hook. f. Neuseeland: Südinsel, 1000–2000 m. Mai–Juli. Zwergstaude, an der Basis verholzend, mit kriechenden, an den Knoten wurzelnden Sprossen. Blätter gedrängt stehend, dicklich, verkehrt-eiförmig bis eilänglich, in einen langen, scheidigen Blattstiel verschmälert, 2–3,5 cm lang. Blüten in den oberen Blattachseln, vom langen Fruchtknoten wie von einem Stiel getragen, rosa bis weiß, 8 mm groß. Kapseln bis 5 cm lang, auch die Blütenstiele, zur Blütezeit etwa 8 mm lang, werden 3 cm lang. Öffnende Kapseln sehr zierend! Bronzebraune Winterfärbung der glänzenden Blätter.

E. inornatum Melville (*E. nummulariifolium* hort. non R. Cunn., *E. hectori* hort. non Hausskn.). Neuseeland, bis 1000 m. Sommer. Stengel dem Boden anliegend und an den Knoten wurzelnd, bis 30 cm breite Matten bildend. Blätter gegenständig, kreisförmig oder oval, 4–12 mm lang, sehr veränderlich, bräunlichgrün. Blüten 3–4 mm breit, weiß bis hellrosa. Stark wuchernd.

Beide Arten halten oft lange Jahre durch, verschwinden aber nach Kahlfrostperioden, brauchen also einen Sonnenschutz im Winter oder sogar die Überwinterung im Kasten, wenn in dieser Gegend die Schneebedeckung erfahrungsgemäß gering ist. Die Vermehrung durch Aussaat ist leicht, es kann auch geteilt werden. Die Kultur erfolgt am besten in feuchtem, torfigen Substrat in voller Sonne, da nur dort die Ausfärbung der Blätter so schön ist. Auf Neuseeland finden sich noch andere versuchswerte Arten, z.T. mit herrlich braunen Blättern, so *E. purpuratum* Hook. f., *E. porphyrium* Simpson oder *E. tasmanicum* Hausskn.

Erigeron L., Berufkraut, Compositae

200–250 Arten, davon die Hälfte in N-Amerika, die anderen in S-Amerika, Australien und der Alten Welt, meist in gemäßigten oder gebirgigen Gebieten. Ausdauernde oder einjährige Kräuter mit ungeteilten oder 3zählig geteilten Blättern. Blütenköpfe mit einreihigem Hüllkelch. Zungenblüten weiß, gelb, orange, rosa oder blau bis violett, manchmal fehlend.

E. aurantiacus Regel. Turkestan, im Gebirge. Juli–August. Kurzlebige Staude, 25–30 cm. Blätter oval-spatelig, Stengel beblättert. Köpfchen 3–4 cm groß, Zungenblüten orangegelb, Scheibenblüten gelb.

E. aureus Greene. Westl. Amerika. Mai–Juni. Kleine Rasen bildend, 5–8 cm. Blätter löffelförmig, bis 4,5 cm. Stengel einköpfig, mit wenigen, kleinen Blättern. Köpfchen 2–2,5 cm groß, Zungen- und Scheibenblüten hellorangegelb.

E. chrysopsidis Gray. Westl. USA: Washington bis N-Kalifornien und Idaho. Alpine Staude. Blätter alle grundständig, linear-lanzettlich, 90 × 1–3 mm. Teiweise nur mit Scheibenblüten (ssp. *austiniae* (Greene) Cronq.) und dadurch für uns ohne Bedeutung; besonders wertvoll ssp. *chrysopsidis* var. *brevifolius* Piper, zwergig und kompakt, mit großen, gelben Blütenköpfen.

E. compositus Pursh. Westl. N-Amerika, weit verbreitet von Britisch-Kolumbien bis Kalifornien und Nevada, 2100–3600 m. Mai–Juni. Polsterförmig, vielrosettig, 4–8 cm. Blätter dreifach 3teilig, die oberen nur 3teilig, leicht behaart. Stengel einköpfig, ohne oder mit nur sehr kleinen, ungeteilten Schuppenblättern. Köpfchen 2–3 cm. Scheibenblüten gelb, Zungenblüten weiß bis purpurn oder violett. Die var. **discoideus** A.Gray unschön, ohne oder mit nur sehr kurzen Zungenblüten, wenn vorhanden dreigeteilt und fadenförmig.

E. flettii G. N. Jones. USA: Olympic Mts. Mai–Juni. 5–15 cm. Blätter alle grundständig, spatelförmig bis ei-lanzettlich, bis 50 × 12 mm. Blütenköpfchen einzeln, etwa 12 mm groß. Scheibenblüten gelb, Zungenblüten weiß.

E. linearis (Hook.) Piper. Westl. USA, trockene, oft felsige Böden von der Ebene bis in mittlere Gebirgslagen, oft zusammen mit *Artemisia tridentata*. Mai–Juni. Mehrköpfig, mit kräftiger Pfahlwurzel, 10–15 (–30) cm, in Kultur aber nur kompakte Formen. Blätter linealisch, 30–50 × 1–3 mm, graugrün, haarig. Stengel einköpfig, blattlos. Köpfchen 2–3 cm, Scheiben- und Zungenblüten kräftig orangegelb.

Aus der großen Zahl der *Erigeron*-Arten können nur wenige genannt werden, ich nenne meine Lieblinge. Alle kleinwüchsigen Arten aus Amerika sind etwas empfindlich gegen übergroße Nässe, sie sollten aus diesem Grund zumindest winters einen Nässeschutz erhalten. Die Vermehrung durch Aussaat ist leicht, sie blühen meist im zweiten Jahr.

Erinacea Adans., Igelginster, Leguminosae

Monotypische Gattung:

E. anthyllis Link. *(E. pungens* Boiss.) Bergregionen S-Frankreichs, Korsika, Spanien, NW-Afrika, in der Sierra Nevada in Granada bis 2400 m. Mai–Juni. Alte Pflanzen bis 60–80 cm im Durchmesser und 40 cm hoch. Triebe dicht verzweigt, sehr stechend. Blätter einfach oder 3teilig, graugrün, nach 2–3 Wochen Lebenszeit abfallend. Blüten violettblau, zu mehreren kopfig angeordnet. Kelche nach dem Verblühen blasig aufgetrieben.

Wenn in der Literatur von einem »eigenartigen, aber nur in den wärmsten Gebieten bedingt winterharten Zwergstrauch, der unter Nadeldecke und Schutz gegen zuviel Winterfeuchtigkeit einige Jahre im Steingarten aushält« (Pareys Blumengärtnerei) gesprochen wird, so stimmt das nur bedingt. Viele Beispiele zeigen, daß der Igelginster an günstigen Standorten auch tiefste Temperaturen ungeschützt überdauert. Die Pflanzen im Alpengarten im Belvedere in Wien haben schon –20 °C überdauert, meine Pflanzen in Mauerbach, allerdings erhöht in einem Trog gepflanzt und dadurch optimal ausreifend, haben ohne Schutz den Winter 1984/85 überstanden, der –27 °C brachte. Im Alpengarten im Belvedere werden auch Hülsen angesetzt und ich habe aus den Samen Pflanzen erzogen. Wichtig ist also die Pflanzung in durchlässige, steinige Substrate und ein vollsonniger Standort, damit die Pflanzen optimal abschließen. In besonders niederschlagsreichen Gebieten kann dies auch sommerlichen Nässeschutz notwendig machen. Gut ausgereift, kommt der Igelginster selbst durch die härtesten Winter. Außer durch Aussaat kann auch durch Anhäufeln oder Stecklinge vermehrt werden. Besonders schön ist eine Selektion von M. jun. Kammerlander, Würzburg, aus der Sierra Nevada, die tiefviolettblaue Blüten besitzt.

Eriogonum Michx., Wollknöterich, Polygonaceae

Etwa 140 Arten im westl. N-Amerika und Mexiko. Einjährige oder ausdauernde Kräuter, Halbsträucher oder Sträucher mit gegen- oder wechselständigen, oft dicht wollig-behaarten Blättern. Blütenstände truggoldig oder kopfig, die Hüllen zylindrisch, glockig oder flach, 5–8zähnig. Blütenhülle klein, weiß oder gefärbt, sechsteilig. Staubblätter 9 mit meist wolligen Staubfäden. Griffel 3teilig. Narben kopfig. Früchte 3kantig. Alle blühen von Juni bis September, mit einer Hauptblüte im Juli.

E. caespitosum Nutt. Westl. N-Amerika, Berghänge und trockene Plateaus, östl. der Sierra Nevada. Dichtpolsterig. Blätter weißfilzig, oval bis eilänglich-spatelig, 4–6 (–8) mm. Schäfte 5–10 cm lang, oft liegend. Blüten gelb, im Verblühen orange. Sehr schöne, polsterbildende Art.

E. douglasii Benth. Westl. N-Amerika, östl. Hänge der Sierra Nevada, 1300–2200 m. Dichtpolsterig, ähnlich *E. caespitosum,* aber Schäfte in der Mitte einen Quirl von 5–6 verkehrt-lanzettlichen Hochblättern tragend.

E. fasciculatum Benth. Westl. N-Amerika, Mesas und Berghänge, sehr wichtige Bienenweide. Halbstrauchig, bis 60 cm hoch, sehr stark verzweigt. Blätter eilänglich oder verkehrt-lanzettlich, 8–16 mm lang, oben grün unten weißfilzig, Blüten weiß, in einfachen oder zusammengesetzten Dolden. Hübscher, flachköpfiger Halbstrauch, sehr ansprechend in der Wuchsform. Nur fürs Alpinenhaus, leidet in strengen Wintern.

E. kennedyi Porter *(E. purpusii* Bdg.) Westl. N-Amerika, Ostabhang der Sierra Nevada, weiter östlich auf den trockenen Inselbergen, 1200–3500 m. Dichte Matten, an der Basis verholzt. Blätter wechselständig, beiderseits weißwollig. Blütenköpfe an unbeblätterten Stielen. Sehr variable Art mit 4 Unterarten:
ssp. **kennedyi**, Blätter revolut, weißwollig, 3–6 mm lang, Blütenschäfte 5–15 cm hoch. Blütenköpfe 1 cm groß, weißlich mit rosa Adern; ssp. **gracilipes** (Wats.) S. Stokes *(E. gracilipes* Wats.). Blätter oval bis eilanzettlich, weißbehaart, revolut, 10–20 mm lang. Blütenköpfe rosaweißlich an 5–10 cm hohen Schäften; ssp. **austromontanum** (M. et J.) S. Stokes *(E. kennedyi* var. *austromontanum* M. et J., *E. kennedyi* ssp. *pinorum* S. Stokes). Blätter 6–10 mm lang. Blütenschäfte flockig behaart. Blütenköpfe grünlichweiß; ssp. **alpinum** (M. et J.) S. Stokes. Blätter weißwollig, 2–3 mm lang. Blütenköpfe rötlich, an 1–2 cm hohen Schäften. Alle lieblich polsterbildende Pflanzen für mit Nässeschutz versehene Stellen oder das Alpinenhaus.

E. ovalifolium Nutt. Westl. N-Amerika, auf Granit, zwischen 3000 und 4000 m. Dichtpolsterig. Blätter rund-eiförmig bis verkehrt-eiförmig, 2–8 mm lang, dicht weißwollig. Schäfte 1–7 cm hoch. Blütenköpfe weißlich mit grünen Linien. Dazu var. **nivale** Jones mit roten Blüten (in der Gartenkultur sind aber alle *Eriogonum* nicht so herrlich orangerot oder rot in der Blüte!)

E. pyrolaefolium Hook. Westl. N-Amerika, hohe Gipfel und Grate. Polsterbildend. Blätter rundlich oder oval, dick, kahl, 8–24 mm lang, die Blattstiele behaart. Blütenschäfte 5–9 cm, mit 1–3 Köpfchen. Blüten rot, in Kultur aber gelb mit leicht orangem Anhauch.

E. racemosum Nutt. Südwestl. USA: Utah bis New Mexico. 20–25 cm hoch. Blätter grundständig, oval, silbergrau. Blüten weißlich-rosafarben in dünnen, aufrechten Scheintrauben.

E. umbellatum Torr. USA: Washington, Montana bis Kalifornien, 1400–3000 m. Halbstrauchig, bis 20 cm hoch. Blätter spatelig-eiförmig, oval, silbergrau, 6–24 mm lang. Blüten schwefelgelb, in Dolden. Dazu einige zwergige Varietäten, wie var. **minus** Jtn. oder var. **monocephalum** T. et G., mit nur einer Dolde und wesentlich kompakterem Wuchs. Sehr schön und dauerhaft, wichtig durch die sommerliche Blütezeit.

E. saxatile S. Wats. USA: Kalifornien, Berghänge, 1000–2800 m. Blätter rund-oval bis rhombisch, beiderseits dicht silberfilzig, manchmal mit etwas bräunlichem Blattrand. Blüten weißlich-grün in verzweigten Blütenständen, unscheinbar. Durch die Belaubung sehr effektvoll, braucht im Winter komplett trocken.

Literatur: Bull. A. G. S. 44: 278–279 (1976) (mit Abbildung).

Ich empfehle auch alle anderen, in den Samentauschlisten angebotenen Arten zu versuchen, alle sind trockenheitsresistente, sommerblühende Pflanzen, die natürlich besser in sommertrockenen Gebieten angepflanzt gehören. Im Handel finden sich hin und wieder noch **E. allenii, E. jamesii** und **E. torreyanum.**

Eriogonum werden vor allem durch Aussaat vermehrt. Größerwüchsige Arten können erfolgreich durch Stecklinge vermehrt werden, bei polsterigen Arten sind die Erfolgsprozente sehr klein. Der beste Zeitpunkt für die Vermehrung ist der August. Die Stecklinge leiden vor allem dadurch, daß sie durch ihre meist weißfilzigen Blätter immer zu naß auf dem Blatt haben. Aus diesem Grund sind Versuche, *Eriogonum* durch Anhäufeln zu vermehren, sehr vielversprechend. Alle Arten brauchen trockene, durchlässige Böden und einen vollsonnigen Standort. Weißwollige Arten sollten in sommerfeuchten Gebieten auch sommers einen Nässeschutz erhalten, sonst reicht ein winterlicher Nässeschutz. *Eriogonum* sind recht langlebige Pflanzen, die Jahrzehnte Freude bereiten können.

Eritrichium Schrad., Himmelsherold, Boraginaceae

Etwa 65 Arten in der temperierten Zone der N-Halbkugel, häufig Gebirgspflanzen oder Pflanzen arktischer Gebiete. Meist wollig behaarte, an *Myosotis* erinnernde Stauden, aber Nüßchen unterhalb der Mitte eingefügt, auf dem Rücken glatt, an den Kanten fein borstig oder mehr oder weniger gezähnelt.

Die Nomenklatur der polsterbildenden *Eritrichium* ist ziemlich verworren, während die amerikanischen Botaniker die doch sehr divergierenden Taxa als Varietäten bezeichnen, werden für die europäischen Pflanzen subspezifischen Ränge verwendet. Ich führe im folgenden nur Arten auf, die ich selbst gezogen habe.

E. caucasicum (Alb.) Grossh. (*E. villosum* var. *caucasicum* Alb.). Kaukasus: in alpinen Matten, auf Felsen, 2000–3000 m. April–Mai. Zweijährig oder staudig, oft nur 1rosettig, selten 2–3rosettig (in Kultur aber auch mehrrosettig). Blätter lanzettlich bis eilänglich-lanzettlich, zugespitzt, 10–25 × 3–6 mm, schwach weißfilzig oder nur seidenhaarig. Blütentriebe oft zu 1–2 (–3–4) aus einer Rosette, bis 10 cm hoch, 3–10blütig. Blüten hellwasserblau (in den mir bekannten Formen), bis 7 mm groß. Großrosettige und oft nur sehr kurzlebige Art aus dem Kaukasus, die für ihre Blütengröße sehr hoch wird und auch nicht allzu kräftige Blütenfarben bringt. Vermehrung durch Aussaat, Samen werden bei uns angesetzt. Die arktischen *E. villosum* sind meines Wissens nicht in Kultur.

E. howardii (Gray) Rydb. Montana, Wyoming, Washington: auf trockenen, oft felsigen Stellen, meist über Kalk. Mai. Dichtpolsterige Staude, in der Heimat sehr langlebig. Blätter linear-eilanzettlich bis lineal-elliptisch oder linealisch, bis 20 (–25) × 2 (–3) mm, dicht und dauernd silberig striegelhaarig. Die Blattoberfläche ist bedeckt von den rauhen, borstigen Haaren. Blüten in mehrblütigen Trauben, reinblau, bis 9 mm breit.

E. howardii ist sehr leicht durch Aussaat zu vermehren und auch bis zur Blüte zu ziehen. Die Probleme beginnen, wie bei *Eritrichium* üblich, nach der Blüte bzw. bei dieser Art in luftfeuchten Spätwintern, wo große Polster trotz Schottermanschette um die Hauptwurzel rasch abfaulen. Eine Stecklingsvermehrung ist mir geglückt, sie ist aber nicht so leicht wie bei Pflanzen des *E. nanum*-Komplexes.

E. nanum (Vill.) Schrad. Himmelsherold. Alpen, Karpaten, Kaukasus, Rocky Mountains, Alaska, O-Sibirien, asiatische Gebirge: über Silikat oder Kalk, meist in kleinen Rasen oder in Felsbändern, von 2000–4500 m, die arktischen Formen auch auf Meeresniveau. April–Mai. Dichtpolsterige Staude, in der Heimat sehr langlebig. Blätter meist eilänglich oder schmal eilänglich, selten lanzettlich oder oval, meist mit abgerundeter Spitze, bis 10 (–15) × 2 (–5) mm, grün mit lockerer, langer Behaarung, die grüne Blattfläche meist durch die Haare sichtbar. Blütenstände kurz bis 7 cm lang, mehrblütig. Blüten leuchtend himmelblau, selten weiß. Von dieser Art werden in Europa zwei Unterarten unterschieden:
ssp. **nanum** (inkl. *E. terglouensis*). Alpen: auf Silikat oder Kalk, meist erst über 2000 m, gewöhnlich erst zwischen 2500–3000 m. Blütenstände 1–5 cm hoch, Blätter 1,5–3 mm breit, mit lockerer Behaarung, die grüne Blattfläche sichtbar.
ssp. **jankae** (Simonkai) Jav. *(E. jankae* Simonkai) von den O- und S-Karpaten: immer über Kalk, um 2000 m. Dicht weißfilzig, mit langen Haaren, die grüne Blattfläche 3–4,5 mm breit.

In Amerika werden die Populationen ebenfalls unterschieden, doch wird hier nur der Varietätsrang anerkannt: var. **aretioides** (Cham.) Herder *(E. aretioides* (Cham.) A.DC.). Yukon, Alaska, O-Sibirien. Wie ssp. **nanum**, aber Nüßchen gezähnt und lang verlängert, var. **elongatum** (Rydb.) Cronq. *(E. elongatum* (Rydb.) Wight). Rocky Mountains. Gewöhnlich dichter als ssp. *nanum* in der Behaarung, mit ganzteiligen Nüßchen, dazu aber gezähnte Nüßchen bei **E. argenteum** Wight *(E. elongatum* var. *argenteum* (Wight) Johnst. aus den südl. Rocky Mountains.

Wie immer auch die Nomenklatur zu bewerten ist, die Schwierigkeit der Kultur ist bei allen *E. nanum* gleich. Sie sind sehr leicht durch Aussaat zu vermehren. Nachdem die Sämlinge eine Größe von etwa 1–1,5 cm erreicht haben, werden sie entweder eingetopft oder ausgepflanzt. Als Substrate eignen sich durchlässige, auch kalk- oder schamottereiche Mischungen. Wichtig ist, daß der Wurzelhals mit Schotter oder Schamotte umgeben wird und daß die Blattläuse ständig im Zaum gehalten werden! Pflanzt man aus, so eignen sich weiche Tuffsteine, frisch gebrochen, am besten. In diese werden Höhlungen gemacht, deren Grund man mit einem langen Bohrer durch den ganzen Stein entwässert. Da hinein werden die Sämlinge gepflanzt. In beiden Fällen ist am Anfang sorgfältig zu schattieren. Die Tuffsteine werden entweder in eine gut zu pflegende Anlage eingebaut, auf Torf auf den Tisch des Alpinenhauses gelegt oder in eine Eternitschale auf Torf gelegt. Ich habe zumeist im Topf gezogen. Die Entwicklung im Topf ist rascher und man kann schon im Jahr nach der Aussaat mit Blüten rechnen, diese sollte man auf keinen Fall belassen, sondern schon frühzeitig entfernen. Im Tuff entwickeln sich die Pflanzen langsamer, sind aber dauerhafter. Die größten Probleme ergeben sich immer nach der Blüte, da dann die Pflanzen gerne absterben. Auch am natürlichen Standort sind die Pflanzen oft in der Mitte abgestorben, doch können sich dort diese Faulstellen nicht auf die jungen Triebe ausweiten, was sie im Tiefland aber wohl tun. Ich konnte bis jetzt auch durch das in England empfohlene Auszupfen jedes einzelnen schwarzen Blattes (was ja wieder Wunden schafft!) die Pflanzen nicht länger am Leben erhalten. Durch Bestäubung mittels Fliegen kann man den Samenansatz sehr erhöhen und dadurch immer wieder junge Pflanzen nachziehen.

Auch die Stecklingsvermehrung ist möglich, doch vertragen die Stecklinge Feuchtigkeit schlecht und sollten möglichst trocken gehalten werden. Die beste Zeit der Stecklingsentnahme ist dann, wenn die Nebentriebe, die sich um die Blütentriebe bilden, entsprechende Größe erreicht haben. Eine Fungizidbehandlung nach der Stecklingsentnahme ist sehr zu empfehlen.

Erodium L'Hérit., Reiherschnabel, Geraniaceae

Etwa 60 Arten, besonders im gemäßigten Eurasien und im Mittelmeergebiet. Stauden oder Halbsträucher mit oft fleischigen Trieben, Blätter gezähnt, gelappt oder gefiedert. Blüten allseitig symmetrisch oder schwach zygomorph. Von *Geranium* verschieden durch nur 5 fruchtbare Staubblätter und sich schraubig einrollende Fruchtgrannen.

E. corsicum Lem. S- und W-Korsika, N-Sardinien. 3–5 cm. Blätter kurz gestielt, oval, unregelmäßig lappig gekerbt, bis 25 × 15 mm, graugrün, dicht drüsig behaart. Blüten zu 1–2 an typischen, beblätterten und niederliegenden Blütenstielen, 12 mm groß, hellrosa mit dunkleren Adern. Blütenfarbe am Standort variabel, in Kultur auch 'Album' mit reinweißen Blüten und hellerem Laub.

E. reichardii (Murr.) DC. (*E. chamaedryoides* L'Hérit.) Balearen: Mallorca, Menorca. 3 cm. Blätter kurz gestielt, herz- bis eirund, gekerbt, bis 12 × 10 mm, dunkelgrün, nicht behaart. Blüten einzeln an unbeblätterten Blütenstielen, 8–10 mm groß, reinweiß mit rosa Adern. Alle rosablühenden *E. reichardii* gehören zur folgenden Hybride.

E. × variabile Leslie. Gartenhybride aus *E. corsicum* und *E. reichardii*. Zwischen den Eltern stehend, meist mit gelappten Blättern und den typischen, kriechenden, beblätterten Blütenstielen von *E. corsicum*. Nichtkriechend, aber trotzdem zu *E. × variabile* gehörend sind 'Roseum' (*E. reichardii* 'Roseum') und 'Plenum' (*E. reichardii* 'Plenum'). Die dunkelblütige Hybride mit kriechenden Blütenstielen ist in England als 'Ken Aslet' verbreitet.

Beide Arten und ihre Hybriden sind reizende, den ganzen Sommer blühende Zwergstauden, die an günstigen, sehr durchlässigen Stellen in voller Sonne, mit etwas Nässeschutz auch im Freien durchhalten, am schönsten aber im Alpinenhaus zur Geltung kommen. Die Vermehrung erfolgt durch Stecklinge, *E. × variabile* ist teilweise hochgradig pollensteril und bildet nach meiner Erfahrung keine Samen aus.

Literatur: Leslie, A. C. (1980): The Hybrid of Erodium corsicum Lém. with E. reichardii (Murray) DC., Plantsman 2 (2): 117–126.

Eryngium L., Edeldistel, Mannstreu, Apiaceae (Umbelliferae)

Etwa 220 Arten in den gemäßigten und wärmeren Zonen. Stauden mit tiefgehenden, fleischigen Wurzeln und lederig-derben, geteilten oder ungeteilten Blättern. Blüten zu vielen in kugeligen oder zylindrischen Blütenständen, oft von sehr auffälligen Hochblättern umgeben.

E. proteaeflorum Del. Mexiko. Blätter parallelnervig, schwertförmig, in Kultur bis 50 cm lang. Blütenstand bis 80 cm hoch, fast immer einköpfig. Blütenköpfe zylindrisch, grün, von silbergrünen Hochblättern umgeben, bis 18 cm breit (in der Natur breiter, siehe Abb. in Silva Tarouca/Schneider, Unsere Freilandstauden 1922).

Diese Art ist noch etwas empfindlicher als die ähnlich im Blatt gebauten **E. agavifolium, E. aquaticum** oder **E. yuccifolium** und fällt durch die Blütenköpfe sehr auf. Kultur im Alpinenhaus, in der Jugend eventuell besser frostfrei. Substrate durchlässig, steinig. Vermehrung durch Aussaat; Früchte sind in Großbritannien regelmäßig zu erhalten.

Erysimum L., Schöterich, Goldlack, Cruciferae

Etwa 200 Arten in Europa und dem Mittelmeergebiet, Makaronesien, Asien und Amerika. Einjährige, zweijährige oder ausdauernde Kräuter, Halbsträucher oder Sträucher mit länglichen, oft gezähnten Blättern, mehr oder weniger dicht mit 2–, 3– oder 4teiligen Haaren besetzt. Blüten in end- oder achselständigen, meist vielblütigen, oft am Beginn der Blüte »doldigen« Trauben, meist gelb, aber auch orange, rot, rosa oder violett, auch weiß und beim Verblühen violett werdend.

E. bicolor (Hornem.) DC. (*Cheiranthus bicolor* DC.). Madeira, Kanaren. April–Juni. Halbstrauchig, bis 40 cm hoch. Blätter grauhaarig. Blüten zuerst weiß, dann violett.

E. linifolium (Pour. ex Pers.) Gay (*Cheiranthus linifolius* Pour. ex Pers.). Spanien, Portugal. Halbstrauchig, bis 50 cm hoch. Blätter schmal, grauhaarig. Blüten lila.

E. purpureum Auch. Armenien: felsige Hänge, bis 1300 m. April–Mai. Am Grunde verholzte Staude oder Halbstrauch, bis 30 cm hoch, in Kultur aber meist nur 15 cm. Blätter linealisch bis schmal-eilanzettlich, grauhaarig. Blütenstände zuerst dick, später etwas gestreckt. Blüten bis 2 cm breit, violett.

Durch die wissenschaftliche Bearbeitung durch A. Polatschek, Wien, sind viele *Erysimum* in Wien in Kultur genommen worden. *E. purpureum* bewährt sich sehr gut, sowohl im Alpinenhaus, als auch im pannonischen Klima in gut zu pflegenden Anlagen. Ein Rückschnitt nach der Blüte wird empfohlen.

E. scoparium (Brouss. ex Willd.) Polatschek (*Cheiranthus scoparius* Brouss. ex Willd.). Kanaren. Mai–Juni. Halbstrauch, bis 60 cm. Blätter länglich-lanzettlich, sehr steif, grauhaarig. Blütenstände sehr lang. Blüten zuerst weiß, dann lila. Wird nach meiner Erfahrung besonders gerne vom Weißen Rost (*Albugo candida*) befallen.

Alle *Erysimum* sind leicht durch Aussaat zu vermehren, die genannten Arten brauchen durchlässige, kalkhaltige Substrate und den Schutz des Alpinenhauses, bis auf *E. purpureum*, da sie sonst zu wenig blühen.

Eucalyptus L'Hérit., Eukalyptus, Blaugummibaum, Myrtaceae

Vielgestaltige Gattung mit 500 australischen Arten. Zumeist zweiphasig: in der Jugendphase gegenständig, waagrecht gestellt beblättert, in der Altersphase werden die Blätter derber, sichelförmig, die Blattfläche stellt sich senkrecht, die Blätter sind wechselständig angeordnet. Blüten ohne Blütenblätter, es wirken die weißen, gelben oder roten Staubfäden.

E. niphophila Maiden et Blakely. »Alpine Snow Gum«. Australische Alpen, bis 2000 m, dort die Grünerle bzw. Latsche ersetzend. Ohne basale Stammknolle. Blätter 6–10 cm lang, eiförmig, etwas zugespitzt, mit der Spreite senkrecht stehend. Junge Triebe, Knospen und Blätter herrlich blau bereift. Stämme älterer Pflanzen grau und weiß gefleckt.

Diese recht harte und auch eher kleinwüchsige Art hat den Winter 1984/85 insofern überlebt, als aus den basalen Teilen wieder Austriebe entwickelt wurden (M. Hammer, Klosterneuburg). Die Vermehrung erfolgt durch Aussaat, die ersten Jahre kann man die Pflanzen geschützt überwintern, später empfiehlt sich das Auspflanzen und das Schützen der Stammbasis. Auch im Alpinenhaus ausgepflanzt und regelmäßig zurückgeschnitten, besticht *E. niphophila* durch seine blau bereiften Triebe, Knospen und Blätter.

In den günstigsten Lagen Mitteleuropas sind Versuche mit weiteren *Eucalyptus*-Arten angebracht. Folgende Arten sind, vor allem aus Hochlagenherkünften, in die Versuche einzubeziehen: *E. blakely, E. bridgesii, E. burgeriana, E. dives, E. ligustrina, E. mannifera, E. melliodora, E. moorei, E. nortonii, E. pauciflora* ssp. *pauciflora, E. polyanthemos, E. radiata, E. rossii, E. sclerophylla* und *E. viminalis* (Billaudet, Pottendorf, pers. Mitteilung).

Eucomis L'Hérit., Schopflilie, Liliaceae

10 Arten in Südafrika, meist im Kapland, in Natal und im Oranjegebiet. Zwiebelpflanzen mit oft großer Zwiebel. Blätter grundständig, länglich bis lang. Blüten meist grün mit purpurn oder braun, selten weiß, in dichter oder verlängerter Traube. Deckblätter an den Blütenstielen klein, trocken oder krautig, am Ende der Traube ohne Blüten, vergrößert, einen Schopf bildend (»Pineapple-Lily«).

E. bicolor Baker. S-Afrika, besonders im Drakensberg-Gebiet, auf feuchten Hängen und grasigen Plätzen, um 1800 m. August–September. Blätter zu 5–6, riemenförmig, ungefleckt, Rand gekraust, halb-aufrecht, 60 × 7–10 cm. Schaft 30–45 cm lang, rund. Traube bis 30 cm lang, mit einem dichten Schopf länglicher, zugespitzter, meist rot gerandeter Blätter. Blütenstiele lang. Blüten hellrötlichgrün, oft mit rotem Rand.

E. zambesiaca Reichb. f. Zimbabwe, Malawi, Grasland, 1600–2200 m. August–September. Wesentlich kompakter, nur 20–30 cm Höhe, davon 8–15 cm für die Traube. Blüten weiß.

Eucomis sind wesentlich härter, als normal angenommen wird. Sie werden in gutem Gartenboden gezogen und über Winter mit einer trockenen Laubdecke versehen. *E. zambesiaca* kann auch im Alpinenhaus kultiviert werden. Während der Wachstumszeit, die von Mai–September dauert, brauchen sie große Mengen Wasser und Nährstoffe, dürfen also nicht zu trocken gehalten werden. Die Vermehrung erfolgt durch Aussaat, es dauert 4–5 Jahre bis zur Blüte, Nebenzwiebel und sicherlich auch Zwiebelschalenstecklinge, wie sie bei verwandten Gattungen gemacht werden. *Eucomis* werden zur Blütezeit gerne von Bienen und anderen Insekten besucht, beim Austrieb sind sie von Schnecken gefährdet.

Euryops Cass., Compositae

Etwa 60 Arten in Süd- und Mittelafrika. Immergrüne Sträucher oder Halbsträucher mit wechselständigen, gedrängt stehenden, ganzen oder fiederteiligen Blättern und end- oder achselständigen, unverzweigten Blütenstielen. Blütenköpfe gelb.

E. acraeus M. D. Henders. (*E. evansii* hort. non Schlechter). Südafrika. Mai–Juni. Kleinstrauch, bis 40 cm hoch und ebenso breit. Blätter fleischig, ungeteilt, am Rand entfernt gezähnt, bläulich bereift, bis 40 × 6 mm. Blütenköpfe an 6–7 cm langen Stielen, leuchtendgelb.

Euryopa acraeus, teilweise noch fälschlich als *E. evansii* verbreitet, ist ein durch die blaue Bereifung der Blätter und die Überfülle an gelben Blüten auffallender Strauch für geschützte Beete oder das Alpinenhaus. Die Substrate müssen durchlässig und eher kalkarm sein, da es sonst zur Chlorose kommt. Die Vermehrung kann durch Kopfstecklinge, aber auch durch Wurzelschnittlinge erfolgen, Früchte wurden bei mir nie angesetzt.

Eustoma Salisb., »Prairie-Enzian«, Gentianaceae

2 Arten, vor allem im südl. N-Amerika verbreitet. Ein-, zwei-, selten mehrjährige Kräuter mit gegenständigen, stengelumfassenden oder sitzenden Blättern. Blüten groß, purpurn, blau, weiß oder rosa.

E. grandiflorum (Raf.) Shinners (*Lisianthus russelianus* Hook., *E. russelianum* (Hook.) G. Don ex Sweet). USA (nördl. bis Colorado), N-Mexiko. Bekannte Topf- und Schnittblume. Die im Handel erhältlichen Formen sind nicht winterhart, wohl aber aus in Colorado gesammelten Samen erzogene, meines Wissens nur in purpurblau und weiß. 30–60 cm. Blätter eirund bis lanzettlich-länglich, blaubereift. Blüten bis 8 cm breit.

Die Sämlinge sind sehr klein und brauchen sehr kalkreiche Substrate mit hohem pH-Wert um zu gedeihen. Im Freiland unter leichtem Schutz langsam heranwachsend und zumeist erst im dritten oder vierten Jahr blühend.

Ewartia Beauverd, Compositae

5 Arten in SO-Australien, Tasmanien und Neuseeland. Hochalpine bis alpine Mattenbildner, selten halbstrauchig, mit funktionell zweihäusigen Blütenköpfchen, ähnlich *Raoulia* oder *Gnaphalium*. Die Arten sind einander, bis auf *E. sinclairii*, sehr ähnlich.

E. catipes (Hook. f.) Beauv. (*Raoulia catipes* Hook. f., *Leontopodium catipes* (Hook. f.) F. Muell.). Tasmanien. Mai–Juni. Silbergraue, mattenbildende Staude mit reichverzweigten, kriechenden, wurzelnden Trieben. Blätter dicht gedrängt, bis 7 × 4 mm groß, dicht silberig behaart, im Alter bräunlich werdend.

E. meredithae Beauv. Tasmanien. Ähnlich voriger, aber langhaariger und dichter in der Behaarung, im Alter gelb oder rostfarben.

E. nubigena (F. Muell.) Beauv. (*Antennaria nubigena* F. Muell.). SO-Australien. Ähnlich *E. catipes*, aber gröber in den Rosetten.

E. planchonii (Hook. f.) Beauv. (*Gnaphalium planchonii* Hook. f., *Raoulia planchonii* (Hook. f.) Hook. f.). Tasmanien.

E. sinclairii (Hook. f.) Cheesem. (*Raoulia sinclairii* Hook. f.). Neuseeland: S-Insel, verbreitet in Felsritzen, besonders in der Nähe von Wasserläufen. Staudiger Halbstrauch, bis 40 cm hoch, stark verzweigt von einem kräftigen Wurzelstock. Haupttriebe bis 3 mm dick. Blätter geschindelt, 6–10 × 2 mm, lanzettlich bis spatelig, beiderseits weißhaarig. Köpfchen 6 × 4 mm, zu 25 in kopfigen, 2 cm breiten Blütenständen.

Meine Erfahrung beschränkt sich auf die australischen Arten, die großtriebigen *Raoulia* nicht unähnlich sind. Sie sind meiner Erfahrung nach recht empfindlich gegen übergroße Nässe auf den Blättern, wollen aber auf der anderen Seite eher humos-feuchte, steinige Substrate. Ich konnte die aus Tasmanien erhaltenen Pflanzen nicht länger als zwei Jahre am Leben erhalten. Die Vermehrung erfolgt durch Teilung.

Fallugia Endl., Rosaceae

Monotypische Gattung:

F. paradoxa (D. Don.) Endl. SW-USA, Mexiko, kiesige oder steinige Hänge. Mai. Stark verzweigter, sommergrüner Strauch, bis 1 m. Blätter fiederteilig, mit zurückgekrümmten Blatträndern, bis 15 mm lang. Blüten einzeln am Ende nackter Blütenstiele, bis 2,5 cm breit, weiß. Früchte mit langem Haarschwanz.

Interessantes Gehölz, welches unter leichtem Winterschutz gut durchhält. Ich kultiviere meine Pflanzen ausgepflanzt im winters geschützten Steinbeet, bzw. im Container, welche im Mistbeetkasten überwintert werden. Die Vermehrung erfolgt durch Aussaat, die Kultursubstrate müssen steinig-durchlässig, der Standort vollsonnig sein.

Frankenia L., Frankenie, Frankeniaceae

Etwa 60 Arten in den gemäßigten und subtropischen Gebieten Europas, Amerikas, Asiens und Australiens. Stauden oder Halbsträucher mit knotig gegliederten Zweigen und einfachen, gegenständigen, sommergrünen Blättern. Blüten 4–5zählig, in end- oder achselständigen, verzweigten Trauben. Strand- und Salzpflanzen.

F. laevis L. W-Europa, westl. Mittelmeergebiet. Juni–August. 10–15 cm hohe, halbstrauchige Kleinstaude, wintergrüne, dichte, niedrige Matten bildend. Triebe dünn,

---

Oben links: *Jurinella moschus* ssp. *pinnatisecta* am natürlichen Standort am Soganli-Paß in der Nordosttürkei.

Oben rechts: *Lewisia pygmaea* ssp. *longipetala* im winters mit Hartplastik gedeckten Steinbeet.

Mitte links: *Lewisia nevadensis* im sehr durchlässigen Steinbeet.

Mitte rechts: *Lewisia tweedyi* 'Rosea' im Alpinenhaus.

Unten links: *Lewisia rediviva* im Alpinenhaus.

Unten rechts: *Leucogenes grandiceps* am natürlichen Standort im Otira Valley, Neuseeland (Foto J. LeComte).

reichverzweigt, beblättert. Blätter klein, nadelförmig, dicklich, dunkelgrün. Blüten achselständig, klein, rosa.

Hübsche, sehr zierliche Liebhaberpflanze für Stein- und Heidegärten, die nur in milden, atlantischen Lagen genügend winterhart ist. Im kontinentalen Klima braucht sie besonderen Schutz, z. B. durch Vlies oder Reisig, leidet aber trotzdem in strengen Wintern. Frankenien brauchen einen humosen, sandigen Boden, sonnige, nicht zu trockene Lage und werden durch Teilung und Stecklinge, seltener durch Aussaat, vermehrt.

Fremontodendron Coville (*Fremontia* Torr. 1854 non 1843), Sterculiaceae

Zwei Arten in Kalifornien und Mexiko. Immergrüne Sträucher mit gelappten, sternhaarigen Blättern. Kelch groß, gelb, kronblattartig, an der Basis drüsig.

F. californicum (Torr.). Coville (*Fremontia californica* Torr.). Kalifornien bis Arizona, Baja California, Berghänge, von 500–1700 m. An geschützten Stellen bis 4 m hoher Strauch, aber schon mit 40–50 cm im Topf blühend. Halbimmergrün. Blätter 3lappig, an den blühenden Trieben kleiner als an den nichtblühenden, bis 5 cm breit, oberseits grün, unterseits dicht sternhaarig. Blüten in den Blattachseln, fünfteilig, 4–6 cm breit, goldgelb. Von Juni bis September blühend.

F. mexicanum Davids. Ist nahe verwandt, besitzt fünfteilige Blätter und mehr sternförmige Blüten.

Zu meiner großen Freude konnte ich diese herrliche Pflanze über lange Jahre im ungeheizten Alpinenhaus halten und auch zur Blüte bringen. *Fremontodendron* braucht einen durchlässigen, kalkschotterigen Boden und volle Sonne. Die Vermehrung durch Aussaat ist leicht, Samen werden sogar bei uns angesetzt. Damit die Pflanzen nicht zu groß werden, kann unbedenklich ein Rückschnitt durchgeführt werden, die Pflanzen blühen am diesjährigen Holz. Die Blüten erscheinen eigentlich gegenüber den Blattachseln am Trieb. Auch ein Bastard zwischen beiden Arten ist in Kultur.

Fritillaria L., Schachbrettblume, Kaiserkrone, Liliaceae

Etwa 120 Arten in den gemäßigten Gegenden der nördl. Halbkugel. Zwiebelpflanzen mit unverzweigten, beblätterten Sprossen. Blätter wechselständig oder quirlig,

---

Oben links: *Muscari massayanum* im Alpinenhaus.

Oben rechts: *Narcissus triandrus* ssp. *triandrus*, dahinter *Eriogonum douglasii*, im winters mit Hartplastik gedeckten Steinbeet.

Unten: *Oxalis adenophylla* (Wildaufsammlung aus Argentinien) im winters mit Vlies gedeckten Steinbeet.

bei vielen Arten sind die beiden untersten Blätter beinahe gegenständig (subopposit). Blüten ansehnlich, seitwärts gerichtet bis hängend, einzeln oder zu mehreren, bisweilen unter einem Blattschopf (Sekt. *Petilium*, Kaiserkronen). Blütenabschnitte 6, ziemlich gleich, innenseitig am Grunde mit einem unterschiedlichst geformten Nektarium, welches bei der Sektion *Rhinopetalum* stark vertieft und von außen als fast hornartige Ausstülpung zu erkennen ist. Staubbeutel 6, Griffel 1, mit kopfiger oder dreiteiliger Narbe. Kapsel 3teilig, 6fächerig, ungeflügelt, halbgeflügelt oder geflügelt.

F. acmopetala Boiss. (*F. lycia* Boiss.). SW-Türkei entlang der Küste bis zum Libanon, Zypern: lichte Kiefernwälder, Gebüsch, Getreidefelder, 20–2000 m. April–Mai. 40–60 cm. Stengelblätter 4–5 (–6), linealisch, graubereift. Blüten glockig, äußere Blütenblätter grünlich, am Ende aufgebogen, innere braungestreift und gefleckt. Solange die Zwiebeln einblättrig sind, ist die Blattfarbe grün, werden sie mehrblättrig, stellt sich auch die graue Bereifung ein.

F. alburyana Rix (*F. erzurumica* Kasapigil). NO-Türkei: Schutthalden und in torfigen Böden, bei späten Schneeflecken, 2000–3000 m. April–Mai. 8–15 (–18) cm. Stengelblätter 3 (–4), das untere breit-eilanzettlich, graugrün. Blüten einzeln, schalenförmig, rosa mit weißlicher Schachbrettzeichnung. Sehr schöne, noch seltene Art, die in der Kultur leider nicht so schön blüht wie in der Natur. Im Sommer nicht zu trocken halten.

F. alfredae Post. Es werden 3 Unterarten unterschieden:
ssp. **alfredae**. Libanon. Ähnlich ssp. **platyptera**, aber zierlicher und empfindlicher.
ssp. **glaucoviridis** (Turrill) Rix (*F. glaucoviridis* Turrill, *F. haradjianii* Briq.). S-Türkei, vor allem im nördl. Amanus-Gebirge: Eichengebüsch und Buchenwald, 500–1500 m. April. 10–40 cm. Stengelblätter 5 (–7), schmal-lineal, graugrünlich. Blüten schlankröhrig, außen blaugrün, innen gelblichgrün. Kapsel geflügelt.
ssp. **platyptera** (Samuelson) Rix (*F. platyptera* Samuelson). S-Türkei. Syrien, südl. Amanusgebirge: Eichengebüsch, 500–800 m. April–Mai. Ähnlich ssp. **glaucoviridis**, aber zarter, mit längeren oberen Blättern und schmäleren unteren Blätter.

In Kultur meist nur ssp. *glaucoviridis* anzutreffen, unschwer bei guter Sommerruhe.

F. amabilis Koidzumi. S-Japan, Kyushu, Shikoku, SW-Honshu: Wälder, in torfigem Boden, 600–800 m. April. 10–15 cm. Blätter linealisch, dunkelgrün. Blüten schmalröhrig, nickend, reinweiß. Braucht torfigen Boden und darf nicht austrocknen.

F. arabica Gandoger. O-Jordanien, bei Petra, in Felsen. Ähnlich *F. persica*, aber Blätter breit und Petalen verkehrt-eiförmig.

F. ariana (A. Los. et Vved.) Rix (*Rhinopetalum arianum* A. Los et Vved.). Z-Asien, besonders im südl. Rand der Kara Kum Wüste, NO-Iran, N-Afghanistan: sandige Steppen. April. Bis 40 cm. Blätter bläulich, lineal-lanzettlich, zugespitzt, bis1,4 cm breit. Blüten zu 1–8, etwas zygomorph. Segmente bis 22 × 9 mm, hellrosa, in der Mitte dunkler, mit gelbem Fleck an der Basis, ungescheckt. Kapsel ungeflügelt. Ähnlich *F. gibbosa*, aber Nektarien weniger lang gespornt. Kultur schwierig.

F. armena Boiss. NO-Türkei, bes. um Erzurum: steinige Hänge, in unbewachsenem Boden, nahe späten Schneeflecken, 1800–2800 m. April. 10–12 (–15) cm. Blätter 3 (–4), die beiden unteren groß, eiförmig-lanzettlich. Blüten glockig, klein, tiefpurpurn (auch innen), außen etwas bereift. Braucht gute Sommerruhe.

F. assyriaca Baker (*F. canaliculata* Baker). O-Türkei, W-Iran, N-Irak, wahrscheinlich auch S-Armenien: in Feldern, auf Steppen und steinigen Hängen, 100–2500 m. April–Mai. Ähnlich *F. pinardii*, aber Blätter schmäler, gewöhnlich höher (10–35 cm) und Griffel sehr kurz. Es werden 2 Unterarten unterschieden:
ssp. **assyriaca**. Innere Perianthsegmente breiter als 5 mm, Antheren gelb.
ssp. **melanthera** Rix. S-Anatolien. Innere Perianthsegmente schmäler als 5 mm, Antheren schwarz.

Trockener halten, da in Laub und Blüte grauschimmelempfindlich.

F. atropurpurea Nuttall (inkl. *F. adamantina* Peck, *F. gracillima* Smiley). Westl. N-Amerika, in Gebüsch und im Nadelwald, 1500–3000 m. Mai. Bis 50 cm und 15blütig. Sehr variabel. Blätter schmal-lineal, zu vielen, teilweise quirlig. Blüten schalenförmig. Blütenblätter schmal, gelb bis rötlichgelb, braungefleckt, Fleckung oft sehr stark ausgeprägt.

F. aurea Schott (*F. cilicicotaurica* Hausskn., *F. bornmuelleri* Hausskn.). Z-Türkei: zwischen Kalkfelsen, oft bei letzten Schneeflecken, 1800–3000 m. Mai. 10–15 (–18) cm. Blätter 5–7 (–8), graugrün, die unteren eiförmig-lanzettlich, die oberen lanzettlich. Blüten 3–4 cm groß, kantig-glockig, goldgelb mit braunen Flecken. Herrliche Art mit zahlreicher Zwiebelbrut.

F. biflora Lindl. »Mission Bells«. S-Kalifornien: in Wiesen. April. 10–30 cm. Blätter 2–7, zersteut oder unten teilweise quirlig, eilänglich bis eilanzettlich. Blüten zu (1–) 2–4 (–7), glockenförmig, bis 2,5 cm lang, dunkelbraun bis grünlichpurpurn mit bläulichem Reif.
ssp. **agrestis** (Greene) Macfarlane (*F. agrestis* Greene). »Stink Bells«. Kalifornien. 30–50 cm. Blätter 8–12, eilänglich bis eilanzettlich, wechselständig oder quirlig. Blüten zu 3–8, trüb- oder gelblichgrün, glockenförmig, nickend, stinkend.

Sehr variabel, leicht zu kultivieren.

F. bithynica Baker (*F. citrina* Baker, *F. schliemannii* Sint. ex Rodigas, *F. pineticola* Schwarz). W-Türkei, Samos, Chios: lichte Kiefernwälder oder Eichenbuschwald, 100–1200 m. April–Mai. 10–25 cm. Blätter 3–5, die unteren breit eiförmig-lanzettlich, die oberen schmäler und gedreht, graugrün. Blüten kegelig, außen grünlich, innen gelb, manchmal rötlich gefleckt. Griffel schlank, ungeteilt.

F. bucharica Regel (*Rhinopetalum bucharicum* (Regel) A. Los.). NO-Afghanistan, Z-Asien, bes. im Pamir Alai: auf Felsen und steinigen Hängen, 100–2400 m. April–Mai. Bis 30 (–40) cm. Blätter lineal-lanzettlich, graugrün, im Blütenstandsbereich langsam kleiner werdend. Blüten in Trauben zu 1–15, radiärsymmetrisch (= aktinomorph), flach, bis 2,5 cm breit, weiß grünlich überhaucht. Nektarien tief eingesenkt, Griffel 3teilig. Kapsel im oberen Teil geflügelt. – Leichteste Art aus der Sektion *Rhinopetalum*, braucht gute Sommerruhe. Bildet auch bei uns gut Samen.

F. carica Rix. SW-Türkei, Samos, Chios: steinige Hänge, oft unter Gesträuch, lichte Kiefernwälder, 200–1500 m. April. Blätter 5–6, eilanzettlich, gedreht, graugrün. Blüten kegelig-glockig, reingelb. Ähnlich **F. forbesii**, aber Blätter breiter und kürzer, oder **F. bithynica**, aber Griffel dick und mit Papillen besetzt. Kapsel ungeflügelt.

F. caucasica Adams. (*F. tulipifolia* M. Bieb.). NO-Türkei, NW-Iran, Kaukasus: subalpine Wiesen, an schattigen Felsen, 1700–3000 m. April–Mai. Bis 30 cm. Blätter wenige, schmal-lanzettlich. Blüten glockig, trübpurpurn, 2–3 cm lang, Griffel und Filamente unbehaart. Im Sommer nicht zu trocken halten.

F. chlorantha Hausskn. et Bornm. Iran, bes. NW-Zagros: steile, steinige Hänge, 1800–3000 m. April. 6–10–12 cm. Basale Blätter breit-elliptisch, glänzendgrün. Blüten zu 1–3, kegelig-schmalglockig, 2,5 × 1,5 cm, grün mit bläulichem Reif, manchmal purpurn gestreift.

F. cirrhosa D. Don. Himalaja, von Nepal ostwärts: auf subalpinen und alpinen Wiesen und im Gesträuch, 3000–4500 m. Mai–Juni. Sehr variabel, im Westen des Verbreitungsgebietes in *F. roylei* übergehend. 15–100 cm. Blätter in Quirlen oder zerstreut, lineal bis schmal lanzettlich, gewöhnlich mit einer Blattranke an der Spitze. Blüten zu 1–3, glockig, bis 4 × 3 cm, hellgrün mit brauner Würfelung bis purpurbraun mit grüner Zeichnung. Griffel 3teilig. Nicht leicht, darf sommers nicht zu trocken gehalten werden, braucht aber steinig-durchlässigen Boden. Am besten in winters zu schützenden Moorbeeten, gemeinsam mit empfindlichen Cypripedien.

F. collina Adams (*F. lutea* M. Bieb.). Kaukasus: alpine Wiesen, Birkengestrüpp, 2000–4500 m. April–Mai. 8–10–15 cm. Blätter 5–7, schmaloval-lanzettlich. Blüten ähnlich denen von *F. aurea*, aber größer und heller und innere Blütenblätter mit fein gezähntem Rand. Braucht eher humosen Boden und darf nicht zu trocken gehalten werden.

F. conica Boiss. S-Griechenland, Peleponnes: auf Kalkhügeln, in immergrünem Eichengebüsch, an Feldrändern, nahe dem Meer, unter 200 m. April–Mai. Bis 25 cm. Untere Blätter breit-oval zugespitzt, subopposit, obere schmäler, gräulich. Blüte kegelig, bis 2 cm, hellgelb mit grünen Adern. Griffel tief 3teilig.

F. crassifolia Boiss. et Huet. Sehr veränderliche und problematische Art, die von M. Rix folgend gegliedert wird:
ssp. **crassifolia** (*F. ophioglossifolia* Freyn et Sint.). SW-Türkei: zerstreut, gewöhnlich auf Kalkschutthalden, 1500–2600 m. April. Grundständige Blätter eilanzettlich, obere linealisch. Blüten zu 1–2, bis 4 × 2 cm, außen hellgrün mit brauner Zeichnung, innen grün mit brauner Würfelung oder braun mit grünen Streifen.
ssp. **hakkarensis** Rix. SO-Türkei, NO-Irak: bei letzten Schneeflecken, 1500–3500 m. April–Mai. Ähnlich ssp. *kurdica*, aber Blätter dunkelgrün, glänzend, Blüten kleiner, breitglockig.
ssp. **kurdica** (Boiss. et Noe) Rix (*F. kurdica* Boiss. et Noe, *F. karadaghensis* Turrill, *F. wanensis* Freyn, *F. grossheimiana* S. Los.). SO-Türkei, NW-Iran, S-Transkaukasus: steinige, alpine Steppen und auf Felsen, 1500–3500 m. April–Mai. Untere Blätter subopposit, eilanzettlich bis lanzettlich, obere schmäler, zahlreich, grün bis blaugrün, teilweise glänzend. Blüten zu 1–4, glockig mit breiter Schulter, braun bis grün, dann schokoladepurpurn gefleckt, Spitzen oft gelb, sehr variabel. Griffel dreiteilig.
ssp. **polunini** Rix. NO-Irak: Kalkschutthalden, 2200–2400 m. April. Blätter lanzettlich, blaubereift. Blüten weiß mit grüngräulichen Adern.

F. davisii Turrill. Griechenland, Peleponnes: in Gesträuch, Olivenhainen und Feldern, bis 100 m. April–Mai. 15 cm. Basale Blätter subopposit, obere wechselständig und schmäler. Blüten zu 1–2, 2–3 cm lang, dunkelschokoladebraun und stark gewürfelt. Griffel 3teilig.

F. drenovskyi Degen et Stojanoff. S-Bulgarien, N-Griechenland: grasige Kalkhänge, Haselgestrüpp, 300–1800 m. Mai. 30 cm. Blätter schmal-linealisch, wechselständig. Blüten zu 1–3, 1,5–2 cm lang, konisch-glockig, braunpurpurn, innen manchmal gelblich. Sehr verschieden wüchsig, die Form vom Botanischen Garten Nymphenburg gutwüchsig.

F. eduardii Regel. Z-Asien, Tadschikistan: Gesträuch, felsige Plätze, etwa 2000 m. Mai. Ähnlich *F. imperialis*, aber Blüten flach, hellorange, seitwärts gerichtet. Besser im Zwiebelkasten und nicht im Freiland.

F. ehrhartii Boiss. et Orph. (*F. macrandra* Baker, *F. regis-georgii* Heldr. et Holzm.). Ägäische Inseln, Euboea, Skios, Andros, Siros: in der Garigue und auf Schieferfelsen, 180–800m. April. 6–20 cm. Blätter wechselständig, lanzettlich, grau, nach oben schmäler werdend. Blüten zu 1–2, konisch, bis 2,5 cm lang, metallisch purpurn mit gräulichem Reif. Blütenblätter am Ende gelb getupft, innen grünlich.

F. elwesii Boiss. (*F. sieheana* Hausskn. et Hayek). S-Türkei: auf Feldern, in Gesträuch und lichten Kiefernwäldern, entlang der Küste, 500–1200 m. April. 20–25 cm. Blätter schmal-lanzettlich, grau, wechselständig. Blüten zu 1–3, schmalglockig, 2–2,5 × 1–1,5 cm, purpurblau und grün mit blauem Reif. Mit zahlreichen winzigen Brutzwiebeln.

F. epirotica Turrill ex Rix. NW-Griechenland: Serpentin-Schutthalden, 2500 m. April. 4–10 (–12) cm. Blätter 6–8, etwas bläulich, das unterste 3–6 cm × 8–15 mm, manchmal die beiden unteren subopposit, lineal-lanzettlich. Blüten breitglockig. Segmente außen dunkelbraunpurpurn, innen gelblich und gewürfelt mit rötlichbraun. Hochinteressante Art, die im Pindus zusammen mit *Orobanche nowackiana, Onosma pygmaeum* und *Bornmuellera tymphaea* vorkommt.

F. euboeica Rix (*F. sibthorpiana* auct. balcan. non (Sibth. et Sm.) Baker). Griechenland, Euböa: felsige Kalkhänge. April. 3–10 cm. Blätter 5–9, lanzeolat, bläulich, das unterste 3–5 cm × 7–10 mm. Blüten zu 1–2, schmalglockig, gelb, 13–23 mm lang. Sehr seltene Art, die erst 1975 von Rix abgeklärt wurde.

F. falcata (Jepson) D. E. Beetle. Kalifornien: auf Serpentin-Schutthalden, bis 1000 m. April. Bis 10 cm. Grundblätter 2, grau, gedreht, die oberen viel schmäler. Blüten gewöhnlich einzeln, aufrecht und beinahe flach, weißlich mit dichter rötlicher Fleckung. Sehr selten und heikel, nur fürs Alpinenhaus.

F. fleischeriana Steudel et Hochst. ex Schultes et Schultes fil. (*F. fleischeri* Hochst. et Steudel). W- und Z-Anatolien: tonige Hügel, steinige Steppen, Gesträuch, 1000 m. 6–15 cm. Blätter 5–8 (–11), linealisch, bläulich, die beiden unteren subopposit. Blüten zu 1–3, schmalglockig, dunkelpurpurbraun mit grüner Binde.

F. forbesii Baker. SW-Türkei, in Gesträuch, gewöhnlich über Serpentin, 50–350 m. März–April. 15 cm. Blätter sehr schmal, grau. Blüten zu 1–3, 1,5 × 0,5 cm, gelbgrün, schlankglockig. Am Standort schon sehr selten. Im Kultur empfindlich, da früh austreibend und dann durch Kälte und Grauschimmel leidend. Vermehrt sich sehr schlecht.

F. gentneri Gilky. Oregon. Mai–Juni. 25–30 (–40) cm. Blätter breitlanzettlich, graugrün, in einem Quirl in der Stengelmitte. Blüten zu 1–2 (–3), glockig, rot bis rotbraun, mit leichter Würfelung. Ähnlich *F. recurva*, aber Griffel tiefer eingeschnitten.

F. gibbosa Boiss. (*Rhinopetalum gibbosum* (Boiss.) A. Los.). Iran, Afghanistan, S-Kaukasien, Kopet Dagh: trockene Hügel, Steppen, 1000–2000 m. April–Mai. Ähnlich *F. bucharica*, aber Blüten zygomorph, hellrosa bis ziegelfarben, Nektarien sehr dunkel. 10–20 cm. Basale Blätter breitoval, obere eilanzettlich bis lanzettlich. Stengel haarig. Kapsel geflügelt.

F. glauca Greene. Kalifornien, Oregon: Serpentin-Schutthalden, bis 2500 m. April. Bis 10 cm. Grundblätter breit-oval, grau, die oberen schmäler. Blüten zu 1–2, glockig, halbhängend, 3 cm breit, gelb oder bräunlichgelb, dunkler gefleckt. Griffel 3teilig. Ähnlich schwierig wie *F. falcata.*

F. graeca Boiss. et Spruner. Sehr variabel, es werden unterschieden:
ssp. **graeca** (*F. zahnii* Heldr.). Griechenland, in Kalkmagerrasen oder schütterem Kiefernwald, 700–3000 m. April–Mai. Bis 20 cm. Blätter an der Basis breit, bläulich, die oberen lanzettlich. Blüten zu 1–2, breitglockig, 1,5–3 × 1,5–2 cm, gewöhnlich bräunlichrot mit einem grünen Mittelstreifen, manchmal etwas gewürfelt. Zwergformen, als *F. guicciardii* Heldr. et Sart. verbreitet, bleiben auch in der Kultur nieder.
ssp. **thessala** (Boiss.) Rix (*F. thessala* Boiss., *F. ionica* Halacsy, *F. thessalica* Sprun.). S-Albanien, S-Jugoslawien, NW-Griechenland. April–Mai. Kräftiger. Blätter am Stengelende zu 3 quirlig. Blüten grün, randwärts mit mehr oder weniger kräftiger brauner Würfelung. Kapseln ungeflügelt.
Beide Unterarten unschwer.

F. grayana Rchb. fil. et Baker (*F. roderickii* Knight, *F. biflora* var. *ineziana* Jepson). Kalifornien: in lehmigen Böden auf grasigen Hängen, gewöhnlich nahe der Küste. April–Mai. 15–20 cm. Blätter schmal-lanzettlich, grau, in einer Rosette an der Basis, 1–2 Blätter am Stengel. Blüten zu 1–3, hängend, 2,5 cm lang, braun oder grünlichbraun, mit einem auffallenden weißen Fleck gegen die Spitze der Blütenabschnitte. Gedeiht gut und blüht bereits im 3. Jahr nach dem Aufgang.

F. gussichiae (Degen et Dörfler) Rix (*F. graeca* var. *gussichiae* Degen et Dörfler). S-Bulgarien, S-Jugoslawien, N-Griechenland: in Wäldern, auf schattigen Felsen, in alpinen Rasen, 500–1500 m. April–Mai. Sehr kräftig, bis 60 cm. Blätter eilanzettlich, grau, nach oben schmäler werdend. Blüten bis zu 6, glockig, grün, randwärts mit heller brauner Würfelung. Kapsel schmal geflügelt.

F. hermonis Fenzl. Libanon (Hermos), S-Türkei (Amanus): in Schutthalden und felsigen Plätzen, oft im Schatten, 1400–1680 m. April. 8–35 cm. Blätter (4–) 5–6 (–9), wechselständig, lanzettlich oder eilänglich. Blüten 1–2, breitglockig, grün mit brauner Binde, Würfelung oder Zeichnung.
Es werden zwei Unterarten unterschieden, ssp. **hermonis** und ssp. **amana** Rix.

F. involucrata All. S-Frankreich, NW-Italien: grasige Stellen über Kalk, um 1000 m. April–Mai. 35–40 cm. Blätter schmal-lanzettlich, grau, die beiden untersten subopposit, die drei obersten im Blütenstandsbereich quirlig. Blüten zu 1–3, breitglockig, bis 4 × 3 cm, hellgrün mit heller brauner Würfelung. Griffel dreiteilig. Gut gedeihend. Am heimatlichen Standort schon sehr selten geworden.

F. karelini (Fisch.) Regel ex Baker (*Rhinopetalum karelini* Fisch.). Z-Asien: Steppen und Berghänge, auf sandigen Böden. April. 10–20 cm. Blätter blaugrün, bis 5 × 1,5 cm. Blüten zygomorph, in endständigen Trauben, nickend oder seitlich gerichtet. Blütenabschnitte 10–15 mm lang, rosaviolett mit dunklerem Fleck an der Basis oder dunkel getupft und gefleckt im mittleren Teil. Kapsel ungeflügelt. Wird aus Rußland als Samen angeboten. Selten und heikel. Alpinenhaus.

F. kotschyana Herbert. Iran: Elburs-Gebirge. April–Mai. Ähnlich *F. hermonis* und *F. whittallii.*

F. lanceolata Pursh. »Rice-root Lily«, »Checker Lily«. Westl. N-Amerika, an kiesigen oder felsigen Stellen, bei Kiefern und im Gesträuch, vom Meeresniveau bis 1800 m.

April-Mai. Zwiebel mit zahlreichen Brutzwiebeln. 30–40 (–90) cm. Blätter lanzettlich, in Quirlen. Blüten zu mehreren, breitglockig, bis 5 cm breit, dunkelpurpurn, grünlichgelb gefleckt.

Eine hübsche Zwergform ist var. **tristulis** A. L. Grant, nur 15 cm hoch, Blüten ungefleckt.

F. latakiensis Rix. S-Türkei, Libanon und Syrien: in Gesträuch und lichten Kiefernwäldern, bis 1000 m. April–Mai. 30–60 cm. Blätter wechselständig, schmal-lineal, graubereift. Blüten zu 1–3 (–4), schmalglockig, dunkelbraun, am Grunde etwas grünlich. Griffel tief 3teilig.

F. latifolia Willd. (*F. nobilis* Baker). Kaukasus, NO-Türkei: steinige Hänge, an letzten Schneeflecken, 1800–3000 m. April–Mai. Bis 30 cm. Basale Blätter subopposit, oval-lanzettlich, obere schmäler, glänzendgrün. Blüten gewöhnlich einzeln, 5 × 3 cm, kantig-glockig, tief schokoladebraun, stark gewürfelt. Griffel 3teilig. Verträgt als Hochalpine starke Sommertrockenheit schlecht, besser in geschützten Moorbeeten in torfigen Böden.

F. liliacea Lindley (*F. micrantha* Heller). »White Fritillary«. Z-Kalifornien: an grasigen Plätzen in schwerem Ton über Serpentin, auf Hügeln nahe der Küste, heute beinahe ausgerottet. April–Mai. 15–35 cm. Blätter lanzettlich, glänzendgrün, am Grunde gedrängt, wenige höher oben am Stengel. Blüten zu 1–5, breitglockig, cremefarben mit grünlichen Linien, etwa 2–3 cm lang. Griffel 3teilig. In der Heimat sitzt die Zwiebel sehr tief im Boden.

F. lusitanica Wikstr. (*F. hispanica* Boiss. et Reut., *F. messanensis* sensu Willk. non Rafin., *F. stenophylla* Boiss. et Reut., *F. boissieri* Costa, *F. caussolensis* Goaty et Pons ex Ardoino, *F. maria* Sennen). O-, Z- und S-Spanien, Z- und S-Portugal, in lichten Kiefernwäldern in niederen Lagen, zwischen Felsen und in Schutthalden in der Sierra Nevada, bis 3000 m. Mai. Bis 40 cm. Blätter grau, lanzettlich, zerstreut angeordnet, sehr verschieden in der Länge. Blüten zu 1–4, breitglockig, außen braun mit grünem Mittelstreif, gewürfelt, Spitzen gelb. Sehr variabel und botanisch noch unbefriedigend abgeklärt.

F. macedonica Bornm. Östl. Z-Albanien, gerade nach SW-Jugoslawien reichend, Bergwiesen. Mai. 7–14 cm. Blätter 5–6, die beiden unteren subopposit, eilänglich bis lanzettlich, das unterste bis 4–6 (–8) cm × 5–10 (–16) mm, die drei obersten in einem Quirl. Blüten sehr breitglockig, bis 4 cm lang, Abschnitte violett, stark gewürfelt mit dunkelpurpur, ohne Streifen.

Diese Art ist meines Wissens zur Zeit nicht in Kultur. Die obigen Angaben basieren auf den Angaben von Rix in der Flora Europaea, alle früheren Angaben bezeichnen *F. macedonica* als *F. tubiformis* nahestehend, aber gelbblühend! Erst die Einführung dieser Art in die Gartenkultur wird Klarheit bringen.

F. meleagris L. Schachbrettblume. Die ssp. *meleagris* ist altbekannt und braucht in der Kultur keinerlei Schutz.
ssp. **burnatii** (Planchon) Rix (*F. burnatii* Planch.) bewohnt in den S- und SW-Alpen alpine Wiesen, ähnelt *F. meleagris* ssp. *meleagris* sehr und unterscheidet sich durch den kahlen Griffel von ihr. – Als Alpine verträgt sie sommerliche Trockenheit nicht sehr gut, sollte aber trotzdem unter Schutz gezogen werden, da sie im Garten ausgepflanzt zu empfindlich ist.

F. meleagroides Patrin ex Schultes fil. S-Teil des europ. Rußland, Bulgarien, zerstreut bis Z-Asien (Altai): auf feuchten Wiesen, neben Wasserläufen. April–Mai. 25–60 cm. Blätter 3–6 (–7), wechselständig, das unterste 7–16 cm × 7 mm. Blüten einzeln, breitglockig, bis 2,5 cm groß. Abschnitte außen schwärzlich, innen grünlich, gewürfelt mit purpurbraun. Nicht zu trocken halten, besser unter Schutz.

F. messanensis Rafin. Sehr variabel, es werden unterschieden:
ssp. **messanensis** (*F. oranensis* Pomel). Sizilien, Italien, Griechenland, Kreta, N-Afrika: in Gesträuch und in lichten Kiefern- und Eichenwäldern. April–Mai. 30–40–50 cm. Blätter lineal-lanzettlich, wechselständig, unter den Blüten zu 3–4 quirlig. Blüten zu 1–4, langglockig, bis 3–5 × 3 cm, grün mit randseitiger brauner Würfelung. Griffel 3teilig.
ssp. **atlantica** Maire (*F. oranensis* hort.). N-Afrika: Zedernwälder und Gesträuch, 1200–3000 m. Wie ssp. *messanensis*, aber Blätter kürzer und breiter, Blüten gedrungener und brauner.
ssp. **gracilis** (Ebel) Rix (*F. gracilis* (Ebel) Aschers. et Graebn., *F. neglecta* Parl., *F. illyrica* G. Beck). S-Jugoslawien, N-Albanien: in trockenen Wäldern, auf Schutthalden, 250–2000 m. Ähnlich ssp. *messanensis*, aber Blüten nicht gewürfelt und oberste Blätter nicht zu 3–4 quirlig.

Alle *F. messanensis*-Unterarten sind realtiv leicht zu ziehen.

F. michailovskyi Fomine. NO-Türkei: auf Schutthalden, unbegrasten Hängen, 2000–3000 m. April. 12–15 cm. Blätter lanzettlich, graugrün. Blüten zu 1–5, nickend, 2 × 2 cm groß, dunkel rötlichpurpurn mit einem grauen Reif, das untere Drittel jedes Segmentes leuchtendgelb. Sehr schön und gut aus Samen heranzuziehen.

F. minima Rix. SO-Türkei: steile Hänge zwischen Kalkfelsen, 2900–3000 m. April. Bis 10 cm. Blätter schmal-lanzettlich, graugrün, die untersten 1 cm breit, die oberen schmäler. Blüten zu 1–2, kegelig, gelb mit grünlichem Anflug, in den Blättern stekkend, 1,5 cm lang. Griffel 3teilig. Die Art ist in der Kultur nicht immer sehr attraktiv, da sie gerne »sitzenbleibt«, d. h. die Blüten bleiben tief in den Blättern stecken.

F. minuta Boiss. et Noe (*F. carduchorum* Rix). O-Türkei, NW-Iran: auf Hügeln und unter Eichengebüsch, 1000–3500 m, oft beim schmelzenden Schnee. 8–20 cm. Blätter ähnlich *F. armena*, aber glänzendgrün. Blüten ziegelrot, 1,5–2 cm lang. Griffel 3teilig. Die Art ist bei mir nicht so leicht zu ziehen gewesen. Alpinenhaus.

F. nigra hort. ist in den meisten Fällen *F. orientalis* (s. d.), teilweise gehören die unter diesem Namen kultivierten Pflanzen zu *F. messanensis* ssp. *gracilis*. Millers Typus von *F. nigra* ist zweifelsfrei *F. pyrenaica*. Diese schwierige Gruppe dunkelblühender Schachbrettblumen wurde von Rix in Flora Europaea 5 bearbeitet, die Bearbeitung bringt einige notwendige Namensänderungen, scheint aber für die Praxis sehr gut geeignet zu sein.

F. obliqua Ker-Gawl. (*F. tristis* Heldr. et Sart.). Griechenland, um Athen: an felsigen Stellen, beinahe ausgerottet. April. 30–40 cm. Blätter wechselständig, lanzettlich, graugrün, gedreht, nur die beiden untersten breiter und subopposit. Blüten kegelig-glockig, zu 1–3–8, 2–3 × 1,5–2 cm, dunkelrotbraun mit grauem Reif. Interessant dadurch, daß die Blüten auch in den Achseln der oberen Blätter stehen.

F. olgae Vved. (*F. serawschanica* Fedtsch.). Z-Asien, Pamir Alai: in Wacholder-Wäldern, feuchten Senken und Hängen. April–Mai. 20–60 cm. Blätter lineal-lanzettlich, 6–11 × 0,5–2 cm, in Quirlen zu 3–6 oder gegenständig. Blüten zu 1–5, breitglockig, außen gelblichgrün, innen dunkelgrün, mit unterschiedlicher schwarzpurpurner Zeichnung. Samen werden selten im internationalen Samentausch von russischen Gärten angeboten. Ich konnte die Art noch nicht zur Blüte bringen.

F. olivieri Baker. Iran, nördl. Zagros-Gebirge: In feuchten Wiesen, bei Strömen, 1800–4000 m. April. 20–40 cm. Blätter breit-lanzettlich, kurz, zerstreut stehend. Blüten groß, glockig, grün und braun, meist nicht gewürfelt. Verwandt mit *F. crassifolia.*

F. orientalis Adams. (*F. tenella* M. Bieb., *F. montana* Hoppe, *F. degeniana* H. Wagner, *F. liburnica* B. de Lengyel, *F. pollinensis* N. Terracc., *F. intermedia* N. Terracc., *F. nigra* hort. non Mill. p. max. p.). S- und SO-Europa, westl. bis SO-Frankreich. April. 16–40 cm. Blätter (6–) 8–10 (–11), das unterste 4–13 cm × 3–6 (–10) mm, linealisch, gewöhnlich gegenständig oder zu dritt quirlig. Blüten breitglockig, Abschnitte grünlich, stark mit purpurbraun innen und außen gewürfelt, 2–3 cm lang. Sehr variabel und botanisch außerordentlich schwierig zu bearbeiten. Rix zieht alle die oben genannten Kleinarten zusammen, was gärtnerisch etwas Unfrieden machen wird (Sortenbezeichnungen oder Herkunftsangaben angebracht!). Kultur leicht.

F. persica L. (*F. libanotica* (Boiss.) Baker, *F. eggeri* Bornm.). Zypern, S-Türkei bis Z-Iran: auf Feldern, steinigen Hängen, bis 2500 m. Mai. Bis 100 cm. Blätter lanzettlich, graugrün, etwas gedreht, im unteren Stengelbereich. Blütenstand blattlos, bis 30blütig. Blüten 1–2 cm lang, blaupurpurn, rötlichbraun bis gelblich.

Besonders kräftig die ursprünglich aus der S-Türkei stammende 'Adijaman'. Spätfrostgefährdet. Nimmt man die Zwiebeln über Sommer heraus, so kann man sie auch auf Beete usw. pflanzen, sonst besser sommerlicher Nässeschutz.

F. pinardii Boiss. (*F. syriaca* Hayek et Siehe, *F. alpina* Freyn et Sint., *F. fleischeri* Boiss.). S-Armenien, Türkei, Syrien, Libanon: auf steinigen Hügeln, beim schmelzenden Schnee. April. Bis 15 cm. Blätter aufrecht, grau, unten breit-lanzettlich, oben schmäler. Blüten meist einzeln, konisch, 1,5–2 cm lang, gelbgrün bis bräunlichrot und grün mit braunpurpurnem Rande. Griffel ungeteilt.

F. pluriflora Torr. ex Benth. »Adobe Lily«. Kalifornien: auf Feldern in schwerem Tonboden, bis 1000 m. April. Bis 25 (–40) cm. Blätter lanzettlich, zusammengedrängt im unteren Stengelbereich. Blüten zu 1–4 (–12), 2,5 cm lang, glockig, rosa. Griffel 3teilig. Bei mir sehr schwierig zur Blüte zu bringen, da die Knospen immer vertrocknen. Die Art braucht im Frühjahr sehr feucht, im Sommer trocken.

F. pontica Wahl. (*F. olympica* C. Koch). Bulgarien, Albanien, S-Jugoslawien, N-Griechenland: in Wäldern und Gebüsch, 30–1000 m. April–Mai. 15–35 cm. Blätter graugrün, welchselständig, lanzettlich, die obersten drei in einem Quirl. Blüten zu 1–3, bis 3,5 cm lang, mittelgrün mit purpurbraunem Hauch an Rand und Spitzen, Griffel 3teilig. Dazu var. **substipelata** Candargy von Lesbos mit schmäleren Blättern und schlankeren Blüten. Leicht.

F. pudica (Pursh) Sprengel. Westl. N-Amerika: in sandigen oder kiesigen Böden, zwischen 400 und 2000 m. April. Bis 20 cm, in Kultur um 10 cm. Blätter grau, linealisch, aufrecht. Blüten kegelig, bis 2,5 cm lang, leuchtendgelb, manchmal braun überhaucht. Griffel ungeteilt. Ähnelt den mediterranen Arten, relativ leicht. Zwiebel mit zahlreichen Nebenzwiebeln, oft an kurzen Ausläufern. Sehr schön zusammen mit *Lewisia rediviva.*

F. purdyi Eastwood. Kalifornien: in steinigen Böden, über Serpentin, 600–2000 m. April. 10–40 cm. Blätter eine basale Rosette formend. Blüten zu 1–5, offenglockig,

1,5–2,5 cm lang, weißlich oder grünlich mit dunkelrotbrauner Fleckung oder Streifung. Schwierig.

F. **pyrenaica** L. (*F. nigra* Mill.). Pyrenäen, NW-Spanien: in subalpinen Wiesen, 450–2000 m. April–Mai. 30 cm. Blätter schmal-lanzettlich, wechselständig, graugrün. Blüten gewöhnlich einzeln, 3–3,5 × 2,5–3 cm, tiefpurpurbraun und gewürfelt, innen gewöhnlich grünlich oder gelblich, selten außen und innen gelb (var. **lutea**). Auch im Freien leicht, selbst im schütteren Gras.

F. **raddeana** Regel (*F. askabadensis* M. Micheli). NO-Iran, SW-Zentralasien, besonders im Kopet Dagh-Gebiet: zwischen Felsen und Gestrüpp. April–Mai. Ähnlich einer zierlichen *F. imperialis*, aber Blüten hellschwefelgelb, flachglockig, Nektarium viel kleiner. Gut gedeihend, aber besser mit sommerlichem Nässeschutz. In Kultur sowohl eine Aufsammlung von P. Furse aus dem Iran als auch russische Herkünfte.

F. **recurva** Benth. »Scarlet Fritillary«. S-Oregon, N-Kalifornien, auf trockenen Hügeln, 700–2000 m. April–Mai. Bis 40 cm. Blätter lineal-lanzettlich, quirlig an wüchsigen, wechselständig an jungen und schwächeren Pflanzen. Blüten zu 1–6, glockenförmig mit zurückgekrümmten Zipfeln, scharlachrot mit leichter gelber Würfelung. Wird von Kolibris bestäubt. Nicht leicht.

F. **reuteri** Boiss. SW-Iran: auf feuchten, steinigen Wiesen, 2500–3000 m. April. Bis 25 cm. Blätter lanzettlich, glänzendgrün, wechselständig. Blüten zu 1–2, 2 cm lang, glockig, rötlichbraun, Spitzen für 5 mm leuchtendgelb. Griffel 3teilig. Im Aussehen ähnlich *F. michailovskyi*, aber Glocken offener, Pflanzen zierlicher und auch empfindlicher.

F. **rhodia** A. Hansen. Rhodos: steinige Hänge. April. 30 cm. Blätter wechselständig, sehr schmal-lanzettlich. Blüten zu 1–2, schmalglockig, 1,5 cm lang, gelblichgrün, Griffel ungeteilt. Sehr selten in Kultur.

F. **rhodokanakis** Orph. ex Baker. Griechenland: Idra, felsige Hänge, 200 m. April. Bis 15 cm. Blätter wechselständig, lanzettlich, die unteren bis 2 cm breit, die oberen sehr schmal. Blüten flachglockig, bis 2,5 cm lang, purpurbraun im unteren Teil, gelb im oberen Teil. Griffel 3teilig. Nicht schwierig.

F. **roylei** Hook. W-Himalaja. Ähnlich *F. cirrhosa* (s. d.), aber mit breiten Blättern ohne Blattranken.

F. **ruthenica** Wikstr. (*F. minor* Ledeb.). S- und SO-Teil des europ. Rußlands. April-Mai. 20–50 cm. Blätter 6–12, linealisch, gegenständig oder in Quirlen zu 3, das unterste 6–9 cm × 3–5 mm, die oberen mit Ranken. Blüten zu 1–5, breitglockig, außen schwärzlich, innen grünlichgelb, purpurbraun gewürfelt, bis 2,5 cm groß.

F. **sibthorpiana** (Sibth. et Sm.) Baker. SW-Türkei: lichte Kiefernwälder, auf Kalk, etwa 400 m. April. Blätter graugrün, die unteren breitoval-lanzettlich, die oberen schmäler. Blüten leuchtendgelb, glockig. Griffel 3teilig. Ähnlich *F. pinardii.*

F. **skorpilii** Velen. Rila, Rhodopen. Ähnlich *F. gussichiae*, aber Blätter schmäler und Blüten kleiner.

F. **sphaciotica** Gandoger. Kreta. Ähnlich *F. messanensis* ssp. *messanensis*, aber zierlicher.

F. **stenanthera** Regel (*Rhinopetalum stenantherum* Regel). Z-Asien, besonders Pamir Alai und Tien Shan: auf unbegrasten Hängen und Schutthalden, bis 2000 m. März–

April. Ähnlich *F. bucharica,* aber Blüten radiärsymmetrisch und hellrosa, mit kurzen, gleichlangen Nektarien. Kapsel schmal geflügelt.

F. straussii Bornm. SO-Türkei, NW-Iran: zwischen Eichengestrüpp und Hochstauden, 1500–2500 m. April–Mai. 15–25 cm. Blätter breit-lanzettlich, im oberen Stengelbereich gedrängt, graugrün. Blüten zu mehreren, dunkelpurpurn oder grün, beim Verblühen purpurn. Nektarium linealisch.

F. striata Eastwood. Kalifornien: in schweren Tonböden, um 600 m. April–Mai. Ähnlich *F. pluriflora,* aber Nektarien elliptisch bis oval und nicht linealisch. Petalen an der Spitze zurückgekrümmt.

F. stribrnyi Velen. Bulgarien, europ. Türkei: in Wäldern, Gesträuch und auf grasigen Plätzen. April. 10–30 (–80) cm. Blätter (7–) 10–14, eilänglich-lanzettlich bis lineal, die obersten zu dritt quirlig. Blüten zu 1–3, schmalglockig, außen purpurn oder bläulichgrün, purpurn gerandet, innen purpurn, gelb geadert.

F. tubiformis Gren. et Godron (*F. delphinensis* Gren. et Godron, *F. reverchonii* Planchon). SO-Frankreich, NW-Italien: alpine Rasen, 1500–2000 m. April–Mai. Ähnlich *F. latifolia,* aber Blätter blaubereift, Blüten größer und außen etwas graubereift, die ssp. **moggridgei** Boiss. et Reut ex Rix hat gelbe Blüten und längere Nektarien. Als alpine Art im Sommer nicht zu trocken halten.

F. tuntasia Heldr. ex Halacsy. Griechenland: Serifos, Kithnos: auf felsigen Stellen, unter Gesträuch. April., 30 cm. Blätter lineal-lanzettlich, wechselständig, grau, gedreht. Blüten zu 1–4, breitglockig, dunkelpurpurn. Griffel ungeteilt. Ähnlich *F. obliqua,* aber Griffel ungeteilt.

F. ussuriensis Maxim. O-Asien: auf feuchten, sandigen Böden, in Wäldern, Wiesen und Flußtälern. Bis 60 cm. Blätter linealisch, bis 15 × 0,6 cm. Blüten einzeln, schmalglockig, außen braunviolett, innen purpurn mit gelber Scheckung und Spitze. Wird selten im internationalen Samentausch angeboten, darf sicherlich nicht zu trocken gehalten werden.

F. uva-vulpis Rix (*F. assyriaca* hort. non Baker). N-Irak, W-Iran, SO-Türkei: in Getreidefeldern, auf Mähwiesen, 1000–2500 m. April. Bis 20 cm. Blätter aufrecht, graugrün oder grün, wechselständig. Blüten einzeln, schmalglockig, 1,5–2,5 cm lang, bräunlich purpurn oder metallisch purpurn mit bläulichem Reif, Spitzen der Blütenblätter leuchtendgelb oder bronze. Bildet viele Nebenzwiebeln. Leicht.

F. verticillata Willd. (*F. thunbergii* Miq.) Z-Asien, China, in Japan verwildert. Mai. Bis 60 cm. Blätter lanzettlich, in Quirlen, bei schwächeren Exemplaren auch wechselständig, die oberen mit Blattranken. Blüten zu 1–6, in den Achseln der oberen Blätter, bis 2,5 cm lang, breitglockig, cremefarben, mit grüner oder rötlicher Würfelung. Griffel 3teilig. Braucht feuchten Boden, vielleicht besser in einem geschützten Moorbeet. Es gibt wenigblühende Formen, die dafür aber reichlichst Nebenzwiebeln bilden.

F. viridiflora Post. S-Anatolien: steinige Felder, im Winter überflutet, 1000–1500 m. April. 12–25 cm. Blätter 7–9, lanzettlich, die oberen zu dritt quirlig. Blüten schmalglockig. Ähnlich *F. bithynica,* aber größer in allen Teilen und geographisch gut separiert.

F. walujewii Regel. (*F. ferganensis* A. Los.). Z-Asien, besonders im Ala Tau, Tien Shan und Pamir Alai: auf Felsen und zwischen Wacholdergestrüpp, etwa 2000 m. Mai.

30–40 cm. Blätter lanzettlich, teilweise in Quirlen. Blüten groß, glockig, rot mit grüner Würfelung, etwas blau bereift. Erst kurz in Kultur, vielleicht besser sommers nicht zu trocken.

F. whittallii Baker. SW-Türkei: in Kalkschutthalden, Zedernwäldern, 1500–2000 m. April. 10–15 cm. Blätter breit-lanzettlich, die oberen schmäler, blaubereift. Blüten zu 1–3, purpurbraun mit grüner Würfelung.

F. zagrica Stapf. Iran; besonders im Z-Zagros: in Bergsteppen, beim schmelzenden Schnee, 1800–3000 m. April. 8–12 cm. Blätter breit-oval-lanzettlich, die oberen schmäler, blau bereift. Blüten einzeln, schmalglockig, dunkelpurpurn mit kleinen gelben Endzipfeln der Petalen.

Die kleinen bis mittelgroßen Fritillarien sind herrliche Pflanzen für die Kultur im Topf und Aufstellung im Alpinenhaus, für die Auspflanzung im Zwiebelkasten oder die Kultur im geschützten Steinbeet. Fast alle brauchen sehr durchlässige, schotterige Substrate, die sommers sehr stark austrocknen, im Spätwinter und Frühjahr aber wassergesättigt sind. Nur die alpinen Arten vertragen eine starke sommerliche Austrocknung nicht.

Ich habe im Laufe der Jahre an die 150 verschiedene Herkünfte von *Fritillaria,* davon viele Wildsammlungen, gezogen. Die Vermehrung erfolgt am einfachsten durch Aussaat. Samen werden von den diversen Alpenpflanzengesellschaften und von auf Blumenzwiebeln spezialisierten botanischen Gärten angeboten. Bei Aussaat unmittelbar nach der Ernte kann ein überwiegender Teil der Samen bereits im darauffolgenden Jahr keimen, normalerweise keimen, auch bei Behandlung mit Gibberellinsäure, im ersten Jahr nur wenige Samen, die anderen überliegen und keimen erst im zweiten Jahr nach der Aussaat. Wichtig ist in diesem Zusammenhang, daß nicht alle Fritillarien-Samen sehr tiefe Temperaturen vertragen. Untersuchungen bei *F. imperialis* haben ergeben, daß die besten Keimergebnisse bei Temperaturen während der Kalt-Stratifikation über 0 °C zu erwarten sind. Diese Temperaturansprüche waren der Grund, warum ich nur hin und wieder in der Lage war, *F. imperialis* zum Keimen zu bringen; die Embryonen erfroren häufig. Die kleinen Zwiebeln wandern in den meisten Fällen auf den Grund des Topfes, wo sie beim Austopfen gefunden werden. Die Routine, wann die Sämlinge umgelegt werden, variiert von Pfleger zu Pfleger. Ich lege die Sämlinge im Herbst des zweiten Jahres, also rund zwei Jahre nach einer Herbst-, bzw. 1,5 Jahre nach einer Frühjahrsaussaat zum ersten Mal um. Als Substrat verwendet man steinig-humose, sehr gut durchlässige, aber nicht zu nährstoffarme Substrate. Je nach Art und Herkunft blühen die Sämlinge üblicherweise vier bis fünf Jahre nach dem Aufgang. Einige Arten bilden an der Zwiebel eine große Anzahl von Brutzwiebeln, die für die Vermehrung herangezogen werden können. Es ist aber festzustellen, daß einige Typen von brutzwiebelbildenden Arten in Kultur sind, wo die Brutzwiebelbildung zu Ungunsten der Blütenbildung vor sich geht, d. h. diese sich gut vermehrenden Typen blühen schlecht oder nicht (*F. verticillata, F. aurea*). Um Samenansatz zu erzielen, ist Handbestäubung notwendig, wobei in den meisten Fällen Selbstunfruchtbarkeit zu bemerken ist, die durch Bestäubung in die Knospe oder abgehende Blüte umgangen werden kann; auch *F. imperialis* ist, jedenfalls die üblicherweise in Gartenkultur befindlichen Formen, im Gegensatz zur oft gehörten Meinung, nach meinen Versuchen nicht selbststeril.

Eine Schuppenvermehrung ist zweifellos für alle Fritillarien möglich, sie wird in Holland nicht nur bei *F. imperialis,* sondern auch schon bei seltenen botanischen Arten durchgeführt. Zweifellos sind auch Versuche mit Embryokultur am Platz.

Während der Wachstumszeit vertragen alle Fritillarien mehrmalige leichte Flüssigdüngungen (mit etwa 1–2 g eines vollwasserlöslichen Mehrnährstoffdüngers je Liter Wasser). Eine zu mastige Ernährung ist nicht von Vorteil, da es dann, vor allem im Alpinenhaus mit seiner geschlossenen, feuchten Atmosphäre, zu einem stärkeren Auftreten von Grauschimmel kommt.

Einige *Fritillaria*-Arten, so *F. eduardii, F. raddeana* u. a., zeigen das interessante Verhalten, daß jugendliche und schwache Exemplare keinen Fruchtknoten ausbilden. Dadurch wird verhindert, daß sich die Zwiebel durch die Ausbildung von Kapseln und Samen noch weiter schwächt.

Bei Topfkultur ist ein jährliches Umtopfen am Platz.

Abschließend möchte ich noch darauf hinweisen, daß *F. eduardii* und *F. raddeana,* genauso wie *F. imperialis,* von Igeln sehr gerne am Stengelgrund angebissen und durch Wälzen mit den Stacheln verletzt werden. Dagegen hilft eine Einzäunung mit Sechseckgeflecht (Kaninchengitter). Die genannten Arten werden übrigens auch von der Wühlmaus gefressen, helfen also mit ihrem Gestank nicht, diese Tiere zu vertreiben.

Fuchsia L., Fuchsie, Onagraceae

Etwa 100 Arten, überwiegend in Südamerika, wenige auf Tahiti und Neuseeland. Halbsträucher, Sträucher oder kleine Bäume mit gegen- oder quirlständigen Blättern und achsel- oder endständigen Blüten. Blüten 4teilig, Kelch leuchtend gefärbt, Kronblätter 4 (bei gefüllten Sorten vermehrt).

F. procumbens R. Cunn. ex A. Cunn. Neuseeland. März–Mai. Niederliegender Strauch mit dünnen, drahtigen, vielfach verzweigten Trieben, große Polster bildend. Blätter wechselständig, rundlich bis rundlich-herzförmig, 0,5–15 mm lang, an langen dünnen Stielen. Blüten einzeln, achselständig, an 8–12 mm langen Stielen, aufrecht. Kronröhre 8 mm lang, gelb. Kelchblätter länglich bis lanzettlich, braunrot, am Schlund grünlich. Staubblätter herausragend, Staubfäden rot, Blütenstaub reinblau. Beeren im Sommer und Herbst, eiförmig, bis 4 cm lang, rosa, schwammig, weißlich bereift.

F. procumbens ist im zwischen 2 und 5 °C gehaltenen Alpinenhaus gut hart und ziert durch die färbigen Blüten genauso wie durch die großen Früchte. Die Pflanzen werden in durchlässigen, nicht zu nährstoffreichen (Grauschimmelgefahr) Substraten gezogen und können durch Stecklinge und Aussaat vermehrt werden. Ein Rückschnitt ist ohne weiteres möglich. In günstigen Gebieten Mitteleuropas hält die Art auch im ungeheizten Alpinenhaus durch, wenn die Pflanzen im Herbst etwas abgedeckt werden.

Gagea Salisb., Gelbstern, Liliaceae

Etwa 50 Arten, besonders im Mittelmeergebiet und im gemäßigten Asien. Ausdauernde, kleine Zwiebelpflanzen mit wenigen, linealischen, röhrigen oder rinnigen Blättern. Diese sind alle grundständig bis auf zwei, die unter dem trugdoldigen Blütenstand stehen. Blüten sechsteilig, sternförmig, innen goldgelb, außen mattgelb mit grünen Streifen.

Die Kultur der meisten Arten ist unschwer, einige, die in der Heimat trockenere Sommer erhalten, sind bei uns im Freien nicht gut weiterzubringen, sie gehören in den Zwiebelkasten oder das Alpinenhaus. Dazu gehört u. a. **G. fibrosa** (Desf.) Schultes et Schultes fil. (*G. rigida* Boiss., *G. commutata* C. Koch), **G. ambylopetala** Boiss. oder **G. gageoides** (Zucc.) Vved., im Zweifelsfalle sind Kulturversuche angebracht. Die Vermehrung erfolgt durch Aussaat (manche Arten werden durch Selbstaussaat lästig) oder Zwiebelbrut.

Geranium L., Storchschnabel, Geraniaceae

Etwa 300 Arten, weltweit in den gemäßigten Zonen. Von den zahlreichen kultivierten Arten nur wenige schutzbedürftig:

G. sessiliflorum Cav. Neuseeland. 5 cm hoch, mattenbildend. Blätter rundlich-nierenförmig, gekerbt, aschgrau oder dunkelbraun (bei 'Nigrum'). Blüten 5–7 mm breit, weiß. 'Nigrum', auch als var. *nigricans* bezeichnet, verbreitet sich gut durch Selbstaussaat und erscheint dadurch härter als die Pflanze tatsächlich ist. Vermehrung durch Aussaat unschwer.

Geum L., Nelkenwurz, Rosaceae

Etwa 50 Arten in den gemäßigten Zonen der ganzen Erde, oft in Gebirgen. Niedrige bis mittelhohe Halbrosettenstauden mit dickem Wurzelstock. Blätter leierartig gefiedert, Endblättchen stets größer. Stengelblätter entweder nur 3blättrig oder hochblattartig. Blütenstände aus den Blattachseln der Grundblätter entspringend. Blüten mit 5 Kronblättern, einzeln oder in lockeren Trugdolden. Fruchtstand schopfig, bei manchen Arten Griffelgranne gefiedert.

G. talbotianum W. M. Curtis (G. *renifolium* F. Muell.). Tasmanien. Mai–Juni. Kleine, haarige Staude. Grundblätter nur mit 1 Blättchen, nierenförmig, gelappt, 5–10 cm breit. Blütenstände bis 60 cm hoch, mit ungestielten, gezähnten Hochblättern. Blüten einzeln, bis 5 cm breit, reinweiß. Die Samenanzucht gelang mir schon, leider konnte ich noch keine Pflanze zur Blüte bringen. Nach den mir bekannten Abbildungen eine herrliche Pflanze.

G. uniflorum Buchan. Neuseeland (S-Insel): auf feuchten Stellen, 900–1700 m. Mai–Juni. Ähnlich *G. talbotianum*, aber Blätter mit einem rundlichen Endblättchen und 2 (statt 3) Hochblättern. Braucht einen sehr feuchten, geschützten Standort und leidet gerne unter Spinnmilben.

Neben den genannten Arten sind auch noch andere Arten der Südhemisphäre für die Kultur interessant, sie werden alle durch Aussaat vermehrt und in torfig-durchlässigen Substraten, sehr feucht, gezogen.

Gilia Ruiz. et Pav., Gilie, Polemoniaceae

Sehr unterschiedlich aufgefaßte Gattung mit 50–100 Arten. Einjährige, kurzlebige Stauden, selten Halbsträucher mit gegen- oder wechselständigen Blättern, diese meist geschlitzt, Blüten lang- oder kurzröhrig, in kopfigen oder traubigen Blütenständen.

Ich folge hier der Auffassung von Hitchcock und Cronquist und belasse die manchmal zu *Ipomopsis* Michx. gestellten Arten bei *Gilia.*

G. aggregata (Pursh) Spreng. (*Ipomopsis aggregata* (Pursh) Grant, *Cantua aggregata* Pursh). »Skyrocket«. Westl. N-Amerika, von Kanada bis Mexiko, in lichten Wäldern, auf steinigen Hängen, trockenen Wiesen, vom Tiefland bis in die Gebirgsstufe. Juli–September. Zweijährig, selten einjährig, fast immer nach der Samenreife absterbend. 20–100 cm. Blätter gefiedert, nach oben kleiner werdend. Blüten 10–40 mm lang, langtrichterig mit ausgebreiteten Lappen. Sehr verschieden in Länge der Röhre und Blütenfarbe:
var. **aggregata** Röhre bis 35 mm, rot mit weißen Flecken; var. **attenuata** Gray, wie var. *aggregata,* aber Blüten weiß oder gelb, mit roten Flecken oder rot überhaucht; var. **arizonica** (Greene) Fosberg, Röhre 10–15 mm, rot; var. **macrosiphon** Kearney et Peebles. Kronröhre 35–40 mm, purpurrosa. Die letzte Varietät durch S. Walker verbreitet. Hierher zweifellos auch **G. tenuiloba** Rydb. mit bis 45 mm langen Röhrenblüten in Rot.

G. congesta Hook. (*Ipomopsis congesta* (Hook.) Grant, *G. congesta* var. *montana* Const. et Roll.). Westl. N-Amerika. Mai–Juni. Dichte, mehrrosettige Polster, bis 5 cm hoch. Blätter gefiedert oder doppelt gefiedert, bis 4 cm. Blütenstiele bis 15 cm hoch, beblättert. Blüten weiß, 6 mm groß, mit 3–4 mm langer Röhre, zu dichten Köpfen zusammenstehend, stark duftend, in nächster Nähe direkt unangenehm empfunden. Kurzlebige Staude.

G. rubra (L.) A. Heller (*Ipomopsis rubra* (L.) Wherry, *G. coronopifolia* (Willd.) Pers., *I. elegans* Michx.). SW- und S-USA. Juli–Oktober. Ein- bis zweijährig. 80–120 cm, straff aufrecht. Ähnlich *G. aggregata,* aber Blätter feinzerteilt, grün, unbehaart, Blüten scharlachrot, meist sehr klar in der Farbe, mit kurzen Zipfeln, in dichten, schlanken Rispen. Als einjährige Schnittblume wiederentdeckt, aber alte Gartenpflanze, von der es unter *Ipomopsis elegans* neben roten auch gelbe und rosa blühende Formen gab.

G. spicata Nutt. var. **orchidacea** (Brnd.) Cronq. Mittl. USA, trockene, unbewaldete Plätze, von der Ebene bis ins Gebirge. Juni–Juli. Kurzlebige Staude. 5–30 cm. Blätter dreiteilig oder gefiedert, bis 6 cm lang. Blüten weiß, 5–9 mm, in kopfigen oder traubig-kopfigen Blütenständen.

G. thurberi Torr. (*Ipomopsis thurberi* (Torr.) Brand). SW-USA, Mexiko, unbewaldete Hänge, 1200–2000 m. Juni–September. Ähnlich *G. aggregata,* aber haariger und Blütenröhren 3–4,5 cm lang, dunkelblaupurpurn bis weinrot. Empfindlicher als *G. aggregata,* von S. Walker angeboten.

Alle die angeführten Gilien sind kurzlebige Stauden, die sehr empfindlich gegen übergroße Bodennässe sind. Die grauhaarigen Arten leiden auch, wenn ihr Laub allzulange feucht ist. Meiner Erfahrung nach sind sie leicht zur Blüte zu bringen, sie keimen außerordentlich leicht, in feuchten Sommern ist es aber im Freiland nicht möglich, Samenansatz zu erzielen. Aus diesem Grund sind sie unter Schutz besser aufgehoben. Sie leiden unter Grauschimmel, wenn die abgeblühten Blüten feucht werden und dieser greift auf die Kapseln über, vorbeugende Spritzungen mit Rovral oder Ronilan sind angebracht.

Gladiolus L., Gladiole, Siegwurz, Iridaceae

Etwa 150 Arten, davon über 100 aus S-Afrika, der Rest aus dem tropischen Afrika, Europa und W-Asien. Knollenpflanzen mit fächerig gestellen Blättern. Blüten zumeist mit einem vorgeneigtem Blütenblatt, welches Narbe und Blütenstaub vor Niederschlägen schützt, in einfachen oder verzweigten Trauben. Die unteren drei Blütenabschnitte tragen oft Saftmale, die Kronröhre kann bis 15 cm lang sein.

G. atroviolaceus Boiss. Türkei, Iran, Irak, auf Feldern, über Kalk. Mai–Juni, 30–50 cm. Blätter schmal, zu dritt stehend. Blüten zu 5–10 in einseitswendigen Trauben, 4,5 cm lang, dunkelschwarzviolett, die beiden seitlichen unteren Blütenabschnitte länger als die anderen. Zwiebelkasten.

G. callianthus Marais *(Acidanthera bicolor* Hochst.) Abessinien. Juli–August. Bekannte Knollenpflanze, die jetzt zu *Gladiolus* gestellt wird. Wird als Knolle trocken und warm überwintert und im Mai ausgepflanzt.

Mittelmeergebiet, Kaukasus, Iran, Mai–Juni. 50–100 cm. Blätter zu 3–5, ziemlich breit. Blütenstände oft verzweigt, bis 20blütig, bei ssp. **communis** rosa-blütig, unterstes Blütenblatt hell- und dunkelgestreift, bei ssp. **byzantinus** (Mill.) A. P. Ham. *(G. byzantinus* Mill.) dunkelpurpurrot mit weißen Streifen. Beide unter leichtem Schutz hart, *G. communis* ssp. *byzantinus* in der kultivierten Form ist besonders kräftig im Wuchs und ausdauernd.

G. halophilus Boiss. et Heldr. SO-Türkei, Iran, Irak, unbewaldete Hügel, bis 2200 m. Mai. 20–40 cm. Blätter nur 2–3 mm breit. Blüten purpurn bis rosa, 3,5 cm lang, in einseitigen Trauben. Zwiebelkasten.

G. italicus Mill. *(G. segetum* Ker-Gawl.). N-Afrika, S-Europa, Kanaren, Kleinasien bis Rußland und Afghanistan, in Feldern. Mai. 50–100 cm. Blätter zu 4–5. Blüten rötlichlila, 4–5 cm groß, in bis zu 15blütigen, zweiseitigen Trauben. Zwiebelkasten, blüht nicht sehr befriedigend.

Oben links: *Origanum amanum* im schotterigen, durchlässigen Steinbeet.

Oben rechts: *Origanum dictamnus* im Alpinenhaus des Botanischen Gartens Nymphenburg, München.

Mitte links: *Origanum rotundifolium* im winters mit Vlies gedeckten Steinbeet.

Mitte rechts: *Oxytropis besseyi* im winters mit Hartplastik gedeckten Steinbeet. Die Art braucht auch sommers Schutz mit Glasplatten.

Unten links: *Onosma sorgerae* im fast ständig mit Mistbeetfenstern gedeckten Kasten im Botanischen Garten Graz (Foto H. Teppner).

Unten rechts: *Onosma stellulatum* am natürlichen Standort im südlichen Velebit-Gebirge, Jugoslawien (Foto H. Teppner).

G. natalensis (Eckl.) Reinw. ex Hook. (*G. psittacinus* Hook., *G. quartianus* A. Rich., inkl. *G. primulinus* Bak.). Von Äthiopien bis zum Kap. W-Arabien. Sommer. 1–1,5 m. Knolle mit vielen Brutknöllchen, teilweise am Ende längerer Ausläufer. Blätter 5–10, 3 cm breit. Traube bis 25blütig, einseitig. Blüten bis 8 cm groß, stark kopflastig: die 3 oberen Blütenabschnitte groß, das oberste haubig, die 3 unteren klein, rot, orange, gelb, braun- oder grüngefleckt, oft mit hellerer Zone auf den unteren Blütenabschnitten. Die Kultur gleicht unseren Edel-Gladiolen. Vermehrung durch Aussaat, es werden in S-Afrika verschiedene Formen angeboten.

G. papilio Hook. fil. Östl. S-Afrika, auf feuchten Wiesen, bis 2000 m. Sommer. Bis 100 cm, stark ausläufertreibend. Blätter 4–5, bis 2 cm breit. Blüten 4–5 cm groß, stark glockig, in einseitigen Trauben, grün bis gelb, auf den unteren drei Segmenten rotbraun gezeichnet. Unter leichtem Schutz hart, die in England erhältliche Form ist grün mit braun. Sie braucht in unserem Klima etwas Winterschutz, ich verlor sie nach einem sehr strengen Winter. Braucht im Sommer Feuchtigkeit, nicht im Zwiebelkasten.

G. persicus Boiss. Iran, auf Hügeln, Mai. Blätter zu dritt, nur 1,5–3,5 mm breit, länger als die Blütentrauben. Blüten in zweiseitigen Trauben, dunkelviolettpurpurn. Zwiebelkasten.

G. saundersiae Hook. f. Lesotho, Natal, O-Kap, an grasigen und felsigen Plätzen, bis 2900 m. Sommer. 40–90 cm. Blätter 5–6, 0,5–2,5 cm breit. Blüten in einseitswendigen Trauben, bis zu zehnt, groß, leuchtendrot, die drei unteren Blütenabschnitte halb weiß. Nur bei sehr gutem Schutz hart, besser wie Edel-Gladiolen zu behandeln.

G. triphyllus Sibth. et Sm. Zypern, Felder, Macchie, Kiefernwälder, bis 1350 m. 10–40 cm, Blätter nur 2–8 mm breit. Blüten zu 1–2–6, 2–3,5 cm groß, lachsrosa mit purpurnen oder weißlichen Zeichnungen auf den unteren Blütenabschnitten. Zwiebelkasten.

Oben: *Prostanthera cuneata* und *Sisyrinchium macrocarpum* im winters mit Vlies gedeckten Steinbeet.

Unten links: *Penstemon gairdneri* im winters mit Hartplastik gedeckten Steinbeet.

Unten rechts: *Primula ellisiae* im Kasten.

Neben den angeführten Arten sind noch eine Anzahl von südafrikanischen, sommerwachsenden Arten versuchswert, Saatgut ist in Südafrika erhältlich. Es dauert bis zu vier Jahren bis zur ersten Blüte.

Globularia L., Kugelblume, Globulariaceae

Etwa 24 Arten in Mitteleuropa und dem Mittelmeergebiet. Niedrige Stauden, Halbsträucher oder Sträucher mit dunkelgrünen, lederigen, glatten, meist granzrandigen, selten gezähnten Blättern und kleinen, blauen, selten weißen oder rosa Blüten in gestielten, kugeligen Köpfchen. Mai–Juni.

G. dumulosa Schwarz. Türkei: Kilikischer Taurus. Dichte, kugelförmige Polster bildend. Blätter immergrün, kurzgestielt, fast kreisförmig, 10–12 mm groß, 2–5–3 cm breite Rosetten bildend. Blütenköpfe hellblau, 2,5 cm groß, fast sitzend oder kurz gestielt. Nicht leicht zu ziehen, besser Alpinenhaus.

G. liouvillei Jah. et Maire. Hoher Atlas. Ähnlich *Carduncellus rhaponticoides* aussehend, aber nur halb so groß. Meines Wissens leider nicht in Kultur.

G. spinosa L. SO–spanische Gebirge, in Kalkfelsspalten. Dichte Rosetten *Ilex*-ähnlicher Blätter. Schäfte 10–20 cm hoch. Blütenköpfe reinblau, 3 cm groß. Sehr schön, aber selten in Kultur.

G. stygia Orph. ex Boiss. N-Peloponnes: Chelmos, Kyllene, Kalkfelsspalten. Ausläufertreibend, an den Knoten wurzelnd, und mit unterirdischen Stolonen. Rosettenblätter beinahe kreisförmig, stumpf, selten ausgerandet. Köpfchen fast sitzend, hellblau. War bei mir nur unter Schutz längere Zeit zu halten.

Alle Kugelblumen sind durch ihre blaue Farbe sehr wertvolle Pflanzen für Alpinenhaus oder geschütztes Beet. Sie brauchen kalkschotterige, sehr durchlässige Böden und volle Sonne. Die Vermehrung kann durch Teilung (Abnahme von Stolonen), Stecklinge oder Aussaat erfolgen. Auch alle anderen Arten, besonders **G. repens** Lam. (*G. nana* Lam.), müssen vor starker Wintersonne geschützt werden, da sie sonst schwere Trockenschäden davontragen.

Gnaphalium L., Ruhrkraut, Compositae

150 Arten, über die ganze Erde zerstreut, häufig Gebirgspflanzen. Wollige oder weiß- bis graufilzige Kräuter oder Halbsträucher mit wechselständigen, ganzrandigen, sitzenden Blättern. Blüten gelb oder weißlich, Blütenköpfe einzeln stehend oder zu mehreren gehäuft, aber ohne weißwollige, laubblattartige Hochblatthülle. Randblüten weiblich, Scheibenblüten zwittrig, alle fruchtbar. Hüllenblätter des Hüllkelch an der Spitze oder zur Gänze trockenhäutig.

Ich erhielt mehrere Male *Gnaphalium*–Arten, einerseits unbestimmbares Material aus Argentinien, andererseits **G. nitidulum** Hook. f., eine australisch-neuseeländische Art, aus Neuseeland. Die Pflanzen bilden dichte Kissen aus, ihre Blätter sind dicht weißfilzig. Die Kultur der argentinischen Arten im Alpinenhaus war sehr schwierig, da die Pflanzen die hohe Luftfeuchtigkeit während der Wintermonate nicht vertrugen und unter Fäulnis zu leiden begannen. Für Kulturversuche mit diesen extrem haarigen Pflanzen empfehlen sich sehr durchlässige Mischungen und während des Winters die Bewegung der Luft mit Hilfe eines kleinen Ventilators, vor allem an Tagen, wo die Temperatur um den Gefrierpunkt liegt. Die Vermehrung durch Stecklinge war leicht, trotz aller Bemühungen konnten die Pflanzen nicht länger als zwei Vegetationsperioden am Leben erhalten werden. *G. nitidulum* ist im voralpinen Klimagebiet, mit guter Schneedecke, hart und auch im Alpinenhaus leichter.

Grevillea R. Br. corr. R. Br., Proteaceae

Etwa 170 Arten in Australien, Neukaledonien, Neuguinea und auf den Molukken. Immergrüne Sträucher oder Bäume mit wechselständigen Blättern und paarweise gestellten Blüten. Die Blütenpaare stehen zu end- oder seitenständigen Trauben zusammen.

G. australis R. Br. »Alpine Grevillea«. Alpine und subalpine Gebiete der Australischen Alpen und angrenzender Gebirgszüge, Tasmanien, in alpinen Heidegesellschaften. Juni. Sehr variabler, kleiner Strauch mit 10–20 × 1–5 mm großen, lederartigen Blättern. Blätter eilänglich, elliptisch oder verkehrt-eiförmig mit nach unten geschlagenen Rändern, oberseits zumeist kahl, unterseits haarig. Blüten weiß, 4–6 mm lang, stark duftend, in kurzen Trauben.

Grevillea australis mit ihren kleinen weißen Blütchen hält im Alpinenhaus durch, empfindlicher ist die wesentlich auffälligere *G. victoriae* F. Muell. mit den roten Blüten, sie braucht frostfreie Überwinterung. *G. australis* kommt in Heidegesellschaften vor und benötigt einen humosen, aber durchlässigen Boden. Die Vermehrung erfolgt durch Aussaat, die ersten 2–3 Jahre empfiehlt sich ebenfalls die frostfreie Überwinterung.

Gunnera L., Haloragaceae

Etwa 40 Arten, zumeist von S-Amerika, S-Afrika, O-Indien, Neuguinea, Tasmanien und Neuseeland. Ausdauernde Kräuter mit kriechendem Rhizom. Blätter alle grundständig. Blüten in Ähren oder dichtblütigen, großen, kolbenförmigen Rispen, klein, grünlich. Es werden im folgenden nur zwergwüchsige Arten genannt, obwohl zweifellos auch die riesige *G. manicata* Lind. ex André schutzbedürftig ist.

G. densiflora Hook. f. Neuseeland: S-Insel, in *Sphagnum*-Sümpfen. Mattenbildende, kriechende Staude, bis 5 cm. Blätter eiförmig, gezähnt, 15–22 × 10–15 mm, mit langem Blattstiel. Früchte in dichten Ähren, beerenartig, orange bis rot.

G. dentata Kirk. Neuseeland: N- und S-Insel, auf immerfeuchten Stellen, bis 1400 m. Ähnlich *G. densiflora*, aber Blätter eilänglich, Beeren länglich, zur Reifezeit durch Streckung des Blütenstandes voneinander weit entfernt, rot, orange, weiß.

G. hamiltonii Kirk. Neuseeland: N- und S-Insel, auf feuchten Stellen. Ähnlich *G. densiflora*, aber Blätter rundlich und größer.

G. magellanica Lam. S-Chile, Falklandinseln. 10–13 cm hoch. Blätter rund oder nierenförmig, 6–10 cm im Durchmesser, etwas wellig, gekerbt. Männliche Blütenstände die Blätter überragend, weibliche kürzer.

G. microcarpa Kirk (*G. mixta* Kirk), **G. monoica** Raoul und **G. prorepens** Hook. f. sind weitere Arten, die im Erscheinungsbild den oben besprochenen gleichen.

Alle zwergigen *Gunnera*-Arten sind Sumpfpflanzen, die nassen bzw. feuchten und humosen Boden brauchen. Sie kommen in manchen Gebieten gut durch den Winter, sollten aber immer irgendwie geschützt werden, da die fleischigen Rhizome gerne vertrocknen. Neueinführungen hält man besser im Alpinenhaus, vor allem solange die Sämlinge noch klein sind. Die zierenden Früchte erscheinen bei manchen Arten nur, wenn auch männliche Pflanzen angepflanzt werden. Vermehrt werden sie üblicherweise durch Teilung, nur bei der Neueinführung wird Samenvermehrung durchgeführt.

Gymnocalycium Pfeiff., Cactaceae

Etwa 50 Arten in S-Amerika, besonders Argentinien. Einfache oder sprossende, meist flachkugelige, oft etwas säulig verlängerte Pflanzen mit gehöckerten Rippen. Dornen kräftig, selten borstenförmig, häufig an den Körper angedrückt. Blüten in Scheitelnähe, weiß, rot, gelb oder grünlich, trichterig, lang- oder kurzröhrig, außen mit halbmondförmigen Schuppen, sonst kahl.

G. chubutense (Speg.) Speg. Argentinien, am Rio Chubut. Körper einzeln, breitrund, kreidig aschgraugrün (bis braungraugrün), bis 15 cm breit und 10 cm hoch. Rippen ca. 15. Randstacheln 5–7, dick, steif, abstehend. Mittelstachel 0 oder sehr selten 1. Alle Stacheln riefig markiert, etwas rückwärts gekrümmt, bis 4 cm lang, kreidig schwarzgrau, nicht zwiebelig verdickt. Blüten reinweiß, bis 8,5 cm lang und 6 cm breit.

Diese interessante Art hat bei M. Hammer und mir den harten Winter 1984/85, wenn auch mit Verlusten, überstanden. Im Freien, unter 2 cm Schneedecke, überlebten die Pflanzen –18 °C, unter Schutz kam es zu Schäden: es starben schwächere Pflanzen ab, bzw. der Scheitel wurde geschädigt und es trieben 2 Köpfe aus. Die Vermehrung erfolgte durch Aussaat des gewöhnlichen *G. chubutense*-Samens, der im Handel erhältlich ist.

Gymnospermium Spach, Berberidaceae

Etwa 10 Arten, von Rumänien bis M-Asien. Wie *Leontice*, aber jeder Stengel mit einem grundständigen und einem Stengelblatt. Trauben einfach. Früchte scheitelständig sich mit runden Lappen öffnend, Samen mit einem häutigen Anhängsel.

G. albertii (Regel) Takhtadjan (*Leontice albertii* Regel). Mittelasiatische Gebirge. April–Mai. 20–25 cm. Stengelblatt 5 cm lang, 3lappig, jeder Lappen in vier bis fünf Fiedern geteilt. Blüten zu 5–15, 12–18 mm groß. Hübsche Art, die in russischen Samenlisten regelmäßig auftaucht, wächst auf steinigen Hängen und unter Sträuchern, immer im Gebirge.

G. altaicum (Pallas) Spach (*Leontice altaica* Pallas, inkl. *L. odessana* (DC.) Fischer ex G. Don fil.). Rumänien bis Mittelasien, auf steinigen Hügeln und Hängen. April–Mai. 5–20 cm hoch. Jeder Sproß mit einem basalen, langgestielten und einem beinahe sitzenden Stengelblatt. Blätter 3teilig, nochmals in 4–7, 15–35 mm lange Segmente geteilt. Trauben kurz mit 6–12 Blüten. Blüten 16–20 mm groß, gelb.

Gymnospermium stehen verwandtschaftlich und auch in den Kulturansprüchen *Bongardia* und *Leontice* sehr nahe und werden wie diese gezogen. Sie gedeihen auch, da sie kleinerwüchsig sind, im Topf recht gut. Die Vermehrung erfolgt durch Aussaat, möglichst unmittelbar nach der Ernte. Erhält man das Saatgut erst im Laufe des Winters, so ist damit zu rechnen, daß die Samen überliegen. Bis zur Blüte vergehen 3–4 Jahre.

Gynandiris Parl., Iridaceae

Etwa 10 Arten, davon eine im Mittelmeergebiet, die anderen in Südafrika. Nahe verwandt mit der Gattung *Moraea*, von dieser verschieden durch einen Schnabel am Fruchtknoten, der beim Abfallen der Blüten stehen bleibt. Zwiebelpflanzen mit linealischen Blättern und *Iris*-ähnlichen Blüten.

G. sisyrinchium (L.) Parl. (*Iris sisyrinchium* L.). Mittelmeergebiet, ostwärts bis Afghanistan und Turkestan, auf steinigen Hängen. April–Mai. 15–20 cm. Blätter 1–2, aufrecht oder gekrümmt, 5–10 mm breit. Blütenstand traubig, jede papierene Hülle bringt in Folge mehrere Blüten. Blüten 3–4 cm breit, hell- bis dunkelblau, gewöhnlich mit weißen und gelben Zeichnungen auf den Hängeblättern.

G. sisyrinchium wird gerne aus dem Mittelmeergebiet mit nach Hause genommen, die Kultur dieser Art ist bei uns nicht leicht. Die Art braucht durchlässigen, kalkhaltigen Boden, gute Ausreifung im Sommer und Schutz vor starken Frösten im Winter. Sind die Sommer zu feucht und kühl, so kann *Gynandiris* keine Blüten anlegen. Die Vermehrung erfolgt durch Zwiebelteilung oder Aussaat.

Haastia Hook. f., Compositae

3 Arten in Neuseeland. Dichtpolsterige oder kissenbildende Stauden mit langer Pfahlwurzel. Blätter ungeteilt, rundlich oder eiförmig-lanzettlich, dicht weiß- oder gelbbehaart.

H. pulvinaris Hook. f. »Vegetable Sheep«. Neuseeland: S-Insel, in Gebieten mit geringerem Niederschlag, auf halbbefestigten Schutthalden, vor allem über Grauwakke, 1300–1900 m. In der Heimat bis 2 m breite und 30 cm hohe Polster bildend, die wie große Schafe in den halbverfestigten Schutthalden liegen. Stengel dichtliegend, dachschindelig mit den haarigen, auch nach dem Tod nicht verrottenden Blättern bedeckt, etwa 2 cm dick. Blütenköpfe gelb, im Scheitel der Triebe eingesenkt.

H. recurva Hook. f. Neuseeland: S–Insel, über Grauwacke, 1300–1900 m. Kriechender, vielverzweigter Halbstrauch, bis 25 cm breit. Blätter etwa 2 × 1 cm groß, dicht dachschindelig stehend, nicht verrottend, dicht gelblich- oder rötlichbraun behaart. Blütenköpfe weiß, zwischen den scheitelständigen Blättern stehend.

H. sinclairii Hook. f. Neuseeland: S–Insel, weiter verbreitet, 1300–2000 m. Kriechender, etwas verzweigter Halbstrauch, Triebspitzen aufrecht. Blätter bis 3,5 × 1,5 cm groß, sehr verschieden in der Form, eiförmig zugespitzt bis eilanzettlich, in der Jugend und bei trockener Kultur dicht mit weißlichen bis gelbbräunlichen Haarfilz, beim Älterwerden kahlend. Blütenköpfe weiß, in den scheitelständigen Blättern versteckt.

Alle 3 Arten sind bekannte neuseeländische Pflanzen, am bekanntesten wohl *H. pulvinaris*, das »große Pflanzenschaf«. Die Vermehrung kann üblicherweise nur durch Aussaat erfolgen, die erhältlichen Früchte keimen sehr schlecht oder meist überhaupt nicht. Die Jungpflanzen sind sehr empfindlich gegen übergroße Nässe im Bereich zwischen Tag und Nacht und müssen in mit wenig Feinerde versetztem Schotter gezogen werden. Es darf nur von unten oder auf das Substrat neben die Pflanzen gewässert werden, die Pflanzen selbst dürfen überhaupt nie von oben befeuchtet werden. Aus England gibt es Berichte, wonach auch die Weiterkultur von Teilstücken geglückt ist. Meine persönlichen Erfahrungen mit diesen Pflanzen sind gering und sehr schlecht.

Literatur: Bailes, C. (1987): The Genus Haastia, Bull. A. G. S. 55 (2): 118–122 (mit farbigen Abb. aller Arten).

Habranthus Herb., Amaryllidaceae

Etwa 7 Arten in S-Amerika. Zwiebelpflanzen, verwandt mit *Zephyranthes*, von dieser unterschieden durch geringfügig zweiseitig symmetrische Blüten, die leicht abgewinkelt auf dem Blütenschaft stehen.

H. andersonii Herb. (*Zephyranthes andersonii* (Herb.) Bak.). Uruguay, Argentinien, bis 2000 m, in den südl. USA angeblich nur verwildert. Juni–Juli. Blätter schmal-linealisch, flach. Blütenschaft 10–20 cm hoch, einblütig. Blüten glockig-trichterig, 3 × 2 cm, gelb mit goldbrauner Außenseite und Adern, wenig geneigt.

Diese Art hat bei mir im ungeheizten Alpinenhaus lange Jahre durchgehalten. Sie wird in durchlässigem, aber nährstoffreichen Substrat gezogen und erhält bis zur Blütezeit reichlich Wasser und auch hin und wieder eine Flüssigdüngung. Die Vermehrung erfolgt durch Aussaat, später kann man auch die reichlich erscheinenden Nebenzwiebeln abtrennen. In den Samenlisten finden sich auch noch andere Arten, die alle versuchswert sind. Nicht hart war **H. tubispathus** (L'Hérit.) Traub (*H. robustus* Herb. ex Sweet, *Zephyranthes robusta* (Herb. ex Sweet) Bak.), die in allen botanischen Gärten und auch bei Liebhabern gezogen wird; frostfrei überwintern.

× **Halimiocistus** Janchen (*Halimium* × Cistus), Cistaceae.

Hochinteressante Gattungshybriden, bei uns aber bis auf die genannte besser im Kalthaus zu ziehen.

× **H. wintonensis** O. et E. F. Warb. (*H. ocymoides* × *C. salviifolius*). Gartenhybride, etwa 1910 bei Hillier in England entstanden. Graulaubiger Kleinstrauch. Blüten 5 cm breit, gelblichweiß mit karminbraunem Fleck. Deutlich mehr gelb ist die Mutation 'Merristwood Cream'. Kultur und Vermehrung wie *Halimium*.

Halimium (Dunal) Spach, Cistaceae

Etwa 20 Arten im Mittelmeergebiet und in W-Asien. Immergrüne Sträucher oder Stauden, von der nahe verwandten Gattung *Helianthemum* unterschieden durch den geraden, kurzen (nicht geknieten) Griffel. Blüten weiß oder gelb, teilweise mit grundständigen dunkelrotbraunen Flecken.

H. halimifolium Willk. et Lange. Mittelmeergebiet. April–Juni, je nach Art des Winterschutzes. Kleiner, aufrechter Strauch mit grauen Blättern. Blüten leuchtendgelb, an der Blütenblattbasis mit je einem dunkelrotbraunem Fleck, bis 4 cm breit, in wenigblütigen, aufrechten Trauben.

H. lasianthum (Lam.) Spach (*Cistus formosus* Curtis). S-Portugal, S-Spanien. Mai–Juni. Niederliegender, ausgebreitet wachsender Strauch, bis etwa 60 cm, mit gräulichen, ovalen bis lanzettlichen, 1,5–3,5 cm langen Blättern. Blüten goldgelb mit rotbraunem Fleck an der Basis, 4 cm breit, zu 1–5 endständig. Schönste Art.

H. ocymoides Willk. et Lange (*Helianthemum algarvense* Dun.). Portugal, Spanien. Mai–Juni. Dichtzweigiger, aufrechter Strauch mit kleinen, grauen Blättern. Blüten gelb mit braunen Basalflecken.

Die oben angeführten Arten zeichnen sich durch die gelbe Blütenfarbe aus, die bei den Arten und Hybriden der Gattung *Cistus* fehlt. Bei mir hielt unter leichtem Schutz aber auch *H. umbellatum* Spach, mit weißen Blüten in endständigen Trauben, durch. Alle diese sind in der Kultur mit den etwas empfindlicheren *Cistus* zu vergleichen und werden wie diese durch Aussaat oder Stecklinge vermehrt.

Haplocarpha Less., Compositae

10 Arten auf den Gebirgen des trop. Afrika. Rosettenpflanzen mit gelben, gazanienähnlichen Blüten. In Kultur meist

H. rueppellii (Sch. Bip.) Beauv. Afrika (Kilimandscharo, Mount Kenia): in Schutthalden. Mai–Juni. Rosetten bis 20 cm breit. Blätter rundlich, bis 5 cm lang, an 3–5 cm langen Stielen oberseits dunkelgrün, unterseits weißfilzig. Blütenköpfchen an 5–8 cm langen, schräg wegstehenden Stielen, 2,5 cm breit, gelb.

Noch selten in Kultur, nur für das Alpinenhaus oder die Kultur im Kasten. Bildet außerordentlich zahlreiche Ausläufer und ist deshalb mit Vorsicht zu genießen, aber interessant, da eine leichtgedeihende Alpenpflanze aus dem tropischen Afrika.

Haplopappus Cass. corr. Endl., Compositae

Etwa 150 Arten, alle in Amerika, vor allem im westl. N-Amerika, in Mexiko und Chile. Kräuter oder Sträucher, sehr unterschiedlich im Wuchs, oft drüsig. Blätter wechselständig, einfach bis doppelt gefiedert, oft dicklich, manchmal drüsig punktiert. Köpfchen mit Zungen- und Scheibenblüten oder nur mit Scheibenblüten, gelb, selten cremeweiß.

H. acaulis (Nutt.) Gray (*Chrysopsis acaulis* Nutt., *Stenotus acaulis* Jepson). Kanada, westl. USA, trockene Hänge und Plateaus. Mai. Dichtpolsterig aus einer kräftigen Pfahlwurzel. Blätter eilanzettlich, aufrecht, ungeteilt, hellgrün, 1–6 × 0,15–0,7 cm. Schäfte unbeblättert, 5–10 cm hoch. Blüten 2,5–3 cm groß, gelb.

H. coronopifolius Dc. Chil. Anden. Juli–August. Halbstrauchig, dichtbuschig, bis 20 cm hoch. Triebe niederliegend-aufstrebend. Blätter an den Triebenden gehäuft, 2,5 cm lang, spatelförmig, tiefgesägt, dunkelgrün und derb. Blütenköpfe auf unverzweigten, 10 cm langen, blattlosen, straffen Stielen, 3 cm groß, goldgelb.

H. croceus Gray. Westl. N-Amerika. Juli–September. Westl. N-Amerika. 50 cm hoch. Blätter lanzettlich, dunkelgrün. Stengel aufrecht mit mehreren, sattgelben, etwa 7 cm großen Blütenköpfchen.

H. lanuginosus Gray. Westl. USA, auf unbeschatteten, gewöhnlich felsigen oder steinigen Plätzen, vom Tiefland bis ins Gebirge. Mai–Juni. Dichtpolsterig. Blätter verkehrt-lanzettlich, aufrecht, ungeteilt, 3–10 cm × 2–7 mm, dicht flockig-haarig oder kahl. Blütenschäfte 6–20 cm hoch, einköpfig, Blütenköpfe 2,5–3 cm groß, gelb.
Oft wird angeboten var. **andersonii** (Rydb.) Cronq. mit grünen, drüsigen Blättern aus höheren Lagen.

H. lyallii Gray. Westl. N-Amerika, auf felsigen Standorten oder Schutthalden, oft über der Baumgrenze. Mai–Juni. Staude mit wenig entwickelter Pfahlwurzel und Ausläufern. Blätter verkehrt-lanzettlich bis spatelig-eilänglich 1,5–7 × 0,4–1,5 cm. Blütenschäfte beblättert. Blütenköpfe einzeln, 2,5–3 cm groß, goldgelb.

H. pygmaeus (T. et G.) Gray. Westl. N-Amerika, Hänge und Wiesen der alpinen Zone. Mai–Juni. Dichtbuschige Staude mit kräftiger Pfahlwurzel. Blätter verkehrt-lanzettlich bis spatelförmig bis eilänglich, 1–5 × 0,15–0,5 cm, durch Drüsen haarig. Blütenschaft beblättert. Blütenköpfe einzeln, 1,5–2 cm groß, gelb.

H. stenophyllus Gray. Westl. USA, trockene, steinige Böden, oft unter *Artemisia dentata,* in den Ebenen und Vorbergen. Mai–Juni. Dichtpolsterige Staude mit kräftiger Pfahlwurzel. Blätter linealisch, aufrecht, ungeteilt, 5–20 × 2 mm. Blütenschäfte 3–10 cm, Blütenköpfe einzeln, 1,5–3 cm groß, gelb.

Haplopappus sind überraschend harte Pfleglinge, die einmal eingewachsen und auf durchlässigen, mageren Böden in vollsonniger Lage gepflanzt, recht dauerhaft sind. In rauhen Gebieten sind sie für winterlichen Schutz dankbar, vor allem wollen sie vor übergroßer Winternässe geschützt werden. Die Vermehrung erfolgt durch Aussaat des meist wild gesammelten Saatguts, welches willig aufläuft. Besitzt man bereits Pflanzen, so ist die Vermehrung durch Stecklinge möglich, die z. B. bei *H. coronopifolius,* sich sehr rasch bewurzeln. Die dichtpolsterigen westamerikanischen Arten lassen sich auch durch Stecklinge vermehren, doch dauert bei ihnen, z. B. im Juni abgesteckt, die Bewurzelung oft bis zum nächsten Frühjahr.

Hebe Comm. ex Juss., Strauchehrenpreis, Scrophulariaceae

Etwa 140 Arten in Neuseeland, wenige in Australien und Tasmanien. Niederliegende Sträucher bis kleine Bäume mit gegenständigen, großen oder aber auch nur schuppenartigen Blättern und achselständigen Blütentrauben. Blüten 4teilig, kurzlebig, weiß, rosa oder blau, Mai–Juli.

H. buchananii (Hook. f.) Ckn. et Allan. Neuseeland: S-Insel, 900–2100 m. Niederliegender Strauch, 10–20 cm. Blätter bläulich, dick, 3–7 × 3–5 mm, konkav, ohne Blattstiel. Blüten weiß.

H. carnulosa Ckn. (*H. pinguifolia* var. *carnulosa*). Wahrscheinlich hybriden Ursprungs. Zwergiger bis niederliegender Strauch. Blätter klein, muschelförmig-konkav, bläulich. Blüten weiß, Juli–August.

H. cheesemanii (Buchan.) Ckn. et Allan. Neuseeland: S-Insel, 1100–1700 m. Ähnlich *H. tumida,* aber beblätterte Zweige gräulichgrün und im Querschnitt quadratisch, nur 2 mm dick.

H. ciliolata (Hook. f.) Ckn. et Allan. Neuseeland: S-Insel, 1000–2000 m. Niederliegender, verworrener Strauch, bis 15 cm hoch. Triebe dicht mit kleinen, sich überlappenden Blättern, 4 × 1 mm groß, bedeckt, in 4 Reihen. Blüten weiß.

H. coarctata (Cheesem.) Ckn. et Allan. Neuseeland: S-Insel, 1200–1700 m. Ausgebreiteter, stark verzweigter Strauch, bis 50 cm. Horizontale oder bogige Triebe tragen kurze, bis 5 cm lange, aufrechte Nebentriebe, 1,5–2 mm dick. Blätter schuppenförmig, grün. Blüten weiß, in kleinen Köpfen.

H. cockayniana (Cheesem.) Ckn. et Allan. Neuseeland: S-Insel, 800–1500 m. Aufrechter Strauch, in der Heimat bis 1 m. Blätter dick, 10–17 × 5–8 mm, oberseits glänzend, unten bläulich bereift. Blüten weiß, in lockeren Köpfen an den Triebspitzen.

H. cupressoides (Hook. f.) Ckn. et Allan. Neuseeland: S-Insel, 600–1400 m. Reich verzweigter, rundlicher, bläulicher Strauch, bis 1 m, mit zahlreichen, feinen, 1 mm dicken Trieben. Blätter schuppenförmig, grün, weit auseinanderliegend, beim Zerquetschen nach Terpentin riechend. Blüten blau, zu 3–8. Dazu eine Zwergform.

H. epacridea (Hook. f.) Ckn. et Allan. Neuseeland: S-Insel, 1200–2100 m. Ähnlich *H. haastii,* aber kleiner und die Blattspitzen scharf zurückgekrümmt. Durch die bräunliche, etwas bereifte Beblätterung sehr ansprechend. Blüten weiß. Auch eine Zwergform ist in Kultur.

H. haastii (Hook. f.) Ckn. et Allan. Neuseeland: S-Insel, 1200–2900 m. Niederliegender oder ausgebreiteter Strauch mit gabelig geteilten Trieben, deren Triebspitzen ansteigen. Blätter fleischig, 6–13 × 4–9 mm, in vier deutlichen Reihen, gegen die Triebspitzen zu gehäuft. Besser nicht im Alpinenhaus, machte bei mir Pobleme mit Spinnmilben. Schutz durch Glasplatten.

H. hectori (Hook. f.) Ckn. et Allan. Neuseeland: S-Insel, 900–1800 m. Kräftiger Strauch mit peitschenförmigen Trieben, bis 50 cm, stark verzweigt. Triebe bis 3,5 mm dick. Schuppenblätter breit und dick, grün, bis 2,5 mm lang, mit typischer abgerundeter Spitze. Blüten weiß, in gegen die Triebspitzen zu gehäuften, kurzen Trauben.

H. loganioides J. B. Armst. (*H. selaginoides* hort.). Neuseeland: S-Insel, 800–1700 m. Niederliegender Zwergstrauch, bis 15 cm. Triebe schief-aufstrebend, 2–3 mm dick, mit schuppenförmigen, zugespitzten Blättern. Blüten weiß.

H. lycopodioides (Hook. f.) Ckn. et Allan. Neuseeland: S-Insel, 900–1700 m. Aufrechter, gelblichgrüner Strauch, ähnlich *H. hectori,* aber verschieden durch im Querschnitt quadratische Triebe und gelbgerandete, zugespitzte Schuppenblätter.

H. ochracea M. B. Ashwin. Neuseeland: S-Insel, im Verbreitungsgebiet von *H. coarctata.* Ähnlich *H. coarctata,* aber Pflanzen kompakter und flachköpfiger, zur Gänze ockerfarbig. In den Gärten zumeist als *H. armstrongii* gezogen. 'James Stirling' ist eine Zwergform.

H. petriei (Buchan.) Ckn. et Allan. Neuseeland: S-Insel, 1300–2100 m. Niederliegender, verzweigter Strauch, mit bis 50 cm langen, am Boden liegenden Trieben. Aufrechte Triebe 5–10 cm. Blätter 6–10 × 2–5 mm groß, hellgrün oder leicht bläulich. Blüten weiß, in relativ großen, kompakten Trauben.

H. pinguifolia (Hook. f.) Ckn. et Allan. Neuseeland: S-Insel, 800–1800 m. Sehr variabler Strauch, niederliegend bis straff aufrecht, bis 1 m hoch. Blätter dick, konkav, bläulich, 8–15 × 5–10 mm, oft mit rötlichem Rand, ohne Blattstiel. Blüten weiß, in dichten, reichblühenden Trauben.

H. rakaiensis Ckn. (*H. subalpina* hort. non (Ckn.) Ckn. et Allan). Neuseeland: S-Insel. Niederliegender, dichtbuschiger Strauch. Blätter hellgrün, ovallanzettlich, zugespitzt, bis 15 mm lang. Blüten weiß, in dichten Trauben.

H. tetragona (Hook.) Ckn. et Allan. Neuseeland: N-Insel, 700–1700 m. Ähnlich *H. hectori*, aber Sprosse 4kantig und Blätter zugespitzt und schmäler.

H. tetrasticha (Hook. f.) Ckn. et Allan. Neuseeland: S-Insel, 800–1800 m. Ähnlich *H. tumida*, aber Sprosse bis 2,5 mm dick und Blätter flach und dünn, zugespitzt. Blüten weiß, in armblütigen Trauben.

H. tumida (Kirk) Ckn. et Allan. Neuseeland: S-Insel, 1100–1700 m. Niederliegender, reichverzweigter Strauch, bis 50 cm breit und 15 cm hoch. Triebe quadratisch im Querschnitt, bis 2 mm dick. Blätter dick, mit runder Spitze, in 4 Reihen. Blüten weiß, in Trauben an den Triebenden.

H. vernicosa (Hook. f.) Ckn. et Allan. Neuseeland: S-Insel. Niederliegender bis aufrechter Strauch, bis 1 m. Blätter in 4 Reihen, bis 15 mm lang, hellgrün. Blüten weiß, in 3–5 cm langen Trauben.

Außer den angeführten Arten gibt es noch eine große Anzahl weiterer subalpiner und alpiner Arten, die bei uns unter leichtem Schutz winterhart sind. Besonders muß auf die schöne Hybride 'Carl Teschner' hingewiesen werden (*H. elliptica* x *H. pimeleoides*), die etwa 15 cm hoch wird und reinblau blüht.

Alle *Hebe*-Arten brauchen im Winter etwas Schutz vor Wintersonne, damit sie nicht, wie viele andere Immergrüne, vertrocknen, ihre Frosthärte ist im allgemeinen größer, als angenommen wird. Im Alpinenhaus gedeihen zwergwüchsige Arten nach meiner Erfahrung nicht allzugut, da sie – obwohl sie aus eher trockenen Gebirgszügen Neuseelands stammen – dort unter Lufttrockenheit leiden und es zu einem Befall mit Spinnmilben, vor allem in den Triebspitzen, kommt. Dadurch wird das Wachstum gebremst, vor allem aber die Blätter unansehnlich, die die Schönheit von *Hebe* ausmachen. Die Vermehrung erfolgt durch Stecklinge oder bei Neueinführung von Arten in die Kultur, durch Aussaat. Die Sämlinge sollten jedoch zwei Winter im Alpinenhaus durchwintert werden.

Hectorella Hook. f., Hectorellaceae

Monotypische Gattung:

H. caespitosa Hook. f. Neuseeland: S-Insel, in Felsspalten und bewachsenem Ruhschutt, 1300–2000 m. Mai. Kompakte Polsterpflanze mit tiefgehender, fleischiger Pfahlwurzel. Blätter lineal-lanzettlich bis eiförmig-lanzettlich, fleischig, bis 10 mm lang, am Ende der Triebe in kleinen Rosetten stehend. Blüten zweihäusig, bis zu 12 aus einer Rosette, sitzend, weiß, 6–8 mm groß, die männlichen durch die orangen Staubbeutel auffallend.

Versuchswerte neuseeländische Polsterpflanze, mit der ich keine persönlichen Erfahrungen habe. M. Kammerlander kultiviert sie in mineralischen Substraten und vermehrt durch Stecklinge.

Helichrysum Mill. corr. Pers., Strohblume, Compositae

Etwa 500 Arten in Europa, Asien, Afrika und Australien. Kräuter, Halbsträucher oder Sträucher. Blätter wechselständig, ganzrandig, oft klein und schuppenförmig. Köpfchen an den Zweigenden einzeln oder doldentraubig, sehr selten in den Blattachseln sitzend oder geknäuelt. Hüllblätter mehrreihig, dachziegelig, trockenhäutig oder gefärbt.

H. acuminatum DC. SO-Australien. Mai. 25–30 cm hoch, ähnlich *H. bracteatum*, aber an der Basis holzig und ausdauernd. Blütenköpfe bis 4,5 cm breit, Hüllblätter gelb mit außen rotbraun oder weiß mit außen hellrosa ('Album').

H. basalticum Hilliard. Lesotho, zwischen Basaltfelsen, 2400 m. Blätter in 5 cm großen Rosetten, oval bis länglich, 4 × 1,5–2 cm, silberig-grün, dicht behaart. Blüten gelb in dichten Trugdolden knapp über dem Laub. Erst kurz in Kultur, in England im August blühend. Literatur: Bull. A. G. S. 48: 287 (1980) (mit Abbildung).

H. bellidioides (Forst. f.) Willd. N-, S- und Stewart-Insel Neuseelands, weit verbreitet, bis 1600 m. Mai–Juni. Niederliegender Halbstrauch mit wurzelnden Trieben, lockere Matten bildend. Blätter 4–10 × 2–8 mm, grün, unterseits dicht weißfilzig. Blütenstiele bis 10 cm hoch. Blütenköpfe bis 3 cm breit, Hüllblätter papierartig, weiß.

H. coralloides (Hook. f.) Benth. et Hook. f. Neuseeland: S-Insel, auf Felsen, 400–1900 m. Kleiner Strauch, bis 40 cm hoch, Triebe bis 10 mm dick. Blätter 5 × 2,5 mm, unterseits glänzendgrün, meist dem Trieb angepreßt, oberseits weißwollig, wie auch die Zwischenräume zwischen Blättern und Sproß. Blütenköpfe unscheinbar, 5–8 mm groß, hellgelb.

H. frigidum (Labill.) Willd. »Korsisches Edelweiß«. Korsika, Sardinien. Juni–Juli. 3–12 cm. Dichtpolsterige Staude mit verzweigten, aufrechten oder aufstrebenden Sprossen. Blätter linealisch-länglich, bis 6 mm, wie der Stengel dicht silberhaarig. Blütenköpfe bis 1,8 cm breit, Hüllblätter papierartig weiß.

H. hookeri (Sond.) Druce. Australien, Tasmanien, subalpine in Mooren und Heiden. Juni. Aromatisch riechender Strauch bis 1 m. Zweige dicht weißhaarig. Blätter schuppenartig, 1–3 mm lang. Blütenköpfchen 4–5 mm lang, zu mehreren in zusammengezogenen Köpfen stehend. Leidet im Alpinenhaus oder geschützten Beet in strengen Wintern, treibt aber wieder gut aus, da die Art in der Heimat oft Buschfeuern zum Opfer fällt und daher aus der Wurzel austreiben kann.

H. milfordiae Killick (*H. marginatum* hort. non DC.). S-Afrika, Lesotho, Natal. Juni–August. Bis 1 m breite Matten bildend. Blätter rhombisch, bis 15 mm lang, dicht und lang weiß behaart. Blütenköpfchen einzeln, an bis 5 cm hohen Stielen, Hüllblätter weiß, außen rotbraun. Sehr schöne und unter leichtem Nässeschutz auch im Freien gedeihende Art.

H. milliganii Hook. f. Tasmanien: in *Sphagnum*-Mooren im Gebirge. Mai–Juni. Blätter glänzendgrün, breit-lanzettlich, bis 5 cm lang. Blütenköpfchen einzeln, an bis 8 cm hohen Stielen, Hüllblätter weiß. Sehr schwierig zu ziehen, ich konnte die Art noch nicht zur Blüte bringen. Überliegt bei Aussaat.

H. pagophilum M. D. Henderson. Natal-Drakensberge, 2750–3200 m. Dichtpolsterig aus kleinen, dicht behaarten Rosetten, grau bis fast weiß wie ein »Pflanzenschaf« (*Raoulia*-Arten) aussehend. Blütenköpfe mit strohfarbenen Hüllblättern. Hat sich als relativ leicht herausgestellt und benötigt feuchte, durchlässig-torfige Böden, zuerst besser Alpinenhaus, jedoch auch im Freien versuchswert. Blüten unscheinbar. Vermehrung durch Stecklinge.

H. plumeum Allan. Neuseeland: S-Insel, auf felsigen Stellen, 900–1700 m. Ähnlich *H. coralloides,* aber Triebe nur 3–4 mm dick, Blätter dauernd dicht mit gelblichen Haaren besetzt. Etwas empfindlicher als *H. coralloides.*

H. pumilum Hook. f. Tasmanien, auf feuchten Stellen, vom Meeresniveau bis ins Gebirge. Mai–Juni. Ähnlich *H. milliganii,* aber ganze Pflanze kleiner. Literatur: Bull. A. G. S. 51: 328 (1983).

H. scutellifolium Benth. Australien, Tasmanien. Aufrechter Strauch bis 50 cm. Triebe dicht weißfilzig. Blätter wechselständig, bis 20 mm lang, dicht dem Trieb angepreßt, pfeilförmig, mit nach unten gerolltem Blattrand. War bei mir wesentlich empfindlicher als *H. hookeri.*

H. selago (Hook. f.) Benth. et Hook. f. Neuseeland: S-Insel, in Felsspalten. Bis 40 cm hoher Strauch mit 3–4 mm dicken Trieben. Ähnlich *H. coralloides,* aber zarter und in verschiedenen Formen in Kultur. Blütenköpfchen einzeln an den Triebenden, 7–8 mm breit, gelb, auch bei uns regelmäßig erscheinend.

H. sibthorpii Rouy (*H. virgineum* (Sibth. et Sm.) Griseb. non DC.). Griechenland: Athos, auf felsigen Stellen. Juni–August. Halbstrauchig bis zwergstrauchig. Untere Blätter rosettig gestellt, verkehrt-eiförmig-spatelig, bis 5 cm lang, dicht weißhaarig. Stengelblätter linealisch. Blütenköpfchen in dichten, zusammengezogenen Köpfen, bis 15 mm breit, weiß, rosa überhaucht.

Von den besprochenen Arten verlangen nur *H. milliganii* und *H. pumilum* eine Kultur, die der der zwergigen *Aciphylla* entspricht, also torfig-steinig, feucht, halbschattig, winters Schutz. Die anderen sind trockenheitsliebend und brauchen steinig-durchlässige Böden, volle Sonne und ganzjährig Schutz vor übergroßer Nässe. *H. milfordiae,* aber auch *H. coralloides, H. hookeri, H. selago* und beschränkt *H. bellidioides* haben sich bei mir im winters nässegeschützten Steinbeet über lange Jahre gut gehalten.

Alle Arten können leicht durch Aussaat vermehrt werden, wenn keimfähige Früchte zu erhalten sind. Bei *H. milfordiae,* wahrscheinlich auch *H. basalticum* und *H. pumilum,* kann geteilt werden. Alle strauchigen Arten sind gut durch Stecklinge zu vermehren. *H. sibthorpii* leidet unter Grauschimmel und soll sehr trocken und luftig gezogen werden.

Außer den erwähnten Arten finden sich hin und wieder auch andere in Kultur. *H. orientale,* mit *H. sibthorpii* verwandt, aber gelbblühend, war bei mir sehr nässeempfindlich. Sehr zu empfehlen sind Kulturversuche mit den anderen alpinen Arten Australiens und Neuseelands *(H. alpinum, H. scorpioides, H. secundiflorum,* bzw. *H. depressum, H. filicaule und H. microphyllum).*

Helipterum DC., Sonnenflügel, Compositae

Etwa 60 Arten, davon 15 in Südafrika, die anderen in Australien und auf Tasmanien. Einjährige oder ausdauernde Kräuter, selten Zwergsträucher mit wechselständigen, ganzrandigen, filzigen oder kahlen Blättern, oft aromatisch duftend. Hüllkelch trockenhäutig-glänzend, weiß, rot, rosa oder gelb, selten braunrot oder schmutzigrot.

H. albicans DC. Australien, trockene Böden. Juni. Sehr verschieden in Größe und Farbe, meist dichte, grundständige Blattschöpfe mit grauen Blättern bildend. Stengel 30–40 cm. Hüllkelche orangegelb oder gelb, außen manchmal rötlich oder braun überhaucht. Besonders schön ssp. **alpinum** (F. Muell.) P. G. Wilson. Alpine Gebiete Victorias und N. S. W. Blätter linealisch, dicht weißfilzig. Stengel nur 15–20 cm. Hüllkelchblätter reinweiß, außen manchmal rosa überhaucht. Scheibenblüten gelb.

H. anthemoides DC. Australien, weit verbreitet in Wiesen, von tiefen Lagen bis über 1800 m. Juni–Juli. Buschig, bis 35 cm hoch. Stengel zahlreich, dicht mit kleinen, bläulichgrünen, schmalen Blättern besetzt, aromatisch duftend. Blüten kleine weiße Strohblumen, 1 cm groß, Scheibenblüten gelb, sehr zahlreich erscheinend. Unter Schutz gut hart und sich selbst aussäend.

H. albicans ist, bedingt durch die weißfilzigen Blätter, sehr nässeempfindlich und sollte unbedingt ganzjährig unter Schutz gezogen werden, *H. anthemoides* begnügt sich mit Nässeschutz im Winter, ist aber nicht so frosthart und stirbt nach strengen Wintern ab. Alle *Helipterum* benötigen einen durchlässigen, schotterigen Boden und vollsonnige Lage. Die Vermehrung erfolgt durch Aussaat, wobei *H. albicans* ssp. *albicans* (mit goldgelben Blüten) und *H. anthemoides* auch bei uns gut Früchte ansetzen, *H. albicans* ssp. *alpinum* bildet seltener Früchte aus, kann aber auch durch Stecklinge vermehrt werden. Die Früchte laufen im Frühjahr nach der Aussaat auf und überliegen nie.

Helleborus L., Schneerose, Nieswurz, Ranunculaceae

Etwa 20 Arten, überwiegend in Mittel- und Südeuropa, zwei Arten in China. Stauden oder Halbsträucher mit fuß- oder handförmig geteilten Blättern. Blüten fünfteilig, durch die bleibenden Kelchblätter lange wirkend, Honigblätter klein, röhrig. Staubblätter zahlreich. Fruchtblätter 5–10. Frucht eine Balgkapsel, an der Bauchnaht sich öffnend.

H. lividus Ait. Beide Unterarten dieser Art brauchen Winterschutz:
ssp. **lividus**. Balearen. März–April. Stengel 50–60 cm hoch, beblättert. Blätter 3teilig, Blattrand ganzrandig oder etwas gezähnt, herrlich silberig-bläulich gefleckt. ssp. **corsicus** (Willd.) Tutin (*H. corsicus* Willd.). Korsika, Sardinien. Wie vorige, aber reingrün, wesentlich winterhärter. Zwischen beiden Unterarten auch ein Bastard aus England verbreitet: **H. × sternii**.

Vor allem *H. lividus* ssp. *lividus* ist bei uns nur in günstigsten Lagen hart, sie braucht Schutz vor Wintersonne und vor übermäßig tiefen Temperaturen und ist am besten halbschattig im Alpinenhaus versorgt. *H. lividus* ssp. *corsicus* und *H. x sternii* sind wesentlich härter und leiden unter etwas Schutz nur in extremen Wintern, erreichen *H. lividus* ssp. *lividus* in der Blattschönheit aber nie. Die Vermehrung erfolgt durch Aussaat.

H. vesicarius Aucher. Türkei: Amanus, in Gesträuch und auf Hängen, 550–1300 m. März–April. Stammbildend. Stämme bis 60 cm hoch. Blätter gestielt, fußförmig. Abschnitte lanzettlich bis schmalelliptisch, an der Spitze gezähnt. Blätter nach oben kleiner werdend. Blüten in mehrblütigen Blütenständen, grün bis gelblichgrün, purpurn gespritzt oder purpurbraun, etwa 2 cm lang. Auffällig die riesengroßen Früchte: Fruchtbälge bis 50–70 × 25 × 32 mm. Samen 5–6 mm.

Kultur am besten im Zwiebelkasten. Keimung nach zweimaligem Überliegen, im ersten Jahr nur die Keimblätter bildend.

Herbertia Sweet, Iridaceae

Etwa 10 Arten im wärmeren Amerika. Knollenpflanzen von ähnlichem Aussehen wie *Tigridia.*

H. drummondiana Herb. (*Cypella drummondiana* (Herb.) Bak., *Alophia drummondiana* (Herb.) Herb.). SO-USA, auf Wiesen in Küstennähe. April–Mai. 10–30 cm. Grundständige Blätter wenige, aufrecht. Blütenstand unverzweigt, mehrblütig. Blüten 4–5 cm groß, äußere Blütenblätter lavendelfarben mit weißer Basis, beide Farben durch ein violettblaues Band getrennt, innere Blütenblätter sehr klein, zugespitzt, dunkelpurpurn.

Kultur am besten im Alpinenhaus oder in sehr geschützten Lagen unter Schutz im Freien. Vermehrung durch Aussaat. In England werden noch andere Arten gezogen.

Hermodactylus Mill., Wolfsschwertel, Iridaceae

Monotypische Gattung:

H. tuberosus (L.) Mill. (*Iris tuberosa* L.) Mittelmeergebiet, vor allem in niederen Lagen. März–April, je nach Überwinterung. Nahe mit *Iris* verwandt, von diesen verschieden durch einfächerigen Fruchtknoten. Knolle fleischig, länglich, unregelmäßig, waagrecht im Boden liegend, verzweigt. Untere Blätter scheidenartig, die anderen robusten *Iris reticulata*-Blätter gleichend. Blüte gestielt, 20–25 cm, Stiel mit Schuppenblättern besetzt. Spatha gewöhnlich sehr groß und so lang oder länger als die Blüte. Blüten etwa 5 cm groß, grünlich-durchsichtig, dunkelblau oder bräunlich am Hängeblatt. Die Blätter entwickeln sich erst nach der Blüte vollständig und erreichen 50 cm Länge.

Der Wolfsschwertel braucht durchlässige, kalkhaltige Böden, vollsonnige Lage und Schutz vor Sommerregen. Während des Winters muß mit Vlies oder Laub abgedeckt werden oder im gedeckten Zwiebelkasten oder Alpinenhaus gezogen werden. Nicht für Topfkultur geeignet, da die Knollen weit kriechen und sich bei Beengtheit schlecht entwickeln. Vermehrung durch Teilung leicht, Aussaat ist möglich, nach sechs Jahren blühen die Sämlinge noch nicht.

Hertia Less., Compositae

8 Arten, die meisten in S-Afrika, eine in N-Afrika. Kahle beblätterte Halbsträucher mit wechselständigen, sitzenden, fleischigen Blättern. Blütenköpfchen mit Zungen- und Scheibenblüten, gelb.

H. cheirifolia (L.) O. Kuntze (*Othonna cheirifolia* L., *H. crassifolia* (L.) Less., *Othonnopsis cheirifolia* (l.) Benth. et Hook. f.). Algerien, Tunesien. Mai–Juli. Aufsteigender bis niederliegender, etwas sukkulenter, bis 50 cm hoher Halbstrauch. Blätter wechselständig, mehr oder weniger locker 2zeilig gestellt, zungenförmig, sitzend, bis 10 × 2 cm, bläulichgraugrün. Blütenköpfchen gestielt, an der Spitze der Triebe achselständig, gelb.

An zusagenden, trockenen Stellen und bei etwas Winterschutz gut durchhaltend, sonst im Alpinenhaus zu pflegen, wo sie aber rasch zu groß für den kostbaren Platz werden. Vermehrung durch Stecklinge leicht.

Hesperaloë Engelm., Agavaceae

2 Arten in N-Mexiko und SW-Texas. Stammlose, *Yucca*-ähnliche Pflanzen mit langlinealischen, derb-lederigen, rinnigen, an den Rändern faserigen Blättern. Blütenstände 1,5–2,5 m hoch, einfach oder etwas verzweigt. Blüten langglockig, bis 3,5 × 1,5 cm.

H. parviflora (Torr.) Coulter (*Yucca parviflora* Torr.). SW-Texas. Juli–August. Blüten rosarot oder lachsfarben.

In günstigen Lagen und mit Schutz ist die Kultur dieser mit *Yucca* verwandten Pflanze zu empfehlen. Die Vermehrung erfolgt durch Aussaat, Samen werden von S. Walker angeboten. In den ersten Wintern ist frostfreie Überwinterung zu empfehlen. Ich konnte diese Art noch nicht zur Blüte bringen.

Hesperochiron S. Wats., Hydrophyllaceae

2 Arten im westl. N-Amerika. Kleine, stengellose Stauden mit kurzen, verdickten Rübenwurzeln. Die Blätter formen eine Rosette und liegen am Boden oder steigen etwas an. Blüten einzeln aus den Blattachseln an langen, aufrechten oder liegenden Stielen. Kelch bis zum Grund geteilt, Abschnitte oft ungleich. Blütenkrone weiß oder bläulichweiß, oft mit gelbem Schlundfleck, in der Mitte oft behaart, trichter- oder radförmig, oft unregelmäßig zerteilt.

H. californicus (Benth.) S. Wats. Westl. N-Amerika. Mai–Juni. Krone trichterförmig, weißlich bis blauweißlich, innen kahl oder wenig behaart. Rosetten bis 12 cm breit, 5–7 cm hoch.

H. pumilus (Griseb.) Porter. Westl. N-Amerika. Mai–Juni. Krone rad- oder schlüsselförmig, bis 12 mm breit, reinweiß mit gelbem Schlundfleck, Schlund dichthaarig, sonst wie *H. californicus.*

Sehr hübsche, bald nach der Blüte und Fruchtreife einziehende Liebhaberpflanzen für spezielle Trockenbeete oder Topfkultur im Alpinenhaus, besonders geeignet für mit verschiedenen Zwiebel- und Knollenpflanzen bepflanzte Zwiebelkästen. Vermehrung durch Aussaat. Bei Bezug der Samen im Samentausch und Aussaat im Winter überliegen die Samen meist einen Winter, bei Aussaat sofort nach der Samenreife erfolgt die Keimung bereits im darauffolgenden Frühjahr.

Hippeastrum Herb., Ritterstern, »Amaryllis«, Amaryllidaceae

Etwa 60–70 Arten im tropischen und subtropischen Amerika, hoch in die Gebirge ansteigend, in Gebieten mit ausgeprägter Trockenzeit. Zwiebelpflanzen mit linealischen Blättern und hohlem Schaft. Blüten etwas zweiseitig symmetrisch, mit kleinen Schüppchen im Schlund.

H. elwesii Baker. S-Argentinien, Chile. Zwiebel braun, 5–6 cm lang, schlank. Blätter lang-linealisch, 8–10 mm breit. Blüten zu 1–4 in Dolden, 5–6 cm lang, hellorange bis primelgelb. August. Verbreitet ist die Form C & W 4999.

Literatur: *Hippeastrum elwesii* Baker. Bull. A. G. S. 55 (1). 18–20 (1987), mit farbiger Abbildung.

H. elwesii dürfte die härteste Art sein, die unter gutem Schutz im Alpinenhaus durchkommt, sie kann in Südengland im Freien gezogen werden. Während des Winters ist die Art laublos und muß vollkommen trocken gehalten werden. Sie kann aus diesem Grund auch sehr gut im Topf gezogen werden, der über Winter trocken im Keller steht. Lagerung ohne Erde, wie *Gladiolus*, vertragen *Hippeastrum* schlecht. In England werden noch **H. advenum** und **H. pratense** als relativ hart und robust bezeichnet. Samen gehen leicht auf, Sämlinge werden die ersten Winter besser frostfrei gehalten.

Hovea R. Br., Leguminosae

Etwa 12 Arten in Australien und Tasmanien. Unbewehrte, seltener dornige Sträucher mit wechselständigen, einfachen, ganzrandigen, unterseits filzigen Blättern. Blüten in achselständigen Büscheln oder sehr kurzen Trauben, selten einzeln, meist blau oder violett.

Oben: *Physoplexis comosa* im geschützten Hochbeet, Garten A. Cihlarz, Wien (Foto A. Cihlarz).

Unten links: *Pimelea sericeo-villosa* im winters mit Hartplastik gedeckten Steinbeet.

Unten rechts: *Phlox lutea* × *P. purpurea* (unbenannter Sämling, erzogen aus wildgesammeltem Samen) im Kasten.

H. purpurea Sweet var. **montana** Hook. f. Australische Alpen, Gebirge Tasmaniens: alpine und subalpine Heidegesellschaften. Mai–Juni. Niederliegender Strauch, bis 50 cm. Blätter eilänglich-elliptisch, lederig, 10–25 × 3–6 mm, die Ränder nach unten geschlagen. Blüten einzeln oder zu zweit in den oberen Blattachseln, tief violettblau, selten weiß, 8 mm.

Diese Varietät ist augenscheinlich die härteste *Hovea,* sie erreicht allerdings nur selten die alpine Zone. Samen sind sehr schwer zu erhalten, da die zweisamigen Hülsen nur sehr klein und schlecht zu sammeln sind. Die Kultur erfolgt im frostfreien Alpinenhaus, ältere Pflanzen können auch im unbeheizten Alpinenhaus versucht werden. Die Vermehrung erfolgt durch Aussaat. Die Samen werden überbrüht. Die ersten 2–3 Winter sind die Pflanzen besser im Kalthaus zu überwintern.

Hulsea Torr. et Gray, Compositae

Etwa 8 Arten im westl. N-Amerika. Zweijährige oder ausdauernde, niedrige, gebirgsbewohnende Kräuter. Blätter drüsigflaumig behaart, balsamisch duftend, wechselständig, ungestielt, fliederig-gelappt. Blütenköpfchen einzeln oder in Ebensträußen mit Zungen- und Scheibenblüten, gelb oder purpurn.

H. algida Gray. Westl. USA: Kalifornien, Oregon, 3500–4000 m. Mai–Juni. Ähnlich *H. nana,* aber Blätter wenig gezähnt, Hüllblätter schmal-linealisch.

H. nana Gray. West. USA: Kalifornien, Washington, Oregon, auf wenig gefestigtem, vulkanischem Material, 2400–3300 m. Mai–Juni. Triebe 5–15 cm lang, zu mehreren aus einer fleischigen, tiefgehenden Pfahlwurzel. Blätter schmal- oder breit-linealisch, unregelmäßig gezähnt oder gefiedert, 2,5–7,5 cm lang. Blütenköpfchen groß, einzeln am Ende der Triebe, gelb.

Oben links: *Primula decipiens* im winters geschützten Moorbeet.

Oben rechts: *Primula palinuri* im Alpinenhaus.

Unten: *Phlox nana* im winters mit Vlies gedeckten Steinbeet.

H. vestita Gray. Westl. USA: Kalifornien, Nevada, auf lockeren, steinigen oder sandigen Böden, 1800–2900 m. Mai–Juni. Ähnlich *H. nana*, aber bis 30 cm hoch, Blätter rundlich bis länglich, gezähnt, stark filzig behaart.

Hulsea sind herrliche, vor allem in der ersten Jahreshälfte dicht weiß behaarte Zwergstauden für das Alpinenhaus oder das im Sommer und Winter gegen Niederschläge geschützte Beet. Die Pflanzen brauchen eine mindestens 10 cm dicke Schicht aus Schotter, Schlacke oder Bimskies mit wenig Feinerde, damit die fleischige Pfahlwurzel nicht zu faulen beginnt. Die Vermehrung erfolgt durch Aussaat, die Früchte laufen willig auf. Die schönste Art ist die dicht weißwollig behaarte *H. vestita*.

Hyacinthus L., Hyazinthe, Liliaceae

3 Arten im Mittelmeergebiet, bis zum Iran. Zwiebelpflanzen mit linealischen Blättern. Blüten in mehr oder weniger reichblühenden Trauben, mit langer Kronröhre.

H. fastigiatus Bertol. (*H. pouzolzii* J. Gay ex Loisel. *Brimeura fastigiata* (Viv.) Chouard). Korsika, Sardinien, Minorka. März–April. Bis 10 cm, meist niedriger. Blätter schmal-linealisch. Blüten in bis 10blütigen Trauben, die unteren Blütenstiele länger als die oberen, bis 7 mm lang, hellblau oder rosa. Die Form, welche ich in Kultur hatte, war nur 2 cm hoch und rosablühend. Zwiebelkasten oder Alpinenhaus.

H. litwinowii Czern. O-Iran, auf felsigen Hängen, bis 3000 m. April. 10 cm. Blätter lanzettlich, bis 2 cm breit. Blüten in lockeren Trauben, hellblau mit dunklerem Streifen auf jedem Segment. Unterscheidet sich von *H. orientalis* durch die weniger zahlreichen, breiten Blätter und die schmäleren Blütenabschnitte. Zwiebelkasten.

H. orientalis L. Östl. Mittelmeergebiet, SW-Asien, auf steinigen Böden, bis 2000 m. April. Blätter linealisch oder schmal-lanzettlich, zu 4–6. Blüten in lockeren Trauben, weiß bis hellblau, bis 2,5 cm lang, sehr süß duftend. Die modernen Sorten lassen die Grazie der Wildart vermissen. Besonders schön ssp. **chionophilus** Wendelbo aus Z-Anatolien. Blätter 12–15 mm breit. Perianthabchnitte so lange wie die Blütenröhre. Zwiebelkasten.

Alle wilden Hyazinthen brauchen eine gute Trockenperiode im Sommer und werden durch Teilung oder Aussaat vermehrt.

Hymenanthera R. Br., Violaceae

Etwa 5 Arten in Neuseeland und O-Australien. Starre, oft dornige, bisweilen blattlose, kahle Sträucher mit wechselständigen, hin und wieder gebüschelten Blättern. Blüten 5teilig, regelmäßig, glockig. Frucht eine Beere.

H. alpina (Kirk) W. R. B. Oliver. Neuseeland: S-Insel, auf felsigen Stellen, 200–1800 m. April–Mai. Niedriger Strauch, sparrig wachsend, bis 50 cm. Blätter verkehrt-eiförmig-lanzettlich, bis 12 × 5 mm. Blüten weiß, glockig, klein. Beeren einsamig, weiß oder trübblau, 8 mm, zahlreich entlang der Zweige.

H. alpina ist härter als *H. crassifolia* Hook. f. und kann in geschützten Lagen im Freien, mit leichtem Schutz, versucht werden. Die Art wird nicht so hoch und eignet sich deshalb auch für das Alpinenhaus besser. Die Vermehrung erfolgt durch Aussaat oder Stecklinge.

Hymenoxys Cass., Compositae

Etwa 20 Arten im westl. N-Amerika und in S-Amerika. Einjährige oder ausdauernde, in Kultur manchmal nach der Blüte absterbende Kräuter mit wechselständigen, manchmal rosettig gedrängten, ganzen oder gefiederten Blättern. Blütenköpfe mit Zungen- und Scheibenblüten, goldgelb. Ganze Pflanze sehr aromatisch duftend, manchmal geradezu klebrig.

H. acaulis (Pursh) K. F. Parker. Westl. USA, trockene, steinige Hänge und Mesas, meist mit Kiefern, zwischen 1300 und 2300 m. Mai–Juni. Rasenbildende Staude mit Pfahlwurzel. 10–30 cm. Blätter lineal-eilanzettlich, 2–5 × 0,2–0,5 cm, angepreßt silberhaarig. Blütenköpfe einzeln, gelb, 3 cm groß.

H. cooperi (Gray) Cockerell. Westl. USA, grasige Hänge im Gebirge. Mai–Juni. Als Saatgut wird zumeist die var. **canescens** (D. C. Eaton) K. F. Parker angeboten. Staudig, aber in Kultur gerne nach der Blüte absterbend, 10–30 cm hoch, mit mehr als einem Stengel von der Basis. Blätter dicht grauhaarig, 1,5–5 cm lang, gefiedert, Blättchen 3–5teilig, oft nochmals unterteilt. Abschnitte nie mehr als 1,5 mm breit. Blütenköpfe einzeln oder zu mehreren, 4–5 cm breit, reingelb. Ähnlich *H. grandiflora*, aber dicht grauhaarig und wesentlich heikler. Diese Art konnte ich nie nach der Blüte weiterziehen, sie ging immer ein, fast immer ohne Früchte angesetzt zu haben.

H. grandiflora (T. et G. ex Gray) Parker (*Rydbergia grandiflora* (T. et G. ex Gray) Greene). Westl. USA, an steinigen Hängen der subalpinen und alpinen Stufe. Mai–Juni. Staudig, in Kultur oft nach der Blüte absterbend, bis 30 cm hoch, mit kräftiger Pfahlwurzel. Blätter grün, aromatisch duftend, 2–3fach gefiedert. Blütenköpfe einzeln oder zu wenigen. Endköpfchen bis 8 cm groß, reingelb, sich nach der Sonne wendend, d. h. morgens nach Osten, abends nach Westen schauend. Schönste und auffallendste Art. Früchte werden spärlich angesetzt.

Sehr schöne Pflanzen für geschützte Steingärten, Tröge und das Alpinenhaus, *H. cooperi* var. *canescens* nur für das Alpinenhaus. Kultur in schottrigen, durchlässigen Substraten in voller Sonne, brauchen im Frühjahr viel Feuchtigkeit, sonst kümmern sie. Die Vermehrung erfolgt durch Aussaat (alle Arten) oder Stecklinge bzw. Teilung (z. B. *H. acaulis*). Früchte werden auch bei uns angesetzt und sind keimfähig. Importiertes Saatgut ist häufig von diversen Raupen bzw. Maden bewohnt und sollte vor der Aussaat durch Drücken geprüft werden, damit man sich nicht unerwünschte neue Schädlinge einschleppt.

Hypericum L., Johanniskraut, Guttiferae

Etwa 200 Arten in der gemäßigten und subtropischen Zone der nördl. Halbkugel. Kräuter, Halbsträucher oder Sträucher. Blätter sitzend oder kurzgestielt, gegenständig, ganzrandig, selten randseits gewellt, meist drüsig punktiert. Blüten gelb, selten weißlichgelb oder orangerot, schalenförmig, mit 5 Blütenblättern und zahlreichen, manchmal zu Bündeln zusammengefaßten Staubfäden.

H. balearicum L. Balearen: trockene Wälder, steinige Plätze. Mai–Juli. Bis 120 cm hoher Strauch mit aufstrebenden Zweigen, diese in der Jugend 4kantig. Blätter (6–) 8–10 cm, eiförmig bis schmal-eiförmig, am Rand gewellt, lederartig. Blüten 1,5–4 cm breit, gelb. Selbst im Alpinenhaus an der Grenze der Härte, besser frostfrei.

H. capitatum Choisy var. **capitatum** (*H. rubrum* Hochst., *H. laeve* var. *rubrum* (Hochst.) Boiss.). SO-Anatolien: trockene, kalkreiche Hänge oder Steppen, 360–900 m. Mai–Juni. Staude mit 15–50 cm langen Trieben, aufrecht bis niederliegend. Blätter 8–28 mm lang, schmal eilänglich bis linealisch, mehr oder weniger bläulich. Blütenstände vielblütig. Sepalen bedrüst oder gezähnt, dunkelrot. Petalen 5–7 mm lang, orangerot bis karmin. Diese außerordentlich schöne Art wird in der letzten Zeit durch J. Archibald verbreitet, der Wildsamen aufsammelte. Kulturversuche notwendig, besser zuerst im Alpinenhaus.

H. ericoides L. O- und SO-Spanien: in sonnigen Kalkfelsen. Mai–Juni. Zwergiger Strauch, Triebe 2–12 (–25) cm lang, aufrecht (in Kultur auch niederliegend). Blätter 1,5–3,5 mm lang, linealisch, in 4blättrigen Quirlen, dicht papillös. Blüten in Doldentrauben oder Trauben, gelb. Alpinenhaus. Aussaat leicht.

H. pallens Banks et Sol. (*H. cuneatum* Poir.) SO-Türkei, Syrien: in Kalkfelsen, 50–1700 m. Mai–Juni. Kleiner Strauch von etwas verworrenem Wuchs, 5–25 cm hoch. Blätter gegenständig, 3–25 mm lang, eilänglich oder elliptisch, am Rande gewellt und schwarz gepunktet. Blüten zu 1 (–2–3) endständig und in den Achseln. Petalen 6–12 mm lang, gelb. Alpinenhaus. Besitzt sehr brüchige Sprosse.

H. yakusimense Koidz. Japan (Liukiu). April–Juli. Staudig, dichte, dem Boden vollkommen angedrückte Matten bildend. Triebe fadendünn. Blätter oval bis rundlich,3–5 mm lang. Blüten 8–10 mm breit, gelb, gefolgt von roten Fruchtkapseln. Im halbschattigen Moorbeet mit etwas Schutz hart, besser aber im Kasten oder Alpinenhaus. Das zwergigste Johanniskraut in Kultur.

Bis auf *H. yakusimense*, welches Moorbeetbedingungen braucht, sind die anderen Arten trockenheits- und kalkliebende Pflanzen, in der Überzahl Felsspaltenbewohner. Sie brauchen sehr durchlässige, steinige Mischungen und volle Sonne. Sie werden durch Stecklinge oder Aussaat vermehrt.

Hypoxis L., Hypoxidaceae

Etwa 90 Arten in außereuropäischen gemäßigten und tropischen Zonen. Behaarte oder kahle Stauden mit mehr oder weniger knollenartigem Rhizom und schmalen grasartigen Blättern. Blüten in Scheindolden oder Trauben, gelb, 6teilig.

H. hirsuta (L.) Coville. Mittl. und südl. USA. Mai–Juli. 10–20 cm hoch. Blätter linealisch, rinnig, 2–5 mm breit, etwas haarig. Blüten zu mehreren in lockeren Köpfen, gelb mit grüner Außenseite, 1,5 cm breit.

Alle *Hypoxis*-Arten sind einander sehr ähnlich, unter gutem Schutz, in durchlässigem Substrat, eventuell bei trockener Überwinterung in einem frostfreien Raum in rauhen Gebieten, ist *H. hirsuta* die härteste. Die Vermehrung erfolgt durch die reichlich gebildeten Samen. In England wird noch die australisch-tasmanische **H. hygrometrica** Labill. als hart angegeben.

Hypsela Presl., Campanulaceae

5 Arten in O-Australien, Neuseeland und den Anden. Niederliegende, kriechende Kräuter, ähnlich *Pratia*. In England in Kultur:

H. reniformis Presl. Ekuador bis Feuerland, in Island verwildert. Dichtmattig, raschwachsend, ähnlich *Pratia*. Blätter nieren- oder löffelförmig, bis 12 mm groß. Blüten einzeln, ähnlich *Pratia*, hell rosablau mit dunklen Flecken auf den drei unteren Blütenabschnitten, zwei gelbe Flecken in der Kehle. Sommer.

An feuchten, torfigen Stellen unwahrscheinlich rasch wachsend und geradezu wuchernd, aber wie *Pratia pedunculata* nicht ganz hart. Vermehrung durch Teilung.

Incarvillea Juss., Freilandgloxinie, Bignoniaceae

Etwa 14 Arten in Turkestan, Tibet und China. Meist niedrige bis mittelhohe Stauden oder Halbsträucher mit rübenartigen Wurzelstöcken. Blätter grundständig oder wechselständig um den Sproß, einfach gefiedert. Blüten groß, trompetenförmig, 5teilig, rosa, weiß oder gelb. Fruchtkapsel 2fächerig, schlank, rund oder dick, geflügelt (*Niedzwedzkia*).

I. arguta (Royle) Royle (*Amphicome arguta* Royle). W-Himalaja. Juni–Juli. Staude, 30–50 cm hoch. Blätter dunkelgrün, unpaarig gefiedert. Blüten rosa, in blattachselständigen Trauben. Nur mit gutem Schutz.

I. emodi (Lindl.) Chatterjee (*Amphicome emodi* Lindl.). Himalaja. Juni–Juli. Ähnlich *I. arguta*, aber mit größeren Blüten in orange. Nach meiner Erfahrung noch weniger hart als *I. arguta* und nur für das Alpinenhaus oder frostfreie Überwinterung der Pflanzgefäße.

I. semiretschenskia (B. Fedtsch.) Griers. (*Niedzwedskia semiretschenskia* B. Fedtsch.). Turkestan. Rübenwurzeln bildende Staude mit bis 40 cm hohen Trieben, an eine zwergige *I. olgae* erinnernd. Blätter einfach gefiedert, hellgrün, bis 6 cm lang, mit schmalen Abschnitten. Blüten rosa, in endständigen Blütenständen, bis 2,5 cm breit. Frucht nicht glatt und schlank, sondern dick und mit vier breiten Flügeln versehen.

Kultur im Steinbeet unter leichtem Schutz gelang mir einige Jahre, doch braucht die Art noch trockenere Bedingungen. Reich und über eine lange Periode, von Mai–Juli, blühend. Samenanzucht möglich. Die im internationalen Samentausch angebotenen Kapseln müssen aufgebrochen werden. Stecklinge wurzelten bei mir zwar an, ich konnte sie unter meinen Kulturbedingungen aber nicht durch den Winter bringen (Fehlen der Rübenwurzel?). Selbstbestäubung gelingt nicht.

Inula L., Alant, Compositae

Etwa 120 Arten in Europa, Asien und Afrika. Meist ausdauernde Kräuter, selten strauchig oder an der Basis verholzt, mit drüsig-rauhen, haarigen, zottigen oder weißfilzigen Blättern. Blüten gelb, einzeln oder zu mehreren.

I. acaulis Schott et Kotschy ex Boiss. Russisch-Armenien, O-Türkei, auf feuchten Felsen und Hängen. Juni. Rosettenstaude. Blätter eilanzettlich oder spatelig, 3–6 × 0,6–1,5 cm. Blütenköpfe einzeln an 5–20 cm hohen Schäften, 4 cm breit, gelb.

I. candida (L.) Cass. S-Europa, Kleinasien, auf Kalkfelsen und -schutthalden, von der See bis ins Gebirge. Juni. Sehr variable Art, von der viele Kleinarten abgetrennt wurden, *I. candida* i. e. S. stammt aus Kreta. Dicht weißfilzige Staude mit dickem

Wurzelstock. Grundständige Blätter eiförmig oder elliptisch-eiförmig, 2–6 × 1–3 cm, in der Kultur größer. Stengel, 15–40 cm, verzweigt. Blüten gelb, 2 cm.

I. rhizocephala Schrenck. Iran, Afghanistan, Pakistan, Rußland, im Mittelgebirge. Stengellose Rosettenstaude. Blätter breit-lanzettlich, stumpf zugespitzt, zu einer bis 25 cm breiten Rosette zusammenstehend. Blüten zu mehreren im Zentrum der Rosette sitzend, gelb, bis 3 cm breit. Juni–Juli.

I. rhizocephala stirbt nach der Fruchtreife ab, benötigt aber 2–3 Jahre bis zur Blüte, die beiden anderen Arten sind staudig und können auch durch Teilung vermehrt werden. *I. candida* braucht zu jeder Jahreszeit Schutz, die beiden anderen Arten gedeihen auch ohne Schutz, *I. rhizocephala* bringt dann allerdings schlecht keimende Früchte. Schutz vor übergroßer Nässe ist deshalb angebracht.

Ipheion Rafin., Liliaceae

Etwa 25 Arten von Mexiko bis Chile. Zwiebelpflanzen mit bandförmigen, meist blaubereiften Blättern, meist nach Lauch riechend. Blüten einzeln an kurzen Schäften.

I. sellowianum (Kunth) Traub. Uruguay, Argentinien, S-Brasilien. April–Mai. Blätter bis 20 cm × 2–5 mm groß, zur Blütezeit etwas kürzer. Blütenschäfte 10–15 cm hoch. Blüten gelb, außen purpurn gestreift, 2–2,5 cm breit.

Eine sehr hübsche, erst seit Mitte der siebziger Jahre in Kultur befindliche Zwiebelpflanze, die auch als *Milla, Brodiaea, Beauverdia* oder *Tristagma* angeboten wird. Kultur im Alpinenhaus in Töpfen oder Schalen, oder ausgepflanzt mit etwas Schutz. Wenig versucht, dürfte aber ziemlich gleich hart sein wie *I. uniflorum.* Vermehrung durch Brutzwiebeln.

Iris L., Schwertlilie, Iridaceae

150–200 Arten in der nördl. gemäßigten Zone. Sehr unterschiedlich gebaute Pflanzen bezüglich ihrer unterirdischen Organe: es finden sich Rhizome, Zwiebeln mit oder ohne anhängenden Speicherwurzeln oder Bündeln fleischiger Wurzeln. Die Blätter sind schwertartig, grasartig oder rinnig bzw. stielrund. Die Blüten besitzen eine äußerst verschieden lange Kronröhre, die drei äußeren Blütenblätter hängen nach unten (Hängeblätter), die drei inneren sind sehr verschieden groß und stehen manchmal aufrecht (Domblätter). Die 3 Griffel besitzen blumenkronartige Äste, unter denen die Staubbeutel regengeschützt angeordnet sind. Der Fruchtknoten ist dreifächerig.

In der folgenden Aufstellung werden nur die wichtigsten Arten angeführt, die in Kultur anzutreffen sind oder in der Natur (z. B. Türkei) zu finden sind. Ihre Anordnung erfolgt alphabethisch, zur näheren Charakterisierung sind hinter der Art Subgenus und Sektion in Klammer angeführt. Im übrigen wird auf die beiden folgenden Werke verwiesen: P. Köhlein, Iris, Stuttgart (1983) und B. Mathew, The Iris, London (1981).

I. acutiloba C. A. Mey. (*I. fominii* Woron., *I. szovitsii* C. A. Mey.) (Iris/Oncocyclus). Transkaukasus, Iran, Turkmenien, steinige Steppen, felsige Gebirgshänge, 1500–300 m. Mai. 10–25 cm hoch. Blätter schmal, sichelförmig, blaugrün. Blüten 5–7 cm groß, weiß, kräftig braun oder grau geadert, bei ssp. **acutiloba** mit zwei dunklen Flecken am Hängeblatt, bei ssp. **lineolata** (Trautv.) Mathew et Wendelbo (*I. helena* (Koch) Koch, *I. ewbankiana* Foster) mit einem dunklen Fleck. Nicht zu schwierig.

I. afghanica Wendelbo (Iris/Regelia). NO-Afghanistan, zwischen Felsen auf Berghängen über Granit und Schiefer, 1500–3300 m. Mai. 20–40 cm hoch. Blätter 8–9 mm, etwas gesichelt. Blüten oft einzeln, 8–9 cm groß, 2farbig: die gespitzten Hängeblätter sind weiß, purpurbraun geadert und mit einem großen Fleck, die Domblätter sind hellgelb. Noch selten und nicht leicht.

I. antilibanotica Dinsm. (Iris/Oncocyclus). Syrien, um 2300 m. Mai. 25–40 cm hoch. Blätter schmal, sichelförmig. Blüten einzeln, 8–9 cm groß, 2farbig: Hängeblätter kräftigpurpurn mit dunkleren Adern und einem Fleck, Domblätter viel heller, Bart gelb.

I. atrofusca Baker (Iris/Oncocyclus). Wüsten von Judea und Negev. März–April. Rhizom gedrungen. Blätter aufrecht, 1 cm breit. Blüten 8–9 cm groß, 2farbig: Hängeblätter dunkelpurpurbraun mit schwarzem Fleck, Domblätter heller, Bart gelb. Frostempfindlich, muß im frostfrei gehaltenen Alpinenhaus gezogen werden.

I. atropurpurea Baker (Iris/Oncocyclus). Wüsten von Gaza undNegev. März–April. Rhizom dünn und lang. Blätter kurz, sichelförmig. Blüten 8 cm groß, an 15–25 cm hohen Stielen, dunkelpurpurn bis schwarzpurpurn, die Domblätter etwas heller, Bart gelb. Muß im frostfrei gehaltenen Alpinenhaus gezogen werden.

I. attica Boiss. et Heldr. (Iris/Iris). Griechenland, S-Jugoslawien, W-Türkei, an felsigen Plätzen, über Kalk. April. 5–10 cm. Blätter sichelförmig, 4–7 x 0,5–1 cm. Blüten ähnlich denen von *I. pumila*, ebenfalls in verschiedensten Farben. Nicht unschwer, braucht aber in feuchten Sommern Nässeschutz, da sonst vor allem ältere Pflanzen durch Fäulnis absterben.

I. aucheri (Baker) Sealy (*I. sindjarensis* Boiss. et Hausskn., *I. fumosa* Boiss. et Hausskn. ex Boiss.) (Scorpiris). SO-Türkei, N-Irak, N-Syrien, W-Iran, auf felsigen Böden, selten in Feldern. März–April. 15–40 cm. Blätter 8–12, zur Blütezeit gut entwickelt, 25 × 2,5–4,5 cm. Blüten zu 3–6, 6 cm groß. Die im Handel erhältliche Form ist klar hellblau und wächst gut, in der Heimat variiert die Art von cremeweiß bis violett. Nur in milden Gegenden für das ungeheizte Alpinenhaus, sonst besser frostfrei.

I. auranitica Dinsm. (Iris/Oncocyclus). Syrien, in vulkanischer Lava. April–Mai. Bis 50 cm. Blätter aufrecht. Blüten bis 15 cm groß, gelb mit braunen Flecken, Signalfleck am Hängeblatt rotbraun oder rot, Bart gelb. Muß, obwohl aus Syrien stammend, nicht im frostfreien Alpinenhaus gehalten werden.

I. baldschuanica B. Fedtsch. (Scorpiris). Tadschikistan, NO-Afghanistan, trockene, steinige Hänge, 2100–2400. März–April. 10–15 cm. Blätter zur Blütezeit nicht entwickelt, später bis 15–20 × 5–6 cm. Blüten zu 1–3, 8–10 cm lang, Blütenfarbe sehr variabel, creme mit violett und gelb. Saatgut aus der USSR lief gut auf, die Sämlinge haben noch nicht geblüht.

I. barnumae Baker et Foster (Iris/Oncocyclus). O-Türkei, NO-Irak, Iran, auf steinigen Hügeln. Sehr variabel, es werden 2 Unterarten unterschieden:
ssp. **barnumae**. April–Mai. Blätter graugrün, stark gesichelt. Blütenstiele bis 30 cm. Blüten 7–8 cm groß, rund, tiefviolettpurpurn, Bart meist gelb, Signalfleck am Hän-

geblatt undeutlich ausgeprägt. Dazu f. **urmiensis** (Hoog.) Mathew et Wendelbo mit klar hellgelben, selten grünlich überhauchten Blüten. Dazu f. **protonyma** (Stapf) Mathew et Wendelbo mit braunpurpurnen Hängeblättern und purpurviolettem Dom, diese vielleicht z. T. Bastarde mit *I. meda.*
ssp. **demavendica** (Bornm.) Mathew et Wendelbo, mit breiteren, aufrechteren Blättern und größeren Blüten.

Gut hart, aber sehr selten erhältlich.

I. basaltica Dinsm. (Iris/Oncocyclus). Syrien, Basalthügel, 500 m. Mai. 50–70 cm hoch. Blätter nur leicht gesichelt, bis 2 cm breit. Blüten bis 15 cm groß, auf grünlichweißem Grunde kräftig schwarzpurpurn geadert, Signalfleck groß, schwarz, Bart dunkelrotbraun, mit gelben Enden. Schön und gut hart im ungeheizten Alpinenhaus.

I. bismarckiana Damm. et Spreng. (*I. nazarena* (Foster ex Herb.) Dinsm.) (Iris/Oncocyclus). NO-Israel, Hermon. April–Mai. Bis 50 cm, ausläufertreibend. Blätter breit und kurz. Blüten bis 12 cm groß, auf cremefarbenem oder gelblichem Grund dicht rotbraun oder purpurn gefleckt und geadert, Signalfleck schwarzpurpurn, Bart dunkelpurpurn.

I. camillae Grossh. (Iris/Oncocyclus). Transkaukasien, an steinigen Plätzen. April–Mai. 20–40 cm. Blätter schmal-sichelförmig. Blüten 6–8 cm groß, Dom größer als Hängeblätter. Die Art ist hinsichtlich der Färbung sehr variabel, ich erzog aus Samen hellgelbe und lichtblaue Formen mit leichter Aderung und einem roten Signalfleck. Ist im Alpinenhaus ohne Schwierigkeiten hart gewesen.

I. caucasica Hoffm. (Scorpiris). Z- und O-Türkei, NO-Irak, NW-Iran, Kaukasus, steinige Hänge über Kalk, 1200–3500 m. April. 15 cm. Wurzeln der Zwiebeln nur wenig verdickt. Blätter 5–7, zur Blütezeit gut entwickelt, 10–12 × 2 cm. Blüten zu 1–4, gelblichgrün. Selten in Kultur, aber relativ leicht. Als Saatgut werden meist obskure *Apogon*-Arten angeboten.

I. cycloglossa Wendelbo (Scorpiris). NW-Afghanistan, in feuchten Böden bei Strömen, 1450–1700 m. Mai. Sieht nicht wie eine *Juno-Iris,* sondern wie eine *Xiphium* aus. 40–50 cm. Blätter lineal-lanzettlich, 30 × 1,5 cm, zur Blütezeit gut entwikkelt. Blüten 1–3, 8–11 cm groß, hellblauviolett, die Hängeblätter mit weißer Mitte und kleinem gelbem Fleck. Leicht in durchlässigem Boden, am besten in einem Zwiebelbeet ausgepflanzt. Samen laufen gut auf, die Sämlinge entwickeln sich rasch.

I. damascena Mouterde (Iris/Oncocyclus). Syrien, 1200 m. Mai. 15–30 cm. Blätter sichelförmig, unter 1 cm breit. Blüten 7–9 cm groß, auf weißlichem Grund dicht geadert und gepunktet mit Purpurbraun, Signalfleck tiefpurpurn, Bart purpurn.

I. darwasica Regel (*I. suworowii* Regel) (Iris/Regelia). Russisch Mittelasien, steinige Berghänge. Mai. 20–40 cm. Blätter aufrecht, 4–8 mm breit. Blüten zu zweit, 5–6 cm groß, auf lila Grund purpurn geadert. Wird als Saatgut von Rußland angeboten, ich konnte sie noch nicht zur Blüte bringen.

I. decora Wallich (*I. nepalensis* D. Don) (Nepalensis). Himalaja: Kaschmir bis SW-China, auf Hängen, in Gesträuch, Felsspalten, 1000–4300 m. Mai. Stirbt im Winter bis auf einen kleinen Vegetationspunkt mit anhängenden fleischigen, knollenartigen Wurzeln zurück. Blätter grasartig, 2–5 mm breit. Blüten zu mehreren, 4–5 cm groß, hellblau bis rötlichpurpurn, Schwielen am Hängeblatt gelborange, oben weiß oder purpurn. Kann leicht durch Samen vermehrt werden, die auch bei uns angesetzt werden. Kultur in lockerem, steinigen Substrat, während der Wachstumszeit relativ feucht, winters vollkommen trocken. Nur im Alpinenhaus.

I. falcifolia Bunge (Iris/Hexapogon). Z-Asien, in Wüstengebieten weit verbreitet. April. Nicht ausläufertreibend. 10–20 cm. Blätter gräulich, nur 2–4 mm breit. Blüten zu 2–5, 3–4 cm groß, lilaviolett mit dunkleren Adern, Bart weiß. Kultur sehr schwierig, wenn nicht unmöglich, da aus den zentralasiatischen Wüsten, wo es im Winter sehr kalt und im Sommer sehr sonnenreich ist. Samen werden im internationalen Samentausch der botanischen Gärten aus Rußland angeboten, keimen schlecht und siechen dahin!

I. filifolia Boiss. (Xiphium). S-Spanien, N-Afrika, in Terrarossa zwischen Kalkfelsen. April–Mai. 25–45 cm. Blätter sehr schmal bis breiter. Blüten zu 1–2, dunkelrotviolett mit gelbem Streifen. Nur fürs Alpinenhaus, besser frostfrei.

I. galatica Siehe (*I. purpurea* (hort.) Siehe, *I. eleonorae* Holmboe, *I. persica* var. *purpurea* hort.) (Scorpiris), Z- und N-Türkei, in der Steppe auf felsigen Plätzen, in Eichen- und Wacholdergebüsch, 900–1700 m. März–April. Ähnlich *I. persica*, aber beide Hochblätter grün, dunkelrötlichpurpurn oder grünlichgelb mit purpurnem Hängeblatt. Ähnlich schwierig wie *I. persica.*

I. gatesii Foster (Iris/Oncocyclus). SO-Türkei, NW-Irak, felsige Kalkhügel, 1100–2000 m. Mai. 45–60 cm. Blätter aufrecht, 5–9 mm breit, blaugrün. Blüten riesig, 13–20 cm groß, gräulich, mit bräunlichen oder purpurnen Zeichnungen, Bart bräunlich oder gelb. In Kultur nur in einer Form vorhanden, am Standort unwahrscheinlich variabel. Leicht im Alpinenhaus.

I. haynei (Baker) Mallet (Iris/Oncocyclus). Israel: Gilboa, 150–350 m, in schotterigem Kalk, zwischen Sträuchern. April. 30–40 cm. Blätter graugrün, leicht gesichelt. Blüten 10–12 cm groß, auf hellem Grund dicht braun gepunktet und geadert, Signalfleck groß, schwarzbraun. Nicht frosthart, muß frostfrei überwintert werden.

I. hermona Dinsm. (Iris/Oncocyclus). Israel: Hermon. April. Ähnlich *I. bismarckiana,* aber nicht ausläufertreibend. In kalten Gegenden besser frostfrei, sonst unbeheiztes Alpinenhaus.

I. heylandiana Boiss. et Reut. ex Boiss. (Iris/Oncocyclus). N-Irak, Halbwüsten. April. Blätter breit, stark gekrümmt. Blüten 8–9 cm groß an bis 40 cm hohen Stengeln, dadurch eher kleinblumig wirkend, auf gelblichbraunem Grund braun geadert. Ich konnte 20 Sämlinge mit Embryokultur aufziehen, diese waren aber im unbeheizten Alpinenhaus nicht hart und starben ab, die Jugendentwicklung war unwahrscheinlich stark.

I. histrio Rchb. fil. (Hermodactyloides). S-Türkei, Syrien, Libanon, auf steinigen Hängen, oft in Eichen-Gestrüpp, bis 1200 m. März–April. Ähnlich *I. reticulata,* aber weniger hart, deshalb besser im Alpinenhaus oder Zwiebelkasten. Blätter zur Blütezeit weit entwickelt, im Querschnitt quadratisch. Blüten 6–8 cm groß, hellblau mit dunkelblauen Flecken, auf dem Hängeblatt ein schmaler gelber Kiel. Die var. **aintabensis** Baker besitzt besonders kleine Blüten und kommt aus der Nähe von Gaziantep. Alle *I. histrio*-Formen verhalten sich in der Kultur ähnlich *I. danfordiae,* d. h. die Zwiebeln zerfallen in viele kleine Zwiebelchen nach der Blüte. Mit tiefer Pflanzung und reichlicher Düngung kann dem etwas abgeholfen werden.

I. hoogiana Dykes (Iris/Regelia). Rußland: Pamir-Alai. Mai. Rhizom mit Ausläufern. Blätter aufrecht, am Grunde violett überhaucht, 1–1,5 cm breit. Blüten zu 2–3, hellilablau, nach Heckenrosen duftend, an 40–60 cm hohen Stielen. Bart gelb. Dazu eine fast reinweiße 'Alba' und verschiedene, etwas dunklere Auslesen. Eine der leichtesten *Regelia* und auch im Freien möglich. Vermehrung durch Samen leicht, hohe Keimprozentsätze aber nur mit Anschneiden (verlängerte Kühlperiode!) oder Embryokultur (brauchen einen Nährboden mit verschiedenen Zuckern).

I. humilis Georgi (*I. flavissima* Pall., *I. arenaria* Waldst. et Kit.) (Iris/Psammiris). Mitteleuropa bis Mongolei, auf sandigen Steppen und steinigen Hängen, 200–1500 m. April. Je nach Herkunft 5–20 cm. Blätter schmal, aufrecht oder leicht gesichelt, 2–8 mm breit. Blüten zu 2–3, 3–4 cm breit, gelb mit orangefarbenem Bart, sehr selten weißlich (bei mir aus Absaaten von Wildmaterial aus Pulkau, Niederösterreich). In meinem Garten im Freien leicht und ohne Probleme. Von Berichten vieler Freunde und Bekannten weiß ich, daß die Art aber in anderen Gärten schwierig ist. Sie braucht durchlässigen Boden und volle Sonne, in Sommerregengebieten kann ein sommerlicher Nässeschutz angebracht sein. Vermehrung durch Aussaat leicht.

I. hymenospatha Mathew et Wendelbo (*I. persica* var. *isaacsonii* Foster) (Scorpiris). S-Iran. März. Ähnlich *I. persica*, aber beide Hochblätter dünn und häutig, Blütenfarbe durchsichtiger, Hängeblatt ohne dunklen Fleck. Noch empfindlicher als *I. persica*, nur im Alpinenhaus, am besten bei bewegter Luft, in Töpfen.

I. hyrcana Woron. ex Grossh. (Hermodactyloides). Iran, am Kaspischen Meer. März–April. Sehr ähnlich *I. reticulata*, unterschieden durch kugelige Zwiebeln und hellblaue Blüten, ohne jede Fleckung. Ist am Standort durch Übergänge mit *I. reticulata* verbunden.

I. iberica Hoffm. (Iris/Oncocyclus). Sehr variable, aber immer herrliche Art von der folgende Unterarten unterschieden werden:
ssp. **iberica**. Rußland. April–Mai. 15–20 cm hoch, selten auch 50–60 cm. Blätter stark sichelig, graugrün. Blüten 8–10 cm groß, zweifarbig. Hängeblätter auf hellem Grund braunrot gepunktet und gefleckt, Domblätter weiß, cremefarben oder hellblau. Signalfleck groß, schwarz oder dunkelbraun, Bart purpurbraun.
ssp. **elegantissima** (Sosn.) Fedor et Takht. (*I. elegantissima* Sosn.). NO-Türkei, NW-Iran, Russisch Armenien, steinige Hänge, 1000–2000 m. April–Mai. 20–30 cm. Ähnlich *I. iberica* ssp. *iberica*, aber Hängeblätter nicht wenig abgewinkelt, sondern löffelförmig nach unten gebogen. Blütengrundfarbe nie bläulich.
ssp. **lycotis** (Woron.) Takht. (*I. lycotis* Woron.). Russisch Armenien, NW- und W-Iran, NO-Irak, SO-Türkei, auf Feldern und steinigen Hängen, 1450–3000 m. April–Mai. 20 cm. Ähnlich *I. iberica* ssp. *iberica*, aber Dom und Hängeblätter gefleckt und geadert, Hängeblätter wenig nach unten gekrümmt.

Alle 3 Unterarten sind herrliche Pflanzen und im Alpinenhaus gut hart. Sie werden durch Aussaat (am besten Embryokultur) vermehrt und stehen am besten in großen Containern (5–6 l). Als Substrate haben sich sehr durchlässige, aber nährstoffreiche Mischungen bewährt. Sind die Mischungen zu steinig, so vertrocknen die Pflanzen im Frühling. Nach H. Mathes ist die Kultur in humusreichen Mischungen im Container leichter.

I. japonica Thunbg. (Limniris/Lophiris). Japan, Z-China. April–Mai. 45–80 cm. Kräftige Pflanze mit breiten Blattfächern und langen Ausläufern. Blüten zu vielen in reichverzweigten Blütenständen, 4–5 cm groß, weiß bis hellavendelblau, mit orangen Schwielen und purpurnen Flecken. An halbschattigen, torfigen Stellen in günstigen Lagen hart, sonst besser mit leichtem Winterschutz oder sogar im Alpinenhaus. Sehr lange Blütezeit, auffällig durch die kleinen, irgendwie gekräuselt aussehenden Blüten. Hübsch auch die panaschierte 'Variegata'. In England wird als härteste 'Ledgers Variety' angeboten, die sich vom Typ wenig oder nicht unterscheidet. Vermehrung durch Teilung leicht.

I. juncea Por. (*I. imberbis* Aschers. et Graebn.) (Xiphium). S-Spanien, N-Afrika, Sizilien. April. 30–40 cm. Blätter sehr schmal, 0,3–3 mm, im Herbst erscheinend. Blüten zu 2, leuchtendgelb, duftend. Nur fürs frostfreie Alpinenhaus.

I. kirkwoodii Chaudhary (Iris/Oncocyclus). Syrien, SO-Türkei. April. Bis 60 cm. Blätter etwas sichelig, weich, 1–1,5 cm breit. Blüten 8–12 cm groß, auf weißem oder hellgrünen Grund dicht mit dunkelrotbraunen Flecken und Adern bedeckt. Signalfleck dunkelrotbraun, Bart purpurn. War bei mir im Alpinenhaus nicht hart, deshalb frostfrei überwintern.

I. kolpakowskiana Regel (*I. winkleri* Regel) (Hermodactyloides). Tien-shan, auf steinigen Berghängen, beim schmelzenden Schnee, bis 3000 m. April–Mai. Sieht im Laub einer Juno-Iris ähnlich, besitzt aber eine genetzte Zwiebelhülle. Blätter 3–4, zur Blütezeit kurz, später bis 25 cm lang, gekielt. Blüten 4–5 cm groß mit 5–7 cm langer Röhre, hellilablau mit dunklerem Fleck auf dem Hängeblatt, Schwiele gelborange. Etwas variabel in der Blütenfarbe. M. Hammer kultiviert diese Art in steinigem Material in einem kleinen geschützten Kasten, sie ist frosthart. Die Vermehrung kann sicherlich auch durch Aussaat erfolgen, zur Keimung konnte ich die Samen mit der Anschneidemethode bringen, es gelang mir aber nicht, sie bis zum Blühen zu kultivieren.

I. korolkowii Regel (Iris/Regelia). Z-Asien: Tien-shan, Pamir-Alai, NO-Afghanistan, felsige Hänge, 1600–3800 m. Mai. 40–50 cm. Blätter aufrecht, bis 1 cm breit, graugrün, an der Basis violett überlaufen. Blüten zu 2–3, länglich, Grundfarbe cremeweiß oder grünlich mit brauner oder schwarzbrauner Aderung, Bart dunkelbraun. Es gibt einige schöne Varietäten, so var. **concolor**, violett mit wenigen Adern, oder var. **violacea**, violett, dunkler geadert. Augenscheinlich gibt es auch rosa gefärbte Typen, denn es werden Samen von »pink«-Typen angeboten. Die Kultur sollte am besten ausgepflanzt im Zwiebelkasten erfolgen. Die Vermehrung ist durch Teilung leicht, Samenaussaat ist schwieriger, da sie auch bei Embryokultur mit Keimverzug reagieren. Dagegen hilft teilweise Kühlung der entnommenen Embryonen bzw. die Verwendung von Nährböden mit mehreren Zuckern.

I. lazica Alboff (Limniris/Limniris/Unguiculares). SW-Kaukasien, NO-Türkei, am Schwarzen Meer, in Haselgesträuch, bis 400 m. März–April. Ähnlich *I. unguicularis*, aber Blätter frischgrün, bis 1,5 cm breit, überhängend. Blütenröhre etwas kürzer, 7–10 cm. Braucht halbschattigen Standort und ähnliche Kulturbedingungen wie *I. japonica*. Vermehrung durch Teilung.

I. lineata Foster ex Regel (Iris/Regelia). Z-Asien: Tadschikistan, NO-Afghanistan, auf Granithängen, um 2500 m. April–Mai. Nahe mit *I. darwasica* verwandt. Samen werden im internationalen Samentausch aus Rußland angeboten. Sie waren bei mir selbst mit Embryokultur sehr schwierig aufzuziehen, da die Embryonen bereits infiziert waren. Die letzten Pflanzen starben im Winter 1984/85.

I. longiscapa Ledeb. (Iris/Hexapogon). Z-Asien: Kara Kum- und Kyzil Kum-Wüste. Ähnlich *I. falcifolia,* aber Blätter nur 0,5–1,5 mm breit. Ebenso schwierig bzw. unmöglich in der Kultur. Samen werden im internationalen Samentausch angeboten.

I. lortetii Barbey (Iris/Oncocyclus). S-Libanon, an felsigen Stellen, unter Gebüsch. April–Mai. 30–50 cm. Blätter blaugrau, aufrecht, 1–1,5 cm breit. Blüten 8–10 cm groß, hellrosa mit feiner dunkelrosa oder brauner Punktung, Domblätter eher geadert, Bart rötlich, Signalfleck dunkelrotbraun. Besser frostfrei zu ziehen, da die Blätter bei Temperaturen unter –5 °C sehr zu leiden beginnen.

I. mariae Barbey (*I. helenae* Barbey) (Iris/Oncocyclus). S-Israel, Sinai, an sandigen Plätzen. Februar–März. Blätter gesichelt, schmal. Blüten 8–9 cm groß an 20–40 cm hohen Stielen. Hängeblätter lila oder rosa mit schwarzviolettem Signalfleck, Bart purpurn. Domblätter größer, oft weit spreizend, lilapurpurn, rosa oder violettbraun mit dunklerer Aderung. Nicht frosthart, muß im frostfreien Alpinenhaus gezogen werden.

I. meda Stapf (*I. fibrosa* Freyn) (Iris/Oncocyclus). W-Iran, steinige Hügel, am Rand von Feldern, 1300–2200 m. April. 10–25 cm hoch. Blätter sehr schmal, gerade oder gesichelt. Blüten 5–7 cm groß, Segmente gekräuselt. Grundfarbe cremeweiß oder weiß, goldbraun geadert und überlaufen, Signalfleck groß, dunkelbraun oder rotbraun, Bart gelb. Gut hart, aber bei mir trotzdem schwierig zu erhalten.

I. nigricans Dinsm. (Iris/Oncocyclus). Östl. des Toten Meeres, am Rand von kultivierten Flächen, 750–900 m. März. Blätter sehr stark gesichelt, blaugrün. Blüten 8–10 cm groß an 20–30 cm hohen Stielen, dunkelpurpurbraun oder schwarzpurpurn, teilweise noch mit sichtbaren dunkleren Adern, Signalfleck schwarz. Muß im frostfreien Alpinenhaus gezogen werden.

I. pamphylica Hedge (Hermodactyloides). S-Türkei, am Rand von Kiefern- und Eichenwäldern, 700–850 m. April. Blätter zur Blütezeit gut entwickelt, sich später bis 60 cm verlängernd, im Querschnitt quadratisch. Blüten an 10–20 cm hohem Stiel, etwas kleiner als *I. reticulata,* mit schmalen Blütenblättern. Hängeblätter braunpurpurn mit gelbem Fleck, dieser wiederum braun gefleckt, Domblätter hellblau mit grün, am Grund braun gefleckt. Etwas empfindlich, am besten im Zwiebelkasten.

I. paradoxa Stev. (Iris/Oncocyclus). Transkaukasien, O-Türkei, N-Iran, steinige Hügel, bei Feldern, 1200–2000 m. April–Mai. 10–25 cm. Blätter graugrün, bis 6 mm breit, stark gesichelt. Blüten mit verkleinertem Hängeblatt, diese pelzig behaart, Domblätter groß. Farbe variabel, am häufigsten dunkelblau mit dunkleren Hängeblättern. Sehr auffällig f. *choschab* (*I. medwedewii* Fomin) mit weißen, violett geaderten Hängeblättern und dunkelviolettblauen Hängeblättern. Gut winterhart und im Alpinenhaus relativ leicht. Läßt sich als einzige *Oncocyclus*-Iris selbstbestäuben und bringt reichlich Samen.

I. parvula Vved. (Scorpiris). Z-Asien, Hissar, Seravshan, 2500–3000 m 10–15 cm. Blätter schmal, plötzlich verschmälert an der Spitze. Blüten klein, 4 cm groß, gelblichgrün. Unterer Teil des Hängeblatts ungeflügelt. Alpinenhaus, scheint nicht so schwierig zu sein.

I. persica L. (Scorpiris). S- und SO-Türkei, N-Syrien, N-Irak, an steinigen, wenig bewachsenen Plätzen, in lichtem Gestrüpp, 100–1650 m. Februar–März. 10–cm. Blätter 3–4, an der Basis bis 15 mm breit, bis 10 cm lang. Blüten zu 1–4, durchsichtig silbergraublau, aber sehr variabel in der Blütenfarbe, am Hängeblatt mit einem braunen Fleck. Kiel gelb. Äußeres Hüllblatt grün, inneres papierartig. Als Arten wurden beschrieben (aber zu *I. persica* gehörend): **I. bolleana** Siehe, hellgelb mit violettem Fleck; **I. haussknechtii** Siehe (*I. sieheana* Lynch), silbergrau mit purpurrotem Fleck; **I. issica** Siehe, strohfarben.

I. persica ist in der Kultur sicherlich schwierig. Am besten empfiehlt sich Topfkultur in steinigen, durchlässigen Mischungen. Die Bewässerung, vor allem der abgeblühten Pflanzen, sollte nur von unten erfolgen, um dem Grauschimmelbefall vorzubeugen. Aus diesem Grund ist auch die Installation eines kleinen Ventilators über den Pflanzen sehr zu empfehlen. Sommers werden sie vollkommen trocken gehalten. Ich selbst konnte Sämlinge aus eigenem Samen zur Blüte bringen, vom Aufgang im Frühjahr nach der Aussaat (unmittelbar nach der Ernte) dauerte es 5 Jahre bis zur ersten Blüte.

I. planifolia (Mill.) Fiori et Paol. (*I. alata* Poiret, *I. scorpioides* Desf.) (Scorpiris). S-Spanien, Portugal, Sardinien, Sizilien, Kreta, N-Afrika, an steinigen Plätzen, bis 300 m. Januar–Februar. 10–15 cm. Blätter zahlreich, glänzendgrün, zur Blütezeit gut entwickelt. Blüten zu 1–3, 6–7 cm groß, hellblauviolett mit dunklerer Aderung um den gelben Kiel, selten reinweiß. Frostempfindlich, braucht Kultur im frostfreien Alpinenhaus. Empfindlich für Grauschimmel und Virusbefall. Bei F. Hadacek, Wien, sind südspanische Herkünfte im Zwiebelkasten unschwer und blühwillig.

I. rosenbachiana Regel (*I. nicolai* Vved.) (Scorpiris). Afghanistan, Pamir-Alai, steinige oder tonig-lehmige, unbewachsene Hänge, 1000–2000 m. Februar–März. 12–15 cm. Blätter zur Blütezeit nicht oder wenig, selten mehr entwickelt, später bis 25 cm lang. Blüten zu 1–3, 5–6 cm groß mit 8–11 cm langer Röhre. Blütenfarbe hellweißlich, lila oder rötlichpurpurn, am Hängeblatt mit dunklem, fast schwarzem Fleck und gelblichen Flecken. Die extrem zweifarbigen Formen werden als *I. nicolai* verbreitet, *I. rosenbachiana* ist dunkelpurpurn. Eine gelungene Aussaat von *I. nicolai* erbrachte im Alpengarten im Belvedere viele blühenden Pflanzen, die äußerst unterschiedliche Entwicklung der Blätter zur Blütezeit, sehr verschiedene Blütenhöhen, aber relativ wenig Variabilität in der Blütenfarbe zeigte. Ähnlich wie *I. persica* zu ziehen.

I. samariae Dinsm. (Iris/Oncocyclus). Israel, um Nablus, um 800 m. März–April. 25–30 cm. Ähnlich *I. lortetii*, aber Hängeblätter nicht so stark nach unten eingezogen und Blüten mit größeren Flecken. Braucht Kultur im frostfreien Alpinenhaus.

I. sari Schott ex Baker (Iris/Oncocyclus). Z- und O-Türkei, steinige Hänge, 1000–2250 m. Sehr variabel, 15–40 cm. Blätter gerade oder stark gesichelt, graugrün. Blüten 7–10 cm groß, auf meist gelbem, selten weißlichen oder grünlichen Grund karmin oder braun geadert, Signalfleck dunkelrot oder braunschwarz, Bart gelb. Leicht gedeihend, augenscheinlich auch selbstfertile Pflanzen in Kultur, aber sehr empfindlich gegen Virusbefall.

I. × sindpers hort. (*I. aucheri* x *I. persica*) (Scorpiris). Von Van Tubergen erzogen, zwischen den Eltern stehend. Kultur wie *I. persica*.

I. sofarana Fost. (Iris/Oncocyclus). Libanon, Syrien. April. 30–40 cm. Blätter breit, straff aufrecht. Blüten bis 12 cm groß, auf cremefarbenen Grund dicht purpurbraun oder violett geadert und gefleckt, Bart dunkelpurpurn, Signalfleck schwarzpurpurn. Die Domblätter sind immer etwas heller als die Hängeblätter. Nicht allzu schwierig, aber besser nicht zu starken Frösten aussetzen.

I. stenophylla Hausskn. et Siehe ex Bak. (*I. tauri* Siehe ex Mallet, *I. heldreichii* Siehe) (Scorpiris). S-Türkei, steinige Hänge, alpine Wiesen, 400–2000 m. März. Ähnlich *I. persica,* aber Blüten zumeist tiefviolettblau, Hüllblätter beide grün. Leichter als *I. persica* in der Kultur.

I. stolonifera Maxim. (*I. vaga* Fost., *I. leichtlinii* Regel) (Iris/Regelia). Pamir-Alai, steinige, trockene Hänge, 800–2400 m. Mai. Stark ausläufertreibend. Blätter aufrecht, bis 2 cm breit, graugrün, an der Basis violett überlaufen. Blüten zu 1–3 an bis 60 cm hohen Stielen, 7–8 cm groß, verwaschenfärbig, am Rand der Blütenblätter braun, gegen die Mitte blau, Bart blau oder gelblich. Leicht zu ziehen, in günstigsten Lagen, vor allem in sommertrockenen Gebieten, auch im Freien möglich, sonst im Zwiebelkasten, nie im Topf.

I. susiana L. Dame in Trauer. (Iris/Oncocyclus). Heimat unbekannt, seit 400 Jahren in Kultur. Wahrscheinlich eine Selektion von *I. basaltica* oder *I. sofarana.* Blätter aufrecht, blaugrün. Blüten 10–12 cm groß, an bis 40 cm hohen Stielen, auf cremeweißen Grund stark tiefpurpurn gefleckt und geadert, Signalfleck schwarz, Bart tiefpurpurn. Verträgt im Alpinenhaus nicht zu schwere Fröste. Fast alle erhältlichen Pflanzen sind viruskrank und stecken in der Folge die anderen *Oncocyclus*, vor allem die israelischen, an. Vermehrung durch Teilung. Selbstungsversuche und Behandlung der Blüten mit Auxinen (vor allem Dichlorphenoxyessigsäure) sind angebracht, um Saatgut dieses Klons zu erhalten.

I. tigridia Bunge et Ledeb. (Iris/Pseudoregelia). Mongolei, NW-China, SO-Rußland, auf Ebenen oder Berghängen, in grasiger Steppe, 1400–3000 m. Mai. Blätter 100 × 1–4 mm. Blüten zu 1–2, Schäfte etwas kürzer als die Blätter, lila bis tiefblau, mit dunklerer Fleckung, 4–5 cm groß, Bart gelb oder weiß. Gut durchlässiges Substrat, trocken im Winter, feucht zur Wachstumszeit. Samen werden im internationalen Samentausch angeboten.

I. tingitana Boiss. et Reut. (Xiphium). Marokko, Algerien. März–April. Bis 60 cm. Blätter silbergrau, im Herbst erscheinend. Blüten zu 1–3, hell- bis dunkelblau. Besser im frostfreien Alpinenhaus, nicht leicht.

I. unguicularis Por. (*I. stylosa* Desf.) (Limniris/Limniris/Unguiculares). N-Afrika, östl. Mittelmeergebiet, auf steinigen Hügeln, in Gesträuch, in niederen Lagen. März–April, früher bei frostfreier Überwinterung. Blätter 1 cm breit und bis 60 cm lang. Blüten 5–7 cm groß, mit 6–20 cm langer Kronröhre, hell- bis mittelviolettblau mit gelbem Streif auf dem Hängeblatt. Sehr variabel, Blätter oft nur 2 mm breit, aber auch bis 18 mm. Herausstechend 'Cretensis' (*I. cretensis* Janka, *I. cretica* Herbert ex Baker, *I. humilis* ssp. *cretensis* (Janka) Nyman) von Kreta und dem Peleponnes mit 1–3 mm breiten und 50 mm langen Blättern, Blüten violett oder dunkellavendel, stark weiß gezeichnet. Braucht trockenen, durchlässigen Boden und viel Wärme um reich zu blühen. Vermehrung am besten durch Teilung. Bei 'Cretensis' sind augenscheinlich mehrere Formen in Kultur, die unterschiedlich reich blühen.

I. vartanii Fost. (Hermodactyloides). Israel, Syrien, auf felsigen Hängen, unter Gesträuch, in tiefen Lagen. Februar–März, je nach Überwinterungstemperatur. Blätter zur Blütezeit zumeist gut sichtbar oder die Blüten überragend. Blüten hell- bis schmutzigblau, bei der gehandelten 'Alba' weiß. Zahlreiche kleine Nebenzwiebeln bildend. Besser im frostfreien Alpinenhaus. Im Alpengarten im Belvedere ist auch eine hellblaue Form in Kultur, die wesentlich schöner ist als die gehandelte weiße.

L. westii Dinsm. (Iris/Oncocyclus). Libanon. April. Ähnlich *I. sofarana,* aber extrem zweifarbig: Hängeblätter auf hellgelbem Grund dunkelbraunrot gefleckt und geadert, Dom hellila mit dunkleren Flecken.

I. willmottiana Foster (Scorpiris). Z-Asien, Pamir-Alai. April–Mai. 15–25 cm. Blätter breit, glänzendgrün, zur Blütezeit gut entwickelt. Blüten zu 4–6, 6–7 cm groß, zartblau bis hellpurpurn. Am besten im Zwiebelkasten. *I. willmottiana* 'Alba' ist nach B. Mathew eine Form von *I. bucharica.*

I. xiphium L. Spanische Schwertlilie (Xiphium). Spanien, Portugal, SW-Frankreich, Korsika, S-Italien, N-Afrika, an frühjahrsfeuchten Plätzen, die sommers stark austrocknen. April–Mai. 40–60 cm. Blätter schmal-lineal, im Herbst erscheinend. Blüten bei der Wildform blau oder violett, mit orangem oder gelbem Streifen am Hängeblatt. Es gibt weiße, gelbe, orangebraune und mischfärbige Formen. Braucht bei uns leichten Schutz, da sonst die Blätter zu sehr leiden.

Kultur und Vermehrung

Die Kulturansprüche der verschiedenen Schwertlilien decken sich in vielen Fällen mit den Gruppen, die durch die botanische Einteilung der Gattung gegeben ist. Aus diesem Grund soll kurz ein Überblick nach den wichtigsten Gruppen gegeben werden.

Untergattung Iris
Sektion Iris: Außer *I. attica* sind auch einige andere zwergige Bart-Schwertlilien gegen übergroße Sommernässe empfindlich. In sehr sommerfeuchten Gebieten ist es deshalb ratsam, auch *I. pumila, I. pseudopumila, I. suaveolens* und *I. schachtii* vor übergroßer Nässe zu schützen. Nach meiner Erfahrung sind auch ältere Pflanzen, die dichte Rhizomflecken gebildet haben, empfindlicher, aus diesem Grund sollte man diese kleinen Arten alle 3–4 Jahre teilen. Die Samenvermehrung ist leicht, überlagertes Saatgut, im Frühjahr ausgesät, liegt fast immer über. Die Pflanzen sind meiner Erfahrung nach selbststeril.

Sektion Psammiris: Auch die anderen Arten dieser Sektion sind empfindlich gegen übergroße Sommernässe, so die seltene *I. bloudowii* oder *I. potaninii.* An zusagenden Plätzen können sie auch länger ungeteilt stehen bleiben, ihre Rhizome sind nicht so dick und fleischig und stehen nie so dicht beisammen, wie bei Arten der Sektion *Iris.* Die Samenvermehrung ist leicht, auch hier liegt älteres Saatgut gerne über, allerdings bis zu zwei Jahren.

Sektion Oncocyclus: Die Arten dieser Sektion sind in Mitteleuropa nur im Zwiebelkasten oder im Alpinenhaus zu halten. Vor allem ausläufertreibende Arten gedeihen ausgepflanzt besser, kleinwüchsige und nichtausläufertreibende Arten sind auch im Container gut zu ziehen. Die Substrate sollen nicht zu leicht ausstrocknend sein. Vor allem während der Blattentwicklung im Frühjahr sind die meisten Arten sehr empfindlich gegen Trockenheit, vor allem aber auch gegen zu magere Ernährung. Wenn die Blätter grün und kräftig entwickelt sind, brauchen die Pflanzen Wasser und Nährstoffe. Alle südlich vorkommenden Arten aus Israel bzw. dem Libanon sind nicht hart und müssen frostfrei gehalten werden. Sie kommen in günstigen Gebieten auch im Standard-Alpinenhaus durch, besser ist es für sie, sie frostfrei zu halten. Die südlichen Arten vererben diese Frostempfindlichkeit auf ihre Sämlinge. Besonders diese südlichen Arten sind die Träger von unangenehmen Viruserkrankungen, die ganze Bestände dahinraffen können. Kranke Exemplare gehören, wenn schon nicht ausgemerzt, so extra gestellt (Container bewähren sich hier sehr!) und jeder Befall durch Läuse, die als Virusüberträger fungieren, muß unterbunden werden. Die Vermehrung durch Aussaat ist schwierig, bei konventioneller Aussaat keimen sie fast nie oder nur zu einem äußerst geringen Prozentsatz. Größere Erfolge sind nur beim Anschneiden oder der Embryokultur zu erwarten. Teilung ist bei gut bestockenden Arten möglich, empfindliche oder kleinwüchsige Arten teilt man besser im Wachstum, wenn sich die neuen, weißen Wurzeln an der Rhizomunterseite entwickeln.

Sektion Regelia: Hier sind *I. hoogiana* und *I. stolonifera* im Weinbauklima für die Freilandkultur zu empfehlen, die anderen werden wie *Oncocyclus* behandelt. Die Vermehrung durch Aussaat ist noch schwieriger, da auch beim Anschneiden bzw. bei der Embryokultur nicht sofort eine Keimung erfolgt. Beim Anschneiden hilft eine verlängerte Kalt-Stratifikation, bei der Embryokultur muß eine Zuckermischung verwendet werden bzw. die entnommenen Embryonen einer Kältebehandlung im Kühlschrank unterzogen werden. Teilung ist zumeist unschwer.

Sektion Hexapogon siehe *I. falcifolia* bzw. *I. longiscapa*.

Sektion Pseudoregelia siehe *I. tigridia*. *I. hookeriana* und *I. kamaonensis* sind im Freien, in gutem, feuchten, im Sommer etwas trockeneren Gartenboden leicht. Die Vermehrung durch Aussaat ist schwierig. Für die Embryokultur sind die Samen schon zu klein, vor allem *I. tigrida* ist an der Grenze der Handhabbarkeit. Meist sind auch die wildgesammelten Samen bereits infiziert, so daß es nicht möglich ist, trotz Außensterilisation, die Embryonen keimfrei zu entnehmen.

Untergattung Limniris

Sektion Lophiris s. *I. japonica*. Die anderen Arten dieser Sektion kenne ich zuwenig und habe sie aus diesem Grunde nicht besprochen (*I. speculatrix, I. wattii*). *I. tenuis* habe ich mehrere Male durch Aussaat vermehrt, aber nie zur Blüte bringen können.

Sektion Limniris, Serie Unguiculares siehe *I. lazica* und *I. unguicularis*.

Untergattung Nepalensis siehe *I. decora*

Oben: *Primula allionii* im Alpinenhaus.

Unten links: *Primula* × *loiseleurii (P. allionii* × *P. auricula)* im winters mit Vlies abgedeckten Steinbeet.

Unten rechts: *Primula* 'Joan Hughes' (*P. allionii* × *P. marginata* 'Linda Pope') im Alpinenhaus.

Untergattung Xiphium
Die meisten Arten dieser Untergattung sind für die Kultur im Zwiebelkasten geeignet, so sie nicht, wie *I. filifolia,* zuwenig frosthart sind. Besonders schutzbedürftig sind alle jene, die ihre Blätter im Herbst schon besonders kräftig entwickeln. Aus diesem Grunde sollte man Sämlinge und Neuzugänge dieser Gruppe unbedingt am geschütztesten Platz des Alpinenhauses stehen oder sogar frostfrei überwintert werden, bis man sich über Laubentwicklung und Härte im klaren ist. Die Vermehrung durch Aussaat ist möglich, bei im Winter erhaltenem Saatgut ist mit einem zweimaligen Überliegen zu rechnen. Vom Aufgang bis zur ersten Blüte dauert es meist 4–5 Jahre.

Untergattung Scorpiris
Die kräftiger wachsenden, etwas höheren Arten eignen sich, so sie nicht zu wenig winterhart sind (*I. aucheri, I. planifolia*) für den Zwiebelkasten oder das geschützte Trockenbeet. Die niedrigen Arten müssen im Alpinenhaus in Töpfen gezogen werden, s. *I. persica.* Die Vermehrung durch Aussaat ist möglich, doch ist es in vielen Fällen schwer, die oft zahlreich erscheinenden Sämlinge weiterzukultivieren und zur Blüte zu bringen. Bei *I. persica* versuchte ich ohne Erfolg, die Keimprozente durch Anschneiden zu erhöhen. Bei Arten mit fleischigen Wurzeln können diese abgenommen werden, sie bilden am oberen Ende eine kleine Zwiebel. Beim Verblühen fallen alle Juno-Iris-Blüten eigenartig wäßrig zusammen und werden gerne von Grauschimmel befallen. Außer der bei *I. persica* erwähnten Ventilator-Anbringung sollten auf jeden Fall zusammenfallende Blüten sofort entfernt werden, eine Spritzung mit Grauschimmel-Mitteln, soweit es die Witterung um die Blütezeit zuläßt, ist sehr angebracht.

Untergattung Hermodactyloides
Die Arten eignen sich sehr gut für die Kultur im Zwiebelkasten, nur *I. pamphylica,* vor allem aber *I. vartanii,* verlangen Alpinenhaus-Kultur, die letztere sogar frostfrei. Alle Arten gedeihen ausgepflanzt besser als im Container. Die Vermehrung durch Aussaat ist möglich, selbst bei Aussaat unmittelbar nach der Ernte beobachtete ich

---

Oben: *Ranunculus calandrinioides* im Alpinenhaus.

Unten links: *Ranunculus muelleri* var. *brevicaulis* im winters mit Vlies gedeckten Steinbeet.

Unten rechts: *Sternbergia clusiana* im winters mit Mistbeetfenstern gedeckten Steinbeet.

bei *I. histrioides* und *I. reticulata* ein Überliegen. Ein weiteres Problem ist das Aufspalten großer Zwiebeln in eine Vielzahl kleiner, die nicht und nicht blühfähige Größe erreichen wollen. In vielen Fällen hilft tiefes Auspflanzen und ausreichende Wässerung und Düngung diesem Übel abzuhelfen.

Isometrum Craib, Gesneriaceae

2 Arten in China, davon eine Art in England in Kultur gewesen:

I. farreri Craib. W-China: S-Kansu, auf kühlen, moosbedeckten Felsen. Juli–August. Rosettenpflanze. Blätter oval, 30 × 15 cm, haarig. Blüten nickend, röhrig, zu 5–7, rosa mit bräunlichen Schattierungen.

Die Art wurde von Farrer 1915 entdeckt und Pflanzen blühten 1920 in Edinburgh. Braucht sicherlich frostfreies Alpinenhaus.

Literatur: Bull. A. G. S. 47: 140–141 (1979).

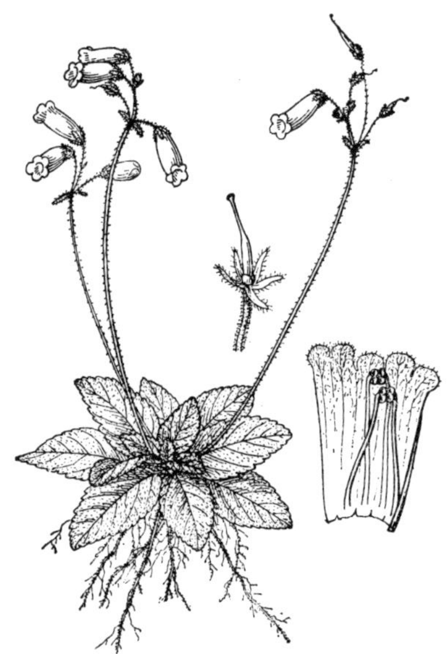

Isometrum farreri
(aus Iconographia Cormophytorum Sinicorum)

Ivesia T. et G., Ivesie, Rosaceae

22 Arten im westl. N-Amerika. Niedere Stauden mit drüsigem, grundständigem, feingeteiltem Laub. Die Gattung *Ivesia* ist nahe mit der Gattung *Potentilla* verwandt und wird auch als Untergattung dieser geführt. Botanisch unterscheiden sich die Arten der Gattungen *Ivesia* und *Horkelia* von *Potentilla* dadurch, daß ihnen der Drüsenring fehlt, an dem bei *Potentilla* die Staubblätter angeheftet sind. Gärtnerisch fallen die Ivesien durch ihre aus vielen Blättern zusammengesetzten und oft geradezu zylindrischen oder farnartigen Blätter auf.

I. gordonii (Hook.) T. et G. (*Horkelia gordonii* Hook.). Westl. N-Amerika, felsige Plätze im Gebirge. Juni–Juli. Staude mit Pfahlwurzel, bis 30 cm hoch. Blätter gefiedert, Blättchen stark zerteilt, fast alle grundständig, 2–12 × 0,3–2,3 cm. Blüten gelb, unscheinbar, zu mehreren in dichten Doldentrauben. Petalen und Sepalen gleichlang. Blütenbodenbecher konisch, tiefer als breit.

I. tweedyi Rydb. Westl. USA, östlich des Kaskadengebirges, an trockenen, felsigen Stellen, oft über Serpentin. Juni–Juli. Ähnlich *I. gordonii*, aber Petalen länger als Sepalen, Blütenbodenbecher breiter als tief.

Kultur in durchlässigem Boden in voller Sonne. In regenreichen Gebieten ist ein Nässeschutz angebracht. Die Vermehrung erfolgt durch Aussaat oder Stecklinge. Es gibt verschiedenste Formen der oben angeführten Arten, so z. B. sehr hübsche, zwergige Typen, die augenscheinlich in bestimmten Gebieten in der Heimat vorkommen. Ivesien wirken durch das Laub und weniger durch die gelben, eher unscheinbaren Blütensterne, doch sind sie zur Abrundung einer Sammlung westamerikanischer Pflanzen sehr am Platz.

Jaborosa Juss., Solanaceae

20 Arten in Mexiko und von Bolivien bis Patagonien. Stauden oder Halbsträucher mit großen, auffälligen Blüten. In Kultur derzeit nur:

J. integrifolia Lam. Argentinien. Staude mit unterirdisch kriechenden Rhizomen, an zusagenden Stellen wuchernd. Blätter gestielt, oval, bis 15 × 7 cm, Rand entfernt gezähnt. Blüten einzeln. Stiele 4–7 cm. Kelch 5teilig, mit dreieckigen, bis 5 mm langen Abschnitten. Blütenröhre etwa 6 cm, sich langsam erweiternd, oben 8–9 mm breit. Blütenabschnitte 5, weiß, bis 35 × 16 mm, oval-zugespitzt. Mai–September. Stark duftend.

Die Beschreibung wurde von einer Pflanze angefertigt, die ich aus Schweden erhielt, die aber auch in England in Kultur ist. Hübsche, stark kriechende Pflanze mit *Datura*-ähnlichen Blüten knapp über dem Laubteppich. Kultur im Alpinenhaus oder geschütztem Beet. Vermehrung durch Teilung.

Jancaea Boiss. (*Jankaea* Boiss.), Gesneriaceae

Monotypische Gattung, mit *Ramonda* nahe verwandt, von diesen verschieden durch stark grausilberige, langbehaarte Blätter und glockige Blüten.

J. heldreichii (Boiss.) Boiss. (*Ramonda heldreichii* (Boiss.) Benth. et Hook. f.). Griechenland: Thessalischer Olymp, in NO- und O-seitigen Kalkfelsen. Mai–Juni. Polster am Standort bis 60 cm breit und aus hunderten Einzelpflanzen bestehend. Einzelrosetten bis 10 cm breit. Blätter eiförmig, ganzrandig, dicklich, oberseits anliegend zottig weichhaarig, unterseits rostfarben wollhaarig. Stengel 1–3blütig. Blüten glockig, bis zur Mitte geteilt, amethystfarben, Staubbeutel fast schwarz.

Kultur äußerst schwierig. Am besten noch in Tuff ostseitig in der Freilandanlage, geschützt vor übergroßer Nässe, aber im Substrat nicht zu trocken. Besser aber im Kasten, flach gepflanzt in Töpfen zwischen Tuff, mit Folie oder Glas abgedeckt (Erhöhung der Luftfeuchtigkeit) oder im Alpinenhaus unter der Stellage. Nie auf die warmen Blätter gießen, gibt Flecken und kann zum Tod der Pflanzen führen. Vermehrung durch Teilung mehrköpfiger Exemplare im Frühjahr, Blattstecklinge oder Aussaat (die beiden letzten Methoden möglich, aber unangebracht, da Teilung leicht). Aussaaten können im ersten Jahr wie Warmhauspflanzen gehalten werden, sie entwickeln sich im Gewächshaus wesentlich rascher und gewöhnen sich ohne Probleme um.

Neben *Jancaea* finden sich noch Bastarde dieser Art mit *Ramonda*-Arten in Kultur, die ebenfalls besser im Alpinenhaus gezogen werden, so *Jancaea heldreichii* × *Ramonda serbica* (*Ramonda vandedemii,* × *Jancaemonda vandedemii*) und *J. heldreichii* × *R. nathaliae.* Erstere wurde von Correvon, Genf, verbreitet, die zweite von D. Schacht, München, erzogen.

Jasione L., Sandglöckchen, Campanulaceae

15 Arten im Mittelmeergebiet und Mitteleuropa. Ausdauernde oder zweijährige Kräuter mit wechselständigen, ungeteilten Blättern. Blüten in endständigen, dichten Köpfchen, die Blütenkrone ist bis zum Grunde in fünf schmale Zipfel getrennt.

J. **supina** Sieber. Türkei: Ulu Da (ssp. *supina*), 1900–2000 m, Boz Da (ssp. *tmolea* (Stoj.) Damboldt), 2000–2100 m, an steinigen Hängen und Schutthalden. Mai. Staudig, rasenbildend, kaum höher als 2 cm, mit zahlreichen, 5–10 cm langen Trieben von der Basis. Grundblätter eilänglich, spatelförmig, mehr oder weniger abgestumpft, am Grunde gewimpert, 10–15 × 2,5–4 mm, Stengelblätter schmäler und kleiner. Blütenköpfchen 10–20 mm breit, hellblau.

Sehr hübsche, doch leider gegen übergroße Nässe sehr empfindliche Art, im Aussehen an *Globularia repens* gemahnend, doch Laub hellerbsengrün und wesentlich reicher blühend. Kultur unter Schutz im Trockenbeet oder besser im Alpinenhaus. Vermehrung durch Aussaat.

Jasminum L., Jasmin, Oleaceae

Etwa 200 Arten in den Tropen und Subtropen der Alten Welt und im Mittelmeergebiet. Immergrüne oder laubabwerfende, aufrechte, vielfach aber kletternde Sträucher mit gegen- oder wechselständigen, unpaarig gefiederten Blättern. Manchmal ist nur das Endblättchen entwickelt und die Blätter scheinbar einfach. Blüten in reichblütigen Trugdolden endständig oder seitlich, 4–9teilig, weiß, gelb oder rosa.

J. beesianum Forrest et Diels. W-China. Mai–Juni. Kletternder Strauch, bis 3,5 m. Blätter gegenständig, sommergrün bis halbimmergrün, lanzettlich, bis 5 cm lang. Blüten 1,5 cm breit, rosa bis violettrot, duftend, von schwarzen Beeren gefolgt.

J. officinale L. Iran bis Kaschmir und W-China, im Mittelmeergebiet eingebürgert. Juni–September. Laubabwerfender, starkschlingender, grüntriebiger Strauch mit kantigen Zweigen. Blätter gegenständig, unpaarig gefiedert, mit 5–9 Blättchen. Blüten in wenigblütigen Trugdolden, bis 15 mm breit, weiß, sehr wohlriechend.

J. parkeri Dunn. W-Himalaja. Mai–Juni. 30–40 cm hoher Strauch, bogig überhängend, an den Trieben auch wurzelnd. Blätter wechselständig, aus 3–5 Blättchen zusammengesetzt. Blüten gelb, sternförmig, langröhrig, nicht duftend, von schwarzen Beeren gefolgt.

Die Arten überdauern alle, bis auf die strengsten Winter, und müssen deshalb etwas geschützt werden. Die schlingenden Arten setzt man an Stützen im Alpinenhaus oder an eine Hauswand, *J.parkeri* steht am besten im geschützten Beet. Die Vermehrung erfolgt am besten durch Stecklinge oder Abnahme bewurzelter Triebe.

Jurinea Cass., Bisamdistel, Compositae

Etwa 100 Arten, von Mittel- und S-Europa und NW-Afrika bis Mittelasien. Kräuter oder Halbsträucher mit meist fiederteiligen, unbewehrten Blättern. Köpfchen ziemlich klein bis groß, einzeln oder zu mehreren. Hüllblätter dachig, lanzettlich, nicht dornig. Blüten rosa bis purpurfarben, selten weiß oder gelblich, duftend.

J. cadmea Boiss. (*J. anatolica* Boiss. ssp. *cadmea* (Boiss.) O. Schwarz). W-Anatolien und vorgelagerte Inseln, felsige Gipfel, 1070–2100 m. Mai–Juni. Zwergige, stengellose Rosettenstaude. Blätter gefiedert, grün bis grau, oberseits drüsiggrubig, unterseits weißwollig. Köpfchen sitzend oder an einem bis 4 cm langen Schaft, bis 2 cm breit. Blüten lilarosa.

Diese Art wurde vor Jahren durch die McPhail-Watson-Aufsammlungen in der Türkei verbreitet. Die Samenaufzucht war leicht, auch die Kultur bis zur Blüte. Nach der Blüte begannen meine Pflanzen zu faulen, ich konnte sie kein zweites Mal zum Blühen bringen. Die Art braucht sehr schotterige, durchlässige Substrate, volle Sonne und Kultur im Alpinenhaus, da sie sommers keinen Regen verträgt.

Jurinella Jaub. et Spach, Compositae

2 Arten in Kaukasien, der Türkei und dem Iran. Rosettige, unbewehrte Alpenpflanzen mit großen, sitzenden Köpfchen. Unterscheidet sich von *Jurinea* durch die ungekrönten, rundschulterigen Achänen.

J. moschus (Habl.) Bobrov. Zwergige, rosettige Staude mit kräftiger Pfahlwurzel. Blätter einfach, leierförmig oder fiederteilig, wenig spinnwebig und dichtdrüsig bis kahl und unbedrüst blattoberseits, unterseits dicht spinnwebig. Blütenköpfchen sitzend, gewöhnlich einzeln, bis 50 mm breit, lilarosa, stark duftend. Es werden 2 Unterarten unterschieden:
ssp. **moschus** (*Centaurea moschus* Habl., *Jurinea depressa* (Stev.) C. A. Mey., *Jurinella aucheri* Jaub. et Spach). O-Kaukasien, NW-Iran, N-Irak, S- und N-Anatolien, auf Schutthalden und steinigen Hängen, auf Kalk und basischem Eruptivgestein, 1500–3700 m. Blätter einfach bis leierförmig, oberseits spinnwebig und drüsig.
ssp. **pinnatisecta** (Boiss.) Danin et Davis (*Jurinella chamaecynara* Jaub. et Spach, *Jurinea depressa* var. *pinnatisecta* Boiss.). Kaukasien, NW-Iran, O- und NO-Anatolien. Blätter 1–2fach gefiedert.

Ich erhielt Früchte beider Unterarten von Frau Dr. Sorger, zusammen mit Hinweisen zur Kultur. Die Samen liefen problemlos auf, die Weiterkultur war äußerst schwierig. Ich verwendete zu wenig steinige Mischungen und hielt die Pflanzen sommers zweifellos zu wenig trocken, so daß ich keinen der Sämlinge zur Blüte bringen konnte. Der Eindruck von *Jurinella* ist der einer silberhaarigen, riesenblütigen *Carduncellus*. Die Einführung dieser Pflanze ist sehr erwünscht. Ich vermute, daß *Jurinella* auch durch Wurzelschnittlinge zu vermehren ist. *J. squarrosa* (Fisch. et Mey.) Iljin aus Russisch-Armenien ist meines Wissens noch nicht in Kultur gewesen.

Kelseya (Wats.) Rydb., Rosaceae

Monotypische Gattung:

K. uniflora (Wats.) Rydb. USA: Wyoming, Big Horn Range, Kalkfelsspalten. April–Mai. Zwergstrauch mit polster- oder mattenförmigem Wuchs, in Kultur selten größer als 40 cm breit und 8 cm hoch. Blätter einfach, ganzrandig, dichtstehend, elliptisch-verkehrt-eiförmig-lanzettlich bis verkehrt-eiförmig, 1–4 mm lang, silbergrau. Blüten einzeln am Ende der Triebe. Blütenbodenbecher glockenförmig, Kelchlappen etwa 1,5 mm lang. Blütenblätter rosa oder purpurn, 2–4 mm, Staubblätter gewöhnlich 10, Griffel 3–5.

Nur für die Kultur im Alpinenhaus oder wassergeschützte Kasten. Kultur in sehr durchlässigen, kalkreichen Mischungen. Empfindlich gegen Grauschimmel, faulende Polsterteile werden sorgfältig entfernt, der entstehende Hohlraum wird mit Holzkohle bestäubt und durch einen Stein geschlossen, über den in weiterer Folge der Polster wächst. Kleinere Pflanzen kann man durch Unterlegen von Steinen wieder zur Polsterform bringen. Vermehrung durch Aussaat und Stecklinge.

Korolkowia Regel, Korolkowie, Liliaceae

Monotypische Gattung:

K. sewerzowii (Regel) Regel (*Fritillaria sewerzowii* Regel). Zentralasien, vor allem im Tien-shan und Pamir-Alai, auf Felsklippen, unter Gesträuch, auf steilen, erdigen Hängen, 1000–3000 m. April–Mai. 45 cm. Blätter elliptisch oder lanzettlich, wechselständig, bläulich bereift. Blüten einzeln in den oberen Blattachseln, Blütenstände bis 15blütig, außen bräunlichgrün, blau bereift, innen gelblichgrün. Phylogenetisch zwischen *Fritillaria* und *Lilium* stehend: die Zwiebel gleicht *Fritillaria*-Zwiebeln, die Wurzeln sind verzweigt wie bei *F. imperialis,* Blütenblätter und Nektarien ähneln mehr *Lilium.*

Unschwer im Alpinenhaus oder Zwiebelkasten. Vermehrung durch Aussaat, erste Blüte 5–6 Jahre nach dem Aufgang, Samen überliegen meist ein Jahr. Die ersten Blüten sind, wie auch bei *F. imperialis, F. eduardii* und *F. raddeana* männlich mit verkümmertem Fruchtknoten, dieser wird erst im nächsten oder übernächsten Jahr ausgebildet und kann dann Samen bringen, die nach künstlicher Bestäubung gut angesetzt werden.

Kunzea Rchb., Myrtaceae

Etwa 20 Arten in Australien und Tasmanien. Immergrüne Sträucher oder kleine Bäume, Blüten achselständig oder in endständigen Köpfen oder Ähren. Staubblätter die Kronblätter weit überragend. Kelchblätter bleibend.

K. muelleri Benth. Australische Alpen: alpine, subalpine und montane Heiden. Juni. Aufrechter oder ausgebreiteter Strauch, bis 50 (–100) cm. Blätter klein, walzenförmig, 3–7 × 0,5 mm. Blüten sitzend, in kleinen Büscheln, hellgelb, durch die zahlreichen Staubfäden wirkend, bis 1 cm breit.

Dieser außerordentlich hübsche Kleinstrauch ist gut hart und braucht einen torfigsteinigen Boden. Er kann im Alpinenhaus oder im schützbaren Steinbeet ausgepflanzt werden und blüht dann reich. Die Vermehrung erfolgt durch Aussaat oder Stecklinge.

Laurentia Adans., Campanulaceae

Etwa 8 Arten im Mittelmeergebiet, in S-Afrika, auf den Kanaren und in NW-Amerika. Kleine, zarte Kräuter mit schmalen, wechselständigen, zuweilen aber auch rosettig-grundständigen Blättern. Blüten klein, meist zahlreich, blau, einzeln, seitlich oder in endständigen Trauben.

L. minuta (L.) A. DC. (*L. tenella* A. DC.). Mittelmeergebiet. April–Juni, Sämlinge August–September. 3–10 cm hoch. Blätter in kleinen Rosetten, spatelförmig, ganzrandig. Blütenstiele haardünn. Blüten reinblau, am Grunde weiß, ähnlich einer Lobelienblüte.

Hübsche, zwergige Staude für feuchte, torfige Standorte, die unsere üblichen Winter im Freien nicht übersteht, sich aber immer wieder durch Sämlinge behauptet. Im Alpinenhaus staudig und dann früher blühend und sehr hübsch. Vermehrung durch Teilung und Aussaat.

Lavandula L., Lavendel, Labiatae

25 Arten, von den Kanaren bis nach Indien, vor allem im Mittelmeergebiet. Halbsträucher oder Sträucher, selten Bienne, mit ungeteilten oder geteilten Blättern, die ganze Pflanze sehr aromatisch duftend. Blüten in Scheinähren, schief zweilippig, blau oder violett, selten weiß oder rosa.

L. dentata L. Westl. Mittelmeergebiet. Juni–Juli. Strauchig, bis 1 m, in Kultur niedriger. Blätter linealisch, kammartig gefiedert, 25–40 mm lang, graugrün-filzig. Blüten tiefpurpurrot.

L. lanata Boiss. Spanien. Juli–September. Bis 40 cm hoch. Blätter linealisch, dicht weißwollig. Blüten leuchtendviolett.

L. multifida L. Iberische Halbinsel, Italien. Blätter doppelt eingeschnitten mit schmalen, grünen, spärlich behaarten Abschnitten. Scheinähren oft zu dritt am Stengelende. Blüten violettblau. Von den genannten Arten am wenigsten hart, aber raschwüchsig und schon im Jahr der Aussaat reich blühend.

L. pinnata L. Mittelmeergebiet. Juni–Juli. Ähnlich *L. dentata*, aber Blätter gefiedert, gestielt. Blüten in dichten, dachziegelartig gestellten Scheinähren, blau.

L. stoechas L. Schopf-Lavendel. Mittelmeergebiet. Kleinstrauch, 30–80 cm. Blätter linealisch, mit umgerolltem Rand, beiderseits weißfilzig. Blüten in dichten, ovalen, 4seitigen Scheinähren, dunkelpurpurn, an der Spitze der Scheinähren ein Schopf großer, hellpurpurner Hochblätter.

Es ist interessant, wie »anders« Lavendel aussehen können. Die oben genannten Arten habe ich alle im unbeheizten Alpinenhaus versucht, sie halten dort normale Winter durch, außer *L. multifida*, der eingeht. In günstigen Lagen, im Weinbauklima (Gumpoldskirchen bei Wien) halten sie unter leichtem Schutz im Freien durch. Wichtig sind sommerlicher Nässeschutz, damit sie gut ausreifen und dann im

Winter nicht leiden. Sie werden am einfachsten durch Aussaat vermehrt, die Jungpflanzen kann man einen Winter frostfrei überwintern.

Leontice L., Löwentrapp, Berberidaceae

Etwa 10 Arten in N-Afrika, SO-Europa, Klein- bis Mittelasien. Kahle Stauden mit großen knolligen Rhizomen. Blätter 2–3zählig, nicht alle grundständig. Blüten in end- und achselständigen, durchblätterten Trauben. Perianthsegmente 6 (–8), auffällig, gelb, petaloid. Honigblätter 6, viel kleiner. Staubblätter 6. Frucht 1–4samig, unregelmäßig zerfallend. Samen ohne Arillus.

L. armeniaca Boivin (*L. minor* Boiss.). Irak, Syrien, Transjordanien, Iran, Afghanistan, Uzbekistan, Transkaukasien. Ähnlich *L. ewersmannii*, aber zwergig, nur 5–10 cm hoch. Sehr begehrenswert.

L. ewersmannii Bunge (*L. leontopetalum* ssp. *ewersmannii* (Bunge) Coode). Syrische Wüste, W-Iran, W-Pakistan, Transkaspien. Ähnlich *L. leontopetalum*, aber Blättchen elliptisch bis lanzettlich.

L. incerta Pallas. M-Asien. April–Mai. 10–16 cm hoch. Blätter 3teilig oder doppelt 3teilig mit 5 cm langen, eiförmigen oder elliptischen, leicht fleischigen Blättchen. Blüten gelb. Früchte aufgeblasen.

L. leontopetalum L. SO-Europa, N-Afrika, SW-Asien: auf Feldern, unter der Pflugsohle, in Steppen und Halbwüsten. April–Mai. 30–50 cm hoch, aufrecht, verzweigt. Blätter bis 20 cm groß, die unteren mit langen Stielen, die oberen sitzend, doppelt bis dreifach 3zählig. Blättchen breit-eiförmig, ungeteilt. Trauben gewöhnlich zahlreich, in den Achseln der oberen Blätter, gestielt, mit auffälligen Hochblättern, von denen die unteren zusammengesetzt oder gelappt sind. Trauben 15–40blütig. Blüten goldgelb, 15 mm groß. Früchte 25–40 mm, eiförmig. Durch die bis über faustgroßen Knollen sehr auffallend.

Interessante, teilweise imposante Knollenpflanze für den Zwiebelkasten, in günstigen Lagen auch an entsprechenden, vollsonnigen, trockenen Naturgartenplätzen in steinig-lehmigem Boden mit guter Dränage. Vermehrung nur durch Aussaat, oft zweimal überliegend. Sämlinge in tiefen Töpfen halten, schlüpfen sonst durch die Abzugslöcher durch und bleiben manchmal stecken, wodurch sie dann geschädigt werden. Sommers sehr trocken halten. Vom Aufgang bis zur Blüte vergehen 5–7 Jahre.

Leontodon L., Löwenzahn, Compositae

Etwa 50 Arten im gemäßigten Eurasien, dem Mittelmeergebiet, bis Persien. Rosettenstauden mit meist gelben Blütenköpfchen. Blätter schrotsägeartig geteilt oder fiederschnittig.

L. boryi Boiss. ex DC. S-Spanien (Sierra Nevada). April-Juni. Staude mit mehrköpfigem, verzweigten Wurzelstock. Blätter 2–5 cm × 6–10 mm, sehr dicht stehend, eilanzettlich bis elliptisch, fiederschnittig geteilt, mit dichtem grauweißen Haarfilz. Köpfchen einzeln, bis 3,5 cm breit, gelb, an 10–15 cm hohen Stielen.

Mit etwas Schutz auch im Freien versuchswert. Hübsch durch die Kombination der grauen Blätter und der gelben Blüten. Vermehrung durch Aussaat, aber auch durch vorsichtige Teilung.

Lepidium L., Kresse, Cruciferae

Etwa 150 Arten in allen Erdteilen, einige Arten kosmopolitisch verbreitet. Einjährige oder ausdauernde Kräuter oder Halbsträucher, oft mit leierförmig geteilten Blättern, beim Zerreiben scharf riechend. Blüten klein, meist gelblich oder weiß, in Trauben.

L. nanum Wats. Zwerg-Kresse. USA: Nevada, Great Basin, auf trockenen, vulkanischen Böden. Mai. Polsterig bis mattenbildend, aus zahlreichen, 8 mm großen Rosetten aufgebaut. Blätter ovalspatelig, 3lappig, 2–5 mm lang. Blattrand bewimpert, Blattflächen kurz behaart. Blüten gelblichgrün, 3–4 mm groß, zu 1–5.

Diese hübsche, nahezu unbekannte Polsterpflanze braucht in feuchten Lagen Nässeschutz im Winter. Sie wird in steinig- durchlässigem Boden in voller Sonne gezogen und durch Aussaat oder Stecklinge vermehrt.

Leptodactylon H. et A., Polemoniaceae

6 Arten in den westl. USA, Kanada und Mexiko. Niederliegende oder aufrechte Halbsträucher oder Sträucher mit handförmig-feingeteilten, stechenden Blättern. Blüten einzeln in den Achseln oder zu mehreren am Ende kurzer Seitenzweige, rosarot oder weiß, selten andersfärbig. Samenkapsel mit vielen, kleinen Samen.

L. californicum H. et A. »Prickly Phlox«. Kalifornien, trockene Hänge, bis 1500 m. Mai–Juni, vereinzelt bis in den Herbst hinein. Aufrechter Strauch, bis 60 cm. Triebe dicht mit den stechenden, 5–9teiligen Blättern besetzt. Blüten einzeln in den oberen Achseln oder in wenigblütigen Köpfen, bis 2,5 cm groß, leuchtendrosa. Leidet in sehr strengen Wintern.

L. pungens (Torr.) Nutt. Westl. N-Amerika, auf trockenen, unbewaldeten, sandigen oder felsigen Plätzen, von der Wüste und der Ebene bis in mittlere Gebirgslagen. Mai–Juni. An der Basis verholzter, aufrechter oder ausgebreiteter Halbstrauch, bis 60 cm, in Kultur bis 40 cm, manche Formen niedrig und polsterphloxähnlich. Blätter bis zum Grund in 3–7 lineal-pfriemliche Abschnitte geteilt. Blüten einzeln in den Blattachseln, weiß, mit Lavendel überlaufen oder gestreift, selten gelblich oder lachsfarben, nächtlich, bei Tag geschlossen.

Diese beiden sehr verschiedenartigen Pflanzen haben mir immer große Freude bereitet. Die tagblühende *L. californicum* ist sicherlich die auffälligere Art, besser winterhart ist meiner Erfahrung nach *L. pungens,* von letzterer erzog ich nur polsterphloxähnliche Formen, die nur an den handförmig-fiederspaltigen, stechenden Blättern von Polsterphlox zu unterscheiden waren. Die Vermehrung erfolgt durch Aussaat, Samen werden auch bei uns angesetzt. Die Kultur erfolgt im Alpinenhaus oder unter sommerlichem und winterlichem Nässeschutz auf Steinbeeten, immer vollsonnig und in steinig-durchlässigem Substrat.

Leptospermum J. R. et G. Forst., Myrtaceae

30 Arten in Australien und Neuseeland. Immergrüne Sträucher oder kleine Bäume mit wechselständigen Blättern und 5teiligen, weißen, rosa oder roten Blüten, einzeln oder an kurzen Seitenzweigen aus den Blattachseln.

L. humifusum Schau. (*L. scoparium* var. *prostratum* hort.). Tasmanien. Mai–Juni. Niederliegender, teppichbildender Zwergstrauch. Triebe rötlich. Blätter oval-lanzettlich, bis 12 mm, lederig. Blüten reinweiß.

L. scoparium J. R. et G. Forst. Australien, Tasmanien, Neuseeland. Mai–Juni. Von diesem sehr variablen , bis 2,5 m hohen Strauch sind verschiedene Zwergformen und -sorten in Kultur, die in England im Alpinenhaus gezogen werden, so vor allem 'Nanum', bis 30 cm hoch, Blüten rosarot. Nicht so hart wie *L. humifusum.*

Aus Neuseeland kommen weitere niederliegende Sorten von *Leptospermum,* deren Artzuordnung mir unklar ist, sie blühen weiß oder rosa und besitzen teilweise ein bronzefarbenens Laub. Sie eignen sich bei uns nur für mildeste Gebiete und benötigen besser Überwinterungstemperaturen von 3–5 °C. *L. humifusum* ist gut hart und leidet nur in den allerstrengsten Wintern. Die Vermehrung erfolgt durch Stecklinge.

Leucogenes Beauverd, Compositae

2 Arten auf Neuseeland. Kriechend-wurzelnde bis aufsteigende, dicht weiß behaarte Halbsträucher mit edelweißähnlichen Blütenständen.

L. grandiceps (Hook. f.) Beauverd. Neuseeland: S- und Stewart-Insel, weit verbreitet, vor allem auf felsigen Stellen, 800–1900 m. Mai–Juni. Triebe bis 8 cm lang. Blätter eiförmig-zugespitzt, 5–10 × 2–4 mm, mit weicher, weißer Behaarung, nie zu Rosetten zusammenstehend. Blütenstände bis 3,5 cm breit, edelweißähnlich, weißfilzig.

L. leontopodium (Hook. f.) Beauverd. Neuseeland: N- und S-Insel, in tieferen Lagen auf windausgesetzten Graten, in höheren Lagen auf felsigen Stellen und in alpinen Felsfluren, 1200–1800 m. Mai–Juni. 5–15 cm hoch. Blätter dichtstehend, oval-lanzettlich, zugespitzt, 8–20 × 4–6 mm, mit einer glänzenden, weißen oder hellgelben Behaarung. Blütenstände bis 4 cm breit, aus 8–15 Blütenköpfchen und 10–20 wolligen Hochblättern zusammengesetzt.

Die Kultur des »Neuseeländischen Edelweiß« ist auch im Alpinenhaus nicht leicht, bei mir war *L. grandiceps* etwas leichter zu ziehen. Die Pflanzen brauchen Schutz vor Nässe das ganze Jahr und einen durchlässig-steinigen Boden, sie gedeihen ausgepflanzt besser als in Gefäßen. Die Vermehrung erfolgt durch Stecklinge oder durch Aussaat von Wildsamen.

Leucojum L., Knotenblume, Amaryllidaceae

9 Arten in Mitteleuropa und im Mittelmeergebiet. Zwiebelpflanzen. Blätter schmallinealisch oder flach und riemenförmig. Blütenschäfte voll (bei den genannten Arten) oder hohl. Blüten mit 6 gleichen Segmenten, weiß oder rosa.

L. autumnale L. Spanien, Portugal, Sardinien, Sizilien, N-Afrika. September–Oktober. Zwiebel klein, rund, bei manchen Formen mit zahlreichen Brutzwiebeln. Blätter nach der Blüte erscheinend oder zur Blütezeit sehr kurz, fadenförmig. Schäfte 10–15 (–20 cm, 1–4blütig. Blüten weiß, an der Basis hellrosa, mit nur einem Hochblatt.

L. longifolium (Gay) Gren. et Godr. Korsika, felsige Hänge, unter 1000 m. April–Mai. Ähnlich *L. autumnale*, aber frühjahrsblühend. Blätter zur Blütezeit länger als Schäfte. Schäfte bis 20 cm,1–3blütig. Blüten weiß, äußere Segmente nicht mit einer verdickten Spitze.

L. nicaeense Ardoine (*L. hiemale* DC. pro parte). S-Frankreich: zwischen Nizza und Pont St. Louis, steinige Hänge, immer über Kalk. April. Zwiebel 1,5–2 cm. Blätter 2–4, schmal-linealisch, bis 30 cm lang. Schäfte bis 13 cm, 1–3blütig. Blüten weiß, auf dem Fruchtknoten findet sich eine 6klappige Scheibe.

L. roseum F. Martin. Korsika, Sardinien. August–September. Ähnlich *L. autumnale*, aber kleiner, nur 10–15 cm, meist 1–2blütig. Blätter zur Blütezeit nicht entwickelt. Blütenstiele kürzer als die beiden Hochblätter. Gut Samen ansetzend, aber in harten Wintern sehr leidend.

L. tingitanum Baker. N-Afrika, an schattigen Plätzen, bis 1500 m. April. Ähnlich *L. longifolium*, aber bis 45 cm hoch. Schäfte die Blätter überragend, bis 5blütig. Blüten klein, weiß, an langen herunterhängenden Blütenstielen.

L. trichophyllum Schousboe. Spanien, Portugal, N-Afrika, in sandigen Böden, oft unter Kiefern. Januar–April. Ähnlich *L. autumnale*, aber mit 2 Hochblättern. Blätter zur Blütezeit so lang wie die Schäfte. Schäfte bis 25 cm, 1–4 (–6)blütig. Blüten rosa oder weiß, äußere Segmente mit einer auffälligen verdickten Spitze.

Von den genannten Arten sind *L. autumnale* und *L. nicaeense* die härtesten. Sie überdauern unter leichtem Schutz auch auf Steinbeeten im Freiland, *L. nicaeense* sogar den Winter 1984/85. Die anderen Arten werden besser in milden Gegenden im Alpinenhaus gehalten, bzw. brauchen in rauhen Lagen sogar das frostfrei gehaltene Alpinenhaus. Die Vermehrung durch Aussaat ist leicht, die erste Blüte erscheint, je nach Art, 1–5 Jahre nach dem Aufgang.

Lewisia Pursh, Bitterwurz, Portulacaceae

Etwa 15–20 Arten im westl. N-Amerika und in Mittelamerika. Fleischige Stauden mit dicken, oft knollenartigen Wurzeln. Blätter fast immer grundständig, flach oder rund, dauernd oder im Sommer absterbend. Blüten klein bis groß, in meist reichblütigen Rispen oder einzeln.

Drei Gruppen, die sich auch in der Kultur unterscheiden:

1. *Rediviva-Gruppe* (R). 3 Arten. Einziehend. Blätter rundlich im Querschnitt, in grundständigen Rosetten. Blüten groß, erscheinen, wenn die Blätter einzuziehen beginnen.
2. *Pygmaea-Gruppe* (P). 8 Arten. Einziehend. Blätter im Querschnitt flach, in grundständigen Rosetten oder am Sproß. Blüten meist klein, außer *L. brachycalyx.*
3. *Cotyledon-Gruppe* (C). 7 Arten. Immergrün, nur *L. congdonii* einziehend. Blätter im Querschnitt flach, in grundständigen Rosetten. Blütenstände vielblütig (Ausnahme *L. tweedyi*), Blüten meist klein.

In der Folge finden sich hinter den Arten die Abkürzungen, die auf die entsprechende Gruppe verweisen.

L. brachycalyx Engelm. ex Gray (*L. brachycarpa* Wats.) (P). Westl. USA, auf feuchten, im Sommer austrocknenden Wiesen. April–Mai. Knollen groß, manchmal merköpfig. Blätter linealisch, 10 × 1,2 cm, dunkelgrün mit bläulichem Schimmer. Blüten bis 4 cm groß, weiß, sehr selten hellrosa, einzeln, beinahe sitzend. In sehr feuchten Lagen kann man auch sommers herausnehmen und trocken aufbewahren. Selbststeril.

L. cantelowii J. T. Howell (C). Westl. USA, in Canons der Sierra Nevada, in sommers austrocknendem Moosbelag der Felsen. Mai–August. Blätter immergrün, bis 10 cm lang, scharf gezähnt, am Ende verbreitert. Blüten 10–12 mm groß, hellweißlichrosa. Mit etwas sommerlichem Nässeschutz auch im Freien möglich. Selbststeril.

L. columbiana (Howell) Robins. (C). Westl. N-Amerika, sonnig bis halbschattig, oft mit *Penstemon*, von 1500–2700 m. Mai–Juli. Blätter immergrün, flach, linealisch, manchmal an der Spitze verbreitert, 2–10 × 0,8 cm. Blüten weißlichrosa oder reinweiß in 10–30 cm hohen Rispen, nur 8–15 mm groß. Zahlreiche Varietäten. Problemlos in der Kultur, am besten mit leichtem Nässeschutz etwas absonnig. 'Rosea' ist eine sterile Hybride, die im Blütenstandsbereich reichlich Kindel bildet, mit weißen, rosa geaderten Blüten.

L. congdonii (Rydb.) J. T. Howell (*L. columbiana* ssp. *congdonii* (Rydb.) Ferris) (C). Westl. USA: Kalifornien, in Canyons der Sierra Nevada. Mai–Juni. Ähnlich *L. cantelowii*, aber meist einziehend. Blätter lineal-lanzettlich, ohne Zähne. Blütenstände bis 40 cm hoch. Besser Alpinenhaus.

L. cotyledon (Wats.) Robins. (C). Westl. USA: NW-Kalifornien, SW-Oregon, an felsigen Plätzen, in der Niederung und im Gebirge. Mai–Juni, Nachblüte im Herbst. Blätter immergrün, sehr verschieden geformt, zu flachen Rosetten zusammenstehend. Im Alter mehrköpfig und bis 40 cm breite Klumpen bildend. Blätter bis 15 × 3 cm. Blüten 2–3,5 cm, in vielblütigen, bis 40 cm hohen Rispen, weiß, rosa, gelb, lachs, orange. Unterschieden werden:
var. **cotyledon**, Gebirgspflanze mit ganzrandigen Blättern.
var. **howellii** Jeps., von tiefen Lagen, mit gekräuselten Blättern und meist weißen, rosagestreiften oder reinrosa Blüten;
var. **heckneri** Munz, von tiefen Lagen, mit gezähnten Blättern und meist weißen, rosa gestreiften Blüten.

Diese gekreuzt ergaben die L.-Cotyledon-Hybriden. Kultur in halbschattigen Trockenmauern, in nicht prallsonnigen Steinbeeten (Schottermanschette um den Hals!), immer geneigt, damit das Wasser nicht in den Rosetten stehen bleiben kann. Schöne Sorten sind 'George Henley', magentarot, und diverse Selektionen, z. B. der Fa. Drake in Schottland.

L. disepala Rydb. (*L. rediviva* var. *yosemitana* Brandeg.) (R). Westl. USA: Kalifornien, Berge um das Yosemite-Tal, in grobem Granitgrus. Ähnlich *L. rediviva*, aber Blätter endwärts etwas verdickt. Blüten mit 2 Kelchblättern. Nicht in Kultur, wahrscheinlich heikler als *L. rediviva*. Samen wurden in den letzten Jahren angeboten, ich konnte sie nicht zur Keimung bringen.

L. kelloggii Brandeg. (*L. yosemitana* Jeps.) (P). Westl. USA: Kalifornien, Idaho, in sehr steinigem Substrat. Mai–Juni. Blätter spatelförmig, 1,5–4 cm lang. Blüten weiß bis hellrosa, fast sitzend, bis 2 cm breit. Kultur wie *L. rediviva.*

L. leana Robins. (C). Westl. USA: Kalifornien, Oregon, oft gemeinsam mit *L. cotyledon*: Mai–Juli. Blätter immergrün, wurmförmig, bis 6 cm lang, in dichten Rosetten. Blüten in dichten, bis 25 cm hohen Rispen, 12 mm groß, magenta, oft geradezu violett, selten rosa oder weiß. Sehr durchlässig, am besten mit 80 % Grusanteil, sonst ähnlich wie *L. cotyledon.*

L. maguirei A. H. Holmgr. (R). Westl. USA: Nevada, in Lehmtaschen des Kalksteins. Ähnlich *L. rediviva,* aber 3blütig. Nicht in Kultur.

L. nevadensis (Gray) Robins. (*L. pygmaea* var. *nevadensis* (Gray) Fosberg, *L. bernadina* Davids.) (P). Westl. USA, auf frühjahrsfeuchten Trockenrasen. Mai–Juni. Knollen gelblichbraun. Blätter linealisch, einziehend, gegen die Spitze oft breiter werdend, manchmal bläulich überhaucht. Blüten beinahe sitzend bis kurz gestielt, weiß bis hellrosa. Die weißen Formen oft robust und leicht im Freien, in meinen Steinbeeten reichlich sich aussäend.

L. oppositifolia (Wats.) Robins. (P). Westl. USA: N-Kalifornien, S-Oregon, an felsigen, zuerst feuchten, später trockenen Hängen. Mai–Juni. Wurzelstock rübig, manchmal verzweigt. Blätter bis 10 cm lang, an der Spitze kapuzenförmig zusammengezogen. Blüten mit 10 dichtgestellten Blütenblättern, reinweiß, selten hellrosa ('Dwarf form'), 2,5 cm breit.

L. pygmaea (Gray) Robins. (*L. minima* A. Nels., *L. exarticulata* St. John, *L. aridorum* Clay) (P). Westl. N-Amerika, zwischen 2400 und 3700 m, in sehr durchlässigen, steinigen Böden. Mai–Juni. Wurzelstock rübig, manchmal verzweigt. Blätter bis 12 cm und 5 mm breit, in Rosetten. Blütenstände kürzer als die Blätter, 1–5blütig. Blüten mit 6–8 weißen, rosa oder tiefrosaroten, selten rosalila Blütenblättern, bis 2 cm breit, reichblühend. Vielgestaltig, dazu ssp. **glandulosa** (Rydb.) Ferris mit gestielten Drüsen der Kelchblätter und ssp. **longipetala** (Piper) Ferris mit drüsigen Zähnen an den Blütenblättern. Unter leichtem Schutz nicht zu schwer.

L. rediviva Pursh (*L. alba* Kellogg) (R). Westl. N-Amerika, an sehr unterschiedlichen, aber immer steinig-durchlässigen Stellen. Mai–Juni. Wurzelstock rübig, stark verzweigt, meist zimtbraun, Rinde stark bitter. Blätter im Querschnitt rundlich, 2–4 mm dick, bis 6 cm lang, in dichten Rosetten, oft bläulich überlaufen, zur Blütezeit oft schon verwelkt. Blüten einzeln, Stiele meist länger als die Blätter, mit 12–18 Blütenblättern, rosa, rot oder weiß, bis 7 cm groß. Für das Alpinenhaus oder unter Nässeschutz im Steinbeet. Vermehrung durch Aussaat, Sämlinge 2–3 Jahre mit weniger Ruhezeit ziehen.

L. serrata Heckard et Stebbins (C). Kalifornien, im Canyonsystem des American River, an moosigen, beschatteten Felsen, 900–1300 m. Ähnlich *L. cantelowii,* aber Blätter gesägt, Stengelblätter 3 oder weniger (6–12), Blütenblätter 6 mm lang (7–8 mm) mit 3–5 (5–7) tiefrosa Adern (Klammer: *L. cantelowii*).

L. sierrae Ferris (P). Westl. USA: Sierra Nevada, an kiesig-grasigen Hängen zwischen 2400–4050 m. Mai–Juni. Wurzelstock spindelförmig. Blätter schmal-linealisch, bis 4 cm lang, in Rosetten. Blüten 10–12 mm groß, zu 1–3, weiß, rosa geadert oder rosa. Sehr durchlässig pflanzen, sehr kleine Pflanze. Knospen von Spätfrösten gefährdet.

L. stebbinsii Gankid et Hildreth (P). Kalifornien: Medocino City, sehr steinig. Ähnlich *L. oppositifolia,* aber Blütenstiele niederliegend, Blüten sehr typisch zweifarbig, dunkelrosa mit weißem Auge.

L. triphylla (Wats.) Robins. (P). Westl. USA, in grobkörnigem Granitgrus, 1500–3200 m. Mai–Juni. Knollen nur erbsengroß. Blätter nicht grundständig, sondern zu 2–3 in Quirlen. Blüten 8–10 mm groß, in einfachen oder zusammengesetzten Doldentrauben, weiß oder rosa. Sehr klein und unscheinbar, rasch einziehend. Samen sind äußerst selten echt.

L. tweedyi (Gray) Robins (*L. aurantiaca* A. Nils.) (C). Westl. N-Amerika, in Granitschutthalden und begrasten Hängen. April–Mai. Wurzelstock dickfleischig, orangebraun. Blätter bis 18 × 6 cm, in lockeren Rosetten, gegen den Herbst absterbend und Überwinterungsblättern Platz machend, die kürzer und fleischiger sind. Blüten zu 3, 5 cm groß, hellweißlichorange, rosa oder weiß. Selbststeril. Kapseln graben sich im Substrat ein. Kultur im Alpinenhaus oder Kasten in durchlässigen Substraten in sonniger oder halbschattiger Lage. Braucht reichlich Wurzelraum. Junge Pflanzen immer leichter als ältere. Im Winter nicht zu trocken halten, sonst sterben die Knospen ab. Rosettenstecklinge von Mai–September wurzeln leicht und sind bei rosa und weißen Formen angebracht.

Lewisia-Hybriden. Die gemeinhin als *Lewisia-Hybriden* angebotenen Pflanzen sind richtiger als *Lewisia-Cotyledon-Hybriden* zu bezeichnen (siehe *L. cotyledon*). Wichtige Hybriden, die auch im Handel erhältlich sind, sind:
L. × brachyheck hort. (*L. brachycalyx* × *L. cotyledon*). Intermediär, meist rosa blühend, bis in den Herbst hinein. Es gibt Typen, die zahlreiche Kindel bilden und sich leicht durch Stecklinge vermehren lassen, andere bilden wenig Kindel und sind ausgesprochen schwer zu vermehren.
L. 'Pinkie' (*L. pygmaea* ssp. *longipetala* × *L. cotyledon*). Enorm reich- und langblühend, gelblich angehauchtes Rosa.
L. 'Trevosia' (*L. colubiana* × *L. cotyledon*). Rosetten ähnlich *L. columbiana,* Blüten 12–15 mm groß, lila-kupferbraun, an 25–30 cm hohen Stielen.
Ferner gelangen mir Kreuzungen zwischen *L. rediviva* und *L. cotyledon* und *L. oppositifolia* und *L. cotyledon.*

Lewisien sind begehrte Pfleglinge und das mit Recht. Ich habe mich lange Jahre mit ihnen befaßt und die aufgeführten Arten bis auf drei alle gezogen. Die Vermehrung erfolgt durch Aussaat. Im Winter zugesandtes Saatgut liegt meist ein Jahr über, schlimmer ist, daß die bauchigen, glänzenden Samen sehr häufig durch den Transport gequetscht sind und schon deshalb eine Keimung unmöglich ist. Vom Aufgang bis zur Blüte dauert es sehr verschieden lang, *L. cotyledon* blüht bereits im darauffolgenden Jahr, manche Herkünfte von *L. rediviva* brauchten unter vielleicht nicht ganz idealen Bedingungen vier oder fünf Jahre. Die Arten aller Gruppen brauchen eigentlich sehr ähnliche Bedingungen, zum ersten sind sie alle kalkfliehend, zum zweiten sind die Knollen oder Triebhälse sehr fäulnisanfällig und zum dritten kommen sie alle aus Gebieten, wo es sommers sehr trocken ist, und im Winter teilweise Schnee liegt. Daraus folgt, daß sie am besten in sehr schottrigen Mischungen, mit etwa 10–20 % Erdanteil, gezogen werden. Selbstverständlich kann man *L. cotyledon* auch in Einheitserde ziehen, langlebig wird sie in diesem Substrat nicht sein. Der Triebhals wird mit einer Schottermanschette umgeben. Durch Abdecken wird die Wasserzufuhr geregelt. Am besten gedeihen sie im Alpinenhaus, wo eine intensive Pflege möglich ist. Ich habe aber auch gute Erfahrungen in etwas abzudeckenden, sehr durchlässigen Beeten, wo viele der knolligen Arten sich über Jahre gut halten. Gefährlich, vor allem für *L. tweedyi,* sind spätwinterliche Trockenperioden, die die Knospenentwicklung stören. Darin gleichen Lewisien aber vielen anderen Pflanzen, vor allem Zwiebel- und Knollenpflanzen, die zwar ein recht durchlässiges Substrat brauchen, in der Hauptwachstumszeit im Frühling aber ja nicht trocken gehalten werden dürfen.

Libertia Spreng., Iridaceae

8 Arten in Chile, O-Australien, Neuseeland und Neuguinea. *Iris*-ähnliche Pflanzen mit kurzem Rhizom, Blätter immergrün, zweizeilig-dachziegelig. Blüten glockig oder ausgebreitet, weiß, seltener blau, in locker-rispigen oder sitzenden Blütenständen. Blütenblätter 6, die 3 inneren größer, Staubblätter 3, alle gleich.

L. formosa Grah. (*L. chilensis* hort.). Chile. Mai–Juni. Blätter 30–50 cm × 6–12 mm. Blütenschaft kürzer als die Blätter. Blüten weiß in dichten Büscheln.

L. ixioides (Forst. f.) Spreng. Neuseeland: N-, S- und Stewart-Insel, an Wasserläufen und felsigen Plätzen. Mai–Juni. Blattfächer bis 12blätterig, in dichten Horsten. Blätter 30–45 cm × 4–8 mm, dunkeloliv- oder bronzegrün, mit gelblicher Mittelader. Blüten in lockeren Trauben, weiß. Kapseln gelblichbraun, zierend.

Libertien sind hübsche Blattpflanzen, vor allem jene Arten bzw. deren Formen, deren Blätter braun oder dunkelgrün sind. Die Blüten sind nur kurzlebig und wenig zierend, mehr wirken die Samenkapseln. Sie sind wie *Diplarrhena* zu ziehen und meiner Erfahrung weniger hart, augenscheinlich ist die Härte sehr von der Herkunft der Samen (Höhenlage usw.) abhängig. Vermehrung durch Aussaat leicht.

Limonium Mill., Widerstoß, Strandlavendel, Plumbaginaceae

Etwa 300 Arten, vor allem in den Küsten, Steppen- und Wüstengebieten aller Erdteile. Ein- oder mehrjährige, häufig am Grunde verholzte Kräuter oder Halbsträucher. Blüten in großen, rispigen Blütenständen mit freien oder nur am Grund der Krone angewachsenen Staubblättern. Blätter überwiegend grundständig, in Rosetten, ungeteilt oder fiderspaltig.

L. bellidifolium (Gouan) Dumort. Küsten des Mittelmeeres und des Schwarzen Meeres, S-Rußland, England. August–Oktober. 10–30(–40) cm hoch. Blätter 14–40 × 3–6(–15) mm, spatelförmig, zugespitzt, mit (1–)3(–5) Adern, gewöhnlich zur Blütezeit schon braun und vertrocknet. Blütenstände mit knotig verdickten Abschnitten, nichtblühende Zweiglein zahlreich. Blütenkrone 4–5,5 mm breit, hellviolett.

L. cosyrense (Guss.) O. Kuntze. Malta, Pantelleria: auf steinigen Hängen. Juli–August. 15–50 cm hoch. Blätter 20–25 × 2,5–3 mm, flach oder etwas zurückgerollt, abgerundet, in Rosetten an etwas verholzten, grundständigen, 1–3 cm langen Trieben. Blütenstände gabelig verzweigt. Ährchen einblütig. Blüten 4 mm breit, weißlichviolett.

L. gougetianum (Girard) O. Kuntze. Balearen, Algerien: auf Salzwiesen. Juli–August. 10–20 cm hoch. Blätter in dichten Rosetten, kahl, etwas rauh, 15–30 ×

3–9 mm, verkehrt-eiförmig bis spatelig, abgerundet, 1nervig. Blütenstände vom Grunde an gabelig verzweigt, straff aufrecht, nichtblühende Zweiglein gewöhnlich fehlend. Blütenkrone 5–6 mm breit, hellviolett.

L. oleifolium Mill. ssp. **dictyocladum** Arc. (*L. dictyocladum* (Arc.) O. Kuntze). Korsika, Sardinien. Juli–September. 15–45 cm hoch, sonst den vorigen Arten sehr ähnlich.

L. perezii (Stapf) Hubbard ex L. H. Bailey (*Statice perezii* Stapf). Kanaren. Kräftige Staude mit großen, ovalen bis eilanzettlichen Blättern in grundständigen Rosetten. Blütenstände bis 50 cm hoch, dicht gedrängt, kopfartig. Blüten violettblau, bis 6 mm breit. Diese Art wird als Schnittblume angeboten und ist als Saatgut erhältlich. Nur im frostfreien Alpinenhaus hart oder mit sehr gutem Schutz vor Kälte und Nässe.

L. ramosissimum (Poir.) Maire (*L. globulariifolium* (Desf.) O. Kuntze). Mittelmeergebiet, in zahlreichen Unterarten, ssp. **ramosissimum** in Algerien: Salzsümpfe. Juli–September. 20–50 cm hoch. Blätter 30–100 × 7–20 mm, verkehrt-eiförmig bis eilanzettlich-spatelig, 1–5adrig. Ähren 1–4 cm lang, dichtstehend, mit 4–8 Ährchen je cm. Blütenkrone 4–6 mm breit, weißlichlila.

Die genannten Arten sind im pannonischen Klimagebiet unter leichtem Schutz recht hart, eine Ausnahme macht *L. perezii.* In anderen Gebieten sind sie schutzbedürftig und leiden vor allem unter hohen Boden- und Luftfeuchtigkeiten. Sie werden in sehr durchlässige, sandige Mischungen gepflanzt und sollen vollste Sonne erhalten. Die Vermehrung erfolgt am besten durch Abtrennen von Trieben (meist schon etwas bewurzelt) oder Stecklinge, Saatgut ist bei uns meist nicht keimfähig (ähnlich wie bei *Acantholimon*).

Linanthastrum Ewan, Polemoniaceae

1 oder 2 Arten in den westl. USA und Mexico:

L. nuttallii (Gray) Ewan (*Gilia nuttallii* Gray). Westl. USA, auf unbewaldeten oder wenig bebuschten, felsigen Hängen vom Tiefland bis ins Gebirge. Juni. Süß duften-

---

Oben links: *Raoulia mammillaris* am natürlichen Standort in Neuseeland (Foto J. LeComte).

Oben rechts: *Spraguea umbellata* var. *caudicifera* im winters mit Hartplastik gedeckten Steinbeet.

Unten: *Rehmannia glutinosa,* davor *Azorella peduncularis,* im winters mit Hartplastik gedeckten Steinbeet.

de Staude mit tiefsitzender Pfahlwurzel, bis 30 cm hoch. Blätter 5–9teilig, fester als bei den einjährigen *Linanthus*, aber weicher als bei den verholzten *Leptodactylon*. Blüten 6–9 × 10 mm, zu vielen in halbsitzenden, gedrängten Büscheln, reinweiß.

Sehr hübsche Pflanze für trockene, steinige Böden und volle Sonne, braucht Nässeschutz nur in ausgesprochenen Sommerregengebieten und ist, richtig gepflanzt, recht hart. Vermehrung durch Aussaat oder Stecklinge von den austreibenden Trieben im Frühjahr.

Linaria L., Leinkraut, Scrophulariaceae

Etwa 75 Arten auf der nördl. Halbkugel, in Amerika nur wenige. Ein- oder mehrjährige Kräuter, selten Halbsträucher. Basale Blätter, vor allem an den sterilen Trieben, gegen- oder quirlständig, obere Blätter wechselständig. Kelch 5teilig. Krone mit Ober- und Unterlippe, gespornt.

L. tristis (L.) Mill. ssp. **lurida** (Ball) Maire. Hoher Atlas, bis über 3000 m. Niederliegende, kurzlebige Staude mit zahlreichen sterilen Trieben, ähnlich *L. alpina*, aber etwas gröber und weniger Ausläufer erzeugend. Blüten in bis 6blütigen Köpfen, 2 cm hoch, grünlichgrau bis gelblich, mit 2 purpurroten Flecken auf der Unterlippe. Die Beschreibung trifft auf die Sorte 'Toubkal' zu, die 1965 von J. C. Archibald auf dem Dschebel Toubkal gesammelt wurde. Sie muß durch Stecklinge vermehrt werden, da sie bei Samenaussaat stark spaltet, vor allem wenn andere südspanische Linarien in der Nähe gezogen werden.

Diese kurzlebige Art braucht einen kalkfreien, durchlässigen Boden und leichten Nässeschutz im Sommer und Winter. Sie fällt durch die einmalige Kombination von Grün und beinahe Schwarz auf. Die Stecklingsvermehrung ist leicht.

Oben links: *Silene hookeri* ssp. *bolanderi* im Kasten.

Oben rechts: *Saussurea stella* im Alpinenhaus.

Unten: *Silene laciniata* im winters mit Vlies gedeckten Steinbeet.

Linum L., Lein, Flachs, Linaceae

Etwa 200 Arten in gemäßigten und subtropischen Klimaten beider Erdhälften. Einjährige, Stauden, Halbsträucher oder Sträucher mit ungestielten, ganzrandigen, manchmal blau bereiften Blättern. Nebenblätter bei einigen Arten noch als Drüsenpaar an der Blattbasis. Blüten 5teilig, radiär, Blütenblätter frei oder an der Basis zusammenhängend, blau, gelb, rot, rosa oder weiß. Blüten nur kurz haltbar, doch täglich durch neue ersetzt. Manche Arten heterostyl. Fruchtkapseln 10fächerig, jedes Fach mit einem flachen, braunen oder schwarzen Samen.

L. arboreum L. Kreta, Griechenland, SW-Anatolien, Rhodos. Mai–Juli. Bis 50 cm hoher, dichtbuschiger Strauch mit zahlreichen sterilen Trieben. Blüten goldgelb, in gedrängten, vielblütigen Blütenständen. Nur an günstigen Standorten mit leichtem Schutz hart, besser im Alpinenhaus. Die Form von der Gärtnerei Zeppelin hat bei mir den Winter 1984/85, nur mit leichtem Agrylvliesschutz, ausgezeichnet überstanden.

L. aretioides Boiss. Türkei: Boz Da, Baba Da. April–Mai. Hochgebirgspflanze mit kompakten Polstern und einzelnstehenden, goldgelben Blüten. Nur für das Alpinenhaus. Die Art wurde von McPhail & Watson in der Türkei 1977 als Saatgut gesammelt und ist seitdem in Kultur. Nähere Hinweise gibt: Green, U. (1987): Linum aretioides. Bull. A. G. S 55 (3): 193–194, mit farbiger Abb. auf S. 206.

L. boissieri Aschers. et Sint. ex Boiss. W-Kleinasien. April–Mai. Ähnlich *L. elegans,* aber nur 1blütig.

L. caespitosum Sibth. et Sm. Kreta, z. B. beim Einstieg in die Samaria-Schlucht. Mai–Juni. Ähnlich *L. arboreum,* aber nur 15 cm hoch und nur für das Alpinenhaus.

L. elegans Sprun. ex Boiss. (*L. iberidifolium* Auch. ex Planch.). Albanien, Griechenland, Jugoslawien, Kleinasien, April–Mai. Triebbasis sehr holzig, zahlreiche, nichtblühende, sterile Rosetten. Blütenstände 10–15 cm hoch, bis 5blütig. Blüten goldgelb. Aus *L. campanulatum* × *L. elegans* entstand um 1940 in England ein sehr schöner Bastard, 'Gemmells Hybrid', nur 10 cm hoch, mit stark blaubereiftem Laub und goldgelben Blüten. In Großbritannien zu erhalten, ständige Vermehrung angebracht. Durch Rückkreuzung mit *L. elegans* entstand 'Waterperry', welcher bei mir wesentlich wüchsiger und dauerhafter ist als 'Gemmells Hybrid'.

L. leucanthum Boiss.. et Sprun. SO-Griechenland. Ähnlich *L. elegans,* aber Blätter mehr oder weniger dicht mit kurzen, steifen Haaren bedeckt und Blüten weiß. Nur fürs Alpinenhaus, aber herrlich! War bei mir empfindlich und starb nach extremen Wintern im Alpinenhaus ab. Blüten schließen sich bei trübem Wetter.

L. olympicum Boiss. (*L. hirsutum* var. *olympicum* Boiss., *L. kotschyanum* Hayek). Türkei, auf verschiedenen Bergstöcken. April–Mai. Ähnlich *L. hirsutum,* aber nur 1–7blütig und bis 15 cm hoch. Durch englische Sammeltätigkeit in Kultur. Empfindlich, besser im Alpinenhaus, bis mehr Material zur Verfügung steht.

Obwohl die verschiedenen Lein-Arten nur kurz ihre Einzelblüten offen haben, bringen sie durch ihre große Blütenzahl doch für lange Zeit Farbe ins geschützte Steinbeet oder das Alpinenhaus. Auch sind die strauchigen Arten, allen voran *L. arboreum,* durch ihre Wuchsform auflockernd für jede Sammlung. Die Vermehrung erfolgt durch Aussaat, wildgesammeltes Saatgut kann einmal überliegen, oder Stecklinge, vor allem bei den strauchigen Arten mit zahlreichen sterilen Trieben.

Liriope Lour., Lilaceae

3 oder 4, teilweise sehr variable Arten in O-Asien. Immergrüne niedrige Stauden mit kurzem, dicken Rhizom, selten ausläufertreibend, und langen, linealischen Blättern. Blüten klein, violett, weiß oder rosa, in endständigen Trauben oder zusammengezogenen Rispen.

L. graminifolia (L.) Bak. O-Asien. Juli. Bis 30 cm , durch kurze Ausläufer lockere Bestände bildend. Blätter hellgrün. Blüten rosaweiß, mit längeren Blütenstielchen und kleineren Blüten.

L. minor (Wright) L. H. Bailey. Juli. Bis 20 cm, durch Ausläufer bestandsbildend. Blätter dunkelgrün, schmal. Blüten grünlichweiß.

L. muscari (Decne.) L. H. Bailey (*Ophiopogon muscari* Decne.). O-Asien. August–Oktober. Bis 40 cm, horstbildend. Blätter in dichten, zusammengedrängten Schöpfen. Blüten in zusammengezogenen Rispen. Viele Sorten, vor allem aus den USA, mit z. T. panaschierten Blättern und hübschen Blüten in blau, rosa oder weiß.

L. spicata Lour. (*Ophiopogon spicatus* (Lour.) Lodd.). Japan, China. Juli–August. Bis 30 cm, horstbildend. Blüten klein, tiefviolett.

In günstigeren Gebieten der USA haben *Liriope* eine zunehmende Bedeutung als langlebige, immergrüne Bodendecker für den Schatten. Ich erhielt vom Arnold Arboretum eine Sammlung von über 10 Sorten und versuchte sie ausgepflanzt im lichten Schatten. Trotz trockener Laubdecke und Schutz durch Tannenreisig hielten die meisten Sorten nur wenige Winter. Aus diesem Grund kann ich nur Versuche in klimatisch günstigen Lagen (tiefste Wintertemperaturen nur kurzfristig unter −10 °C) oder im Alpinenhaus empfehlen. Die Sorten sind zweifellos ausgezeichnete Topfpflanzen, doch ist ihre sommerliche Blütezeit der Verbreitung hinderlich. Die Vermehrung erfolgt durch Teilung oder Abnahme der Ausläufer.

Lithocarpus Bl., Fagaceae

Etwa 10 Arten, alle bis auf eine in O- und S-Asien. Immergrüne Sträucher oder Bäume, ähnlich *Quercus*, aber mit aufrechten männlichen Kätzchen. Weibliche Blüten an der Basis der männlichen Kätzchen, ähnlich *Castanea*, aber Früchte eichenähnlich.

L. densiflorus (H. et A.) Rehd. Gerbereiche. Kalifornien, Oregon, auf fruchtbaren Berghängen. Kleiner, immergrüner Baum, die Triebe und die scharfgezähnten, eilänglichen Blätter sind in der Jugend weiß behaart und werden später kahl.

Wichtiger var. **echinoides** Jepson aus dem Siskiyou Gebirge, strauchartig, nur 0,3–3 m hoch. Blätter lederig, ganzrandig, oval-elliptisch bis verkehrt-eiförmig-elliptisch, 1,5–4 cm lang, oben dunkelgrün, unterseits heller. Blattstiel gelb.

Die aus dem Gebirge stammende Varietät *echinoides* ist in England (Hillier Arboretum) gut hart. Früchte werden hin und wieder im internationalen Samentausch angeboten, mir ist es trotz oftmaliger Aussaat noch nie gelungen, Sämlinge aufzuziehen. Die Pflanzen brauchen einen geschützten Stand im Freien, dürften aber im Alpinenhaus besser untergebracht sein, sie benötigen einen kalkfreien, aber nicht zu humusreichen Boden.

Lithodora Griseb., Boraginaceae

Etwa 10 Arten im Mittelmeergebiet. Kleine Sträucher. Blüten in endständigen, durchblätterten Trugdolden, blau, purpurn oder weiß, trichterig oder flachbecherförmig, ohne Schuppen und Annulus.

L. diffusa (Lag.) Johnst. (*Lithospermum diffusum* Lag.). SW-Europa, nordwestl. bis NW-Frankreich, in Kiefernwäldern, Gesträuch, Hecken und im Meeressand, gewöhnlich kalkfliehend. Mai–Juni, Nachblüten bis zum Frost. Es werden zwei Unterarten unterschieden, wobei die Gartensorten alle zur ersten gehören:
ssp. **diffusa** (*Lithospermum prostratum* Loisel.). Im gesamten Verbreitungsgebiet, mit Ausnahme des äußersten Südens. Zweige bis 60 cm lang, niederliegend oder kletternd. Blätter linealisch oder länglich bis elliptisch, flach oder am Rand mehr oder weniger zurückgerollt. Krone blau, selten purpurn, Kehle mit einem breiten Haarring, bis 21 mm groß. Dazu 'Grace Ward' und 'Heavenly Blue'.
ssp. **lusitanica** (Samp.) P. Silva et Rozein. Z- und S-Portugal, S-Spanien. Aufrecht, dichtbuschig. Blätter kürzer und breiter, am Rand stark zurückgerollt, dicklich. Krone blau, ohne oder nur mit schwachem Haarring.

L. oleifolia (Lapey.) Griseb. (*Lithospermum oleifolium* Lapey.). O-Pyrenäen, bei Figueras, auf Felsen. Mai–Juni. Locker verzweigter Zwergstrauch, 10–45 cm. Blätter obovat oder eilänglich, bis 4 × 1,5 cm, dunkelgrün, oberseits wenig steifhaarig, unterseits dicht weißfilzig. Trugdolden 3–7blütig. Blüten zuerst rosa, dann blau, bis 12 mm groß.

L. rosmarinifolia (Ten.) Johnst. (*Lithospermum rosmarinifolium* Ten.). S-Italien, Sizilien, in Felsritzen. Mai–Juni. Polsterförmiger Zwergstrauch, bis 30 (–60) cm. Blätter linealisch bis lanzettlich, 10–60 × 1–10 mm, dunkelgrün, unterseits dicht angepreßt-grauhaarig, Blattrand zurückgeschlagen. Krone blau, lila oder weißlich, Röhre bis 12 mm, Durchmesser bis 17 mm.

L. zahnii (Heldr. ex Halacsy) Johnst. (*Lithospermum zahnii* Heldr. ex Halacsy). S-Griechenland, Klippen. Reichverzweigter Zwergstrauch, bis 40 (–60) cm hoch und 90 cm breit. Blätter linealisch, 20–40 × 2–4 mm, grün oder gräulich, oberseits angedrückt-steifhaarig, unterseits dicht grauborstig. Blüten zu 1–3, blau oder weiß, bis 15 mm groß.

Bis auf *L. diffusa* gedeihen alle Arten am besten in durchlässigen Substraten und an vollsonnigen Standorten, sie leiden in vielen Gebieten im Winter und müssen deshalb etwas geschützt oder im Alpinenhaus ausgepflanzt werden. *L. diffusa* gedeiht im Torfbeet besser, muß aber ebenfalls geschützt werden. Die Vermehrung aller Arten erfolgt durch Stecklinge, die am besten im August gemacht werden, Die Überwinterung sollte auf jeden Fall gut geschützt, eventuell sogar frostfrei erfolgen, da die wenigen Wurzeln im ersten Winter sehr empfindlich sind.

Lithospermum L., Steinsame, Boraginaceae

Ein- oder mehrjährige Kräuter oder Halbsträucher, etwa 70 Arten in Eurasien, vor allem im Mittelmeergebiet, und in N- und S-Amerika. Blüten trichter- oder glockenförmig, innen mit 4–5 Höckern oder von außen eingestoßenen Falten, weiß, gelb, blau oder purpurviolett, einzeln achselständig, in Ähren, Trauben oder Trugdolden.

L. canescens (Michx.) Lehm. N-Amerika, von Kanada bis Texas. April–Mai. Bis 30 cm hohe Staude aus fleischiger Pfahlwurzel. Triebe aufrecht, wechselständig beblättert. Blätter lineal-länglich, bis 45 mm lang, stark behaart. Blüten in dichten Trugdolden, 8 mm breit, glockig, goldgelb. Ähnlich *L. incisum* Lehm., ebenfalls aus Amerika, von Kanada bis N-Mexiko.

Sehr hübsche Boraginaceen, die durch ihre gelben Blüten sehr auffallen. Sie brauchen durchlässige, steinige Substrate und volle Sonne. Ein Schutz vor übergroßer Nässe ist sowohl im Sommer als auch im Winter angebracht. Die Vermehrung erfolgt durch Aussaat, Samen sind selten in Samenlisten angeboten. Die fleischigen Pfahlwurzeln werden von Ameisen mit Blattläusen besetzt und dann mit Erde zugebaut, die Pflanzen werden dann chlorotisch und sterben in der Folge ab. Aus diesem Grund ist eine Bekämpfung notwendig.

Lobelia L., Lobelie, Campanulaceae

Etwa 350 Arten in den gemäßigten und wärmeren Zonen. Kräuter oder Halbsträucher, selten Sträucher mit wechselständigen Blättern, äußerst unterschiedlich gebaute Pflanzen. Blüten zygomorph, 5teilig, mit einer meist größeren 3teiligen Unterlippe und einer scheinbar 2teiligen Oberlippe, diese aber durch einen Spalt getrennt, einzeln in den Achseln der Laub- oder Deckblätter, achselständig oder in endständigen Trauben.

L. cardinalis L. N-Amerika: von New Brunswick bis zum Golf von Mexiko, auf feuchten oder nassen Standorten. Juli–September. Mit Rosetten überwinternde Staude, bis 1,5 m hoch. Blätter länglich-eirund bis länglich-lanzettlich, bis 25 cm lang, gesägt oder gezähnt. Blütentrauben halbeinseitswendig. Blüten brennendscharlachrot, bis 3 cm lang. Von dieser Art gibt es selten Abänderungen mit hellrosa oder weißen Blüten, auch braunblättrige Pflanzen sind bekannt.

Diese Art wird, wie auch die nahe verwandten und ebenso variablen *L. fulgens* und *L. splendens*, gerne in Sommerblumenrabatten oder als Schnittblumen verwendet. Sie sind aber unter leichtem Laub- und Reisigschutz gut hart, müssen aber alle zwei Jahre geteilt werden. Besonders dauerhaft war bei mir *L. fulgens* 'Graminea' (über deren botanischen Status ich mir vollkommen unklar bin) mit schmalen, lanzettlichen, hellgrünen Blättern und hellroten Blüten, nur 60 cm hoch. Alle diese Lobelien können entweder ausgesät werden, oder aber es empfiehlt sich die Teilung der Überwinterungsrosetten, die dann größer und kräftiger werden und starke Blütenstiele bringen.

L. linnaeoides (Hook. f.) Petrie. Neuseeland: S-Insel, auf immerfeuchten, aber wenig bewachsenen Stellen, 500–1800 m. Mai–Juli. Stark verzweigtes Kraut, dem Boden vollkommen angepreßte Triebe bringend, die die bronzefarbenen, etwas gezähnten, bis 8 mm großen, rundlichen Blätter tragen. Blüten weiß, rosa überhaucht, etwa 8 mm groß, an haarfeinen, bis 5 cm hohen Stielen.

In torfigem Boden mit leichtem Schutz leicht, gut für Schalen im Alpinenhaus. Vermehrung durch Aussaat und Teilung. Durch Lebermoos sehr gefährdet.

Von *L. linnaeoides* ist auch ein Bastard mit *Pratia macrodon*, gesammelt im Livingstone Range, S-Insel, bekannt geworden. Die endgültige Beschreibung der Pflanze steht meines Wissens noch aus, als Hybridgattungsname wurde × *Lobratia* vorgeschlagen. Die Pflanze ist in England in Kultur. Die Hybride ist eine mattenbildende, kriechende und wurzelnde Pflanze mit rundlichen, glänzendgrünen, 8 mm großen

Blättern. Die weißen, unterseits purpurnen Blüten besitzen Petalen von gleicher Länge. Die Früchte öffnen sich nicht. Kultur wie *L. linnaeoides.*

Literatur: Hutchins, G. (1986): Lobelia linnaeoides × Pratia macrodon P. C. Bull. A. G. S. 54 (4): 373, Abb. S. 375.

Interessant ist auch die neuseeländische, schutthaldenbewohnende **L. roughii** Hook. f.

Loxostigma C. B. Clarke, Gesneriaceae

5 Arten im O-Himalaja bis SW-China, davon eine (ob noch?) in Großbritannien in Kultur:

L. kurzii (C. B. Clarke) B. L. Burtt. Sikkim, O-Birma, W-China: Jünnan, Szechuan. Terrestrische oder epiphytische Rosettenstaude. Blätter bis 15 x 7,5 cm. Blüten zu 4–5, trüborange, in der Kehle mit braunen oder purpurnen Flecken. Vielleicht identisch mit *Briggsia amabilis* Craib.

Nur für das frostfreie Alpinenhaus.

Literatur: Bull. A. G. S. 47: 143 (1979).

Lupinus L., Lupine, Leguminosae

Etwa 300 Arten, die meisten davon im westl. N-Amerika, einige im Mittelmeergebiet. Kräuter oder Halbsträucher, selten Sträucher, mit einfachen, zumeist aber gefingerten, häufig behaarten Blättern. Blüten in endständigen Trauben, sehr verschieden in der Farbe.

L. arboreus Sims. Baum-Lupine. Kalifornien. Juni–September. Kurzlebiger, immergrüner, bis 2 m hoher Strauch, rasch wachsend, bei uns meist nur am Grunde verholzend. Blätter 7–11zählig, seidenhaarig. Blüten in langen, lockeren Trauben, schwefelgelb, bei Samenanzucht leider oft mit mehr oder weniger Lila vermischt.

Leider nur in den günstigsten Lagen mit gutem Schutz einige Jahre dauernd, benötigt sehr durchlässige Böden und volle Sonne. Die Blüten duften außerordentlich gut. In Großbritannien werden auch Sorten angeboten, von denen 'Golden Spire' die schönste ist. *L. arboreus* kreuzt sich mit *L. perennis* und ergab dort die gelb blühenden Sorten, daher sind die schön gelb blühenden Pflanzen unbedingt von *L. perennis* bzw. *L. polyphyllus* räumlich zu trennen, sonst gibt es nur mischfarbige Nachzucht.

Ähnlich zu behandeln ist **L. chamissonis** Eschs., die sehr silberig behaart ist, nur 1 m Höhe erreicht und purpurblau im Frühsommer blüht. Sie wird in England für die »silbernen« Beete verwendet.

L. lepidus Dougl. ex Lindl. var. **lobbii** (Gray) C. L. Hitchc. (*L. lyallii* Gray, *L. lobbii* Gray ex Wats., *L. aridus* var. *lobbii* Wats., *L. lyallii* var. *lobbii* C. P. Smith). Westl. N-Amerika: im Gebirge oder Halbsteppen, auf kiesigen, trockenen Böden. Mai–Juni. 10–12 cm hoch, mit teilweise am Boden liegenden Trieben, mattenbildend. Pfahlwurzel kräftig. Blätter 5–7teilig, silberig behaart. Blättchen bis 15 × 4 mm. Blütentrauben zu Blütenbeginn 5 cm, sich später verlängernd. Blüten unterschiedlich blau, meist mit weißer Fahnenmitte.

Ähnlich *L. lepidus* var. *lobbii* sind auch **L. breweri** Gray, **L. ornatus** Dougl. ex Lindl. und **L. torreyi** Gray zu behandeln, von denen Saatgut hin und wieder angeboten wird.

Die Vermehrung ist nur durch Aussaat möglich, die kleinen Sämlinge sollen möglichst rasch getopft und dann ausgepflanzt werden. Die Pflanzplätze sollen steinig-sandig und vollsonnig sein, eine 5 cm hohe Schuttauflage empfiehlt sich. Kultur im Alpinenhaus im Topf möglich, besser im etwas geschützten Trockenbeet, wo auch Selbstaussaat vorkommt.

Lycoris Herb., Amaryllidaceae

Zwischen 8 und 17 Arten, je nach Artabgrenzung, aus China und Japan. Zwiebelpflanzen mit spätsommerlicher Blütezeit, ähnlich *Nerine*. Blütenschaft seitlich aus der Zwiebel erscheinend, Blätter mit oder ohne weißen Mittelstreifen. Blüten in Dolden, radiär oder zygomorph, mit kurzer Kronröhre, Segmente glatt oder gewellt, im Schlund Schuppen.

L. squamigera Maxim. Japan. August–September. 50–70 cm hoch. Blätter riemenförmig, bis 2,5 cm breit, ohne weißen Mittelstreifen. Blüten zu 4–7, radiär, trichterförmig, bis 10 cm lang, hellrosa, Segmente ungewellt.

Ich bezog vor langen Jahren von Van Tubergen das gesamte, damals erhältliche Sortiment an *Lycoris*, kann aber nur über Erfolg bei *L. squamigera* berichten. Diese Art, von der es verschiedene Typen geben soll, wird wie *Amaryllis belladonna* behandelt, also am besten vor einer Mauer ausgepflanzt, während des Blattwachstums kräftig ernährt und dann trocken gehalten. Die frischgepflanzten Zwiebeln, die Narzissenzwiebeln sehr ähnlich sind, brauchen mehrere Jahre um sich einzugewöhnen und sollten viele Jahre unverpflanzt stehen bleiben.

Lysionotus D. Don, Gesneriaceae

20 Arten im O-Himalaja, in O- und SO-Asien. Davon in Kultur:

L. pauciflorus Maxim. China, an sehr verschiedenen Standorten: in Formosa und Jünnan in Wäldern über 2100 m, auf Kalkfelsklippen am S-Hang des Ta pa shan, 1200–1500 m. Mai–Juni. Bis 25 cm hoch, Halbstrauch mit kriechenden Rhizomen. Blätter gegenständig, bis 6 × 2 cm lang, dickfleischig, gekerbt. Blüten glockig, mit fünfteiligem Saum, hängend, weiß mit violett und purpurn, im Schlund mit gelben Schwielen.

Ich besitze die Pflanze zu kurz, um genaue Auskünfte geben zu können. Sie braucht augenscheinlich frostfreies Alpinenhaus, einen humos-durchlässigen Boden und Halbschatten. Die Vermehrung durch Abtrennung der Ausläufer ist leicht, Stecklinge wurzeln ebenfalls leicht.

Mandragora L., Alraune, Solanaceae

6 Arten vom Mittelmeergebiet bis zum Himalaja. Rosettenstauden mit großer, unterirdischer Rübenwurzel. Blüten kurzgestielt, glockenförmig, 5teilig. Früchte orange oder gelbe, fleischige Beeren.

M. officinarum L. Alraune. Spanien bis Israel, N-Afrika (nicht in Frankreich): auf verwilderten Feldern und steinigen Plätzen, gerne im leichten Schatten. April. Pflanze mit dicker, oft gabelig verzweigter (menschengestaltsähnlicher) Wurzel, deren Kopf unter der Erdoberfläche endet. Blätter eiförmig, in einer unregelmäßigen Rosette dem Boden anliegend, zur Blütezeit 15–25 cm lang, sich später bis 40 cm verlängernd, dunkelgrün, fein behaart, oft mit gekräuseltem, gezähnten oder gewellten Blattrand. Blüten kurzgestielt, glockenförmig mit 5 Blumenkronabschnitten, hellviolett bis weißlichviolett. Frucht tischtennisballgroß (2,5–3 cm dick), gelb bis orange. Zur Fruchtzeit im Juli–August sind die Blätter schon vollkommen eingezogen.

In vieler Hinsicht außerordentlich interessante Pflanze, der im Mittelalter viele Geheimnisse angedichtet wurden. Die Vermehrung erfolgt durch Aussaat. Die Pflanzplätze seien halbschattig und tiefgründig-durchlässig. Zur Wachstumszeit braucht die Alraune viel Wasser, in der Ruhezeit will sie trocken stehen. Die beschriebene frühjahrsblühende Form ist leichter zu ziehen, die herbstblühenden brauchen wesentlich mehr Schutz, damit die jungen Früchte sich über den Winter halten können. Sie werden besser ausgepflanzt gezogen und im Sommer gegen zuviel Niederschläge geschützt. Auch während des Winters ist in rauhen Lagen eine leichte Laubdecke zu empfehlen. Von der Aussaat bis zur ersten Blüte vergehen 4–5 Jahre.

Margyricarpus Ruiz et Pav., Rosaceae

10 Arten in den Anden. Niederliegende bis aufrechte, immergrüne Sträucher mit kleinen unscheinbaren Blüten und weißen Beerenfrüchten.

M. pinnatus (Lam.) O. Kuntze (*M. setosus* Ruiz et Pav.). »Pearl Berry«. Chilenische Anden. Niederliegender bis aufstrebender Zwergstrauch, bis 20 cm. Blätter immergrün, bis 18 mm lang, gefiedert. Beeren weiß.

In günstigen Lagen ohne jeden Schutz überdauernd, in harten Wintern aber leidend, deshalb besser abdecken oder im Alpinenhaus pflegen. Kultur in jedem Steingartenboden leicht. Vermehrung durch Aussaat, Saatgut ist in England erhältlich.

Massonia Thunb. ex L. f., Liliaceae

Etwa 45 Arten in S-Afrika. Zwiebelpflanzen mit meist 2 Blättern und dicht gedrängt stehenden Blüten, verwandtschaftlich *Lachenalia* nahestehend.

M. pustulata Jacq. S-Afrika (SW-Kap): sandige und felsige Stellen, vom Meeresniveau bis 2100 m Höhe. Oktober–November. Zwiebelpflanze mit 2 ovalen, bis 10 × 6 cm großem, dicht dem Erdboden angedrückten Blättern. Blattoberfläche dicht mit Warzen besetzt, grün, purpurn oder gescheckt. Blütenstände dicht zusammengezogen, kopfartig, direkt auf den Blättern sitzend, bis 5–6 cm breit. Blüten aufrecht, mit weit herausragenden Staubblättern, weiß oder hellrosa.

Saatgut dieser hübschen Pflanze wird nun schon regelmäßig angeboten. Die Art erinnert irgendwie an das »Lebende Buch«, *Haemanthus albiflos*, aus Großmuttertagen, mit dem zwischen den beiden Blättern herausragenden Rasierpinsel. Kultur in durchlässiger Erde in Töpfen im Alpinenhaus, besser frostfrei, oder extra abgedeckt bei sehr kaltem Wetter.

Matthiola R. Br. corr. Spreng., Levkoje, Cruciferae

Etwa 55 Arten, von den atlantischen Inseln, W-Europa, dem Mittelmeergebiet bis nach Z-Asien, S-Afrika. Kräuter oder Halbsträucher, dicht verzweigt oder mit unterirdischen Ausläufern kriechend, meist amboßhaarig oder filzig. Blätter länglich oder linealisch, ganz oder ausgebuchtet. Blüten in Trauben. Schoten lang und vielsamig.

M. scapifera Humbert. Hoher Atlas: in Felsspalten, über 3000 m. April–Mai. Blätter in Rosetten, bis 7 cm lang, lanzettlich, tief eingeschnitten bis gebuchtet, silberhaarig. Blüten in dichten Trauben, 2 cm breit, lavendelblau.

Diese von J. Archibald eingeführte Pflanze, zur selben Zeit wie *Carduncellus pinnatus* in Kultur genommen, hat sich leider nicht sehr verbreitet. Sie braucht Kultur im Alpinenhaus, in sehr durchlässigen, schotterigen Substraten, ist empfindlich gegen Grauschimmel und scheint sich schlecht vermehren zu lassen.

Mentha L., Minze, Labiatae

10–15 Arten (mit unzähligen, z. T. artgewordenen Bastarden) in den gemäßigten Gebieten der Erde. Aufrechte oder kriechende Kräuter. Blüten klein, meist in Quirlen, achselständig oder in endständigen Ähren. Die Pflanzen duften bei Berührung, bedingt durch den Gehalt an ätherischen Ölen.

M. requienii Benth. (*Menthella requienii* (Benth.) Pér.). Korsika, Sardinien. Juni–September. Kriechendes, bodendeckendes Kraut, selten höher als 2 cm, mit fadenförmigen Stengeln und runden, 1–4 mm breiten, etwas behaarten Blättern. Bei Berührung stark nach Pfefferminze duftend. Blüten 1,5 mm groß, in lockeren, wenigblütigen Quirlen.

Diese durch den Duft sehr auffallende, zwergige Pflanze ist in Mitteleuropa in der Regel nicht winterhart, bildet aber reichlich Samen, wodurch im Laufe des Sommers wieder neue Pflanzen heranwachsen. Im Alpinenhaus überdauern auch ältere Pflanzen, aber auch hier kommt es in strengen Wintern zum Absterben. In meinem Alpinenhaus hat sich *M. requienii* zu einem gerne gesehenen Unkraut auf den Tischen, im Einfüttermaterial Torf, entwickelt, über deren Polster man gerne streicht, um sich an dem erfrischenden Pfefferminzgeruch zu erfrischen. Die Vermehrung erfolgt üblicherweise durch Teilung bzw. Eintopfen der auflaufenden Sämlinge. Die Pflanzen sind so zwergig, daß eine Samenernte in größeren Umfang unmöglich ist.

Merendera Ram., Liliaceae

Etwa 10 Arten, vom Mittelmeergebiet bis Afghanistan, Abessinien. Mit *Colchicum* nahe verwandte Knollenpflanzen, von diesen verschieden durch das bis zum Fruchtknoten geschlitzte Perigon und die drei getrennten Griffel.

M. androcymboides Valdés. SW-Spanien (Serrania de Ronda): auf trockenen Plätzen. Februar–März. Ähnlich *M. attica*, aber Blätter 6–12 mm breit und Segmente 1,5–2 mm breit, rosa.

M. attica (Sprun. ex Tommasini) Boiss. et Sprun. (*M. rhodopaea* Velen.). S-Bulgarien, S-Griechenland: trockene Plätze. August–September. Knolle 2 cm dick, ohne Ausläufer. Blätter bis 17 cm × 3–5 mm, mit den Blüten erscheinend. Blüten zu 2–3. Segmente 15–25 (–45) × 2–4 mm, rosa.

M. filifolia Camb. SW-Europa: sandige Böden. August–September. Knolle bis 2 cm dick. Blätter bis 15 cm × 3 mm, mit den Blüten erscheinend. Blüten einzeln. Segmente 25–40 × 2,5–5 mm, rosa.

M. hissarica Regel. Z-Asien (Pamir Alai, Tienshan), N-Afghanistan: auf steinigen Plätzen, 2400–4000 m. Februar–März. Knolle bis 2 cm groß, ohne Ausläufer. Blätter bis 15 cm × 5 mm, mit den Blüten erscheinend. Blüten zu 1–2. Segmente 25–40 × 5–7 mm, weiß. Antheren weit herausragend. Hat sich in Großbritannien gut kultivieren lassen, aber nicht vermehrt.

M. kurdica Bornm. O-Türkei, Iran. Februar–März. Ähnlich *M. trigyna*, aber mit breiteren Blättern und Segmenten.

M. pyrenaica (Pourr.) P. Fourn. Iberische Halbinsel, Z-Pyrenäen: trockene Plätze. August–September. Knolle bis 3 cm dick. Blätter bis 22 cm × 8 mm, gewöhnlich nach den Blüten erscheinend. Blüten zu 1–2. Segmente 30–45 (–65) × 6,5 (–11) mm, rosa. Verbreitetste und auch im Steinbeet gut zu ziehende Art, braucht nur wenig Schutz.

M. sobolifera C. A. Mey. Mittlere und östl. Balkanhalbinsel, Kleinasien, Iran. Februar–März. Knolle bis 15 mm lang, mit Ausläufern. Blätter bis 15 cm × 6–8 mm, mit den Blüten erscheinend. Blüten zu 1–2. Segmente bis 40 × 8 mm, weiß.

M. trigyna (Adams.) Woronow. Türkei, Iran, Kaukasus: in schweren Böden, sommers sehr trocken. Februar–März. Knolle bis 3,5 cm dick. Blätter bis 15 cm lang, sich mit den Blüten entwickelnd. Blüten zu 2–5, mit schmalen Segmenten, weißlichrosa bis rosa. Sehr oft aus der Türkei in Sammlungen.

Alle *Merendera* sind wegen ihrer Kleinheit ideale Objekte für die Kultur im Alpinenhaus, wo sie oft schon im Februar blühen. Sie verlangen eher schwerere Substrate und wollen im Sommer absolut trocken stehen. Sie werden am besten durch Aussaat vermehrt, es dauert meist 4–5 Jahre vom Aufgang bis zur Blüte. Nur *M. pyrenaica* kann im trockenen Steinbeet auch im Freien versucht werden.

Microcachrys Hook. f., Maulbeerwacholder, Podocarpaceae

Monotypische Gattung:

M. tetragona Hook. f. Tasmanien, im Gipfelbereich zweier Gebirge, in *Sphagnum*-Sümpfen. Schuppig beblätterter, ausgebreitet wachsender Strauch, bei uns bis 50 cm breit. Triebe kriechend bis aufstrebend, am Ende etwas bogig überhängend, dicht mit gelblichgrünen, in vier Reihen angeordneten Schuppen bedeckt. Einhäusig. Weibliche Zapfen zur Reifezeit fleischig werdend und an rote oder gelbrote Maulbeeren erinnernd, etwa 1 cm lang.

Die Art hat unter leichtem Schutz über ein Jahrzehnt in meinem Garten durchgehalten. Sie braucht zur Wachstumszeit entsprechende Bodenfeuchtigkeit, dabei aber einen humos-steinigen, durchlässigen Boden, und leidet bei sommerlicher Bodentrockenheit sehr, etwas Schlagschatten ist deshalb angebracht. Die Vermehrung erfolgt durch Stecklinge oder Aussaat. Meine Kulturerfahrungen beschränken sich auf jenen Klon, der im Botanischen Garten Nymphenburg in Kultur ist. Bei diesem scheint es sich um einen eher langsamwüchsigen Typ zu handeln, da in australischer Literatur Auspflanzentfernungen von 1 m empfohlen werden, die ich aufgrund meiner Erfahrungen als viel zu weit empfinde.

Mimulus L., Gauklerblume, Scrophulariaceae

Etwa 120–150 Arten in den außertropischen Gebieten der Erde, die meisten im westl. N-Amerika, einige in O-Afrika, Asien und Australien. Niedrige Kräuter oder selten Sträucher. Blätter gegenständig, ungeteilt, ganzrandig oder gezähnt, selten eingeschnitten. Blüten zumeist einzeln achselständig, bisweilen traubig, mit einer Kronröhre und einer 2lappigen Ober- und einer 3lappigen Unterlippe, sehr verschieden gefärbt.

M. 'Andean Nymph'. S-Amerika. Unter dieser Sortenbezeichnung läuft eine rosablühende Form, die durch die Sammeltätigkeit von Watson aus den Anden zu uns kam. 10–15 cm. Triebe niederliegend-aufstrebend, Blätter oval, gekerbt. Blüten an kurzen Stielen aus den Blattachseln, 2 cm breit, rosa und weiß mit dunklen Punkten. Braucht etwas Schutz. Vermehrung durch Stecklinge und Aussaat.

M. cupreus hort. ex Dombr. Chile. Juli–September. 6–20 cm hoch, Triebe niederliegend und an den Knoten wurzelnd. Blätter klein, gezähnt, zumeist mit 3 Nerven. Blüten zu 1–6 achselständig, 2–4 cm lang, kupferrot, zu goldgelb verbleichend.

Von dieser Art gibt es, vor allem in Großbritannien, wo die Art gut hart ist, eine Fülle von Sorten, die einander sehr ähneln, so z. B. 'Bees' Dazzler', 'Brilliant', 'Fireflame', 'Red Emperor' und 'Whitecroft Scarlet', die beiden letzten vielleicht identisch. 'Burnetii' (*M.* × *burnetii* hort.) ist eine Kreuzung zwischen *M. cupreus* und *M. luteus*, etwas höher und gelb mit roten Flecken gefärbt.

M. primuloides Benth. Westl. USA (Washington bis Kalifornien): im Gebirge. Juli–September. Durch zahlreiche ober- und unterirdische Ausläufer dichte Rasen bildend. Blätter in rosettigen Büscheln, verkehrt-eirund bis lanzettlich, zuerst weichhaarig, später kahl, bei manchen Formen immer dichthaarig bleibend. Blüten einzeln an fadendünnen Stengeln, 12–15 mm groß, goldgelb. Im Freien nur bei gutem Schutz, sowohl vor Kälte als auch vor Nässe.

M. tilingii Regel. var. **caespitosus** (Greene) A. L. Grant. Westl. USA (Oregon, Washington, Montana, und weiter östlich): im Gebirge, an sehr feuchten Stellen. Juni–Juli. Bis 8 cm hoch, zumeist aber niedriger, dichte Rasen bildend. Blätter klein, rundlich. Blüten einzeln oder zu zweit achselständig, reingelb, bis 2 cm breit.

Diese Art ist durch ihre Winterknospenbildung interessant: im Laufe des Herbstes bilden sich an den Trieben runde, grüne, kugelförmige Überdauerungsknospen, aus denen im Frühjahr dann rasch neue Teppiche heranwachsen. Nur für den Kasten und das Alpinenhaus, im Freien nicht hart.

Moraea Mill. corr. L., Iridaceae

Etwa 90 Arten in Afrika, vom Kapland bis nach Äthiopien und auf den Maskarenen. Sehr nahe mit *Iris* verwandt, unterschieden durch das Fehlen der Kronröhre. Knollenpflanzen, Knolle mit faseriger Hülle, oft nur mit einem Blatt.

M. alticola Goldblatt. Drakensberge von Natal und Lesotho, bis 3300 m. Juli–August. Ein grundständiges Blatt, bis 70 × 3 cm, mit dickem Rand, am Blatt- und Stielgrund eine hellbraune Faserscheide. Blütenstiele bis 60 cm, 4blütig. Blüten 8–10 cm groß, hellgelb, dunkler in der Mitte der Hängeblätter.

M. spathulata (L. f.) Klatt (*M. spathacea* (Thunb.) Ker-Gawl.). Südl. und östl. S-Afrika, von 30–3000 m. Sehr variabel, in Kultur nur ssp. **spathulata**. Juni–Juli. Einblätterig, Blatt schmal, graugrün. Blütenstiele bis 1 m, mehrblütig. Blüten 6–8 cm groß, leuchtendgelb, manchmal mit dunkleren Flecken in der Mitte der Hängeblätter.

M. alticola scheint auch feuchtere Böden zu vertragen, *M. spathulata* braucht gute, eher trockene Gartenböden, beide lieben volle Sonne. Die Blätter sind immergrün und leiden in strengen Wintern. Der Boden um die Knollen muß abgedeckt werden, die Blätter werden mit etwas Schilf oder Maisstengeln an einen Stab gebunden. Es bilden sich langsam Horste. Die Vermehrung erfolgt durch Aussaat, die erste Blüte kann man 4–5 Jahre nach dem Aufgang erwarten.

Morisia J. Gay, Cruciferae

Monotypische Gattung:

M. monanthos (Viv.) Aschers. (*M. hypogaea* J. Gay). Korsika, Sardinien. April–Juni. Kleine, stengellose Rosettenstaude mit 5–7 cm langen, schrotsägezähnig eingeschnittenen Blättern und kurzgestielten, in den Blattachseln einzeln stehenden, 1,5 cm breiten, gelben Blüten. Früchte nach meiner Erfahrung nur selten ausgebildet. In England die Sorte 'Fred Hemingway' mit größeren Blüten.

Literatur: Jordan, M. (1987): Morisia monanthos (Viv.) Asch. 'Fred Hemingway' A. M. Bull. A. G. S. 55 (4): 338.

Kultur in magerem, sandigen Boden in voller Sonne, am besten unter Schutz, obwohl nach strengen Wintern immer gut aus den Wurzeln wieder austreibend. Verwendung an geschützten Stellen des Steingartens, in Trögen oder im Alpinenhaus. Vermehrung durch Wurzelschnittlinge sehr leicht. Riecht deutlich nach Kohl (Wirsing).

Nahe verwandt ist die marokkanisch-algerische *Raffenaldia primuloides* Godr. (*Cossonia africana* Durieu), eine sonnenliebende, lockere Büsche bildende Pflanze mit bis 2 cm breiten gelben, während des Sommers erscheinenden Blüten an 10 cm hohen Stengeln. Nur fürs Alpinenhaus.

Muscari Mill., Traubenhyazinthe, Liliaceae

Etwa 50 Arten, vor allem im Mittelmeergebiet. Kleine, frühlingsblühende Zwiebelpflanzen mit wenigen grundständigen, linealischen, etwas fleischigen Blättern und dichtgedrängten, endständigen Trauben kleiner, meist blauer Blüten. Die Blüten an der Traubenspitze sind meist unfruchtbar und bei der Untergattung *Leopoldia* besonders lang und auffällig ausgebildet.

M. massayanum Grunert. S- und O-Anatolien: kalkreiche Felder und Schutthalden, trockene Kiefernwälder, 800–2000 m. Mai–Juni. Zwiebel sehr klein, bis 1 cm im Durchmesser, ohne Nebenzwiebeln. Blätter 2–4, bis 25 cm × 10–25 mm, tief gekielt, bläulich. Blütenschaft bis 22 cm. Blütenstiele der fruchtbaren Blüten nur 0,5–4 (–6) mm. Fruchtbare Blüten in der Knospe rosa bis violett. Unfruchtbare Blüten rosa oder leuchtend violettrosa.

Herrliche *Leopoldia-Muscari*, die leider nur selten und zu hohen Preisen angeboten wird. Kultur am besten im Alpinenhaus, bei hohen Luftfeuchtigkeiten sind die Blattspitzen grauschimmelanfällig. Vermehrung nur durch Aussaat, Samen werden auch nach Selbstung angesetzt.

Auch die Moschus-Traubenhyazinthen fühlen sich im Zwiebelkasten oder im geschützten Beet sehr wohl und blühen reicher, so *M. macrocarpum* Sw. oder *M. moschatum* Willd. mit den süßduftenden Blüten.

Myosotis L., Vergißmeinnicht, Boraginaceae

Etwa 50 Arten im gemäßigten Europa, in Asien, Amerika, S-Afrika, Australien und Neuseeland. Einjährige, zweijährige oder staudige Kräuter mit wechselständigen, oft haarigen Blättern. Blüten in trauben- oder ährenförmigen Wickeln, ohne Deckblätter, seltener am Grunde mit sehr wenigen blattartigen Deckblättern, blau, rosa, weiß oder gelb (bis braun).

M. australis R. Br. Neuseeland: N- und S-Insel, 500–1500 m. Mai–Juni. Sehr variable Bienne bis Staude mit grünlichbraunem Laub. Blätter dünn, 2–6 cm × 4–12 mm, oberseits haarig. Blütenstände bis 25 cm hoch. Blüten gelb (oder weiß).

M. colensoi (Kirk) Ckn. et Allan. Neuseeland: S-Insel. April–Mai. Sehr ähnlich *M. decora*, unterschieden durch geringfügig andere Behaarung.

M. decora Kirk. Neuseeland: S-Insel. April–Mai. Rasenbildend, selten höher als 3 cm. Blätter zu Rosetten zusammenstehend, 20–30 mm lang, oberseits striegelhaarig. Aus den Achseln niederliegende Ausläufer und Blütentriebe, die am Ende auch mit einer Rosette abschließen. Blüten reinweiß, 8–9 mm groß.

M. explanata hort. s. *M. colensoi*. Die echte *M. explanata* Cheesem. ähnelt *M. macrantha*, besitzt aber weiße (selten blaue) Blüten mit 6–10 mm langer Kronröhre.

M. macrantha (Hook. f.) Benth. et Hook. f. Neuseeland: S-Insel, 600–1500 m. Mai–Juni. Sehr variable, kurzlebige Staude. Blätter 3–12 × 0,6–2 cm, oberseits behaart. Blattstiel mit steifen Haaren bedeckt. Blütenstände bis 30 cm. Blüten mit 10–15 mm langer Kronröhre, sehr unterschiedlich gefärbt: braungelb, braunorange, rötlichbraun oder bläulichgrün, gewöhnlich glänzend.

M. pulvinaris Hook. f. Neuseeland: S-Insel, 1300–1900 m. April–Mai. Polsterbildend, bis 10 cm breit. Blätter 5–7 × 3–5 mm, seidenhaarig. Blüten einzeln am Ende der kurzen Triebe, reinweiß.

M. pygmaea Col. Neuseeland: N-, S- und Stewart-Insel, vom Meer bis 1700 m. April–Mai. Variable, kurzlebige Staude, bis 8 cm hoch, sehr verschieden dicht im Wuchs. Blätter grün oder bräunlich, bis 4 cm lang, oberseits striegelhaarig. Blüten in kurzen Blütenständen, weiß, 0,5–3 mm groß.

M. rakiura L. B. Moore. Neuseeland: S- und Stewart-Insel, auf Felsen beim Meer. Mai–Juni. Rosettenstaude. Blätter eilänglich-spatelförmig, bis 12–2 cm, an der Spitze abgerundet, dicht und kurz behaart, fleischig. Blüten klein, weiß, in zuerst kopfigen, später verlängerten Blütenständen, bis 25 cm.

M. rehsteineri Wartm. (*M. caespitosa* K. F. Schultz ssp. *rehsteineri* (Wartm.) Nym., *M. caespititia* (DC.) Kerner, *M. palustris* ssp. caespititia (DC.) E. Baumann). Alpen und Vorland, Bodensee, am Ufer und im Überschwemmungsbereich von Seen. April–Mai. Staudig, bis 5 (–8) cm. Blätter länglich, stumpf, spärlich angedrückt behaart. Blütenstand im unteren Bereich beblättert. Blüten 4–5 mm, hellhimmelblau.

Bis auf die letzte Art sind alle angeführten Vergißmeinnicht-Arten Neuseeländer. Diese sind etwas nässeempfindlich, doch bei sorgfältiger Standortwahl ohne oder mit nur leichtem Schutz im Freiland möglich. Am empfindlichsten (und besser im Kasten oder Alpinenhaus untergebracht) sind *M. australis, M. explanata* (echt!) und *M. macrantha, M. rakiura* ist für eine auf Meeresniveau wachsende Pflanze überraschend hart. Alle diese wollen durchlässige, steinig-sandig-humose Mischungen, sie werden durch Aussaat, selten Stecklinge vermehrt. *M. rehsteineri* gedeiht am besten in reinem Torf oder sehr humusreichen, feuchten Mischungen und braucht in warmen Gebieten sommers etwas Schatten. Teilung oder Aussaat.

Myrsine L., Myrsinaceae

Etwa 200 Arten in den Tropen und Subtropen, nach gängiger Ansicht werden auch die Arten der Gattungen *Rapanea* Aubl. und *Suttonia* A. Rich. zu *Myrsine* gerechnet, wodurch sich die hohe Artzahl erklärt. Immergrüne Sträucher oder kleine Bäume mit kleinen Blättern. Blüten 5teilig, mit kurzer Kronröhre, Frucht eine erbsengroße, einsamige, fleischige oder trockene Beere.

M. nummularia Hook. f. Neuseeland: N-, S- und Stewart-Insel, 600–1500 m. Kleiner, kriechender Strauch mit rötlichbraunen Trieben, bis 50 cm lang. Blätter dicklich, rundlich, bis 12 (–15) mm lang, rotbraun-grünlich, dicht mit Öldrüsen besetzt. Blüten klein, sternförmig, einzeln oder in Büscheln in den Blattachseln. Früchte beerenartig, zuerst grün, dann sich vergrößernd und violett werdend.

Im Alpinenhaus alle, bis auf die strengsten Winter durchhaltend, in günstigen Lagen mit leichtem Schutz im Freien. Vermehrung durch Aussaat.

Myrtus L., Myrte, Myrtaceae

Etwa 100 Arten, die meisten davon im außertropischen, wenige im tropischen S-Amerika, in Australien und Neuseeland und eine im Mittelmeergebiet. Immergrüne Sträucher oder kleine Bäume mit gedrängt stehenden, gegenständigen, lederigen, durchscheinend punktierten Blättern. Blüten einzeln oder in kurzen Trauben. Kelchblätter 4–5, Kronblätter 4–5, Staubblätter viele. Frucht eine 1–3fächerige Beere.

M. nummularia Poir. Falkland-Inseln, Magellan-Straße. Blüte im Juli, Früchte September–November. Niederliegender Zwergstrauch mit bis 30 cm langen Trieben. Blätter dunkelgrün, glänzend 5 × 4 mm, an den Langtrieben manchmal nur beinahe gegenständig, in den Achseln meist 2 weitere Blätter bringend. Die Blüten sind weiß, etwa 8 mm groß, und stehen an kurzen Seitentrieben. Beeren abgeflacht-rund, weiß, rosa überhaucht, 7–9 mm groß.

Hübscher, humusliebender Bodendecker für sonnige Stellen im Steinbeet oder das Alpinenhaus, durch Blüten und Früchte gleichermaßen auffallend. In Mitteleuropa nur unter Schutz hart. Vermehrung durch Stecklinge oder Aussaat.

Narcissus L., Narzisse, Amaryllidaceae

Etwa 30 Arten, überwiegend im westl. Mittelmeergebiet, ausstrahlend nach Mitteleuropa, das östl. Mittelmeergebiet, *N. tazetta* bis nach China und Japan. Zwiebelpflanzen mit linealischen oder riemenförmigen, gleichzeitig mit dem Blütenschaft oder später erscheinenden Blättern. Blüten meist zu mehreren doldig, bisweilen einzeln. 1 Hüllblatt, am Grunde mehr oder weniger röhrig. Blütenhülle tellerförmig, mit zylindrischer, kaum in einen Schlund erweiterter, seltener schmalglockiger Röhre. Abschnitte gleich oder etwas ungleich, eirund bis länglich oder seltener schmal. Nebenkrone an der Spitze der Röhre aufrecht, bald groß, röhrig oder glockig, bald kürzer und breit-becherförmig, bisweilen auch zu einem wenig hervortretenden Ring verkümmert, immer aber ungeteilt, am Rande ganz, gezähnt oder gefranst. Staubblätter 6. Kapselfrucht, Samen zumeist glänzendschwarz, teilweise mit Anhängsel. Nomenklatur schwierig. Die folgende Übersicht ist zweifellos unvollständig.

M. asturiensis (Jordan) Pugsley (*N. minimus* hort.). N-Portugal, NW- und nördl. Z-Spanien, auf steinigen Wiesen, bis 2000 m. März–April. Bis 10 cm. Blätter 2–3, graugrün, riemenförmig, bis 5 mm breit. Blüten 1,5–2 cm lang, gelb, Nebenkrone und Abschnitte gleichlang.

N. bulbocodium L. (*Corbularia bulbocodium* (L.) Haw.). Reifrock-Narzisse. Spanien, Portugal, SW-Frankreich, Algerien, Marokko, in Gesträuch, felsigen Plätzen und auf torfigen, feuchten Böden. Januar–April. Sehr variable Art. Blätter fadenförmig bis schmal-lineal. Krone trichterförmig, am Rand mehr oder weniger gekräuselt, Abschnitte schmal, weiß bis dunkelgelb. Staubfäden immer gekrümmt und ungleich. Es werden folgende Unterarten und Varietäten unterschieden:
ssp. **bulbcocodium** var. **bulbocodium**. SW-Frankreich, Spanien, Portugal und NW-Afrika: bis 2600 m, nahe Wasserläufen in der alpinen Zone oder in flacher Erdschicht über Kalkfelsen, oft in leichtem Schatten. März–April. Bis 15 cm hoch. Blätter aufrecht, 1–2 mm breit. Blüten goldgelb, bis 3 cm lang.
ssp. **bulbocodium** var. **citrinus**. NW-Spanien. Blüten primelgelb, bis 5 cm lang. Robust und für die Kultur im Freiland geeignet.
ssp. **bulbocodium** var. **conspicuus**. Robuste Varietät mit tiefgelben Blüten, schwierig von var. *bulbocodium* zu unterscheiden, Blütenstiel länger als 2 cm und Krone bis 3,5 cm. Geeignet zur Verwilderung im Freien, bei uns am besten im Moorbeet oder dünnem Gras.
ssp. **bulbocodium** var. **obesus**. W- und S-Portugal. Blätter am Boden liegend, geringelt. Blüten tiefgelb, Krone weittrichterig, bis 3,5 cm im Durchmesser. Gut für den Steingarten geeignet, in rauhen Lagen besser unter Schutz.
ssp. **bulbocodium** var. **nivalis**. Nur 6–8 cm hoch. Blätter schmal-linealisch, oft niederliegend oder halbaufrecht. Krone gelb, 2 cm groß. Alpinenhaus.
ssp. **romieuxii** (Br.-Bl. et Maire). Oft schon im Januar–Februar blühend, nur für das Alpinenhaus. Marokko: Atlasgebirge. Blätter schmal-linealisch, aufrecht. Blüten hell schwefel- oder zitronengelb, Staubfäden herausragend.

N. cantabricus DC. (*N. clusii* Dunal). Sehr ähnlich *N. bulbocodium*, aber weißblühend. Es werden folgende Unterarten und Varietäten unterschieden:
ssp. **cantabricus** var. **cantabricus**. S-Spanien, Marokko, in Eichen- und Kiefernwäldern, über Kalk. Februar–März. 2–3 (–4) riemenförmige Blätter. Blüten trichterig, weiß, bis 2,5 cm lang.

ssp. **cantabricus** var. **petunioides.** Blüten fast vollkommen flach, 3,5–4 cm breit, weiß, Krone am Rand gewellt. Selten und herrlich schön.
ssp. **monophyllus** (Dur.) A. Fernandes. N-Marokko, Algerien, in Eichen- und Kiefernwäldern, über Kalk. Ähnlich ssp. *cantabricus*, aber nur mit einem Blatt.
ssp. **monophyllus** var. **foliolosus.** Ähnlich voriger, aber mit 3–8 Blättern je Zwiebel.

Alle *N. cantabricus* sind bei uns im Freien nicht zu halten und sollten in Töpfen, in kalkreichen, durchlässigen Mischungen, im Alpinenhaus gezogen werden. Erfolge sind auch in eigenen Zwiebelbeeten möglich, die nur diesen oder ähnlichen Zwiebeln gedacht sind.

N. calcicola W-Portugal. März–April. Blätter schmal-linealisch, gräulich. Schaft bis 15 cm, mit bis zu 5 dunkelgelben Blüten. Blüten 1,5–2 cm im Durchmesser, Krone bis 5 mm lang. Süßduftende Zwerg-Jonquille.

N. cuatrecasasii Casas, Lainz et Ruiz Rejon (*N. rupicola* ssp. *pedunculatus* (Cuatrec.) Lainz ex Meikle). Z-Spanien, auf felsigen Stellen im Gebirge, gewöhnlich über Kalk. März–April.

Ähnlich *N. rupicola*, aber dunkler gelb und mit 9–12 mm langem Blütenstiel. Besser unter Schutz.

N. elegans (Haw.) Spach. W- und S-Italien, Sizilien, Marokko. September–Oktober. Blätter schmal-linealisch, zur Blütezeit vorhanden. Schäfte bis 20 cm mit 1–6 duftenden Blüten an langen Blütenstielen. Blüten bis 3 cm breit, Abschnitte weiß und ziemlich schmal, Krone sehr klein, nur 1 mm tief, orange. Sehr heikel, braucht heißeste Sommerruhe und Kultur im frostfreien Alpinenhaus.

N. gaditanus Boiss. et Reut. S-Spanien, S-Portugal, steinige Plätze. März–April. Blätter linealisch, etwas grau bereift. Schäfte bis 8 (–10) cm, bis 4blütig. Blüten goldgelb, jonquillenartig, mit sehr verschieden langen Blütenstielen. Alpinenhaus oder Zwiebelkasten.

Oben: *Tradescantia longipes* im Kasten.

Unten links: *Tchihatchewia isatidea* am natürlichen Standort bei Erzerum in der Nordosttürkei.

Unten rechts: *Townsendia exscapa* im winters mit Hartplastik gedeckten Steinbeet.

N. hedraeanthus (Webb et Held.) Colmeiro. SO-Spanien, vor allem Sierra de Cazorla, auf steinigen Plätzen, über 1500 m. März–April. Nahe mit *N. bulbocodium* verwandt, aber verschieden durch geringe Größe, weit herausragende Filamente, gebogenen Blütenschaft und hellgelbe Blütenfarbe.

N. marvieri Johand. et Maire. Marokko. Ähnlich *N. watieri*, aber Blüten hellgelb.

N. papyraceus Ker-Gawl. (*N. tazetta* ssp. *papyraceus* (Ker-Gawl.) Nichols.). Paperwhite-Narzisse. S-Frankreich bis Dalmatien. Januar–März. Bekannte Treibzwiebel. Blüten reinweiß, bis 4 cm breit, zahlreicher (8–10) und stärker duftend als bei *N. tazetta*. Weiterkultur nur bei extremer Trockenhaltung und Kultur im frostfreien Alpinenhaus möglich.

N. requienii M. J. Roemer (*N. juncifolius* auct., *N. assoanus* Dufour). S-Frankreich, O- und S-Spanien, auf felsigen Hügeln, oft über Kalk. April. Bis 15 (–20) cm. Blätter schmal, halbzylindrisch, grün, zu mehreren. Blüten zu 1–5, 2–2,5 cm breit, tiefgelb, schwer duftend. Krone flach, schalenförmig, Kronröhre bis 2 cm. Im Steinbeet unter leichtem Schutz unschwer.

Ähnlich, jedoch in allen Teilen größer ist **N. jonquilla** L. aus S-Europa, Vorderasien und Algerien. Nach meiner Erfahrung etwas weniger hart.

N. rupicola Dufour. Z-Spanien, N-Portugal, auf felsigen Plätzen und auf steinigen Berghängen, bis 2000 m, gewöhnlich über Silikat. März–April. Ähnlich *N. requienii*, aber nur 10–12 cm hoch und einblütig. Leicht im Steinbeet, braucht keinen kalkfreien Boden.

Oben: *Wulfenia orientalis* (ACW 2388) im Steingarten des Botanischen Gartens Graz. Diese Form ist, ideal durchlässig gepflanzt, härter als andere Formen, wenn auch nicht so lang in den Blütenröhren.

Mitte links: *Zinnia grandiflora* und *Eriogonum caespitosum* im winters mit Vlies gedeckten Steinbeet.

Mitte rechts: *Verbascum acaule (Celsia acaulis)* im Kasten.

Unten links: *Viola delphinantha* in einem großen Tuffblock im Garten F. Hadacek, Wien (Foto F. Hadacek).

Unten rechts: *Viola pedata* im Alpinenhaus.

N. scaberulus Henriq. Portugal. März–April. Ähnlich *N. gaditanus*, aber meist mit 1–2 dunkelgelben Blüten. Blätter mit zwei rauhen Kielen.

N. tazetta L. Tazette. Mittelmeergebiet bis Japan. Sehr verschieden. Folgende Unterarten werden unterschieden:
ssp. **aureus** (Loisel.) Baker. S-Frankreich, NW-Italien und Sardinien. März–April. Krone bis 4 cm breit, zitronengelb, Abschnitte eirund und dachziegelartig deckend. Nebenkrone ganzrandig, dicklich, etwas dunkler gelb als die Abschnitte. Dazu gehört die im Handel erhältliche Sorte 'Soleil d'Or'.
ssp. **italicus** (Ker-Gawl.) Baker (*N. tazetta* ssp. *lacticolor* (Haw.) Baker, *N. canaliculatus* hort.). Nördl. und östl. Mittelmeergebiet, gerne im Gebirge. März–April. Bis 25 cm hoch. Blätter grün, fast flach. Blütenschaft scharf 2kantig. Krone bis 5 cm breit, fast weiß. Nebenkrone zitronengelb, 6–7 mm lang. Relativ hart und auch im Freien in günstigen Lagen versuchswert.
ssp. **tazetta**. Westl. Mittelmeergebiet bis Japan. Februar bis März. Blüten in bis 7blütiger Dolde. Abschnitte reinweiß, Nebenkrone zitronengelb.

N. triandrus L. Engelstränen-Narzisse. Spanien, Portugal, in Gesträuch, lichten Wäldern und steinigen Hügeln. März–April. 10–20 (–25) cm hoch. Blätter gräulich, schmal-linealisch bis halbzylindrisch. Blüten weiß bis gelb, in bis zu 5blütigen Dolden. Blüten nickend, Abschnitte zurückgeschlagen, Nebenkrone kurz bis mittellang, bauchig. Staubbeutel in 2 Höhen inseriert, von außen nur 3 (triandrus!) sichtbar. Es werden verschiedene Unterarten und Varietäten unterschieden:
ssp. **triandrus** (*N. cernuus* Salisb.). N-Portugal, N-Spanien. Blüten weiß bis cremefarben, Abschnitte bis 3 cm, Krone lang. Besonders schön durch die großen Blüten.
ssp. **pallidulus** (Graells) D. A. Webb (*N. concolor* (Haw.) Link). Portugal, Z-, S- und O-Spanien. Blüten gelb bis cremefarben, Abschnitte bis 18 mm, Nebenkrone etwa gleichlang.
ssp. **capax** (Salisb.) D. A. Webb. (*Queltia capax* Salisb., *N. capax* (Salisb.) Schultes et Schultes fil.). Ähnlich ssp. *triandrus*, aber Nebenkrone 15–25 mm. NW-Frankreich (Îles de Glenans).

N. triandrus in allen Formen ist im Steinbeet leicht und braucht nur geringen Schutz. Es sind aber ideale Zwiebeln für den Topf und die Kultur im Alpinenhaus. Vermehrung durch Aussaat leicht. Besonders schön auch die zahlreichen zwergigen Hybriden, wie z. B. 'Hawera'.

N. viridiflorus Schousboe. SW-Spanien, Marokko, auf beiden Seiten der Straße von Gibraltar, auf feuchten Feldern. Oktober–November. Zur Blütezeit blattlos, Schaft bis 25 cm, bis 6blütig. Blüten leuchtendgrün, 1,5–3 cm groß, mit schmalen Abschnitten, Nebenkrone klein, 6teilig. Blütenkronröhre bis 2 cm lang. In der Kultur schwierig, braucht eine heiße, trockene Sommerruhe und Winterkultur im frostfreien Alpinenhaus.

N. watieri Maire. Marokko, Atlasgebirge, im Wald und auf grasigen Plätzen, 1800–2600 m. April. Bis 10 cm hoch, 1blütig. Blätter grau bereift, schmal-lineal. Blüten bis 2,5 cm im Durchmesser, reinweiß, mit kurzer Krone. Besser im Alpinenhaus.

Die angeführten Narzissen sind überwiegend kleinwüchsig und für die Kultur in Töpfen hervorragend geeignet. Sie brauchen eine gute Sommerruhe, während der sie vollkommen trocken gehalten werden. Die Vermehrung erfolgt durch Nebenzwiebelabnahme oder Aussaat. Spät erhaltene Samen liegen ein Jahr über.

Nassauvia Comm. ec Juss., Compositae

Etwa 70 Arten in dèn S-Anden. Niedere, polsterbildende, hartblätterige Stauden mit dichtstehenden, vierzeilig angeordneten Blättern. Blütenköpfchen klein, Zungenblüten weiß, kurz. Köpfchen zu mehreren in endständigen Doldentrauben angeordnet.

N. aculeata Poepp. et Endl. und **N. revoluta** D. Don, beide aus Chile, sind die beiden noch am ehesten anzutreffenden Arten. Beide bilden dichtbeblätterte, kerzenartige, sehr harte Triebe, die sich von der Basis verzweigen. Kultur ausgesprochen schwierig. Vermehrung durch Aussaat und Stecklinge. Nur für das Alpinenhaus.

N. gaudichaudii Cass. ex Gaudich. Falkland-Inseln. Juni. Polsterförmig. Blätter etwa 8–10 mm lang, dicklich, gekrümmt. Köpfchen klein, meist mit 5 Zungenblüten, knapp über dem Polster. Diese erst kürzlich eingeführte Art hat sich im Alpinenhaus in sehr durchlässigem Substrat recht gut bewährt und kann sehr leicht durch Stecklinge vermehrt werden.

Literatur: Dryden, K. N. und Erskine, P. (1986), Nassauvia gaudichaudii Cass. ex Gaudich. P.C., Bull. A. G. S. 54 (4): 370–371, mit SW-Abb. auf S. 366.

Nemastylis Nutt., Iridaceae

Etwa 25 Arten in Amerika. Ausdauernde Zwiebelpflanzen mit verlängerten, linealischen, gefältelten Blättern. Blüten kurzlebig, verhältnismäßig groß, in 2blütigen Spathen am Ende der Zweige. Krone blauviolett, lavendel, purpurn oder selten weiß. Griffel kurz, an der Basis vereinigt, in 6 Teile gespalten.

N. geminiflora Nutt. (*N. acuta Herb.*). USA (Montana und Kansas bis Tennessee, Lousiana und Texas): auf Prärien und offenen Hängen. Mai–Juli. Zwiebel kugelig bis eiförmig, 1,5–2 cm groß. Blütenstände bis 50 cm hoch, mit 3–4 Blättern, verzweigt. Blüten 4–6 cm breit, nur wenige Stunden am Vormittag geöffnet, hell violettblau.

In der Blüte an *Tigridia* oder *Patersonia* erinnernd. Für das geschützte Beet oder den Zwiebelkasten. Vermehrung durch Aussaat. Es gibt auch eine kompakte Form, die nur 25–30 cm Höhe erreicht.

Neopaxia Ö. Nilss., Portulacaceae

Monotypische Gattung:

N. australasica (Hook. f.) Ö. Nilss. (*Claytonia australasica* Hook. f.). Temp. S-Australien, Tasmanien, Neuseeland: N-, S- und Campbell-Insel, immer auf erodierten oder wenig bewachsenen, nassen bis feuchten Stellen, vom Tiefland bis in die alpine Zone. Mai–Juni. Reichverzweigtes, niederliegendes Kraut mit fleischigen, bis 5 mm dicken Trieben. Blätter wechselständig, bis 4 cm lang, linealisch oder eilanzettlich, an der Blattspitze mit einer auffälligen Wasserspalte, grün oder bläulich bereift. Blüten meist einzeln in den Blattachseln, bis 2 cm groß, weiß oder hellrosa.

Neopaxia wächst auf der Oberfläche von feuchten, torfigen Substraten leicht, erreicht aber in Mitteleuropa nie die Blühwilligkeit der natürlichen Standorte. Vermehrung durch Teilung der niederliegenden, wurzelnden Triebe leicht. Im Freien nur in winters geschützten Moorbeeten, sonst im Alpinenhaus, nie bedrängen lassen, das verträgt die Pflanze nicht.

Nerine Herb., Amaryllidaceae

Etwa 40 Arten in S-Afrika, sowohl aus den Sommer-, als auch aus den Winterregengebieten. Zwiebelpflanzen mit riemen- bis fadenförmigen Blättern, meist mit den Blüten oder erst später erscheinend. Blütenschäfte voll. Blüten in mehrblütigen Dolden, mit meist gekräuselten Abschnitten, etwas zweiseitig-symmetrisch.

N. bowdenii W. Wats. S-Afrika: aus dem Sommerregengebiet. Nach dem Einziehen der Blätter, September–Oktober, erscheinen die Blüten. Blätter riemenförmig. Blütenschäfte 6–12blütig. Blüten 5–6 cm breit, rosa oder weiß.

Mit der Gattung *Nerine* wird in Großbritannien viel gearbeitet, und es sind schon eine Anzahl weiterer Arten im Handel, die unter leichtem Schutz auch in unserem Klimagebiet durchhalten. Es sind dies vor allem *N. filifolia* Baker, *N. frithii* L. Bolus, *N. masonorum* L. Bolus und *N. appendiculata* Baker. Sie alle werden entweder in großen Tonschalen oder an günstigen Stellen im Freiland kultiviert. Die Vermehrung erfolgt durch Aussaat. Bei den Sorten von *N. bowdenii*, wie der schon weiter verbreiteten 'Fenwick' oder der etwas höherwüchsigen, weißblühenden, etwas rosa überhauchten 'Manina Forest', wird auch die Vermehrung durch doppelte Zwiebelschalenstecklinge angewendet.

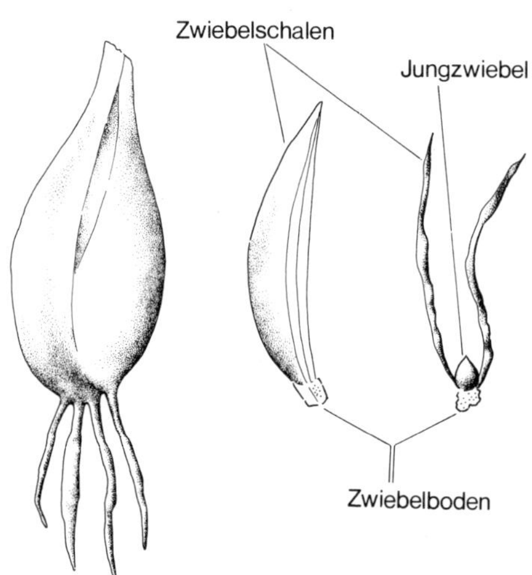

Nerine-Vermehrung durch doppelte Zwiebelschalenstecklinge

Die Zwiebel wird wie eine Torte geteilt. Immer nur zwischen zwei Schalen kann sich eine Jungzwiebel bilden, deshalb die Schnitze nicht einschalig zerteilen. Diese Methode funktioniert auch bei anderen Amaryllidaceen recht gut, z. B. *Narcissus*.

Nertera Banks et Soland. ex Gaertn., Korallenbeere, Rubiaceae

Etwa 15 Arten in Malaysia, Z- und S-Amerika, Tristan da Cunha und Australasien. Ausdauernde, kriechende Kräuter mit kleinen gegenständigen Blättern. Blüten klein, sternförmig, in den Blattachseln. Beeren meist rundlich, rotorange, saftig.

N. balfouriana Ckn. Neuseeland: N- und S-Insel, meist in *Sphagnum*- oder Polsterpflanzen-Mooren, von der Küste bis 1400 m. Blüte im Mai–Juni, Früchte August–September. Zartes niederliegendes Kraut, bis 25 cm breite Polster bildend. Blätter bis 2 mm lang. Früchte birnenförmig, bis 9 mm lang, leuchtendorange.

N. granadensis (Mutis ex L. f.) Druce (*N. depressa* Banks et Soland. ex Gaertn.). Mittel- und S-Amerika, Neuseeland, Tasmanien: mehr im feuchten Wald, bis 1400 m. Blüte- und Fruchtzeit wie oben. Blätter bis 5 mm lang, rundlich. Früchte rundlich, 4 mm dick, leuchtendorange. Streicht man über die Polster, so nimmt man einen stinkenden Geruch wahr.

N. scapanioides Lange. Neuseeland: N- und S-Insel, in Torfmooren, aber auch an anderen ständig feuchten Stellen, bis 1200 m. Blüte- und Fruchtzeit wie oben. Ähnlich *N. granadensis*, aber Blätter behaart. Früchte birnförmig, bis 10 mm lang, rötlichorange.

Nertera lieben feuchte, torfige Böden und Halbschatten, nur während der Blütezeit müssen sie heller und luftiger gehalten werden, damit die Bestäubung durch die Fliegen gut vonstatten geht. Kultur im Alpinenhaus. Vermehrung durch Teilung oder Aussaat. Die Blüten sind zweigeschlechtlich, worauf bei der Selektion der Mutterpflanzen und beim Aufziehen der Sämlinge geachtet werden muß.

Nierembergia Ruiz et Pav., Solanaceae

Etwa 30 Arten im gemäßigten Amerika. Halbsträucher oder Kräuter mit ganzrandigen Blättern. Kelch glockenförmig oder röhrig. Kronröhre dünn, Saum becherförmig, blau, weiß oder rosa.

N. frutescens Dur. Chile. Juni–September. Halbstrauch, vom Boden reich verzweigt, bis 90 cm hoch, im Freiland selten höher als 25–30 cm. Blätter wechselständig, 12–25 × 1,5–3 mm. Blüten 2,5 cm breit, weiß, lila oder blau, Kronschlund gelb. Braucht guten Torfmullschutz und Folienabdeckung, stirbt aber trotz dieses Schutzes in strengen Wintern ab. Die weißen Formen scheinen härter zu sein.

N. repens Ruiz et Pav. (*N. rivularis* Miers). Argentinien, Chile, Uruguay, an Flußufern. Juli–September. Mattenbildende Staude mit dünnen, wurzelnden Trieben. Blätter lang gestielt, eirund oder länglich-spatelförmig, Spreite bis 2,5 × 1,2 cm. Blüten sitzend oder kurz gestielt, reinweiß oder gelblichweiß, manchmal rosa oder blau überlaufen, mit 3–5 cm langer Kronröhre und breit-glockigem, bis 3,5 cm breiten Saum, wohlriechend.

Auch diese Art ist in den meisten Gebieten nur bedingt winterhart und braucht einen trockenen, wasserundurchlässigen Winterschutz aus Torf und Plastik. Die Kultur soll in voller Sonne und in feuchtem Boden erfolgen. Die Vermehrung erfolgt, wie auch bei *N. frutescens*, durch Aussaat oder Abnahme der Ausläufer. *N. frutescens* kann auch durch Stecklinge vermehrt werden.

Nothothlaspi Hook. f., Cruciferae

2 Arten in Neuseeland. Rosetten- bzw. mattenbildende Stauden mit fleischigen Blättern und weißen, duftenden Blüten. Schötchen breit, vielsamig.

N. australe Hook. f. Neuseeland: S-Insel, auf Ruhschutthalden, auf Schotterflächen im Grasland, 700–1700 m. Mai–Juni. Mattenbildende, vielrosettige Staude. Blütenköpfe wenigblütig. Blüten weiß.

N. rosulatum Hook. f. Neuseeland: S-Insel, auf denselben Standorten wie *N. australe*, 800–1800 m. Mai–Juni. Monokarp, d. h. nach der Samenreife absterbend. Rosetten einzeln, bis 10 cm breit. Blätter rhombisch, bis 2 cm lang, langgestielt, graugrün. Blütenstände bis 25 cm hoch, vielblütig. Blüten weiß, gut duftend.

Besonders *N. rosulatum*, die »Penwiper Plant«, ist eine begehrte Besonderheit der neuseeländischen Flora. Die Vermehrung ist nur durch Aussaat möglich, die Kultur muß in sehr steinigen, durchlässigen, aber doch nicht zu austrocknenden Substraten erfolgen, am besten im Alpinenhaus. Bis zur Blüte vergehen 3–5 Jahre.

Odontostomum Torr., Tecophilaeaceae

Monotypische Gattung:

O. hartwegii Torr. Kalifornien: an felsigen Plätzen, bis 500 m. April–Juni. Knollenstaude. Blätter linealisch, überwiegend basal, teilweise den Schaft einschließend, bis 7,5 mm breit. Blütenstände verzweigt, bis 35 cm hoch. Trauben bis 12,5 cm lang, vielblütig. Blüten klein, weiß, bis 7 mm im Durchmesser, Blumenkronabschnitte scharf zurückgebogen, Kronröhre 6 mm lang.

Nur für die Kultur im Alpinenhaus oder Zwiebelkasten. Vermehrung durch Aussaat, vom Aufgang bis zur Blüte dauert es 4–5 Jahre. Die Substrate müssen sehr durchlässig sein, während der Ruhezeit sehr trocken halten, ab Erscheinen der Blätter (November–Januar) bis nach der Blüte mild feucht.

Oenothera L., Nachtkerze, Onagraceae

Etwa 200 Arten, zumeist im außertropischen Amerika, wenige in der Alten Welt. Kräuter, Stauden oder Halbsträucher von sehr verschiedenem Aussehen. Blätter wechselständig oder in Rosetten grundständig. Blüten mit meist langer Blütenröhre und 4 Kelch- und Kronblättern, abends öffnend, im Verblühen verfärbend.

O. acaulis Cav. (*O. taraxacifolia* Sweet). Chile. Juni–Oktober. Kurzlebige Staude, anfangs stengellos, später mit niederliegendem dicken Stengel, auf dem die Kapseln dicht sitzen. Blätter länglich-oval, gestielt, schrotsägeartig gezähnt. Blüten 5–7 cm breit, reinweiß, beim Verblühen rosa. Blütenröhre 7–12 cm lang. Nur in günstigsten Lagen im Freien hart, besser im Alpinenhaus auspflanzen oder als Einjährige behandeln.

Im Handel und in vielen Gärtnereien ist eine gelbblühende Art als *O. acaulis* weit verbreitet. Die Bestimmung dieser Pflanze ist mir nicht geglückt.

O. × arendsii Silva-Tarouca et Schneid. (*O. rosea × O. speciosa*). Gartenhybride. Juni–September. Fraglich, ob noch in Kultur.

O. brachycarpa A. Gray. Westl. USA. Juni–Juli. Fast stengellose Rosettenstaude. Blätter ledrig, eiförmig bis schmal-linealisch, gefiedert bis ganzrandig, langgestielt. Blüten bis 7 cm breit, gelb, im Verblühen rosa bis orange. Je nach Herkunft sind die

Pflanzen kahl oder dicht grau behaart. Braucht Schutz vor Winternässe, Anzucht aus Samen.

O. caespitosa Nutt. (*Pachylophus caespitosus* (Nutt.) Spach). Westl. und südwestl. USA. Juni–September. Kurzlebige Staude, zuerst kurzstengelig, später mit verlängertem, niederliegendem Stengel. Blätter länglich bis schmal-lanzettlich, am Rand gebuchtet, lang gestielt, dicht grau behaart. Blüten bis 9 cm breit, weiß, im Verblühen oder im Herbst, wenn die Nächte schon kühl sind, immer rosa. Blütenröhre bis 15 cm lang.

O. kunthiana (Spach) Munz. Texas bis Mexiko, verschiedentlich verwildert. Juni–September. Ähnlich *O. speciosa,* aber nur 10–20 cm hoch, mit niederliegendem Wuchs. Knospen aufrecht. Petalen rosarot, 1–2 cm lang. Blütenröhre 1–2 cm. Kapseln 4–5 mm dick und mit 1 mm breiten Flügeln.

Im Freien nicht hart, aber durch Selbstaussaat härter erscheinend, Sämlinge blühen spät. Kultur im Alpinenhaus oder Behandlung als im Februar–März auszusäende Einjährige.

O. rosea L-Hérit. ex Ait. (*Hartmannia rosea* (L'Hérit. ex Ait.) G. Don). Texas bis Peru, in S-Europa verwildert. Juni–August. 20–60 cm hoch. Stengel dünn, behaart, aufrecht oder ansteigend, verzweigt. Grundblätter verkehrt-lanzettlich, Stengelblätter eilanzettlich, die obersten am Grunde fiederteilig. Blüten hell- bis dunkelrosa (im Abblühen). Sehr geringe Winterhärte, nur unter gutem Schutz, für das Alpinenhaus ungeeignet, da wuchernd.

O. speciosa Nutt. (*Xylopleurum speciosum* (Nutt.) Raimann, *Hartmannia speciosa* (Nutt.) Small). Mittl. USA, Mexiko, in den USA, vor allem im SO, eingebürgert. Juni–September. In kalten Wintern auswinternde Staude mit starker Ausbreitungstendenz, 50–70 cm hoch. Blätter 7–10 cm lang, die unteren etwas fiederspaltig, sonst eiförmig-lanzettlich, mattgrün. Blüten bis 5 cm breit, reinweiß, im Verblühen rosa. Blütenröhre kürzer als die Kelchblätter.

Bis auf die beiden letztgenannten Arten eignen sich die erwähnten Nachtkerzen-Arten für die Kultur in geschützten Beeten oder im Alpinenhaus. Vor allem *O. speciosa,* aber auch *O. rosea,* sind Wucherer, die man an geeigneten Stellen anpflanzt und durch Abdecken zu schützen versucht, den Bastard *O. x arendsii* habe ich nie sehen können. Behandelt man die am Anfang rosettigen Arten als Einjährige, so müssen sie im März–April ausgesät werden, damit noch Samen reifen. Alle brauchen durchlässig-steinige Substrate und volle Sonne.

Olearia Moench, Compositae

Etwa 125 Arten in Australien, Tasmanien und Neuseeland. Immergrüne, kleine Halbsträucher, Sträucher oder kleine Bäume mit wechselständigen, selten gegenständigen, unterseits filzigen Blättern. Köpfchen einzeln oder in Rispen oder Doldentrauben. Zungenblüten weiß bis purpurfarben.

O. nummularifolia Hook. f. Neuseeland, zwischen 600–1500 m. Juni. Reich und dicht verzweigter Kleinstrauch, bis 3 m (im geschützten Steinbeet selten über 50–60 cm). Blätter wechselständig, sehr dicht sitzend, rund bis eilänglich bis verkehrteiförmig, oberseits glänzend dunkelgrün, unterseits angedrückt filzig. Köpfchen einzeln, 8–12 mm breit. Zungenblüten weiß, wenige. Scheibenblüten gelb. Blütenköpfchen gesamt eher unscheinbar.

O. phlogopappa (Labill.) DC. Australien, Tasmanien. Mehrere Varietäten, davon winterhart:
var. **subrepanda** (DC.) J. H. Willis. Australische Alpen, Tasmanien, im alpinen und subalpinen Bereich, in Heiden und bei Felsen. Mai–Juni. Bis 75 cm hoher Strauch. Triebe weißfilzig. Blätter verkehrt-eiförmig bis länglich, am Rand gezähnt, bis 15 × 6 mm, oberseits gräulich-sternhaarig, unterseits dicht gelbhaarig, die gelbe Behaarung mit der Zeit gräulich werdend. Blütenköpfchen einzeln in den Achseln, sehr zahlreich, bis 15 mm breit. Zungenblüten weiß, Scheibenblüten zuerst gelb, dann braun.
var. **flavescens** (Hutch.) J. H. Willis. Australische Alpen. Ähnlich voriger, aber Blätter bis 50 × 15 mm. Die vom Botanischen Garten Nymphenburg verbreitete Form von *O. phlogopappa* steht dieser Varietät näher.

O. nummularifolia hält alle bis auf die strengsten Winter im geschützten Steinbeet aus. *O. phlogopappa* ist nach meiner Erfahrung noch härter und hat unter Vliesschutz den Winter 1984/85 ohne Schaden überstanden. Vermehrung durch Stecklinge oder Aussaat.

Versuchswert wäre noch **O. algida** N. Wakef. aus den Australischen Alpen und Tasmanien, die *O. nummularifolia* ähnelt, aber sicher härter ist.

Onosma L., Lotwurz, Boraginaceae (H. Teppner, Graz)

Etwa 150 Arten von Spanien und Marokko bis China; in Steppen, Felssteppen, Felsspalten, Schuttfluren usw. Halbstrauchig, mit verholzter Basis ausdauernd oder hapaxanth (nach der Blüte absterbend, meist zweijährig), mit tiefgehenden Wurzeln (*O. visianii:* bis 1,5 m). Alte Wurzeln durch den chinoiden Farbstoff Alkannin rotviolett. Pflanzen meist mit steifen, abstehenden Haaren, die leicht abbrechen und in der Haut steckenbleiben (für empfindliche Personen: besonders bei der Manipulation mit vertrockneten Teilen Vorsicht!). Blätter variabel, meist schmal-verkehrt-eiförmig bis schmal-lanzettlich mit am Rande nach unten umgerollten Rändern. Haarmerkmale lassen sich an vertrockneten Blättern am besten beurteilen; ansonsten Blätter umbiegen und Knickstelle im Profil unter der Lupe betrachten. Die Blütenstände entstehen aus dem Zentrum vorjähriger Blattrosetten. Aus den Blattachseln wachsen bei den ausdauernden Arten neue sterile Blattrosetten. Blütenstände mit 2 Wickeln an der Spitze, z. T. darunter weiter verzweigt. Blüten nickend, Krone tonnen- oder keulenförmig mit 5 kurzen, umgeschlagenen Zipfeln, ohne Schlundschuppen. Blütezeit hauptsächlich Mai–Juli. Fruchtkelche aufrecht, mit 1–4 einsamigen Klausenfrüchten. Selbstfertil. Die von Hummeln und Bienen besuchten Blüten sind »Streukegelblumen« (wie *Galanthus*). Im Alpinenhaus ist für Fruchtansatz händische Bestäubung notwendig. Werden nahe verwandte Arten nebeneinander gezogen, ist bei Insektenflug Einbeuteln mit Gaze und händische Bestäubung (alle 2–3 Tage) notwendig, um die Arten sicher rein zu erhalten. Händische Bestäubung: frische Blüten waagrecht halten, Krone vorsichtig abziehen, mit den Fingern oberseits der Länge nach spalten und Narben in den in der Krone liegenden Blütenstaub tauchen.

Kultur am sichersten im Alpinenhaus oder gedeckten Kasten. Im Freien im Regenschatten von Hausmauern, in Trockenmauern und im Alpinum. Wenn auch eine Abdeckung gegen Regen bei den meisten Arten unerläßlich ist, benötigen die Pflanzen in der Tiefe doch ausreichend Feuchtigkeit, da sie auch an heißen Tagen ihre Transpiration kaum einschränken. Im Kasten daher zwischen den Pflanzen Gießfurchen ziehen oder Töpfe eingraben, in die man hauptsächlich gießt. Strenge mitteleuropäische Winter werden meist nicht oder nur schlecht vertragen, daher Schutz vor Frost, Nässe (Wurzelhals ganz besonders empfindlich, verstärkt bei älteren Pflanzen) und zu starker winterlicher Sonneneinstrahlung nötig. Ein Vlies leistet gute Dienste. Bei zusagenden Bedingungen überdauern die Blätter der meisten Arten lebend den Winter. Bei Topfkultur tiefe Töpfe verwenden und unten Splitt oder Leca usw. einfüllen. Durchgewurzelte Pflanzen, deren Wurzel das Loch im Topfboden ausfüllt, sterben bald ab. Polsterbildende Arten überwachsen ihre alten Blätter und Stengel; da diese viel Feuchtigkeit halten, empfiehlt sich vorsichtiges Entfernen dieser abgestorbenen Teile. *Onosma* sind sehr anfällig für Virusinfektionen (als Folge z. T. gespaltene Kronen), daher Blattläuse und Erdflöhe, deren Larven sich in den jungen Blütenknospen entwickeln, gleich bekämpfen. Keimung oft erst nach Frosteinwirkung, z. T. erst nach dem zweiten Winter voll keimend. Abgesehen von Arten aus frostfreien Klimaten daher Anbau von Herbst bis Februar oder März im Kasten. Stecklingsvermehrung im Juli–August möglich.

1. Arten mit einfachen Haaren

O. dichroanthum Boiss. Östlichste Türkei bis Pakistan und angrenzende UdSSR. Zweijährig, im ersten Jahr eine große Blattrosette aus langen, schmal-lanzettlichen Blättern bildend, im zweiten Jahr zu einem mächtigen, reich verzweigten, langästigen Blütenstand auswachsend. Blüten 3 cm lang, sattgelb, meist mit orangerotem Saum am Mund. Pflanze besonders lang und abstehend steifborstig.

Eine prächtige Erscheinung, aber sehr groß werdend, 50 cm hoch und darüber. Winterhart, aber gegen Nässe sehr empfindlich. Gelegentlich im Angebot sowjetischer botanischer Gärten, vor allem Taschkent.

O. frutescens Lam. S-Griechenland und SW-Asien. Niederliegender Halbstrauch mit verlängerten Sprossen. Blütenstände aufsteigend, wenig höher als die sterilen Triebe. Krone sattgelb, meist mit orangem bis braunrotem Saum am Mund. Kelche im Fruchtzustand stark vergrößert und am Grunde bauchig erweitert.

Frostempfindlich. Häufig in Griechenland, z. B. in und um Athen.

O. polyphyllum Ledeb. Krim und W-Transkaukasien. Lockere Polster bildender Halbstrauch mit aufrechten Stämmchen. Blätter klein, schmal-lanzettlich, silberig, anliegend behaart. Blütenstände 10–25 cm, doppelt so hoch wie die sterilen Triebe. Krone sattgelb. Blätter im Winter absterbend, dann wie tot aussehend, sehr spät austreibend. Im Freiland wohl die dankbarste aller angeführten Arten. Im Angebot des Botanischen Gartens Jalta, UdSSR.

O. pyramidale Hook. f. W-Nepal und angrenzendes Indien. Polster aus sehr locker stehenden Blattrosetten mit grünen, lanzettlichen Blättern. Blütenstände reich verzweigt, bis 50 cm und höher. Blüten 8–10 mm lang, tiefrot.

Frostempfindlich, als junge Pflanze weniger, besser im frostfreien Alpinenhaus. Wird von indischen Samenhändlern (Kohli & Co., Srinagar, Kaschmir) angeboten. Im Botanischen Garten Graz in Kultur.

O. sericeum Willd. Türkei und Libanon bis Persien. Halbstrauch. Locker stehende, sehr attraktive, silberige Blattrosetten mit verkehrt eiförmigen, spitzen, am Rande flachen Blättern. Behaarung stark angedrückt. Blütenstengel hoch und reich verzweigt, gegen Ende der Blütezeit meist umfallend. Blüten hellgelb. Früchte in den vergrößerten, trockenhäutigen Kelchen angewachsen und mit diesen abfallend.

Manche Herkünfte recht winterhart. Gelegentlich im Angebot der Botanischen Gärten Teheran und Jerevan.

O. troodi Kotschy. Zypern: auf dunklem Vulkangestein im Troodos-Gebirge. Niedrige Polster aus silberigen Blattrosetten, etwa 1,5–3 cm im Durchmesser. Blätter verkehrt-eiförmig, spitz, flach. Blütenstände bis etwa 10 cm hoch. Kronen erst sattgelb, dann weiß werdend, etwa 15 mm lang.

Bezaubernde, kleine Art, die wieder in Kultur genommen werden sollte. Empfindlich.

O. visianii Clem. Von Istrien, Niederösterreich und der Slowakei bis Griechenland. Meist zweijährig, im ersten Jahr mit einer großen, imponierenden Blattrosette aus vielen, langen, schmalen, überhängenden Blättern am Kopf der tiefgehenden Pfahlwurzel, im zweiten Jahr zu einem pyramidalen, meist vom Grunde an verzweigten, oft langästigen Blütenstand auswachsend. Blüten weißlich. Pflanze besonders lang und abstehend steifborstig.

Winterhart, aber gegen Nässe sehr empfindlich. Gelegentlich im Angebot des Alpengartens im Belvedere, Wien, und des Botanischen Gartens Budapest.

2. *Sternhaarige Arten*

A. Blüten von Weiß zu Rosa, rot oder bläulich verfärbend

O. alboroseum Fisch. et Mey. Mittl. Anatolien. Im Blatt sehr schön, bei stärker rot getönten Formen auch die Blüte. Dichte, große Polster aus niederliegenden, sterilen Trieben. Blätter grau, relativ breit, ± verkehrt-eiförmig, sehr dicht sternhaarig. Blütenstände aufsteigend, wenig höher als die Blattrosetten. Kronen bis 26 mm, zunächst weißlich, dann vorne ± rosa bis rot überlaufend, im Verblühen sich bläulich verfärbend. Fruchtkelche stark vergrößert und bauchig erweitert.

Herkünfte aus dem Landesinneren gut winterhart. Kultur auch ohne Schutz möglich. Häufig in Kultur, Wildsamen, z. B. von J. Archibald, Großbritannien, erhältlich. Dazu **O. alboroseum × sanguinolentum**, künstlich im Botanischen Garten Graz hergestellt, sehr wüchsig und dichte Polster bis 1–2 m Durchmesser bildend. Ähnlich *O. alboroseum*, aber stärker rote Kronen und steril.

O. inexspectatum Teppner. Türkei: Amanus-Gebirge. An sich mehrjährig, aber in Freilandkultur in Mitteleuropa meist nur zweijährig. Blattrosette locker, dem Boden aufliegend. Blätter klein, spatelförmig, graugrün. Blütenstände 10–30 cm. Kronen etwa 20 mm, weiß, in der vorderen Hälfte oder fast zur Gänze rosa oder rot werdend.

Auch ohne Schutz kultivierbar, z. B. Botanischer Garten Graz. Sät sich ausreichend von selbst aus.

O. sorgerae Teppner. Östl. Inneranatolien: von den Provinzen Sivas und Maras bis Tunceli. Sterile Rosetten dichte Polster bildend, Blätter schmal und grau. Kronen bis 24 mm, hell- bis tiefrosa.

Eine der schönsten Arten, aber empfindlicher als *O. alboroseum*, sollte wieder in Kultur genommen werden.

Ein ebenfalls rosablütiges *Onosma* lief in älterer gärtnerischer Literatur fälschlich unter dem Namen *O. sieheanum*, da es anscheinend aus der Kultur verschwunden ist, läßt sich die botanische Zugehörigkeit nicht mehr feststellen.

B. Blüten gelb bis weißlichgelb

a) Dichte Polster bildend, niedere bis mäßig hohe, kaum verzweigte Blütenstände. Gut perennierende Arten.

O. elegantissima Rech. f. et Goulimy. N-Griechenland: Vourinos-Gebirge, auf Serpentin und Kalk. Blätter extrem schmal, meist 1,5–2 mm, in Kultur bis 5 mm breit, bei 2–15 cm Länge, fast linealisch, anliegend behaart, grau. Blumenkrone weißlich bis blaßgelb.

Der Name spricht für sich: sehr elegant! Winterhart, aber im übrigen empfindlich. Im Botanischen Garten Berlin-Dahlem in Kultur.

O. kaheirei Teppner. Griechenland: Euböa, Attike, N-Peloponnes. Sehr schöne, graue Polster. Blätter schmal, etwa 2–8 × 0,2–0,5 cm. Blütenstände 7–20 cm, wenig höher als die sterilen Triebe. Blumenkrone hellgelb. Ganze Pflanze auffällig lang und abstehend steifhaarig

Am schönsten die Populationen vom Imittos bei Athen und einigen anderen Bergen Attikas. Im Botanischen Garten Graz in Kultur.

O. stellulatum Waldst. et Kit. NW-Jugoslawien bis N-Albanien. Schöne, niedere Art. Sterile Triebe flache Polster bildend. Blätter grün, relativ breit, am Rand flach und meist ± anliegend behaart. Blütenstände wenig höher als die Blätter. Blüten lang gestielt (4–7 mm). Kronen hell- bis sattgelb.

Herkünfte aus dem Landesinneren gut winterhart, im übrigen aber empfindlich. Blätter sterben im Herbst ab. Sehr selten in Kultur, z. B. im Botanischen Garten Graz. Gelegentlich im Angebot des Botanischen Gartens Sarajevo.

O. tauricum Willd. Krim und NW-Transkaukasien. Große Polster bildend. Blattrosetten mit schmalen, graugrünen bis grauen Blättern. Blütenstände 15–35 cm, die Tragblätter der Blüten überragen die Kelche. Kronen dunkelgelb.

Recht hart und gut wüchsig. Selten in Kultur, wird von den Botanischen Gärten Jalta und Kiew angeboten. Nahe Verwandte in der Türkei und Griechenland.

b) Mit einigen locker stehenden Blattrosetten, meist hohen, reich verzweigten Blütenständen, z. T. wenigjährig

O. helveticum Boiss. Zerstreut von Trockentälern der W-Alpen bis S-Italien, Balkanhalbinsel und Ungarn. Auf den Blättern zwischen den Sternhaaren auch ganz kurze einfache Haare.

Frosthart, aber nässeempfindlich. Gelegentlich im Angebot der Botanischen Gärten Lausanne und Bern. Ähnlich *O. arenarium* Waldst. et Kit. aus M- und SO-Europa.

O. heterophyllum Griseb. (inkl. *O. tubiflorum* Vel. und *O. viride* Borb.). Balkanhalbinsel. Blätter nur mit Sternhaaren. Relativ leicht kultivierbar, aber mit fortschreitender Blüte meist zu unschönen »Besen« werdend, die leicht umfallen.

Gelegentlich im Angebot des Botanischen Gartens Skopje. Ähnlich *O. echioides* L. in Italien und Dalmatien.

Unter den Namen *O. nanum* hort., *O. stellulatum* hort., *O. tauricum* hort. und *O. viride* laufen kaum näher zu bestimmende Vertreter aus dem großen und vielgestaltigen Formenkreis von *O. echioides* und *O. heterophyllum*.

Literatur: Johnston, I. M. (1951): Studies in Boraginaceae, XXI. Sino-Indian species of Onosma. J. Arnold Arboretum 32: 201–225, 334–368. Riedl, H. (1967): Boraginaceae. In Rechinger, K. H.: Flora Iranica, 48. Graz (Onosma p. 169–212, tab. 31–37). Teppner, H. (1971): Cytosystematische Studien an Onosma (Boraginaceae). Die Formenkreise von O. echioides, O. helveticum und O. arenarium. Ber. d. bot. Ges. 84: 691–696. Teppner, H. (1980): Die Onosma alboroseum-Gruppe (Boraginaceae). Phyton (Austria) 20: 135–157. Teppner, H. (1989): Onosma L. in Strid, A. (Ed.): Mountain Flora of Greece, 2. Cambridge University Press.

Ophiopogon Ker-Gawl., Schlangenbart, Liliaceae

8 Arten, vom östl. Himalaja bis Japan. Mit *Liriope* nahe verwandt, von diesen verschieden durch den halbunterständigen Fruchtknoten und die 3teilige Narbe.

O. japonicus (L. f.) Ker-Gawl. (*Convallaria japonica* L. f.). Japan, China, Korea. Juli–August. 15–20 cm. Blätter grundständig, linealisch, derb, immergrün, nur 3–4 mm breit. Blütenschäfte nur 10–15 cm hoch, zwischen den Blättern versteckt. Blüten klein, sternförmig, lila bis weißlich. Beeren zuerst grün, bis zum Frühjahr blauviolett, etwa erbsengroß. Hübsch 'Minimus', nur 8–10 cm hoch.

O. planiscapus Nakai. Japan. Juni–Juli. 6–12 (–15) cm. Blätter grundständig, linealisch, aber bis 7 mm breit. Besonders oft findet sich 'Nigrescens' mit bronzefarbenen Blättern in Kultur.

Schlangenbart-Formen eignen sich gut für halbschattige, humose und feuchte Standorte, wo sie langsam dichte Decken bilden. Die Vermehrung erfolgt durch Teilung oder Aussaat (auch *O. planiscapus* 'Nigrescens' fällt echt aus Samen). Sie sind in Mitteleuropa nicht überall hart und müssen mit einer Laubdecke geschützt werden, auch Kultur im Alpinenhaus, unter den Tischen, ist lohnend.

Opithandra B. L. Burtt, Gesneriaceae

Monotypische Gattung:

O. primuloides (Miq.) B. L. Burtt. Japan: Hokkaido, in Bergwäldern. Mai–Juni. Niedrige, immergrüne Rosettenstaude. Blätter elliptisch bis rundlich oder fast herzförmig, dunkelgrün, behaart, samtartig, Spreite bis 6 × 4 cm, Stiel bis 6 cm lang, grob gezähnt. Blüten in 2–12blütigen Trugdolden, lila mit weißer Röhre und weißem Schlund, 15–18 mm breit, Kronröhre gebogen, etwa 1 cm lang. Nur 2 fruchtbare Staubblätter, 2 Staminodien.

Sehr interessante, dabei auch recht harte Gesneriacee aus Japan. Benötigt torfigsteiniges Substrat und Halbschatten, Vermehrung durch Aussaat oder Blattstecklinge. Freilandkultur mit Schutz während der Wintermonate möglich. Ein Elternteil von × *Brigandra calliantha* (s. d.).

Opuntia Mill., Feigenkaktus, Cactaceae

Etwa 200 Arten in Amerika. Niederliegende bis aufrechte Pflanzen mit gegliederten Körpern, Dornen (im folgenden immer Stacheln genannt) sehr verschieden, zahlreich und lang, z. T. mit Widerhaken versehen, diese, in Bündeln angeordnet, Glochiden bezeichnet. Blüten groß, gelb oder rötlich, seidig glänzend. Samen groß, hart.

Die folgenden Angaben hat M. Hammer, Klosterneuburg, freundlicherweise durchgesehen. In Kultur befinden sich viele Opuntien unter falschen oder ungültigen Bezeichnungen.

O. arizonica Griffiths gehört zu *O. phaeacantha* und ist intermediär zwischen *O. phaeacantha* var. *major* und var. *discata* (s. d.).

O. basilaris Engelm. et Big. var. **aurea** (Baxter) W. T. Marshall. Utah, Arizona: 1200–2100 m. Kolonien 15–30 cm hoch. Größere Endglieder 5–10 cm × 3–5 (–6) cm, etwa 1,2 cm dick, keine Stacheln, aber mit bösartigen Glochiden. Blüten gelb, 5–7,5 cm groß. Frucht trocken bei der Reife, gelbbraun oder grau, stachellos, 3–4 Monate nach der Blüte abfallend.

Die anderen, rosablühenden Varietäten der Art sind sicher nicht hart, auch var. *aurea* ist nur für die günstigsten Lagen zu empfehlen. In der Heimat kommen zwischen *O. basilaris* var. *aurea* und *O. erinacea* var. *utahensis* Übergangsformen vor.

O. erinacea Engelm. et Big. Von *O. polyacantha* unterschieden dadurch, daß zumindest ein Teil der Stacheln in ihrem unteren Teil abgeflacht (Querschnitt schmal-elliptisch) sind. Kolonien 15–30 cm hoch. Größere Endglieder bläulichgrün, verlängert, elliptisch-eilänglich oder verkehrt-eiförmig-länglich, 5–12,5 × 2,5–7,5 cm, weniger als 1,2 cm dick (nicht über 1/4 der Breite). Stacheln 4–7 (–9) je Areole, nicht stark widerhakig. Blüten hell- bis tiefrosa oder gelb, 5–7,5 cm groß (kleiner bei var. *columbiana*). Frucht stachelig, zur Reifezeit trocken und abfallend, gelbbraun bis braun.

Es werden 5 Varietäten unterschieden, von denen 3 gut hart sind:

var. **erinacea**. Kalifornien, Nevada, Utah, Arizona, Colorado, New Mexico: 450–1500 m. Diese Varietät hybridisiert mit *O. phaecantha* var. *major, O. fragilis* var. *fragilis* und *O. polyacantha* var. *rufispina.*

var. **columbiana** (Griffiths) L. Benson. Washington, Oregon, Idaho. Blüten kleiner, Glieder schmäler. Diese Varietät bildet mit *O. fragilis* var. *fragilis* und *O. polyacantha* var. *polyacantha* Übergangsformen.

var. **utahensis** (Engelm.) L. Benson. Kalifornien, Nevada, Idaho, Utah, Arizona, New Mexico, Colorado, Wyoming. Glieder nur im oberen Teil bestachelt. Die var. *utahensis* ist jene Pflanze, die in Gartenkultur als *O. rhodantha* hort. bzw. *O. xanthostemma* hort. geführt wird. In New Mexico ist diese Varietät meist durch Formen repräsentiert, die zu *O. polyacantha* var. *juniperina* überleiten. In der Heimat finden sich Übergangsformen zur var. *erinacea, O. polyacantha* var. *rufispina,* anderen Varietäten von *O. polyacantha* und *O. basilaris* var. *aurea.*

var. **ursina** (Weber) Parish. Kalifornien, Nevada, Utah, Arizona. Auffällig durch die zahlreichen langen, beweglichen, gewellten, fadenartigen Stacheln an der Basis der unteren Glieder. Diese Varietät ist bei uns an der Grenze der Härte. Was unter diesem Namen in Kultur ist, ist meist *O. polyacantha* var. *trichophora.*

O. erinacea var. **hystricina** (Engelm. et Big.) L. Benson. Ganz seltene Varietät aus Arizona, von der nicht einmal die Blütengröße bekannt ist. Diese Varietät wurde zumeist falsch interpretiert und mit langstacheligen Formen von *O. polyacantha* var. *rufispina* verwechselt (s. d.).

O. fragilis (Nutt.) Haw. Weitest nördlich vorkommender Kaktus (Ft. St. John, B. S., 58 °15′ n. Br.). Alle südl. kanadischen Provinzen von Ontario westwärts, Michigan, Illinois, Wisconsin, Iowa, Nebraska, Kansas, Oklahoma, Texas und alle westlicheren Staaten. Niedrige, mattenbildende Pflanzen, meist 5–10 cm hoch. Größere Endglieder 2–4 × 1,2–2,5 cm, mindestens halb so dick wie breit, manchmal fast ebenso. Glieder etwas größer bei var. *brachyarthra* (Engelm. et Big.) Coulter aus Utah, New Mexico, Colorado und Arizona, diese jedoch kaum hart. Glieder leicht abfallend und durch widerhakige Stacheln sich anhängend. Stacheln 1–6 (–9) je Areole (manchmal fehlend), nach allen Richtungen gespreizt, weiß oder hellgrau, rot oder rotbraun bei var. *brachyarthra,* die längeren 1,2–1,5 cm, 2,5–3 cm bei var. *brachyarthra.* Blüten gelb oder grünlich. Frucht zur Reifezeit trocken, gelbbraun, stachelig oder stachellos, 1,2–1,5 × 0,9–1,2 cm, 2–3 Monate nach der Blüte reifend.

O. fragilis hybridisiert mit *O. polyacantha* und *O. erinacea* und den Varietäten beider Arten, es entstehen zahlreiche Kombinationen, welche alle als neue Arten beschrieben wurden.

O. humifusa (Rafin.) Rafin. var. **humifusa** (*O. arkansana* hort., *O. mesacantha* Rafin., *O. rafinesquei* Engelm.). Östl. USA, Massachusetts bis Florida, westlich bis Wisconsin, Iowa, Michigan, Kansas, Oklahoma und Texas, in Kanada an einer Stelle am westl. N-Ufer des Erie-Sees. Kolonien klumpen- oder mattenförmig, 7,5–10 cm hoch. Größere Endglieder rundlich oder breit-verkehrt-eiförmig, 5–7 (–12,5) × 4–6,2 (–7,5) cm, 6–9 mm dick. Stacheln im oberen Teil der Glieder, 1 je Areole, grau oder bräunlich, 2–3 cm lang, rechtwinkelig abstehend, nicht stark widerhakig. Blüten 4–6 cm groß, gelb. Frucht zur Reifezeit fleischig, purpurn oder rötlich, bis ins zeitige Frühjahr bleibend.

O. imbricata (Haw.) DC. (*O. arborescens* Engelm.). Arizona, New Mexico, Colorado, Texas, Kansas, N- und Z-Mexiko: 1200–1800 m. Strauch bis baumförmig, meist 1–2 m hoch. Stamm kurz, Äste viel länger. Längere Endglieder gewöhnlich 12,5–38 cm lang, 2–3 cm im Durchmesser. Stacheln rot oder rosa, 10–30 je Areole, nach allen Richtungen gespreizt, die längeren 1,2–3 cm lang, schmal-elliptisch im Querschnitt, mit vielen Widerhaken. Blüten rosalila. In O-Österreich, Ungarn und der CSSR gut hart.

O. lindheimeri Engelm. Texas, südl. New Mexico, ganz wenige Stellen im südl. Oklahoma und Louisiana, Mexiko, nicht über 300 m. Nicht hart und empfindlich.

O. macrorhiza Engelm. var. **macrorhiza** (*O. cymochila* Engelm. et Big., *O. plumbea* Rose, *O. tortispina* Engelm. et Big., *O. utahensis* C. A. Purpus). Minnesota, Michigan, Illinois, Missouri, Arkansas, Texas, Louisiana, westwärts bis Idaho, Utah, Arizona, Kalifornien (Clark Mts.): 600–1200 m. Kolonien nieder, klumpenartig, gewöhnlich 7,5–12,5 cm hoch. Hauptwurzeln gewöhnlich knollenartig. Größere Endglieder (6–) 7,5–10 × 5–6 (–7,5) cm, 1,2 cm dick. Stacheln vorwiegend in den obersten Areolen, weiß oder grau (selten bräunlich oder rotbraun), 1–6 je Areole, die längeren 3,8–5,6 cm lang, nicht widerhakig. Blüten 5–6,2 cm groß, gelb oder gelb mit roter Mitte.Frucht bei Reife fleischig, purpurn oder rötlichpurpurn, mehrere Monate dauernd.

Besonders in Arizona und New Mexiko intergradiert diese Art in die Varietäten von *O. phaeacantha,* ostwärts in *O. humifusa.* Pflanzen mit intermediären Merkmalen erhielten verschiedene botanische Namen, da sie als neue Arten angesprochen wurden.

O. phaeacantha Engelm. var. **phaeacantha.** Colorado, New Mexico, Utah, Arizona, 1350–1800 m. Kolonien groß, niederliegend-ausgebreitet, bis 30–60 cm hoch. Größere Endglieder verkehrt-eiförmig, 10–15 × 7,5–10 cm. Stacheln auf den oberen 3/4 (oder mehr) der Glieder, braun, 3–5 je Areole oben, 1–2 unten, rechtwinkelig abstehend oder einige abwärts gerichtet, bis über 6 m lang, nicht widerhakig. Blüten 6–8 cm groß, gelb oder gelb mit roter Mitte. Frucht zur Reifezeit fleischig, weinrot oder purpur, stachellos, bis zum Winter bleibend.
var. **major** Engelm. S-Dakota, Kansas, Oklahoma, Texas, New Mexico, Colorado, Utah, Nevada, Arizona, Kalifornien: 600–2100 m. Glieder breit-verkehrt-eiförmig bis beinahe rundlich. Stacheln nur auf der oberen Hälfte (oder weniger) der Glieder, 1–3 je Areole, etwas breiter als bei var. *phaeacantha* (1–1,5 mm gegenüber 0,7–1 mm), sonst wie var. *phaeacantha.*

Während der Winterzeit entwickeln die Glieder dieser beiden Varietäten einen leuchtendroten Rand oder eine rote Streifung, die während der Wachstumszeit nicht sichtbar ist, da sind die Glieder grün. *O. phaeacantha* hybridisiert mit *O. macrorhiza, O. polyacantha* und *O. erinacea* (und noch anderen Arten in wärmeren Gebieten). Nach Ansicht moderner amerikanischer Kakteenforscher ist *O. phaeacantha* var. *camanchica* (Engelm. et Bigel.) Borg als eine reine Art, *O. camanchica* Engelm. et Bigel., anzusehen, die bei uns nicht hart ist. Alle als *O. camanchica* bzw. *O. phaeacantha* var. *camanchica* geführten Formen unserer Gärten gehören zu *O. phaeacantha* var. *phaeacantha* bzw. var. *major.*

O. polyacantha Haw. Sehr variable Art, von der 4 Varietäten hart sind. Kolonien klumpen- oder mattenförmig, 7,5–15 cm hoch. Größere Endglieder rundlich bis breit verkehrt-eiförmig, 5–10 × 3,8–10 cm, etwa 1 cm dick, nicht leicht abzutrennen. Stacheln kreisrund bis elliptisch im Querschnitt, nicht stark widerhakig. Blüten gelb (gelegentlich blaß, oder rosa getönt), selten rot (var. *polyacantha*). Reife Frucht trocken, gelbbraun bis braun, die ganze Oberfläche mit widerhakigen Stacheln bedeckt (gilt nicht für var. *juniperina* und nur bedingt für var. *trichophora*), 2–4 × 1,2–2,5 cm, 2–3 Monate nach der Blüte abfallend.

Folgende Varietäten sind für uns wichtig:
var. **polyacantha.** British Columbia, Alberta, Saskatchewan, Idaho, Montana, Wyoming, Nevada, Utah, Colorado, New Mexico, N- und S-Dakota, Nebraska, Kansas, Texas, Missouri: 1000–2100 m. Längere Stacheln rötlichbraun oder manchmal strohfarben, am Grund bis 0,5 mm dick. Bildet mit der fleischigfruchtigen *O. phaeacantha* und *O. erinacea* var. *columbiana* Hybriden.
var. **rufispina** (Engelm. et Big.) L. Benson. Kalifornien, Nevada, Arizona, Wyoming, Utah, Colorado, New Mexico, Texas: 200–2200 m. Längere Stacheln weiß, grau oder manchmal rötlichbraun, am Grund 0,5–0,75 mm dick. Diese Varietät ähnelt var. *polyacantha,* wird aber höher und bildet keine Matten. Kreuzt sich mit *O. erinacea* var. *erinacea.*
var. **juniperina** (Britt. et Rose) L. Benson. Utah, Wyoming, Colorado, New Mexico, Arizona: 1400–2200 m. Stacheln nur an den oberen Areolen, rötlichbraun. Stacheln an den Früchten wenige, abfallend. Die Klumpen oder Matten erscheinen durch die geringere Bestachelung grüner. Während des Winters verfärben sich die Glieder rötlichpurpurn. In New Mexico intergradiert die Varietät mit *O. erinacea* var. *utahensis.*
var. **trichophora** (Engelm. et Big.) Coulter. Utah, Arizona, Colorado, New Mexiko, Texas, Nevada, Oklahoma, Louisiana: 1500–2400 m. Auffällig durch die dicht bestachelten Glieder. Die langen, flexiblen Stacheln der unteren Glieder erinnern an die

langen Haare einer Angoraziege. Das parallele Vorkommen ähnlicher, aber abgeflachter Stacheln bei *O. erinacea* var. *ursina* ist bemerkenswert.

O. pulchella Engelm. Nevada, Utah: 1200–1500 m. Niedrige, unauffällige Klumpen, nur wenige Zentimeter im Durchmesser. Sprosse aus einer glochidenbedeckten, 5–7,5 cm großen Knolle entwickelnd. Größere endständige Glieder außerordentlich variabel, grün, nach oben langsam dicker werdend oder schmal elliptisch oder zylindrisch, 2,5–4 (–10) cm lang und 0,5–1,2 (–2,5) cm im Durchmesser. Stacheln 8–15 per Areole, meist etwas gekrümmt, gerade aber flexibel, der längste hell, bis 6 cm lang, flach, ohne Widerhaken. Bei jugendlichen Pflanzen alle Stacheln gleich, weiß mit dunkler Basis, 1,5–3 mm lang, sehr dünn. Blüten (2–) 3–4 cm groß, purpurn bis rosa.

Die Art beinhaltet mehrere Kleinformen, die meisten dieser entstehen aber durch Verwundungen (Tierfraß). Kleine oder abnormale Formen erhielten Artnamen unter dem vorgeschlagenen Gattungsnamen *Micropuntia*. Die Fähigkeit der Art, auch in der Jugendform zu blühen, hat sehr viel zur Verwirrung beigetragen.

O. whipplei Engelm. et Brig. var. **whipplei.** Arizona, New Mexico, Utah, Colorado: 1300–2400 m. Buschig, mattenbildend oder manchmal aufrecht und strauchig, 30–60 cm, selten höher. Stämme zahlreich, aufrecht, dicht gestellt, die größeren mit vielen Seitenzweigen. Größere Endglieder 7,5–15 cm lang, 1–2 cm im Durchmesser. Stacheln weißlich bis gelblichrosa, 4–7 je Areole, gerade, meist horizontal oder abwärts gerichtet, die längeren 2–2,5 (–5) cm lang, elliptisch bis fast kreisrund im Querschnitt, wenig widerhakig. Blüten blaßgelb bis zitronengelb. Im Alpinenhaus gut hart und als »Cylindropuntie« sehr auffallend.

Alle Opuntien verlangen vollsonnige, stark austrocknende Standorte und sehr gut durchlässige Substrate. Die meisten der angeführten Arten und Varietäten sind auch ohne, bzw. mit leichtem Reisig- oder Vliesschutz gut hart, Jungpflanzen und etwas empfindlichere sind aber besser im Alpinenhaus, in zu schützenden Trögen o. ä., aufgehoben. Die Vermehrung erfolgt durch Abtrennen der Glieder (Vorsicht vor den Glochiden bzw. den widerhakigen, langen Stacheln) oder durch Aussaat. Damit die Samen gut auflaufen, werden sie für 2 Stunden in konzentrierter Schwefelsäure gebadet, nachher abgespült, kurz übertrocknet und ausgesät. Kakteenaussaaten werden besser erst im Mai durchgeführt, da höhere Temperaturen bessere Keimergebnisse zur Folge haben. Die Sämlinge werden besser bis zum 4. Jahr im Alpinenhaus oder abgedeckten Kasten gehalten und erst dann auf den entsprechend vorbereiteten Plätzen ausgepflanzt. Gegen stehende Winternässe sind Opuntien empfindlicher als gegen Kälte.

Oreocharis Benth., Gesneriaceae

Etwa 20 Arten in China und Japan, davon in England in Kultur (ob noch?):

O. aurantiaca Franchet. China: N-Jünnan, zwischen Felsen, 3300–3700 m. Mai–September. Rosettenstaude. Blätter oval-eilänglich, unterseits haarig. Blüten röhrig, orange, vorne zusammengezogen, mit 5 Lappen. Literatur: Bull. A. G. S. 47: 144 (1979).

O. forrestii Sm. China: NW-Jünnan, auf moosbedeckten Felsen und Baumzweigen, 3700 m. Ähnlich voriger, doch Blüten hellgelb.

Beide Arten nur für das frostfrei gehaltene Alpinenhaus. Vermehrung durch Aussaat (wahrscheinlich auch Blattstecklinge).

Oreocharis forrestii
(aus Iconographia Cormophytorum Sinicorum)

Oreomyrrhis Endl., Umbelliferae

Etwa 20 Arten auf der Südhalbkugel. Sehr variable Stauden mit starker Pfahlwurzel, gefiederten Blättern und ausgeprägtem kümmelähnlichen Geruch.

O. pulvinifica F. Muell. »Cushion carraway«. Australische Alpen. Mai–Juni. Mattenbildende Staude, in der Kultur bis 12 (–15) cm hoch, mit verzweigtem, kriechenden Wurzelstock. Blätter gefiedert, nur bis 2 × 1,5 cm groß. Blütendolden knapp über dem Polster, mit wenigen, großen, weißen Blüten.

Von den vielen Arten sind nur die australischen und neuseeländischen erreichbar. Alle sind in der Kultur ähnlich wie die empfindlicheren *Aciphylla* zu behandeln und brauchen bei uns einen schottrig-humosen Boden und einen im Hochsommer halbschattigen Standort. Die Vermehrung erfolgt durch Aussaat, die Früchte liegen immer ein oder zwei Jahre über.

Oreopolus Schlechtd. (*Cruckshanksia* Hook. et Arn.), Rubiaceae

2 Arten in den Anden und Patagonien. Polsterbildende Pflanzen mit fleischigen, quirlig gestellten Blättern und langröhrigen, gelben Blüten.

O. glacialis (Poepp. et Endl.) Ricardi (*O. citrinus* Schlechtd.). Patagonien: auf Meeresniveau bis in die Berge. Mai–Juni. Niederliegende, kriechende Triebe mit fleischigen, bräunlichgrünen, in Quirlen gestellten Blättern. Blüten gelb, *Asperula*-ähnlich, mit bis 25 mm langer Röhre.

Meine Erfahrungen mit dieser Pflanze sind wenig aufbauend. Es war mir zwar möglich, Samen zur Keimung zu bringen, jedoch gelang es mir nicht, die Pflanzen in durchlässigem Substrat im Alpinenhaus länger als zwei Jahre am Leben zu erhalten.

Literatur: Anderson, J. D. (1987): Oreopolus glacialis Poepp. et Endl. 1. Bull. A. G. S. 55: 202–203; Bowyker, C. J. (1987): Oreopolus glacialis 2. Bull. A. G. S. 55: 203–204, mit farbiger Abb. auf S. 205.

Origanum L. (inkl. *Amaracus* Gled.), Dost, Labiatae

38 Arten vom Mittelmeergebiet bis nach O-Asien. Halbsträucher oder Stauden mit kleinen, ganzrandigen oder mittelgroßen, gezähnten Blättern. Blütenquirle 2(–6)blütig, in kugeligen, länglichen oder zylindrischen, oft hopfenähnlichen Blütenständen. Deckblätter mittelgroß bis groß, grün oder gefärbt. Die Gattung wird sehr verschieden untergliedert, eine gärtnerisch sehr verständliche Sektionsgliederung unterscheidet:

Sektion *Origanum*, Kelch mit 5, mehr oder weniger gleichen Zähnen, Hochblätter 2–5 mm, grün oder purpurn; Sektion *Majorana* (Miller) T. Vogel, Kelch einlippig und auf einer Seite tief eingeschlitzt, zweilippig oder ungeteilt, Hochblätter 3–4 mm, grün und Sektion *Amaracus* Bentham, Kelch zweilippig, Hochblätter bis 11 mm (und länger), purpurn, selten grünlich, Staubblätter weit herausragend.

In der Gattung finden sich zahllose Bastarde, vor allem in Kultur. Zieht man mehrere Arten nebeneinander im Alpinenhaus, so stellen sich kurz über lang Bastarde ein. Ich nenne in der Folge nur einige Arten und Bastarde, die ich kenne.

O. amanum G. E. Post. Amanus-Gebirge: kalkige Felsen und Hänge, 1500–2300 m. Juni–August. Unterirdisch kriechender Halbstrauch, bis 20 cm hoch, haarig oder bewimpert. Blätter herzförmig bis eiförmig, 6–19 × 4–14 mm, mehr oder weniger bläulich. Hochblätter oval oder elliptisch, selten lanzettlich, 8–21 × 4–15 mm, leuchtend purpurn. Krone rosa, 15–40 mm. Bei trockenem Stand auch im Freien möglich, besser jedoch unter Schutz. Sehr selten auch eine reinweiße Form in Kultur.

O. 'Birch Farm'. Eine Hybride, die bei Ingwersen aufgetreten ist, mit *O. rotundifolium* als Mutter. Literatur: Bull. A. G. S. 51 (4): 290–291 (1983).

O. calcaratum Juss. (*O. tournefortii* Ait.). Griechenland: Kykladen, O-Kreta. Ähnlich dem nahe verwandten *O. dictamnus*, aber unterschieden durch die weniger weißwolligen Blätter, die ungeteilten Haare und die kompakten, dichtgedrängten, pyramidalen, nicht hängenden Blütenstände. Sehr variabel. Kultur wie bei *O. dictamnus*.

O. dictamnus L. (*Amaracus dictamnus* (L.) Benth.). Diptam-Dost. Kreta: an steinigen, trockenen Plätzen im Gebirge. Juni–August. Weißwolliger Zwergstrauch, bis 20 cm. Blätter breitoval bis kreisförmig, 13–25 × 12–25 mm. Hopfenartige Blütenstände in Gruppen zu 3–10. Hochblätter 7–10 mm, auffällig, purpurn, länger als der Kelch. Krone rosa, doppelt so lang als der Kelch. Einzige Art mit verzweigten Haaren.

Sehr nässeempfindliche Art, die im Alpinenhaus oder geschützten Kasten gezogen werden muß. Die Art hält nach meiner Erfahrung Temperaturen bis –10 °C ohne weiteres aus, wenn sie trocken gehalten wird. Auch während des Sommers, bei üppigem Wachstum nicht zu oft auf die weißwolligen Blätter gießen, vor allem wenn die Pflanze gerade nicht üppig wächst. Vermehrung durch Aussaat und Stecklinge leicht, hat einen hervorragenden Duft.

O. × **dolichosiphon** P. H. Davis. Ein Wildbastard aus *O. amanum* und *O. laevigatum* aus der Türkei, zur Zeit meines Wissens nicht in Kultur, aber einführenswert.

O. × **hybridinum** Mill. (*O.* × *hybridum* A. K. Jackson, *O.* × *pulchellum* Boiss., *O. dictamnus* × *O. sipyleum*). Sehr hübsche und wüchsige Hybride, ähnlich *O. dictamnus*, aber bis 40 cm hoch, weniger weißwollig und später, bis in den Oktober, blühend. Mit etwas Schutz auch im Freien versuchswert.

O. 'Kent Beauty' (*O. rotundifolium* × *O. scabrum*). Hübsche englische Hybride mit rundlichen Hochblättern. Literatur: Bull. A. G. S. 51 (4): 296 (1983).

O. laevigatum Boiss. Amanus-Gebirge, Zypern: im Gebirge an steinigen Plätzen und Hängen. Juli–September. Bis 70 cm hoher Halbstrauch. Blätter oval bis elliptisch, 3–30 × 1,5–17 mm. Hochblätter mehr oder weniger lanzettlich, 3–6 × 0,5–2 mm, zugespitzt, purpurn, kürzer als der purpurne Kelch. Krone 7–14 mm lang, tief rosapurpurn. An trockenen Plätzen, eventuell mit leichtem winterlichen Nässeschutz, gut ausdauernd.

O. rotundifolium Boiss. NO-Türkei: in kalkfreien Schutthalden und durchlässigen Bändern. Juli–September. 10–20 cm hoher Halbstrauch mit kurzen, unterirdischen Ausläufern. Blätter herzförmig, graugrün, bis 18 × 14 mm. Hochblätter groß, rund, hellgrün, selten rosa überlaufen. Blüten weiß, etwa 10 mm lang. Eine der schönsten Neueinführungen aus der Türkei. Sehr wüchsig und in trockenen Lagen ohne jeden Schutz hart. Vermehrung durch Aussaat und Stecklinge.

O. scabrum Boiss. et Heldr. (*Amaracus scaber* (Boiss. et Heldr.) Briq.). Gebirge S-Griechenlands. Juli–August. Ausläufertreibende Staude, bis 45 cm hoch. Triebe aufrecht, kahl, oben verzweigt. Blätter 11–30 × 11–20 mm. Hopfenähnliche Blütenstände eiförmig, nickend, in lockeren Trauben. Hochblätter 8–10 × 7–8 mm, auffällig purpurn, kahl. Kronröhre rosa. – Es werden zwei Unterarten unterschieden: ssp. **scabrum** mit rauhen Blatträndern und ovalen Hochblättern; ssp. **pulchrum** (Boiss. et Heldr.) P. H. Davis (*Amaracus pulcher* (Boiss. et Heldr.) Briq.) mit glatten Blatträndern und oval-elliptischen Hochblättern.

In seiner Monographie unterscheidet Ietswaart die beiden Unterarten nicht mehr. In gärtnerischer Kultur sind Pflanzen mit rauher Behaarung der Blattränder, entsprechend *O. scabrum* ssp. *scabrum*, meist höherwüchsig, und beinahe unbehaarte Pflanzen, entsprechend ssp. *pulchrum*, meist niederer im Wuchs. Bei Stecklingsvermehrung wäre die Vergabe von Sortennamen zu empfehlen.

O. sipyleum L. (*Amaracus sipyleus* (L.) Briq.). W-, Z- und S-Anatolien und vorgelagerte Inseln: kalkige Felsen und Hänge, Kiefernwälder, Eichen-Macchie, Steppe, 100–1500 m. Juli–August. Halbstrauch, bis 80 cm hoch, an der Basis haarig, höher oben kahl. Blätter 3–24 × 3–15 mm, gewöhnlich bläulich. Hochblätter verkehrt eiförmig bis elliptisch, 4–10 × 3–6 mm. Selten in Kultur.

O. × **suendermanii** hort. (*O. amanum* × *O. scabrum*). Sehr hübscher, leichtgedeihender Bastard, der bei Sündermann entstanden ist. Höher als *O. amanum*, aber mit den hübschen, langröhrigen Blüten dieser Art. In durchlässigen Böden und in voller Sonne auch im Freien möglich, leichter Schutz aber empfehlenswert.

Alle Arten und Hybriden sind hübsche Stauden bzw. Halbsträucher, die durch ihre vielfach behaarten oder bläulichen Blätter und die späte Blütezeit sehr auffallen. Die unempfindlicheren Arten eignen sich für den Steingarten oder Tröge, die empfindlicheren Arten für das Alpinenhaus. Sie benötigen trockene, sonnige Lagen und zumeist kalkreichen Boden. Im Winter sollen die haarigen Arten eher trocken gehalten werden. Die Vermehrung durch Aussaat und Stecklinge ist sehr leicht, bei Aussaat auf Bastarde achten.

Literatur: J. H. Ietswaart (1980): A taxonomic revision of the genus Origanum. Leiden Botanical Series, vol. 4.

Orites R. Br., Proteaceae

Etwa 10, zumeist Gebirge bewohnende Arten in O-Australien, Tasmanien und in den Anden. Kleine bis mittelgroße, immergrüne Sträucher mit wechselständigen, lederigen Blättern. Blüten klein, weißlich, zu wenigen in achsel- oder endständigen Ähren. Früchte lederig, mit 2 Samen.

O. acicularis Roem. et Schult. Tasmanien. 50 cm bis mehrere Meter hoher Strauch mit schmalen, zylindrischen, 2,5–5 cm langen Blättern. Blüten in kurzen, dichten Ähren.

O. lancifolia F. Muell. Neusüdwales, Victoria: in alpinen und subalpinen Heiden. 1–3 m hoher Strauch mit dichtstehenden, eilänglich-elliptischen, bis 3 cm langen Blättern. Blüten gelblichweiß, in 3–5 cm langen Ähren.

O. revoluta R. Br. Tasmanien. 1,2–1,5 m hoher Strauch mit rostrot behaarten Trieben. Blätter schmal, unterseits dichthaarig, bis 12 mm lang. Blüten weiß, in 2,5 cm langen Ähren.

Diese und auch andere Arten, wie *O. diversifolia* und *O. milliganii*, werden hin und wieder als Saatgut angeboten. Die Sämlinge sind außerordentlich empfindlich gegen Umfallkrankheiten. Sie wachsen langsam und erreichen in 3 Jahren etwa 10 cm Höhe. Die Kultur erfolgt in kalkfreiem, durchlässigen Substrat im Alpinenhaus. Die Pflanzen sind empfindlich gegen stauende Nässe und sommerliche Hitzewellen. Mir gelang es noch nicht, eine der Arten zur Blüte zu bringen.

Ostrowskia Regel, Prachtglocke, Campanulaceae

Monotypische Gattung:

O. magnifica Regel. Turkestan: in Höhen um 2000 m. Juni–Juli. Bis 1,2 m hohe Staude mit knolligem Wurzelstock. Stengel dick, unverzweigt, kahl, beblättert. Blätter zu 4–5 in Quirlen, 10–15 cm lang, eiförmig, gezähnt, kurz gestielt, kahl, die oberen Blätter wechselständig. Blüten lang gestielt, hellblau, seidig glänzend, bis 15 cm im Durchmesser, in wenigblütigen, endständigen Rispen, meist mit 6–7 Abschnitten. Kapsel 5–9fächerig, im oberen Teil seitlich mit Schlitzen sich öffnend.

Kultur im Freien nur in wärmeren Gegenden zu empfehlen, in O-Österreich nicht allzu schwierig. Sehr empfindlich gegen Bodennässe, deshalb erhöht und in sehr durchlässiges Substrat pflanzen. Gute Dränage! Austriebe spätfrostgefährdet. Auch in Zwiebelkästen mit entsprechend mächtiger Substratauflage (30 cm) zu empfehlen. Die Kapseln werden bei uns im Freien meist nicht reif, sie müssen im September geerntet werden. Ohne künstliche Trocknung faulen sie. Bis zur Blüte vergehen vom Aufgang meist 5 Jahre, manchmal länger, im 1. Jahr entwickeln sich nur die Keimblätter. Nichtblühende Pflanzen ziehen meist schon Anfang Juni ein. Die Vermehrung ist faktisch nur durch Aussaat möglich.

Ourisia Comm. ex Juss., Ourisie, Scrophulariaceae

24 Arten, davon 12 in S-Amerika, 1 auf Tasmanien, der Rest auf Neuseeland. Stauden mit meist grundständigen, rundlichen Blättern und trichterförmigen bis röhrigen, roten, rosa oder weißen Blüten in lockeren Trauben an straffen Stielen, selten auch mit anderen Wuchsformen.

O. caespitosa Hook. f. Neuseeland, N-, S- und Stewart-Insel: meist an feuchten halbschattigen Stellen bei Felsen, 700–1800 m. Mai–Juni. Stark verzweigte, kriechende und wurzelnde Staude, mattenbildend. Blätter 6–10 × 3–5 mm, an jeder Seite mit drei Einschnitten. Blütenstände 4 bis 10 cm hoch. Blüten weiß mit gelbem Schlund, bei var. **caespitosa** in Paaren, bei var. **gracilis** Hook. f., einer zwergigeren Varietät, einzeln.

Kultur am besten in einem im Winter zu schützenden Moorbeet, absonnig.

O. coccinea Pers. Chile. Mai–September. 20–25 cm hoch. Blätter herzförmig, unregelmäßig gekerbt. Blüten 3 cm lang, scharlachrot, hängend, in kleinen, endständigen Trauben. Kultur ebenfalls in einem winters zu schützenden Moorbeet, empfindlich gegen Kahlfröste, sonst recht dauerhaft. Hin und wieder werden auch verwandte Arten angeboten. Die Gruppe um *O. coccinea* ist umfangreich und botanisch noch nicht befriedigend bearbeitet.

O. glandulosa Hook. f. Neuseeland, S-Insel: an feuchten, aber oft ausgesetzten Standorten, 1200–1800 m. Mai–Juni. Ähnlich *O. caespitosa,* aber etwas größer und junge Blätter am Rand lang und waagrecht abstehend behaart.

O. integrifolia R. Br. Tasmanien: in feuchten Felsspalten und Ruhschutthalden. Mai–Juni. Ähnlich *O. caespitosa,* aber bis 15 cm hoch und Blätter ohne seitliche Einschnitte.

O. microphylla Poepp. et Endl. Chile. Mai–Juli. Polsterbildende, 5–8 cm hohe Staude, Blättchen 1,5–2 mm groß, in vier Reihen dicht an die Zweige gepreßt. Blüten zu 1–3 am Ende der Zweige, 10 mm lang und breit, hellrosa mit weißem Schlund. Sehr schöne Pflanze, die aber im Alpinenhaus nicht immer befriedigend gedeiht. Am besten erscheint mir eine Kultur während des Winters im Alpinenhaus, im Sommer in einem kühl-feuchten Kasten mit leichtem Schatten. Leidet unter partiellem Zurücksterben der Triebe. Vermehrung durch Aussaat und Stecklinge.

O. ruelloides (L. f.) Dusen. Patagonien: neben und auf Felsen in Gebirgsbächen, in der Spritzwasserzone, 1000–2200 m. Mai–Juni. Kriechende Staude, bis 15 cm hoch. Blätter breit-oval, gekerbt-gezähnt, leuchtendgrün. Blüten scharlachrot, bis 2,5 cm lang, knapp über den Blättern. Nach englischen Angaben braucht die Art nicht zu naß gehalten werden, sie liebt kühle, feuchte Stellen und Halbschatten, vielleicht am besten unter dem Südtisch des Alpinenhauses.

O. sessilifolia Hook. f. Neuseeland, S- und Stewart-Insel, 1000–2100 m. Mai–Juni. Kriechende und wurzelnde Staude mit überlappenden, auf der Oberseite stark behaarten Blättern. Blüten weiß mit gelber Schlundzeichnung, an 10 cm hohen Stielen. Es werden 3 Varietäten unterschieden.

Neben diesen zumeist zwergigen Arten eignen sich auch die höherwüchsigen *O. macrophylla* Hook. f. und *O. macrocarpa* Hook. f. für die Kultur unter Schutz. Bis auf *O. microphylla* gedeihen die Arten am besten in feuchten, sehr torfhaltigen Substraten, bei hoher Luftfeuchtigkeit und etwas Schatten. Gibt man zuviel Schatten, so nimmt die Blühwilligkeit ab. *O. microphylla* bewohnt in der Heimat überwiegend Felsspalten und braucht feuchtigkeitshaltende, aber durchlässige Substrate. Die Samen werden auf torfige Substrate aufgestreut, nicht abgedeckt und nach der Ericaceen-Routine betreut.

Oxalis L., Sauerklee, Oxalidaceae

Etwa 800 Arten, überwiegend in S-Afrika und S- und M-Amerika. Stauden oder Halbsträucher mit mehrzähligen Blättern, die entweder wechselständig um ± lange, z. T. unterirdisch kriechende Sprosse oder in Rosetten stehen. Kelchblätter 5, Blütenblätter 5, Staubblätter 10. 5fächerige Kapseln, das Ausschleudern der Samen erfolgt durch plötzliches Abtrennen der äußeren fleischigen Samenschale nach dem Öffnen der Kapseln.

O. adenophylla Chile, W-Argentinien. 8–10 cm hoch. Grundstock knollig mit faserigen Schuppen. Blätter graugrün, rund, mit zahlreichen (bis 20) Teilblättchen, einen dichten Büschel bildend. Die gehandelte Form ist reinblaugrün beblättert, in der Natur finden sich auch rotgezonte Formen. Blüten 2,5 cm breit, hell- bis dunkelrosa. Sehr dauerhaft und unter leichtem Winterschutz gut hart.

O. enneaphylla Cav. Falkland-Inseln, Patagonien. Ähnlich *O. adenophylla*, aber nur mit 9–20 Blättchen. Blüten weiß, rosa ('Rosea') oder dunkelrosa ('Rubra'). Etwas empfindlicher als *O. adenophylla*. In Großbritannien wird ein Bastard zwischen *O. enneaphylla* und *O. adenophylla* gehandelt.

O. inops Jacq. (*O. depressa* Lodd.). S-Afrika. Die winterhärteste der südafrikanischen Arten. Juni–September. Knollentragend, mit zahlreichen Ausläufern, invasiv! Blätter 3teilig, blaugrün. Blüten bis 3 cm groß, rosa, weiß und gelb im Schlund. Hat selbst den Winter 1984/85 unter leichtem Vliesschutz überdauert. Bei dieser Art mußte ich meine Meinung über die Ausbreitungstendenz ändern, sie hat sich in meinem Steinbeet festgesetzt und ist nicht auszurotten.

O. laciniata Cav. Patagonien. Mai–Juni. Schönste alpine Art. Rhizome 7 mm dick, weißschuppig mit orangen Flecken. Blätter 7–12teilig, Blättchen gewellt, graublau. Blüten 2 cm breit, hellrauch-graublau bis tiefviolett und rubinrot, mit Saftmalen. Noch wenig verbreitet, unter etwas Schutz hart, gut für Schalen oder das Alpinenhaus. 'Ione Hecker' (*O. enneaphylla* × *O. laciniata*) mit größeren Blüten, ist noch wenig verbreitet.

O. lobata Sims. Chile. Oktober, in manchen Jahren schon früher. Kleinknollig, Knollen wollig behaart. Blätter 1 cm im Durchmesser, 3teilig. Blüten einzeln, bis 2 cm breit, leuchtendgelb. Die Art bringt im Frühjahr Blätter, blüht aber erst im Spätsommer bis Herbst. Braucht den Schutz des Alpinenhauses oder die Kultur im Zwiebelkasten oder Steinbeet, die Frühjahrsblätter sind spätfrostgefährdet.

In dieser Gattung gibt es zweifellos noch eine Anzahl weiterer versuchswerter Arten, die in der Gartenkultur noch nicht verbreitet sind. Sie brauchen alle durchlässigen, steinigen Boden und volle Sonne und werden durch Teilung der Rhizome

(*O. laciniata*), Abnahme der Nebenzwiebel oder Aussaat vermehrt. Ich kultivierte lange Jahre eine unbestimmbare polsterbildende Art aus N-Argentinien, die liebliche gelbe Blüten dicht über der Polsteroberfläche brachte, verlor sie aber in einem extrem harten Winter.

Oxylobium Andr., Leguminosae

Etwa 30 Arten in Australien. Immergrüne Sträucher oder Halbsträucher mit einfachen, sehr kurz gestielten Blättern und gelben oder roten Blüten in end- oder achselständigen Trauben.

O. ellipticum (Labill.) R. Br. ex Ait. f. var. **alpinum** Maiden et Betche. Australische Alpen, Tasmanien, in subalpinen bis alpinen Heiden. Juni. Niederliegender Strauch, manchmal wurzelnd, bis 30 cm hoch. Blätter buchsähnlich, lederig, nur bis 9 mm lang. Blüten orangegelb, gewöhnlich mit rotem Fleck an der Fahnenbasis, in end- oder seitenständigen Köpfchen.

Leider besitze ich keine Kulturerfahrungen mit dieser interessanten Pflanze. Ich habe aber einige Pflanzen versucht, die mit ihr gemeinsam vorkommen. Daraus schließe ich, daß sie unter leichtem Schutz oder im Alpinenhaus durchhalten müßte. Die Vermehrung erfolgt am besten durch Aussaat.

Oxytropis DC., Spitzkiel, Leguminosae

Etwa 120 Arten in den kühleren Gebieten und Gebirgen Asiens, Nordamerikas und Europas. Nahe mit *Astragalus* verwandt, aber mit spitzem Schiffchen.

O. besseyi (Rydb.) Blank. (*O. argentea* Pursh non Pers., *Aragallus besseyi* Rydb.). »Locoweed«. Westl. N-Amerika. April–Mai. Niedrige, polsterbildende Staude. Blätter gefiedert, Blättchen 11–25, 1–2 cm lang, silberhaarig. Blüten in 3–5 cm langen Ähren, Stiele 10–15 cm hoch. Kelch aufgeblasen, dicht silberig seidenhaarig. Blüten rot- bis blauviolett, bis 2 cm lang, mit runden Fahnen. Hülsen eiförmig bis länglich, halb 2zellig (und dadurch zwischen *Astragalus* und *Oxytropis* stehend).

Von *O. besseyi* wird dem Boden selektiv Selenium entnommen und anstelle des Schwefels in die Eiweißverbindungen eingebaut. Da in unseren Böden Selenium nur in Spuren vorkommt, ist die Art bei uns auch nicht für Haustiere giftig. Diese werden nach dem Verzehr zuerst träge und lustlos, um dann plötzlich wie verrückt herumzupreschen, über Zäune zu springen und andere Hindernisse zu nehmen. Aus diesem Grund der Vulgärname »Locoweed« – er wird auch für andere Arten verwendet –, der sich vom spanischen *loco* = verrückt, ableitet. In der Endphase verlieren die Tiere rasch an Gewicht, verweigern die Nahrungsaufnahme und verenden dann qualvoll. Andere *Oxytropis*- und *Astragalus*-Arten sind ähnlich gefährlich, teilweise auch durch den Gehalt an bestimmten Alkaloiden. Vermehrung durch Aussaat, Kultur nur unter Nässeschutz.

O. halleri Bunge ex W. D. J. Koch (*O. sericea* (Lam.) Simonkai non Nutt.). Pyrenäen, Alpen, Karpaten, Schottland, O-Albanien, über Silikat. Mai–Juni. Pflanzen mit tiefreichenden Pfahlwurzeln. Niederwüchsige Rosetten, Blätter unpaarig gefiedert mit 10–14 Blättchenpaaren. Blütenstände zuerst kopfig, später verlängernd, in der Natur bis 16-, im Garten bis 30blütig. Blüten rotviolett.

Gartenkultur nicht immer leicht, Standort sonnig, steinig, mäßig trocken, Substrat kalkfrei. Pfahlwurzeln am Wurzelhals sehr empfindlich, deshalb Schottermanschette. Vermehrung durch Aussaat. Ähnlich, aber leichter in der Kultur sind u. a. **O. lazica** Boiss. aus dem Iran und **O. todomoshiriensis** Miyabe et Miyake aus O-Asien.

Pancratium L., Pankrazlilie, Amaryllidaceae

13 Arten im Mittelmeergebiet, den Kanaren und dem tropischen Ostasien. Pflanzen mit narzissenähnlichen Zwiebeln oder Zwiebelstämmen. Blätter linealisch oder riemenförmig. Blüten in Dolden, selten nur zu 1–2, groß, weiß, wohlriechend, trichterförmig mit schmalen Abschnitten und becherförmiger Nebenkrone.

P. illyricum L. Korsika, Sardinien, Capraia und nahegelegene Inseln. Mai–Juni. Zwiebel sehr groß, birnförmig, mit langem Hals. Blätter linealisch, graugrün. Schaft zweischneidig, bis 60 cm hoch, 6–12blütig. Blüten 6–7 cm breit, mit kleiner Nebenkrone.

P. illyricum ist vor einer Trockenmauer oder einer südseitigen Hauswand, gut drainiert gepflanzt, unter leichtem oder sogar ohne Schutz hart, so in Frohnleiten, Steiermark, seit Jahrzehnten. Die Vermehrung erfolgt durch Zwiebelteilung.

Paradisea Mazzuc., Paradieslilie, St. Brunolilie, Liliaceae

2 Arten in Europa. Ähnlich der Gattung *Anthericum*, aber Blütenstand immer traubig. Blüten glockenförmig, Blütenkronabschnitte scheinbar eine Röhre bildend, erst dann spreizend, mit Nagel. Griffel und Staubbeutel gekrümmt. Antheren am Rücken angeheftet. Kahle Stauden mit kurzem, nicht knolligen Wurzelstock, etwas fleischigen Wurzeln und linealischen Blättern.

P. lusitanica (Coutinho) Samp. Gebirge von N-Portugal und dem westl. Z-Spanien, in Wäldern, Wiesen und Sümpfen. Mai–Juni. Ähnlich *P. liliastrum*, aber Blütenblätter nur 20–25 mm lang, Traube nicht einseitswendig.

Ist im Wuchs kräftiger als *P. liliastrum*, jedoch bereits im Herbst austreibend und daher frostempfindlich, ist auch winternässeempfindlich und besser unter Schutz zu ziehen. Vermehrung durch Aussaat.

Parahebe W. R. B. Oliver, Scrophulariaceae

Etwa 11 Arten in Neuseeland. Kriechende oder niederliegende Halbsträucher mit holzigen oder halbholzigen Sprossen, die im unteren Teil wurzeln, selten krautig. Blüten in achselständigen Trauben. Kapseln seitlich zusammengepreßt, Scheidewand an der schmalsten Stelle.

P. catarractae (Forst. f.) W. R. B. Oliv. Neuseeland, N-, S- und Stewart-Insel: auf feuchten Bachrändern der montanen Stufe, auf Felsen und steinigen Plätzen. Mai–Juni. Niederliegender oder aufstrebender, reichverzweigter Halbstrauch, im älteren Teil holzig. Blätter dicht gestellt, bis 4 × 2 cm (selten auch größer). Blüten weiß mit rosa oder purpurnen Adern.

P. decora M. B. Ashwin. Neuseeland, S-Insel: in feuchtem Geröll, auf Moränen und Ruhschutthalden, 300–1500 m. Mai–Juni. Am Boden dicht dahinkriechender Halbstrauch, überall wurzelnd, bis 50 cm breite Matten bildend. Blätter rötlichgrün, bis 4 × 4 mm, fleischig. Blüten in aufrechten Trauben, bis 12 cm, die untersten 3 Blüten quirlig, weißlich bis rosablau.

P. hookeriana (Walp.) W. R. B. Oliv. Neuseeland, N-Insel: auf felsigen Plätzen, 900–1800 m. Juni. Kriechender Halbstrauch. Blätter bis 12 × 8 mm, dicht gedrängt. Es werden 2 Varietäten unterschieden: var. **hookeriana** ist leicht behaart und besitzt violette Blüten, var. **olsenii** (Col.) M. B. Ashwin ist kahl und besitzt weiße Blüten.

P. linifolia (Hook. f.) W. R. B. Oliv. Neuseeland, S-Insel: auf feuchten, felsigen Stellen, 500–1600 m. Mai–Juni. Kriechender, reichverzweigter Halbstrauch. Blätter schmal, sitzend, bis 25 × 4 mm. Blüten an 2 cm langen Blütenständen, bis 15 mm breit, weiß mit roter Strichzeichnung im Schlund.

P. lyallii (Hook. f.) W. R. B. Oliv. Neuseeland, S-Insel: auf feuchten, steinigen Stellen, bis 1300 m. Mai–Juni. Ähnlich *P. decora*, aber mit größeren, gezähnten Blättern, die untersten Blüten nicht zu dritt.

Bis auf *P. catarractae* überraschend harte Bodendecker für feuchte, torfige, steinige Plätze, nicht zu sonnig. Vermehrung durch Stecklinge und Teilung leicht.

Paraquilegia J. R. Drumm. et Hutch., Ranunculaceae

3–6 Arten in den Gebirgen W-Chinas, im Himalaja, in Persien, USSR (Mittelasien, Südsibirien, Mongolei), immer in den Gebirgen. Mehrköpfige Rosettenstauden mit 2–3fach geteilten, meist blaubereiften Blättern. Blüten schalenförmig, bis 3 cm breit, weiß oder lila.

P. anemonoides (Willd.) Engl. ex Ulbr. (*P. grandiflora* (Fisch.) Drumm. et Hutch.). Himalaja. April–Mai. Blätter graugrün, fein dreifach geteilt. Blüten einzeln, knapp über dem 8–10 cm hohen Laub, leuchtendlavendel. Staubbeutel gelb, sehr auffällig.

P. microphylla (Royle) Drumm. et Hutch. Kashmir, Bhutan. Sehr ähnlich voriger und vielleicht konspezifisch. Blüten weiß (Kashmir) und violett (Bhutan).

Die Vermehrung dieser außerordentlich schönen Pflanzen kann nur durch Aussaat erfolgen. Sie werden ständig im Topf und im Alpinenhaus gehalten. Gegen den Herbst zu werden sie trockener gehalten, gegen Winterende beginnt man vorsichtig zu gießen, damit sich die Blüten ordnungsgemäß entwickeln können. Sie werden selten umgetopft, da sie die Beengtheit des Topfes lieben (sie sind in der Heimat z. T. in Felsspalten anzutreffen), man verwendet eine sehr durchlässige, kalksplittreiche Mischung und gibt in den Topf auch einige größere Kalksteinbrokken hinein.

Passiflora L., Passionsblume, Passifloraceae

Etwa 400 Arten, fast ausschließlich im tropischen und subtropischen Amerika. Rankende Kräuter oder Sträucher mit einfachen oder gelappten Blättern mit typischen

Nektarien auf den Blattstielen. Blüten einzeln in den Blattachseln oder endständig in kurzen Trauben, 5zählig, die 5 Kelchblätter und die 5 Blütenblättern stehen abwechselnd und sind manchmal von einer 3blättrigen Außenhülle umgeben. Zwischen den Blütenblätter und den 5 Staubblättern ist die Korona, ein aus fädigen Gebilden zusammengesetzter Kranz, zu finden. Die drei Narben sind kopfig, Fruchtknoten und Staubblätter werden von einem Stiel, dem Gynophor, von Krone, Blüten- und Kelchblättern weggehoben.

P. incarnata L. Südl. USA: Virginia bis Florida und Texas, Bermudas. Sommer. Kletterstaude mit bei uns bis 5 m langen Trieben. Blätter tief-dreilappig, 8–15 cm lang, hellgrün. Blüten etwa 5 cm groß, weiß bis blaßrosa, Krone violettpurpurn.

In Durchschnittslagen Mitteleuropas unter Laubdecke gut überwinternd. Im Herbst wird die Pflanze zurückgeschnitten und bis 50 cm von der Mitte mit 30 cm Laub abgedeckt. Vermehrung durch Stecklinge leicht. In günstigeren Lagen ist auch *P. coerulea* mit ähnlichem Winterschutz gut ausdauernd und versuchswert.

Pediocactus Britt. et Rose, Cactaceae

8 Arten in den südl. USA. Körper einzeln oder in Gruppen, selten mehr als 2–5, zylindrisch bis kugelig, ohne Rippen, Warzen nicht verwachsen. Frucht zur Reifezeit trocken, stachellos.

P. bradyi L. Benson. Arizona (nahe Marble Canyon des Coloradoflusses, in einem Gebiet von etwa 25 km Länge): 1200 m. Mai–Juni. Körper einzeln, kugelig bis eiförmig, 3,8–6,2 cm hoch, 2,5–5 cm dick. Warzen zylindrisch-eiförmig oder verlängert-eiförmig, 3–4,5 mm hoch und dick. Areolen elliptisch, 1,5–3 × 0,7–1,5 mm, dicht weiß- oder gelbwollig. Mittelstachel meist fehlend. Randstacheln etwa 14–15, weiß oder gelblichbraun, 3–6 mm lang, kammförmig anliegend. Blüten 1,5–3 cm breit, strohgelb.

P. knowltonii L. Benson. Nördl. New Mexico (beim Los Pinos-Fluß an der Grenze zu Colorado, vielleicht auch dort): kiesige Böden auf Hügeln, 1800 m. Körper meist einzeln, bis 3,8 cm hoch und etwa 2,5 cm dick, kaum über den Boden herausragend. Warzen zylindrisch, konisch oder pyramidal, 1,5–2,5 mm hoch und 1,5–2 mm dick. Areolen bis 1 mm groß. Mittelstacheln fehlend. Randstacheln 18–23, bis 1,4 mm lang, weiß oder manchmal hellgelbrot oder rosa, kammförmig angeordnet. Blüten 2 cm groß, rosa.

P. papyracanthus (Engelm.) L. Benson (*Toumeya papyracantha* (Engelm.) Britt. et Rose). Arizona, New Mexico: rote sandige Böden an flachen Stellen im Grasland und Gebüsch, 1500–2200 m. Körper einzeln, verlängert, zylindrisch oder verkehrt-konisch-zylindrisch, 2,5–7,5 cm hoch, 1,2–2 cm dick. Warzen verlängert-konisch, 3–4,5 mm dick und 1,5 mm hoch. Areolen 1–1,5 mm groß. Mittelstacheln 1 (-4), der längste 2–3 (bis 5, lt. Backeberg) cm lang, flach, flexibel, weiß oder hellbraun, später grau, aufwärts gebogen. Randstacheln 6–8, weiß bis grau, etwa 3 mm lang, parallel zum Stamm ausgebreitet, flach und sehr dünn. Blüten 2–2,5 cm groß, weiß mit bräunlichem Mittelnerv.

P. paradinei B. W. Benson. nördl. Arizona: kiesige Böden auf Anschüttungskegeln und kleinen Ebenen in der Wüste und im Grasland, 1500–1800 m. Körper einzeln, 2,5–5 cm hoch, 2,5–5 (-8) cm dick. Warzen trunkat-konisch, 3 mm dick, bis

4,5 mm hoch. Areolen kreisförmig, 3 mm groß. Mittelstacheln 4–6, weiß bis hellgrau, im Alter gelblich, dünn und flexibel, bis über 3 cm lang (einzelne bis 7 cm, lt. Backeberg). Randstacheln etwa 20, nicht deutlich verschieden von den Mittelstacheln, aber kürzer. Blüten 2–2,5 cm groß, weiß mit rosa Mittelnerv.

P. **peeblesianus** (Croizat) L. Benson (*Navajoa peeblesiana* Croizat) mit seiner var. **fickeiseniae** L. Benson aus Arizona ist schwerlich sehr hart.

P. sileri (Engelm.) L. Benson (*Utahia sileri* (Engelm.) Britt. et Rose). Nördl. Arizona, südl. Utah: Hügel in der Wüste, auf stark gipshaltigen Böden, 1400–1500 m. Körper einzeln, breitrundlich bis eiförmig, 5–10 (–13) cm hoch, 5–7,5 (–10) cm dick. Warzen gestutzt-konisch, 6–10,5 mm dick, 9–12 mm hoch. Areolen 6 mm groß. Mittelstacheln 3–7, ganz oder teilweise schwarzbraun, im Alter hellgrau bis fast weiß werdend, gerade oder an der Spitze leicht gebogen, bis 2–2,8 cm lang. Randstacheln kleiner 10–15 je Areole, weiß. Blüten etwa 2,5 cm groß, gelb.

P. simpsonii (Engelm.) Britt. et Rose. Warzen pyramidal, 6–9 mm hoch, am Grunde 4,5–7 mm dick. Areolen bis 3 mm groß. Mittelstacheln 5–8 (–11), bei Jungpflanzen 0–3. Randstacheln 12–30, rechtwinkelig von der Warze abstehend. Es werden 3 Varietäten unterschieden:
var. **simpsonii**. Oregon, Idaho, Wyoming, Nevada, Utah, Colorado, Arizona, New Mexico, S-Dakota (vielleicht auch in Dakota und Kansas): auf feinen, pulverigen Böden in Tälern, kleinen Ebenen und Hügelseiten in trockenen Gebieten, 1800–2850 m. Körper gewöhnlich einzeln, kugelig bis breit-eiförmig, 5–12,5 (–20) cm hoch, 7,5–10 cm dick. Mittelstacheln rotbraun oder in der unteren Hälfte blaß und gelblich, 9–12 (–19) mm lang. Randstacheln weißlich oder gelblich, 6–9 mm lang. Blüten 1,9–2,5 cm groß, rosa bis magenta, weiß, gelb oder lachsfarben.
var. **minor** (Engelm.) Cockerell. Utah, Colorado, New Mexico: felsige Böden in Hochtälern und Berghängen, in Grasland und am Waldrand nahe der Waldgrenze, 2500–3300 m. Körper einzeln oder selten sprossend, kugelig, 2,5 (–7,5) cm hoch, 2,5–5,5 cm dick. Mittelstacheln dunkelrotbraun, 7,5–10,5 (–13,5) mm lang. Randstacheln weißlich oder gelblich, 6 mm lang. Blüten 1,2–1,9 mm breit, rosa bis magenta oder fast weiß.
var. **robustior** (Coulter) L. Benson. Washington, Oregon, Idaho, Nevada: kiesige Böden, meist über Lava oder Basalt, auf Hügeln in der Wüste, 450–900 m. Körper gewöhnlich gruppenbildend, verlängert, 5–10 (–30) cm hoch, 5–6,2 (–7,5) cm dick. Mittelstacheln dunkelrotbraun, 15–27 mm lang. Randstacheln blaßrotbraun, 12–19 mm lang. Blüten 3, 1–5 cm groß, magenta.

Alle *Pedioccatus* benötigen eine Kultur, wie sie bei *Echinocereus* beschrieben ist. Zur Zeit ist bei Alpenpflanzenliebhabern vor allem *P. simpsonii* var. *simpsonii* in Kultur, da von dieser Varietät regelmäßig Saatgut erhältlich ist.

Die Zusammenstellung über *Pediocactus* verdanke ich M. Hammer, Klosterneuburg.

Pelargonium L'Hérit. ex Ait., Pelargonie, Geraniaceae

Etwa 240 Arten, bis auf wenige alle in Afrika. Sukkulente oder zumindest halbsukkulente Pflanzen mit oft nur kurzzeitig aktiven Blättern. Blätter lang- bis kurzgestielt, rundlich bis oval, oft tiefgeteilt. Blüten in Dolden, zygomorph, mit 5 Blütenblättern, davon oft die unteren sehr klein, oberes Kelchblatt gespornt.

P. australe Jacq. Australien, Tasmanien, Neuseeland: bis in die subalpine und alpine Zone. Juni–Juli. Zwei- bis mehrjährig, bis 40 cm hoch, mit 3–4 dicken, aufrechten, haarigen Stämmen, im oberen Teil verzweigt. Blätter gegenständig, herzförmig, 2–9 cm lang, mehr oder weniger gelappt, gekerbt, haarig. Stiele der unteren Blätter ca. 7 cm lang. Blüten zu 6–25 in lockerer Dolde. Schaft bis 10 cm lang. Blütenstiele ca. 1 cm lang. Petalen rosa bis weißlich mit karminroten Flecken und Streifen, schmalspatelig.

In der Heimat sehr vielgestaltig und in verschiedene Kleinarten aufgeteilt, von denen *P. australe* i. e. S. bis in die alpine Stufe, *P. helmsii* bis in die subalpine und *P. inodorum* bis in die montane Stufe vorkommt.

P. endlicherianum Fenzl. Türkei. Juli. Behaarte Staude mit dickem Wurzelstock. Grundblätter langgestielt, kreisrund, etwa 3–6 cm im Durchmesser, schwach handförmig 5lappig, gekerbt. Stengelblätter wenige, kürzer gestielt, wechselständig. Blüten zu 5–15 in Dolden. Schaft 6–15 cm lang, Blütenstiele etwa 3 cm lang. Petalen rosa mit karminroten Adern, die zwei oberen über 2,5 cm, breit-verkehrt-eiförmig-spatelig, die 3 unteren viel kleiner.

P. quercetorum Agnew. SO-Türkei, N-Irak. Sehr nahe mit *P. endlicherianum* verwandt, unterschieden durch höheren Wuchs, weniger haarige oder fast kahle Blätter, die gelappt mit gezähnten Abschnitten sind, reichblütigere Dolde, kürzere Blütenstiele und schmälere obere Petalen.

Alle drei Arten sind leicht durch Aussaat zu vermehren. *P. australe* ist wenig versucht und sollte besser im Alpinenhaus gezogen werden, die beiden anderen Arten sind weniger empfindlich und gedeihen gut im Blumenzwiebelkasten oder zusammen mit winterharten Kakteen, bei Trockenheit von September–April.

Pellaea Link, Sinopteridaceae

Etwa 85 Arten, überwiegend von trockenen, oft felsigen Standorten in N- und S-Amerika, S-Afrika und Neuseeland. Kleine, mehr oder weniger xermorphe Farne. Rhizom kurz, mit Schuppen besetzt. Blätter immergrün, 1–4fach gefiedert. Sporen in zumeist randständigen, breiten Linien.

P. atropurpurea (L.) Link. In den USA und Kanada weit verbreitet: in ausgesetzten oder beschatteten Klippen oder Felsspalten des Kalksteins, selten in steinigen Wäldern. Rhizom kurz. Blattstiele 5–20 cm, fast schwarz. Wedel meist doppelt gefiedert im unteren Bereich, im oberen Bereich nur gefiedert. Sterile Blätter flachwachsend, fertile steil aufrecht.

P. breweri D. C. Eat. Westl. USA: in Felsspalten und steinigen Hängen, von tiefen Lagen bis über die Waldgrenze. Rhizom kurz. Blattstiele, 2,5–9 cm, kastanienbraun. Wedel 2,5–12 × 1,5–3 cm mit 5–11 gegenständigen oder fast gegenständigen, sitzenden Fiedern.

P. glabella Mett. ex Jelhn. (*P. atropurpurea* var. *glabella* Farnw.). Ähnlich *P. atropurpurea*, aber Wedel kleiner.

Sehr nette, trockenheits- und kalkliebende Kleinfarne, am besten im Alpinenhaus zu ziehen. In Großbritannien noch andere Arten in Kultur, so *P. andromedifolia* Fée (siehe Bull. A. G. S. 50 (4): 314 (1982). Vermehrung durch Sporen oder Teilung.

Penstemon Schmidel, Bartfaden, Scrophulariaceae

Etwa 250, teils staudige oder kleinstrauchige Arten, bis auf eine asiatische Art alle in N-Amerika und Mexiko beheimatet. Blätter gegenständig, selten in Quirlen, lanzettlich bis elliptisch, teilweise auch fädig oder nadelig. Blüten ansehnlich, in endständigen Rispen oder Trauben, violett, blau, weiß, gelb bis scharlachrot, die letzteren vogelbestäubend.

Die folgende Auswahl ist sehr subjektiv, ich nenne die, die bei mir besser unter Schutz gediehen, habe mich aber mit der Gattung nie sehr auseinandergesetzt.

P. aridus Rydb. Montana, Idaho, Wyoming: auf trockenen, wenig bewachsenen, oft felsigen Stellen, von höheren Tallagen bis in die obere montane Stufe. Juni-Juli. Pflanzen kompakt, 5–20 cm, aus einem verzweigten Wurzelstock, mit zahlreichen sterilen Trieben. Blätter 1–5 cm × 1–5 mm, linealisch bis lineal-eilanzettlich. Krone blaupurpurn, 12–18 mm. Blüten in aufrechten, gestreckten Trauben.

P. gairdneri Hook. Westl. USA: auf trockenen, wenig bewachsenen, felsigen Stellen, oft mit *Artemisia dentata.* Mai–Juni. Basis holzig. Blühende Triebe wenige bis viele, 10–40 cm hoch. Pflanzen mit zahlreichen sterilen Trieben, z. T. mattenbildend. Blätter linealisch, selten über 3 (–6) mm breit. Blüten in Scheinquirlen oder Trauben. Krone blaupurpurn oder lavendel, selten leuchtend rosapurpurn, 14–22 mm lang.

P. lanceolatus Benth. SW-New Mexiko, SO-Arizona, N-Mexiko: auf Felsen, 1600–2000 m. Juni–Juli. Staudig. Blätter linealisch, an der Basis teilweise etwas stengelumfassend. Stengel bis 50 cm hoch, dichthaarig unter den Blüten. Blüten in Scheinquirlen. Krone orange- bis blutrot, 25–35 mm, schmalröhrig.

P. linarioides Gray. Colorado, Utah, New Mexico, Arizona: 1500–3000 m, oft auf Kalk. Juni–September. Sehr variabel, am Grunde verholzt. Sprosse aufrecht oder niederliegend. Blätter meist linear, 8–20 (–30) mm lang, nicht fleischig, beiderseits meist gräulich. Blüten in etwas durchblätterten, endständigen Trauben, bis 25 cm (selten höher). Krone blaupurpurn, 14–24 mm.

Besonders interessant ssp. **compactifolius** Keck mit niederliegendem Wuchs und kleinen, heideähnlichen Blättchen.

P. pinifolius Greene. SW-New Mexico, SO-Arizona, Mexiko: felsige Gipfel, über 1500 m. Basis verholzt, Triebe bis 20 cm. Blätter nadelartig, bis 8 × 1 mm, gedrängt stehend, immergrün. Blüten in aufrechten Trauben. Krone scharlach, bis 20 mm lang. Juli–August. Sehr schöner Sommerblüher, aber empfindlich gegen Wintersonne, sollte auch an sehr günstigen Standorten immer Sonnenschutz erhalten. Aus Samen erhält man oft faulblühende Formen, besser sind die Klone, die bei uns seit langem im Handel sind. Seit kurzem auch eine gelbblühende Form in Kultur. 'Mersea Yellow', siehe Bull. A. G. S. 55 (4): 346 (1987), mit einer SW-Abbildung auf S.331.

P. pseudospectabilis Jones. Kalifornien, Arizona: in Halbwüsten und Canyons, unter 1200 m. Juni–August. Sprosse aufrecht, zu mehreren, bis 80 cm hoch. Blätter bläulich, gesägt, lanzettlich bis eiförmig, bis 15 × 8 cm. Blüten in vielblütigen Scheinquirlen. Krone 2–3 cm lang und bis 9 mm breit, rosapurpurn bis rot.

P. purpusii Bdg. Kalifornien: trockene, offene, steinige Hänge, 1500–2300 m. Mai–Juni. Am Grunde holziger, niederliegender Halbstrauch mit bis 20 cm langen Trieben. Blätter oval bis rundlich, bis 1,5 (–2) cm lang. Blüten in wenigblütigen

Trauben dicht über dem Laub. Krone 2–3 cm lang, violett bis blau, mit weißlichen Streifen auf der Unterlippe.

Viele *Penstemon* brauchen sehr trockene und durchlässige Standorte und sind in der Kultur oft kurzlebig. Wir in Europa haben auch das Problem, daß aus Samen sehr viele inferiore Typen aufgehen, während in den USA eine Auswahl aus tausenden Pflanzen am Standort möglich ist. Die genannten Arten habe ich versucht, alle sind außerordentlich schöne Pflanzen, die durch ihre oft in den Sommer reichende Blüte sehr auffallen. Sie werden durch Aussaat oder Stecklinge resp. Teilung vermehrt. Weitere Arten sind z. B. in dem Werk »Die Freiland-Schmuckstauden« (Hrsg. Jelitto, Schacht, Feßler) angeführt.

Pentachondra R. Br., Epacridaceae

4 Arten in O-Australien, Tasmanien und Neuseeland. Kleine, heideähnliche Zwergsträucher mit fünfteiligen Blüten mit langer Kronröhre. Frucht groß, fleischig aussehend, aber trocken, Samen lose im Inneren.

P. pumila (J. R. et G. Forst.) R. Br. Australische Alpen, Tasmanien, Neuseeland: in alpinen und subalpinen Heiden, in Mooren. Mai–Juni. Niederliegender, kaum 10 cm Höhe erreichender Strauch, bis 50 cm breit, kriechend. Blätter dichtstehend, eilänglich, 3–6 × 0,5–2,5 mm. Blüten weiß, einzeln nahe den Triebspitzen, 4–6 mm lang und ebenso breit. Früchte über den Winter grün bleibend, erst im Frühling sich vergrößernd, bis 8 mm dick, rund, rot.

Sehr hübsche und durch die immer mit der Blüte gleichzeitige Beerenbildung auffällige alpine Heide von leider schwieriger Kultur. Vermehrung durch Aussaat, Samen mit Gibberellin behandeln. Sämlinge halbschattig und luftfeucht im Alpinenhaus ziehen, später auch für nicht zu prallsonnige Moorbeete mit leichtem winterlichen Schutz.

Perezia Lag., Perezie, Compositae

Etwa 50 Arten in Amerika, von Kalifornien südwärts. Aufrechte und verzweigte oder stammlose und büschelige, selten etwas verholzte Kräuter. Blätter grundständig oder wechselständig, ganz, gezähnt, fiederschnittig oder tief eingeschnitten. Köpfchen ziemlich groß, einzeln an blattlosem Schaft oder auch kleiner, gebüschelt oder in lockerer, endständiger Rispe.

P. recurvata Less. Chile. Juni–August. Dichte Matten bildend, 10–15 cm hoch. Blätter dunkelgrün, rosettig gestellt, 3 cm lang, linealisch, am Rand gezähnt und behaart. Blütenköpfe einzeln an bis 10 cm hohen Schäften, hellblau.

Die Kultur dieser selten, vor allem aus Großbritannien angebotenen Staude erfolgt am besten in durchlässigen, nicht zu feuchten Böden in voller Sonne oder lichtem Schatten. Ich hatte die besten Erfolge in einem sehr intensiv gepflegten Moorbeet, dessen Torf mit Quarzkies und Rinde vermischt wurde. Ein Schutz vor übergroßer Winternässe ist notwendig. Gut für Tröge und auch das Alpinenhaus. Vermehrung durch Stecklinge und Teilung, Früchte werden bei uns nicht angesetzt.

Pernettya Gaudich. corr. Gaudich., Torfmyrte, Ericaceae

Etwa 30 Arten, von Mexiko bis Feuerland, Tasmanien und Neuseeland. Niederliegende, manchmal sogar unterirdisch kriechende bis aufrechte, immergrüne Sträucher mit ledrigen, lanzettlichen, oft zugespitzten Blättern. Blüten klein, krugförmig, weiß, selten zwitterig, meist zweihäusig, gefolgt von großen, auffällig gefärbten Beeren, für die der fleischig verdickte Kelch typisch ist.

P. alpina Franklin. Neuseeland: N- und S-Insel, zumeist in Schneetälchen, 1000–2000 m. Blüte Mai–Juni, Beeren September–November. Teilweise unterirdisch kriechender Zwergstrauch, wenige cm hoch. Blätter oval-lanzettlich-zugespitzt, bis 7 mm lang. Blüten einzeln, weiß mit hellrosa Zipfeln. Beeren klein, grün, 3–4 mm im Durchmesser.

P. buxifolia Mart. et Gal. Mexiko. Zwergstrauchig, bis 15 cm. Blätter elliptisch-lanzettlich, dunkelgrün, am Rand gezähnt, zweizeilig angeordnet. Blüten weiß, Mai–Juni. Beeren groß, weiß, rosa oder bläulich überhaucht, September–November. In England noch eine besondere Form in Kultur, E. K. Balls 4868, mit noch größeren Beeren.

P. ciliata Small. S-Amerika. Ähnlich voriger, aber Blätter hellgrün, Beeren kleiner, Kelch fast nicht fleischig verdickt.

P. macrostigma Col. Neuseeland: in torfigen Böden, 500–1500 m. Reich verzweigter, etwas verworren wachsender Strauch, bis 20 cm. Blätter schmal-lanzettlich, gezähnt. Blüten weiß, einzeln in den Blattachseln, Juni. Beeren hellrosa, ab September. Aus Samen von Neuseeland erzieht man häufig Bastarde dieser Art mit *Gaultheria depressa*, die sich durch breitere Blätter und andere Beerenfarben auszeichnen.

P. mucronata Gaudich. Chile, Magellan-Straße. Diese bekannte Art, die vielfach als Topfpflanze im Herbst angeboten wird, ist in vielen Gebieten nur unter Schutz länger zu halten.

P. nana Col. Neuseeland: auf gewöhnlich feuchten, wenig bewachsenen Stellen, 600–1400 m. Niederliegender Strauch, bis 30 cm breite Matten bildend. Blätter elliptisch-lanzettlich, bis 6 mm. Blüten weiß, rosa oder rot, am Standort zahlreich, in Kultur nicht so reichblühend. Beeren groß, 1 cm breit, lilarot mit weißem, fleischigem Kelch. Ähnlich *P. tasmanica.*

P. prostrata (Cav.) Sleum. var. **pentlandii** (DC.) Sleum. Costa Rica bis M-Chile. Zwergiger oder niederliegender Strauch, bis 15 cm. Blätter schmal, glänzendgrün, bis 18 mm lang. Blüten weiß, einzeln oder in kurzen Trauben, Mai–Juni. Beeren schwarzpurpurn, etwa 1 cm breit, ab September. Var. **prostrata** ist seltener in Kultur, da weniger wüchsig.

P. pumila Hook. Magellan-Straße, Falkland-Inseln. Ähnlich *P. tasmanica.* Beeren weiß oder weiß mit rosa Hauch.

P. tasmanica Hook. f. Tasmanien. Niederliegender, nur bis 3 cm hoher, teilweise unterirdisch kriechender Zwergstrauch. Blätter breit-lanzettlich, zugespitzt, bis 8 mm lang. Blüten klein, weiß, unauffällig, im Mai–Juni. Früchte bis 12 mm breit, weiß, rosa oder rot, sehr auffällig. Bei Bezug dieser Pflanze von Jack Drake, Schottland, erhielt ich alle drei Beerenfarben auf einer Pflanze!

Die Kultur der Torfmyrten erfolgt am besten in einem mit etwa 10–15 cm Torf gefüllten, intensiv zu pflegendem Moorbeet, sie brauchen winterlichen Schutz durch Fenster oder Vlies und gedeihen unter mitteleuropäischen Klimabedingungen im Alpinenhaus schlecht. Die Vermehrung erfolgt durch Teilung (bei den kriechenden Arten), durch Stecklinge oder Aussaat. Die Samen sind für Ericaceen relativ groß und keimen leicht. In der Kultur sind sie für jährliches Mulchen und eine kräftige Ernährung recht dankbar, höherwüchsige Arten, wie *P. mucronata*, die auch bei uns bis 1,2 m erreichen kann, sollten regelmäßig zurückgeschnitten werden, der Termin ist dafür der Frühling. Auch die Hybriden mit Arten der Gattung *Gaultheria*, × *Gaulnettya*, sind für leichten Schutz dankbar.

Petrocosmea Oliv., Gesneriaceae

Etwa 20 Arten in den Gebirgen Chinas, Burmas, Assams und Thailands. Ähnlich *Saintpaulia*, unterschieden durch gestreckte Staubbeutel mit zwei getrennten Fächern und das Fehlen eines Nektarringes.

P. kerrii Craib. Thailand: in immergrünen Buschwäldern. November–Dezember. Blätter in Rosetten, eiförmig-lanzettlich, länglich-elliptisch bis länglich, bis 10 × 6 cm, unterseits haarig. Blüten in Büscheln an 5 cm langen Schäften, 1,5 cm groß, weiß, die beiden oberen Abschnitte am Grund gelb gefleckt.

P. nervosa Craib. W-China, trockene, steinige Hänge, kalkfrei, bis 2700 m, in Tibet bis 4000 m. Ähnlich einer kleinen *Jancaea*, bis 5 cm hoch, Blüten weiß, in bis 3blütigen Blütenständen.

P. parryorum C. E. C. Fisch. Assam: Lushai-Hügel. Mit knolligem Stamm. Blätter rund, elliptisch-eiförmig oder länglich, 10 × 3 cm. Blütenstiele bis 7,5 cm. Blüten zu 1 bis 12, schiefglockenförmig, violett, 12 mm breit.

Vor allem *P. kerrii* findet sich häufiger in Kultur. Alle Arten sollten bis zu ihrem genauen Kennenlernen im frostfreien Alpinenhaus gehalten werden, es fehlen Kulturerfahrungen. Die Vermehrung von *P. kerrii* erfolgt durch Aussaat und Blattstecklinge.

Phacelia Juss., Hydrophyllaceae

Etwa 200, überwiegend einjährige Arten im westl. N-Amerika und Mexiko und in Chile. Rauhhaarige Kräuter mit wechsel-, selten unten gegenständigen Blättern. Blätter fiedrig gelappt oder geschlitzt. Blüten blau, violett oder weiß, in endständigen Trugdolden oder in einseitigen ährigen Trauben, die einfach oder verzweigt und meist schneckenlinig gewickelt sind. Krone glockig, fast radförmig, röhrig oder trichterig. Staubblätter 5, meist weit herausragend.

P. dalesiana Howell. Westl. N-Amerika. Kurzlebige Staude. Grundständige Rosettenblätter eilänglich, lang gestielt, tief eingeschnitten. Blüten weiß mit purpurnen Antheren in wenigblütigen, lockerblütigen, bis 10 cm hohen Trauben. Mai–Juni.

P. sericea (R. C. Graham) A. Gray. Westl. N-Amerika. In Kultur meist kurzlebig, nur bei gut gewählten Standorten, trocken und sehr sonnig, besser ausdauernd. Zuerst einköpfig, später auch mehrköpfig. Grundständige Blätter im Umriß eilänglich, tief eingeschnitten, dicht silberhaarig. Blüten blau bis violettblau, in dichten, bis 30 cm hohen Scheinähren. Mai–Juni.

Die meisten anderen angebotenen Phacelien sind Einjährige, selten sehr kurzlebige Stauden. Sie werden durch Aussaat vermehrt und entwickeln zuerst wenig eingeschnittene Blätter. Besonders nach der Blüte sind sie sehr feuchtigkeitsempfindlich und werden deshalb am besten in sehr heißen, trockenen, steinigen Stellen im Freien, besser im Alpinenhaus, gezogen.

Phlomis L., Brandkraut, Labiatae

Etwa 60–70 Arten im Mittelmeergebiet und im gemäßigten, gebirgigen Asien. Kräuter, Halbsträucher oder Sträucher, grauwollig oder grünlich. Blätter runzelig. Blütenquirle achselständig, dicht, mehr- oder vielblütig. Blüten sitzend, gelb, purpurn oder weiß.

P. fruticosa L. Mittelmeergebiet, westlich bis Sardinien. Juni–Juli. Strauchig, bis 1,5 m hoch, bei uns selten höher als 1 m. Blätter bis 9 cm lang, weißwollig behaart. Blüten leuchtendgelb, in mehreren, 20blütigen Quirlen an den Triebenden.

Ähnlich ist **P. chrysophylla** Boiss., sie wächst etwas niedriger und besitzt einen goldenen Anflug auf der Behaarung der Blätter, die Blüten sind ebenfalls gelb.

Auch die anderen strauchigen oder halbstrauchigen Arten sind in günstigen Lagen unter leichtem Schutz versuchswert, vor allem an trockenen, heißen Stellen, z. B. vor Mauern. Die Vermehrung erfolgt durch Aussaat oder Stecklinge.

Phlox L., Phlox, Polemoniaceae

Etwa 60 Arten in N- und M-Amerika, 1 Art in Sibirien. Einjährige oder Stauden, selten Halbsträucher, oft polsterförmig. Blätter zumeist gegenständig, manchmal im oberen Bereich des Stengels wechselständig. Blütenkrone tellerförmig mit dünner Röhre, Staubblätter 5, sehr verschieden angeheftet, manchmal aus der Röhre ragend. Griffel 3teilig. Kapsel hart, bei der Reife auf den zurückgeschlagenen Kelchzipfeln wie auf einem Teller ruhend, aufspringend und die Samen weit ausstreuend. Blütenstände wenig- bis vielblütig, dann rispig, trugdoldig oder straußig. Blütenfarbe sehr verschieden, es fehlt reines Blau.

Die Nomenklatur der Gattung *Phlox* ist außerordentlich verworren und für einen europäischen Gärtner auch aus Mangel an lebendem Material schwer zu beurteilen. Ich behandle in der Folge jene Arten, welche ich kultiviert habe. Es ist bei *Phlox* sehr schwierig, Wildmaterial zu erhalten, da durch die aufspringenden Kapseln das Sammeln der Samen sehr schwer ist. Eine Alternative böten Wurzelschnittlinge, doch ist diese Methode den nordamerikanischen Gärtnern augenscheinlich zuwenig bekannt.

P. bryoides Nutt. Westl. USA (Rocky Mountains): trockene, tonige oder schotterige Hänge. Mai. 2–5 cm hoch, dichtpolsterig. Blätter 1–2 mm lang, dunkelgrün, dicht silbergrau behaart, sehr dichtstehend, Triebe dadurch 4kantig erscheinend. Blüten 7–9 mm groß, reinweiß. Heikle und schwierig zu vermehrende Art für sehr sonnige, trockene, schottrige Standorte.

P. caespitosa Nutt. Westl. N-Amerika: an Felsen und in trockenen Fichtenwäldern. Mai. Dichtpolsterig. Stengel niederliegend, sehr dicht beblättert. Blätter 7,5–12,5 × 1–2 mm, am Rand rauh bewimpert. Blüten zu 1–3, weiß bis hellblau. Sehr veränderliche Art, die nur leichten Schutz bedarf.

P. diffusa Nutt. Westl. N-Amerika (Oregon bis S–Kalifornien): felsige Hänge mittlerer bis hoher Lagen. Mai. Dichtpolsterig oder dichte bis lockere Matten bildend. Blätter linealisch, 10–15 mm lang, etwas stechend. Blüten zu 1–3, 15 mm breit, rosa, lila, manchmal weiß. Nicht zu schwierig, benötigt nur leichten Schutz.

P. hoodii Rich. Westl. USA (Kalifornien): auf trockenen, felsigen, kiesigen oder tonigen Stellen in der Ebene und im Gebirge. Mai. Wuchs dichtpolsterig. Blätter schmal-linealisch, 2,5–10 × 0,5–1 mm, stark wollig behaart. Blüten einzeln, meist hellviolett oder weiß, stark süß duftend. Heikel, Kultur wie *P. bryoides.*

P. kelseyi Britt. Westl. USA: auf frühjahrsfeuchten, salzigen oder kalkigen Böden, meist in Wiesen, in mittleren Höhenlagen. Mai. Etwas sukkulenter, polsterförmiger Halbstrauch. Blätter lineal-lanzettlich, 12–25 × 2–3,5 mm. Blüten zu 1–5, 15 mm breit, lila bis lavendel, auch weiß mit blauem Schein. Unter leichtem Schutz unschwer, wird meist als *P.* 'Black Butte' angeboten.

P. lutea Pringle. N-Mexiko: in Wiesen und im lichten Kiefernwald. Juni–Juli. Ähnlich *P. purpurea,* aber nach meiner Erfahrung heikler. Die Blütenfarbe variiert von hell- bis dunkelgelb, immer mit rotvioletten Flecken an der Basis der Kronabschnitte.

P. missouliensis Wherry. USA (Montana): schotterige, südl. geneigte Hänge. Mai–Juni. Dichtpolsterig, 5–8 cm hoch. Blätter lineal-lanzettlich, 15–25 × 1,5–2,5 mm, grün, dicht weiß behaart. Blüten einzeln, bis 15 mm groß, weiß, bläulich oder rötlich überhaucht. Braucht bei durchlässigem Substrat nur leichten winterlichen Nässeschutz. Schwierig zu vermehren.

P. nana Nutt. Südl. USA (New. Mexico): auf trockenen, steinigen Hängen, oft im lichten Schatten von Kiefern, 1100–2700 m. Juni–September. Große, dichte Polster, bis 15 cm hoch, aus einer holzigen Basis, halbstrauchig, eingewachsen mit zahlreichen unterirdischen Ausläufern. Blätter bis 30 mm lang, schmal-linealisch, grau behaart. Blüten meist zu 2–6, bis 3 cm groß, purpurlilarosa.

Diese vor einigen Jahren von Dr. Maslin eingeführte Art hat sich unter leichtem Schutz außerordentlich gut entwickelt und kann nun nach meiner Ansicht nicht als schwierig bezeichnet werden. Eingewachsen benötigen die Pflanzen einen Platz von 30 × 30 cm. Die Vermehrung bereitet allerdings Probleme, insofern, als eine Stecklingsvermehrung nicht oder nur außerordentlich schwierig ist, Wurzelschnittlinge bzw. Aussaat sind allerdings gangbare Alternativen.

P. nivalis Lodd. val. Sweet *(P. subulata* L. ssp. *nivalis* (Lodd.) Brand). Östl. USA: meist in sandigen Böden, oft unter Kiefern. Mai. Bis 10 cm hoch. Blätter 8–12 × 1–1,5 mm, nadelförmig-stechend. Blüten zu 3–6, 12–14 mm breit. Blütenfarbe in der Heimat sehr variabel, bei uns meist in klarrosa Formen vertreten.

Ich trenne diese sonst zu *P. subulata* gestellte Pflanzen bewußt als eigene Art ab, da sie von einigen Autoren sowieso als solche aufgefaßt wird, gärtnerisch aber doch wesentlich andere Ansprüche stellt. Die Formen in Kultur sind langsamwüchsig, sehr rasch verhärtend und entsprechend schwierig durch Stecklinge zu vermehren. Botanisch unterscheiden sie sich von *P. subulata* dadurch, daß das längste Staubgefäß tief in der Blütenkronröhre inseriert ist und die Narben nie aus der Röhre herausragen. Die Sorte 'Vivid' soll nach Wherry keine Hybride sein. Daneben wird ssp. **hentzii** (Nuttall) Wherry *(P. hentzii* Nutt.) angeboten, die 'Vivid' sehr ähnlich ist, aber winiger klarrosa in der Blütenfarbe ist.

P. purpurea (Brand) Maslin. N-Mexiko: in Trockenrasen, unter Sträuchern und im lichten Kiefernwald. Juni–August. 15–20 cm hoch, ähnlich *P. nana,* aber weniger kräftig wachsend. Blätter bis 45 mm lang, dicht drüsenhaarig. Blüten zu 2–5, bis 3 cm groß, purpurrot.

Zwischen *P. lutea* und *P. purpurea* gibt es eine Anzahl von Bastarden in Kultur. Die Aufsammlungen erfolgten durch Prof. T. Paul Maslin, welcher Samen und Pflanzen am Standort sammelte. Die Hybriden neigen vegetativ eher zu *P. lutea,* d. h. die Blätter sind schmal, gras- bzw. nadelartig und unbehaart, die Blüten sind 2–2,5 cm groß und äußerst unterschiedlich gefärbt, es überwiegen orange, gelborange und auch zweifarbige Typen. Seit kurzem sind auch Sorten im Handel, mit denen ich allerdings wenig Erfahrung habe, da mein Material aus Wildsamen erzogen wurde. Interessanterweise ähneln diese Sorten den von mir aus Wildsamen gezogenen Typen sehr. Ausgepflanzt unter Vliesschutz sind diese Hybriden gut hart und bilden dichte Rasen durch eine große Anzahl unterirdischer Ausläufer. Nach sehr strengen Wintern schneidet man die Pflanzen zurück, dadurch verzögert sich die Blüte etwas, da die jungen Triebe etwas länger brauchen, bis sie Blüten anlegen. Die Vermehrung der Hybriden erfolgt durch Wurzelschnittlinge oder Stecklinge, die letzteren wachsen aber nicht gut. Auch diese Pflanzen brauchen zum optimalen Gedeihen sonnige, durchlässige Standorte und einen Raum von etwa 40 × 40 cm.

Die Sorten der »Chihuahua-Phloxe« beginnen sich immer weiter zu verbreiten, so daß es sinnvoll erscheint, sie aufzuzählen: 'Alborada', feurig orange mit großem gelbem Auge; 'Arroya', purpurrot, nahe *P. purpurea;* 'Chameleon', im Öffnen cremegelb, später cremeweiß, mit braunen Flecken an der Basis; 'Denver Sunset', orange, mit einigen gelben Streifen vom Auge weg; 'Mary Maslin', leuchtend orangerot; 'Paul Maslin', goldgelb mit rotbraunen Flecken an der Basis; 'Tangelo', hellorange mit rotem Auge, und 'Vanilla', weiß mit roten Flecken an der Basis. Über die Entdeckung dieser Phloxe, ihre Einführung in die Gartenkultur und ihre Verbreitung gibt es eine Anzahl informativer Artikel, der beste vielleicht: Kelaidis, P. (1987): The Chihuahuan Phloxes. Bull. A. G. S. 55 (3): 262–271, mit farbigen Abbildungen aller Sorten und weiteren Literaturhinweisen.

P. speciosa Pursh. Westl. USA: auf trockenen Hängen. Juni. 20–40 cm lange, aufrechte bis aufstrebende Triebe aus einer holzigen Basis. Blätter linealisch oder lanzettlich, selten eiförmig zugespitzt, 15–40 mm lang. Blüten in endständigen Trugdolden, rosa, bis 25 mm groß. Blütenkronabschnitte eingeschnitten. Hübsche, halbstrauchige Art, die nur im Frühjahr feucht haben will. Für das durchlässige, gegen übergroße Niederschläge geschützte Steinbeet.

P. triovulata Thurber ex Torrey *(P. mesoleuca* Green var. *ensifolia* Brand, *P. nana* Nutt. var. *ensifolia* Brand) Südl. USA (New Mexico): unter Gras und kleinen Sträuchern an felsigen Hängen, 1100–2500 m. Juni. Meine Erfahrungen beschränken sich auf den in England erhältlichen leuchtendrosa Klon. Dieser blüht nur für wenige Wochen, erreicht ausgepflanzt etwa 12 cm Höhe, verzweigt sich relativ wenig und bildet etwas Ausläufer. Die Blätter sind schmäler und nicht drüsig behaart. – Diese herrliche Pflanze ist im ganzen wesentlich schwächer als *P. nana* und bilden bei mir keine Samen, sie kann nur durch Wurzelschnittlinge vermehrt werden. Sie ist empfindlich gegen Bedrängnis, kann aber unter Vliesschutz in durchlässigen Steinbeeten ausgepflanzt werden. Kreuzungen mit »Chihuahua-Phloxen« sind nach englischen Angaben möglich.

P. viscida E. Nels. Westl. USA: trockene Hänge mittlerer Lagen. Mai–Juni. Stammgrund hart, verholzt. Triebe liegend bis aufrecht. Blätter lanzettlich, 25 × 4 mm. Blüten bis 18 mm groß, endständig–trugdoldig, hellmalvenfarbig. Ganze Pflanzen durch Drüsen klebrig. Besser unter leichtem Schutz.

Alle *Phlox*-Arten sind außerordentlich schöne und sehr interessante Pfleglinge. Das Problem der Erhältlichkeit wurde schon zu Beginn angesprochen. Saatgut sollte, selbst bei eigener Ernte und Herbstaussaat, unbedingt mit Gibberellinsäure behandelt werden. Vorsicht ist beim Sammeln der Samen geboten: die Kapseln werden gepflückt, solange sie noch gelblich sind und in Papiersäckchen gegeben. Die Samen werden beim Öffnen der Kapseln aus Bechern o. ä. geschleudert.

Phyllachne J. R. et G. Forst., Stylidiaceae

4 Arten auf Tasmanien, Neuseeland und im südl. S-Amerika. Dichtpolsterige Hochgebirgspflanzen mit harten Polstern. Blätter ungestielt, dichtstehend, dickfleischig, mit oft brauner Spitze. Blüten einzeln, kaum über Polsterfläche, mit 5–6 Zipfeln.

P. colensoi (Hook. f.) Bergg. Tasmanien, Neuseeland: in der alpinen Zone. Juni–Juli. Dichte, in der Heimat bis 50 cm breite Polster bildend. Blätter 4 mm lang, steif, mit einer abgeschnittenen Spitze, auf der sich eine Pore befindet. Blüten mit zumeist 5 ausgebreiteten Zipfeln, Säule (Stylidium) mit 2 Antheren, weiß, 6–7 mm breit.

Ähnlich sind **P. rubra** (Hook.f.) Cheesem. und **P. clavigera** (Hook.f.) F. Muell.

Selbst *P. colensoi* wird sehr selten gezogen. Die Kultur erfolgt in humos-durchlässigem, schotterigen Material im Alpinenhaus, sommers auch sehr gut im Kasten, unter leichtem Schatten. Samenzucht gelang mir noch nicht, Stecklinge scheinen sehr lange zu Bewurzelung zu brauchen, denn man erhält sie schwer.

Phyllitis Hill, Hirschzunge, Aspleniaceae

Etwa 8 Arten in nahezu allen Zonen der Erde. Terrestrische Farne mit ungeteilten oder leicht gelappten Blättern. Sori in schräg zur Mittelrippe gestellten Linien.

P. hybrida (Milde) C. Chr. Inseln des nordwestl. Jugoslawien: in Felsspalten und Mauern. Blätter bis 12 × 2 cm groß, Blattstiel halb so lang wie die Blattfläche. Blattflächen eilänglich-lanzettlich, abgerundet, unregelmäßig gefiedert und oft mit rundlichen Öhrchen an der Wedelbasis.

Hübscher, in botanischen Gärten meist in den Kalthäusern gezogener Farn. Kultur wie *Asplenium adiantum-nigrum*, vielleicht mit etwas mehr Schutz, Vermehrung durch Blattstecklinge oder Sporenabsaat.

Physaria (Nutt.) A. Gray, Cruciferae

Etwa 15 Arten im pazif. N-Amerika, Kreuzblütler von *Degenia*-ähnlichem Aussehen mit meist sternfilzigen, länglichovalen Blättern, gelben Blüten und aufgetriebenen, auffällig behaarten Schoten.

Ich zog aus Samen unschwer **P. chambersii** Rollins, **P. didymocarpa** (Hook.) Gray und **P. geyeri** (Hook.) Gray, wobei mir die erste am besten gefiel. Sie besitzt kompakte Polster, kleine graubehaarte Blätter und leuchtendgelb, bis 10 mm breitte Blüten, die von ebenfalls graubehaarten Früchten gefolgt werden. Alle brauchen einen durchlässigen, sehr sonnigen Standort und sind nicht allzu langlebig.

Physoplexis (Endl.) Schur, Teufelskralle, Campanulaceae

1 Art in den südl. Kalkalpen. Wie *Phyteuma*, aber Blüten deutlich gestielt, Blütenkronabschnitte im oberen Drittel und an der Basis während der ganzen Blüte verbunden, Filamente linealisch.

P. comosa (L.) Schur *(Phyteuma comosum* L.). Teufelskralle. Felsspaltenpflanze der Dolomiten. Blüte in Kultur Mai–Juni, in der Natur Juli–August. Pflanzen 10–15 cm hoch, in der Natur oft wenigtriebig, in Kultur selten auch vieltriebig. Triebe wechselständig beblättert, mit Milchsaft. Blüten zu vielen in kopfigen Blütenständen. Einzelblüten flaschenförmig, unten hellila, oben schwärzlich, Griffel rötlichbraun. Selten finden sich reinweiße Blüten bzw. solche, die statt violett rot gefärbt sind.

Die Vermehrung der Teufelskralle erfolgt ausschließlich durch Aussaat. Samen werden nach künstlicher Bestäubung reichlich, in manchen Gärten auch ohne diese, angelegt. In der Natur findet man im Ende Juni manchmal noch Samen in den Kapseln, die gesammelt werden können. Als Aussaatsubstrat verwendet man durchlässige Mischungen mit einem hohen Anteil an zerstroßenen Tuff oder Kalkmörtel. Eine Vorbehandlung des Saatgutes mit Gibberellinsäure ist günstig. Zumeist laufen im ersten Jahr einige Sämlinge auf, im zweiten Jahr kommt erst der Hauptschub, läßt man die Saatgefäße noch länger stehen, so entwickeln sich auch in den folgenden Jahren noch Sämlinge, wenn die Oberfläche nicht zu sehr vermoost. Die Sämlinge werden am besten in ähnliche Mischungen einzeln getopft oder pikiert. Später pflanzt man die Sämlinge entweder in einen intensiv zu pflegenden Steingarten, ein Hochbeet (Schneckenschutz!) oder in eine Tuffsteinanlage aus oder man kultiviert sie weiter im Topf. Alternativ dazu können auch mehrere Sämlinge in Asbestzementschalen in kleine Steinaufbauten aus Tuff ausgepflanzt werden. Der Standort ist besser absonnig. Eine oft empfohlene Mischung für die Topfkultur ist $^1/_2$ moorige Rasenerde, $^1/_2$ Kalkschutt, Tuffstein oder Kalkmörtel, Ziegelbrocken und Sand. Ich habe immer Probleme mit der Vermoosung des Kopfes der Pflanzen und bin mit der Kultur dieser Pflanze nicht sehr erfolgreich.

Pimelea Banks et Soland., Glanzstrauch, Thymelaeaceae

Etwa 100 Arten in Australien, auf Neuseeland, Neuguinea und Timor. Immergrüne, niedrige bis halbhohe Sträucher mit weißen, gelben oder roten Blüten in Köpfchen, die an der Basis häufig Hochblätter tragen. Kelchabschnitte 4, Kronabschnitte fehlend (wie bei *Daphne*), unterschieden durch nur 2 Staubblätter, oft auch zweihäusig. Frucht eine einsamige Nuß oder dünnfleischige Steinfrucht.

P. prostrata Willd. (*P. laevigata* Gaertn., *P. rugulosa* Col., *P. coarctata* hort., *P. coarctica* hort.). Neuseeland, N- und S-Insel: vom Meeresspiegel bis 1600 m. Mai–Juni. Kriechender bis halbaufrechter Strauch. Blätter hellgrün, blaubereift, in der Jugend etwas behaart, kreuzgegenständig, 8 mm lang. Blüten weiß, süßduftend, in Köpfchen, vielehig, d. h. es finden sich weibliche, männliche und zwitterige Blüten. Beeren weiß, länglich-zugespitzt, Samen schwarz. Von dieser Art ist meist die Tieflandform in Kultur, die aber unter leichtem Schutz gut durchhält.

P. sericea-villosa Hook. f. Neuseeland, S-Insel: auf gut durchlässigen Stellen, 500–1700 m. Mai–Juni. Ähnlich voriger, aber Pflanzen wesentlich dichter und niemals kriechend. Blätter sehr dicht haarig. Blüten weiß.

Mit den beiden angeführten Arten habe ich langjährige gute Erfahrungen. Sie sind schöne Zwerggehölze für im Winter durch Hartplastik geschützte Steinbeete oder das Alpinenhaus. Die Vermehrung erfolgt durch Aussaat, die Samen sind außerordentlich empfindlich und werden beim Postversand hochprozentig geknackt. Stecklingsvermehrung ist möglich.

Es empfehlen sich Versuche mit anderen neuseeländischen Arten (*P. buxifolia, P. oreophila, P. pseudo-lyalli, P. suteri, P. traversii*), aber auch den australisch-tasmanischen Arten (*P. alpina, P. biflora, P. milliganii, P. pygmaea, P. sericea*)

Die Veredlung von *P. alpina*, die *Daphne cneorum* habituell sehr ähnelt, auf *Daphne mezereum*-Unterlagen gelang mir nicht, ich konnte dies allerdings nur einmal versuchen.

Pinguicula L., Fettkraut, Lentibulariaceae

Etwa 50 Arten, meist aus temperierten Zonen. Interessante, insektivore, niedrige Stauden mit rosettig gestellten, ganzrandigen, fleischigen Blättern, die am Rande eingerollt sind. Auf der Oberfläche der Blätter befinden sich feine, einen klebrigen Saft absondernde Drüsen für den Fang winziger Insekten. Blüten einzeln auf blattlosem Schaft, in eine 2teilige Ober- und eine 3teilige Unterlippe gegliedert. Sämlinge mit nur einem Keimblatt. Die meisten Arten überwintern mit Überwinterungsknospen, außer *P. hirtiflora.*

P. grandiflora Lam. SW-Irland, Gebirge SW-Europas (von der Cordillera Cantabrica bis zum Jura). Mai–Juni. 15 cm hoch. Blüten bis 35 mm groß, violett. Sehr schöne und dauerhafte Art.

P. hirtiflora Ten. Südl. und westl. Teile der Balkanhalbinsel, Z- und S-Italien. Mai–Juni. 5–14 cm hoch. Blüten 16–25 (–32) mm, rosa bis hellblau, mit gelb in der Kehle. Sehr schön, überwintert als Rosette.

P. leptoceras Reichenb. Alpen, Apuanische Alpen, Apennin. Mai–Juni. 10–14 cm. Blüten 16–25 (–30) mm, blau, schlank- und langspornig.

P. longifolia Ramond ex DC. Gebirge S-Europas. Mai–Juni. 7–15 cm hoch. Blüten 22–40 (–46) mm, lila oder hellblau.

Auch **P. alpina** und **P. vulgaris** gedeihen in flachen Schalen unter dem Südtisch eines Alpinenhauses sehr gut. Sie brauchen einen torfigen, feuchten Boden und sonnige, besser halbschattige Lage. Die Vermehrung erfolgt durch Aufpikieren der zahlreichen kleinen Brutknospen, die sich im Herbst an der Basis der absterbenden Laubblätter bilden, durch Blattstecklinge (meist bei den oben genannten Arten nicht notwendig), Teilung oder Aussaat (sehr schwierig).

Pittosporum Banks et Soland. ex Gaertn., Klebsame, Pittosporaceae

Etwa 160 Arten in den Tropen und Subtropen von W-Afrika bis zu den pazifischen Inseln. Immergrüne Sträucher oder Bäume mit ganzrandigen, lederartigen Blättern, die am Rand manchmal gewellt sind, wechselständig oder quirlig stehend. Blüten einzeln in den Blattachseln oder in endständigen Doldenrispen.

P. crassicaule Laing et Gourlay. Neuseeland, S-Insel: montane Wälder bis subalpines Gesträuch. Strauchig, bis 4 m hoch. Blätter der Jugendform gelappt bis gefiedert oder doppelt gefiedert, 3-15 mm lang. Blätter der Altersform 5–7 mm lang, elliptisch bis eilänglich, ungeteilt, meist in dichten Büscheln. Blüten endständig, einzeln oder zu 2–3, an kurzen Zweigen, dunkelrot, bis 5 mm lang.

P. divaricatum Cockayne. Neuseeland, N- und S-Insel: im oberen Bereich der Bergwälder und in subalpinen Gesträuch. Strauch bis 2 m mit dichter, sperriger Verzweigung. Jugendblätter bis 2 cm lang, im Umriß schmal-lanzettlich, unregelmäßig gefiedert oder gezähnt. Blätter der Altersform dimorph, einerseits ungeteilt, andererseits flach bis tief gelappt oder gezähnt. Blüten einzeln an kurzen Zweigen, dunkelrot, bis 5 mm lang.

Beide Arten werden als Saatgut angeboten, eignen sich aber nur für Alpinenhäuser in günstigsten Lagen oder die eben frostfreie Überwinterung.

Pleione D. Don. Tibetorchidee, Orchidaceae

Etwa 15 Arten, davon eine in fast allen Lagen winterhart. Pseudobulbentragende Orchideen, mit der Gattung *Coelogyne* verwandt, von dieser verschieden durch einjährige Pseudobulben und Wurzeln. Blüte vom Herbst bis zum späten Frühjahr, die nachstehend angeführten Arten April–Mai.

Zum Verständnis der Kultur zuerst einen Überblick über den Vegetationsablauf: im Herbst, Winter oder Frühling erscheinen seitlich aus den Bulben die 1–3 Blütentriebe, die 1–2 (–3) Blüten tragen. Die Blüten sind etwa 8 cm breit und besitzen eine tütenförmige, gefranste Lippe. Nachher, bei den Herbstblühern, oder gleichzeitig entwickeln sich die Blätter, an der Basis die neuen Wurzeln, nachdem die Wurzeln der alten Bulben schon im Laufe des vorhergegangenen Jahres abgestorben sind. Auch nichtblühende Pflanzen entwickeln zu der ihnen bestimmten Zeit ihre Austriebe, die an der Basis die Wurzeln bilden. Haben die frischen Wurzeln das Substrat durchzogen, so muß mit einer flüssigen Düngung nachgeholfen werden. Die neuen Bulben entwickeln sich, die alten sterben ab, bei manchen Arten trocknen sie ganz ein und fallen weg, bei anderen werden sie braun, bleiben aber straff und glänzend und schrumpfen erst spät im Herbst ein. Im Laufe des Spätsommers und Herbstes fallen die Blätter ab, und die Wurzeln sterben ab, die Pflanzen beginnen mit der Ruhezeit, die wieder mit dem Beginn des Austriebes endet.

Für die Kultur im Alpinenhaus, vor allem wenn es frostfrei gehalten werden kann, eignen sich die frühjahrsblühenden Arten, aus diesem Grund werden die herbstblühenden nicht angeführt. Die frühjahrsblühenden Arten sind alle einblättrig und werden am besten in Mischungen aus Torf, Moorerde, Sand, *Sphagnum*, trockenem, geriebenem Kuhmist und eventuell Styroporflocken gezogen. Sie werden kühl, bei 5 °C, überwintert, nur *P. limprichtii* und bedingt manche Formen von *P. formosana* halten tiefere Temperaturen aus, *P. limprichtii* kann unter leichtem Torfmullschutz, ab August trocken gehalten, auch in Steingartenanlagen überwintert werden. Das Umpflanzen geschieht im Laufe des Winters. Nach der Blüte im Alpinenhaus stehen die Pflanzen am besten halbschattig im Freien.

Vermehrung durch Abnahme der Bulbillen, die sich an der Spitze der Pseudobulben bilden.

P. bulbocodioides (Franch.) Rolfe (*P. yunnanensis* hort. non (Rolfe) Rolfe). Yünnan. Bulben flach, deutlich einseitig, der Haupttrieb erscheint an der bauchigeren Stelle. Bulben mehr unterirdisch wachsend als bei den anderen Arten. Blüten hochgestielt, rosa mit scharlachroter Lippe. Seltenere, weil etwas heikle Art.

P. formosana Hayata. Formosa. Bulben flaschen- oder kreiselförmig, bis 4,5 cm hoch, grün bis dunkelbraun. Blüten weiß, rosa bis lilarosa, Lippe weiß oder weißlich mit gelblichen, gelbbraunen oder braunen Flecken. Zahlreiche Sorten, die zwei Gruppen zugeordnet werden, zu *P. formosana* i. e. S. gehört z. B. 'Blush of Dawn' hellrosa, Lippe weißlich mit gelblichen Flecken, 'Polar Sun', reinweiß, und andere. Zu *P. pricei*, die heute zu *P. formosana* gestellt wird, gehört z. B. 'Oriental Grace' mit dunkelbraunen Bulben, stumpferer Blütenfarbe und senffarben gepunkteter Lippe. Auch Übergangsformen zwischen diesen beiden Gruppen sind bekannt. Bildet reichlich Bulbillen aus. Bulben dürfen nicht frieren.

P. forrestii Schlecht. Yünnan. Diese Art wurde erst vor wenigen Jahren aus China eingeführt. *P. forrestii* der Gärten ist *P.* × *confusa* Cribb et C. Z. Tang (*P. forrestii* × *P. albiflora* Cribb et C. Z. Tang). Empfindlich und daher selten.

P. hookeriana (Lindl.) B. S. Williams. Indien, Bhutan, Thailand, Laos. Bulben eiförmig, purpurrotgrünlich. Knospen kurz und breit. Blüten klein, weiß, seltener rosa angehaucht, Lippe mit großem zentralem, senfgelbem Fleck und purpurbräunlicher Strichelung. Blüht erst im Mai–Juni und tendiert in den Kulturansprüchen eher zu den herbstblühenden Arten.

P. limprichtii Schlecht. Szechuan. Bulben dunkelgrün, oval-zugespitzt bis rundlich-zugespitzt, 2–2,5 cm hoch. Blüten 1 (–3), gut entwickelte Bulben bringen 2–3 Austriebe. Blüten kurzgestielt, 7 cm breit, lilarosa, Lippe heller lilarosa, bräunlichrosa gefleckt. Reichlich Bulbillen bildend. Hat in Mitteleuropa unter leichter Torfmulldecke und Nässeschutz –20 °C durchgehalten. 'Pale Form' besitzt kleinere und lichtere Blüten.

P. speciosa Ames et Schlecht. (*P. pogonioides* hort. non (Rolfe) Rolfe). Hupeh. Ähnlich *P. limprichtii*, aber Lippe dunkelrot gefleckt, auffällig durch den Kontrast zwischen Blütenblättern und Lippe.

Hybriden spielen seit einigen Jahren auch bei *Pleione* eine Rolle, siehe dazu H. Pfennig. Tibetorchideen – die Gattung Pleione, in Gartenpraxis 1981/3, p. 122–125. Außerdem erschien 1983 eine Monographie der Gattung, in der auch viele Hybriden angeführt sind: Cribb/Tang/Butterfield: The Genus Pleione. Curtis Bot. Magazine Vol. CLXXXIV, Part III, New Series tt. 860–871 (1983). Weitere Informationen über neuere Hybriden bzw. neue Klone entnimmt man am besten den Katalogen der englischen *Pleione*-Züchter (Harberd, Butterfield).

Podocarpus L'Herit. ex Pers., Steineibe, Podocarpaceae

Etwa 65 Arten in den außertropischen Gegenden der südl. Halbkugel, auch im gebirgigen tropischen und östl. Asien. Immergrüne Bäume oder Sträucher. Blätter meist breit nadelförmig. Ein- oder zweihäusig. Männliche Blüten meist zu vielen lockerährig, weibliche Blüten 1- oder 2blütig. Frucht eine eibenähnliche Steinfrucht mit rotem Arillus.

P. lawrencei Hook. f. (*P. alpinus* R. Br. ex Hook. f.). Australien (Victoria), Tasmanien: felsige Stellen, Moränen im alpinen Bereich, Pioniergehölz, später typische Heidegesellschaften bildend. Kahler, reichverzweigter Strauch, in Kultur unter leichtem Schutz kaum 50 cm Höhe erreichend. Blätter nadelartig 5–15 × 1,5–2,5 mm, dunkelgrün. Samen grün, mit rotem Anhängsel. Meine Kulturerfahrungen beschränken sich auf die Form, die vom Botanischen Garten Nymphenburg verbreitet wird. Sie ist besonders dicht- und kompaktwüchsig und fruchtet reich.

P. nivalis Hook. Schnee-Totara. Neuseeland (N- und S-Insel): subalpin bis alpin, in oft ausgedehnten Beständen, 700–1500 m. Ausgebreitet bis schräg aufrecht wachsender, reichverzweigter Strauch, in Kultur bis 80 cm hoch und 1,5 m breit. Blätter etwas größer als bei *P. lawrencei* und bräunlichgrün gefärbt. Die Geschlechtsverteilung ist mir unklar. Die von mir ausgepflanzten sechs Sämlinge, erzogen aus Saatgut vom Volcanic Plateau der N-Insel, blühten am Anfang alle männlich, wechselten ihr Geschlecht und sind nun alle einhäusig und bringen reichen Samenansatz. Eigentlich sollte die Art aber zweihäusig sein.

Beide Arten brauchen unter mitteleuropäischen Klimabedingungen winterlichen Schutz, sie benötigen einen durchlässigen Boden und sonnigen Standort, fruchten reichlich und können, vor allem *P. nivalis,* gut durch Schnitt in Form gehalten werden. Die Vermehrung ist durch Aussaat und Stecklinge möglich.

Polemonium L., Jakobsleiter, Sperrkraut, Polemoniaceae

Etwa 20 Arten. Fiederblättrige, niedrige bis hohe Stauden, oder Blättchen klein, in Quirlen an der Blattspindel bei hochalpinen Arten, selten Einjährige. Blüten in Büscheln oder Rispen, flachschalenförmig bis glockig. Einige Arten sind durch einen Terpentingeruch der klebrigen Blätter gekennzeichnet. Die Blütenfarbe ist überwiegend blau, selten weiß, bei anderen Arten findet sich rosa, gelb (mit rotbraun) oder auch die Farbänderung von gelb aufgehenden Knospen zu rosa im Abblühen.

P. boreale Adams. (*P. humile* Willd. ex R. et S., *P. lanatum* Pallas). Zirkumboreal, in der Tundra bis zum Strand des Eismeeres. Mai–Juni. Am Standort bis 30 cm, in Kultur nach meiner Erfahrung selten höher als 10 cm. Blätter mit 13–23 Blättchen. Blütenstand kopfig, wenigblütig. Blüten bis 25 mm breit, hellblau.

Meine Erfahrungen beziehen sich auf ostasiatisches Material aus Jakutien. Die Jugendentwicklung ist sehr langsam, die Sämlinge kommen im dritten oder vierten Jahr nach dem Aufgang in Blüte, sie stehen winters am besten im Alpinenhaus, sommers im Freien. Es gelang mir nicht, diese Herkünfte länger als sieben Jahre am Leben zu erhalten.

P. carneum A. Gray (*P. luteum* Howell). Westl. USA, von Washington bis Kalifornien. Mai–Juni. Bis 40 cm hoch. Blätter grob gefiedert, mit 13–21 Blättchen. Blütenstand rispig. Blüten flachglockenförmig, fleischfarben, in der Knospe gelblich, manchmal immer gelb (*P. luteum*).

Sehr hübsche Art, aber fast immer kurzlebig, braucht winters etwas Nässeschutz und sollte ständig nachgezogen werden.

P. chartaceum Mason. Kalifornien, auf Inselbergen im Great Basin: auf sehr trockenen Standorten in der alpinen Zone. Juni. Ähnlich *P. viscosum*, aber Blütenstände dichtkopfig und Kelch nur bis 8 mm lang und Kelchzipfel abgerundet und kürzer als die Röhre.

P. delicatum Rydb. (*P. scopulinum* Greene ex Rydb.). Colorado, Utah, Arizona, New Mexico: in den trockenen Gebirgen über 2500 m. April–Mai. Bis 20 cm hoch. Blätter mit 11–23 Blättchen. Blüten hellblau, glockenförmig, bis 15 mm groß, in lockeren Trugdolden.

Durch die frühe Blütezeit sehr interessante Art, die sommers etwas Schutz vor übergroßer Nässe braucht. Wird von S. Walker als *P. scopulinum* angeboten.

P. elegans Greene (*P. viscosum* A. Gray non Nutt.). West. N-Amerika (Kaskadengebirge von Washington und Britisch Kolumbien). Mai–Juni. Bis 12 cm hoch. Grundständige Blätter dichtstehend, mit dicht-drüsenhaarigen, gefiedert stehenden Blättchen. Blütenstand rispig-kopfig. Blüten glockig, hellblau.

Hochalpine, nicht leicht zu ziehende, hübsche Art, die sich durch die noch normal gefiederten Blättchen von den anderen hochalpinen Arten unterscheidet, die die Blättchen in Quirlen stehend tragen.

P. eximium Greene. Kalifornien (Gipfel der Sierra Nevada). Juni. Sehr ähnlich *P. viscosum*, aber Kelch nur 5–10 mm lang, Kelchzipfel etwas kürzer als die Röhre und abgerundet, die Blütenstände sind immer dichtkopfig und strecken sich auch bei der Samenreife nicht.

P. grandiflorum Benth. (*P. luteum* Greene). Gebirge N-Mexikos. Mai–Juni. Bis 40 cm hoch, stark beblättert. Blätter mit 15–23 Blättchen. Blütenstände wenigblütig. Blüten bis 35 mm breit, hellblau oder gelb (*P. luteum*).

Empfindlich gegen Kalk und Feuchtigkeit, zur Zeit in Europa augenscheinlich nicht in Kultur.

P. pulchellum Bunge. Vom Altai bis zum Eismeer, östlich bis Kamtschatka: in Felsen. Mai. Bis 15 cm hoch. Blätter grundständig mit 13–25, elliptischen, zugespitzten Blättchen. Blüten blau, bis 2 cm groß, mit langer, schmaler, weißer Kronröhre.

Die Art wird aus der USSR manchmal als *P. boreale* angeboten, so aus Kamtschatka. Sie gedeiht etwas leichter als diese und wird besser im Freien, mit leichtem winterlichen Nässeschutz gezogen.

P. pulcherrimum Hook. (*P. haydenii* A. Nels.). Alaska, westl. Kanada, westl. USA, in den Gebirgen. Mai–Juni. Bis 25 cm hoch, hochalpine Formen auch in der Kultur kaum höher als 10 cm. Blätter mit 11–23 ovalen Blättchen. Blütenstand trugdoldig. Blüten glockenförmig, bis 8 mm breit, hellblau, Röhre gelblich.

Meist leicht zu ziehen, oft auch ohne Schutz oder nur mit Vlies oder Reisig im Winter.

P. viscosum Nutt. (*P. confertum* A. Gray). Westl. N-Amerika (Rocky Mountains, Kaskadengebirge, Küstengebirge, Wallowas): zumeist in der hochalpinen Zone der Gebirge. Bis 30 cm hoch, von Standort zu Standort in allen Merkmalen sehr variabel und durch die lange Isolierung dann aber konstant. Blätter nur grundständig,

Blättchen zweizeilig, aber 3–5teilig, dadurch erscheint das Blatt gequirlt, mit starkem Drüsenbesatz und Terpentingeruch. Blütenstände dichtkopfig bis länglich, zur Reifezeit sich immer verlängernd. 2 Unterarten werden unterschieden:
ssp. **viscosum** (ssp. *genuinum* Wherry) mit reinblauen bis violetten Blüten und ssp. **mellitum** (A. Gray) J. F. Davidson (*P. mellitum* A. Nels., *P. brandegei* Greene) mit gelben Blüten. Sehr selten findet sich bei ssp. *viscosum* auch eine weißblühende Form. Der Kelch ist 8–16 mm lang, die Kelchabschnitte ein Drittel bis fast halb so lang wie der Kelch, zugespitzt.

Die Kultur von *P. viscosum* soll kalkarm durchgeführt werden, winterlicher Nässeschutz, bei starken Sommerniederschlägen auch Sommerschutz, ist angebracht. Die Art macht auch in der Kultur keimfähigen Samen, kann aber auch durch Stecklinge vermehrt werden. *P. viscosum* ssp. *mellitum* gibt es mit kopfigen Blütenständen (dann als *P. mellitum*) und mit verlängerten Blütenständen (dann als *P. brandegei*), beide erscheinen mir in der Kultur leichter als die blauen Formen.

Polemonien sind durch die blaue Farbe sehr ansprechende Pflanzen, die in der Kultur von ganz einfach bis schwer variieren. Die besten Erfolge hatte ich mit den hochalpinen Arten in Steinbeeten, sehr schottrig und vollsonnig, die winters leichten Nässeschutz, in Form von Fenstern, Hartplastik oder auch Vlies, erhielten. Große Pflanzen werden über Winter oft unansehnlich und treiben schlecht aus. Man kann die austreibenden Triebe dann im Frühjahr als Stecklinge abstecken, auf jeden Fall muß konsequente Samennachzucht betrieben werden. Die Samen von *Polemonium* überliegen nach meiner Erfahrung nicht, sie keimen auch ohne Gibberellinsäurebehandlung gut, obwohl ich den Eindruck habe, daß die Keimprozente nach Behandlung höher sind.

Literatur: John F. Davidson: The Genus Polemonium (Tournef.) L. in University of California Publications (1950), Vol. 23, No. 5, p. 209–282.

Polygala L., Kreuzblume, Polygalaceae

500–600 Arten, weltweit, mit Ausnahme von Neuseeland, Polynesien und den arktischen Gebieten, verbreitet. Ein- oder mehrjährige Kräuter, Halbsträucher oder Sträucher mit einfachen, ganzrandigen, wechsel-, gegen- oder wirtelständigen Blättern. Blüten in Trauben oder Ähren, end-, seiten- oder astwinkelständig. Kelchblätter sehr ungleich, die inneren am größten, flügelförmig und kronblattartig gefärbt. Kronblätter 3, das vordere gestielt, kahnförmig und oft mit einem bartähnlichen Anhängsel (Kamm), die beiden anderen oft klein oder sogar fehlend.

P. vayredae Costa. O-Pyrenäen. Mai–Juni, im Alpinenhaus auch früher. Ähnlich dem heimischen *P. chamaebuxus*, aber niedriger, Blätter lineal-lanzettlich bis linealisch und Blüten rosapurpurn mit gelbem Schiffchen, bildet lange unterirdische Ausläufer.

P. vayredae braucht einen sehr durchlässigen, steinigen, kalkhaltigen Standort und steht am besten im Alpinenhaus oder in einer sehr intensiv zu pflegenden Gruppe aus z. B. Tuffsteinen. Vermehrung schwierig, am besten durch Herbst-Stecklinge, die im gut geschützten Kasten über Winter bewurzeln, oder durch Abtrennen von Ausläufern, welche aber erst lange nach dem Erscheinen der Triebe über dem Boden an den unterirdischen Teilen Wurzeln bilden. Samenvermehrung möglich, doch gelang sie mir bis jetzt nicht.

Polygonum L., Knöterich, Polygonaceae

Etwa 150 Arten, über die ganze Erde zerstreut. Sehr unterschiedlich gebaute Kräuter, teilweise polsterbildend und an der Basis verholzend. Blattstiele am Sproß mit einer meist häutigen Röhre angeheftet. Blütenstände sehr verschieden gebaut, oft zusammengedrängt und scheinbar ährig, selten mit Bulbillen durchsetzt. Blüten 5teilig oder -lappig, Staubblätter 6–8, Fruchtknoten meist dreikantig, mit 2–3 Griffel. Früchte 3flügelige Nüßchen, selten Beeren.

P. vaccinifolium Meissn. Heidelbeer-Knöterich. Himalaja. August–Oktober. Niederliegender Halbstrauch mit kriechendem Wuchs. Blätter spitz-elliptisch, glänzend grün. Blüten in 3–5 cm langen schmalen Ähren, dunkelrosarot, im Abblühen rot, auch nach dem Verblühen lange die Farbe behaltend.

Diese in Großbritannien viel verwendete Pflanze gedeiht bei uns in lehmighumosen Böden in sonniger bis halbschattiger Lage recht gut, wintert aber sehr leicht aus. Aus diesem Grund ist ein winterlicher Reisig- oder Vliesschutz und ein jährliches Einstellen von Reservepflanzen in den tiefen Kasten angebracht. Die Vermehrung durch Abtrennen der wurzelnden Triebe ist leicht.

Polyxena Kunth, Liliaceae

Etwa 10 Arten in S-Afrika. Zwiebelpflanzen, zumeist aus dem Winterregengebiet, von *Scilla*-ähnlichem Aussehen.

P. corymbosa (L.) Jessop (*Hyacinthus corymbosus* L.). S-Afrika (Kap): in sandigen und steinigen Böden. September–November. 5–8 cm hoch. Blätter schmal, rinnig. Blüten in kurzen, dichten Trauben, bis zu 15blütig. Kronblätter 14–16 mm lang, purpurlila mit dunklerem Streifen, selten auch rosa.

Hübsche, zwergige, herbstblühende Zwiebelpflanze, aber nur für das frostfreie Alpinenhaus geeignet. Kultur am besten in flachen Schalen in durchlässigem Boden. Vermehrung durch Abnahme der zahlreichen Brutzwiebeln.

Pratia Gaudich., Pratie, Campanulaceae

Etwa 20 Arten im trop. Asien, Australien, Neuseeland und S-Amerika. Meist kriechende, niederliegende Kräuter mit wurzelnden Trieben und etwas fleischigen, rundlichen, gezähnten Blättern, lobelienähnlichen Blüten und fleischigen, kugeligen Beerenfrüchten.

P. angulata (G. Forst.) Hook. f. Neuseeland. Juni-August. Blätter breit-oval bis rundlich, bis 14 mm lang, gewöhnlich mit 2–3 Zähnen auf jeder Seite, sehr variabel. Blüten weiß mit purpurnen Adern, 7–20 mm lang. Blütenstiele sich zur Reifezeit der purpurrosa Beeren stark verlängernd.

P. macrodon Hook. f. Neuseeland. Blätter stark gezähnt. Blüten mit langer Kronröhre. Beeren rot, rundlich (nicht länglich wie bei *P. angulata*), Blütenstiele zur Fruchtzeit nicht verlängernd. Augenscheinlich etwas härter als *P. angulata.*

P. pedunculata Benth. (*Isotoma fluviatilis* hort.). O-Australien. Mai–Frost. Dichte Matten bildend. Blätter rundlich, kerbig gezähnt, graugrün, bis 8 mm lang. Blüten hellblau, etwa 10 mm groß, dicht bis etwas gestielt über den Matten sitzend. Sehr wüchsig, aber ohne Schutz nach strengen Wintern unansehnlich.

Die frühsommer- bis herbstblühenden Pratien sind gute, raschwüchsige Bodendecker für geschützte Lagen oder schützbare, sonnig bis halbschattig gelegene Torfbeete. Schalenkultur im Alpinenhaus sehr lohnend. Stark von Schnecken heimgesucht. Vermehrung durch Teilung oder Aussaat (*P. pedunculata* bildet meines Wissens keine Beeren) leicht.

Primula L., Primel, Schlüsselblume, Primulaceae

Etwa 550 Arten in Europa, Asien, N-Amerika, wenige Arten in Arabien, Afrika, Java und S-Amerika. Fast durchweg Stauden, selten ein- oder zweijährige Kräuter oder Halbsträucher mit Blättern in grundständigen Rosetten. Die Blätter sind ungeteilt oder geteilt, gestielt oder sitzend. Die Blüten sind fast immer heterostyl, d. h. verschiedengriffelig, sitzen auf einem unbeblätterten Schaft doldig oder kopfförmig, in übereinanderstehenden Wirteln oder in traubigen oder ährigen Blütenständen oder entspringen einzeln aus den Blattachseln.

Die Gattung *Primula* wird botanisch in 7 Subgenera (Untergattungen) unterteilt, die wiederumg in Sektionen gegliedert werden. In der gärtnerischen Praxis hat sich die Untergliederung in Sektionen durchgesetzt, da Kultur, Verwendung und Vermehrung für einzelne Sektionen sehr ähnlich sind. In der Folge werden nur die wichtigsten Arten für die Alpinenhauspflege beschrieben, eine Fülle anderer Arten ist für einen winterlichen Nässeschutz ausgesprochen dankbar, so die Arten der Sektionen *Craibia* (*Petiolaris*), *Muscarioides* und *Reinii*, aber auch Arten anderer Sektionen, da es für viele Primeln recht typisch ist, während des Winters etwas weniger starke Wurzeln zu besitzen, die ein ständiges Tauen und Gefrieren nicht durchhalten.

P. allionii Loisel. (Sektion Auriculastrum). Seealpen: zwischen 700 und 1900 m, an steilen, aber nicht immer schattigen und überhängenden Kalkfelsen. März–April. Am Standort mit langen, mit den abgestorbenen Blättern bekleideten Rhizomen, diese in Kultur kürzer und Blätter durch die größere Feuchtigkeit rascher verrottend. Blätter bis 4,5 × 1 cm, verkehrt-lanzettlich bis spatelförmig oder rundlich bis länglich, manchmal am Rand gezähnt oder gewellt, stark drüsig. Schäfte sehr kurz, in den Rosetten sitzend, nicht sichtbar, bis 7blütig. Blüten 12–40 mm breit, rosa bis violettrosa bis rot, selten weiß.

P. allionii ist eine echte Alpinenhauspflanze, die vor allem in Großbritannien von vielen Pflegern in riesigen Exemplaren gezogen wird. Sie wächst im Alpinenhaus gut, solange sie nicht zur Blütezeit von oben gegossen wird und durchlässige, kalkreiche, stickstoffarme Substrate zur Verfügung hat. Die Vermehrung erfolgt durch Teilung oder Stecklinge, am besten im Mai–Juni bzw. Aussaat. Samen werden zumeist nur nach Handbestäubung angesetzt und reifen sehr spät im Jahr, d. h. im Oktober–November. Die Kapseln sitzen sehr tief im Polster, der Schaft verlängert sich nach der Blüte nicht. Um die Kapseln zur Reifezeit wiederzufinden, hat es sich bei mir bewährt, eine Garnschlaufe um den Blütenstiel der bestäubten Blüte zu legen, die 5–7 cm auf jeder Seite übersteht. Die Samen sind bis 3 × 1,2 mm groß und können ein Jahr überliegen. Die erste Blüte ist im Jahr nach dem Aufgang zu erwarten, eine Selektion von Sämlingen soll aber erst nach der dritten oder vierten Blüte vorgenommen werden, da die ersten Blüten über Größe und Form, ja selbst über Intensität der Farbe noch nichts aussagen.

In Großbritannien gibt es eine große Anzahl von Sorten, die alle zu nennen unmöglich ist. Bekannte sind z. B. 'Alba', mit eher kleinen weißen Blüten, ähnlich auch 'Avalanche'; 'Crowsley Form' ('Bevans Variety') mit dunkelrotvioletten, kleinen Blüten; größere Blüten bringen 'Viscountess Byng', 'Margaret Earle', 'Elizabeth Earle' und viele andere.

Für die Kultur im Alpinenhaus eignen sich auch die Bastarde von *P. allionii*, die fast alle in der Kultur entstanden sind. Der einzige Naturbastard, *P. x miniera* Montf., entstand aus *P. allionii* und *P. marginata*. Wilde Klone dieses Bastards sind sehr selten in Kultur, häufig finden sich unterschiedliche Nachkreuzungen, so 'Margaret', 'Joan Hughes', 'Hellen Gianella' und andere. Sie besitzen einen Schaft und unterscheiden sich dadurch von echten *P. allionii*. Ein weiterer interessanter Bastard ist *P. × loiseleurii* Sünderm., aus *P. allionii* × *P. auricula*. Der Originalklon Sündermanns ist meines Wissens nicht mehr in Kultur, wohl aber finden sich in Kultur rosagelbliche oder hellgelbliche Klone dieser Kreuzung, die nachgezüchtet wurden. Während die *P. × miniera*-Sorten wenigstens hin und wieder Samen ausbilden, konnte ich das bei *P. × loiseleurii* noch nicht beobachten. Beide Bastarde werden durch Teilung respektive Stecklinge vermehrt.

P. angustifolia Torr. (Sektion Parryi). Südwestl. USA. April. Blätter schmal, ledrig, ungezähnt, selten mit 1–2 Zähnchen auf jeder Seite, bis 40 × 6 mm. Blüten zu wenigen oder auch einzeln an kurzen Schäften, leuchtend tintenrosa mit gelbem Auge, bis 20 mm breit.

Samen dieser sehr schönen Art werden regelmäßig in den Samenlisten der Alpinenpflanzenvereine, zumeist von Wildaufsammlungen, angeboten. Die Samen keimen oft erst im Jahr nach der Aussaat, bis zur Blüte vergehen 2–3 Jahre. Die Pflanzen blühen nicht jedes Jahr und bestocken sich auch sehr unterschiedlich. Sehr hübsche und interessante Art für das Alpinenhaus und den winters geschützten Kasten. Ich gieße sie von oben und kultiviere sie mit *P. allionii* zusammen.

P. boveana Dcne. (*P. verticillata* Forsk. ssp. *boveana* (Dcne.) W. W. Sm. et Forrest) (Sektion Sphondylia). Jemen. April–Mai. Bis 25 cm hoch. Blätter bis 12 cm lang und 4 cm breit, dicht bemehlt, scharf gezähnt. Blüten in übereinanderstehenden, vielblütigen Quirlen, die von blattartigen Hochblättern umgeben sind, 8 mm breit, hellgelb.

Die Art hat in meinem Alpinenhaus –13 °C überdauert, ist aber keine langlebige Art, sondern muß immer wieder nachgezogen werden. Die Substrate müssen sehr durchlässig und kalkreich sein, Vermehrung durch Aussaat leicht.

P. caveana W. W. Sm. (Sektion Reinii). O-Nepal, Sikkim, Bhutan, SO-Tibet: meist zwischen 4600 und 4900 m, der Standort im Charta-Tal in Tibet mit 6100 m ist der höchste bekanntgewordene Standort einer Primel. April. Blätter 2–15 cm lang, eirundlich bis verkehrt-eiförmig, selten rundlich, unterseits dicht weißmehlig. Schäfte 1–2 cm lang, bis 9blütig. Blüten rosa bis purpurmagenta mit gelbem Auge, 2 cm groß. – Eine aus England erhaltene Pflanze konnte ich nur 1 Jahr am Leben erhalten, meine Erfahrungen sind also beschränkt.

P. clarkei G. Watt (Sektion Aleuritia). Kashmir. März–April. Blätter rundlich-nierenförmig, gezähnelt, langgestielt. Blüten hellrosa mit gelbem, weiß gerandetem Auge, einer Zwergausgabe der Rosen-Primel, *P. rosea*, gleichend.

Ich habe *P. clarkei* bewußt in diese Liste aufgenommen, da ich in meinen Gärten große Probleme habe, die Art im Freien zu ziehen. Sie ist nicht nur sehr empfindlich gegen Spätfröste, sondern auch gegen übergroße Winternässe. Die Substrate seien torfig-steinig, die Vermehrung erfolgt durch Teilung. *P. clarkei* ist sowohl mit *P. rosea,* als auch mit *P. warshenewskiana* fruchtbar kreuzbar.

P. cuneifolia Ledeb. (Sektion Cuneifolia). Japan, O-Asien, Aleuten, Alaska. April–Mai. Blätter 15–25 × 5–8 mm, mit deutlichen Zähnen, Grund keilförmig. Blüten in bis zu 10blütigen Dolden, rosarot mit gelbem Auge.

Von dieser arktisch-alpinen Art werden meist Saatgut der japanisch-alpinen Unterarten angeboten, ssp. **hakusanensis** (Franch.) W. W. Sm. et Forr. und ssp. **saxifragifolia** (Lehm.) W. W. Sm. et Forr., selten erhält man auch Saatgut von ssp. **cuneifolia**, diese meist aus Alaska.

Die Samen laufen nach Gibberellinsäurebehandlung recht willig auf, die weitere Kultur ist sehr schwierig. Am besten gedeihen sie sommers in kühlen, tiefen Kästen mit leichtem Schatten, winters im Alpinenhaus oder ebenfalls im tiefen Kasten. Die Substrate sollten steinig-humos sein.

P. cusickiana A. Gray (Sektion Parryi). NO-Oregon. März–April. Blätter 2–5 cm lang, eilänglich-spatelförmig, am Rand gezähnt. Schaft 4–6 cm hoch, 1–4blütig. Blüten tiefviolett, selten weiß, mit Veilchenduft.

Samen dieser Art werden in den Samenlisten der Alpenpflanzengesellschaften hin und wieder angeboten. Die Keimung nach Gibberellinsäurebehandlung erfolgt sehr spärlich. Mir ist es bis jetzt noch nicht gelungen, Sämlinge dieser Art länger als zwei Vegetationsperioden am Leben zu erhalten. Die Art ist in der Heimat nur etwa 3–6 Wochen im aktiven Wachstum, Sämlinge können zwar etwas länger feucht gehalten werden, zeigen aber dann doch durch Vergilben an, daß sie in die Ruheperiode gehen wollen, augenscheinlich sind die Speicherstoffe aber nicht ausreichend, um die lange Ruhezeit zu überstehen.

P. decipiens Duby non Stein (Sektion Aleuritia). Südl. S-Amerika. April–Mai. Rosetten 6–8 cm breit, sich nach der Blüte vergrößernd. Blätter schmal-lanzettlich, gezähnt, um die Mittelrippe etwas nach unten geschlagen, unterseits stark weißmehlig, an Blätter von Crystallophlomis-Arten erinnernd. Schäfte 8–14 cm. Blüten sehr kurz gestielt, weiß oder hellrosa, nur 7–9 mm breit, mit gelbem Auge.

Meine Erfahrungen beschränken sich auf eine weißblühende Form, die vor einiger Zeit als Saatgut angeboten wurde. Aussaat leicht, Weiterentwicklung etwas problematisch, ähnlich anderer zwergiger Aleuritia-Arten. Die empfindlichste Periode ist der Winter, da die Art flachliegende Winterknospen bildet, die wenig bewurzelt, gerne auffrieren. Am besten in einem winters zu schützenden Moorbeet in Halbschatten oder voller Sonne. Immer recht kurzlebig, ständige Samennachzucht notwendig.

P. edelbergii Schwarz (Sektion Sphondylia). Afghanistan. April–Mai. Ähnlich *P. boveana,* aber Blätter reingrün, etwas breiter und wenig oder nicht bemehlt. Blüten goldgelb. Kultur wie bei *P. boveana* angegeben, doch nach meiner Erfahrung nicht so hart wie diese.

P. ellisiae Pollard et Cockerell (Sektion Parryi). Südwestl. USA. Mai. Blätter schmal, lederig, gezähnt, bis 8–10 × 1–2 cm. Schaft bis 15 cm, mit 4–15, etwas einseitswendigen, blauvioletten bis rötlichvioletten Blüten, bis 2 cm breit.

Samen dieser Art werden regelmäßig von Sally Walker, Arizona, angeboten. Sie laufen ohne Probleme auf, die Sämlinge blühen meist zwei Jahre nach der Aussaat. Die Art ähnelt sehr *P. rusbyi* und unterscheidet sich von dieser durch die etwas breiteren Blätter, den früheren Austrieb, und die mehr violetten Blüten, die etwas größer im Durchmesser sind. Die Art zieht im Spätsommer ganz ein und braucht warme Lagen, durchlässiges Substrat und Schutz vor übergroßer Winternässe. Ich ziehe sie im tiefen Kasten ohne weitere Probleme, sie gedeiht auch im Zwiebelkasten oder in gedeckten Beeten gut und ist nach meiner Erfahrung robuster als *P. rusbyi.*

P. forrestii Balf. f. (Sektion Bullatae). Yünnan: in trockenen, etwas beschatteten Kalkfelsspalten. April–Mai. Wurzelstock lang verholzt, mit Blattnarben und -resten bedeckt (in Kultur meist nicht so deutlich ausgeprägt, weil die Pflanzen nicht so alt werden). Pflanzen kräftig, 30–40 cm hoch, fast halbstrauchig, dicht mit Drüsenhaaren besetzt. Blätter langgestielt, Spreiten bis 20 × 5 cm, eiförmig-elliptisch oder elliptisch-länglich, gekerbt, gekerbt-gezähnt, stark blasig-runzelig, Unterseite der Blätter in der Jugend weiß- oder gelbmehlig. Schäfte bis 50 cm hoch, bis 25blütig. Blüten hell- bis dunkelgelb, orange geaugt.

Die Art ist außerordentlich empfindlich gegen übergroße Winternässe und gedeiht am besten ausgepflanzt im Alpinenhaus in einem lehmig-sandigen Substrat, mit Kalkbrocken durchsetzt, an einem halbschattigen Standort. Die Vermehrung durch Aussaat ist leicht, Samen werden von selbst, noch besser nach Kreuzbestäubung zwischen kurz- und langgriffeligen Pflanzen, angesetzt.

P. gaubaeana Bornm. (Sektion Sphondylia). Iran. April–Mai. Ähnlich *P. boveana,* nur niedriger im Wuchs. Kultur wie diese Art.

P. kitaibeliana Schott (Sektion Auriculastrum). Dinarische Gebirge (Velebit, Kapela, südl. bis Herzegowina): zwischen 350 und 1700 m, über Kalk, in kleinen Rasen oder in Humusansammlungen in Felsspalten. April. Blätter ungezähnt oder weniggezähnt, länglich, eiförmig oder elliptisch, weich, stark drüsig und mehr oder weniger nach Terpentin stinkend. Blüten bis 35 mm breit, rosarot, violettrosa, selten weiß, in 1- bis 4blütigen Dolden.

Typisch ist der starke Terpentingeruch der Pflanzen solange die Blätter noch jung sind. Bei dieser Art habe ich immer Probleme mit dem Abfaulen der Triebe (meist hervorgerufen durch *Thielaviopsis*) im Sommer. Kultur am besten im Alpinenhaus in sehr kalkschotterigen Substraten. Vermehrung durch Aussaat leicht, Samen werden bei Handbestäubung gut angesetzt. Die Art läßt sich nach meinen bisherigen Erfahrungen mit *P. auricula* und *P. minima* kreuzen, die Nachkommen sind unfruchtbar und haben die Empfindlichkeit gegen sommerliche Fäulnis geerbt.

P. megaseifolia Boiss. (Sektion Megaseifolia). Pontisches Gebirge (an den Küsten des Schwarzen Meeres): in Bergwäldern. Februar–April. 10–15 cm hoch. Blätter groß, eirundlich bis herzförmig, gezähnelt, unten behaart, lang gestielt, an kleine *P. obconica*-Blätter erinnernd. Blüten leuchtend lilarot, in mehrblütigen Dolden. Fruchtkapseln lang flaschenförmig, sich mit unregelmäßigen Zähnen öffnend. Samen grünlichbraun.

Kultur in lehmig-humosen Boden in warmer, mild-feuchter und halbschattiger Lage, benötigt trockene Winterdecke. Die Blüten werden bereits im Herbst angelegt und sind sehr von Schnecken gefährdet. Nicht in allen Lagen winterhart und sehr gut unter der Stellage des Alpinenhauses zu ziehen. Vermehrung durch Aussaat und Teilung. Keimprozente trotz Aussaat unmittelbar nach der Ernte sehr gering.

P. mollis Nutt. ex Hook. (Sektion Cortusoides). Himalaja, W-China: an schattigen Plätzen in Dickichten und an Bächen, zwischen 2300 und 3300 m. Mai–Juni. Blätter rundlich mit herzförmigem Grund, kerblappig. Schaft bis 60 cm hoch, mit 2–6

Quirlen, 4–9blütig. Blüten trübrosa mit gelbem oder grüngelbem Auge, bis 2 cm breit.

Nur an allergünstigsten Stellen (mit Nässeschutz im Winter) im Freien winterhart, besser im Alpinenhaus oder sogar im Kalthaus.

P. nipponica Yatabe (Sektion Cuneifolia). Japan (Honshu): auf feuchten, hochalpinen Matten. Mai. Ähnlich *P. cuneifolia*, aber kleiner. Blätter fleischig, keilförmig oder verkehrteiförmig-keilförmig, 2–4 × 0,5–1,5 cm, an der Spitze abgerundet, mit wenigen groben Zähnen. Schäfte 7–15 cm, 1–8blütig. Blüten weiß mit gelbem Auge, 12–15 mm groß.

Samen dieser japanischen Art finden sich regelmäßig in den Samenlisten der Alpenpflanzengesellschaften. Sie laufen gut auf und ergeben teilweise schon im darauffolgenden Jahr die ersten blühenden Pflanzen. Nach meiner Erfahrung ist die Art leichter als *P. cuneifolia* zu ziehen.

P. palinuri Petagna (Sektion Auriculastrum). SW-Italien (Vorgebirge von Palinuri): in Felswänden unmittelbar über dem Meer. März–Mai. Dickstämmig, Sprosse bis 3 cm dick. Blätter bis 20 × 6,5 cm, hellgrün, stark drüsig, nur knorpelspitzig. Blütendolde von blattartigen Deckblättern umgeben. Blüten in bis 40blütigen Dolden, Kronzipfel wenig ausgebreitet, 12–15 mm im Durchmesser, gelb, innen stark bemehlt.

Nahe mit *P. auricula* verwandt, aber durch den kräftigen Wuchs, 40 cm Höhe × 40 cm Breite, starken *Primula obconica*-Geruch der Blätter und die dicken Sprosse verschieden. Meist im Alpinenhaus gezogen, hält aber an trockenen, schottrigen Stellen mit winterlichem Nässeschutz lange Jahre durch. Vermehrung durch Stecklinge und Aussaat. Die Samen werden bei dieser frühblühenden Art relativ spät reif, sie sind sehr groß, bis 3,5 × 1,2 mm, und immer mit reichlich Mehlstaub, von den Kelchen, vermischt. Sie laufen gut auf und blühen 3–4 Jahre nach dem Aufgang.

P. reidii Duthie (Sektion Soldanelloideae). NW-Himalaja. Mai–Juni. Blätter eilänglich oder verkehrt-lanzettlich, bis 20 × 3 cm. Schaft 6–15 cm, 3–10blütig. Blüten elfenbeinweiß, bis 22 mm lang, nickend, glockig, sehr gut duftend. Dazu var. *williamsii*, größer, mit glockenförmigen Blüten, variierend von weiß bis blau, kräftiger im Wuchs und noch schöner.

Die Kultur dieser und nahe verwandter Arten ist bei uns meist schwierig, da sie in der Heimat 4–6 Monate unter dem Schnee verbringen. Kultur in einer Mischung von $^2/_3$ Steinsplitt und $^1/_3$ humos-lehmiger Rasenerde. Im Winter will die Art trocken stehen und ist dann im Alpinenhaus gut aufgehoben, zur Kulturzeit steht sie besser in einem Kasten, etwas halbschattig. Samen wird reichlich angesetzt, die Sämlinge blühen meist 2 Jahre nach dem Aufgang.

P. rusbyi Greene (Sektion Parryi). New Mexico, Arizona. Mai. Blätter schmal, lederig, gezähnt, bis 8 cm lang. Schaft 15–20 cm, mit 4–14, etwas einseitswendig angeordneten, leuchtend rotvioletten Blüten.

P. rusbyi wird sowohl als Wildsaatgut, als auch als Gartensaatgut, regelmäßig angeboten. Die Samen laufen willig auf, die erste Blüte ist nach 2 Jahren zu erwarten. Die Art treibt sehr spät, meist erst Mitte April, nach *P. ellisiae*, aus und man ist oft schon der Meinung, die Pflanzen seien abgestorben. Die Blatt- und Blütenentwicklung erfolgt dann aber außerordentlich rasch. Braucht warme Lagen und Schutz vor übergroßer Winternässe und kann sowohl in schützbaren Steinbeeten als auch im Alpinenhaus gut gezogen werden. Bei dieser Art konnte ich die Entwicklung von Jungpflanzen an den freiliegenden Wurzeln beobachten. Diese Art der Vermehrung wird in einigen alten gärtnerischen Werken auch für die Vermehrung von Auriculastrum-Primeln angegeben. Beim Umtopfen werden einige Wurzeln bogig hochgelegt und bilden dann an der dem Licht ausgesetzten Stelle Jungpflanzen.

P. suffrutescens A. Gray (Sektion Cuneifolia). Westl. USA (Sierra Nevada). Mai. Kleine, an der Basis verholzte Polster bildend. Blätter am Grunde keilförmig, bis 2 × 0,8 cm groß, an der Spitze abgerundet oder gespitzt, seitlich mit wenigen groben Zähnen. Blütenschäfte 5–8 cm, mit wenigen violettroten, geaugten Blüten, 8–10 mm groß.

P. suffrutescens ist als Saatgut erhältlich und läuft nach Gibberellinbehandlung mäßig gut auf. Nach 2 Jahren blühen die Sämlinge das erste Mal, dann ist es auch immer schwieriger, sie zu erhalten. Sie sollten am besten im Alpinenhaus gezogen werden, als Substrat verwendet man eine Mischung aus $^2/_3$ Urgesteinssplit und $^1/_3$ Lehm-Torf-Gemisch, der oberste Bereich des Wurzelhalses, etwa 1–2 cm hoch, sollte immer mit grobem Gesteinssplitt abgedeckt werden. Besser ist es, die erste Blüte, so sehr man sie auch schon erwartet, nicht aufblühen zu lassen, sondern sie schon recht bald zu entfernen, dadurch wird die Nebentriebsbildung gefördert und es bilden sich die kleinen, an *Douglasia nivalis* var. *dentata* gemahnenden Polster.

P. tyrolensis Schott (Sektion Auriculastrum). Italien (Südöstl. Dolomiten): zwischen 1000 und 2300 m, in etwas sonnenabgewandten Kalkfelsspalten oder flach in kleinen, schotterdurchsetzten Rasenflecken. April–Mai. Kleinpolsterig oder -rasig. Blätter rundlich mit deutlichen Zähnen, bis 2,5 × 1,2 cm. Schaft 0,5–2 cm, 1–3blütig. Blüten in der Natur rosenrot, selten etwas lila angehaucht, in der Kultur immer lilarosa, Auge weiß. – Schwieriger als die sonst ähnliche *P. allionii.* Die Art wird am besten in Schalen im Alpinenhaus oder Kasten gezogen und durch Stecklinge vermehrt. Sie kreuzt sich in der Natur sehr selten mit anderen Arten, so *P.* × *juribella* Sündermann (*P. tyrolensis* × *P. minima*), auch im Freien möglich, *P.* × *obovata* Huter (*P. tyrolensis* × *P. auricula* ssp. *ciliata*), die ich nur vegetativ kenne, sie ähnelt einer riesigen *P. tyrolensis*, und *P.* × *venzoides* Venzo (*P. tyrolensis* × *P. wulfeniana*), mit lilaroten Blüten, besser unter Schutz. Trotz vielfacher Bemühungen ist es mir bis jetzt nicht gelungen, die Art mit *P. allionii* zu kreuzen.

Prionotes R. Br., Epacridaceae

Monotypische Gattung:

P. cerinthoides (Lab ill.) R. Br. Tasmanien: in der montanen Stufe, im Regenwald, epiphytisch wachsend, auf die Stämme von *Eucalyptus* und *Nothofagus* kletternd. Juli–August. Kletterstrauch, in den tiefen Lagen bis über 10 m hoch werdend, Blätter wechselständig, 20–30 × 6 mm, eilänglich, dicklich, mit einigen stumpfen Zähnen, kurz gestielt. Blüten einzeln in den Blattachseln kurzer Seitentriebe, 20–25 mm lang, an der Spitze etwas zusammengezogen, leuchtendrot, im Verblühen dunkelrosa. Frucht eine 8–10 mm lange Kapsel. Samen sehr fein, zimtbraun.

Nach Berichten aus England zeigt *Prionotes* in der Kultur keine Klettertendenz. Die Pflanzen bilden dichte Sträuchlein und wurden in flachen Schalen in reinem Torf im unbeheizten Glashaus, was unserem frostfrei gehaltenen Alpinenhaus entspricht, gehalten. Vermehrung durch Aussaat oder Stecklinge.

Prostanthera Labill., »Mint-bush«, Labiatae

Etwa 50 Arten in Australien. Sträucher oder Halbsträucher mit gegenständigen Blättern und weißen, violetten oder roten Blüten in achsel- oder endständigen Trauben, ganze Pflanzen sehr aromatisch duftend.

P. cuneata Benth. »Alpine mint-bush«. Australien (Australische Alpen, Tasmanien): subalpine und alpine Heidegesellschaften. Mai–Juni. In der Heimat bis 1,5 m hoher, bei uns in etwas geschützten Beeten kaum über 50 cm hoher Strauch. Blätter halbrundlich, bis 8 × 5 mm, gegenständig, dichtstehend. Blüten einzeln oder zu zweit aus den oberen Achseln, bis 2,5 cm lang und 1,8 cm im Durchmesser, weiß bis hellviolett, in der Kehle auffällig gepunktet. Bei Berührung angenehm duftend.

Von dieser Art ist in Tasmanien eine gelbgepunktete Gartenform in Kultur, die ich leider nicht erhalten konnte.

P. cuneata hat die Winter 1984/85 und 1985/86 unter dem Schutz eines 35 g/m^2 Vlieses gut überstanden und sich außerordentlich gut entwickelt. Die Art bildet dichte, rundliche Büsche, die durch Schnitt gut in Form gehalten werden können. Die Blüten erscheinen nicht so zahlreich wie am natürlichen Standort, heben sich aber gut vom sehr zierenden Laub ab. Die Vermehrung erfolgt durch Stecklinge und Aussaat.

Prunus L., Rosaceae

Etwa 200 Arten, davon die meisten in der gemäßigten Zone, einige in den Anden S-Amerikas. Sommergrüne, seltener immergrüne Sträucher oder Bäume mit wechselständigen, gesägten, seltener ganzrandigen Blättern, die an der Basis unterschiedlich gestaltete Nebenblätter tragen. Blüten einzeln oder in Büscheln oder Trauben. Kelch- und Kronblätter je 5, meist weiß, rosa oder rot. Staubblätter zahlreich. Stempel 1, mit verlängertem Griffel, Frucht eine Steinfrucht, meist einsamig.

P. andersonii A. Gray (*Amygdalus andersonii* Greene). »Desert Peach«. Westl. USA (Kalifornien, Nevada): trockene Hänge und Mesas, 1150–2500 m. April–Mai. Niederliegender Strauch, in der Heimat bis 2 m hoch, bei uns in 15 Jahren etwa 80 cm hoch. Blätter gebüschelt an Kurztrieben, eiförmig-lanzettlich, graugrün, bis 3 cm lang. Blüten einzeln, 1–1,5 cm breit, rosa. Früchte 12 mm lang, bräunlich-haarig.

Interessante Halbwüstenpflanze, die unter leichtem Nässeschutz im Winter sehr lange durchhält. Blüten erschienen bei mir in 15 Jahren der Kultur nicht. Versuche mit Umveredlung wären angebracht.

P. scoparia Schneid. Iran: aus Halbwüsten. Sparriger, in 5 Jahren 80 cm Höhe erreichender Strauch mit rutenförmigen Trieben, die grün bleiben und an *Spartium junceum* erinnern. Blätter klein, lanzettlich, zuerst bräunlich, dann grün, bald abfallend. Blüten 1,5 cm breit, hellrosa, im zeitigen Frühjahr vor dem Blattaustrieb.

Auch diese Art konnte ich bis jetzt noch nicht zur Blüte bringen.

Die beiden genannten und sicherlich noch andere kleinwüchsige Halbwüstensträucher sind für die Hintergrundspflanzung in größeren Alpinenhäusern interessant. Ich konnte sie durch das im allgemeinen Teil beschriebene »Knacken« zur Keimung bringen. Ein Aussäen von im internationalen Samentausch erhältlichen Steinen ohne diese Behandlung war bei mir immer erfolglos.

Pterocephalus Adans., Dipsacaceae

Etwa 25 Arten im Mittelmeergebiet bis M-Asien und W-China, im trop. Afrika und Neuseeland. Verwandt mit *Scabiosa*, unterschieden durch 12–24 Borsten am Kelch statt 5.

P. spathulatus (Lag.) Coulter. SO-Spanien, auf Felsen im Gebirge. Mai–Juli. Niederliegende, etwas holzige, dicht weiß- oder grauwollige Staude, 5–8 cm hoch. Blätter 6–20 × 4–5 mm, spatelförmig. Köpfchen 4 cm breit, rosa.

Sehr hübsche Neueinführung mit gleichermaßen hübschen Blättern und Blüten. Leicht unter etwas Schutz, in günstigen Lagen sogar im Steingarten versuchenswert. Vermehrung durch Stecklinge leicht. M. Kammerlander, Würzburg, erhielt die Art aus Spanien und vermehrt und verbreitet sie.

Pterygopappus Hook. f., Compositae

Monotypische Gattung:

P. lawrencei Hook. f. Tasmanien: in »Cushion-bog«-Gemeinschaften der alpinen Zone. Mai–Juni. Bis über 1 m breite Polster bildend, gebildet aus Tausenden von kaum 6 mm dicken Trieben. Blätter löffelförmig, dick, fleischig, am Rand mit einem Streifen grober Haare, 4–5 mm lang, sehr dicht stehend, im unteren Teil der Triebe absterbend, aber bleibend. Blütenköpfe einzeln, zur Blütezeit zwischen den Blättern sitzend, mit 6–12 Blüten, zur Fruchtzeit verlängert sich der Köpfchenstiel.

Pterygopappus ist aus Tasmanien erhältlich und in kleinen, geschützten Moorbeeten zu ziehen. Vermehrung durch Teilung und Stecklinge leicht. Auch eine Vermehrung durch Aussaat ist möglich. Probleme bereitet mir die sommerliche Hitze, die die Art nicht verträgt.

Ptilotus R. Br., Amaranthaceae

Etwa 100 Arten in Australien und Tasmanien, davon in den alpinen Schauhäusern in Großbritannien in Kultur:

P. manglesii (Lindl.) F. Muell. (*Trichinium manglesii* Lindl.). W-Australien: in trockenen Gebieten. August–November. Kurzlebige Staude, manchmal nur einmal blühend. Blätter länglich-lanzettlich, zu lockeren Rosetten, die sich auch verlängern können, zusammenstehend. Blüten in pinselförmigen Blütenständen, rosa.

Ich habe keine persönlichen Kulturerfahrungen mit dieser Art, die durch Aussaat vermehrt wird. Nach englischen Angaben ist sie frostfrei zu überwintern und benötigt sehr durchlässige Substrate.

Pygmea Hook. f., Scrophulariaceae

Etwa 6–8 Arten in Neuseeland, Tasmanien und Australien. Kleine, dicht polsterige Stauden oder Zwergsträucher mit gegenständigen, winzigen, sitzenden, ungeteilten, am Rand bewimperten oder haarigen Blättern. Blüten einzeln, in den Blattachseln nahe den Triebspitzen, 5teilig, ähnlich manchen *Hebe*-Blüten, reinweiß.

P. armstrongii (Buchan.) M. B. Ashwin. Neuseeland (S-Insel). Sehr seltene Art, von der vermutet wird, daß sie durch Kreuzung aus *P. tetragona* und einer der polsterbildenden Arten entstanden sein könnte.

P. ciliolata Hook. f. Neuseeland (S-Insel), Tasmanien: in Gebieten mit starken sommerlichen Niederschlägen, 1100–2100 m. Mai. Hellgrüne Polster. Blätter rundlich-löffelförmig, bis 3 × 1,5 mm, nur an den beiden nach vorne gerichteten Blatträndern bewimpert. Blüten 6–7 mm breit, mit besonders auffälligen Staubfäden.

P. myosotoides M. B. Ashwin. Neuseeland (S-Insel). April–Mai. Ähnlich *P. thomsonii*, aber Blätter schmäler, am Rand bewimpert und im vorderen Teil des Blattes an einem Fleck dichthaarig.

P. pulvinaris Hook. f. (*Veronica pulvinaris* (Hook. f.) Benth. et Hook. f.). Neuseeland (S-Insel): auf ausgesetzten, felsigen Stellen, 1400–1900 m. Mai. Sowohl in der Natur als auch in unseren Gärten die verbreitetste Art. Staudig, dicht polsterig, bis 4 cm hoch und über 15 cm breit. Stämmchen 3–5 mm im Durchmesser. Blätter dicht schindelförmig, 2,5–4 × 1 mm, obtus bis zugespitzt, Rand und oberer Teil der inneren Oberfläche spärlich grobhaarig. Blüten bis 8 mm breit.

P. tetragona (Hook. f.) M. B. Ashwin (*Chionohebe densifolia* (F. Muell.) Briggs et Ehrendorfer). Neuseeland (S-Insel), Australien (Australische Alpen): auf ausgesetzten Graten, in Schutt, aber feucht, 1100–1800–2000 m. Kriechender und wurzelnder Halbstrauch, bis 15 cm breite Kissen bildend. Blätter in vier Reihen, 3–6 × 1,5–3,5 mm, am Rand wenig behaart. Blüten bis 1,5 cm breit, weiß oder hellviolett.

Ich nenne diese hochinteressante Pflanze hier unter *Pygmea*, wohl wissend, daß sie von Briggs und Ehrendorfer als *Chionohebe* zur Gattung erhoben wurde und die Identität der australischen Art mit *P. tetragona* festgestellt wurde. Die Art hat einen ganz anderen Wuchs als die übrigen Arten. Ich erhielt Lebendmaterial aus Australien, wo die Art nur am Gipfelgrat zwischen den beiden höchsten Erhebungen der Australischen Alpen vorkommt.

Die Kultur ist äußerst schwierig und darf nicht ganzjährig im Alpinenhaus durchgeführt werden, da *P. tetragona* hohe sommerliche Temperaturen nicht verträgt, besser ist ein Sommerstandort in einem tiefen, feuchten, aber nur halbschattigen Kasten. Ein Winterstandort im Alpinenhaus ist anzuraten. Die Vermehrung erfolgt durch Stecklinge. Ich konnte diese Art nur vier Jahre am Leben erhalten, verlor sie allerdings aus Unachtsamkeit durch einen starken Spinnmilbenbefall.

P. thomsonii Buchan. Neuseeland (S-Insel). Mai. Ähnlich *P. pulvinaris*, aber Polster dichter und kompakter. Blätter breiter (1–3 mm breit) und im oberen Teil stärker grobhaarig.

Pygmea sind ausgesprochen anspruchsvolle Pfleglinge, die durchlässige, aber humose Substrate und Schutz vor übergroßer Winternässe brauchen. Es ist besser, sie nicht auf die Polster zu gießen. Für die ganzjährige Kultur im Alpinenhaus sind sie nach meiner Erfahrung nicht so geeignet, höchsten dieses ist sehr gut lüftbar und die Gegend nicht so sommerheiß. Sie können deshalb gut in winters abgedeckten Trögen verwendet werden. Die Vermehrung erfolgt durch Stecklinge und Aussaat, Samen werden auch bei uns gebildet.

Pyxidanthera Michx., »Pyxie-moss«, Diapensiaceae

Monotypische Gattung:

P. barbulata Michx. Östl. USA (Pine Barrens): in sandigem, kalkfreien Boden unter Kiefern. April–Juni. Immergrüne, moosähnliche Polster. Blätter klein, länglich, zugespitzt. Blüten 5teilig, weiß oder rosa, etwa 8 mm groß, vollkommen dem moosähnlichen Polster aufsitzend.

Dazu noch als Varietät **brevifolia** (B. Wells.) H. E. Ahles, die manchmal auch als eigene Art angesehen wird.

Äußerst schwierige Pflanze für saure, torfige, mildfeuchte Schalen im Alpinenhaus. Vermehrung durch Teilung oder Stecklinge.

Ranunculus L., Hahnenfuß, Ranunculaceae

Etwa 300 Arten, über die ganze Erde verbreitet, mit Verbreitungsschwerpunkten in den Gebirgen. Stauden mit kurzem Rhizom und faserigen, bei einigen Arten auch knollig verdickten Wurzeln. Blätter meist gelappt, handförmig geteilt oder vielfach zerteilt, nur selten einfach und ganzrandig. Blüten mit 5 (–7–9) blumenblattartigen, gelben oder weißen, selten auch roten Honigblättern, einzeln oder in lockeren Trugdolden.

R. acetosellifolius Boiss. S-Spanien (Sierra Nevada): beim schmelzenden Schnee, über 2500 m. April–Mai. Ähnlich *R. calandrinioides*, doch zwergiger und Blätter am Grund mit verschieden großen Öhrchen. Blütenstiele rötlich überlaufen, bis 10 cm hoch. Blüten weiß, 2,5–3 cm breit.

Diese Art sollte besser in feuchten Moorbeeten gedeihen, hat sich bei mir aber unter dem Schutz des Alpinenhauses, und der damit verbundenen besseren Pflege, besser entwickelt. Vermehrung durch Teilung oder Aussaat. Heikel.

R. andersonii Gray (*Oxygraphis andersonii* Freyn, *Beckwithia andersonii* A. Jeps.). Westl. USA (Kalifornien, Oregon, Idaho, Nevada): auf trockenen, felsigen Hängen, 100–2500 m. April. Kahle, bis 20 cm hohe Staude mit kurzem, unterirdischen Stamm. Blätter herzförmig oder rundlich im Umriß, 1–3 × 2–4 cm, 3fach geteilt in 7–8 × 1–3 mm große Zipfel. Blüten zu 1–2, 3 cm breit, rosarot.

Saatgut dieser Art wird hin und wieder angeboten. Sie laufen meist nach einmaligem Überliegen auf. Die Kultur bis zur Blüte ist mir noch nicht gelungen. Die Art kommt unter halbwüstenartigen Bedingungen vor und ist auch im Alpinenhaus sehr schwer zu ziehen.

R. anemoneus F. Muell. Australische Alpen: alpine Zone, immer sehr feucht. Mai. Kräftige, robuste Staude (nicht in Kultur!), bis 35 cm hoch. Blätter langgestielt, rundlich, 5–8 cm breit, tief 3–5spaltig. Stengelblätter ähnlich, aber kleiner. Blüten zu 1 oder 2–4, reinweiß, 4–6 cm groß, mit 20–30 Honigblättern.

Samenanzucht ist möglich, doch ist die Jugendentwicklung sehr langsam. Am besten Auspflanzen in intensiv zu pflegende Moorbeete, die winters geschützt werden können. Ich konnte die Art noch nicht zur Blüte bringen.

R. asiaticus L. Östl. Mittelmeergebiet (Kreta, Rhodos, S-Türkei, Israel, N-Afrika) bis in den Iran: auf steinigen Hügeln und Felsen. April–Mai. Bis 25 cm hoch. Wurzeln knollig verdickt. Grundständige Blätter langgestielt, rundlich im Umriß, mehrfach gelappt oder tief gezähnt. Stengelblätter ähnlich, doch kleiner und kurz gestielt. Blüten zu 1 (–3), bis 8 (–12) cm breit, bei der Wildform zumeist rot, aber auch gelb, purpurn, rosa oder weiß.

Besonders für das Alpinenhaus für Schalen oder Töpfe geeignet, nicht zu früh feucht halten, da sonst die Blätter sehr früh austreiben und dann bei sehr tiefen Temperaturen leiden. Substrate durchlässig, kalkig. Vermehrung durch Aussaat.

R. buchananii Hook. f. Neuseeland (S-Insel): in Schutthalden und auf Felsen, 1500–2400 m. Mai. Ähnlich *R. anemoneus*, aber Blätter behaart und Blüten nur mit 15–25 Honigblättern. Ähnlich schwierig wie *R. anemoneus*, noch schottriger und durchlässiger.

R. calandrinioides Oliv. Marokko (Atlas): 1300–2800 m. Februar–April. 10–15 (–30, in Großbritannien) cm hohe Staude mit dickem, fleischigen Wurzelstock. Blätter gestielt, breitlanzettlich, mit welligem, aber ganzrandigen Blattrand. Stengel aufrecht, 1–3blütig. Blüten 5 cm breit, im Aufblühen rosa, dann weiß.

Leicht zu ziehende Art, die sich in etwas geschützten Beeten auch willig aussät. Braucht durchlässig-steinige Substrate, volle Sonne und will sommers trocken stehen. Die blaubereiften Blätter treiben schon im Herbst aus. Die Art ist selbststeril, bildet aber reichlich Früchte aus, wenn mehrere Pflanzen nebeneinanderstehen. Sehr schön im Alpinenhaus in großen Töpfen, wo sie schon zu Weihnachten zu blühen beginnen kann.

R. cortusaefolius Willd. Kanaren. April–Mai. Bis 60 cm hoch. Grundständige Blätter bis 12 cm breit, in der Form an *Cortusa* erinnernd. Blütenstiele verzweigt, mit zahlreichen, 2 cm breiten, gelben Blüten.

Nur für das frostfreie Alpinenhaus oder in günstigen Lagen (Schneelage) auch für das unbeheizte Alpinenhaus. Benötigt sehr durchlässige, aber humose und nährstoffreiche Substrate. Vermehrung durch Aussaat.

R. crithmifolius Hook. f. (*R. chordorhizus* Hook. f., *R. paucifolius* Kirk). Neuseeland (S-Insel): in Schutthalden. Mai. Niedere Staude mit fleischigen Rhizomen und dicken, fleischigen Wurzeln. Grundständige Blätter gestielt, rundlich bis oval im Umriß, äußerst unterschiedlich gelappt und geteilt, bräunlichgraugrün. Blüten einzeln an unbeblätterten Blütenständen, etwa 3 cm breit.

Trotz des speziellen Standortes ist diese Art kultivierbar und bringt ihre gelben Blüten. Kultur in großen Schalen oder kleinen Schutthalden im Alpinenhaus, oder aber auch in schützbaren Steinbeeten. Vermehrung durch Aussaat. Jugendentwicklung sehr langsam.

R. graniticola Melville. Australische Alpen und umgebende Gebirge: in der alpinen und subalpinen Zone. Mai–Juni. An *R. montanus* gemahnende Art mit fleischigeren Blättern und einzeln stehenden, bis 3 cm breiten, gelben Blüten.

Nicht allzu schwierig, auch in schotterigen Moorbeeten, mit leichtem Schutz, nicht zu trocken. Vermehrung durch Aussaat.

R. gunnianus Hook. Australische Alpen, Tasmanien: in der alpinen und subalpinen Zone an feuchten Standorten. Mai–Juni. 20–25 cm hohe Staude mit grundständigen, in sehr feine, rundliche Zipfel zerteilten Blättern. Blüten einzeln, bis 4,5 cm breit, goldgelb.

Nicht allzu schwierige Art für intensiv zu pflegende, im Winter etwas geschützte Moorbeete. Die Art steht einigen neuseeländischen Arten (*R. verticillatus* Kirk, *R. sericophyllus* Hook. f.) nahe und wird durch Aussaat vermehrt.

R. haastii Hook. f. Neuseeland (S-Insel): nur in Schutthalden, vor allem über Grauwacke. 1000–2000 m. Mai. Rhizom fleischig, tief im Schutt liegend. Blätter fleischig, wachsig, bläulich, im Umriß rundlich, in mehrere Abschnitte geteilt und gezähnt. Blüten zu 1 (–6), mit 5–20, gelben Honigblättern.

Die Art soll unkultivierbar sein. Ich konnte bis jetzt keine Sämlinge, trotz Gibberellinsäurebehandlung und Zuwarten, erzielen.

R. kochii Ledeb. (*Ficaria fascicularis* C. Koch). Türkei, Kaukasus, Iran, USSR: an steinigen Stellen, bis 3000 m. Februar–April. Ähnlich *R. ficaria*, aber kompakter und mit großen Blüten an nur 3 cm hohen Stielen.

Sehr leicht im Steinbeet unter leichtem Schutz. Ähnliche Formen aus S-Dalmatien und Kalabrien gehören zu *R. ficaria*.

R. millanii F. Muell. Australische Alpen und umgebende Gebirge: in der alpinen und subalpinen Zone, an sehr feuchten Stellen. Mai. Niedrige, ausläufertreibende, kaum 8 cm hohe Staude. Blätter grundständig, in 3–5, linealische, 2 mm breite Zipfel geteilt. Blüten einzeln, bis 17 mm breit, weiß oder cremefarben.

Kultur in feuchten Moorbeeten, etwas absonnig. Vermehrung durch Aussaat, später durch Teilung. Häufig erzieht man aus Samen dieser Art Bastarde, da sie sich mit vielen anderen Arten leicht zu kreuzen scheint. Diese Bastarde besitzen meist breitere Blattabschnitte und dürfen dann nicht so feucht gezogen werden.

R. millefoliatus Vahl. Mittelmeergebiet (von Frankreich und N-Afrika bis W-Asien): meist in Trockenrasen. April–Mai. Wurzelstock kurz, knollig verdickt. Blätter 5–7 cm lang, im Umriß rundlich, doppelt- bis dreiteilig, mit sehr feinen, oft dillähnlichen Abschnitten. Blütenstände straff aufrecht, beblättert, einblütig. Blüten 2,5–3 cm breit, glänzend goldgelb.

Diese nach der Blüte einziehende Art ist im Mittelmeergebiet weit verbreitet und in sommertrockenen Gebieten ohne jeden Schutz zu ziehen. Sonst genügt die Kultur im Steinbeet mit leichtem Nässeschutz. Vermehrung durch Aussaat oder Teilung.

R. muelleri Benth. Australische Alpen und umgebende Gebirge: in der alpinen und subalpinen Zone, an eher trockenen Standorten. April–Mai. Rosettenstaude mit elliptischen bis eilänglichen Blättern, die ungeteilt sind oder an der Spitze wenige Zähne besitzen, behaart. Blüten einzeln, an bis 16 cm hohen Stielen, goldgelb, glänzend.

var. **brevicaulis** B. G. Briggs. Mt. Kosciusko: nur im Gipfelbereich. Blätter wesentlich dichter und oft bräunlich behaart. Blütenstiele auch in der Kultur oft nur 2 cm hoch.

Sehr schöne Art für die Kultur im Alpinenhaus oder das geschützte Steinbeet. Steinmanschette um den Wurzelhals ist notwendig. Vermehrung durch Aussaat, bildet auch bei uns reichlich Früchte aus. Aus Wildsamen erzog ich schon einige Male Bastarde, denn die Art kreuzt sich mit vielen anderen am Standort.

R. sericophyllus Hook. f. Neuseeland (S-Insel): an kühlen, schmelzwasserdurchtränkten Standorten, 1400–2100 m. April–Mai. Verwandt mit *R. gunnianus*, aber mit breiteren, silberig behaarten Blattzipfeln. Blüten einzeln, mit 5–10 goldgelben Honigblättern. Kultur wie *R. gunnianus*, doch etwas weniger feucht.

R. weberbaueri (Ulbr.) Lourteig. Peru, zwischen schattigen, feuchten Felsen, 3700–4300 m April. Blätter herzförmig, gekerbt. Blüten einzeln, an eine kleine Pfingstrose erinnernd, von einer Manschette grüner Kelchblätter umgeben, außen tiefrosarot, innen bisquitgelb. Staubbeutel gelb, Fruchtblätter grün. Alpinenhaus. Braucht durchlässigen, steinig-torfigen Boden. Wächst im Botanischen Garten Edinburgh nicht im Freien. Vermehrung durch Aussaat.

Neben den genannten Arten werden immer wieder andere Arten als Saatgut in den Samenlisten der Alpenpflanzengesellschaften angeboten. Alle diese laufen meist nach Gibberellinsäurebehandlung willig auf, meist aber erst nach einmaligem Überliegen. Kulturhinweise kann man, falls ein Zugriff möglich ist, am besten Regionalfloren entnehmen.

Raoulia Hook. f. ex Raoul, Silberkissen, Compositae

Etwa 25 Arten in Neuseeland, wenige auf Neuguinea, in Australien und Tasmanien. Dicht polsterförmig und an der Basis verholzt (»Vegetable sheep«-Typen) oder kriechend und dichte Matten bildend. Blätter wechselständig, meist sehr dicht schindelförmig um den Trieb angeordnet, weiß-, grau- oder gelbfilzig oder kahl. Köpfchen einzeln, sitzend oder kurzgestielt an den Triebenden. Blüten zwittrig oder die äußeren weiblich, diskoid (ohne Zunge).

In der folgenden Zusammenstellung werden die sehr schwierig zu ziehenden 'Vegetable sheep'-Raoulien auch erwähnt, sie sind in Klammer (Vs) gekennzeichnet, die Mattenbildner, die in der Kultur zumeist unschwer, wenn auch nässeempfindlich sind, sind mit (M) gekennzeichnet.

R. australis Hook. f. (M) Neuseeland (S-Insel): vom Tiefland bis in die montane Zone, auf wenig bewachsenen Stellen und in Flußläufen. Juli–August. Sprosse niederliegend, stark verzweigt, kriechend und wurzelnd, dichte Matten bildend. Blätter dicht geschindelt, kürzer als 2 mm, auf beiden Seiten dicht silbergrau behaart. Köpfchen 4–5 mm groß, gelblich.

R. buchananii Kirk (Vs) Neuseeland (S-Insel): an felsigen, ausgesetzten Stellen, 1200–1800 m. Juni–Juli. Sehr ähnlich *R. rubra,* Polster etwa 15 cm Durchmesser und 5 cm Höhe erreichend. Blätter sehr dicht, 2,5–4 × 2–3 mm groß, unterseits mit langem Haarbüschel an der Spitze und im oberen Blattbereich. Köpfchen 4 mm groß, rötlich.

R. eximia Hook. f. (Vs) Neuseeland (S-Insel): auf Felsen, 1100–1800 m. Juni–Juli. Polster in der Natur bis 2 m im Durchmesser und 30 cm Höhe erreichend. Blätter 3–4 × 1,5 mm, vorderer abgerundeter Teil behaart. Köpfchen 3 mm groß.

R. glabra Hook. f. (M) Neuseeland: vom Tiefland bis in die montane Zone, in Grasland, Staudenfluren und unbewachsenen Plätzen. Juli–August. Sprosse niederliegend, locker verzweigt, wurzelnd, lockere bis dichte Matten bildend. Blätter nicht zu dicht um den Trieb angeordnet, hellgrün, 3–5 × 1 mm, fast unbehaart. Köpfchen bis 9 mm groß, weiß. Die leichteste Art, aber in strengen Wintern sehr leidend.

R. goyenii Kirk (Vs) Neuseeland (Stewart-Insel): an ausgesetzten Stellen, in Felsen und auf feuchten Stellen. Juli. Ähnlich *R. buchananii,* aber Polster bis 1 m im Durchmesser und 20 cm hoch. Blätter sehr dicht stehend, 3–4 × 0,5–1 mm, grün mit basalen Haaren, Köpfchen 3–5 mm groß.

R. grandiflora Hook. f. (M) Neuseeland (N- und S-Insel): in vielen, nicht zu trockenen Pflanzengemeinschaften, 1000–1900 m. Juni. Sprosse an der Basis holzig, bis 2 cm hoch, lockere Polster oder Matten, bis 15 cm groß, bildend. Blätter dicht geschindelt, 5–10 × 1–2 mm, oval-lanzettlich bis spatelförmig, dicht und kurz silberig behaart. Köpfchen groß, bis 1,5 cm im Durchmesser, mit auffälligen weißen Schuppen, die die gelben Scheibenblüten umgeben, an kleine Strohblumen erinnernd.

Nimmt im Pflanzenaufbau eine Sonderstellung ein, da sie sehr kleine Matten bildet. Durch die Blüte sehr auffallend, aber nicht leicht. Vermehrung durch Stecklinge, Kultur im Alpinenhaus, aber nicht zu heiß und trocken.

R. haastii Hook. f. (M) Neuseeland (S-Insel): in der montanen und unteren alpinen Stufe, vor allem im Schotter von Bachläufen. Juli. Sprosse kriechend und wurzelnd. Blätter sehr dicht schindelförmig, 1–0,5 mm groß, im unteren Teil kahl, im oberen behaart. Köpfchen bis 5 mm groß.

R. hookeri Allan (M) Neuseeland: sehr weit verbreitet, in drei Varietäten, davon var. **hookeri** eher im Tiefland, die beiden anderen in der alpinen Stufe. Juni–Juli. Reichverzweigt, Sprosse niederliegend und wurzelnd. Blätter dicht geschindelt, ca. 2 × 1 mm groß, beiderseits an der Basis kahl, am oberen Ende der Blätter mit weißlichen oder gelblichbraunen Haaren. Köpfchen 5–7 mm groß. Bei der var. **apice-nigra** (Kirk) Allan sind die Blätter vollkommen silberweiß behaart, bei var. **albo-sericea** (Col.) Allan ist die Behaarung besonders dicht und schneeweiß und die Spitzen der Hüllblätter dunkel gepunktet.

Hat sich bei mir als etwas frostempfindlicher herausgestellt, muß winters absolut trocken stehen.

R. loganii (Buchan.) Cheesem. (*Helichrysum loganii* (Buchan.) Kirk, *Leucogenes grandiceps* x *Raoulia goyenii*). Unter der Bezeichnung *R. loganii* findet sich eine dichtkugelig, nicht mattenbildende, silbergraue Pflanze in Kultur, deren Blätter dicht geschindelt stehen und etwa 2 × 1,5 mm groß sind. Um abzuschätzen, ob es sich tatsächlich um diese Gattungshybride handelt, müßte man Köpfchen besitzen, die von dieser Pflanze aber nicht gebildet werden.

R. lutescens Beauvd. (*R. subsericea* hort. non Hook. f.) (M) Neuseeland. Juni. Von neuseeländischen Autoren wird *R. lutescens* zu *R. australis* gezogen. Die Form in Kultur bildet dichte Matten, wesentlich dichter als *R. australis,* graugün gefärbt, die dicht mit kleinen, 2–3 mm großen, gelben Köpfchen besetzt sind.

R. mammillaris Hook. f. (Vs) Neuseeland (S-Insel): wie *R. eximia,* 1200–1800 m. Juli. Auch im Wuchs sehr ähnlich *R. eximia,* aber Polster nur bis 1 m groß. Blätter dicht schindelförmig, 3–4 × 1 mm, kurzhaarig, dadurch beim Anfassen wesentlich rauher als die langhaarige *R. eximia.* Köpfchen bis 6,5 mm groß, weiß.

R. monroi Hook. f. (*R. cheesemanii* Beauverd) (M) Neuseeland (S-Insel): vom Tiefland bis in die montane Stufe, in offenem Boden und an felsigen Plätzen. Juni. Von allen anderen mattenbildenden Raoulien durch die deutlich zweizeilig angeordneten, 2–3 mm langen, lineal-länglichen bis länglich-spatelförmigen Blätter unterschieden. Köpfchen bis 5 mm groß.

R. parkii Buchan. (M) Neuseeland (S-Insel): oft in Polsterpflanzengesellschaften, 900–1600 m. Sprosse niederliegend, kriechend und wurzelnd. Matten meist nur 15 cm breit. Blätter 3–5 × 2 mm, verkehrt-eiförmig-spatelig bis verkehrt-eiförmig-keilförmig, im unteren Teil kahl, an der Spitze dicht weißhaarig, aber auch hellgelb oder bräunlich behaart. Köpfchen 4–7 mm, gelblich.

R. subsericea Hook. f. (M) Neuseeland (S-Insel): eine subalpine bis alpine weit verbreitete Art, die vor allem erodierte Flächen besiedelt, 400–1500 m. Sprosse niederliegend, reichverzweigt, wurzelnd. Blätter dicht bis locker angeordnet, 3–6 × 1 mm, dünn, grün, unterseits dünn mit silbernen oder goldenen Haaren besetzt, oberseits kahl. Köpfchen bis 10 mm groß, weiß.

R. tenuicaulis Hook. f. (M) Neuseeland (N- und S-Insel): vom Tiefland bis in die untere alpine Zone, vor allem auf Schotter in Bachläufen, bis 1500 m. Juni. Sprosse dünn, kriechend und wurzelnd. Matten in der Heimat bis 1 m groß. Blätter locker bis dichter geschindelt, bis 5 × 2 mm, lanzettlich, mit weißlichen Haaren nahe der Spitze. Köpfchen bis 6 mm groß.

R. youngii (Hook. f.) Beauvd. (M) Neuseeland (S-Insel): an windausgesetzten Graten, 1200–2000 m. Juni. Ähnlich *R. grandiflora*, aber Matten vollkommen schneeweiß. Blätter 3–6 × 2–2,5 mm, dichtgeschindelt, dicht schneeweiß, selten gelblichbraun behaart. Köpfchen bis 15 mm groß, innere Hüllblätter weiß und lang, äußere kürzer und braun.

Die mattenbildenden Arten sind empfindlich gegen Nässe während des Winters und gedeihen am besten in durchlässigem Substrat zwischen Steinen, die sie gerne überziehen, unter winterlichem Nässeschutz. Gegen Kahlfröste sind sie empfindlich, aus diesem Grund ist ein Schutz mit Reisig oder Agrylvlies angebracht. Die empfindlicheren Arten pflanzt man als Mattenbildner ins Alpinenhaus, bzw. topft von allen Arten im Spätsommer kleine Polsterteile ein, um im Frühjahr Ersatz zu haben. Sehr gut ist es auch, regelmäßig Stecklingsvermehrungen durchzuführen, damit die Pflanzen in den Schalen bzw. Töpfen wüchsig sind.

Die »Vegetable sheep«-Arten sind äußerst schwierig in der Pflege und benötigen ganzjährig Schutz vor Nässe, dabei aber sommers nicht zu hohe Temperaturen und während der Vegetationszeit eine milde Bodenfeuchtigkeit. Sie sind äußerst schwer durch Aussaat zu vermehren, die in Großbritannien auf Schauen ausgestellten Pflanzen sind zumeist der Natur entnommen, hin und wieder sieht man allerdings auch Sämlinge. Die Polster dürfen nie auf dem Ton oder Humus enthaltenden Substrat aufliegen, sondern müssen eine dicke Schottermulchung erhalten.

Ratibida Raf., »Coneflower«, Compositae

5 Arten im mittleren und westl. N-Amerika und Mexiko. Sehr nahe mit *Rudbeckia* verwandt, herausragend durch die langen, säulenförmigen Körbchen.

R. columnifera (Nutt.) Woot. et Standl. (*R. columnaris* D. Don). Westl. USA, Kanada: Prärie. Juni–August. 25–80 cm hoch (sehr verschieden je nach Herkunft) aus einer mehrjährigen Pfahlwurzel. Blätter fiederspaltig. Körbchen bis 4,5 cm hoch und 1 cm breit, Zungenblüten breit, wenige (3–7), gelb oder mehr oder weniger purpurn (f. **pulcherrima** Fern), 1,5–4,5 cm lang.

Hübscher Sommerblüher, besonders in den niedrigeren Formen. Besser mit etwas Nässeschutz. Vermehrung durch Aussaat. Die f. **pulcherrima** ist botanisch nicht haltbar, bei Absaaten spalten alle Übergänge zwischen Gelb und Purpurn heraus.

Rehmannia Libosch. ex Fisch. et Mey., Gesneriaceae

6–8 Arten in China, Formosa und Japan. Stauden mit großen, gesägten, stark behaarten, z. T. sogar drüsig-klebrigen Blättern und fingerhutähnlichen, jedoch mit einem 5teiligen Saum versehen Blüten in endständigen Trauben.

R. glutinosa (Gaertn.) Libosch. (*R. sinensis* (Buc'hoz) Libosch. ex Fisch. et Mey.). N-China. 30–40 cm hoch. Grundblätter zu lockeren Rosetten zusammenstehend, bis 10 cm lang, weit gekerbt, dicht behaart. Blüten bis 5 cm lang, Saumdurchmesser 3,5–4 cm. Blütengrundfarbe hellgelblich, Adern rötlichviolett, mit starkem Fleck an der Oberseite der Röhre, stark behaart, vor allem außen. Mai–Juni.

In lehmig-humosen Substraten mit leichter Steinmulchung entwickelt sich diese Art sowohl in etwas geschützten Beeten als auch im Alpinenhaus sehr gut, in manchen Gärten ist sie schon zum Unkraut geworden. Sie bildet durch Ausläufer lockere Rasen. Je heller und sonniger der Standort ist, desto kompakter werden die Pflanzen und desto dunkler die Blütenfarben. *R. glutinosa* wird am einfachsten durch Wurzelschnittlinge vermehrt, Aussaat ist ebenfalls möglich. *R. elata* N. E. Br. ist zwar eine Staude, aber nur bei Überwinterung im Kalthaus (zwischen 5–10 °C) zu halten.

Rhododendron L., Alpenrose, Ericaceae

Etwa 1000 Arten auf der Nordhalbkugel, Verbreitungsschwerpunkt ist Südostasien. Sträucher bis Bäume mit immer- oder sommergrünen, wechselständigen Blättern. Blüten in endständigen Blütenstutzen, groß, 5teilig, von sehr verschiedener Form, teilweise außerordentlich gut duftend.

In Großbritannien findet sich eine große Anzahl von halbharten Arten in Kultur, ich erwähne hier nur wenige niederwüchsige, die sich unter meinen Kulturbedingungen als auf den Schutz des Alpinenhauses angewiesen herausgestellt haben.

R. ciliatum Hook. f. O-Nepal, Sikkim, SO-Tibet, Bhutan. März. Bis 120 cm hoch. Blätter breit-elliptisch, bis 9 cm lang, am Rand steifhaarig. Blüten zu 2–4, 5 cm lang und weit, meist weiß oder hellviolettrosa. Als Pflanze zwar hart, aber ohne Schutz selten blühend, da die sich entwickelnden Knospen bei tieferen Temperaturen erfrieren.

R. moupinense Franch. China (Szetschuan), O-Tibet. Januar–Februar, wenn frostfrei, sonst etwas später. Kleinstrauchig, mit haarigen Zweigen. Blätter oval-elliptisch, unterseits dicht schülferschuppig. Blüten trichterförmig, weiß, rosa oder dunkelrosa, manchmal dicht rot gepunktet, süß duftend.

R. yedoense Maxim. var. **poukhanense** (Lévl.) Nakai (*R. poukhanense* Lévl.). Korea, Japan. April–Mai. Kleinstrauchig, gewöhnlich teilweise laubabwerfend. Blätter schmal, bis 8 cm lang, dunkelgrün, sich im Herbst orange und karmin verfärbend. Blüten zu 2–5, glockenförmig, vor oder mit den Blättern erscheinend, 5 cm breit, trichterförmig, lilarosa oder hellilapurpurn, duftend. Auch diese Art ist hart, jedoch erfrieren die Blütenknospen, obwohl nicht angeschwollen, im Winter.

Die nicht ganz harten Rhododendren werden in kleinen Torfbeeten gepflegt, die man für die Kultur anderer empfindlicher Pflanzen im Alpinenhaus anlegt. In Großbritannien sieht man die beiden ersten Arten gerne als Hintergrunddekoration in den Alpinenhäusern. Sie werden durch Stecklinge oder Aussaat vermehrt und nach der üblichen Moorbeetpflanzenroutine kultiviert.

Rhodohypoxis G. Nel, Hypoxidaceae

6 Arten im östl. S-Afrika (Natal, Lesotho, Oranje Freistaat, Transvaal, Swaziland und östl. Kap-Provinz). Krautige, knollentragende Pflanzen mit linealischen Blättern und 6teiligen, oft mit einer langen Blütenkronröhre versehenen Blüten in rosa, rot oder weiß. Typisch für die Gattung sind die »geschlossenen« Blüten, im Gegensatz zu *Hypoxis* sind die Staubfäden nicht sichtbar.

R. baurii (Baker) G. Nel. Von dieser Art werden 3 Varietäten unterschieden:
var. **baurii** Natal, östl. Kap, Transkei, Lesotho: in Seggenmatten, auf feuchten Plätzen bei Felsen, am Rand von Mooren und Gewässern, 1150–2900 m. April–Juni. 5–10 cm hoch. Blätter an den Rändern und beiden Blattflächen haarig, bis 11 × 0,7 cm, trübgrün. Blütenstiele haarig. Blüten 1,5–2 cm breit, rot oder dunkelrosa. Blütenkronröhre etwa 2 mm lang.
var. **platypetala** (Baker) G. Nel. Natal, östl. Kap, Transkei: in trockenen Rasen, an steinigen, felsigen Plätzen, 900–2250 m. Ähnlich var. *baurii*, aber größer und robuster, gewöhnlich zur Blütezeit 5–12 cm hoch. Blätter bis 12 mm breit, graugrün. Blüten 2–2,5 (–3) cm breit, weiß oder selten hellrosa.
var. **confecta** Hilliard et Burtt. Oranje Freistaat, Natal, Lesotho, Transvaal, Swaziland: in Rasen zwischen Felsen, feuchten grasigen Hängen, am Rand von Sümpfen, bei Felsen, (?1050–) 2050–2865 m. Ähnlich var. *baurii*, aber zur Blütezeit 4–7 cm hoch. Blätter 5 mm breit, grün. Blüten 2–2,5 cm breit, weiß, rosa oder rot, oder weiß und im Alter rosa oder rot werdend.

Diese Art ist in den beiden ersteren Varietäten und deren Bastarden in der Kultur weit verbreitet, es gibt auch schon tetraploide Sorten aus Japan.

Wichtige, aus England verbreitete Sorten sind: 'Alba', reinweiß, 'Albrighton', tiefrosa, 'Appleblossom', rosa, 'Dawn', hellrosa, weiß werdend, 'Douglas', tiefrot, 'Fred Broome', cyclamenrosa, 'Garnett', dunkelrote, große Blüten, 'Great Scott', tiefrot, 'Perle', weiß, 'Ruth', weiß, 'Stella', rosa, gut vermehrend, 'Susan Garnett-Botfield', zart hellrosa. Daneben gibt es noch einige mehr.

R. deflexa Hilliard et Burtt. Lesotho, östl. Kap: in wassergesättigtem, feuchtem Boden, 2500–3230 m. Zur Blütezeit unter 5 cm hoch. Blätter ausgebreitet, kahl oder an den Rändern spärlich behaart, grün, 6,5 × 0,5 cm. Blütenstiele kahl oder etwas haarig. Blüten 0,5–1 cm breit, leuchtend rosa, rot oder weiß. Blütenkronröhre 1–2 mm lang. Zur Zeit nicht in Kultur.

R. incompta Hilliard et Burtt. Lesotho, Natal: in Graspolstern auf feuchtem Sandstein und Basalt, 2300–2900 m. Zur Blütezeit unter 5 cm hoch. Blätter aufrecht, kahl oder mit wenigen Haaren, leuchtendgrün, zur Blütezeit wenig entwickelt. Blüten (1,5–)2–2,5 (–3,5) cm breit, tiefrosa oder weiß. Blütenkronröhre 1,6–3 cm lang. Zur Zeit nicht in Kultur.

R. milloides (Baker) Hilliard et Burtt (*R. palustris* Killick). Natal, Lesotho, Oranje Freistaat, östl. Kap, Transkei: an Gewässern, in Sümpfen, 1050–2440 m. Zur Blütezeit bis 18 cm hoch, reichlich ausläufertreibend. Blätter aufrecht, kahl oder mit wenigen, randständigen Haaren, leuchtendgrün, bis 17 × 0,2–0,5 cm. Blütenstiele behaart. Blüten 2–3,5 cm breit, gewöhnlich tief magenta, leuchtend kirschrot oder scharlachrot, manchmal tiefrosa, selten weiß. Blütenkronröhre etwa 2 mm lang. In England härter als *R. baurii* und sich stark vermehrend, schon etwas verbreitet.

R. rubella (Baker) Hilliard et Burtt. Natal, Lesotho, östl. Kap: feuchte, kiesige Stellen bei Flüssen, Sümpfe, in später austrocknenden, flachen Pfützen, 1980–3230 m. Zur Blütezeit gewöhnlich 3 cm hoch. Blätter aufrecht oder ausgebreitet, kahl oder mit wenigen Haaren, leuchtendgrün. Blütenstiele kahl. Blüten 0,7–1,0 (–1,3) cm breit, gewöhnlich leuchtendrosa, manchmal heller oder weiß. Blütenkronröhre 9–18 mm lang. In Kultur, aber noch selten. Kann nur durch Aussaat vermehrt werden.

R. thodiana (G. Nel) Hilliard et Burtt (*R. rubella* var. *thodiana* G. Nel). Lesotho, Natal: in feuchten Rasen und auf kiesigen Böden in schwarzem Humus, 2650–3050 m. Zur Blütezeit gewöhnlich unter 3 cm hoch. Blätter ausgebreitet, gräulich grün, bis 3,5 × 0,7 cm groß, am Rand und auf den Blattflächen mit büschelig gestellten Haaren. Blütenstiele haarig. Blüten 2–2,5 cm breit, rosa, süß duftend. Blütenkronröhre bis 10 mm lang. In England schon häufiger anzutreffen.

Rhodohypoxis stammen alle aus Sommerniederschlagsgebieten und passen sich den Bedingungen auf der Nordhalbkugel gut an. Sie brauchen kalkfreie, durchlässige Substrate und wollen zur Wachstumszeit feucht bis naß stehen. Die Vermehrung erfolgt durch Teilung während des Wachstums oder durch Aussaat. Die Samen reifen schon, wenn die bis 4 Wochen haltbare Blüte abfällt und müssen dann sofort gesammelt und am besten auch ausgesät werden. Zur Zeit finden sich überwiegend *R. baurii*, seltener *R. millioides* und *R. rubella*, noch seltener *R. thodiana* in Kultur. In der Heimat treten zwischen verschiedenen *Rhodohypoxis*-Arten Bastarde auf, von denen die zwischen *R. baurii* und *R. milloides* für die Kultur am interessantesten sein dürften, da die zweite Art gut hart ist, auch bei mir ohne Schutz gut gedeiht, aber selten blüht. In der Heimat treten daneben auch Kreuzungen mit weißen und gelben *Hypoxis parvula* auf, die das Farbenspektrum erweitern könnten. Im Winter sollte man *Rhodohypoxis* im Keller, tiefen Kasten oder Alpinenhaus nicht zu trocken überwintern. In Gefäßen gezogen, müssen sie jährlich umgepflanzt werden.

Literatur: Mathew, B. (1984): Rhodohypoxis. The Plantsman 6 (1): 49–59.

Rohdea Roth, Liliaceae

Monotypische Gattung:

R. japonica (Thunb.) Roth. SW-China, Japan. Juli. Blätter lanzettlich, bis 40 × 7 cm, zu vielen zu Rosetten zusammenstehend. Blüten rötlich, in etwas fleischigen Ähren. Beeren rot.

Rohdea ist an günstigen Stellen, vor allen in schattigen bis halbschattigen Moorbeeten lange Jahre hart, wenn sie etwas mit Laub gedeckt wird. Sehr schön entwickelt sich die Art unter den Tischen des Alpinenhauses, wo sie meiner Erfahrung ohne Schneeschutz –10 °C gut verträgt. Die Japaner verehren diese Pflanze heiß und es gibt von ihr in Japan eine Vielzahl von Sorten, die zu oft horrenden Preisen gehandelt werden. Von diesen Sorten sind bei uns leider nur wenige eingeführt, es gibt eine große Zahl von verschiedenen Panaschüren, aber auch Zwerg- und Riesenformen. Die Vermehrung der grünen Stammform kann auch durch Aussaat erfolgen, sonst wird geteilt oder Nebentriebe abgetrennt.

Romulea Maratti, Iridaceae

Etwa 75 Arten im Mittelmeergebiet und in S-Afrika. Knollenpflanzen mit krokusähnlichem Aussehen, unterschieden durch das Fehlen der Blumenkronröhre, ein Schaft übernimmt die Haltefunktion.

R. bulbocodium (L.) Seb. et Mauri. Mittelmeergebiet (von NW-Spanien und N-Afrika bis S-Frankreich, Jugoslawien, Türkei und Israel): an sandigen und steinigen Plätzen nahe dem Meer und in Gesträuch, bis 1000 m. Februar–März. Blätter 4–7, während der Blütezeit gut entwickelt. Blüten sehr verschieden groß, 2–3,5 cm lang, Blütenfarbe sehr variabel, weiß, rosa, lila, innen oft heller. Die Blüten sind oft in der Kultur klein und dann pollensteril (die Staubbeutel erscheinen weiß). Besser im Alpinenhaus oder Zwiebelkasten, weniger gut im Steinbeet, dort zuwenig ausreifend.

R. columnae Seb. et Mauri. Azoren, westl. Großbritannien (Devon), Kanal-Inseln, südlich bis Spanien und N-Afrika, Türkei und Israel: an sandigen Plätzen nahe dem Meer. Februar–März. Blüten immer nur 1–2 cm groß, gewöhnlich hellila mit gelber Kehle. Am besten in sehr sandigen Mischungen im Alpinenhaus.

R. crocea Boiss. et Heldr. S-Türkei: an sandigen Plätzen nahe dem Meer. März. Sehr ähnlich *R. bulbocodium*, aber gelbblühend. Alpinenhaus, in sehr sandigen Mischungen im Topf.

R. macowanii Baker var. **alticola** (B. L. Burtt) De Vos (*R. longituba* L. Bolus var. *alticola* B. L. Burtt). S-Afrika (Drakensberge). September–Oktober. Blätter 6–9, sehr fein und lang, zur Blütezeit stark entwickelt. Blüten zu mehreren aus einer Knolle, an 5 cm langen Stielen, goldgelb, außen bräunlich überhaucht. Samenkapseln sich erst im Frühjahr entwickelnd, Samen rotbraun. Diese sehr schöne Pflanze hat sich bei mir unter leichtem Schutz gut gehalten, blüht reichlich und setzt in großen Mengen Samen an. Ob identisch mit *R. macowanii* Baker var. *oreophila* De Vos?

R. nivalis (Boiss. et Kotschy) Klatt. Syrien, Libanon: in 1400–2000 m Höhe beim schmelzenden Schnee. Februar–März. Blätter deutlich aufrechtstehend. Blüten 2–2,5 cm groß, lilarosa mit gelber Kehle, außen bräunlich. Selten in Kultur, da wenig Samen ansetzend.

R. tempskyana Freyn. SW-Türkei, Rhodos, Zypern: auf Hügeln und sandigen Plätzen, bis 1000 m. Februar–März. Blätter nur 3–5. Blüten 1,5–2,5 cm lang, dunkelpurpurn, mit einer für *Romulea* langen Röhre, die aus den Hochblättern herausragt. Sehr schön und nicht schwierig im Alpinenhaus oder Zwiebelkasten.

Romuleen werden, im Gegensatz zu *Crocus*, eher wenig gezogen, für umfangreiche Blumenzwiebel-Sammlungen im Alpinenhaus sind sie aber sehr zu empfehlen. Außer den genannten Arten finden sich auch noch andere mediterrane Arten in Kultur (*R. clusiana, R. linaresii, R. ramiflora, R. requienii*). Die Fülle der südafrikanischen Arten ist nur für die Kultur im geheizten Alpinenhaus oder Kalthaus geeignet, sehr hart ist *R. thodei*.

Rosa L., Rose, Rosaceae

Etwa 200 Arten in den gemäßigten und subtropischen Gebieten der nördlichen Halbkugel. Laubabwerfende, seltener immergrüne, aufrechte oder kletternde, meist stachelige Sträucher. Blüten einzeln oder in Doldentrauben an den Enden kurzer Triebe, 5zählig.

Die großwüchsigen, nicht winterharten Arten und Hybriden, wie *R. banksiae* Ait. mit ihren Sorten, oder auch 'Marechal Niel', sollen wegen ihrer Größe hier unberücksichtigt bleiben.

R. × hardii Paxt. (*R. clinophylla* × *R. persica*). Gartenhybride (Paris 1836). Juni–August. Kleiner bis mittelgroßer Strauch mit zarten Trieben. Blätter mit 1–7 Blättchen. Blüten bis 5 cm groß, leuchtendgelb, mit roten Flecken an der Basis der Petalen.

R. × hardii ist eine der hübschesten Zwergrosen, allerdings in ihren Ansprüchen nicht leicht zu befriedigen. Sie benötigt einen warmen, sonnigen Standort und sehr durchlässigen Boden. Nach meiner Erfahrung gedeiht sie am besten im Alpinenhaus, wo sie aber im Frühjahr unter *Botrytis* leidet (davon auch absterben kann!). Im Sommer siedeln sich bei heißem, trockenen Wetter sehr rasch Spinnmilben an. Die Vermehrung durch Stecklinge ist nicht leicht, aber durchführbar.

Meine Erfahrungen mit *R. persica, (R. berberidifolia, Hultheimia berberidifolia)* sind sehr schlecht. Eine Aufzucht ist augenscheinlich nur durch Aussaat möglich, Samen werden selten aus dem Iran angeboten. Eine Abnahme der Ausläufer bzw. eine Stecklingsvermehrung oder Veredlung ist mir nicht geglückt. Im Alpengarten im Belvedere steht ein altes Exemplar dieser Art, welches in den dreißiger Jahren dieses Jahrhunderts gepflanzt wurde und durch die Ausläufer nun eine mehrere Quadratmeter große Tuffsteinanlage durchzieht. Diese Art zeichnet sich durch die etwas blaubereiften, ungeteilten, *Berberis*-ähnlichen Blätter aus und besitzt ebenso gelbe, rotgrundige Blüten.

Roscoea Sm., Ingwerorchidee, Zingiberaceae

Etwa 20 Arten von Kashmir bis China. Stauden mit fleischigem Wurzelbündel, straff aufrechten Trieben und tütenförmigen, lanzettlichen Blättern. Blüten in endständigen Ähren, mit hochgewölbtem Helm, 2spaltiger Lippe und sehr langer Kronröhre, violettblau, rosa, gelb oder weiß.

R. alpina Royle. Kashmir, nordindische Bundesstaaten. Juni. 25 cm. Blätter lanzettlich, schmal. Blüten dunkelpurpurn, Lippe tief 2spaltig.

R. auriculata Schum (*R. purpurea* hort. non Sm.). Tibet, Nepal, Sikkim. Juli–August. 40–60 cm. Sehr kräftig wachsend. Blüten purpurn, schmal und hochgestreckt, nicht zu ansprechend.

R. x beesiana hort. Gartenhybride aus *R. cautleoides* x *R. auriculata.* Juli. Blüten gelb mit purpurnen Streifen.

R. cautleoides Gagnep. W-China (Yünnan, Szechuan). Juni–August. Sehr variable Art, von der nur einige besondere Formen in Kultur sind. Meist frühblühend und dann erst an Höhe gewinnend, besonders schön 'Grandiflora' ('Kew Form'), Juni, mit 5 cm großen hellgelben Blüten. In der Heimat hat die Art gelbe, weiße oder lila Blüten.

R. humeana Balf. f. et W. W. Sm. W-China (W-Yünnan). Juli. 20–30 cm. Blätter breitlanzettlich. Blüten in 4–8blütigen Ähren, bis 7 cm groß, lilapurpurn. Durch die großen, vor allem aber breiten Blüten die prächtigste Art.

R. purpurea Sm. (*R. purpurea* var. *procera* hort. non (Lindl.) Wall.). Juli–August. 40 cm. Variable Art, von der meist zwei Formen gezogen werden, eine bereits im Juli blühende besitzt weiße Blüten mit lila Lippe, eine später blühende, August–September, blaßlila.

R. scillifolia (Gagnep.) Cowley (*R. alpina* hort. non Royle). W-China (Yünnan). Von dieser vielgestaltigen Art sind zwei Formen in Kultur, eine frühblühende (Anfang Juni) mit dunkelvioletten Blüten und 25–30 cm Höhe und eine späterblühende (Juni–Juli) mit hellrosa Blüten und 15–20 cm Höhe, die in den Gärten als *R. alpina* geht.

Die Gattung *Roscoea* ist an zusagenden halbschattigen Stellen bei guter Winterdekke auch im Freien gut zu verwenden, ideale Pflanzen sind sie für die Kultur in Gefäßen, die über den Winter trocken und frostfrei aufgestellt werden. Die Vermehrung erfolgt durch Aussaat und durch Teilung.

Die Gattung wurde von Frau Cowley vom Botanischen Garten Edinburgh bearbeitet (I. C. Cowley, A Revision of Roscoea, in Kew Bull. 36 (1982): 747–777), doch muß auch sie eingestehen, daß die anstehenden Probleme weit von einer Lösung entfernt sind. Einige Arten sind augenscheinlich sehr vielgestaltig und wir ziehen zur Zeit zu wenig lebendes Material, um bestimmte Bereiche abklären zu können.

Rosmarinus L., Rosmarin, Labiatae

Monotypische Gattung:

R. officinalis L., Rosmarin. Mittelmeergebiet: Macchie und trockene Hügel. Mai–Juni. Sehr vielgestaltiger, dichter Strauch mit charakteristischem Geruch, bis 1,5 m hoch. Blätter immergrün, 2–3,5 cm × 1–3 mm, lederig, am Rand nach unten geschlagen, oberseits dunkelgrün, unterseits weißhaarig. Blüten in kleinen Köpfen gegen das Ende der Triebe gehäuft. Kelch zweiteilig, Krone zweilippig, hell- bis dunkelviolettblau.

Nach meiner Erfahrung sind die Pflanzen vom Rosmarin außerordentlich verschieden hart. So ziehe ich einen Klon aus Weidlingbach bei Wien, der den Winter 1984/85 unter dem Schutz eines Agrylvlieses gut überstand. Die Vermehrung erfolgt durch Stecklinge.

Rosularia Stapf, Crassulaceae

Etwa 20 Arten vom Mittelmeergebiet bis Z-Asien. Niedrige, kahle oder behaarte Rosettenstauden, durch Tochterrosettenbildung oft rasig. Blätter flach, mit breitem Grunde sitzend. Blütensprosse end- oder blattachselständig, rispig. Blüten 5zählig, röhrig verwachsen, rötlich, rot, gelb oder weiß, mit 10 Staubfäden.

R. aizoon (Fenzl) Berger (*Umbilicus aizoon* Fenzl, *Umbilicus pallidus* Schott et Kotschy, *R. pallida* (Schott et Kotschy) Stapf). Anatolien. Juli. Ähnlich *R. chrysantha*, aber mit seitenständigen Blütenständen, 3–6 cm hoch. Blüten gelb.

R. chrysantha (Boiss.) Takht. Anatolien. Juli. Rosetten in dichten Rasen. Blätter länglich-spatelig, stumpf, dicht graubehaart und bewimpert, 12–18 mm lang, 6 mm breit. Blütenstände aus der Mitte der Rosette erscheinend, diese grundständige

Rosette aber so schnell welkend, daß der Blütenstand oft seitenständig erscheint. Blüten gelb, meist mit rötlicher Mittelader.

R. davisii Muirhead. Anatolien. Juli. Rosetten klein, nur bis 1 cm breit, bläulich bereift. Blütenstände seitlich erscheinend, 1–3blütig. Blüten weiß.

R. serrata (L.) Berger (*Cotyledon serrata* L.) Griechenland, Kleinasien, Juli. Rosetten bis 3–4,5 cm breit, bläulich bereift und nicht behaart. Blätter am Rand mit stumpfen, knorpeligen Zähnchen. Blüten rötlich, seitenständig.

R. sempervivum (Bieb.) Berger. Sehr vielgestaltige Art, Typstandort ist der Kaukasus. Anatolien bis Iran. Juli. Rosetten 3–7 (–10) cm breit, z. T. rasenbildend, grün bis bläulich bereift. Blütenstände seitenständig. Blüten weiß bis tiefrosa. Zu. *R sempervivum* i. w. S. gehört unter anderem auch *R. radiciflora* (Steud.) A. Borris aus der Türkei.

Gartenwürdiger sind die seitenständig blühenden Arten, da bei den Arten, bei denen der Blütenstand aus der Mitte der Rosette erscheint, die Rosetten, wie bei *Sempervivum,* nach der Blüte eingehen und die Pflanzen dann oft unansehnlich wirken. Schutz vor Winternässe und Kahlfrost ist wichtig. Vermehrung durch Teilung oder Aussaat.

Rupicapnos Pomel, Felsrauch, Fumariaceae

Etwa 10 Arten in den Gebirgen Spaniens und N-Afrikas. Ähnlich *Fumaria* oder *Corydalis,* aber ausgesprochene Felsspaltenbewohner mit bläulichgrauem Laub und reichblühenden, sitzenden Trauben.

R. africana Pomel. S-Spanien, N-Afrika. Mai–Oktober. Sehr variable Art. Blätter grundständig, 2teilig, gefiedert, bläulich bereift und etwas fleischig. Blütenstände aus den Achseln der Blätter, kurz, zuerst kopfig, später verlängert, traubig, mit Früchten und Blüten. Blüten sehr verschieden in der Farbe: weiß, rosa oder dunkelrosa, hellpurpur, gelb, meist mit dunkler Zeichnung.

Kultur am besten im Alpinenhaus in einer kleinen Steinanlage, in Felsspalten oder Schotter, am besten mit reichlich Kalk. Nur in sehr begünstigten Lagen in gut zu pflegenden Anlagen oder Trögen im Freien. Sehr hübsch und durch die lange Blütezeit sehr auffallend. Vermehrung nur durch Aussaat, sät sich gerne selbst aus.

Ruscus L., Mäusedorn, Liliaceae

3 Arten im wärmeren Europa, England und dem ganzen Mittelmeergebiet. Buschig wachsende, immergrüne Pflanzen mit verholzten Stengeln. Kurztriebe blattartig (Kladodien), wechselständig oder zerstreut, eirund oder eirund-lanzettlich, stumpf, spitz oder stechend, lederig. Blüten klein, auf der Oberseite des Kladodiums, zweihäusig. Beeren kugelig, rot, 1–2samig.

R. aculeatus L. Mäusedorn. S-Europa. N-Afrika, Orient. März–April, Beerenreife im Frühsommer bis Sommer. Buschiger, steifer, stark stechender Strauch, bis 90 cm hoch. Kladodien eirund bis lanzettlich, steif, spitz, stechend.

R. hypoglossum L. Spanien bis zum Balkan. April–Mai. 30–70 cm hoher, nicht steifer und nicht stechender Strauch. Kladodien 7–11 × 2,5–4 cm, eirund-lanzettlich oder elliptisch.

R. hypophyllum L. Madeira bis zum Kaukasus. April–Mai. Sehr ähnlich voriger Art, aber das Stützblatt der Blütenstände klein und nicht dem Kladodium gleichförmig.

Alle drei Arten sind in günstigen Lagen Mitteleuropas mit leichter Decke hart und eignen sich vorzüglich für die Bepflanzung halbschattiger Stellen unter den Tischen von Alpinenhäusern. In Mitteleuropa sah ich nur von *R. aculeatus* Beeren, die beiden anderen Arten sind seltener in Kultur und es fehlt oft das zweite Geschlecht. Vermehrung besser durch Teilung, Aussaat bei *R. aculeatus* möglich, doch sehr langwierig, die Samen liegen meist ein Mal über, die Pflanzen wachsen langsam und erreichen in fünf Jahren im Alpinenhaus eine Höhe von 25 cm.

Sabatia Adans., Gentianaceae

Etwa 15 Arten in N-Amerika und auf Kuba. Ein- oder Zweijährige mit einem Habitus, der an große *Centaurium* erinnert. Blätter bläulich bereift, gegenständig. Blüten in meist reichverzweigten Blütenständen, zumeist rosa.

Samen verschiedener *Sabatia*-Arten werden in den diversen Tauschlisten der Alpenpflanzenvereine angeboten. Die am häufigsten angebotenen Arten sind **S. angularis** (L.) Pursh, **S. campestris** Nutt. und **S. chloroides** Pursh, alle aus N-Amerika (USA und Kanada).

Die Samen sind sehr fein, die Jugendentwicklung geht außerordentlich langsam vor sich. Die Sämlinge sind sehr durch Veralgung und Trauermückenlarvenbefall gefährdet. Die Kultur gleicht in etwa der von *Eustoma grandiflorum*, doch können die Sämlinge ohne große Schwierigkeiten im Alpinenhaus oder geschützten Kasten durchwintert werden. Die Blüten sind meist 2,5–5 cm breit, die Pflanzen erreichen bis 60 cm Höhe. Nach der Samenreife sterben sie ab und können nicht wie *Eustoma* durch Rückschnitt am Leben erhalten werden. Sehr hübsche, aber pflegeintensive Pflanzen mit herrlichen Blüten.

Sagina L., Sternmoos, Caryophyllaceae

Etwa 20–30 Arten in der nördl. gemäßigten Zone, südwärts bis zum Himalaja und in Amerika längs der westlichen Gebirge bis Chile. Niedrige, einjährige oder ausdauernde Kräuter mit pfriemlichen, kleinen Blättern. Blüten grünlich bis weißlich.

S. × boydii Buchanan-White. Schottland, 1878 gefunden. Mai. Dichte, glänzendgrüne Polster. Blätter 3–4 × 0,7–1 mm, zu vielen in dichten Rosetten. Blüten grünlich und unauffällig.

Diese hochinteressante Hybride (oder Form) ist nach meiner Erfahrung ohne Schutz sehr schwer zu ziehen. Im Sommer ist ein besonderes Augenmerk auf die Spinnmilbenbekämpfung zu legen, die diese glänzend dunkelgrüne, sehr dichtwachsende Polsterpflanze sehr rasch verunstalten. Vermehrung durch Stecklinge und vorsichtige Teilung.

Salvia L., Salbei, Labiatae

Etwa 700 Arten in den wärmeren und gemäßigten Gebieten der Erde. Kräuter, Halbsträucher oder Sträucher mit ganzrandigen, gezähnten, eingeschnittenen oder fiederschnittigen Blättern. Blütenquirle zwei- bis vielblütig, ährig, traubig, rispig oder selten alle achselständig. Blütenfarben sehr verschieden, auch reinblau und scharlachrot.

S. azurea Michx. ex Lam. var. **grandiflora** Benth. (*S. pitcheri* Torr.). Südöstl. USA. August–Oktober. 30–150 cm hohe, grauflaumige Staude. Untere Blätter lanzettlich oder länglich, gezähnelt oder gesägt, 4–8 cm lang. Blütenstände ährenförmig oder rispig. Blüten tiefblau, 1,5–2 cm lang. Sehr ähnlich *S. farinacea*, aber im Alpinenhaus hart und durch die herrliche blaue Farbe sehr auffallend.

S. caespitosa Montbr. et Auch. Kleinasien (Lykien): felsige und schotterige Standort in der alpinen Zone. Mai–Juni. Polsterförmig, ältere Pflanzen bis 12 cm hoch und 40 cm breit. Blätter bis 7,5 cm lang, mit großem, eiförmigen Endblättchen und 1–3 Paaren von sitzenden Blättchenpaaren. Blattrand gezähnt, Blattadern als Furchen auf der Blattoberseite erscheinend, ober- und unterseits kurz grauhaarig. Blüten zu mehreren in Köpfchen, bis 4 cm lang und 1,8 cm breit, hellila mit dunkleren Streifen.

S. caespitosa ist am leichtesten unter ständigem Nässeschutz zu kultivieren, auf jeden Fall ist ein winterlicher Schutz notwendig. Die Kultur erfolgt am besten in sehr durchlässigen Böden an einem vollsonnigen Standort. Die in Kultur befindliche Form wurde im Jahre 1949 von Peter Davis (PD 15241) aufgesammelt, eine ähnliche Pflanze, aber mit langgestreckten Blütenständen und weißen, rosageäugten Blüten, wurde von Jim McPhail und John Watson (MAC & W. 5720) gesammelt. Die Vermehrung erfolgt durch Aussaat (Samen werden allerdings spärlich angesetzt) oder Stecklinge. Diese dürfen nie naß gemacht werden, sollen also vollkommen extra gestellt werden. Hält man die Stecklinge in der üblichen Routine feucht, so faulen sie innerhalb weniger Tage zusammen. Auch im Freien kommt es in feuchten Frühsommern zu Schäden durch Grauschimmel, wenn bei hoher Temperatur die Luftfeuchtigkeit tagelang zu hoch ist.

Saniella Hilliard et Burtt, Hypoxidaceae

Monotypische Gattung:

S. verna Hilliard et Burtt. Drakensberg, in niederwüchsigen, feuchten Rasen, 2580–3050 m, in großen Kolonien. Mai. Blätter grasartig, aus einer tiefsitzenden, ausläufertreibenden Knolle. Blüten krokusähnlich, weiß, 4 cm breit.

Verwandt mit *Rhodohypoxis* und überraschend hart. Ich zog sie immer zu trocken und konnte sie bis jetzt noch nicht zur Blüte bringen. Vermehrung durch Teilung.

Santolina L., Heiligenkraut, Compositae

Etwa 8 Arten im Mittelmeergebiet. Aromatisch duftende kleine Sträucher mit kleinen, lang gestielten, einzeln stehenden Köpfchen. Blüten alle röhrenförmig.

S. elegans, Boiss. ex DC. S-Spanien (Sierra Nevada). Juli. Dichtbuschig, kaum höher als 5 cm. Blätter 12 mm lang, gefiedert, Blättchen nach oben geschlagen, dicht weiß behaart. Blütenköpfe gelb.

Die niedrigste und nässeempfindlichste *Santolina* eignet sich am besten für sehr intensiv zu pflegende Anlagen oder Tröge und gut für das Alpinenhaus. Die Stecklinge wurzeln nur, wenn sie nicht befeuchtet werden (s. *Salvia caespitosa)*.

Saponaria L., Seifenkraut, Caryophyllaceae

Etwa 30 Arten, davon die meisten im Mittelmeergebiet. Mittelhohe oder niedrige, polsterbildende Stauden, selten Einjährige, mit gegenständigen Blättern und einzeln, in Trugdolden oder in Büscheln stehenden, meist rosafarbenen, selten gelben oder weißen Blüten. Kronblätter mit Nebenkrone.

S. cypria Boiss. Gebirge Zyperns. August–September. 6–10 cm hoch, lockerbuschig. Blätter spatelförmig, graugrün, ebenso wie die Kelche drüsig behaart. Stengel 1–3blütig. Blüten 2,5 cm groß, karminrosa.

Sehr hübsche, aber gegen Winternässe empfindliche und auch selten in Kultur befindliche Art, besonders für das Alpinenhaus. Vermehrung durch Stecklinge der nichtblühenden Triebe im Juli–August oder Aussaat.

Sarcocapnos DC., Papaveraceae

Etwa 4 Arten im westl. Mittelmeergebiet. Niederige, am Grunde verholzte Felsspaltenbewohner mit zwei- bis dreifach fiederschnittigen, fleischigen, blaugrünen Blättern und verhältnismäßig großen Blüten in kurzen Trauben.

S. crassifolia (Desf.) DC. Spanien, Marokko. Mai–Juni. Blüten hellrosa.

S. enneaphylla (L.) DC. O-Pyrenäen bis zum südl. Z-Spanien: in beschatteten Felsspalten. Mai. Reichverzweigte, am Grunde verholzte Kleinstauden. Blätter 2–3fach fiederschnittig, mit ovalen, fleischigen, blaugrünen Abschnitten. Blüten in kurzen Trauben, etwa 12 mm lang, weiß oder gelblich mit purpurnem Fleck.

Kultur am besten im Alpinenhaus, entweder in sehr schotterigen Mischungen in Töpfen oder in Felsspalten von kleinen, im Alpinenhaus aufgebauten Steingartenanlagen, in sommertrockenen Gebieten auch in winters für Nässe geschützten, pflegeintensiven Steingärten oder Trögen. Vermehrung durch Aussaat.

Sarracenia L., Schlauchpflanze, Sarraceniaceae

Etwa 12 Arten insektenfangender Pflanzen in N-Amerika. Die zu Schläuchen umgewandelten Blätter stehen rosettig und sind im unteren Bereich mit Verdauungsflüssigkeit und Insektenresten gefüllt. Blüten lampionartig, einzeln an blattlosen Schäften.

S. purpurea L. N-Amerika (Labrador, Neufundland und Manitoba bis Florida, Alabama und Louisiana): in Torfmooren und Sümpfen. Mai–Juni. Schläuche liegend bis schräg aufsteigend, 6–20 cm lang und bis 8 cm dick, in Rosetten angeordnet, bei vollsonnigem Standort dunkelrotbraun. Schlauchdeckel senkrecht stehend, grün mir roten Adern. Kronblätter purpurrot.

Dauerhafteste Art, die auch ohne oder mit nur leichtem Schutz gut überdauert. Kultur in kleinen, sumpfigen Moorbeeten im Freiland oder im Kasten oder Alpinenhaus. Als Substrat verwendet man unaufgekalkten Weißmoostorf und gehacktes Sphagnum. Voraussetzung für Kulturerfolge ist die Verwendung von Regenwasser. Die schönste Ausfärbung erfahren die Schläuche, wenn die Kultur sonnig und windgeschützt erfolgt. Die Vermehrung erfolgt durch Aussaat, Samen erhält man nur nach künstlicher Bestäubung, die Art ist selbststeril. Die Samen sollen nicht unmittelbar nach der Ernte ausgesät werden, da sie dann schlechter keimen, als wenn 1–2 Monate gewartet wird, sie sind Lichtkeimer. Bis zur Blüte vergehen 4 Jahre unter Gewächshausbedingungen, im Freien dauert es gewöhnlich 6–8 Jahre.

Saussurea DC., Alpenscharte, Compositae

Über 200 Arten, vornehmlich in den Gebirgen Asiens und N-Amerikas, dort als höchststeigende Blütenpflanzen bekannt. Niedrige bis mittelhohe, sehr verschiedengestaltige Stauden, selten Annuelle, mit rosettig beblätterten Wurzelsprossen und aufrechten, steifen, beblätterten Stengeln mit einzelstehenden oder zu Doldentrauben vereinten, purpurroten oder violetten Blütenköpfen.

S. stella Max. Himalaja und NW-China. Juli–August. 3 cm hoch. Blätter schmal-lanzettlich, mit deutlicher Mittelader, Rand vollkommen glatt, bis 20 cm × 8 mm, eine dem Boden angedrückte, sternartige Rosette bildend. Körbchen zu vielen vollkommen sitzend, violettblau. Mitteladern der Herzblätter zur Blütezeit rosa.

Sehr schön, aber leider heikel. Nach der Blüte darf die Pflanze keine Nässe erhalten, da sie sonst zu faulen beginnt, vor allem aber keine Früchte gebildet werden. Stirbt die Pflanze ab, so wird sie sofort herausgenommen und man zerschneidet die Wurzeln auf Wurzelschnittlinge. Substrate durchlässig-humos. Am besten im Topf im Alpinenhaus zu ziehen.

Hin und wieder werden Früchte der hochhimalajanischen Arten, z. B. von **S. gossipiphora**, angeboten. Nach meiner Erfahrung keimen die schlanken, spindelförmigen, schwarzen Früchte willig, eine Weiterkultur aber ist augenscheinlich nicht möglich, da die Sämlinge trotz aller Bemühungen schon nach drei Monaten abgestorben sind.

Saxifraga L., Steinbrech, Saxifragaceae

Etwa 370 Arten, in den Hochgebirgen der arktischen und gemäßigten Zone und in den Anden, 1 Art im abessinischen Hochland. Ausdauernde, selten ein- oder zweijährige Kräuter, oft rasen- oder rosettenbildend. Blätter sehr unterschiedlich gestaltet, von pfriemlich bis nierenförmig, oft fleischig oder lederig. Blüten 5zählig, zumeist radiär, selten zygomorph, mit 10 Staubblättern und einem 2teiligen Fruchtknoten.

Da es über die Gattung *Saxifraga* umfangreiche Literatur gibt, werden im folgenden nur die wichtigsten schutzbedürftigen Arten vorgestellt. In Klammer steht die Sektionsbezeichnung.

S. biternata Boiss. (Nephrophyllum). S-Spanien: trockene Kalkfelsen. Juni. Immergrün, mit zahlreichen Bulbillen in den unteren Blattachseln. Blätter doppelt gefiedert, an *Adiantum* erinnernd. Blüten groß, reinweiß.

Für das günstig gelegene Alpinenhaus oder frostfrei. Nicht langlebig. Vermehrung durch Aussaat oder Abnahme der Bulbillen. Literatur: Harding, W. (1987): Saxifraga biternata Boiss. A. M. Bull. A. G. S. 55 (4): 347.

S. brunoniana Wall. (Flagellares) Himalaja. Juni–Juli. Rosetten vielblätterig, borstig bewimpert, mit zahlreichen, bis 20 cm langen, roten Ausläufern. Blüten zu 4–6 an 10–12–15 cm hohen Blütenständen, hellgelb.

Leichter in der Kultur als die verwandte *S. flagellaris,* im Freien unter trockener Kiefernnadeldecke gut hart, zur Vorsicht überwintere man einige Rosetten im Alpinenhaus.

S. conifera Cosson et Durieu (Gemmiferae) N-Spanien (Cordillera Cantabrica). Mai–Juni. Niederwachsender Moos-Steinbrech mit sommers zu länglichen Übersommerungsknospen zusammengezogenen Triebspitzen. Blätter linealisch, hellsilbriggrün. Blüten zu 3–5 an bis 10 cm hohen Blütenständen, weiß.

Mit leichtem Nässeschutz auch im Steinbeet möglich, besser im Alpinenhaus. Auffällig durch die schlanken Triebknospen während der Sommerruhe.

S. cuscutiformis Lodd. (Diptera) China. Mai–August. Ähnlich *S. stolonifera,* aber kleiner im Blatt und mit noch zahlreicheren, roten Ausläufern. Blätter rundlich, bräunlich überlaufen, mit weißen Adern genetzt, etwas fleischig. Blüten weiß, zu 2–3 an kurzen Seitenästen, nicht so lang geschwänzt wie bei *S. stolonifera.*

An günstigen Standorten auch im Freien unter leichtem Schutz hart, besser im Alpinenhaus.

S. erioblasta Boiss. et Reut. (*S. globulifera* var. *erioblasta* (Boiss. et Reut.) Engl. et Irmsch. (Gemmiferae) S-Spanien (Sierra Nevada). Juni. Blätter 3teilig, kurzspatelig oder keilförmig, von dichtbehaarten Niederblättern umgeben, nur im Frühjahr kräftig wachsend, bald zu weißfilzigen Knospen zusammengezogen, die an zwergigste Spinnweb-Hauswurz erinnern. In der Heimat von Mai–Oktober geschlossen, in Kultur oft schon im Juli sich etwas öffnend, vor allem, wenn etwas zu viel bewässert wird. Blüten zu 3–4 an 8–10 cm hohen Blütenständen, weiß.

Sehr schöne Art, die in der Heimat 'Jungfrauenperlen' genannt wird. Kultur vollsonnig im Alpinenhaus oder Kasten, Vermehrung durch Teilung und Stecklinge.

S. flagellaris Sternb. et Willd. (Flagellares) Nördliches und arktisches Europa und Asien, im Himalaja, Kanada, in den Rocky Mountains südlich bis Arizona. Juni–Juli. Ähnlich *S. brunoniana,* aber zarter und mit leuchtendgelben Blüten an nur 3–4 cm hohen Blütenständen.

Empfindlicher und besser in feuchtem Grus in Alpinenhaus. Vermehrung durch Abnahme der bewurzelten Rosetten oder Aussaat.

S. florulenta Moretti (Euaizoonia) Frankreich, Italien (Seealpen): in schattigen Granitfelsspalten, 2000–3250 m. Juli. Ähnlich *S. longifolia,* aber Blätter bis 7,5 cm lang, zugespitzt und ohne Kalkausscheidungen, Blütenstände bis 20–30 cm hoch, dicht. Blüten schmutzigrosa.

Sehr schwierig zu ziehende Art, nur für den fortgeschrittenen Liebhaber. Vermehrung durch Aussaat, die Art setzt in Kultur keinen Samen an, da sie kaum zur Blüte kommt. Die Jugendentwicklung ist außerordentlich langsam und die Sämlinge leiden zuerst unter Vermoosung und Veralgung und später unter verschiedenen

Wurzelpilzen. Ständig mit hoher Urgesteinsmanschette am Wurzelhals ziehen. Ich selbst konnte die Pflanzen nicht größer als 2,5 cm ziehen, das benötigt 3–4 Jahre.

S. globulifera Desf. (Gemmiferae) S-Spanien: in Kalkfelsen. Juni. Ähnlich *S. erioblasta*, aber Blätter 3–7teilig und die unteren langgestielt. Etwas gröber als *S. erioblasta* und in den Kulturansprüchen gleich.

S. grisebachii Degen et Dörfl. (Porophyllum) Balkan (Albanien, Jugoslawien, Bulgarien, Griechenland): in etwas beschatteten Felsspalten des Kalksteins, in höheren Lagen auch in Matten. April–Mai. Rosetten bis 8 cm breit. Blätter spatelig-zungenförmig, graugrün. Blütenstände zuerst hakig gekrümmt, später langgestreckt und bis 20 cm hoch, abstehend rötlich behaart. Stengelblätter spatelig, rötlich mit grüner Spitze. Blüten leuchtendrot, in der Achsel von zur Gänze rot behaarten Hochblättern.

Im Handel gibt es verschiedene Auslesen, die wüchsigste wohl 'Wisley', obwohl nach meiner Erfahrung kaumUnterschiede zu guten wildgesammelten Herkünften. In der Natur ist die Art selten auch hellrosa, bzw. noch seltener weiß. Vermehrung nur durch Aussaat, bis zur Blüte vergehen meist 3–4 Jahre. Die Rosetten sterben nach der Blüte nicht ab. Kultur im Alpinenhaus, Kasten oder Steinbeet, bei sorgfältiger Pflege auch im ungeschützten Steinbeet unschwer.

S. nervosa Lapeyr. (Exarato-moschatae) Z-Pyrenäen: auf Kalk. Mai–Juni. Lockere Polster bildend. Blätter dunkelgrün, haarig, 3–5teilig, duftend. Blütenstände 4–10 cm hoch, 3–12blütig, mit großen, weißen, runden Blüten.

Sehr ähnlich *S. exarata* Vill., doch wüchsiger, aber auch am besten im Alpinenhaus. Kurzlebig, muß ständig nachgezogen werden.

S. nevadensis Boiss. (Exarato-moschatae) S-Spanien (Sierra Nevada.) Juni. Ähnlich *S. pubescens*, aber Blätter nur 3teilig und Blütenblätter schmäler.

S. oranensis Minby (Gemmiferae) Algerien (Dschebel Santo bei Oran). Juni. Ähnlich *S. globulifera*, aber in Wuchs und Blüten größer.

S. poluniniana H. Sm. (Porophyllum) Himalaja (Nepal). April–Mai. Polsterbildend, Rosetten etwa 8 mm groß, bläulichgrün. Blüten einzeln, an 2 cm hohen Stengeln, 1 cm breit, hellrosa, im Verblühen weiß, am Rand gewellt und gekerbt. Staubbeutel orangebraun, Kelch braun.

Diese Neueinführung wird von England und Schottland verbreitet und scheint nicht allzu schwierig zu sein. Die Substrate sollen steinig-humos, feucht, aber durchlässig sein. Die Vermehrung erfolgt durch Aussaat oder Stecklinge.

S. pubescens Ponet (Exarato-moschatae) Pyrenäen. Mai–Juni. Dichtpolsterig. Blätter meist 5-, seltener 3lappig, dunkelgrün, dicht drüsig behaart. Blüten zu 1–3, reinweiß mit roten Adern und orangeroten Staubfäden. Es werden 2 Unterarten unterschieden:

ssp. **pubescens** aus den O-Pyrenäen mit 10–20 mm langen Blättern, 3–10 cm hohen Blütenstielen und meist reinweißen Blüten.

ssp. **irratiana** (F. W. Schultz) Engl. et Irmsch. aus den Z-Pyrenäen mit nur 4–10 mm langen Blättern, 2–6 cm hohen Blütenstielen und weißen, fast immer rot geaderten Blüten ist wesentlich schöner.

Beide Unterarten eignen sich besser für die geschützte Kultur, obwohl in günstigen Lagen Versuche im intensiv gepflegten Steinbeet empfehlenswert sind. In der Natur kommen sie sowohl auf Dolomit als auch auf Granit vor. Die Vermehrung erfolgt durch Aussaat, Teilung und Stecklingsvermehrung sind schwierig.

S. reuterana Boiss. (Gemmiferae) S-Spanien. Juni. Ähnlich *S. globulifera*, aber gewöhnlich kompakter (nur 2–6 cm hoch) und wenigerblütig.

S. scardica Griseb. (Porophyllum) Griechenland, Albanien, Jugoslawien: in Ritzen des Kalksteins oder in Kalkruhschutthalden. Mai. Die reine Art ist seltener in Kultur, sie besitzt bis 2 cm breite Rosetten, die Blätter sind lanzettlich, scharf zugespitzt und etwas mit Kalkausscheidungen besetzt. Die weißen, selten schon beim Aufblühen rosafarbenen Blüten sind bis 18 mm breit und stehen zu mehreren in bis 8–10 cm hohen Blütenständen.

Etwas empfindlicher als die verwandten Kabschia-Arten und etwas mehr feuchtigkeits- und schattenbedürftig. Vermehrung durch Stecklinge oder Aussaat.

S. spathulata Desf. (Gemmiferae) N-Afrika (Algerien). Juni. Ähnlich den anderen Arten dieser Gruppe, aber Blätter spatelförmig und ungeteilt und Blütenstände bis 15–20 cm hoch mit wenigen, kleinen Blüten. Nur für den Liebhaber zur Abrundung der *Saxifraga*-Sammlung.

S. spruneri Boiss. (Porophyllum) Balkan (Albanien, Griechenland, Jugoslawien, Bulgarien): in meist absonnigen, feuchten Kalkfelsspalten. Mai–Juni. Sehr ähnlich *S. marginata*, aber mit dichthaarigen Rosetten. Blüten weiß, zu mehreren an 6–8 cm hohen Blütenständen.

Empfindlicher als die anderen Kabschia-Saxifragen, bedingt durch das dichte Haarkleid. Besser im Alpinenhaus, aber absonnig und in durchlässigem, aber feuchtigkeitshaltenden Substrat. Achtung, im Sommer Gefahr von Spinnmilben. Vermehrung durch Aussaat und Stecklinge.

S. stolonifera Meerb. (*S. sarmentosa* L. f.) (Diptera) Japan, China. Mai–August. Bekannte Zimmerpflanze, die in günstigen Lagen im Freien, sonst im Schutz eines Kastens oder des Alpinenhauses lange Jahre durchhält.

S. stribrnyi (Velen.) Podp. (Porophyllum) N-Griechenland, Bulgarien. Mai–Juni. Ähnlich *S. grisebachii*, aber Rosetten kleiner und stumpfer im Grauton, Blütenstände verzweigt, rötlich behaart.

Bei guten Pflegebedingungen auch im Freien, besser aber mit Schutz. Vermehrung durch Aussaat.

S. tombeanensis Boiss. ex Engl. (Porophyllum) Gardasee-Gebiet: in Ritzen des Kalksteins, in Kalkschutthalden, auf kleinen Rasen. April–Mai. Dichtpolsterig. Rosetten 3–6 mm breit, dunkelgrün. Blüten reinweiß, bis 1,8 cm breit, zu 2–3 an bis 5 cm hohen Blütenständen.

Wächst recht gut, macht aber Probleme beim Blühen, die meisten Klone sind armblütig. Besser etwas geschützt ziehen.

S. vandellii Sternb. (Porophyllum) N-Italien: in Kalkfelsspalten und Löcher im Kalkstein. April–Mai. Polster dicht, hart, stechend. Blätter bis 12 mm lang, lanzettlich, mittelgrün, mit stechender Spitze. Blüten reinweiß, zu 3–8 an bis 7 cm hohen Blütenständen.

Sehr schwer zu ziehen! Vermehrung durch Aussaat oder Stecklinge, Kultur am besten im Alpinenhaus in kalkreichem, durchlässigen Substrat.

S. vayredana Luizet (Ceratophyllae) Spanien (bei Montseny). Mai. Dichte, moosige Polster bildend. Blätter langgestielt, 3teilig. Blüten reinweiß, zu 6–7 an bis 10 cm hohen Blütenständen. In dieser Gruppe der Moossteinbreche gibt es noch eine Anzahl weiterer Arten für das Alpinenhaus, so *S. canaliculata* Boiss. et Reut. ex Engl.,

S. demnatensis Coss. ex Battand, *S. pedemontana* All. mit ihren Unterarten, und viele andere.

Die Kultur von Steinbrechen unter Schutz ist in vielen Gebieten sehr lohnenswert, auch die der vielen Hybriden aus der Sektion *Porophyllum* (Kabschia- und Engleria-Steinbreche), die Alpinenhäuser dürften dafür aber nicht zu heiß werden, so braucht man Schutz vor der heißen Nachmittagssonne. Es ist auf Dickmaulrüßler-Befall zu achten. Dieser Schädling ist in vielen Steinbrechsammlungen vorhanden und kann so in das Alpinenhaus eingeschleppt werden. Neu erhaltene Steinbreche sollten unbedingt umgetopft und das Material entfernt werden.

Durch englische Sammelbemühungen sind in den letzten Jahren eine Vielzahl weiterer Steinbrech-Arten aus dem Iran und dem Himalayagebiet eingeführt worden, so *S. wendelboi, S. stolitzkae, S. andersonii, S. georgei* u.v.a., die in botanischen Gärten und bei engagierten Liehabern in Pflege sind. Sie werden durch Stecklinge oder Aussaat vermehrt und in sehr mineralischen Substraten gezogen. Außer mit *S. wendelboi* und *S. stolitzkae* habe ich mit ihnen keine persönlichen Erfahrungen, diese beiden gleichen in der Kultur *S. poluniniana.*

Abschließend möchte ich noch auf eine Steinbrech-Spezialität der Südalpen hinweisen, die am besten unter dem Tisch eines Alpinenhauses gezogen werden kann: **S. arachnoidea** Sternb., ein Bewohner von Halbhöhlen (Balmen) der Kalkfelsen im Gebiet des Gardasees. Es handelt sich um eine zumeist zweijährige Pflanze von sehr lockerem, zerbrechlichem Wuchs, deren ovale, gezähnte Blätter, wie auch die gesamte Pflanze, dicht haarig ist. Die kleinen Blüten sind hellgelb. Die Pflanze verträgt keine direkte Bewässerung auf dem Laubwerk und wird am besten in großen Schalen oder besonderen Pflanzflächen unter den Tischen ausgesät und nur seitlich bewässert.

Scaevola L., Fächerblume, Goodeniaceae

Über 80 Arten, überwiegend in Australien und auf den pazifischen Inseln. Sträucher oder Kräuter mit meist großen Blättern und kleinen Blüten. Einige in ihrer Heimat von Bedeutung als Papierlieferanten.

S. hookeri F. Muell. ex Hook. f. Kriechende Fächerblume. Australien (Victoria, Neu-Südwales und Tasmanien): bis auf wenige küstennahe Vorkommen ausschließlich in der subalpinen und alpinen Zone. Mai. Triebe wechselständig beblättert, am Boden kriechend und wurzelnd. Blätter eilänglich, unregelmäßig gezähnt, 8–15 mm lang. Blüten fächerförmig, d. h. die 5 Abschnitte nach einer Seite gerichtet, 10 mm breit, weiß oder hellviolett, in den Blattachseln sitzend.

Interessant, da härter als *Selliera radicans.* Kultur in humosem Boden in voller Sonne oder leichtem Schatten. Für geschützte Moorbeete oder den Kasten oder das Alpinenhaus. Vermehrung durch Zerschneiden der wurzelnden Triebe.

Schizostylis Backh. et Harv. ex Hook. f., Spaltgriffel, Iridaceae

2 Arten im östl. S-Afrika, Stauden mit zwiebelig verdicktem Rhizom. Blätter 2zeilig, linealisch. Blüten in zweizeiligen Ähren, mit 6 gleichgroßen Abschnitten.

S. coccinea Backh. et Harv. S-Afrika (vor allem in den Drakensbergen): am Ufer von Bächen. September–November. Bis 60 cm hoch. Grundblätter zu 2–3–4, Blütenähren bis 14blütig. Blüten 5–6 cm breit, dunkelrot, selten rosa.

Durch die späte Blütezeit sehr auffällige Pflanze, die mit gutem Schutz auch ausgepflanzt, sonst besser in Gefäßen im Alpinenhaus zu kultivieren ist. Dei Pflanzen brauchen sehr viel Wasser und eine gute Ernährung. Vermehrung durch Aussaat oder Teilung zur Zeit des Austriebs.

Scleranthus L., Knäuel, Caryophyllaceae

Etwa 150 Arten in Europa, Asien, Afrika, S-Amerika, Australien, Neu-Guinea und Neuseeland. Annuelle oder Stauden, gewöhnlich dichtverzweigt oder polsterig. Blätter klein, pfriemlich, gegenständig, verbunden, ohne Nebenblätter. Blüten klein und unscheinbar, einzeln oder knäuelig.

S. singuliflorus TF. Muell. Mattf. Australien. Juni. Ähnlich *S. uniflorus,* aber Kelch 5teilig. Vielleicht doch identisch mit *S. uniflorus.*

S. uniflorus P. A. Williamson. Einblütiges Knäuelkraut. Neuseeland (S-Insel). Juni. Triebe stark verzweigt, dichte, kompakte, selten über 5 cm hohe, bräunlichgelbe Polster bildend, die dicht moosig aussehen und bis 20 cm Durchmesser erreichen. Blätter 2–4 mm lang und 0,5 mm breit, mit farbloser Spitze. Blüten einzeln an seitenständigen, mit 2 häutigen Hochblättern versehenen Stielchen. Kelchblätter 4, nur 1 Staubblatt. Früchte 3 mm lang und 1 mm dick, lassen sich gut vom Polster abbürsten.

Die kompakteste Polsterpflanzen-Einführung der letzten Jahre. Kultur in durchlässigem Boden und in voller Sonne, mit Schutz vor übergroßer Winternässe. Vermehrung durch Aussaat und Stecklinge.

Sclerocactus Britt. et Rose, Cactaceae

8 Arten in Utah, Colorado, New Mexico, Arizona, Nevada und Kalifornien. Körper meist einzeln. Rippen 12–17. Warzen verwachsend, der die Rippen überragende Teil gewöhnlich weniger hoch als die Rippen darunter. Areolen kreisrund bis elliptisch. Blüten an den neuen Jahrestrieben, auf der Oberseite der Warzen in einem behaarten Bereich anschließend an die stacheltragende Areole. Frucht grün, dünnschalig, bei der Reife rötlich und trocken werdend.

S. glaucus (K. Schum.) L. Benson *(S. franklinii* Evans). Utah, Colorado: kiesige Böden auf Hügeln und Mesas in oder nahe der Wüste, 1200–1500 m. Juni. Körper eiförmig oder fast kugelig, 4–6 cm hoch, 4–5 cm breit. Rippen 12, Warzen etwa 9 mm lang, 6–9 mm breit, 6–9 mm über die Rippen hinausragend. Areolen etwa 3 mm groß. Stacheln dicht, den Körper verdeckend. Mittelstacheln 1–3, die 1 oder 2 oberen (falls vorhanden) weiß, schmal-elliptisch im Querschnitt, ähnlich den Randstacheln bis 2,5 cm lang. Unterer Mittelstachel hell- bis dunkelbraun, nicht hakig, aber manchmal gebogen, abgeflacht, bis 2,5 cm lang. Randstachel 6–8, weiß oder manche braun, mehr oder weniger gerade, kreisförmig ausgebreitet oder die oberen fehlend, ± kreisrund im Querschnitt. Blüten 4–5 cm breit, rosa.

S. mesae-verdae (Boissevain ex Hill et Salisbury) L. Benson *(Coloradoa mesae-verdae* Boissevain). Colorado, New Mexico: niedere Hügel und Mesas in der Wüste, 1200–1500 m. Juni. Körper kugelig bis breit-eiförmig, 4–6 (–18) cm hoch, 4–6 (–7,5) cm breit. Rippen 13–17. Warzen bei älteren Pflanzen undeutlich. Areolen 3–4,5 mm groß, mit dichter, kurzer Wolle. Stacheln auf den Rippen dicht, aber Rippen mit deutlichem Abstand und daher Körper nicht bedeckt. Mittelstacheln fehlend (selten 1). Randstacheln 8–10, hellbraun oder -gelb, gerade oder leicht gebogen, bis 12 mm lang, elliptisch bis kreisrund im Querschnitt. Blüten (1,5–) 2,5–3 cm groß, gelb bis grünlichgelb.

S. parviflorus Clover et Jotter. Körper zylindrisch oder jüngere eiförmig, 7,5–15 (–20) cm hoch, 5–6 (–10) cm breit. Rippen 13–15. Warzen 6–12 mm lang und breit, 6–10 mm über die Rippen hinausragend. Mittelstacheln meist 4, der untere rötlich, rund oder etwas kantig, hakig, 3,8–4,5 (–5) cm lang, abwärts gebogen, die beiden seitlichen ähnlich, aber kürzer und ohne Haken, der obere s. Varietäten. Randstacheln 7–11, etwa 2,5 cm lang, alle weiß, bis auf 2 untere, die den seitl. Mittelstacheln gleichen und mit diesen ein Kreuz bilden. Blüten rosa (selten weiß), auch im diffusen Licht öffnend. Es werden 2 Varietäten unterschieden:
var. **parviflorus.** Arizona, Utah, Colorado: in rotem Sand oder anderen sandigen oder kiesigen Böden in der Wüste, meist in niedrigeren Lagen, 1050–1300 m . Oberer Mittelstachel blaßrosa, kantig oder etwas abgeflacht, etwa 1 mm breit. Blütendurchmesser (2–) 4–4,5 (–7) cm.
var. **intermedius** (Peebles) Woodruff et L. Benson. Arizona, Utah, Colorado, New Mexico: kiesige oder sandige (vor allem von rotem Sandstein) Böden in der Wüste und häufig in Waldland, meist in höheren Lagen, 1200–1500 m. Oberer Mittelstachel weiß, flach, bandförmig, am Grunde 1–1,5 mm breit. Blütendurchmesser (2–) 3 (-4,5) cm.

Was als *S. whipplei* in Kultur ist, ist wohl praktisch immer *S. parviflorus* var. *intermedius.*

S. polyancistrus (Engelm. et Big.) Britt. et Rose. Nevada, Kalifornien: auf Kalk und anderen kiesigen oder felsigen Böden auf Hügeln und Canyons in der Wüste, 750–1500 m. Juni. Körper kugelig bis eilänglich, 10–15 cm hoch (bis 40 cm nach Backeberg), 5–6 (–7,5) cm breit. Rippen 13–17. Stacheln sehr dicht, den Stamm fast verdeckend. Mittelstacheln 9–11, die unteren und seitlichen 6–8 rot oder rotbraun, alle bis auf 1- oder 2hakig, die oberen weiß, flach, aufgerichtet, der mittlere 7,5–9 cm lang, die seitlichen $^1/_3$ bis $^2/_3$ dieser Länge. Randstacheln 10–15, weiß, gerade, etwa 2 cm lang. Blüten etwa 5 cm breit, purpurrosa.

Sicher viel wärmebedürftiger als die anderen Arten.

S. pubispinus (Engelm.) L. Benson. Nevada, Utah: felsige Hänge im Wald und obere Wüstenberge, 1800–2100 m. Juni. Körper bis etwa 6 cm hoch, bis 9 cm breit. Rippen 13. Warzen etwa so hoch (4–6 mm) wie die Rippen darunter, etwa 10 mm lang und (5–) 10 (–17) mm breit. Areolen kreisförmig bis elliptisch, 3–4,5 mm groß. Stacheln den Körper nicht verdeckend, bei jungen Pflanzen dicht weißhaarig. Mittelstacheln (0–3–) 4 (–5), der untere rot bis fast schwarz, elliptisch oder rhombisch im Querschnitt, hakig, 1,5–3 cm lang, die mittleren (0–1–) 2 Mittelstacheln ähnlich, aber kleiner, rot oder rotbraun, 1–2 cm lang, der obere Mittelstachel weiß oder mit dunkler Spitze, flach, nahezu gerade, (7–) 15–25 (–35) mm lang. Randstacheln (6–) 9–11 (–16), weiß oder mit dunkler Spitze, gerade oder leicht gebogen, 5–12 mm lang. Blüten 2–4 cm groß, hell (grünlich) gelb bis blaßrosa.

S. spinosior (Engelm.) Woodruff et L. Benson (*S. pubispinus* var. *sileri* L. Benson). Utah, Arizona: felsige Böden auf Hügeln in der Wüste, 1500–1800 m. Juni. Körper kugelig bis eiförmig, 4–7,5 (–14) cm hoch, 4,5–6 (–9) cm breit. Rippen 13 (–14). Warzen etwa 3–4 mm hoch (¹/₄ bis ¹/₃ so hoch wie die Rippen), 6–11 (–17) mm lang, 6–15 mm breit. Areolen kreisförmig bis elliptisch, 3–6 mm groß. Stacheln dicht, aber den Körper nicht ganz verdeckend. Untere Mittelstacheln 3, gelbbraun bis braun, rot oder fast schwarz, meist rhombisch im Querschnitt, der größte und manchmal 1–2 weitere hakig, 2–3 cm lang, seitliche (meist 2) Mittelstacheln ähnlich den unteren, aber heller, obere Mittelstacheln etwa 6, weiß, flach, der mittlere 2–5 (–6) cm lang und am Grunde bis 1,6 mm breit, die anderen ähnlich, aber kleiner. Randstacheln etwa 8, weiß, flexibel, 1–2,5 (–3,5) cm lang. Blüten 2–4 cm breit, purpurrosa.

S. whipplei (Engelm. et Big.) Britt. et Rose. Arizona: niedrige kiesige Hügel und Canyons in der Wüste, 1500–1800 m. Juni. Körper eiförmig bis kugelig, bis 7,5 cm hoch, bis 9 cm breit. Rippen 13–15. Warzen 6–12 mm lang und breit, 6–10 mm über die Rippen hinausragend. Mittelstacheln meist 4, der untere purpurrosa, rund oder etwas kantig, hakig, 2,5–3,8 cm lang, abwärts gebogen, die zwei seitlichen ähnlich, aber kürzer und ohne Haken, der obere weiß, gerade, flach, bandförmig, 2,5–5 cm lang, aufgerichtet. Randstacheln meist 7–11, alle weiß, bis auf 2 untere, die den seitlichen Mittelstacheln gleichen und mit diesen ein Kreuz bilden, etwa 2,5 cm lang. Blüten etwa 2,5–3,5 cm groß, gewöhnlich gelb, nur im vollen Sonnenschein öffnend. Bisher immer verwechselt mit *S. parviflorus*.

S. wrightiae L. Benson. Utah: Hügeln in der Wüste, 1350–1860 m. Körper kugelig, 5–5, 5 (–9) cm hoch, 5–7,5 cm dick. Rippen 13. Warzen etwa halb so hoch (6–9 mm) wie die Rippen darunter, 12 mm lang, 9 mm breit. Areolen 3–4 mm groß. Stacheln den Körper nicht verdeckend. Mittelstacheln 4, bis 1,2–2 cm lang, der untere hakig, oberseits blaß, unterseits dunkelbraun, die beiden seitlichen oberen Mittelstacheln leicht gebogen, dunkel- bis hellbraun, der oberste blaßgelb oder -grau. Randstacheln 8–10, weiß, fast senkrecht von der Warze abstehend, nahezu gerade, 6–12 mm lang. Blüten 2–2,5 (–4) cm groß, fast weiß bis rosa, duftend.

Die Gattung *Sclerocactus* enthält einige sehr schöne winterharte Kakteen, die wie die anderen winterharten Arten von September bis April trocken gehalten werden. Man kultiviert sie in sehr durchlässigen, steinigen Böden. Die Vermehrung erfolgt durch Aussaat.

Selaginella P. Beauv., Mooskraut, Selaginellaceae

Etwa 700 Arten, überwiegend in den Tropen. Moosartig wirkende Pflanzen mit meist gabelig verzweigten Trieben. Blätter klein, flach, in vielen Fällen verschiedengestaltig, d. h. in Bauch- und Rückenblätter zu unterscheiden. Sporangien in aufrechten Ähren, im unteren Bereich Makro-, im oberen Bereich Mikrosporangien in entsprechenden Behältern tragend.

S. apoda (L.) Spring. N-Amerika (Kanada bis Texas). Rasenbildende Staude, bis 6 cm hoch. Triebe dünn, einfach oder gegabelt, dicht mit zweigestaltigen, häutigdünnen Blättern besetzt.

In günstigen Lagen im Halbschatten gut gedeihend und auch unter Steinen usw. in kleinen Stückchen überwinternd, die dann im Frühjahr wieder rasch zu Pflanzen auswachsen. Im Alpinenhaus an absonnigen Stellen recht hübsch, doch oft zu stark wachsend.

S. denticulata (L.) Link. Mittelmeergebiet, Madeira, Kanaren. Ähnlich *S. helvetica*, polsterbildend, 6–10 cm hoch. Triebe gabelig verzweigt, mit zweigestaltigen Blättern, die eine kurze, weiße Haarspitze besitzen. Unter leichtem Schutz versuchswert.

S. involvens (Sw.) Spring. emend. Hieron. (*S. caulescens* (Wall. ex Hook. et Grev.) Spring.). Indien bis Japan. 15–20 cm hoch, Wurzelstock mit unterirdischen Ausläufern. Triebe straff aufrecht, erst im oberen Bereich verzweigt, im Umriß breit dreieckig, mit flachen, ausgebreiteten Trieben, frischgrün, sich im Herbst sehr hübsch goldgelbbräunlich verfärbend.

Mit guter Decke aus Nadeln winterhart, für geschützte Moorbeete zu empfehlen. Treibt erst Anfang Juni aus!

Neben den genannten Arten sind noch eine Anzahl weiterer hin und wieder in Kultur. Sie bilden teilweise unterirdische, verzweigte Wurzelstöcke, aus denen sie sich nach strengen Wintern regenerieren, oder kriechen auf dem Boden. Die zweite Gruppe ist naturgemäß empfindlicher. Vermehrung nur durch Teilung. Kultur in sehr torfreichen, feuchten Böden in halbschattiger Lage.

Selliera Cav., Goodeniaceae

2 Arten in Australien, Tasmanien, Neuseeland und Chile, Kahle, fleischige, am Boden kriechende Stauden. Blüten meist einzeln in den Blattachseln. Abschnitte der Krone fast gleich, ausgebreitet.

S. radicans Cav. O-Australien, Tasmanien, Neuseeland, Chile: im Küstenschlamm, an sandigen und felsigen Stellen im Bereich der salzhaltigen Küstenwinde, im Landesinneren an Seen und Wasserläufen, in Neuseeland bis 1000 m ansteigend. Juli–August. Niedrige Matten aus an den Knoten wurzelnden Trieben. Blätter 2–4 × 0,8 – 1,6 cm, etwas fleischig, glänzend grün, an ein und derselben Pflanze sehr unterschiedlich in der Form. Blüten einzeln, selten zu zweit in den Achseln, weiß bis bläulich.

Interessant durch die dichten Matten, aber nur in den günstigsten Lagen hart. Kultur im gut gedeckten Moorbeetkasten oder Alpinenhaus, zur Sicherheit einige Pflanzen im Kalthaus überwintern. Während der Kulturzeit sehr feucht halten. Vermehrung durch Abnahme von bewurzelten Trieben.

Sempervivella Stapf, Crassulaceae

4 Arten im westl. Himalaja. Kleine, ausläufertreibende, rasenbildende Rosettenstauden mit weißen, 6–8strahligen, kurzgestielten Blüten.

S. alba (Edgew.) Stapf. Westl. Himalaja: in 1500–3000 m Höhe. Juli–August. Lockere, bis 3 cm breite Rosetten. Blätter eilänglich, abgestumpft, feindrüsig behaart, hellgrün. Blütenstiele seitlich aus der Rosette herauswachsend, niederliegend bis aufsteigend, 2–3 cm lang, wenigblütig. Blüten weiß, bis 1,5 cm breit.

S. sedoides (Decne.) Stapf. Kaschmir. Ähnlich *S. alba*, aber Rosetten kleiner und bei Trockenheit mehr rot überlaufen, Blüten größer.

Beide Arten werden durch Teilung vermehrt, sie bilden zahlreiche Ausläufer. Schutz vor Winternässe angebracht, sehr schön in einem geschützten Steinbeet oder im Alpinenhaus.

Senecio L., Greiskraut, Compositae

2000–3000 Arten auf der gesamten Erde. Ein- oder zweijährige Kräuter, Stauden und Sträucher, darunter Kletterpflanzen, Stamm- und Blattsukkulenten sowie Schopfbäume der Hochgebirge des trop. O-Afrika. Blätter wechsel-, bisweilen nur grundständig. Köpfchen in Doldentrauben, selten einzeln, meist mit Zungenblüten. Zungenblüten in der Regel gelb, selten orange, rot, blau oder purpurn.

S. greyi hort. Gartenhybride aus *S. greyi* Hook. f. und wahrscheinlich *S. compactus* Kirk. Juli-August. Dichter, bis 1 m hoher Strauch, bis 2 m breit. Blätter in der Jugend auch oberseits silbergrau, später vergrünend. Blüten gelb, in großen Doldentrauben.

Diese Hybride, in den Gärten immer als *S. greyi* bezeichnet, ist nach englischen Erfahrungen wesentlich härter als die größerblätterige und in lockereren Doldenstrauben blühende echte *S. greyi* aus Neuseeland. Sie ist bei uns unter leichtem Schutz hart, wenn sie auch nicht die angegebenen Größen erreicht. Sie wird durch Stecklinge vermehrt.

S. halleri Dandy (*S. uniflorus* (All.) All. non Retz). Südwestl. und südl. Z-Alpen: auf begrasten, felsigen Stellen, kalkliebend. Mai–Juni. 10 cm hoch. Blätter alle grundständig, oval, in einen spateligen Stiel verschmälert, gekerbt, weißfilzig. Blütenköpfchen einzeln, bis 3 cm breit, orangegelb.

Sehr hübsche Art, die etwas Schutz braucht. Vermehrung durch Teilung oder Aussaat.

S. leucophyllus DC. O-Pyrenäen und südl. Z-Frankreich: in oft dunkelsteinigen Schutthalden. Juni. Sehr ähnlich *S. incanus,* aber Blätter dicht weißfilzig. Köpfchen zu mehreren in bis 20 cm hohen Scheindolden.

Diese Art wird hin und wieder als Saatgut angeboten, die Aufzucht ist unproblematisch. Die Weiterkultur dieser sehr weißfilzigen Pflanze ist aber schwierig und wird am besten im Alpinenhaus durchgeführt.

Shortia Torr. et A. Gray, Diapensiaceae

Etwa 8 Arten im östl. N-Amerika und in Ostasien. Immergrüne, rosettenbildende, ausläufertreibende Kleinstauden mit langgestielten, rundlichen, immergrünen Blättern. Blüten weiß oder rosa, nickend, einzeln oder zu mehreren an der Spitze blattloser Schäfte.

S. soldanelloides (Sieb. et Zucc.) Mak. (*Schizocodon soldanelloides* Sieb. et Zucc.). Japan: in Gebirgswäldern und Dickichten, an offenen, sonnigen Stellen in der alpinen Stufe. April–Mai. 10–15 cm hoch. Staude mit kriechenden, wenig verzweigten Sprossen. Blätter bis 6 × 5 cm groß, rundlich, oft aber kleiner und am Rand kurzgezähnt, aber auch scharf gesägt-gezähnt. Blüten rosa oder weiß, zu mehreren, *Soldanella*-ähnlich.

Von dieser Art gibt es in Japan einige verschiedene Varietäten, die hin und wieder als Saatgut oder Pflanzen angeboten werden. Kultur nur in sehr wintermilden

Lagen im lichten bis mitteldunklen Schatten im Freien möglich, sonst besser in breiten Schalen im Alpinenhaus oder in halbschattig gelegenen,winters geschützten Moorbeeten oder tiefen Kasten. Sie brauchen kalkfreien Humusboden, kalkfreies Wasser und werden winters mit Kiefernnadeln gedeckt. Vermehrung durch Teilung (sehr vorsichtig, kurz nach der Blüte) oder Aussaat (diese selten erfolgreich, da die Pflanzen augenscheinlich etwas von Mykorrhiza-Pilzen abhängig (=mykotroph) sind).

S. uniflora (Maxim.) Maxim. Japan: in Gebirgswäldern. April–Mai. Etwa 15 cm hoch, mit langgestielten, rundlichen bis ovalen, glänzenden, gekerbt-gezähnten Blättern, die sich winters bronze färben. Blüten einzeln an 15 cm hohen Schäften, 2,5–3 cm breit, blaßrosa. Sehr schön 'Grandiflora' mit bis 4 cm breiten Blüten.

Zwischen dieser Art und *S. galacifolia* gibt es in den USA Bastarde, die wesentlich leichter gedeihen sollen.

Silene L., Leimkraut, Caryophyllaceae

Etwa 500 Arten in den gemäßigten Zonen der nördl. Halbkugel, vor allem im Mittelmeergebiet. Ein- oder mehrjährige Kräuter oder Halbsträucher, von sehr verschiedenem Aussehen: polsterförmig, mit Rübenwurzeln, usw. Kelch verwachsen. Blütenblätter 5, oft tief eingeschnitten, meist rot, rosa oder weiß.

S. californica E. M. Durand. Westl. USA: an trockenen, sonnigen bis halbschattigen Stellen in durchlässigem Boden. Mai–Juni. 15–20 (–30) cm hoch, aus einer fleischigen, rübigen Wurzel. Triebe aufrecht, mit unten kleinen, nach oben größer werdenden, etwas graufilzigen Blättern. Blüten in mehrblütigen Blütenständen, etwa 2–3 cm breit, scharlachrot.

Ähnlich wie *S. hookeri* zu behandeln, doch bei mir etwas empfindlicher.

S. caryophylloides (Poir.) Otth. ssp. **echinus** (Boiss. et Heldr.) Coode et Cullen. SW-Türkei: auf felsigen Hängen und Schutthalden, 1900–2300 m. Juli–August. Dichtpolsterige, am Grunde verholzte Staude mit drüsig behaarten, im unteren Stengelbereich zu dritt stehenden, linealischen Blättern, bis 15 cm. Blätter 15–20 × 1–1,5 mm. Stengel 1 (–2)blütig. Blüten leuchtendrosa, bis 25 mm breit.

Leider nicht sehr reichblühende Polsterpflanze für sehr trockene, sonnige und durchlässige Standorte, das Steinbeet oder das Alpinenhaus. Vermehrung nur durch Aussaat, Samen werden bei uns gebildet.

S. hookeri Nutt. (inkl. *S. ingramii* Tidestr. et Dayton). Westl. USA (Kalifornien, Oregon). Mai–Juni. 10 cm hoch. Aufrechte bis niederliegende, bis 15 cm lange Triebe, aus einer karottenähnlichen, fleischigen Wurzel. Blätter wechselständig, verkehrt eiförmig bis lanzettlich, zugespitzt, bis 5 cm lang und graubehaart. Blüten bis 5 cm breit, aus den Achseln der oberen Blätter oder einzeln am Ende der Triebe, hellrosa (**S. hookeri** i. e. S.), dunkelrosarot (**S. ingramii**) oder weiß, besonders große Blüten, spinnenartig eingeschnitten (ssp. **bolanderi** (Gray) Abrams). Blütenblätter unterschiedlich tief in 4 Zipfel gespalten, Nebenkrone deutlich ausgebildet.

Samen werden, besonders nach Kreuzbestäubung, auch bei uns gut angesetzt. Nach der Samenreife im Juli und August zieht die Pflanze ein. Die Art gedeiht in durchlässigen Böden, sonniger Lage und trockenem Standort während der Ruhezeit auch im Steingarten gut, ist aber besser unter Schutz aufgehoben. Die Vermehrung erfolgt durch Aussaat, es können aber auch Stecklinge gemacht werden. Leider erhält man vielfach andere Arten als *S. hookeri*. Wurden früher hauptsächlich *Lychnis haageana* und *L. × arkwrightii* angeboten, so sind zur Zeit *Lychnis flos-jovis* und *Silene pendula* aktuell. Bereits bei Samenbezug kann aber die Identität abgeklärt werden: Samen von *S. hookeri* sind zumindest 1,5 mm groß, während alle anderen, als Ersatz angebotenen Arten und Hybriden kleinere Samen besitzen.

S. laciniata Cav. »Indian Pink«. Westl. N-Amerika. Juni–September. Bis 50 cm hohe, etwas drüsig-klebrige Staude aus einer fleischigen Wurzel. Blätter gegenständig, lanzettlich, graubehaart, drüsig, gegen oben zu kleiner werdend. Blütentriebe aufrecht, stark verzweigt, zahlreiche, 2,5 cm breite, scharlachrote Blüten bringend, die in der Form an *Lychnis flos-cuculi* erinnern.

Sehr hübsch und reich- und langblühend. Unter Agrylvlies selbst strenge Winter überdauernd und sicher in günstigen Lagen vollkommen hart. Reichlich Samen ansetzend und leicht durch diese zu vermehren.

Sinocrassula Berger, Crassulaceae

5 Arten im Himalaja und W-China. Zweijährige oder ausdauernde, sukkulente Rosettenpflanzen mit rispig-trugdoldigen, selten nur traubigen Blütenständen. Blüten 5zählig mit 5 Staubblättern. An *Crassula* bzw. *Sedum* erinnernd, aber Blätter wechselständig und nur mit 5 Staubblättern.

S. yunnanensis (Franch.) Berg. China (Yünnan). September–Oktober. Rosetten bis 3,5 cm im Durchmesser. Blätter lang zugespitzt, lineal-spatelig, kahl, mit dichten roten Punkten, beinahe braunrot, haarig. Blütenstände 20–25 cm hoch. Blüten rötlich.

Bei trockenem Winterstand recht hart. Vermehrung durch Aussaat und Teilung.

Sisyrinchium L., Binsenlilie, Iridaceae

Etwa 70 Arten in Amerika und den vorgelagerten Inseln. Meist niedrige, horstig wachsende Stauden mit grundständigen, schwertlilienähnlichen Blättern. Blüten meist zu mehreren in end- oder seitenständigen Scheiden, weiß, gelb, blau bis violett oder rosa.

S. angustifolium Mill. (*S. anceps* Cav., *S. gramineum* Lam.) N-Amerika (von Neufundland bis Virginia). Mai–Juni. 15–20 cm hoch, dichthorstig. Blätter schmal-lanzettlich, etwas bläulich bereift, mit dunklem oder rotem Grund. Blüten bis 1,5 cm breit, violettblau mit gelbem Grund.

Die härteste Art, sät sich gerne selbst aus. Ähnlich, etwas härter, ist *S. bellum*. Unter 'Mrs. Spivey' ist eine weißblühende Sorte verbreitet, die vielleicht zu *S. bermudiana* L. oder einem Bastard dieser Art gehört. Sie erreicht 10 cm Höhe, besitzt bis 8 mm breite, reingrüne Blätter und schneeweiße Blüten.

S. californicum (Ker-Gawl.) Dryand. (*S. brachypus* hort.). USA: Oregon–Kalifornien. Mai–Oktober. 15 cm hoch. Blüten gelb, etwa 1,5 cm breit.

Braucht einen feuchteren Standort in voller Sonne. Stirbt in strengen Wintern ab, erneuert sich aber regelmäßig durch Aussaat.

S. douglasii A. Dietr. (*S. grandiflorum* Dougl. non Cav., *S. inflatum* St. John). N-Amerika (Britisch Kolumbien–N-Kalifornien). April–Mai. Bildet unterirdische Knollen, aus denen schon im Herbst bis Frühwinter die Blätter austreiben. 15–20 cm hoch. Blüten zu 1–4, die Blätter überragend, 12–20 mm lang, breitglockig, seidig glänzend violettrot, bei 'Albiflorum' reinweiß.

Bei der nahe verwandten oder besser zu *S. douglasii* zu ziehenden **S. inflatum** soll es auch rosablühende Formen geben. Ich konnte bis jetzt nur rosalila, sternförmige Formen aus Samen erziehen. *S. douglasii* blüht sehr früh und benötigt den Schutz eines Alpinenhauses, eines Kastens oder gehört in den Zwiebelkasten. Die Blätter sind meist im Juni schon eingezogen. Vermehrung durch Aussaat und Teilung.

S. filifolium Gaud. Falkland-Inseln: in Heiden nahe Wasserläufen. April–Mai. Blätter aufrecht, binsenähnlich, graugrün, bis 25 cm hoch. Blütenstände etwas kürzer oder gleich lang. Blüten 3,5 cm breit, weiß mit gelber Kehle und grünlichen oder purpurnen Adern.

Sehr hart, zieht während des Winters ein und kann im frühen Frühjahr gut geteilt werden. Braucht kühle, feuchte Kulturbedingungen und einen durchlässigen Boden.

S. macrocarpum Hieron. Argentinien (Mendoza bis Patagonien). Mai–Juni. Immergrün. Blätter in dichten Fächern, 8 mm breit, bläulich bereift, an der Basis schwärzlich. Blüten in 10–15blütigen Blütenständen, 20–22 mm breit, leuchtend goldgelb mit feinem braunem Band in der Blütenmitte.

Etwas weniger hart als *S. angustifolium*, aber zur Zeit das schönste *Sisyrinchium* in Kultur. Gut mit Agrylvlies- oder Glasplattenschutz im Winter und außerordentlich leicht durch Aussaat zu vermehren. Wurde durch Dr. R. Fiedler, einem Wiener, aus Argentinien 1974 eingeführt und braucht einen vollsonnigen Standort und durchlässigen Boden.

S. striatum Sm. Argentinien, Chile. Juni–Juli. Steife, schwertlilienähnliche Pflanze mit bis 70 cm hohen Blütenständen. Diese tragen auf der gesamten Länge hellgelbe Blüten.

Weniger hart, braucht unbedingt Schutz des Alpinenhauses oder guten Schutz in begünstigten Lagen. Vermehrung durch Aussaat oder Teilung bei der weißbunten Form.

Smilax L., Stechwinde, Liliaceae

Etwa 300 Arten, sehr zahlreich in den Tropen, aber auch im außertropischen O-Asien und N-Amerika, einige Arten auch im Mittelmeergebiet. Windende, strauchartige Pflanzen, selten niedrig und fast krautig, oft mit starkem Grundstamm. Blätter wechsel-, seltener gegenständig, 2zeilig angeordnet. Blüten ziemlich klein, zweihäusig, in achselständigen Döldchen oder in Trauben. Beeren ein- bis zweisamig.

S. aspera L. Kanaren, Mittelmeergebiet bis Abessinien und Indien. August–September. Eine sehr veränderliche Art mit vielen Formen. Niederliegender Strauch mit kantigen Trieben, die mehr oder weniger dicht mit Stacheln besetzt sind. Blätter derblederig, in der Form sehr veränderlich, meist herz- oder pfeilförmig, weiß gefleckt. Blüten grünlichgelb. Beeren rot.

Im Mittelmeergebiet weit verbreitet und auch in Mitteleuropa recht hart, so seit Jahrzehnten im Botanischen Garten in Graz. Vermehrung durch Teilung. Die jungen

Triebe können wie Spargel gegessen werden und werden auch auf den Märkten im Mittelmeergebiet angeboten.

Soleirolia Gaudich., Bubikopf, Urticaceae

Monotypische Gattung:

S. soleirolii (Req.) Dandy (*Helxine soleirolii* Req.). Korsika, Sardinien, Elba und andere Inseln des westl. Mittelmeeres, in milden Gebieten W- und SW-Europas eingebürgert. Niederliegende Kissen oder Matten bildend. Triebe dünn, dicht mit glänzenden 2–6 mm breiten, kreisrunden Blättern besetzt. Blüten grünlich, unscheinbar, im Sommer erscheinend.

Die grüne Form des Bubikopfs wächst gut in halbschattigen Lagen des Steingartens und überdauert harte Winter meist unter Steinen und Platten. Im Alpinenhaus und anderen geschützten Kulturmöglichkeiten oft zum Unkraut werdend, deshalb mit Vorsicht verwenden. Vermehrung durch Teilung.

Spraguea Torr., Portulacaceae

Monotypische Gattung:

S. umbellata Torr. (*Calyptridium umbellatum* Greene). Westl. N-Amerika. Juni–August. Sehr veränderliche Art. Einjährig bis staudig mit verdicktem Stamm, von dem die zahlreichen Zweige wie die Speichen eines Rades sich ausbreiten. Die so entstehenden Matten bis 15 cm breit und 2 cm hoch. Blätter basal rosettig, verkehrt-eiförmig-spatelig bis eilanzettlich, kahl, bei den einjährigen Formen aufrecht, bei den staudigen liegend, 1–10 cm lang. Blütenköpfe bis 4 cm breit, an die Pfotenballen einer Katze erinnernd (»Pussy-toes«). Blüten durch die 2 Sepalen wirkend, die weiß oder rosa gerandet sind und 4–10 mm Breite erreichen. Petalen zu 4, rosa oder weiß.

Für uns wichtig die var. **caudicifera** Gray, welche staudig ist und bis 1,5 cm lange Blätter besitzt, sie ist im Kaskadengebirge beheimatet.

Hübsches Portulakgewächs mit gleicher Kultur wie *Lewisia nevadensis*. Vermehrung durch Aussaat. Kultur in voller Sonne in durchlässigem Boden. Hin und wieder erhält man Übergangsformen zur var. *umbellata*, die nicht so kompakt und dauerhaft sind.

Stachys L., Ziest, Labiatae

Etwa 200 Arten, in den gemäßigten Zonen weit verbreitet. Kräuter, seltener Halbsträucher oder Sträucher mit ganzrandigen oder gezähnten, kreuzgegenständigen Blättern. Blütenquirle zwei- bis vielblütig, achselständig oder zu endständigen Ähren zusammengedrängt. Blüten purpurn, scharlachrot, gelb oder weiß, meist klein.

S. corsica Jacq. Korsika, Sardinien: an den Küsten, oft gemeinsam mit *Morisia*. Mai–Oktober. Dichte, 2 cm hohe Matten bildend. Blätter löffelförmig, hellgrün, etwa 10 mm lang. Blüten bis 15 mm lang, weißlichrosa mit rosa Punkten auf der Unterlippe, dicht den Matten aufliegend.

Hübscher Bodendecker für geschützte Beete und das Alpinenhaus, in strengen Wintern im Freien leidend. Gut über Blumenzwiebeln. Vermehrung durch Teilung leicht.

S. saxicola Cosson. Marokko: in Kalkfelsen, bis 1500 m Juli–August. An eine kleine Taubnessel oder *Marrubium supinum* erinnernd, doch noch etwas filziger. Blätter eiförmig-herzförmig und 1–2 cm breit. Blüten in kurzen Ähren, hellrosa.

Daneben gibt es sicherlich noch einige andere kulturwürdige Arten. Leider wird gerade bei den Labiaten wenig gesammelt und in Kultur genommen, dadurch ist diese Pflanzenfamilie in unseren Alpinenhäusern unterrepräsentiert, obwohl viele Arten herrlich weißfilzige Blätter besitzen.

Stackhousia Sm., Stackhousiaceae

Etwa 25 Arten in Australien und Neuseeland, 1 Art nordwestlich bis zu den Sundainseln, den Philippinen und Mikronesien ausstrahlend. Meist dichte, polsterbildende Stauden mit rundlichen Blättern und kleinen Nebenblättern. Blüten 5teilig, mit einer mehr oder weniger langen Röhre, süß duftend.

S. pulvinaris F. Muell. Australische Alpen, Tasmanien: auf feuchten Stellen der subalpinen und alpinen Stufe, meist im Grasland. Juni. Kahle, starkverzweigte, matten- bzw. polsterbildende Staude bis 5 cm. Blätter dichtstehend, hellgrün, schmal-eilänglich, fleischig, bis 5–10 × 1–2 mm. Blüten 5teilig, 8–10 mm groß, hellcremgelb, stark duftend.

Saatgut dieser Art läuft auf und ergibt langsam flache Polster. Kultur am besten in kleinen Moorbeeten mit leichtem Winterschutz. Auf Neuseeland kommt *S. minima* Hook. f., die sehr ähnlich ist, vor.

Staehelina L., Compositae

6 Arten im Mittelmeergebiet. Kleine, polsterbildende Sträucher. Blätter wechselständig, ganzteilig oder gefiedert, lederig. Köpfchen in endständigen, zusmmengesetzten Scheindolden, selten einzeln. Köpfchen nur Röhrenblüten enthaltend, rosa bis purpurn.

S. uniflosculosa Sibth. et Sm. SW-Balkan: im Gebirge, auf Felsen. Juni–Juli. Bis 50 cm hoher, dichtzweigiger Strauch. Blätter oval, 15–40 × 10–18 mm, gezähnelt, oberseits dunkelgrün, unterseits weißfilzig. Köpfchen zu 1–2, 1–1,5 cm breit, rosa.

Trockenheitsliebendes Sträuchlein von leichter Kultur, nur in rauhen Lagen etwas Schutz benötigend. Vermehrung durch Aussaat.

Stellaria L., Sternmiere, Caryophyllaceae

Etwa 85 Arten, über die gesamte Erde verbreitet. Ein- oder mehrjährige Kräuter mit gegenständigen, grasartigen bis herzförmigen Blättern. Blüten einzeln oder in Trugdolden, weiß, 4–5teilig, Blütenblätter tief gespalten. Staubblätter 10. Frucht eine Kapsel.

S. roughii Hook. f. Neuseeland (S-Insel): in Schutthalden, 1000–2000 m. Mai–Juni. Stark verzweigte Staude mit zerbrechlichen Trieben und fleischigen Blättern. Blätter 8–12 × 2–4 mm, eilanzettlich, bräunlichgrün. Blüten 8 mm breit, weiß, wenig auffällig.

Durch die Farbe sehr auffallende Polsterpflanze, die aber in Tieflandkultur sehr hungrig gehalten werden muß, damit sie nicht auswächst und mastig wird. Kultur in sehr schotterigem Substrat, unter leichtem Schutz, in voller Sonne. Vermehrung durch Aussaat.

Streptocarpus Lindl., Drehfrucht, Gesneriaceae

Etwa 100 Arten, überwiegend in S-Afrika. Äußerst unterschiedlich gebaute Kräuter, die angeführte Art zu jener Gruppe gehörend, wo sich eines der beiden Keimblätter zu einem, dem einzigen Blatt weiterentwickelt. Die Blüten erscheinen aus dem basalen Teil der Mittelrippe. Blüten zweiseitig symmetrisch, in eine Ober- und Unterlippe gegliedert. Kapsel gedreht.

S. pusillus C. B. Clarke. Natal: Drakensberge, bis 2600 m steigend, immer im Schutz von großen Felsen oder Felshängen. Mai–September. Blatt einzeln, elliptisch, 7 × 3,5 cm in der Natur, bis 15 cm in Kultur. Blüten reinweiß, trompetenförmig, 2 cm lang, zu 10–20 an 8 cm langen Schäften.

Hochsteigende Formen dieser Art sind mit großer Sicherheit im frostfreien Alpinenhaus hart. Vermehrung durch Aussaat. Kultur wie die der anderen halbharten Gesneriaceen.

Sternbergia Waldst. et Kit., Sternbergie, »Goldkrokus«, Amaryllidaceae

5 Arten im Mittelmeergebiet und dessen Ausstrahlungen. Zwiebelpflanzen mit schmalen, bandförmigen, glänzendgrünen oder blaubereiften Blättern, die mit oder nach den Blüten erscheinen. Blüten gestielt, seltener sitzend, gelb oder selten weiß, ähnlich *Crocus*, aber mit 6 Staubbeuteln.

S. candida Mathew et Baytop. S-Türkei (Fethiye, Mugla vilayet): in Gesträuch und zwischen Felsen am Rand von Zedernwäldern. Februar–April. Einzige weißblühende Sternbergie, erst 1976 von Oleg Polunin entdeckt, aber schon im Handel. Ähnlich *S. fischeriana*, aber weiß, mit breiten Perianthsegmenten, duftend.

Alpinenhaus oder Zwiebelkasten, sehr durchlässig und im Sommer mit strenger Ruhezeit.

S. clusiana Ker-Gawl. ex Schult. S-Türkei bis Israel, östlich bis Iran: auf steilen, felsigen Hängen und in Steppen. September–Oktober. Blüten bis 7 cm lang (die größten der Gattung!), meist goldgelb, zur Blütezeit blattlos. Fruchtknoten auf Erdniveau oder darunter, erst zur Fruchtzeit durch den wachsenden Schaft emporgehoben. Blätter sich im Laufe des Winters entwickelnd, graugrün, bis 2 cm breit.

Im Steinbeet gut hart und regelmäßig blühend. Vermehrung durch Aussaat möglich.

S. colchiciflora Waldst. et Kit. Von Jugoslawien bis zur Krim, Kaukasus und Iran: trockene Hügel. August–September. Blüten sehr klein, kaum 3 cm groß, hellgelb, ganz am Boden sitzend, Fruchtknoten im Boden, zur Blütezeit blattlos. Blätter sich im Laufe des Winters entwickelnd, bis 7 cm lang, gedreht, schmal, dunkelgrün. Fruchtkapsel mit den Blättern emporwachsend.

Oft nicht (oder scheinbar nicht!) blühend, dann im Frühjahr durch die vorhandenen Kapseln zeigend, daß unter der Erde geblüht wurde!

S. fischeriana (Herb.) Rupr. Kaukasus, Iran, Usbekistan: steinige Hänge. März–April. Blüten bis 4 cm lang, leuchtendgelb, mit den graugrünen Blättern gleichzeitig erscheinend. Ähnlich *S. lutea*, aber frühlingsblühend.

Leicht zu ziehen, mit geringem Schutz, aber spärlichblühend, braucht sehr trockene Sommer. Von dieser Art wurde im Gulestan-Naturschutzgebiet im Iran eine gefüllte Form gefunden.

S. lutea Ker-Gawl. ex Spreng. Spanien und Algerien bis Iran und Z-Rußland. September–Oktober. Blüten 5 cm lang, an oft bis 15 cm langen Stielen. Nach der Breite der glänzendgrünen Blätter werden 2 Unterarten unterschieden:
ssp. **lutea** besitzt über 5 mm breite Blätter, ssp. **sicula** (Tineo ex Guss.) D. A. Webb (*S. sicula* var. *graeca* Hal.) aus S-Italien, Sizilien und Griechenland, besitzt Blätter mit 3–5 mm Breite.

Leichteste Art. Wichtig ist, daß die Blätter gut durch den Winter kommen, deshalb ist in rauhen Lagen eine dicke, aber luftige Decke, z. B. aus Kiefernnadeln, ratsam. Vermehrung durch Teilung oder Aussaat. Im Handel sind oft Klone, die zwar gut gedeihen, vor allem sich teilen, aber schlecht blühen.

Die botanische Bearbeitung von *S. lutea* ist noch unbefriedigend. Die Blattbreite allein scheint nicht als Differenzierungsmerkmal auszureichen. Gärtnerisch interessant ist, daß die Blattentwicklung zur Blütezeit von verschiedenen Aufsammlungen sehr unterschiedlich ist, manche Sternbergien blühen faktisch ohne Blätter, andere mit sehr weit entwickelten.

Stylidium Sw., Stylidiaceae

Etwa 100 Arten in Australien. Kräuter oder Halbsträucher mit ungeteilten Blättern. Krone 5teilig, Staubblätter mit dem Griffel zu einer reizbaren Säule verwachsen, die deutlich sichtbare, rasche Bewegungen vollführt.

S. graminifolium Sw. Neusüdwales, Tasmanien: von tiefen Lagen bis in die subalpine Zone. Juni–Juli. Dichte Rosetten grasartiger Blätter, je nach Form verschieden lang: die nicht harten Pflanzen besitzen bis 30 cm lange, die harten (alpine Form) nur bis 7 cm lange Blätter, die Blütenstände erreichen 50 respektive 20 cm Höhe. 4 der 5 Petalen rosarot gefärbt, das fünfte, die Lippe, nach unten weisend und grün. Geschlechtsorgane miteinander verwachsen, die Säule bildend, an deren Spitze 2 fruchtbare Staubbeutel und die Narbe. Säule S-förmig gekrümmt und über die Lippe nach unten hängend. Wird der Säulengrund berührt, so schnellt die Säule plötzlich nach oben. Nach einigen Minuten geht die Lippe wieder in die Ausgangslage zurück und man kann die Bewegung wiederum, und das einige Male hintereinander, induzieren.

Die »Grass Triggerplant« ist in allen durchlässigen, nährstoffreichen Substraten leicht zu ziehen. Die Vermehrung erfolgt am besten durch Aussaat, die ersten Blüten erscheinen im Jahr nach dem Aufgang. Junge Sämlinge blühen auch zu anderen Zeiten des Jahres.

Synthyris Benth., Scrophulariaceae

15 Arten in den Gebirgen des westl. N-Amerika. Blätter zumeist grundständig, rundlich, langgestielt, oder tief fiederteilig. Blüten an die der Gattung *Wulfenia* erinnernd, blau, rosa oder weiß.

S. pinnatifida S. Wats. Westl. USA. April–Mai. Rosettenstaude. Blätter langgestielt, im Umriß rundlich bis oval, zweifach gefiedert, bei var. **pinnatifida** grünlichgrau, bei var. **canescens** (Pennell) Cronqu. grau und bei der begehrten var. **lanuginosa** (Piper) Cronq. dicht weißfilzig. Blüten zu vielen in bis 15 cm hohen Blütenständen, reinblau.

S. pinnatifida var. *lanuginosa* eignet sich nur für die Kultur im Alpinenhaus, da sie zu jeder Zeit des Jahres Schutz vor Nässe benötigt. Blüten werden zwar jedes Jahr im Herbst, erkenntlich an weißfilzigen Knospen im Zentrum der Rosette, angelegt, haben sich aber in den vielen Jahren, die ich diese Pflanze gezogen habe, erst einmal im Frühjahr weiterentwickelt und ihre hellenzianblauen Blüten gebracht. Anderen Pflegern geht es ebenso, und der Grund ist unbekannt. Vielleicht darf auch diese Pflanze während des Winters nicht zu trocken gehalten werden, kultiviert man aber feuchter, so tritt gerne Grauschimmel auf. Vermehrung durch Aussaat. Die Pflanze ist selbstfertil, denn ich konnte nach der einmaligen Blüte reichlich Samen ernten.

Talinum Adans., Portulacaceae

Etwa 30–40 Arten in den trockenen, wärmeren Teilen von N-Amerika, einige in Asien und Afrika. Kahle Stauden mit verdickten, fleischigen Wurzeln und geschindelten, runden, wechsel-, selten gegenständigen, linealischen Blättern ohne Nebenblätter. Mittelrippen dauernd und z. T. dornig. Blüten zu wenigen bis vielen in lockeren Trauben. Sepalen 2, Petalen 5 (–6–7), weiß bis rot oder magenta. Staubbeutel 15–30.

T. okanoganense English (*T. wayae* Eastw.). Washington und südl. British Columbia: auf felsigen, ausgesetzten Hängen. Juni–Juli. Kahle Staude mit zahlreichen, verzweigten, fleischigen, 1,5–3 mm dicken, dem Boden anliegenden Trieben. Blätter tropfenförmig, bis 12 mm lang, abfallend bis auf den verholzten Basalteil der Mittelrippe. Blüten zu (1–) 3–9 in ausgebreiteten Trugdolden. Blütenblätter 6–8 mm lang, weiß, selten gelblich oder rosa.

Sehr hübsche und durch die rote Herbstfärbung nochmals auffallende, kaum 2 cm hohe Polsterpflanze. Vermehrung durch Aussaat leicht.

T. spinescens Torr. (*Claytonia spinescens* Kuntze). Z-Washington: auf felsigen (Basalt) Stellen mit kleinen Sträuchern. Juni–September. Dichte, dornige, bis 15 cm breite und 6–7 cm hohe Polster. Triebe fleischig, bis 8 mm dick. Blätter fleischig, grün, linear, bis 15 mm lang, abfallend, bis auf den verholzten, abstehenden, stark dornigen Basalteil der Mittelrippe. Blüten zu 10–25 in bis 15 cm hohen Trugdolden. Petalen hell- bis tiefrosa oder leuchtend karminmagenta.

Sehr schön und meist in den dunkelfarbigen Formen in Kultur. Vermehrung durch Aussaat.

Der Bastard zwischen den beiden oben genannten Arten ist als *T.* 'Zoe' im Handel. Er erinnert im Wuchs an *T. okanoganense*, besitzt aber 15 mm breite, rosafarbige Blüten. Sehr schön und lange blühend. Vermehrung durch Stecklinge.

Tapeinanthus Herb., Amaryllidaceae

Monotypische Gattung:

T. humilis (Cav.) Herb. (*Pancratium humile* Cav., *Lapiedra gracilis* Baker, *Narcissus humilis* (Cav.) Traub, *Carragnoa humilis* (Cav.) Gay, *Braxireon humilis* (Cav.) Rafin., *Amaryllis exigua* Schousb.) SW-Spanien und N-Afrika: Grasland und lichte Wälder. Oktober. Zwiebel ähnlich einer kleinen Narzissenzwiebel. Blüten ohne Blätter, Schaft bis 10 (–15) cm hoch, 1 (–2)blütig. Blüten gelb, etwa 2 cm breit, mit schmalen und fast bis zur Basis freien Segmenten. Nebenkrone aus einem kleinen Rand oder 6 Schuppen (< 1 mm) bestehend. Blätter meist 2, sehr schmal und fädig, an die von *Narcissus bulbocodium* erinnernd.

In botanischen Gärten hin und wieder in Kultur, aber sehr selten blühend. Kultur am besten in Töpfen, die während des Sommers sehr trocken gehalten werden. Gute Ausreife der Zwiebeln ist die wichtigste Voraussetzung für die Blüte. Selten umpflanzen, da sie die Beengung durch den Topf lieben. Vermehrung durch Teilung. Braucht guten Schutz und sollte in rauhen Gebieten besser im frostfrei gehaltenen Alpinenhaus gezogen werden, damit die Blätter gut durch den Winter kommen. Zwiebeln, die geblüht haben, bilden oft keine Blätter.

Tchihatchewia Boiss., Cruciferae

Monotypische Gattung:

T. isatidea Boiss. O-Türkei, Irak. Mai. Bis 30 cm hoch. Monokarpe Staude. Blätter länglich-linealisch zugespitzt, entfernt-gesägt, die oberen schmäler und ganzrandig, grau behaart. Blüten in zuerst kopfigen, sich später streckenden Trauben, 15 mm breit, hellviolett, süß duftend. Schötchen verkehrt-eiförmig, nicht aufplatzend, flach, einsamig, breit geflügelt.

Diese Art stirbt immer nach der Blüte ab und bildet nicht immer Früchte aus. Die Kultur muß feuchtigkeitsgeschützt im Alpinenhaus durchgeführt werden. Die Pflanzen können manchmal schon im Jahr nach dem Aufgang blühen, es kann aber auch 2–3 Jahre dauern. Die Substrate müssen sehr steinig und durchlässig sein, bei Düngung werden die Pflanzen sehr empfindlich gegen Grauschimmel. Vermehrung nur durch Aussaat. Herrliche Pflanze, die mit ihrem Duft selbst große Alpinenhäuser erfüllen kann.

Tecophilaea Bert. ex Colla, Haemodoraceae

2 Arten in Chile. Knollenpflanzen mit 2–3 grundständigen Blättern. Blüten zu 1–2 (–10 bei *T. violiflora*), trichterförmig.

T. cyanocrocus Leyb. Chile (Cordillera de Santiago): auf steinigen, winters schneebedeckten Hängen, um 3000 m. März–April. Knolle mit feiner, seidiger Hülle. Blätter 1–2. Blütenstiele bis 10 cm hoch, 1–2blütig. Blüten trichterförmig, mit breiten Abschnitten, 3 cm breit, leuchtend dunkelblau. Dazu 'Leichtlinii', hellblau mit großem Auge, 'Violacea', purpurn.

Tecophilaea sind im Laub frostempfindlich und nur dann zu empfehlen, wenn man ihnen mit einem frostfrei gehaltenen Alpinenhaus ideale Kulturbedingungen bieten kann. Sie können auch durch Trockenhalten im Austrieb verzögert werden. Die Substrate sollen durchlässig, aber nährstoffreich sein. Vermehrung durch Nebenknollen und Aussaat, Samen werden nach Handbestäubung gut angesetzt. Die Art ist an den heimatlichen Standorten durch das Sammeln ausgerottet worden. Knollen sind im Handel, aber recht kostspielig und sollten nur bezogen werden, wenn man optimale Bedingungen zur Verfügung hat.

Teucrium L., Gamander, Labiatae

Mehr als 100 Arten in den wärmeren und gemäßigten Gebieten der Erde. Stauden, Halbsträucher oder Sträucher mit gegenständigen Blättern. Blütenquirle 2-, selten mehrblütig, achselständig, ährig, kopfig oder traubig. Blüten ohne Oberlippe.

T. aroanium Orph. ex Boiss. (*T. arvanicum* auct., *T. aroanicum* hort.). Griechenland. Mai–Juni, aber auch zu anderen Zeiten des Jahres. Sprosse niederliegend, reichverzweigt und wurzelnd, dichte Matten bildend. Blätter verkehrt-eiförmig bis eiförmiglänglich, oberseits etwas haarig, unterseits dichtfilzig. Kelch dicht drüsig. Blütenkronen 15–20 mm, rosa.

Sehr schöne Art, die in Trögen, intensiv gepflegten Anlagen usw. gut gedeiht, aber nach feuchten Wintern schlecht aussieht. Vermehrung: Stecklinge, Teilung.

T. pyrenaicum L. N-Spanien, SW-Frankreich: Felsen, Schutthalden und Bergwiesen, etwas kalkliebend. Juni–Juli. Niederliegende Matten, 3–5 (–30) cm hoch. Blätter bis 25 mm groß, beinahe kreisrund, gezähnt, mit einer keilförmigen Basis. Blüten in endständigen Köpfen. Kelche 10–12 mm. Blüten weißlich oder weiß mit purpurn. In trockenen Gebieten gut hart, in feuchten Lagen besser unter Nässeschutz.

T. rotundifolium Schreb. Spanien: Felsspalten und Schutthalden. Juni–Juli. Ähnlich *T. pyrenaicum*, aber mehr verzweigt und niedriger. Blätter nur bis 15 mm groß. Kelch unter 10 mm lang, Blüten purpurn oder weiß.

T. subspinosum Pourr. ex Willd. Balearen. Juni–Juli. Kleinstrauch, 20 (–50) cm hoch, aber mehr in die Breite wachsend. Haupttriebe dick, Nebentriebe schlank, schlanke, blattlose Dornen bildend. Blätter 1–6 mm lang, sehr schmal. Blütenstände wenigblütig. Blüten 8 mm groß, rosa.

Sehr hübsche Art für geschützte Steinbeete oder das Alpinenhaus für trockene Standorte und durchlässige Böden. Vermehrung durch Teilung, Stecklinge oder Aussaat. Hübsch durch die Kombination aus Grau und Rosa.

Thymus L., Thymian, Quendel, Labiatae

300–400 Arten im temperierten Europa und Asien, vor allem im Mittelmeergebiet. Aromatische Stauden, Halbsträucher oder Sträucher mit kriechenden oder aufrechten Sprossen, zumeist wenigstens am Grunde verholzend. Blätter gegenständig, klein, ganzrandig. Scheinquirle 1- bis vielblütig, häufig am Ende des Sprosses kopfig gedrängt, teilweise durch auffällige Hochblätter gestützt. Krone zweilippig, Staubbeutel 4. Blütezeit Ende Mai–Juli.

T. caespititius Brot. (*T. micans* Soland. ex Lowe). Portugal, NW-Spanien, Azoren. Polsterförmig, mit verholzten, kriechenden Trieben. Blütentriebe straff aufrecht, 2–

7 cm hoch. Blätter bis 8 × 1,7 mm. Blütenstände locker mit 2blütigen Scheinquirlen. Kelch 3–4 mm lang. Krone 6–14 mm lang, purpurrosa oder weißlich.

T. capitatus (L.) Hoffmgg et Link (*Satureja capitata* L., *Coridothymus capitatus* (L.) Rchb. f.). Mittelmeergebiet, Portugal. Zwergiger Strauch, bis 20–50(–150) cm hoch, mit aufrechten, holzigen Trieben. Blätter 6–10 × 1–1,2 mm, sitzend, lineal. Blütenstände eilänglich bis kegelig. Kelch 5 mm. Krone 10 mm, purpurrosa.

T. cephalotus L. Portugal. 20–30 cm hoch, mit aufstrebenden oder aufrechten, holzigen Trieben. Blätter 7–10 × 0,5–1 mm, linear. Blütenstände eilänglich bis kegelig, bis 4 cm lang, mit auffälligen, 20 × 10 mm großen, purpurnen Hochblättern. Kelch 5–7 mm. Krone 15 mm, purpurn.

T. cilicicus Boiss. et Bal. Türkei: Kilikien. Niederliegendes, verholztes Halbsträuchlein mit 3–15 cm hohen, aufrechten Blütentrieben. Blätter 7–10 × 0,8–1,5 mm, lanzettlich bis nadelförmig. Blütenstände kopfig, 3 × 1,5 cm groß. Kelch 3,5–5 mm. Krone 5–6,5 mm, lilapurpurn.

T. comosus Heuff. ex Griseb. et Schenk. Gebirge von W- und Z-Rumänien. Triebe halbaufrecht oder kriechend, an der Basis verholzt. Blütentriebe 5–15 cm. Blätter 17 × 9 mm, breit-eiförmig oder rhombisch-eiförmig. Blütenstände bis 7 cm hoch, kopfig bis zylindrisch. Kelch 4–5,5 mm. Krone 8–9 mm, purpurn.

T. leucotrichus Halacsy. Griechenland. Kriechend. Blätter 6–10 × 1–1,5 mm, lineal-lanzettlich, bedeckt mit langen und kräftigen Haaren. Blütenstände kopfig. Kelch 4,5–5,5 mm. Krone 6 mm, purpurrosa.

T. longiflorus Boiss. Spanien. 10–30 cm hoher, reichverzweigter Halbstrauch mit aufstrebenden oder aufrechten Trieben. Blätter (6–) 8–12 (–15) × (0,5–) 0,8–1 mm, linear. Hochblätter auffällig, 13 × 8 mm groß, purpurn. Kelch 5–7 mm. Krone 15 mm, purpurn.

T. membranaceus Boiss. SO-Spanien. Ähnlich *T. longiflorus*, aber Hochblätter häutig und weißlich und Krone weißlich.

Neben den genannten Arten gibt es sicher noch eine Anzahl weiterer, kulturwürdiger Arten, die alle in sommertrockenen Lagen auch ohne jedweden Schutz durchkommen. In feuchteren Gebieten empfiehlt es sich bei den angegebenen Arten zuerst Versuche mit der Härte durchzuführen. Schlecht sind immer feuchte Herbste, die das Verholzen dieser Halb- und Kleinsträucher verhindern. Vermehrung leicht durch Stecklinge oder Aussaat.

Townsendia Hook., Asteraceae

Etwa 20 Arten von Kanada bis Mexiko, davon 1 Art in Mexiko endemisch, 2 Arten sowohl in den USA, als auch in Mexiko. Niedrige Pflanzen mit rosettig gestellten, linealischen oder spateligen, ganzrandigen, kahlen oder lang behaarten Blättern und großen, asternähnlichen Blütenköpfen, gestielt oder sitzend, weiß, rosa oder lila.

T. alpigena Piper ssp. **minima** (Eastw.) Dorn. Westl. USA (von Nevada nach Osten). April–Mai. 2 cm. Blätter spatelförmig, bis 15 × 5 mm. Blüten vollkommen sitzend, 12 mm breit, hellrosalila.

T. exscapa (Richards.) Porter (*T. sericea* Hook., *T. wilcoxiana* A. Wood non hort.). Kanada bis Mexiko. April–Mai. Blätter schmal, grau, bis 70 × 10 mm, stark angepreßt behaart. Blütenknospen schon im Herbst sehr deutlich zu sehen. Blütenköpfe vollkommen sitzend, bis 5 cm groß, weißlichrosa bis rosa.

Schönste Art. Die in Gartenkultur befindliche Form ist etwas kompakter als wildgesammelte Herkünfte.

T. florifera ((Hook.) Gray. USA (Washington bis Utah). Mai–Juni. Immer 2jährig. Blätter spatelförmig, haarig. Schäfte bis 10 cm. Blütenköpfe bis 4 cm breit, lavendelblau bis rosa.

T. grandiflora Nutt. Westl. USA. Mai–Juni. Immer 2jährig. Blätter linealisch, gräulich. Schäfte bis 20 cm. Blütenköpfe bis 6 cm breit, violett.

T. hookeri Beaman. Westl. USA. April–Mai. Kompakt und ähnlich *T. exscapa,* aber Blüten kleiner, rosa bis violett und Hüllschuppen anders gestaltet.

T. parryi D. C. Eaton. Westl. N-Amerika. Mai–Juni. Staudig, wenn im Sommer trocken, sonst ähnlich *T. grandiflora.*

T. rothrockii Gray ex Rothrock (*T. wilcoxiana* hort.). USA (Colorado). Mai. Blätter spatelförmig, unbehaart. Blüten ganz kurzgestielt, mit gelber bis rotbrauner Scheibe und violetten Zungenblüten, etwa 3 cm breit. Hüllkelch gewimpert, rotspitzig. Hübsch und altbekannt.

Townsendien sind im großen und ganzen kurzlebig und müssen immer wieder durch Aussaat vermehrt werden. Keimfähige Früchte erhält man nur, wenn die Pflanzen nach der Blüte sehr trocken und vor Feuchtigkeit geschützt gehalten werden. Dies ist auch das Rezept, um z. B. *T. exscapa* oder *T. hookeri* nach der ersten Blüte weiter am Leben zu erhalten. Da die meisten Arten fleischige Wurzeln besitzen, ist es auch angebracht, den Wurzelhals mit einer Schottermanschette zu umgeben. Im Alpinenhaus, wo die Luft in vielen Fällen doch etwas mehr steht, kommt es auch zu Grauschimmelbefall nach der Blüte. Es sollte soviel wie möglich gelüftet werden, eine Spritzung ist sinnlos, da die Botrytismittel nicht im absterbenden Gewebe wirken können.

Tracheliopsis Buser, Campanulaceae

5 Arten im Mittelmeergebiet. Stauden mit überlappenden, sitzenden Stengelblättern. Blütenstand eine vielblütige, mehr oder weniger dichte oder lockere Scheindolde, selten wenig- oder einblütig. Kelch ohne zwischen den Zipfeln sitzenden Anhängseln. Krone eingeschnitten, meist bis zur Mitte, trichterförmig bis zylindrisch.

T. myrtifolia (Boiss. et Heldr.) Schwarz et Davis (*Campanula myrtifolia* Boiss. et Heldr., *Trachelium myrtifolium* (Boiss. et Heldr.) Boiss., *Tracheliopsis tauricum* Contandr. et al.) S-Anatolien: in senkrechten Kalkfelsen, 1070–2100 m. Mai–Juni. Zwergige Polsterstaude mit verholztem Grund. Triebe zahlreich, aufrecht, 1,5–3 (–4) cm hoch. Blätter klein, sitzend, elliptisch bis eiförmig-elliptisch, 2–6 × 1–4 mm, striegelhaarig. Blüten klein, 5- oder 4teilig, einzeln oder zu 2–5. Krone lavendelblau oder selten weiß, schmal zylindrisch bis -trichterförmig, 7–8 mm breit.

Von ähnlicher Kultur wie *Trachelium asperuloides,* nur für das Alpinenhaus, bei intensiver Pflege. Vermehrung durch Aussaat und Stecklinge im frühen Frühling.

Trachelium L., Campanulaceae

7 Arten im Mittelmeergebiet. Stauden oder Halbsträucher. Blüten in Doldentrauben, seltener einzeln, achselständig. Krone schmalröhrenförmig mit 5 kurzen Abschnitten. Staubfäden vom Grunde an fadenförmig, kahl. Griffel kahl oder fast kahl, lang aus der Krone herausragend, unter der Narbe kurz verdickt. Kapsel sich durch 2–3 Poren am Grunde öffnend.

T. asperuloides Boiss. et Orph. (*Diosphaera asperuloides* (Boiss. et Orph.) Buser). S-Griechenland (Aroania Oros): Felsspalten. Mai–Juni. Polsterförmige Staude, bis 4 cm hoch, mit einer kräftigen Wurzel. Blätter bis 5 mm lang, fast rundlich bis eiförmig-spatelig, ganzrandig. Blüten zu 1–5 in den Achseln der oberen Blätter. Krone hellblau. Röhre etwa 6 mm lang.

Hübsche Polsterpflanze für die Kultur im Alpinenhaus, am besten in kalkreichem, durchlässigen Material in voller Sonne. Vermehrung durch Stecklinge relativ leicht. Nach der Blüte ist ein Rückschnitt (wie ein Haarschnitt) durchzuführen. Im Sommer treten bei großer Trockenheit Spinnmilben auf, die bekämpft werden müssen.

Tradescantia L., Dreimasterblume, Commelinaceae

Je nach Abgrenzung zwischen 30 und 100 Arten in Amerika. Aufrechte oder niederliegende Stauden, teilweise mit fleischigem Wurzelstock. Blätter wechselständig, ovallanzettlich bis linealisch. Blütenstände mit oft laubblattähnlichen Hochblättern, endständig oder zuweilen auch in den Achseln der oberen Blätter. Blüten mit 3 Blütenblättern und 6 fruchtbaren Staubblättern.

T. longipes E. Anderson et Woodson. USA (Z-Montana): auf trockenen Hügeln. April–Mai. Sprosse sehr kurz, kaum länger als 5 cm, dichthaarig von weichen, abstehenden, aber nicht drüsigen Haaren. Blätter bis 20 cm × 5–10 mm, genauso haarig wie der Sproß. Blütenstände endständig. Blütenstiele 4–6 cm lang. Sepalen mit drüsigen Haaren, 8–10 mm lang. Blütenblätter rosa bis blau, 10–15 mm lang.

Außerordentlich schöne Pflanze für die Kultur im Alpinenhaus, Kasten und Steinbeet. Austrieb erfolgt bereits im Herbst. Blätter zur Blütezeit noch nicht vollkommen ausgewachsen, jeden Tag im Zentrum der Rosette mit zahlreichen Blüten! Vermehrung durch Aussaat oder Teilung im Spätsommer. Kultur in jedem durchlässigen, nicht zu nährstoffarmen Boden leicht. Die Pflanze ist selbststeril. Nahe verwandt und genau so schön, aber in Liebhaberkreisen in den USA nicht in Kultur, ist *T. thorpii* E. Anderson et Woodson, aus SW-Montana bis Z-Kansas und NO-Texas, mit Sepalen ohne Drüsenhaare.

Trifolium L., Klee, Leguminosae

Etwa 300 Arten in den gemäßigten und subtropischen Gebieten der nördl. Halbkugel, wenige in den Gebirgen des trop. Afrika und Amerika, sowie im außertrop. S-Amerika. Stauden, selten Einjährige, meist mit kräftiger Pfahlwurzel. Blätter fast stets dreizählig, selten gefiedert. Blüten in Köpfen oder kurzen Ähren.

T. macrocephalum (Pursh) Poir. Westl. USA (Kalifornien, Nevada), Britisch Kolumbien: auf trockenen Hängen, 600–800 m. April–Mai. Mattenbildende Staude mit bis

30 cm langen, am Boden liegenden Trieben, aus einer kräftigen Pfahlwurzel. Blätter 5–9blätterig, Blättchen keilförmig-eilänglich bis verkehrt-eiförmig, 8–20 mm lang. Köpfe 2,5–4 cm breit. Blüten purpurn bis rosa, 2–3 cm lang.

T. nanum Torr. USA (Montana bis New Mexico und Utah): alpine oder subalpine, steinige Hänge. April–Mai. Dicht mattenbildende Staude mit 1–3 cm langen Sprossen. Blattstiele 5–20 mm lang. Blättchen 3, verkehrt-eiförmig, 5–15 mm lang. Köpfchen 1–4blütig. Blüten 15–22 mm lang, lilapurpurn, im Alter bräunlich werdend.

T. uniflorum L. Östl. Mittelmeergebiet, westl. bis Sizilien: trockene Wiesen und steinige Plätze. April–Mai. Pfahlwurzel kräftig, verholzt. Sprosse 1–3 (–6) cm lang, niederliegend. Blättchen 3, rundlich, 4–10 mm groß. Blattstiele 10–30 (–70) mm. Blütenstiele 1–7 mm. Krone (12–) 15–20 (–27) mm, weiß, creme, purpurn oder verschiedenfarbig. Fahne stark zurückgekrümmt.

Auch andere Arten werden angeboten, Vermehrung nur durch Aussaat. Oft sehr langlebig. Kultur in sehr durchlässigem, schotterigen Material, *T. macrocephalum* nur ausgepflanzt, die beiden anderen auch in entsprechend großen Töpfen.

Trillium L., Dreiblatt, Liliaceae

Etwa 50 Arten vom Himalaja über Japan, Kamtschatka bis N-Amerika. Langlebige Stauden mit unterirdischem Rhizom. Blätter zu dritt, 3 Kelch- und 3 Blütenblätter, weiß, gelb, rosa, dunkelrotbraun. Frucht eine fleischige, vielsamige Beere.

T. nivale Riddell. Östl. USA (Philadelphia bis Minnesota, südl. bis Kentucky und Missouri). März–April. Blätter sehr früh erscheinend, leuchtendgrün, 5–12 cm hoch. Blüten kurzgestielt, 2,5–4 cm breit, reinweiß.

Die Art blüht bereits sehr früh und zieht schon im Juni–Juli wieder ein. Sie kommt auf sehr durchlässigen Kalkschotterböden vor und verträgt als einziges *Trillium* Kalk. Kultur in gut gepflegten Steingärten, aber auch ideal für den Topf. Vermehrung durch Aussaat oder Teilung. Wie alle *Trillium* selbststeril, Samen bereits nach einem Winter keimend.

Triteleia Dougl., ex Lindl., Liliaceae

Etwa 16 Arten im westl. N-Amerika. Zwiebelpflanzen, sehr nahe mit *Brodiaea* verwandt und unterschieden durch 6 fruchtbare Staubblätter. Blätter gekielt. Staubblätter am Grund nicht verbreitert.

T. crocea (Wood) Watson. Kalifornien. Juni. 10–30 cm hoch. Blätter 4–12 mm breit. Dolden 4–8–15blütig. Blüten goldgelb oder leuchtendgelb, 14–18 mm lang, an 6–18 mm langen Blütenstielen.

T. bridgesii (S. Wats.) Greene. USA (Oregon bis Kalifornien). Juni. Bis 30 cm hoch. Dolden bis 30blütig. Blütenstiele bis 6 cm lang. Blüten tief purpurblau, schmal trichterförmig, bis 3,5 × 2,5 cm groß.

T. gracilis Wats. Kalifornien: auf Silikat, 2600–3000 m. Juni. 5–25 cm. Blätter 2–4 mm breit. Dolden 13–30blütig. Blüten safrangelb mit brauner Mittelader, 10–14 mm breit.

T. grandiflora Lindl. Westl. USA: auf grasigen Hängen und felsigen Stellen. Juni. Bis 35 cm hoch. Blütenstiele bis 3 cm lang. Blüten bis 2 × 2 cm, mittelblau, breittrichterförmig.

T. hyacinthina (Lindl.) Greene. Westl. N-Amerika (Britisch Kolumbien bis Kalifornien): auf feuchten, grasigen Stellen. Juni–Juli. Blütenstiele bis 3 cm lang. Blüten 7 × 2 cm, weiß, trichterförmig.

T. ixioides (Ait. fil.) Greene (*Brodiaea lutea* (Lindl.) Mort.). Westl. USA (Kalifornien, Oregon): grasige Plätze. Juni–Juli. Bis 30 cm hoch. Dolde bis 10 cm breit, bis 20blütig. Blütenstiele bis 5 cm lang. Blüten gelb mit einem braunen Streifen, bis 2 cm breit, mit einer 5 mm langen Kronröhre.

T. laxa Benth. Westl. USA (Kalifornien, Oregon): grasige Plätze. Juli. Bis 40 (–50) cm hoch. Dolden vielblütig, bis 15 cm breit. Blütenstiele bis 8 cm lang. Größtblütigste Art, Blüten bis 4 cm × 3 cm, tiefblau. Durch die langen Blütenstiele oft locker wirkend. Dazu 'Königin Fabiola', bis 50 cm hoch, mit noch längeren Blütenstielen.

T. peduncularis Lindl. N-Kalifornien. Juli. Bis 50 cm hoch. Dolden bis 25 cm breit, vielblütig. Blütenstiele bis 10 cm lang, sehr dünn. Blüten weiß, blau überhaucht, bis 2,5 cm breit, trichterförmig.

T. × tubergenii (*T. peduncularis* × *T. laxa*). Gartenhybride. Juni–Juli. Ähnlich *T. laxa*, innen zartblau, außen dunkler.

Kultur wie *Brodiaea*, Vermehrung durch Abnehmen der Zwiebelbrut bzw. Aussaat. *T. laxa* und *T. × tubergenii* sind unter leichtem Schutz nach meiner Erfahrung gut hart und bestocken sich gut.

Tuberaria (Dunal) Spach, Cistaceae

12 Arten in W- und Z-Europa und dem Mittelmeergebiet. Annuelle oder Stauden mit einer grundständigen Blattrosette. Blütentriebe aufrecht. Blätter mit 3 Adern. Blüten gelb, manchmal mit schwarzem Grundfleck, in endständigen Trugdolden. Sepalen 5.

T. lignosa (Sweet) Samp. Iberische Halbinsel, westl. Mittelmeergebiet, östl. bis SO-Italien: in Gebüsch und Wäldern. April–Mai. Staude, bis 40 cm hoch, mit holziger, verzweigter Basis. Blattrosetten wegerichähnlich. Blätter bis 20–55 × 8–25 mm, verkehrt-eiförmig-lanzettlich bis elliptisch. Blütenstiele unverzweigt. Blüten bis 3 cm breit, gelb.

Für trockene und sonnige Standorte, Vermehrung durch Aussaat. Kultur am besten im Alpinenhaus oder geschützten Steinbeet. Interessant wäre **T. globularifolia** (Lam.) Willk. aus Portugal und NW-Spanien mit 3–5 cm breiten, gelben Blüten, die an der Blütenblattbasis einen dunklen Fleck tragen. Diese Art ist meines Wissens nicht in Kultur.

Ulex L., Stechginster, Leguminosae

Etwa 20 Arten in W-Europa und N-Afrika. Dornsträucher mit gestreiften, in scharfe Dornspitzen endigenden Zweigen. Blätter bis auf den dornigen Blattstiel oder eine kleine Schuppe verkümmert, ohne Nebenblätter. Blüten gelb, in den Achseln der oberen Dornen, mit häutigem, 2lippigen Kelch.

U. minor Roth (*U. nanus* T. F. Forst.). SW-Europa. August–September. Zwergiger, oft am Boden liegender Strauch, deutlich weniger dornig als *U. europaeus*. Blüten bis 8 (–10) mm lang, goldgelb.

Wie auch *U. europaeus* mit seiner gefüllten 'Plenus' braucht *U. minor* Winterschutz, vor allem aber einen sehr kargen Boden, damit die Pflanzen nicht zu mastig werden und dann im Winter leiden. Durch die Herbstblüte (*U. europaeus* blüht im April–Mai, wenn wir sowieso viele Pflanzen in Blüte haben) sehr auffällig. Vermehrung durch Aussaat.

Umbilicus DC., Nabelkraut, Venusnabel, Crassulaceae

Etwa 18 Arten vom Mittelmeergebiet bis W-Asien, Abessinien und Makronesien. Alljährlich einziehende, kahle Stauden mit rundlich-knolligem Wurzelstock. Blätter schild- oder herzförmig, kreisrund, fleischig, in der Mitte vertieft. Blüten meist unscheinbar, in traubigen oder rispig-traubigen Blütenständen.

U. erectus DC. S-Balkan, Kalabrien, NW-Afrika, O-Türkei: an felsigen Plätzen und in Wäldern, 600–2300 m. Juli–August. Blätter nierenförmig, fleischig. Blütenstände bis 30 cm, ährig. Blüten gelb, röhrig, bis 10 mm lang. Härter als folgende Art.

U. rupestris (Salisb.) Dandy (*Cotyledon rupestris* Salisb., *U. pendulinus* DC.). S- und W-Europa, nördl. bis Schottland, NW-Afrika, Kleinasien. Sommer–Herbst. Blätter schildförmig, kreisrund. Blüten nickend, grünlich, oft rötlich gestrichelt, bis 8 mm lang.

Die Pflanzen treiben im Herbst ihre Blätter, behalten sie über den Winter und ziehen dann vollkommen ein. Vermehrung durch Aussaat. Kultur in durchlässigen, schotterigen Substraten, im Alpinenhaus oder Zwiebelkasten (*U. erectus*).

Verbascum L. (inkl. *Celsia* L.), Königskerze, Scrophulariaceae

Rosettenbildende, zwei- bis mehrjährige Kräuter oder Sträucher mit wechselständig beblätterten Trieben. Blüten einzeln oder in trugdoldigen Knäueln, mit 4 (*Celsia*) oder 5 Staubblättern, gelb, lila, rosa, selten weiß.

V. acaule (Bory et Chaub.) O. Kuntze (*Celsia acaulis* Bory et Chaub.). S-Griechenland: Chelmos, Taygetos: 2000–2200 m. Mai–Juni. Lockere, bis 20 cm breite Rosette gestielter, lanzettlicher, grobgesägter, runzeliger Blätter. Blüten zahlreich, einzeln auf bis 10 cm langen Stielen, hellgelb, nur bis mittags während.

Kultur im Alpinenhaus oder Steinbeet. Um den Wurzelhals unbedingt eine Schottermanschette anbringen. Vermehrung durch Aussaat, selten auch durch Stecklinge.

V. arcturus L. (*Celsia arcturus* (L.) Jacq.). Kreta, Kleinasien. Juli–September. Zweijährig bis kurzlebig-staudig. 40–50 cm hoch. Blätter eiförmig bis länglich, gezähnt, die unteren gestielt und leierförmig-fiederspaltig. Blüten in lockeren Trauben, lang gestielt, gelb. Staubfäden violett behaart.

Am besten im frostfreien Alpinenhaus. Vermehrung durch Aussaat. Schön in großen Töpfen in durchlässigem Substrat in voller Sonne.

V. bugulifolium Lam. (*Celsia bugulifolia* (Lam.) Jaub. et Spach). N-Griechenland. Juni–August. Staude mit rosettig gestellten, ovalen oder eirund-länglichen, gezähnten, fast kahlen Blättern. Blüten in Trauben, sehr kurz gestielt, braungelb, dunkler geadert, metallisch glänzend oder metallisch-bläulichgrün, innen purpurn gefleckt oder geadert, am Rande gelb.

Wesentlich härter und im Alpinenhaus oder geschützten Steinbeet möglich. Sonst wie die behaarte *V. arcturus* in Vermehrung und Kultur.

V. dumulosum Davis et Hub.-Mor. SW-Kleinasien (Antalya). Mai–Juni. 30–40 cm hoher, dichtbuschig verzweigter Halbstrauch. Blätter elliptisch, bis 6 × 3,5 cm, dicht graufilzig. Blütenstände sich aus dem oberen Pflanzenbereich entwickelnd. Blüten bis 3 cm breit, leuchtend hellgelb.

Vermehrung durch Aussaat leicht. Kultur am besten im Alpinenhaus oder an entsprechend nässegeschützten Stellen in Steingärten oder unter Dachtraufen. Grauschimmel-empfindlich, wenn die Pflanze naß wird.

V. pestalozzae Boiss. Westl. Kleinasien (Lykischer Taurus). Mai–Juni. Sehr ähnlich *V. dumulosum*, aber Pflanzen graubraunfilzig, Blütenstände von der Sproßbasis entspringend und Blüten dunkelgelb.

V. spinosum L. Kreta. Mai. Niedriger Halbstrauch, bis 25 cm. Blätter dünner als bei *V. dumulosum* und gebuchtet. Triebe graubehaart und gegen das Triebende zu in Sproßdornen umgewandelt, auch die Blütenstandsbereiche verdornend. Blüten nur 1,5–2 cm breit, gelb, in kleinen Rispen oder Trauben.

Im pannonischen Klimagebiet vollsonnig und trocken hart, sonst nur im Alpinenhaus. Vermehrung durch Aussaat oder Stecklinge. Bildet nicht oft keimfähigen Samen.

V. undulatum Lam. S-Jugoslawien, Griechenland, Türkei. Mai–Juli. Zweijährige. Blätter im ersten Jahr herrliche, silbergraue Rosetten bildend, leierförmig eingeschnitten. Blüten hell- bis goldgelb, in von der Basis verzweigten Blütenständen, in trugdoldigen Knäueln, bis 3 cm breit.

Sehr schön im Alpinenhaus. Vermehrung durch Aussaat.

Alle *Verbascum* (inkl. *Celsia*) bastardieren miteinander außerordentlich leicht. Bekannt sind unter anderem: *V.* 'Letitia' (*V. dumulosum* × *V. spinosum*), *V.* 'Golden Dawn' (*V. pestalozzae* × *V. spinosum*), *V.* 'Sunrise' (*V. dumulosum* × *V. pestalozzae* × *V. spinosum*). Alle werden durch Rosettenstecklinge im Spätsommer vermehrt, die nicht blattfeucht gehalten werden dürfen. Besonders in Alpinenhäusern bilden sich auch andere Bastarde, so *V. dumulosum* × *V. pestalozzae*, *V. dumulosum* × *V. phoeniceum*, *V. dumulosum* × *V. undulatum*, *V. acaule* × *V. phoeniceum*, u. v. a., alle sind sehr schön, aber werden wenig verbreitet, da sie unfruchtbar sind und sich teilweise schlecht vermehren lassen.

Veronica L., Ehrenpreis, Scrophulariaceae

Etwa 300 Arten, die meisten in der nördl. gemäßigten Zone, viele im Hochgebirge. Einjährige oder mehrjährige Kräuter, selten an der Basis verholzt. Blätter meist gegenständig, selten in Quirlen, im Blütenstandsbereich manchmal wechselständig. Blüten in end- oder seitenständigen Trauben, auch einzeln in den Blattachseln, blau, weiß, rosa oder purpurn. Krone rad- bis glockenförmig. 2 Staubblätter.

V. bombycina Boiss. et Kotschy. Syrien, Libanon: in Kalkschuttmoränen und Felsspalten im Gebirge. Juni–Juli. Aufrecht-ausgebreitete Rasen, durch kurze unterirdische Ausläufer. Blätter gegenständig, sitzend, eiförmig, bis 4 mm lang, dicht silberig seidenhaarig. Blüten endständig zu 1–5, hellwasserblau, bis 6 mm breit.

Die Art braucht einen sehr durchlässigen, kalkschotterigen Standort in voller Sonne und Schutz vor übergroßer Winternässe. Im Weinklima ideal für Tröge, in ungünstigeren Lagen Kultur im Alpinenhaus oder geschütztem Steinbeet. Vermehrung durch Aussaat (Sämlinge variieren nach meiner Erfahrung nicht) oder durch vorsichtige Teilung bzw. Stecklinge.

V. caespitosa Boiss. Griechenland, Türkei, Syrien, Libanon: im Gebirge. Mai–Juni. Dichte, höchstens 5 cm hohe Polster bildend. Blätter lineal-spatelig, am Rande eingerollt, grauhaarig. Blüten einzeln oder in kurzen Trauben, hell- bis mittelblau. Kultur ähnlich *V. bombycina,* doch leichter. Trockenheits- und sonnenliebend, besser ausgepflanzt als im Topf, so in einem Trog oder intensiv gepflegten Steingarten. Vermehrung durch Teilung und Stecklinge leicht.

Viola L., Veilchen, Stiefmütterchen, Violaceae

Etwa 400 Arten und zahlreiche Unterarten, über die ganze Erde verbreitet. Meist staudig, selten zweijährig (Sekt. *Melanium*) oder halbstrauchig (Sekt. *Xylinosium*). Blätter wechsel- oder grundständig, langgestielt, ei- oder herzförmig, mit oft großen und außerordentlich verschieden geformten Nebenblättern. Blüten einzeln, selten zu zweit, in den Achseln der Blätter. Oft 2 Blütengenerationen, im Frühjahr erscheinen chasmogame Blüten, die keine Samen ansetzen, später bilden sich kleistogame Blüten, die reichlich Samen bilden. Diese Eigenschaft ist arttypisch. Samen mit zucker- und fetthaltigem Anhängsel (Elaiosom).

Nach der Blütenform werden in der Gattung 4 Sektionen unterschieden, von denen 3 im Alpinenhaus von Bedeutung sind: Sektion *Melanium* Ging. Krautig. Nebenblätter gewöhnlich groß, blattähnlich, oft geteilt. Seitl. Blütenblätter nach oben gerichtet. Blüten blau oder gelb, selten weiß. Pflanzen ohne kleistogame Blüten. Griffel an der Basis gekniet, mit weiter Narbenöffnung. Kapseln bei der Reife aufrecht, kahl. Hierher alle Stiefmütterchen. Sektion *Viola* (*Nominium* Ging.). Krautig. Nebenblätter nicht blattähnlich. Blüten blau, violett oder weiß. Pflanzen mitunter mit kleistogamen Blüten. Hierher alle Veilchen. Sektion *Xylinosium* W. Becker. Staudig-halbstrauchig. Blüten rotviolett oder gelb, manchmal mit kleistogamen Blüten. Griffel weder kopfig noch geschnäbelt. Hierher *V. delphinantha* und ihre Verwandten.

V. alpina Jacq. (Melanium). Alpen-Stiefmütterchen. NO-Alpen, Karpaten: in kleinen Rasen, im Schutt, in Spalten, immer über Kalk. April–Mai. Blätter grundständig, langgestielt, herzförmig, rund. Nebenblätter lanzettlich. Blüten groß, 2–3 cm hoch, violett mit dunklen Flecken bzw. Streifen, selten weiß. Sporn kurz, aufwärts gebogen.

Sehr schwierig. Vermehrung durch Aussaat sofort nach der Reife oder sorgfältige Teilung bzw. Stecklinge. Kultur am besten in kühlem, humosen, reichlich mit Kalkschotter durchsetzten Boden. Wurzelhals mit Steinen umgeben. Achtung vor Wurzelläusen und Schnecken.

V. beckwithii T. et G. (Viola) »Sagebrush Violet«. Westl. N-Amerika: in zur Blütezeit feuchten, später trockenen, steinigen Böden. April–Mai. 5–10 cm hoch. Stämme meist unterirdisch, aus einem knolligen Wurzelstock. Blätter gefiedert, mit zahlreichen Abschnitten. Blüten 3 cm groß, die beiden oberen Blütenblätter tief purpurn, die anderen weiß oder hellblau.

Vermehrung durch Aussaat. Keimt nur nach Gibberellinsäurebehandlung. Kultur in kleinen Steinbeeten oder großen Schalen im Alpinenhaus oder Kasten, gemeinsam und genauso wie *Lewisia rediviva.*

Viola betonicifolia Sm. (Viola). Australien (Queensland bis Tasmanien, selten in S-Australien), SO-Asien, Malaysia. Mai–Juni. 3–10 (–15) cm hoch. Blätter länglich, lanzettlich oder pfeilförmig. Blütenstiele so lang wie die Blätter. Blüten bis 1,5 cm breit, etwas nickend, hell purpurn bis fast weiß oder tiefviolett mit dunkleren Adern. Unter Schutz gut hart und auch Samen bildend. Vermehrung durch Aussaat leicht.

V. cazorlensis Gand. (Xylinosium). SO-Spanien (Sierra de Cazorla): in schotterigen Böden und in Schutthalden, auf Kalk. April–Mai. Ähnlich *V. delphinantha,* aber Blüten intensiv rötlichpurpurn, untere Blütenblätter ausgerandet und Sporn sehr lang.

Leichter als *V. delphinantha,* da keine Spaltenpflanze. Läßt sich gut teilen und gedeiht in jedem schotterigen Boden, selbst nur mit geringem Schutz.

V. delphinantha Boiss. (Xylinosium). Gebirge N-Griechenlands und S-Bulgariens, ein Standort in S-Griechenland: in nach SO gerichteten Kalkfelsspalten. Mai–Juni. Sprosse 5–10 cm, aus einem holzigen Basalteil. Blätter 0,75–1,5 cm, linealisch bis lanzettlich, zugespitzt sitzend. Nebenblätter etwas kürzer als die Blätter. Blüten rosa- oder rotpurpurn, an langen Stielen, aus den oberen Blattachseln. Am besten in Tuff oder Kalkfelsspalten, auch im Alpinenhaus in Töpfen oder in kleinen Anlagen. Vermehrung durch Aussaat (Kapseln springen genauso rasch auf wie bei anderen Arten, werden noch grün von Grünfinken verbissen!) oder frühe Stecklinge (da sich an der Basis Winterknospen bilden müssen).

V. douglasii Steud. (Viola). Westl. N-Amerika. April–Mai. 5–12 cm hoch. Zahlreiche Triebe aus einem tiefsitzenden Wurzelstock. Blätter doppelt gefiedert. Nebenblätter lanzettlich, ganz oder eingeschnitten. Blüten bis 3 cm groß, goldgelb, die beiden oberen außen, manchmal auch innen braunpurpurn.

Leider heikel, Kultur wie *V. beckwithii.*

V. dubyana Burnat ex Gremli (Melanium). Italien (Alpen): im Kalkgeröll. Mai–Juni. Sprosse 10–30 cm lang. Untere Blätter rundlich, die oberen schmal-lanzettlich oder linealisch. Nebenblätter stark geteilt. Blüten 2,5 cm hoch, violett, untere Petalen mit kleinem gelbem Fleck am Grund. Kultur in kalkschotterigem Substrat in voller Sonne. Vermehrung durch Aussaat oder Stecklinge. Besser unter leichtem Schutz, da oft an Stengelgrundfäulnis leidend.

V. grisebachiana Vis. (Melanium). Zentraler Teil der Balkanhalbinsel: in alpinen Wiesen. Mai. Stengellose Staude, sehr ähnlich *V. alpina.* Blätter 1,5–3 cm, oval-rundlich, ganzrandig oder leicht gekerbt. Nebenblätter wie die Blätter, nur kleiner. Blüten 2 cm groß, kreisrund, bis 3 cm groß, hellviolett, aber auch in anderen Farben.

Sehr schön und heikel. Kultur wie *V. alpina.* Mir gelang es noch nicht, die Art nach der ersten Blüte weiter am Leben zu erhalten, hielt sie allerdings immer im Topf, wo sie unter Vernässung, und sei sie auch nur kurzfristig, sehr leidet.

V. kosaninii (Degen) Hayek. (Xylinosium) N-Albanien, N-Mazedonien. Ähnlich *V. delphinantha,* aber Blüten lilarosa, die unteren Blütenblätter ausgerandet und Sporn nur 12 mm lang.

V. pedata L. (Viola). Vogelfuß-Veilchen. Mai–Juni, selten auch September–Oktober. Östl. USA: in kalkfreiem Sand, oft an Straßenböschungen. Dicke, kurze, unterirdische bis halbunterirdische Stämme aus denen sich die zahlreichen, sehr verschieden tief und stark geteilten Blätter erheben. Blüten bis 2 cm groß, sehr verschieden in der Färbung: rein lavendelfarben (var. **concolor**) oder zweifarbig, bei denen die beiden oberen Blütenblätter purpurn und die unteren lavendelfarben sind (var. **pedata**, var. **bicolor**), daneben selten reinweiß, reinweiß mit violett, rosa oder rotviolett.

Kultur nicht leicht. Am besten in Töpfen im Alpinenhaus, in Mischungen aus saurem Torf und Quarzsplitt, bei guter Dränage. Schutz vor übergroßer Feuchtigkeit im Winter. Vermehrung durch Aussaat, vorsichtige Teilung der Rübenwurzel, daß auf jedem Teil noch ein Trieb sitzt bzw. Wurzelschnittlinge. Die Art scheint die Enge des Topfes zu lieben und gedeiht in schmalen Tontöpfen besser als in Kunststofftöpfen.

V. pedunculata T. et G. (Viola). Westl. USA. April–Mai. Pflanzen bis 15 (–25) cm hoch, aus einem dicken und tiefsitzenden Wurzelstock. Blätter rundlich-oval, grob gekerbt, bis 35 mm lang. Blüten 3 cm groß, goldgelb, die beiden oberen Blütenblätter außen braun. Kultur wie *V. beckwithii.*

V. verecunda A. Gray var. **yakusimana** (Nakai) Ohwi) (Viola). Japan (Yakusima). 1–2 cm hoch. Blätter hellgrün, 3–7 mm groß. Blüten weiß mit violetten Linien, 3–4 mm groß. April–Mai.

Das kleinste Veilchen. Wegen der Kleinheit nur für gut einsehbare Tröge, das Alpinenhaus, Schalen usw., ist auch empfindlich und nach strengen Wintern oft abgestorben. Vermehrung durch Aussaat leicht.

Die tropfenförmigen Samen aller *Viola*-Arten sind beim Transport sehr durch Druck gefährdet. Beim Samentauschen sollte man deshalb bitten, daß die *Viola*-Samen in kleinen Röhrchen verschickt werden. Eine Behandlung der Samen mit Gibberellinsäure ist sogar bei Eigenabnahme notwendig, wenn nicht unmittelbar nach dem Ernten ausgesät wird. Der Keimerfolg ist bei vielen Arten gering.

Wahlenbergia Schrad. ex Roth, Campanulaceae

Etwa 120 Arten von weiter Verbreitung, besonders auf der südl. Erdhälfte. Einjährige oder staudige, oft kriechende Kräuter mit gewöhnlich einzeln stehenden Blüten. Kelch bis 7teilig. Krone gewöhnlich glockig, regelmäßig, Staubbeutel frei. Blütenfarbe blau, violett oder weiß.

W. albomarginata Hook. Neuseeland (S-Insel, Stewart-Insel): auf durchlässigen Böden bis 1400 m weit verbreitet. Juni–Juli. 20 cm hoch. Mit unterirdischen Ausläufern kriechend. Blätter klein, lederig, mit weißem Rand, zu 1,5–2 cm breiten Rosetten zusammenstehend. Blüten einzeln, an feinen, dünnen Stielen, 2,5 cm breit, hellblau oder weiß, oft mit dunkleren Adern.

W. gloriosa Lothian. Australien: vor allem im subalpinen Bereich. Juni. Ähnlich *W. albomarginata,* aber Blätter oft gegenständig, Rand gewellt-gekräuselt. Blüten tief purpurviolett.

Außer diesen beiden Arten gibt es noch einige andere australische und neuseeländische Arten (**W. cereacea** Lothian, **W. cartilaginea** Hook. f., **W. pygmaea** Col.), die hin und wieder als Samen angeboten werden. Sie laufen leicht auf und müssen rasch pikiert werden.

Als Substrate eignen sich Mischungen aus Torf und Tuff, Schamotte oder anderen Steinen, wo die meist unterirdischen Sprosse kriechen können. Sie lieben auf kleinen Fall Wasserstau und sind im großen und ganzen in der Kultur nicht sehr langlebig.

W. hederacea (L.) Rchb. (*Campanula hederacea* L.). W-Europa bis Portugal und Spanien, bei uns sehr selten in Flach- und Quellmooren und ähnlichen Standorten, kalkarm. Mai–September. Stengel kriechend, fädlich, wurzelnd. Blätter rundlicheckig, 5lappig. Blüten blaßblau an 2–5 cm hohen Stielen.

Hübsch, aber als atlantische Pflanze etwas schutzbedürftig. Vermehrung durch Teilung oder Aussaat.

Weldenia Schult. f., Weldenie, Commelinaceae

Monotypische Gattung:

W. candida Schult. f. Mexiko, Guatemala: auf durchlässigen Gebirgswiesen. Juni–September. Wurzelstock fleischig, verzweigt. Blätter in Rosetten, lanzettlich, bis 20 cm lang, am Rand gewellt, auf der Spreite eigenartige, weiße Haarbüschel. Blüten reinweiß, 3–4 cm breit, mit 5 cm langer Kronröhre und 3 Blütenabschnitten. Bei kräftigen Pflanzen bis 50 Blüten je Sommer.

Diese sehr schöne Pflanze wird nach dem Einziehen im Herbst frostfrei und trocken überwintert. Beim Entfernen der braunen Blattrosetten auf die Samen achten, die tief in den Rosetten sitzen. Kultur in kräftigen, aber durchlässigen Substraten in voller Sonne im Alpinenhaus, Trögen oder intensiv zu pflegenden Anlagen. Vermehrung außer durch Aussaat auch durch Wurzelschnittlinge.

Wulfenia Jacq., Scrophulariaceae

5–9 Arten in den Gebirgen SO-Europas, W-Asiens und des Himalaja. Ausdauernde Rosettenpflanzen mit dickem Rhizom. Blätter ungeteilt und kahl, zumeist gekerbt. Blüten in endständigen, ährenähnlichen Trauben, einzeln in den Achseln von Deckblättern, blau, selten weiß oder rosa.

W. orientalis Boiss. Kleinasien (Taurus). Juni. Bis 40 cm hoch. Blätter breit-lanzettlich, stumpf, bis 25 cm lang, am Rand gekerbt oder gezähnt, oft wellig verbogen. Blütenschäfte bis 25 cm lang, reich-, aber lockerblütig. Blüten reinblau bis violettblau, oft auch verwaschen und heller, mit bis 3 cm langer Blütenkronröhre.

Die Winterhärte dieser wohl schönsten Wulfenie scheint mit der Länge der Blütenkronröhre invers zu gehen: Formen mit extrem langen Röhren sind eindeutig weniger hart, als jene mit kürzeren Röhren. Am härtesten ist nach meiner Erfahrung die Aufsammlung der Albury, Cheese & Watson-Expedition (A. C. W. 2388), die auch im Freien unter leichtem Schutz gut gedeiht. Vermehrung durch Teilung und Aussaat. Kultur in humusreichen Mischungen in Schalen oder auf dem Tisch des Alpinenhauses, auch in geschützten Moorbeeten. Die Bastarde von *W. orientalis* mit anderen Arten (so *W.* × *hugonis-schraderi* mit *W. baldaccii*), alle aus der DDR, sind noch wenig verbreitet.

Yucca L., Palmlilie, Agavaceae

Etwa 30 Arten im südl. N- und Mittelamerika, davon nur wenige ausreichend hart oder unter Schutz versuchswert. Stammlose oder stammbildende Pflanzen mit zahlreichen, mehr oder weniger lederigen oder derben, schopfig gehäuften Blättern. Blütenstände endständig. Blüten ansehnlich in großen Trauben oder Rispen, glockig, weiß, gelblichweiß, rötlich oder grünlich.

Y. baccata Torr. USA (Arizona bis Nevada und New Mexico, nördlich bis Utah und Colorado). Juli–August. Pflanzen stengellos oder mit niederliegendem Sproß, einschöpfig oder große Klumpen bildend. Blätter oft gedreht, der Blattrand hart und rauh. Blütenstände die Blätter nicht oder wenig überragend, etwas abgeflacht. Früchte beerenartig, nicht aufspringend. Für uns meist die nicht stammbildenden Formen interessant, die 50–75 × 5–7 cm große, wenn über die Rundung gemessen, Blätter besitzen. Randstreifen 3 mm breit, braun. Blütenstände 30–100 cm hoch. Blüten glockig, außen rotbraun, innen cremeweiß. Früchte bis 17 cm lang.

Die Art ist bei uns unter leichtem Schutz gut hart, wahrscheinlich in günstigen Lagen auch ohne Schutz. Die Vermehrung kann nur durch Aussaat erfolgen.

Y. whipplei Torr. Kalifornien, Mexiko (Baja California). Stengellos oder mit mehr oder weniger langem Sproß. Blätter dichtstehend, 30–80 (–100) × 8–10 cm, starr, silbergraublau. Blütenstände 2,5–4 m hoch. Blüten 2,5–3,5 cm lang, glockig, außen purpurn.

Auch von dieser Art sind verschiedene Formen bekannt, deren Winterhärte abzuklären ist, ssp. **caespitosa** (Jones) Haines bildet mit oberirdischen Sprossen dichte Klumpen, ssp. **percursa** Haines besitzt unterirdische Rhizome.

Nur für allerwärmste Plätze, mit gutem Winterschutz, vor allem vor Nässe. Vermehrung durch Aussaat und Abtrennen von Sprossen, die sich allerdings langsam bewurzeln.

Zaluzianskya F. W. Schmidt, Scrophulariaceae

Etwa 40 Arten im südl. Afrika. Klebrige Kräuter oder Halbsträucher, z. T. nachtblühend und dann süß duftend, typisch mit meist rot gefärbter Blütenkronunterseite.

Z. capensis (Benth.) Walp. Sternbalsam. S-Afrika, bis 1000 m. Staudig bis halbstrauchig, meist einjährig gezogen. Bis 50 cm, meist niedriger. Blätter gegenständig, schmallanzettlich, drüsig. Blüten in endständigen Trauben, weiß, mit roter Unterseite, nachtblühend, stark duftend, 3 cm lang. Sommer–Herbst.

Z. microsiphon K. Schum. Drakensberge, Oranje-Freistaat, Lesotho, bis über 2500 m. Langlebige Staude. Blätter breitoval, kurzhaarig. Blüten weiß, mit rosaroter Unterseite, tagblühend, nicht duftend.

Diese beiden Arten sind in England im Alpinenhaus versucht worden und haben sich bewährt. Die Vermehrung erfolgt durch Aussaat, Überwinterung frostfrei bei 2° C. *Z. capensis* war bei uns früher als Sommerblume in Verwendung.

Zauschneria K. B. Presl, Kolibritrompete, Oenotheraceae

Etwa 4 Arten in den westl. USA und in NW-Mexiko. Am Grund verholzte Stauden, reichverzweigt, oft mit unterirdischen Ausläufern. Blüten am Ende der Triebe in beblätterten Ähren oder in den Blattachseln der obersten Blätter, langröhrig, groß, scharlachrot, rosa, selten auch weiß. Samen mit Haarschopf. Die Gattung *Zauschneria* wurde von P. H. Raven nun zu *Epilobium* gestellt. Da diese Entscheidung nicht unumstritten ist, belasse ich die Gattung.

Z. californica K. B. Presl ssp. **californica**. Kalifornien, Mexiko. Juli–Oktober. Bis 60 cm hoch, an der Basis verholzend und echt halbstrauchig bis strauchig. Blätter lanzettlich, etwas graubehaart. Blüten bis 3 cm lang, scharlachrot.

Heißt nun *Epilobium canum* (Greene) Raven ssp. *angustifolium* (Keck) Raven. Braucht sehr trockene und heiße Standorte und ist nur an günstigen Standorten hart.

Z. californica ssp. **latifolia** (Hook.) Keck (*Z. arizonica* A. Davidson). USA (Oregon bis New Mexico, östlich bis Nevada): in der montanen Stufe. Juli–Oktober. Nur bis 40 cm hoch und an der Basis wenig bis nicht verholzt. Blätter eiförmig bis lanzettlich-eiförmig, grauhaarig-drüsig.

Heißt nun *Epilobium canum* ssp. *latifolium* (Hook.) Raven. Wesentlich härter und gut dauernd. Die in Kultur befindlichen Formen sind für diese Unterart eher schmalblättrig und sehr blühreich.

Z. cana Greene. Kalifornien. Bis 50 cm hoch, dicht grauhaarig. Sehr schön, aber nicht sehr hart und nur für heißeste Standorte, geschützte Beete oder das Alpinenhaus.

Heißt nun *Epilobium canum* ssp. *canum*.

In den warmen Gebieten der USA sind Zauschnerien sehr beliebt, und es gibt auch Bastarde zwischen den zweifellos sehr nahe verwandten »Arten« bzw. Unterarten. Sehr selten werden rosa Typen, noch seltener weiße gezogen, die beide immer weniger hart als die roten Typen sind. Vermehrung durch Aussaat, Aufnehmen der zahlreichen Ausläufer und Grünstecklinge während des Sommers, die allerdings, vor allem bei *Z. cana*, im ersten Winter besser frostfrei überwintert werden.

Zigadenus Michx. (*Zygadenus* Endl.), Liliaceae

Etwa 15 Arten in Z- und O-Sibirien, O-Asien und N- und Mittelamerika. Giftige Stauden mit oft knollenähnlichem Wurzelstock. Blätter linealisch, zugespitzt, meist rinnig, graugrün, fast alle grundständig, wenige stengelständig. Blüten in einfachen oder zusammengesetzten Trauben, weißlich, gelblich bis grünlich.

Alle Arten, z. B. **Z. fremontii** Torr., **Z. micranthus** Eastw., **Z. nuttallii** Gray, sind an zusagenden, trockenen Standorten sehr gut im Freien zu verwenden, in feuchten Gebieten sind sie unter etwas Nässeschutz besser aufgehoben. Vermehrung durch Aussaat oder Teilung.

Zinnia L., Zinnie, Compositae

Etwa 20 Arten vom Süden der USA bis nach Brasilien und Chile. Ein- oder mehrjährige Kräuter oder Halbsträucher, kahl oder behaart. Blätter gegenständig, sitzend, ganzrandig. Köpfchen mit wenigen bis vielen Zungenblüten und sehr verschiedener Blütenfarbe. Früchte teils dreieckig, teils zusammengedrückt.

Z. acerosa A. Gray (*Z. pumila* A. Gray). Texas, Mexiko. Ähnlich *Z. grandiflora*, aber weiß oder cremeweiß in der Farbe.

Z. grandiflora Nutt. USA (Kansas bis Nevada, südl. bis Texas und Arizona), N-Mexiko: an trockenen, steinigen Stellen. Juni–September. Niederliegender Halbstrauch, bis 15 cm hoch und 50 cm breit, reichverzweigt. Triebe dünn, an der Basis holzig. Blätter linealisch, nicht breiter als 2,5–3 mm. Zungenblüten (3–) 4 (–5), gelb, 8–16 mm lang.

Sehr hübsche und überraschend harte Pflanze, die unter Agrylvliesschutz die Winter 1984/85 und 1985/86 ohne Probleme überstanden hat. Durch die lange Blütezeit sehr ansprechend. Leider sind die Früchte unter unseren Klimabedingungen nicht keimfähig, in der Heimat ist es zweifellos heißer und lufttrockener, eine Stecklingsvermehrung ist aber möglich.

Literaturhinweise

Hier soll nur auf einige der wichtigsten Schriften im Zusammenhang mit dem Thema Alpinenhaus aufmerksam gemacht werden. Spezielle Literaturangaben finden sich bei den behandelten Gattungen und Arten im Text.

Hilliard, O. M., Burtt, B. L.: The Botany of the Southern Natal Drakensberg. Kirstenbosch 1987.

Brickell, C. D., Mathew, B., Daphne. The Genus in the Wild and in Cultivation. Woking 1976.

Smith, G. F., Lowe, D. B.: Androsaces. Woking 1977.

Ingwersen, W.: Ingwersen's Manual of Alpine Plants. Eastbourne 1978.

Williams, J.: Rocky Mountain Alpines. Portland 1986.

Harding, W.: Saxifrages. The Genus Saxifraga in the Wild and in Cultivation. Woking 1976.

Mark, A. F., Adams, N. M.: New Zealand Alpine Plants. Wellington 1973.

Rix, M., Phillips R.: The Bulb Book. London 1981.

Harris, T. Y.: Alpine Plants of Australia. Sydney 1970.

Costin, A. B., und andere: Kosciusko Alpine Flora. East Melbourne 1979.

Mathew, B.: Dwarf Bulbs. London 1974.

Mathew, B.: The Larger Bulbs. London 1978.

Quarterly Bulletin of the Alpine Garden Society (Bull. A. G. S.) mit Angabe des Jahrganges (1988 Vol. 56) und Seite. Woking.

The Rock Garden (The Journal of the Scottish Rock Garden Club) (Rock Garden), mit Angabe des Jahrganges (1988 Vol. 22) und Seite. Aberdeen.

Bezugsquellen

Zusammenstellung von Gesellschaften, Liefermöglichkeiten usw.

Albiflora
P.O. Box 24
Gyotoku, Ichikawa
Chiba 272-01
Japan
Japanische Samen, Primeln

Alpengarten im Belvedere
Prinz-Eugen-Straße 27
A-1030 Wien
Österreich
Pflanzen

Alpine Garden Club
of British Columbia
p. A. Denys Lloyd,
3281 W. 35th Ave.,
Vancouver V6N 2M9
Kanada
Samen

Alpine Garden Society
p. A. E. M. Upward
Lye End Link
St. Johns, Woking Surrey GU21 1SW
Großbritannien
Samen

American Rock Garden Society
p. A. Buffy Parker
15 Fairmead Road
Darien Connecticut 06820
USA
Samen

Jim und Jenny Archibald
»Bryn Collen«
Ffostrasol, Llandrysul
Dyfed SA44 5SB
Großbritannien
Samen

R. F. Beeston
294 Ombersley Road
Worcester WR3 7HD
Großbritannien
Pflanzen

Broadleigh Gardens
Bishops Hull
Taunton, Somerset
Großbritannien
Blumenzwiebeln und -knollen

Mr. J. A. Burrow
»Lismore«
Northwich Road
Cranage, Holmes Chapel
Cheshire CW4 3HL
Großbritannien
Pflanzen

Joachim Carl
Alpengarten Pforzheim
D-7530 Pforzheim-Würm
Bundesrepublik Deutschland
Pflanzen

Th. Carow & U. Wrono
Spezialgärtnerei für Insektivoren
Ümpfigstraße 5
D-8738 Nüdlingen 1
Bundesrepublik Deutschland
Insektivoren

Chris Chadwell
81 Parlaunt Road
Slough Berkshire SL3 8BE
Großbritannien
Samen

P. J. & J. W. Christian
Pentre Cottages
Minera Wrexham

Clwyd N. Wales
Großbritannien
Blumenzwiebeln und -knollen

Jack Drake
Inshriach Alpine Plant Nursery
Aviemore
Inverness-shire PH22 1QS
Großbritannien
Samen und Pflanzen

Jacques Eschmann
CH-6032 Emmen
Schweiz
Pflanzen

Franz Feldweber
A-4974 Ort im Innkreis
Österreich
Pflanzen

Floraire
Correvon & Cie
50, Avenue Petit-Semc.
CH-1225 Chêne-Bourg
Schweiz
Pflanzen, Samen

Staudenkulturen H. Frei
CH-8461 Wildensbuch
Schweiz
Pflanzen

Freunde der Stauden und Alpenpflanzen in der Österreichischen Gartenbaugesellschaft
Parkring 12/3/1
A-1010 Wien
Österreich
Samen

Hermann Fuchs
Heinrich-Egloff-Straße 9
D-8670 Hof
Bundesrepublik Deutschland
Pflanzen

Gesellschaft der Staudenfreunde
e. V. p. A. Hermann Hald
Dörrenklingenweg 35
D-7114 Untersteinbach
Bundesrepublik Deutschland
Samen

Manfred Hammer
Lothringer Straße 30
A-3400 Klosterneuburg
Österreich
Pflanzen

Dr. D. J. Harberd
29 Foxhill Crescent
Weetwood Leeds LS16 5PD
Großbritannien
Pleione

W. E. Th. Ingwersen Ltd.
Birch Farm Nursery
Gravetye East Grinstead
W. Sussex RH19 4LE
Großbritannien
Pflanzen

Klaus R. Jelitto
Postfach 56 01 27
D-2000 Hamburg 56
Bundesrepublik Deutschland
Samen

L. Kreeger
91 Newton Wood Road
Ashtead Surrey KT21 1NN
Großbritannien
Samen

Dipl.-Ing. Fritz Kummert
A-8181 Rollsdorf 36 (Wohngraben)
Österreich
Pflanzen

Erich Maier
Botanische Spezialitäten
Hansell 155
D-4401 Altenberge
Bundesrepublik Deutschland
Pflanzen

H. Pinkepank
Enge Straße 9
D-3340 Wolfenbüttel
Bundesrepublik Deutschland
Pleione

OStR Wolfgang Reich
Carl-Heise-Straße 1
D-3220 Alfeld/Leine
Bundesrepublik Deutschland
Pflanzen

Albert Schenkel GmbH
Exotische Sämereien
Postfach 55 09 27
D-2000 Hamburg 55
Bundesrepublik Deutschland
Samen

Staudengärtnerei Schleipfer
Sedlweg 71
D-8902 Neusäss bei Augsburg
Bundesrepublik Deutschland
Pflanzen

The Scottish Rock Garden Club
p.A. Miss K.M.Gibb
21 Merchiston Park
Edinburgh EH10 4PW
Großbritannien
Samen

Dr. Hans und Helga Simon
Gärtnerischer Pflanzenbau
Staudenweg 2
D-8772 Marktheidenfeld
Bundesrepublik Deutschland
Pflanzen

Gärtnerei Erhard Sommer
Achenweg 10
D-8240 Schönau-Berchtesgaden
Bundesrepublik Deutschland
Pflanzen

Southern Seeds
The Vicarage
Sheffield, Canterbury
Neuseeland
Samen

Southwestern Native Seeds
Mrs. Sally Walker
Box50503
Tucson Arizona 85703, USA
Samen

Staudengärtnerei Dieter Stroh
Kreisstraße 245
D-6606 Saarbrücken-Gersweiler
Bundesrepublik Deutschland
Pflanzen

Alpengarten F. Sündermann
Äschacher Ufer
D-8990 Lindau/Bodensee
Bundesrepublik Deutschland
Pflanzen

Thompson & Morgan
Ipswich, England
Deutsche Vertretung:
Thysanotus-Samen-Versand
Samen

Thysanotus-Samen-Versand
Uwe Siebers
Postfach 44-81 09
D-2800 Bremen 44
Bundesrepublik Deutschland
Samen

Botanische Raritäten
Gabriele Wetzel
Oberkohlfurth
D-5600 Wuppertal 12
Bundesrepublik Deutschland
Pflanzen

Woodbank Nursery
Kenneth Gillanders
R.M.B. 303
Kingston Tasmania 7150
Australien
Pflanzen

David & Anke Wraight
25 rue Paul Eyschen
L-7317 Steinsel
Luxembourg
Samen

Eine gute Gelegenheit, nach Pflanzen und Samen zu fragen oder diese aus eigener Vermehrung (nichtgewerblich) anzubieten, ist die Rubrik »Pflanzenbörse« in der Zeitschrift »Gartenpraxis« im Verlag Eugen Ulmer (Redaktion Gartenpraxis, Wollgrasweg 41, Postfach 70 05 61, 7000 Stuttgart 70).
Außerdem ist von Anne und Walter Erhardt ein Pflanzeneinkaufsführer in Vorbereitung, der Bezugsquellen für seltene Pflanzen nennt. Aufgeschlüsselt nach Gattungen und Arten enthält das Buch Adressen von bundesdeutschen Anbietern sowie Bezugsmöglichkeiten in den Nachbarländern.

Register

Die gültigen botanischen Namen sind kursiv gesetzt, die Synonyme, die deutschen sowie sonstige Namen und Begriffe in gerader Schrift. Entlehnte, im Deutschen nicht übliche Vulgärnamen stehen in Anführungszeichen. Die Seitenzahlen mit Sternchen* verweisen auf die Farbbilder in den Tafeln.